Buch-Updates
Registrieren Sie dieses Buch
auf unserer Verlagswebsite.
Sie erhalten dann
Buch-Updates und weitere,
exklusive Informationen
zum Thema.

Galileo
BUCHUPDATE

Und so geht's
> Einfach **www.galileodesign.de** aufrufen
<<< Auf das Logo **Buch-Updates** klicken
> Unten genannten **Zugangscode** eingeben

**Ihr persönlicher Zugang
zu den Buch-Updates**

176289050041

Markus Wäger

Adobe Photoshop CS3

Die Workshops für Einsteiger

Galileo Press

Liebe Leserin, lieber Leser,

Wer vor der Aufgabe steht, Adobe Photoshop in seiner Ganzheit erlernen zu wollen, weiß oftmals nicht, wo er überhaupt anfangen soll – so umfangreich ist die Software. Mit diesem Workshop-Buch von Markus Wäger machen wir es Ihnen leicht: Folgen Sie einfach dem Autor auf seinem Weg durch Photoshop, und schon bald werden Sie das Programm verstehen. Der besondere Pfiff des Buchs: Es vermittelt nicht nur die wichtigen Funktionen der Software, sondern gibt auch Antworten auf die alltägliche Probleme wie »Kontraste anheben« oder »Schatten aufhellen«.

Der Autor folgt bei der Beschreibung von Photoshop Ihrem Arbeitsalltag – er beginnt bei der Beurteilung und Anpassung der Bildgröße, geht dann zur Fotobearbeitung mit Farb- und Tonwertkorrekturen sowie der Montage und Retusche der Fotos über, zeigt dann Text- und Bildeffekte und schließlich die perfekte Ausgabe für Print und Web. Er vergisst auch nicht, Ihnen zu zeigen, wie Sie Ihren Arbeitsalltag effizienter gestalten können: unter anderem im Kapitel Automatisierung erhalten Sie wertvolle Tipps.

Sie werden schnell merken, dass Markus Wäger genau auf Ihre Fragen eingeht: Er ist Adobe Certified Instructor für Photoshop und kennt die typischen Anwenderfragen aus unzähligen Schulungen. Und so werden Sie sich nach dem Durcharbeiten der Schritt-für-Schritt-Übungen sehr gut in Photoshop auskennen und keine Probleme mehr mit der Anwendung der vielen Funktionen haben.

Sollten Sie Fragen, Anmerkungen oder Lob zu diesem Buch haben, so freue ich mich über Ihre E-Mail.

Ruth Lahres
Lektorat Galileo Design

Galileo Press
Rheinwerkallee 4
53227 Bonn

ruth.lahres@galileo-press.de
www.galileopress.de

Inhalt

Farb- und Tonwertkorrektur

Schwarz, Weiß, Bunt

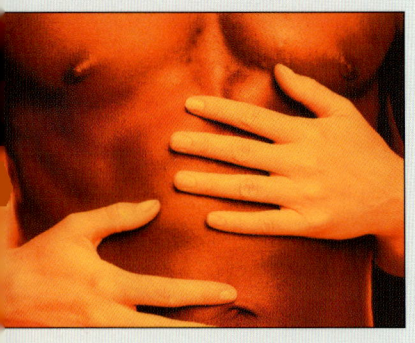

Fotos nachbearbeiten

Retusche

Bildmontage und Collage

Text und Pfad

Bildgröße und Ausschnitt

Alles dreht sich um das Pixel. Wenn Sie neu in Photoshop und die wunderbare Welt der digitalen Bildbearbeitung einsteigen, dann werden wohl besonders die theoretischen Grundlagenexkurse dieses Kapitels starker Tobak für Sie sein. Lassen Sie sich nicht entmutigen, wenn Ihnen nicht auf Anhieb gleich verständlich ist, was ich von Bild-, Monitor-, Ausgabe- und Druckrasterauflösung erzähle. Auch ich habe meine Zeit gebraucht, es zu verstehen. Sie können die Workshops auch anwenden, ohne die trockene Theorie gänzlich verstanden zu haben. Schlagen Sie mit der Zeit einfach wieder einmal nach – Sie werden sehen, wie sich Ihnen die Sache mit zunehmender Erfahrung in Photoshop immer mehr erschließt.

Foto: Markus Wäger

Bildgröße und Ausschnitt

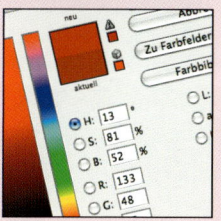

Der Photoshop-Arbeitsbereich

Die wichtigsten Paletten und Werkzeuge im Überblick

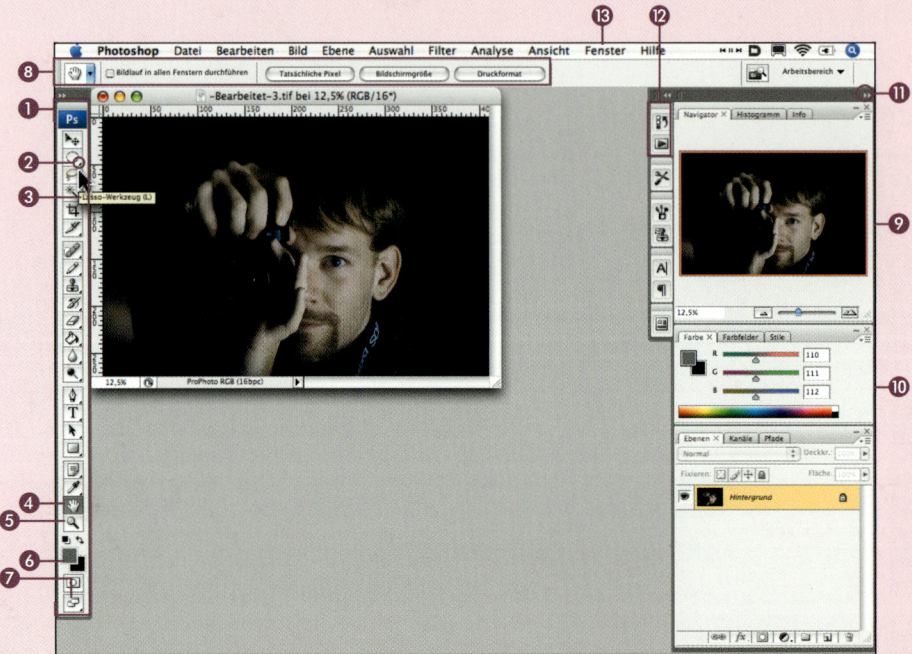

❶ Werkzeugpalette

In dieser Palette finden Sie alle Werkzeuge, die Sie zum Auswählen und Bearbeiten eines Bildes brauchen. Dies ist Ihre wichtigste Palette.

❷ Verborgene Werkzeuge

Ihr Werkzeugkasten in Photoshop quillt über an Tools. Deshalb hat Adobe auch manche Werkzeuge hinter anderen versteckt. An einem Dreieck rechts unten ⬠ sehen Sie, dass darunter etwas verborgen ist.

Drücken Sie die Maustaste über einem solchermaßen gekennzeichneten Werkzeug und gedulden sich einen Moment – in dem aufspringenden Menü können Sie aus weiteren Werkzeugen wählen.

❸ Quickinfo

Wenn Sie den Mauszeiger über einem Werkzeug positionieren und einen Moment warten, dann wird eine Quickinfo eingeblendet. Sie erfahren, wie das Werkzeug heißt und wie Sie es über die Tastatur aufrufen.

Im abgebildeten Beispiel sehen Sie ein »L« in Klammern. Drücken Sie die Taste `L`, wechselt Photoshop zu genau diesem Werkzeug. Wichtig! Es ist nur die `L`-Taste, ohne `Strg`/`⌘`, `Alt` oder sonstigen Schnick-Schnack.

❹ Hand-Werkzeug

Mit dem Hand-Werkzeug führen Sie keine Bearbeitungsschritte aus. Sie verschieben damit lediglich den sichtbaren Ausschnitt innerhalb des Dokumentfensters.

Foto: Markus Wäger

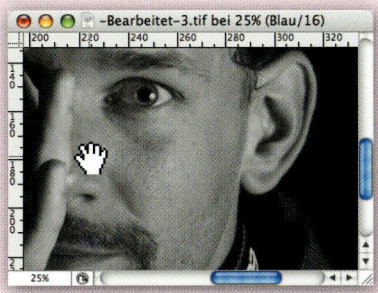

Video-Training

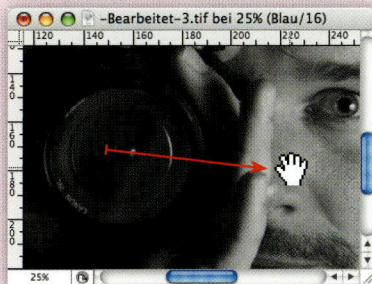

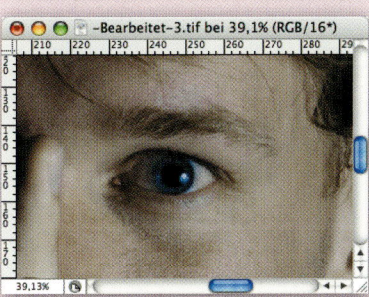

Sie können dieses Werkzeug durch Drücken von H aktivieren. Besser ist es aber, wenn Sie es temporär über die Leertaste aufrufen. Temporär bedeutet nämlich, dass die Hand wieder deaktiviert ist, sobald Sie die Leertaste loslassen, und Sie munter mit dem Tool weiterwerkeln können, mit dem Sie Ihr Bild zuletzt in Arbeit hatten.

❺ Zoomwerkzeug
Sieht aus wie ein Lolly, ist eine Lupe und heißt »Zoomwerkzeug«. Damit können Sie sich Klicke für Klick in Ihr Bild hineinzoomen – manche nennen das auch vergrößern. Das heißt aber nicht, dass das Bild dadurch vergrößert wird – es wird lediglich am Bildschirm größer dargestellt!

Möchten Sie sich ganz weit in ein Bild hineinzoomen, dann werden Sie das nicht Klick für Klick machen. Ziehen Sie stattdessen bei gedrückter Maustaste eine Auswahl um den Bereich, den Sie am Fenster vergrößert dargestellt haben möchten. Wenn Sie wieder aus dem Bild herauszoomen möchten, dann klicken Sie bei gedrückter Alt-Taste auf das

Bild. Die Lupe verwandelt sich von 🔍 zu 🔍, und damit wird Ihre Aufnahme schrittweise wieder verkleinert.

❻ Vordergrund- und Hintergrundfarbe
Die Geschichte dieses Geschwisterpaares ist eine Geschichte voller Missverständnisse. Vielleicht hätten die Eltern von Photoshop den beiden nicht so irreführende Namen geben dürfen.

Was stellen Sie sich unter Vorder- und Hintergrund denn vor?

Hintergrund

Vordergrund

Möchte man meinen! Nun dürfen Sie aber nicht erwarten, dass Gefieder, Schnabel und Beine der Bergdohle ihre Farbe verändern, wenn ich mit Vordergrundfarbe darüberpinsele, und der Hintergrund unbeeindruckt bleibt. Auch kann ich nicht die Alm im Hintergrund mit der Hintergrundfarbe füllen, ohne dass Vogel und Gras im Vordergrund davon betroffen sind.

Stellen Sie sich Vorder- und Hintergrundfarbe vielmehr als Ihre zentralen Farbtöpfe vor, in denen die wichtigsten beiden Farben für Sie griffbereit stehen.

Zwar trägt der Pinsel standardmäßig die Vordergrundfarbe auf, und wenn Sie radieren, erscheint die Hintergrundfarbe. Aber es hat nichts, aber schon rein gar nichts mit irgendwelchen Vorder- oder Hintergründen im Bild zu tun.

❼ Bildmodus

Wenn wir gerade bei »verwirrend« sind: Der Begriff »Modus« hat in Photoshop diverse Bedeutungen. So werden Füllmethoden, Farbräume und nun auch die Darstellung des Dokumentfensters als Modus bezeichnet. Es ist zwar richtig, dass all dies Modi sind, aber es erleichtert den Einstieg nicht gerade.

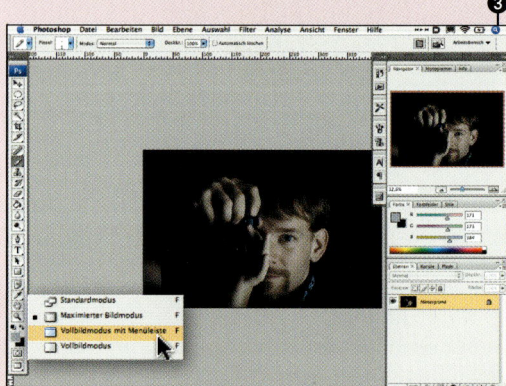

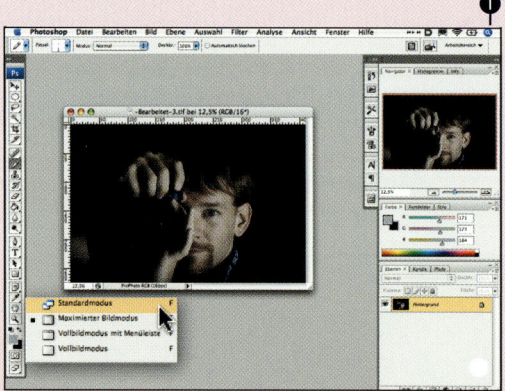

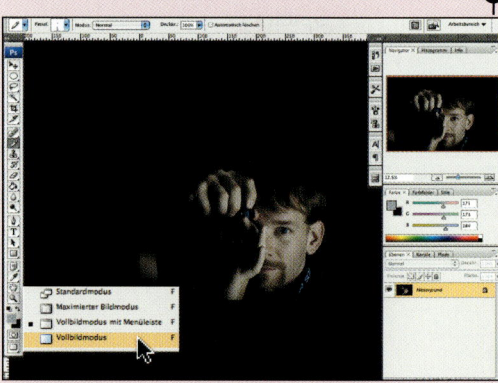

Vier verschiedene Bildmodi stehen Ihnen mit CS3 zur Verfügung: STANDARDMODUS ❶, in dem das Dokumentfester wie gewohnt dargestellt wird, MAXIMIERTER BILDMODUS ❷, VOLLBILDMODUS MIT MENÜLEISTE ❸, mein Favorit, den ich Ihnen wärmstens empfehlen möchte, da Sie mit ihm praktisch an keine Grenzen

stoßen, und der reine VOLLBILDMODUS ❹, der sogar die Menüleiste verschwinden lässt.

Der VOLLBILDMODUS könnte auch Vollbildmodus heißen, weil dies der Modus ist, in dem die Vollprofis ein Bild bearbeiten.

Nehmen Sie an, Sie arbeiten seit den frühen Morgenstunden an einer kniffligen Auswahl,

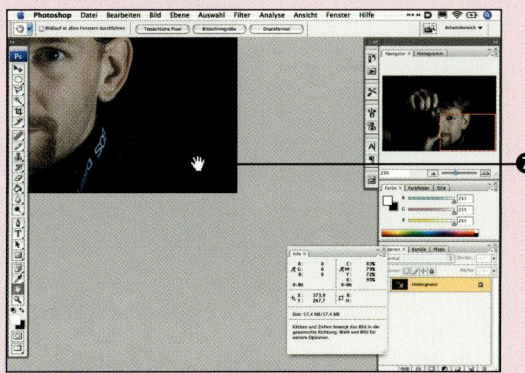

die Sie mit dem Lasso erstellen. Nun kommen Sie aber zu einer Stelle, an der Sie unglücklicherweise eine Palette haben liegen lassen ❺. Im Vollbildmodus wäre das kein Problem: Sie würden einfach die Leertaste drücken und mit der Hand der Palette ausweichen. Natürlich können Sie auch im Standard-Modus die Leertaste drücken. Aber Sie haben nur so viel Spielraum, wie das Bild groß ist – als Anhaltspunkt können Sie sich den Spielraum der Rollbalken ansehen ❻.

Beim Vollbildmodus unterliegen Sie diesen Beschränkungen nicht und können jedes Bild so weit Sie wollen über den Rand hinausschieben ❼.

Mit der ⌑F⌑-Taste wechseln Sie durch die vier Modi – in der Reihenfolge wie links abgebildet.

❽ Optionen-Palette

Wenn die Werkzeugpalette die wichtigste Palette ist, dann ist die Optionen-Palette die zweitwichtigste. Nachdem Sie ein Werkzeug in der Werkzeugpalette aktiviert haben, definieren Sie in dieser Palette die *Vor*einstellungen für dieses Werkzeug. Und ich betone das »Vor«! Sie können nicht nachträg-

lich durch Einstellungen in dieser Palette etwas korrigieren, was Sie soeben erstellt haben. Stellen Sie sich die virtuellen Werkzeuge in Photoshop wie die realen Werkzeuge in einer Werkstatt vor. Nur weil Sie einen größeren Bohrer auf Ihre Bohrmaschine schrauben, wird das Loch in der Wand nicht größer. Und nur weil Sie in Photoshop einen Pinsel größer einstellen, wird nicht der Pinselstrich, den Sie zuletzt gezogen haben, dicker.

Da jedes Werkzeug andere Voreinstellungen bietet, sieht die Werkzeugpalette auch bei jedem aktivierten Werkzeug anders aus. So beispielsweise, wenn das Hand-Werkzeug aktiviert ist:

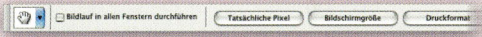

Und so, wenn Sie das Freistellungswerkzeug aktiviert haben:

Das Einzige, was beiden gemein ist, ist die erste Schaltfläche. Mit dieser können Sie auf gespeicherte Vorgaben zugreifen und eigene Werkzeugeinstellungen speichern.

Dazu später mehr. Einen Tipp möchte ich Ihnen aber gleich an dieser Stelle mit auf den Weg geben: Wenn ein Werkzeug einmal nicht so funktioniert, wie Sie es erwarten, kann es sein, dass Sie irgendetwas verstellt haben. Bei manchen Werkzeugen kann die Ursachen-

forschung ganz schön intensiv werden.
Klicken Sie in solchen Fällen am besten mit
der rechten Maustaste auf die Schaltfläche,
um das Werkzeug wieder auf seine Standardeinstellungen zurückzustellen.

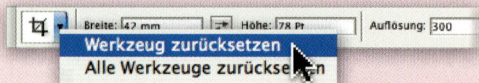

⑨ Paletten
Viele der Einstellungen, die Sie in den Pro-
grammen von Adobe vornehmen, erledigen
Sie über Paletten.

⑩ Gruppe von drei Paletten
Die Palettenzusammenstellung, die Sie im
ersten Screenshot dieses Grundlagenexkurses
sehen, ist die Standard-Arbeitsumgebung. Sie
können die Zusammenstellung aber beliebig
an Ihre eigenen Wünsche und Anforderungen
anpassen.

Um eine Palette aus einer Gruppe von
Paletten zu lösen ❶, fassen Sie sie an der
Registerkarte und ziehen sie heraus.

Um eine Palette mit einer anderen zu
kombinieren, ziehen Sie sie auf diese – ebenfalls an der Registerkarte. Lassen Sie die
Maustaste erst dann los, wenn ein blauer
Rahmen ❷ erscheint.

Oft ist es sinnvoller, Paletten nicht hintereinander zu legen – eine von beiden ist dann
immer verborgen. Wichtige Kombinationen
hänge ich lieber übereinander. Ziehen Sie
dazu eine Palette an den unteren Rand der
anderen und lassen Sie die Maustaste los,
wenn eine blaue Linie ❸ erscheint. Die
Paletten hängen jetzt zusammen ❹.

Mit einem Klick auf die Kopfleiste ❺ der
Palette können Sie diese bei Platzmangel
einklappen:

⑪ Paletten auf Symbole minimieren
Um Platz auf Ihrem Bildschirm zu sparen,
können Sie Paletten im seitlichen Dock auch
zu Symbolen verkleinern. Klicken Sie dazu auf
das doppelte Dreieck ❻ in der rechten oberen
Ecke. Die Paletten werden dann auf eine
beschriftete Schaltfläche samt Symbol mini-
miert.

Wenn Sie noch mehr Platz sparen möchten
und die Bedeutung der Symbole bereits
kennen, können Sie diese Schalflächen weiter
reduzieren ❼, so dass nur ein platzsparendes
Icon übrig bleibt ❽.

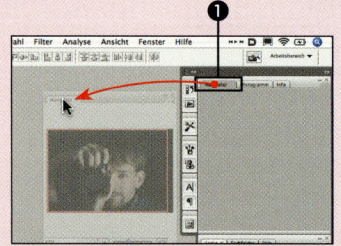

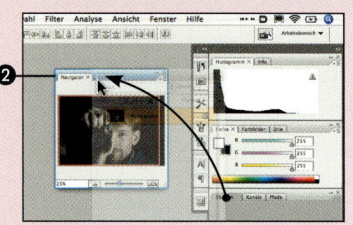

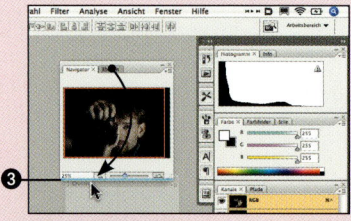
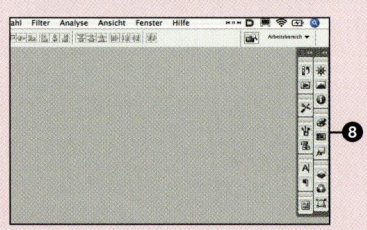

⑫ Gruppe von minimierten Paletten
Um eine Palette sichtbar zu machen, klicken
Sie auf das entsprechende Symbol ❾ – die
Palette wird dann geöffnet.

Wenn Sie eine andere minimierte Palette
öffnen, dann wird die zuletzt geöffnete geschlossen.

Nach Standard bleibt die zuletzt geöffnete Palette offen, bis Sie sie schließen oder eine andere öffnen. Mit einem Rechtsklick in die Kopfleiste einer Palette ❿ können Sie jedoch einstellen, dass sich Symbolpaletten automatisch verkleinern, sobald Sie eine andere Aktion ausführen.

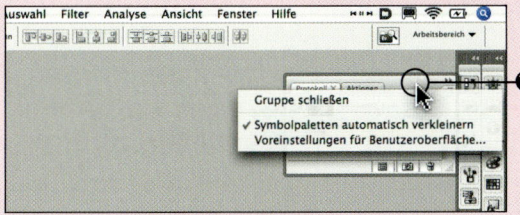

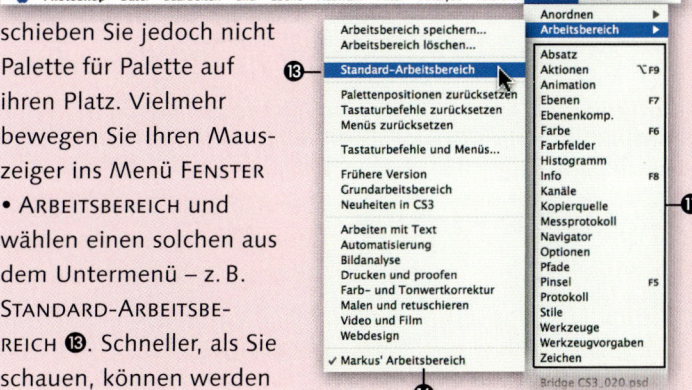

⓭ **Menü »Fenster«**

In diesem Menü finden Sie keine Befehle zum Bearbeiten von Bildern, weshalb dieses Menü auch im Buch kaum erwähnt wird. Dennoch werden Sie in jedem Workshop mit dem zu tun haben, was Sie hier finden: den Paletten. Hier sind sie alle versammelt – von der Absatz- bis zur Zeichen-Palette ⓫.

Interessant ist das Menü Fenster aber nicht nur, um Paletten aufzurufen. Interessant ist auch, dass hier die Photoshop-Putzkolonne lebt (die sogenannten Arbeitsbereiche), die das Aufräumen für Sie übernimmt.

Stellen Sie sich vor, Sie sitzen gerade mitten in einer aufwändigen Bildbearbeitungs-Session. Seit Stunden sind Sie dran und sehen nicht nur keinen Wald vor lauter Bäumen mehr, sondern auch kein Bild vor lauter Paletten ⓬.

Es wird also Zeit, Ordnung zu schaffen. Da Sie ein angehender Photoshop-Profi sind,

schieben Sie jedoch nicht Palette für Palette auf ihren Platz. Vielmehr bewegen Sie Ihren Mauszeiger ins Menü Fenster • Arbeitsbereich und wählen einen solchen aus dem Untermenü – z. B. Standard-Arbeitsbereich ⓭. Schneller, als Sie schauen, können werden alle Paletten wie von Geisterhand an ihren Standardplatz verfrachtet, und es herrscht wieder Ordnung ⓮.

Adobe gibt Ihnen sogar die Möglichkeit, eigene Arbeitsbereiche zu speichern. Ordnen Sie dazu zunächst einmal alle Paletten nach Ihrem Gusto an. Wählen Sie dann Menü Fenster • Arbeitsbereich • Arbeitsbereich speichern. Geben Sie im darauffolgenden Dialog ⓯ Ihrem Arbeitsbereich einen aussagekräftigen Namen und bestätigen Sie.

Fortan erscheint Ihr Arbeitsbereich ⓰ immer im Menü Arbeitsbereich, und Sie können ihn dort jederzeit aufrufen.

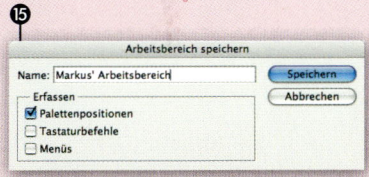

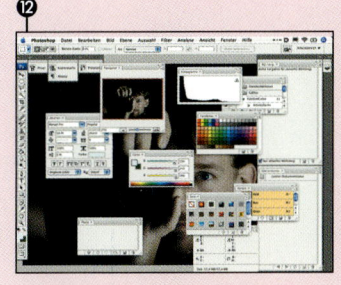

Ausgabeauflösung prüfen

Wie groß darf Ihr Bild werden?

*Das Anpassen von Bildgröße, Bildauflösung und Ausgabeauf-
lösung gehört zu den wichtigsten und häufigsten Tätigkeiten
in Adobe Photoshop. Praktisch jedes Bild muss so bearbeitet
werden. Dabei müssen Sie aber immer beachten, dass Sie ein
Bild nicht größer darstellen dürfen, als die vorhandene Bildinformation es erlaubt. Aber wie groß ist erlaubt?*

Zielsetzungen:

Ausgabeauflösung der Datei
anpassen, maximales Ausgabeformat eruieren

[bildgroesse.psd]

Foto: Markus Wäger

1   Bildgröße prüfen

Klicken Sie bei gedrückter ⎇Alt⎇-Taste auf den angezeigten Bereich links unten am Dokumentfenster – ein Infofeld klappt auf, in dem Sie die wichtigsten Informationen über das Dokument nachlesen können: Breite und Höhe in Pixel und eingestellter Maßeinheit (in diesem Fall Zoll), Farbkanäle und Farbraum sowie die aktuelle Ausgabeauflösung.

2   Maßeinheit umstellen

Wenn Sie es mit einer Maßeinheit zu tun haben, die ihnen nicht zusagt, dann können Sie sie selbstverständlich wechseln. Das ginge wie zu erwarten über die Voreinstellungen, schneller jedoch, wenn Sie mit der rechten Maustaste auf eines der Lineale klicken.

Sollten die Lineale nicht sichtbar sein, dann können Sie sie über Menü ANSICHT • LINEALE anzeigen lassen oder auch über ⎇Strg⎇/⎇⌘⎇+⎇R⎇ (wie Ruler = Lineal).

3   Bildgröße-Dialog aufrufen

Um etwas an der Bildgröße oder der Ausgabeauflösung zu verändern, müssen Sie über Menü BILD den Dialog BILDGRÖSSE aufrufen.

Tipp: Viele meiner Kursteilnehmer notieren jedes Tastaturkürzel, das ich erwähne. Dabei lassen sich doch die Shortcuts aller Menübefehle im Menü nachschlagen!

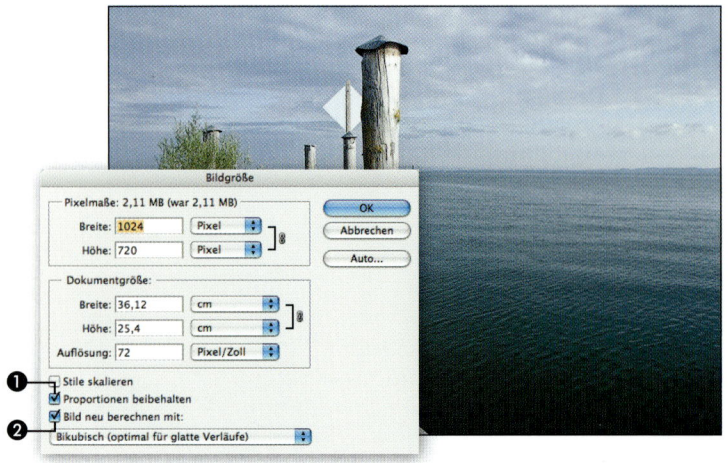

4 Bild neu berechnen mit

Sie können alle Werte der Pixelmaße und Dokumentgröße nach Belieben verändern – wenn Sie PROPORTIONEN BEIBEHALTEN ❶ deaktivieren, sogar Breite und Höhe unabhängig voneinander.

Wenn Sie jedoch herausfinden möchten, wie groß Sie ein Dokument bei einer bestimmten Ausgabeauflösung drucken können, dann deaktivieren Sie am besten die Option BILD NEU BERECHNEN MIT ❷ – dadurch verhindern Sie, dass sich die Bildauflösung verändert.

5 Bildgröße bestimmen

Wenn Sie nun die Werte im Feld AUFLÖSUNG ❸ verändern, beispielsweise von 72 ppi (was gemeinhin als »Bildschirmauflösung« bezeichnet wird) auf 300 ppi erhöhen, dann passen sich die Werte für Breite und Höhe des Bildes automatisch an, ohne dass die Bildauflösung (Pixelmaße) ❹ dadurch verändert wird. Sie sehen also, dass Sie das vorliegende Bild bei einer Ausgabeauflösung von 300 ppi in einem Format von 8,67 cm Breite und 6,1 cm Höhe bei bester Qualität drucken lassen können.

6 Ausgabeauflösung bestimmen

Umgekehrt können Sie auch einen Wert für die Breite in Zentimetern ❺ angeben und somit prüfen, wie viel ppi Ausgabeauflösung ❻ sich daraus bei unveränderter Qualität ergeben.

Im abgebildeten Beispiel sind es gerade mal 130 ppi – für die meisten Druckverfahren zu wenig!

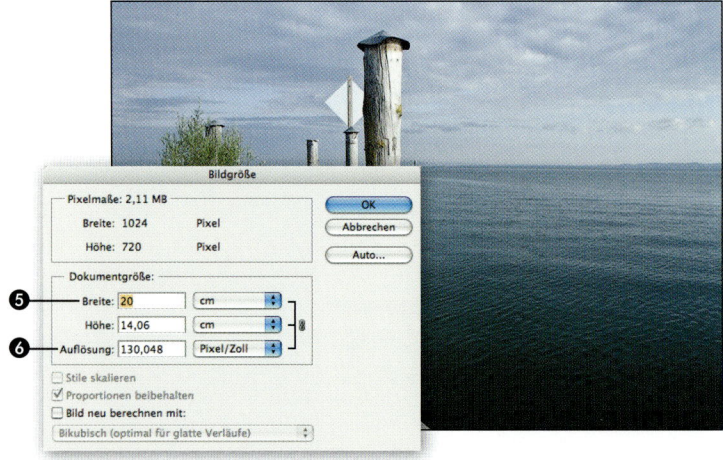

Tipp: Wenn Ihnen die Geschichte mit Ausgabeauflösung, Bildauflösung und Dokumentformat spanisch vorkommt, dann sollten Sie vielleicht den Grundlagenexkurs darüber, ab Seite 36, vorziehen, bevor Sie hier fortfahren.

SCHWIERIGKEITSGRAD 1 FÜR EINSTEIGER

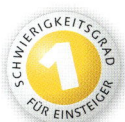

Bildgröße anpassen

Wenn es auf die Größe ankommt

Nur sehr selten kommt es vor, dass Sie ein Bild in genau der Größe und Auflösung drucken, in der es vorliegt. Meist müssen Sie das Motiv an ein Format anpassen, welches beispielsweise durch ein Layout vorgegeben wurde. In diesem kurzen Workshop zeige ich Ihnen, wie ich das Ausgangsbild des Fotos unten eingestellt habe, um es in diesem Buch zu platzieren.

Zielsetzung:
Bildauflösung, Bildgröße und Ausgabeauflösung an das Format und die Bedingungen der Produktion anpassen
[aufloesung.psd]

Foto: Alexey Klementiev – Fotolia.com

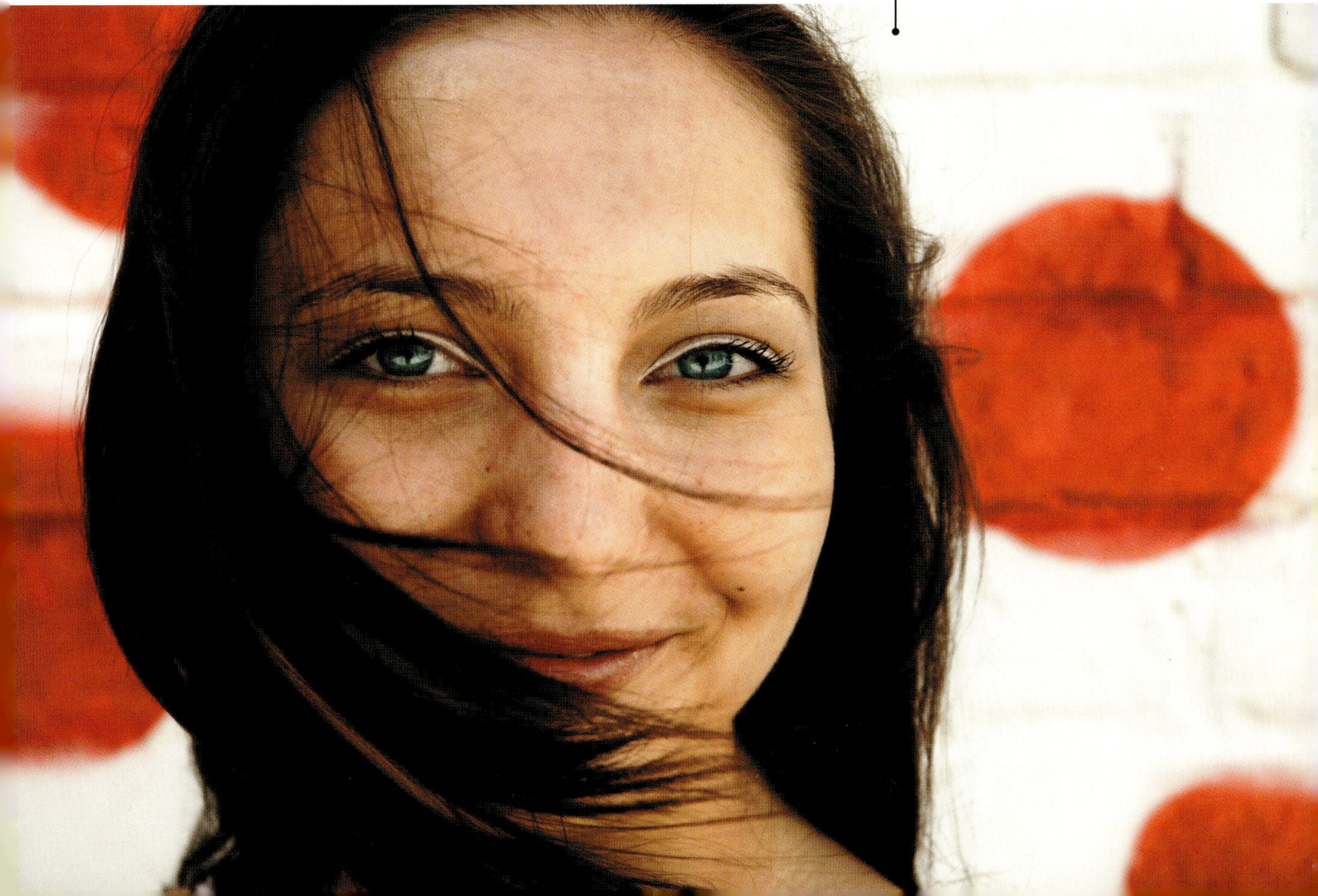

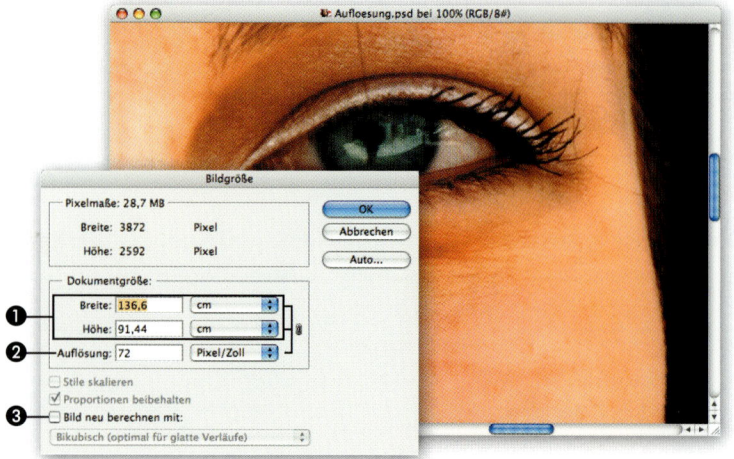

1 Ausgabeauflösung ermitteln

Rufen Sie wie zuvor Menü BILD • BILDGRÖSSE auf. Sie sehen, dass dieses Bild sehr groß ist ❶ – auf jeden Fall, wenn man das Format in Zentimetern betrachtet. Ob die Größe der Auflösung ausreichend ist, wissen wir noch nicht. Für die Ausgabe im Offsetdruck hätten wir gerne eine Ausgabeauflösung ❷ von 300 dpi, dieses Bild hier hat aber lediglich 72 dpi – das muss also geändert werden.

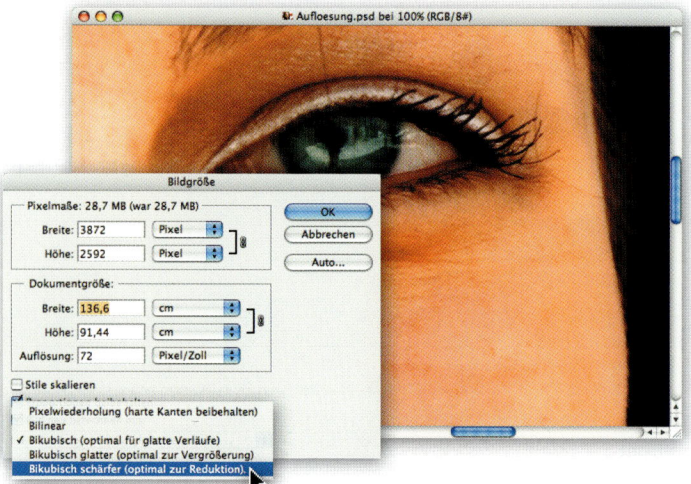

2 Neuberechnungsmethode wählen

Stellen Sie sicher, dass BILD NEU BERECHNEN MIT ❸ aktiviert ist, und wählen Sie eine der bikubischen Methoden. Wenn Sie die Bildauflösung reduzieren, dann können Sie BIKUBISCH SCHÄRFER einstellen – Sie können dann auf anschließendes Nachschärfen verzichten. Und genau das werden wir jetzt tun.

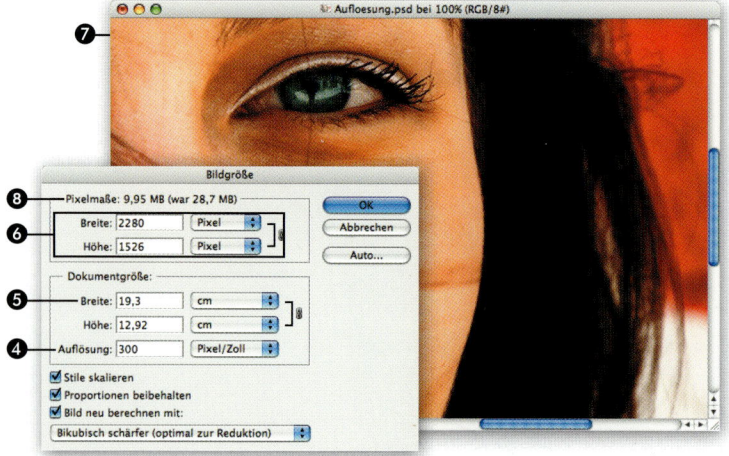

3 Ausgabeauflösung einstellen, Dokumentgröße festlegen

Die Ausgabeauflösung stelle ich auf 300 ppi ❹ (Pixel/Zoll = Pixel/Inch). Den Wert für das Format definiere ich über die Breite ❺ – die Höhe ergibt sich. Es darf zu keiner Erhöhung der Bildauflösung (Pixelmaße) ❻ kommen! Photoshop müsste Bildpixel dazuerfinden, was eine Qualitätsverschlechterung zur Folge hätte. Nachdem ich OK geklickt habe, ist die Auflösung des Bildes reduziert – das Bild wird am Bildschirm jetzt kleiner dargestellt ❼.

> **Tipp:** Für eine gute Ausgabequalität muss der Ist-Wert geringer sein als der War-Wert in Klammern ❽.

Bilder beschneiden

Mit dem Freistellungswerkzeug drehen und zuschneiden

Wie vieles in Photoshop hat das »Freistellen« eine Doppelbedeutung. Zum einen spricht man vom Freistellen, wenn Sie eine Figur vom Hintergrund trennen, um beispielsweise die Farbe dahinter zu verändern. Adobe hat aber auch das Werkzeug zum Beschneiden auf ein kleineres Format »Freistellungswerkzeug« genannt. Und so ist jetzt nicht immer ganz klar, was gemeint ist, wenn jemand sagt, er stellt etwas frei. Mir wäre Freistellen für dieses und Beschneiden für jenes sympathischer.

Zielsetzungen:
Horizont gerade ausrichten
Neuen, verdichteten
Ausschnitt bestimmen
[beschneiden1.psd]

Foto: Markus Wäger

1 Freistellungswerkzeug wählen und zurücksetzen

Aktivieren Sie das Freistellungswerkzeug ❶. Sollten in der Optionen-Palette noch Werte für BREITE, HÖHE und/oder AUFLÖSUNG ❷ angezeigt werden, können Sie diese durch Klick auf die Schaltfläche LÖSCHEN ❸ entfernen.

2 Freistellungsbereich wählen

Ziehen Sie dann bei gedrückter Maustaste ein Auswahlrechteck über das Bild bzw. den Bereich, auf den Sie beschneiden wollen.

Am Horizont ist jetzt zu erkennen, dass das Bild deutlich schief aufgenommen wurde. Diese Schieflage gilt es zu begradigen. Daher ziehe ich den Ausschnitt noch nicht so auf, wie ich ihn im Endeffekt wünsche, sondern beginne am Horizont mit der Auswahl.

3 Freistellungsauswahl drehen

Wenn ich den Mauszeiger aus der Auswahl herausbewege, dann verwandelt er sich in einen Doppelpfeil. Bewege ich die Maus bei gedrückter Maustaste, dann rotiert die Auswahl um das Fadenkreuz in der Mitte ❹.

Tipp: Sie können das Fadenkreuz ❹ auch an einen beliebigen Platz verschieben – die Auswahl rotiert sodann nicht mehr um ihre Mitte, sondern um genau den Punkt, an dem sich das Fadenkreuz befindet.

4 Freistellungsbereich anpassen

Nachdem ich die Auswahl korrekt am Horizont ausgerichtet habe, kann ich nun den Bereich, auf den ich das Bild zuschneiden möchte, anpassen. Dazu ziehe ich an den kleinen Quadraten – den sogenannten Anfassern –, die Sie an den vier Ecken und den vier Seiten sehen, bis die Auswahl genau meinen Vorstellungen entspricht.

5 Ausgeblendeten Bereich abdunkeln

Wenn es Ihnen hilft, das Ergebnis Ihrer Beschneidungsaktion besser beurteilen zu können, dann können Sie den Bereich außerhalb Ihrer Auswahl auch stärker abdunkeln, indem Sie den Wert für DECKKR. in der Optionen-Palette verändern.

6 Auswahlbereich bestätigen

Wenn Sie mit der Auswahl zufrieden sind, dann können sie Sie bestätigen, indem Sie innerhalb der Auswahl doppelklicken oder die ↵-Taste betätigen.

Freistellen, Auflösung anpassen und Scharfzeichnen

Bildausschnitt und Ausgabeauflösung in einem

Ob Sie Ihre Bilder für eine Bildschirmpräsentation vorbereiten, für das Layout einer Broschüre oder um im Fotolabor Abzüge zu bestellen, immer brauchen Sie das Bild in einem bestimmten Format und einer festgelegten Auflösung. Mit dem Freistellungswerkzeug können Sie den Bildausschnitt wählen, das Format bestimmen und die Auflösung in einem Durchgang anpassen.

Zielsetzungen:

Bildausschnitt verkleinern

Auflösung anpassen

Schärfeverlust ausgleichen

[beschneiden2.psd]

Foto: Markus Wäger

1 Bildformat und Ausgabeauflösung festlegen

Aktivieren Sie das Freistellungswerkzeug. Zuvor haben Sie die Angaben in den Feldern BREITE, HÖHE und AUFLÖSUNG gelöscht. Diesmal werden Sie sie ganz bewusst eintragen. Das Bild soll wieder in das Layout dieses Buches passen. Deshalb geben Sie für BREITE ❶ 130 mm ein und für die HÖHE ❷ 100 mm. Da die Ausgabe im Offsetdruck erfolgen soll, bestimmen Sie die Ausgabeauflösung ❸ mit 300 ppi.

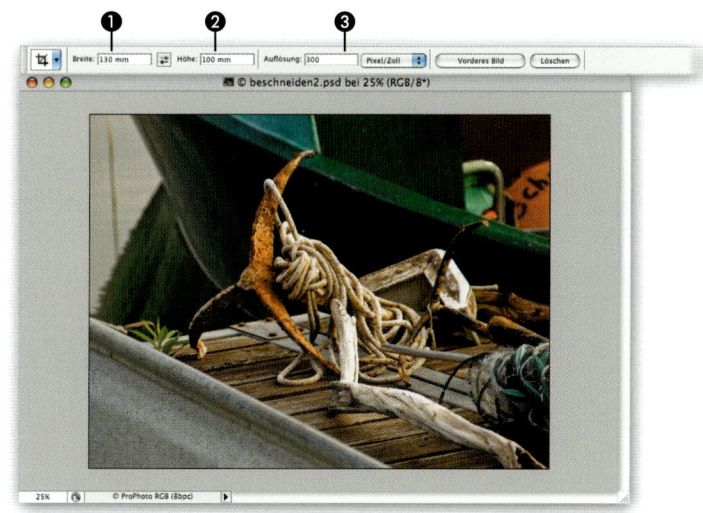

2 Zuschneidungsbereich wählen

Ziehen Sie eine Auswahl wie zuvor beschrieben auf. Sie werden bemerken, dass die Proportionen nun durch die Definition von Breite und Höhe eingeschränkt sind.

3 Auswahl verschieben

Verschieben Sie die Auswahl, indem Sie den Mauszeiger darin platzieren ❹ und den Bereich bei gedrückter Maustaste verschieben. Sollte im Menü ANSICHT • MAGNETISCHE HILFSLINIEN aktiviert sein und Sie dem Rand zu nahe kommen, wird die Auswahl davon angezogen und eine rosa Hilfslinie angezeigt ❺. Durch Drücken der ⌨Ctrl⌨-Taste am Mac bzw. ⌨Strg⌨-Taste unter Windows wird diese Funktion temporär deaktiviert, und Sie können die Auswahl auch knapp an den Rand heranführen.

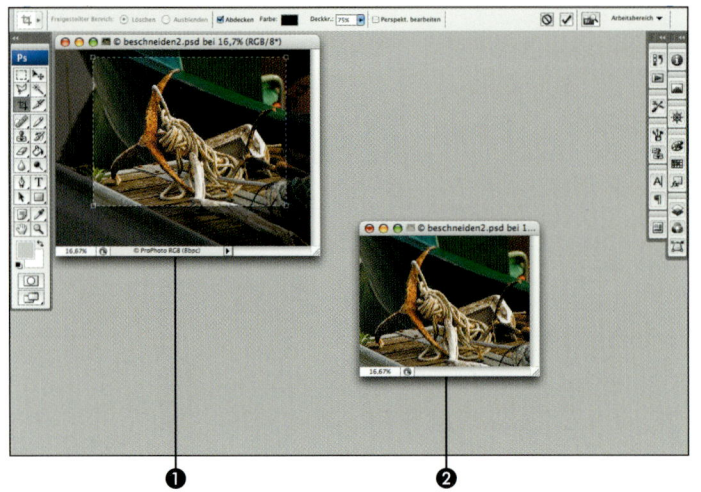

4   Beschneiden abschließen

Nachdem Sie die Auswahl verschoben haben, können Sie Breite/Höhe über die Anfasser noch einmal nachjustieren. Bestätigen Sie wieder mit ⏎, wenn Sie fertig sind, oder klicken Sie doppelt *in* die Auswahl.

Das Resultat ❷ sollte tendenziell eher kleiner sein als das ursprüngliche Bild ❶. Damit meine ich, dass das Objekt auf dem Motiv kleiner sein sollte – in diesem Fall der Anker. Das Bild wird natürlich durch das Wegschneiden von Bildteilen auch kleiner.

5   Achtung: Bilder nicht interpolieren!

Ist das Bild nach dem Bestätigen der Beschneidungsauswahl größer ❸, dann heißt dies, dass Photoshop das Bild interpolieren musste, um Ihre Vorgabe zu erfüllen. In geringem Ausmaß stellt das kein Problem dar, aber wenn die Interpolation größer ist als etwa 120 %, dann wird die Sache schon etwas heikel.

Im anschließenden Grundlagenexkurs erfahren Sie mehr über den Zusammenhang von Bildgröße und Auflösung.

6   Ansicht auf »tatsächliche Pixel« stellen

Nachdem Sie die Auflösung eines Bildes reduziert haben, was hier der Fall ist, sollten Sie nachschärfen. Zuerst stellen Sie aber am besten die Ansicht über Menü ANSICHT auf TATSÄCHLICHE PIXEL ([Strg]/[⌘]+[Alt]-[0]).

Alternativ können Sie auch auf das Zoomwerkzeug 🔍 doppelklicken oder so oft bei gedrückter Leertaste und [Strg]/[⌘]-Taste mit dem Zoomwerkzeug 🔍 auf das Bild klicken, bis Sie bei 100 % – also tatsächlichen Pixeln – angelangt sind.

7 »Unscharf maskieren« aufrufen

Wenn Sie in Photoshop neu sind, dann wird es Ihnen wahrscheinlich etwas seltsam vorkommen, einen Filter mit dem Titel »Unscharf maskieren« aufzurufen, um einem Bild verlorene Schärfe zurückzugeben – aber das hat schon seine Richtigkeit.

Wählen Sie also im Menü FILTER • SCHARFZEICHNUNGSFILTER • UNSCHARF MASKIEREN.

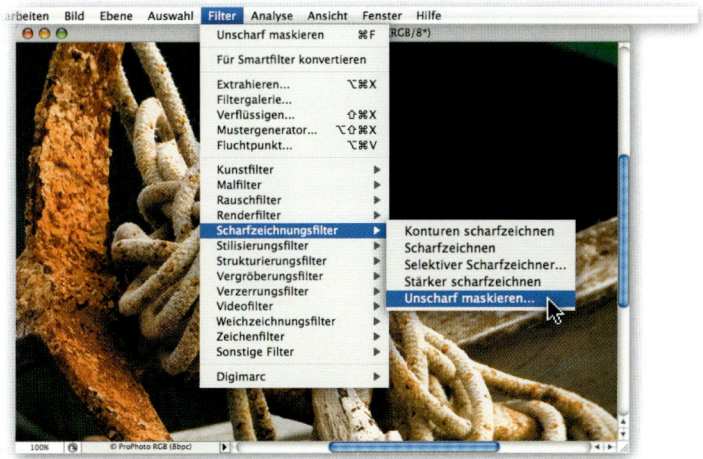

8 Unscharf maskieren einstellen

Wie in vielen Belangen, gehen die Meinungen, wie man ein Bild am besten schärft, auseinander. Meine Methode sieht so aus: Zunächst stelle ich STÄRKE ❹ auf Maximum, also 500 %, SCHWELLENWERT ❻ auf Minimum, also 0, und den RADIUS ❺ auf 1,0 Pixel.

9 Stärke justieren

Danach ziehe ich den Schieberegler für die STÄRKE so weit nach links, bis sich aus der Zunahme an Schärfe (hier am besten zu sehen beim Rost und der Struktur des Taus) und dem Hervortreten von Störungen (die gibt es bei allen Bildern, digital meist in dunklen, gleichmäßigen oder verlaufenden Flächen) ein optimaler Kompromiss ergibt.

Meist liegen gute Werte zwischen 50 und 200 Prozent.

Tipp: Wenn Sie den Mauszeiger in das Bild hineinbewegen ❼ und klicken, dann wird exakt dieser Bereich im Vorschaufenster im Dialog angezeigt.

10 Schwellenwert einstellen

Nun wird der Schwellenwert eingestellt. Die Maus ist mir dafür aber zu ungenau. Deshalb klicke ich ins Eingabefeld ❶ und steuere den Wert über ↑ und ↓. Für größere Schritte halte ich zusätzlich die ⇧-Taste gedrückt.

Wenn die Störungen in den dunklen Bereichen zurückgegangen sind, ohne dabei wieder zu viel an Schärfe zu verlieren, ist der Wert gut. In der Regel bleibe ich dabei zwischen 0 und 15.

11 Ergebnis prüfen

Um das Ergebnis prüfen zu können, aktiviere und deaktiviere ich die Vorschau des Dialogs. Ist das Häkchen bei VORSCHAU weg, zeigt das Fenster dahinter das Vorher an.

Ein/aus, ein/aus … Was ist besser? Viele Einstellungen in Photoshop sind äußerst subtil. Diese Vorher/Nachher-Methode bewährt sich bestens, um eine Entscheidung zu treffen. Wenn es nicht passt, werden die Werte für den Schwellenwert noch einmal nachjustiert.

12 Ausschnitt verschieben

Wenn Sie den Mauszeiger ins Bild hineinbewegen und die Leertaste drücken, dann können Sie den sichtbaren Ausschnitt innerhalb des Fensters verschieben.

Sie können auch bei gedrückter Strg/⌘+Leertaste in das Bild hineinzoomen und durch Drücken von Strg/⌘+Alt+Leertaste wieder heraus.

13 Und der Radius?

Den Radius belasse ich in der Regel bei »1«.
Radius und Stärke hängen direkt miteinander
zusammen. Mehr Radius heißt, man muss die
Stärke reduzieren und umgekehrt. Nach
meiner Erfahrung genügt es für hochauf-
lösende Bilder (also 300 dpi) mit einem Wert
von 1 zu arbeiten. Bei Bildern für den Bildschirm (in der Regel 72 dpi) arbeite ich mit
Werten zwischen 0,2 und 0,5.

14 Ergebnis prüfen

Ein alter Photoshop-Trick: Einmal Strg /
⌘ + Z drücken: der Arbeitsschritt wird rückgängig gemacht, das Bild ist wieder wie
vorher. Noch einmal Strg / ⌘ + Z : der Arbeitsschritt wird wiederhergestellt; das Bild ist
wieder so wie danach – in unserem Fall
scharfgezeichnet.

Strg / ⌘ + Z : vorher. Strg / ⌘ + Z
nachher. Davor. Danach. Was ist besser?
Wenn die Bearbeitung keine Verbesserung
darstellt, muss der Arbeitsschritt zurückgenommen und ein zweites Mal mit anderen
Einstellungen vorgenommen werden.

Tipp: Den meisten Photoshop-Usern
ist die Protokoll-Palette bekannt. Ist ja
auch eine feine Sache. Die wenigsten
Benutzer wissen aber, dass man auch
über die Tastatur mehrere Schritte rückgängig machen kann, und zwar über
Menü BEARBEITEN • SCHRITT ZURÜCK
oder Strg / ⌘ + Alt + Z . Mit Strg /
⌘ + ⇧ + Z oder Menü BEARBEITEN •
SCHRITT VORWÄRTS lässt sich der Schritt
wiederherstellen (also das Rückgängig-
machen rückgängig machen).

Werkzeugvorgaben speichern

Damit Sie oft benötigte Einstellungen schnell zur Hand haben

Es gibt Werkzeugeinstellungen, die brauchen Sie laufend. Mal so, mal so. Um nicht jedes Mal alle Einstellungen neuerlich Schritt für Schritt vornehmen zu müssen, können Sie diese auch als Vorgabe speichern. Anschließend ist ein Satz bestimmter Einstellungen für ein Werkzeug nur noch einen Klick entfernt. Ich brauche das meist beim Freistellungswerkzeug.

Zielsetzungen:

Werkzeugvorgaben dauerhaft speichern, um sie schnell auf Bilder in regelmäßig benötigten Formaten und Auflösungen anwenden zu können

[freistellungswerkzeug.psd]

Foto: Markus Wäger

1   Freistellungswerkzeug einstellen

Wählen Sie das Freistellungswerkzeug, und stellen Sie die Werte für BREITE ❶, HÖHE ❷ und Ausgabeauflösung ❸ ein. Sie müssen nicht zwingend in allen drei Feldern etwas angeben, aber in den meisten Fällen wird es wohl so sein.

2   Werkzeugvorgabe erstellen

Um nun für diese Einstellungen eine Werkzeugvorgabe zu erstellen, klicken Sie zunächst auf die Schaltfläche für die Werkzeugvorgaben ❹ und in der sich öffnenden Palette auf die Schaltfläche NEUE WERKZEUGVORGABE ERSTELLEN 🔲 ❺.

Sie erhalten dann einen Dialog, in dem Sie die Werkzeugvorgabe benennen können ❻ – ich nenne meine Werkzeugvorgabe »Markus' Standardfotos«.

3   Werkzeugvorgabe wählen

Fortan können Sie jederzeit über die Werkzeugvorgaben-Schaltfläche auf Ihre Werkzeugvorgabe zurückgreifen ❼.

Sie können Ihre Werkzeugvorgaben auch speichern, indem Sie im Optionsmenü ❽ dieser Palette den Menüpunkt WERKZEUGVORGABEN SPEICHERN ❾ wählen.

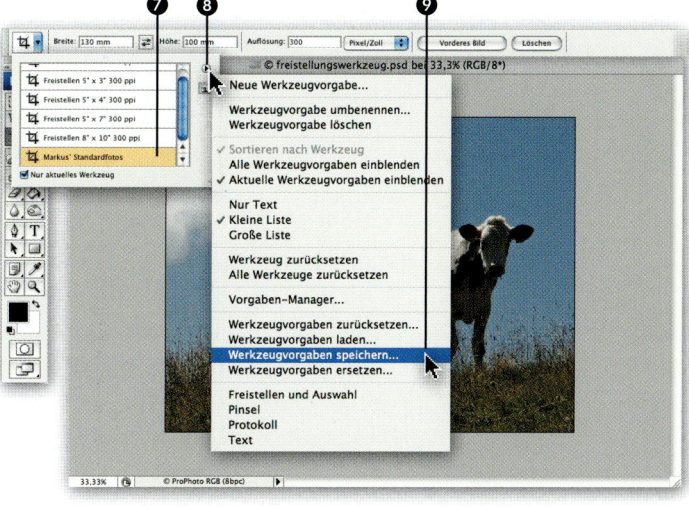

Auflösung und Format

In Photoshop dreht sich alles um Pixel und Auflösung.

Foto: Markus Wäger

Foto: istockphoto.com

Foto: istockphoto.com

30 Pixel

40 Pixel

Das erste Thema, das die Köpfe der Teilnehmer meiner Seminare unweigerlich zum Rauchen bringt, ist die Geschichte von Auflösung und Format. Leider ist dieses Thema dermaßen essenziell, dass ich es Ihnen keinesfalls ersparen kann und Sie es nicht überspringen sollten, wenn Sie Photoshop verstehen wollen.

Kern der ganzen Thematik stellen die Auflösungen dar. Und da gibt es eine ganze Reihe von Auflösungen, die für den Photoshopper von Interesse sind.

Die Auflösung der Kamera

Manche Bilder kommen über einen Scanner auf den Computer – die meisten aber direkt von der Digitalkamera, was vereinfacht ausgedrückt etwa so läuft: Zunächst einmal gibt es ein Motiv, in diesem Fall eine Person ❶. Sie

können dieser Person so nahe kommen, wie Sie (beide) es wollen, Sie werden keine Form des Rasters oder der Auflösung entdecken.

Wenn Sie besagte Person nun digital fotografieren, dann fällt Licht durch das Objektiv der Kamera auf den Sensor im Inneren ❷. Hier lauern lauter winzige, lichtempfindliche Punkte auf das Licht, und jeder dieser Punkte ermittelt genau einen Farbwert. Streng genommen ermittelt immer ein Team von vier Punkten einen Farbwert, aber das ist für unsere Thematik hier unwichtig.

Die Informationen dieser lichtempfindlichen Sensorpixel sind die Bausteine, aus denen sich das fotografierte Bild zusammensetzt. Das Resultat, das von der Kamera auf den Bildspeicher – meist eine Speicherkarte – übertragen wird, können Sie sich als Mosaik vorstellen.

Je mehr Empfängerpixel der Sensor trägt, desto mehr bunte *Steinchen* ergeben sich, um das Bild aufzuzeichnen.

Nehmen wir an, unsere digitale Kamera hätte eine Auflösung von 40 Empfängerpixeln in der Breite und 30 Empfängerpixeln in der Höhe. Unser Motiv würde also in diesem Fall aus 1200 Mosaiksteinchen bestehen (40 Mosaiksteinchen in einer Zeile und das Ganze à 30 Zeilen sind 1200 Einzelteile).

1200 ist eine Ewigkeit, wenn es sich um Jahre handelt, es ist eine Menge, wenn es um Geld geht, aber – wie Sie an Abbildung ❸ sehen können – es ist verdammt wenig, wenn es sich um die Mosaiksteinchen eines Bildes handelt. Um es korrekt auszudrücken: Das Digitalfoto hat nur 1200 Pixel (ein Zehntel eines Megapixels!).

Die Bildauflösung

Aus der Auflösung der Kamera ergibt sich die Auflösung des Fotos. Unsere Kamera im zweiten Beispiel erzeugt ein Bild mit 100 × 75 Pixeln – die Auflösung ist im Vergleich zum ersten schon etwas höher. Die Pixel sind in der Abbildung ❹ allerdings noch immer ganz deutlich zu sehen.

75 Pixel

100 Pixel

Als angehender Photoshop-Profi wissen Sie bereits, was zu tun ist, um die Auflösung zu erhöhen. Sie öffnen im Menü BILD • BILD-GRÖSSE und erhöhen die Auflösung auf einen Wert, der für eine hochwertige Ausgabe angemessen ist. Ich habe der mathematischen Einfachheit halber aus »100« Pixel BREITE ❺ »1000« ❻ gemacht – also den Wert verzehnfacht – und freue mich bereits auf mein hoch aufgelöstes Resultat. Aber – hoppla – das Resultat ❼ ist äußerst unansehnlich!

Nun, warum liefert Photoshop ein solch minderwertiges Ergebnis? Der Grund ist ganz einfach: Ein Bild mit einer geringen Auflösung – also wenigen Mosaikbausteinchen – kann immer nur wenig Information über das Bild liefern. Wenn Sie Abbildung ❶ betrachten, erkennen Sie einzelne Haare, ein Kettchen samt Anhänger, Sie können Iris und Pupille unterscheiden, und auch Augenbrauen und Wimpern sind erkennbar. Abbildung ❸

würden die meisten Menschen wohl mit Müh und Not als Gesicht identifizieren und daraus schließen, dass zwei der Punkte die Augen sein müssten.

In Abbildung ❹ sind die Augen zu erkennen und der Anhänger des Kettchens, auch die Frisur ist deutlicher zu identifizieren. Aber Iris und Pupille sind keinesfalls zu unterscheiden, und das Kettchen würden Sie ohne An-

750 Pixel

1000 Pixel

hänger nicht wahrnehmen. Die Brauen sind als Ganzes erkennbar, aber keine einzelnen Haare.

Für Photoshop ist das Bild der Frau nichts anderes als eine Ansammlung von Pixeln (genau genommen Nullen und Einsen). Es kennt keine Augen, keine Haare und keine Kette. Und es kann sich die Information über Iris und Pupille, über das Kettchen oder den Fall einzelner Haare sowie deren Lichtreflexe nicht aus den Fingern saugen (es hat ja keine).

Photoshop kann Informationen, die nicht da sind, auch nicht in ein Bild hineinzaubern. Wenn Sie dennoch die Auflösung des Bildes erhöhen, indem Sie die Anzahl der Pixel für Breite und Höhe erhöhen, dann kaschiert Photoshop dieses Unvermögen, indem es das Resultat weichzeichnet, also unscharf macht. Diesen Vorgang des »Bildpixel in ein Bild Hineinerfindens«, nennen wir Interpolation. Ich nenne es auch oft »ein Bild aufblasen«.

Die Bildauflösung ist eine fixe Größe, die sich aus der Anzahl der Pixel in einer Zeile mal Pixelzeilen in der Höhe ergibt. Meine Digitalkamera beispielsweise hat eine Auflösung von 3872 × 2592 Pixeln. Das ergibt 10 036 224 Pixel – kurz: zehn Megapixel.

Die Auflösung eines Bildes lässt sich nicht erhöhen, ohne dass sich dabei die Darstellungsqualität verschlechtert.

Umgekehrt ist das unproblematisch: Bilder mit vielen Megabyte an Bildinformationen belegen viel Speicherplatz auf der Festplatte. Wenn Sie Bilder für Drucksachen einsetzen,

dann ist es nicht sinnvoll, jedes Bild in Briefmarkengröße mit den vollen zehn Megapixeln der Digitalkamera an die Druckerei zu übergeben. Dazu können Sie ohne weiteres die Auflösung des Bildes über den Dialog BILD • BILDGRÖSSE herunterrechnen. Das Bild verliert dadurch zwar auch etwas an Schärfe, aber das lässt sich mit dem Unscharf-maskieren-Filter wieder ausgleichen.

Beachten müssen Sie dabei lediglich, dass Sie Bildinformation, die Sie heute aus einem Bild herausrechnen, morgen nicht wieder hineinrechnen können. Stellen Sie also sicher, dass Sie immer nur Kopien herunterrechnen und Originale stets behalten!

Bildschirmauflösung

Nicht nur Bildeingabegeräte wie Digitalkameras und Scanner haben eine Auflösung – auch Ihr Bildschirm. Für die Bildbearbeitung in Photoshop hat die Auflösung des Monitors eine besondere Bedeutung. Nehmen wir an, Ihr Bildschirm könnte 40 × 30 Pixel darstellen ❶. Das ist wenig und nicht realistisch, aber leicht darzustellen – nehmen wir es also an.

Sie haben wieder das Bild mit einer Auflösung von 40 × 30 Pixeln ❷. Wenn Sie es am Bildschirm anzeigen, dann treffen sich zwei Auflösungen: Die Auflösung des Bildes ❷ und die Auflösung des Bildschirms ❶.

Stellen Sie sich die Auflösung des Bildschirms als eine Matrix vor. In jedem Feld der Bildschirm-Matrix sehen Sie ein Pixel des Bildes ❸. In Photoshop nennt sich diese Darstellung TATSÄCHLICHE PIXEL, und sie wird als 100 % angegeben ❺.

Lesen Sie also in Photoshop, die Darstellungsgröße sei 100 %, dann heißt das nicht, dass Sie das Bild jetzt

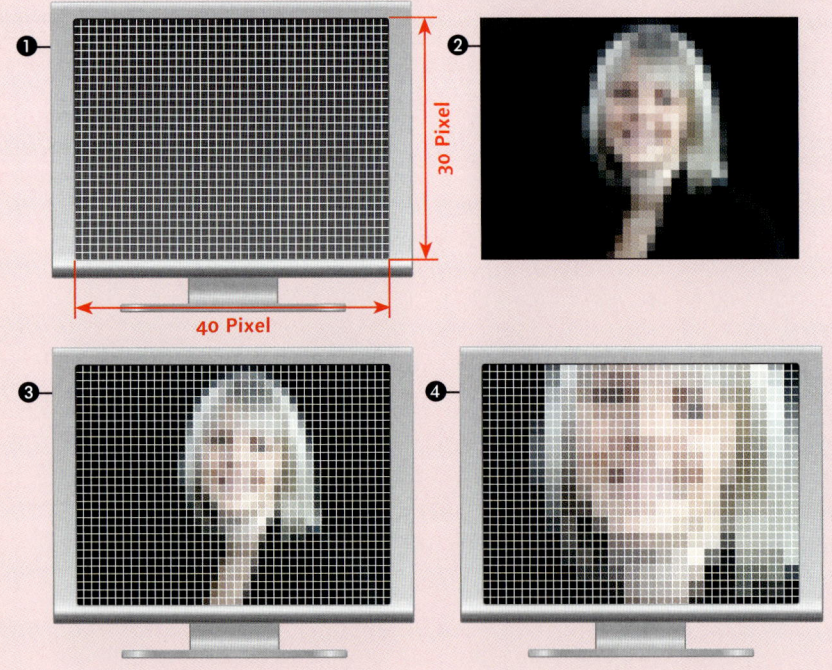

❶   30 Pixel   40 Pixel   ❷   ❸   ❹

genauso groß sehen, wie es aus dem Drucker kommen wird! Es heißt, dass *ein Pixel* des Bilddokuments *einem Pixel* des Bildschirms entspricht! (Wäre ich nicht eingefleischter Typograf, gegen dessen Grundsätze es verstößt, drei Ausrufezeichen hintereinander zu setzen – hier wäre es angemessen!)

Diese Information ist ganz schrecklich wichtig, denn diese 100-Prozent-Ansicht oder Tatsächliche-Pixel-Ansicht ist die einzige, in der Sie sensible Bildkorrekturen vornehmen sollten. Gewöhnen Sie sich an, wann immer

möglich, in dieser Ansicht zu arbeiten. Über das Menü ANSICHT rufen Sie TATSÄCHLICHE PIXEL ([Strg]/[⌘]+[Alt]+[0]) auf.

Zoomen Sie sich mit einem Klick mit der Lupe ⊕ von der 100-Prozent-Ansicht in ein Bild hinein, gelangen Sie zur 200-Prozent-Ansicht ➏. In dieser Ansicht wird ein Pixel des Bildes durch vier Pixel des Bildschirms dargestellt ➍. Ansichten über 100 Prozent sind in Ordnung, wenn Sie Feinarbeiten mit dem Pinsel machen oder mit Lasso oder Zeichenstift eine Auswahl erstellen. Für sensible Retuschen, Scharfzeichnen, Tonwertkorrekturen usw. sollten Sie keinesfalls über die 100-Prozent-Ansicht hinausgehen.

Selbstverständlich sieht es bei Ihnen am Bildschirm nicht so aus wie auf diesen Screenshots, sondern eher wie in Abbildung

➐. Aber anders könnte ich es auf Papier nicht darstellen.

Oft kommt es vor, dass Sie eine Bildbearbeitung, z. B. eine Farbkorrektur, nicht in der 100-Prozent-Ansicht vornehmen können, da Sie in dieser nur einen zu kleinen Ausschnitt des Bildes dargestellt bekämen ➑. Wählen Sie in diesen Fällen Ansichten, die hundert durch eine gerade Zahl teilen – z. B. 50 % (100 ÷ 2), 25 % ➒ (100 ÷ 4), 12,5 % (100 ÷ 8) usw. In diesen Ansichten kann Photoshop quasi einfach einen Teil der Pixel weglassen, so wird bei der 50-Prozent-Ansicht immer nur jedes vierte Pixel des Bildes durch ein Pixel des Bildschirms dargestellt.

Bei allen anderen Ansichten müssen die Pixel neu verteilt werden, und dadurch kommt es vor allem an harten Kanten, bei kräftigen Kontrasten und in feinen Strukturen zu einer leichten Treppchen-Bildung – ein Effekt, der sich nicht in den Druck übertragen lässt – am besten, Sie machen den Test auf Ihrem Bildschirm.

So lange Sie am und für den Bildschirm arbeiten, können Ihnen ppi und dpi völlig egal sein. Wenn Sie Webdesigner sind oder in Photoshop Bilder für Bildschirmpräsentationen vorbereiten, dann brauchen Sie sich um die sogenannte Ausgabeauflösung nicht zu scheren. Alles, was mit absoluten Maßen zu tun hat, ist im Screen-

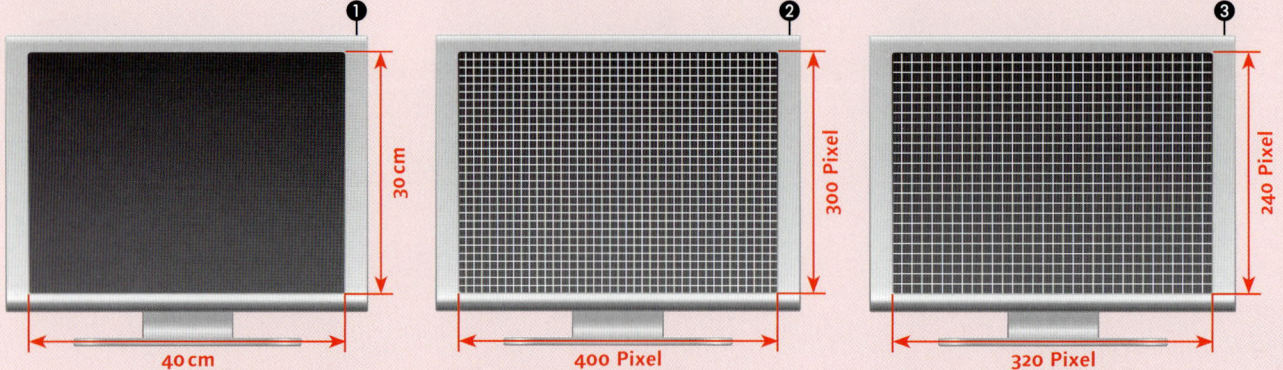

design nicht von Bedeutung – Inch und Zentimeter zählen hier nicht.

Wenn Sie sich mit Computern und Betriebssystemen etwas auskennen, dann wissen Sie wahrscheinlich, dass Sie die Auflösung Ihres Bildschirms verstellen können.

Nehmen wir also wieder etwas an, und zwar, dass Sie einen Bildschirm mit einer Breite von 40 cm und einer Höhe von 30 cm Ihr Eigen nennen ❶. Die aktuelle Bildschirmauflösung beträgt 400 Pixel × 300 Pixel ❷. Folglich kommen auf einen Zentimeter Bildschirmbreite 10 Pixel. Ihr Bildschirm würde demnach bei dieser Einstellung mit 10 Pixeln per Zentimeter arbeiten (10 ppcm).

Normalerweise spricht man im Zusammenhang mit Auflösungen von ppi, also Pixel per Inch. Nach meiner Erfahrung jedoch ist für uns Kontinentaleuropäer Inch eine etwas abstrakte Maßeinheit. Es erleichtert das Verständnis der Materie, wenn man nicht auch noch zusätzlich um diese Ecke denken muss. Aus diesem Grund werde ich für diesen Exkurs bei Pixel per Zentimeter bleiben.

Ihr Bildschirm hat also derzeit eine Auflösung von 10 Pixeln per Zentimeter. Nun stellen Sie jedoch über die Voreinstellungen Ihres Betriebssystems die Auflösung von 400 × 300 auf 320 × 240 Pixel um. Natürlich verändert sich durch diese Umstellung der Bildschirmauflösung nicht die physikalische Größe Ihres Monitors. Der hat nach wie vor

ein Format von 40 cm × 30 cm ❸. Aber auf 40 cm werden nun nicht mehr 400, sondern nur 320 Pixel verteilt. Das sind nicht mehr 10 Pixel per Zentimeter, sondern 8. Anders gesagt: Ein Pixel ist jetzt größer.

Da Sie als Screen- oder Webdesigner niemals wissen, wie groß die Bildschirme der Betrachter Ihrer Werke sind und bei welcher Auflösung sie betrieben werden, kümmern Sie sich also nicht um Inch oder Zentimeter, sondern ausschließlich um Pixel.

Wenn Ihre Bilder, Illustrationen und Designs jedoch in Druck gehen sollen, dann sind Zentimeter für Sie das Maß der Dinge, und die Anzahl der Pixel per Zentimeter ist ausschlaggebend für die Qualität Ihrer Drucke.

Betrachten Sie das Motorrad auf der rechten Seite. In Abbildung ❹ hat das Bild eine Auflösung von 10 Pixeln per Zentimeter (die Auflösung ist jetzt echt, nicht wie in den vorangegangenen Beispielen zur besseren Illustration übertrieben). Das Bild ist 42 mm breit, also kommen auf die Breite 42 Pixel – Sie können nachzählen. Andersherum betrachtet: Ein Pixel in diesem Bild hat eine Breite von genau 1 mm.

Bild Nr. ❺ hat eine Auflösung von 30 ppcm. Es ist ebenfalls 42 mm breit, demnach hat es 126 Pixel in der Breite, oder ein Pixel hat eine Breite von ca. 0,33 mm. Das Bild sieht bereits besser aus, aber bei genauem Hinsehen sind Unschärfen, vielleicht auch Treppchen, zu

erkennen. Diese Auflösung ist zu gering, um professionellen Ansprüchen im Offsetdruck zu genügen.

Besser sieht es mit Bild ❻ aus: Dieses hat eine Auflösung von 100 ppcm. Was das heißt, können Sie nun schon selbst ausrechnen: Das Bild hat 420 Pixel in jeder Zeile; ein Pixel hat hier noch eine Größe von 0,1 mm. Wenn Sie genau hinsehen, werden Sie zwar die Rasterpunkte des Offsetdrucks erkennen, aber keine Bildpixel mehr – diese gehen jetzt im Druckraster unter (und das ist gut so!).

Druckauflösung

Von den einzelnen Punkten (Pixel) eines digitalen Bildes hat jeder eine eigene Farbe – gewöhnlich eine aus Millionen möglichen. Ein Digitalbild besteht wie beschrieben aus einem Mosaik kleiner, farbiger Quadrate ❹.

Im Druck hingegen kann nicht auf Millionen Farben zurückgegriffen werden. Stattdessen kommen wenige Grundfarben zum Einsatz – im Offsetdruck sind es die vier Farben Cyan, Magenta, Gelb und Schwarz (Schwarz, Weiß und Grau sind farbtheoretisch keine Farben, ich werde sie im Laufe des Buches aber der Einfachheit halber zu den Farben zählen).

Der Eindruck bunter, vielfarbiger Flächen entsteht dadurch, dass die Farben der Vorlage durch unterschiedlich große Punkte in den vier Grundfarben umgesetzt werden können ❼/❽. Diese Form des Drucks farbiger und getönter Flächen bezeichnet man als Rasterdruck. Fast alles, was Sie heute an

Bildern auf Papier, Pappe, Plakaten usw. sehen, ist auf diese Art reproduziert worden.

Wenn Sie also Bilddaten, deren Bildpixel Sie mit Photoshop bearbeitet haben, an eine Druckerei weitergeben, dann werden die Bildpixel dort in Rasterpunkte umgewandelt. So, wie sich bei der Darstellung eines Bildes am Bildschirm die Auflösung des Bildes und des Bildschirms treffen, so treffen sich bei der Erstellung von Druckplatten Bildauflösung und Druckrasterauflösung.

Damit die Pixel der digitalen Vorlage im Druck nicht unschön zum Vorschein treten, sollte die Bildauflösung etwa das Doppelte der Druckrasterauflösung betragen. Im Zeitungsdruck hat das Druckraster in der Regel eine Auflösungen bis zu 30 lpcm (man spricht hier von »Lines per inch« bzw. »Lines per cm«). Bei allem anderen (Broschüren, Magazinen, Einladungskarten etc.) wird meist eine Druckrasterauflösung von 60 lpcm verwendet.

Da die Auflösung des Bildes dem Doppelten der Auflösung des Druckrasters entsprechen soll, benötigen Sie als Vorlage für die Zeitung in der Regel eine Bildauflösung von 60 ppcm (ca. 150 ppi). Bilder für die meisten anderen Druckverfahren benötigen eine Auflösung von 120 ppcm (ca. 300 ppi).

Auch wenn Sie Ihre Bilder nicht für ein Offset-druckverfahren aufbereiten, sondern lediglich Fotoabzüge im Fotolabor bestellen wollen, sollten Sie eine Auflösung von 120 ppcm bzw. 300 ppi anstreben.

In anderen Druckverfahren wiederum können andere Auflösungen und somit auch andere Regeln gelten. Fragen Sie im Zweifels-fall immer beim reproduzierenden Betrieb nach.

Ausgabeauflösung

Kehren wir zurück an den Anfang. Sie haben ein neues Bild ❶ und öffnen es mit Photo-shop. Nehmen wir an, Sie brauchen es für ein Inserat in einer Breite von 210 mm.

Das Erste, was Sie machen, ist zu über-prüfen, ob die Auflösung des Bildes aus-reichend ist, um im Inserat Verwendung zu finden. Dazu öffnen Sie im Menü BILD den Dialog BILDGRÖSSE. Im Bereich PIXELMASSE ❷ erfahren Sie alles Wichtige über die Bildauflö-sung: Das Bild ist 792 Pixel breit und 530 Pixel hoch.

Der Bereich DOKUMENTGRÖSSE ❸ ist völlig bedeutungslos, solange Sie am Bildschirm arbeiten. Wie bereits erwähnt, zählen am Bildschirm Zentimeter nichts und Pixel alles. Dieser Bereich wird erst dann interessant, wenn Sie Ihr Bild auf einen Drucker schicken. Würden Sie das Bild mit diesen Einstellungen auf einen Drucker schicken, dann würde es in einer Breite von 66 mm und einer Höhe von 44,17 mm zu Papier gebracht. Auf jedem Zentimeter Pixelzeile würden sich 120 Pixel aneinanderdrängen.

Nun haben wir aber angenommen, Sie bräuchten dieses Bild mit einer Breite von 210 mm, nicht 66! Was liegt da näher, als die Werte für die Breite ganz einfach auf 210 mm zu stellen?

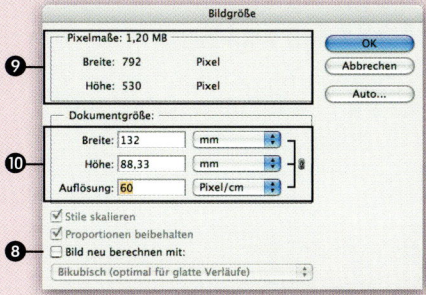

Gesagt, getan: Sie überschreiben also den Wert der Breite ❺ mit 210 mm. Parallel jedoch schwellen die Pixelmaße an ❹ – Photoshop wird also Pixel dazu erfinden, um die größeren Ausmaße (Breite und Höhe) bei gleichbleibender Ausgabeauflösung ❻ umsetzen zu können.

Dass das nicht gehen kann, haben Sie bereits auf den vorangegangenen Seiten gesehen. Photoshop kann keine aufgrund zu geringer Auflösung fehlende Information in ein Bild hineinzaubern. Der Befehl, die Auflösung mit neuen Pixeln zu füllen, wird zwar ausgeführt, aber Sie erkaufen sich die zusätzlichen Pixel durch ein unscharfes, weichgespültes, flaues Bild ❼.

Wie viel Ausgabeauflösung ein Bild mit einer bestimmten Bildauflösung hergibt, finden Sie heraus, wenn Sie den Punkt BILD NEU BERECHNEN MIT ❽ deaktivieren – dadurch verschwinden die Eingabefelder für die Pixelmaße ❾. Sie können in den verbleibenden Feldern ändern, was Sie wollen, die Werte für die Pixelmaße bleiben gleich.

Außerdem sind die Werte für Breite, Höhe und Ausgabeauflösung nun aneinandergekettet ❿ – ändern Sie einen dieser Werte, verändern sich die anderen mit. Wenn Sie den Wert der Breite verringern, dann geht der Wert für die Ausgabeauflösung in die Höhe. Erhöhen Sie den Wert für die Ausgabeauflösung, dann geht der Wert für die Breite in die Höhe. Pixel per Zentimeter und die Zenti-

meterangaben für Breite und Höhe stehen in untrennbarer Beziehung zueinander.

Wenn Sie den Dialog jetzt schließen, indem Sie Ihre Eingabe mit OK bestätigen, dann hat sich am Bild selbst absolut nichts geändert. Es hatte zuvor 792 Bausteine in der Breite mal 530 Bausteine in der Höhe, und es hat jetzt 792 Bausteine in der Breite mal 530 Bausteine in der Höhe.

Die Veränderung hat lediglich bewirkt, dass sich der Drucker jetzt pro Zentimeter 60 Pixel der vorhandenen 792 nehmen darf – zuvor waren es 120.

Oder umgekehrt betrachtet: Wenn Sie auf diese Art die Ausgabeauflösung verdoppeln, dann hat der Drucker bei gleichbleibender Bildauflösung die doppelte Anzahl an Pixeln je bedrucktem Zentimeter zur Verfügung. Da die Pixelzahl je Zeile aber nach wie vor 792 beträgt, reichen die Pixel nur noch für die halbe Zahl an Zentimetern, sprich: Das Bild ist nur mehr halb so groß ⓫.

Die Geschichte mit den Auflösungen ist eine vertrackte Angelegenheit. Es ist kein Weltuntergang, wenn Sie meine Ausführungen nicht auf Anhieb glasklar verstanden haben – das kommt mit der Zeit. Merken Sie sich fürs Erste einfach, dass Sie Bilder wenn es geht in 100-Prozent-Ansicht bearbeiten sollten und dass Sie für den Offsetdruck 300 ppi Ausgabeauflösung benötigen. Und wenn Sie zwei Bilder kombinieren, prüfen Sie die Pixelmaße, nicht die Dokumentgröße.

Schwierigkeitsgrad 1 – Für Einsteiger

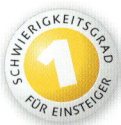

Bilder mit unterschiedlicher Auflösung kombinieren

Alles dreht sich um Pixel, wenn Sie Bilder zusammenfügen.

Mit diesem Workshop nehmen wir schon einmal das Thema der Bildmontagen vorweg. Doch der Schlüssel zu jeder gelungenen Montage ist, dass die Bildauflösungen kompatibel sind. Deshalb gehört das Zusammenfügen von zwei Bildern auch in diesen Kontext.

Zielsetzungen:

Bildauflösungen prüfen

Auflösung des Ortes reduzieren

Person in den Ort verschieben

Größe und Position der Person anpassen

[unterschiedliche_aufloesung1.psd, unterschiedliche_aufloesung2.psd]

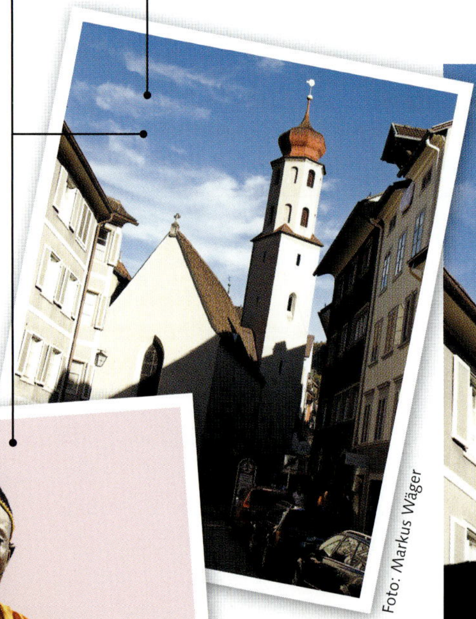

Foto: Markus Wäger

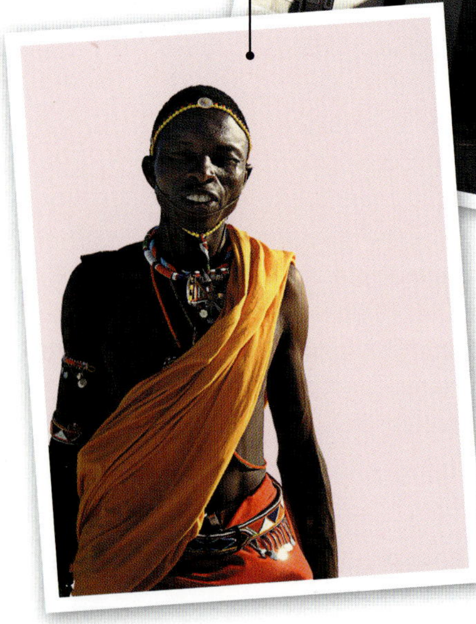

Foto: Ulla Trampert, pixelio.de

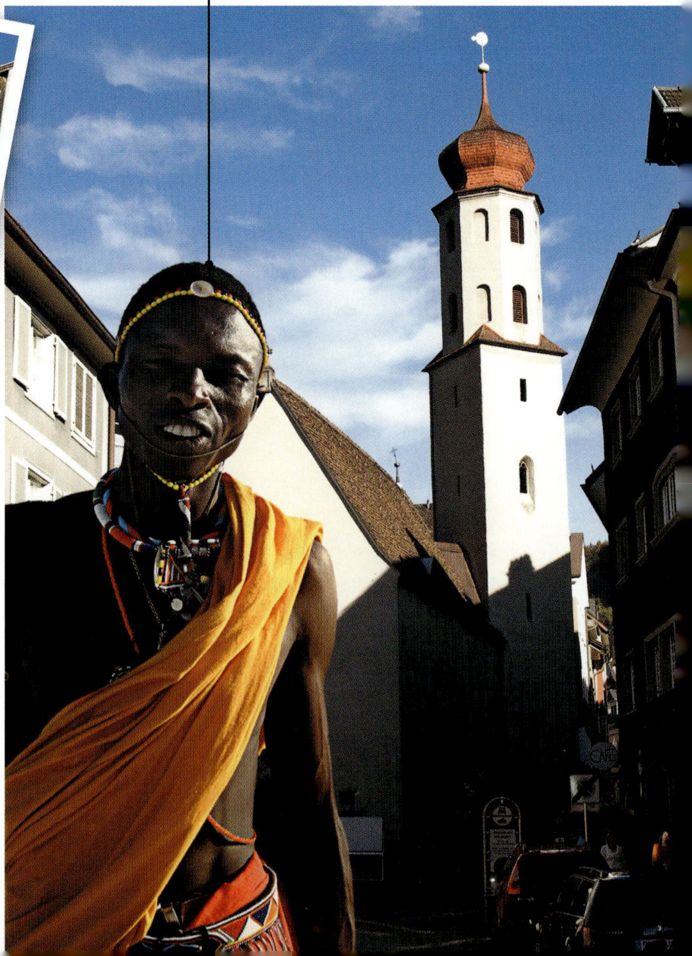

1 Bilder nebeneinander anordnen

Habe ich nicht behauptet, Sie sollten Bilder immer im Vollbildmodus bearbeiten?

Nun, alles ist relativ! Diesmal ordne ich die Dokumentfenster nebeneinander an – schließlich möchte ich den stolzen Massai-krieger mit der Maus in die Feldkircher Innen-stadt befördern. Ein bisschen werde ich ihn noch verkleinern müssen, aber im Wesent-lichen scheinen die Proportionen zu passen. Den Freisteller habe ich natürlich vorbereitet – dazu kommen wir später.

2 Ein Bild in ein anderes verschieben

In Photoshop dauert die Reise von der Steppe Namibias in den Westen Österreichs genau eine Sekunde. Unser Transportmittel ist das Verschieben-Werkzeug ❶. Damit fasse ich den Krieger an der Schulter, ziehe ihn aus seinem Fenster heraus und *in* das Fenster mit der Altstadt hinein.

So einfach kann das Leben sein!

3 Unterschiedliche Bildauflösungen

Ups! Der Massai ist plötzlich geschrumpft!?

So ist das Leben also doch nicht so einfach wie zunächst gedacht. Doch des Rätsels Lösung ist einfach. Und auch die Problem-behebung ist nicht schwer.

Schuld am Schrumpfprozess des Massai sind die unterschiedlichen Bildauflösungen. Ein klares Indiz dafür sind die Angaben für die Darstellungsgröße unten an den Dokument-fenstern ❷ und ❸.

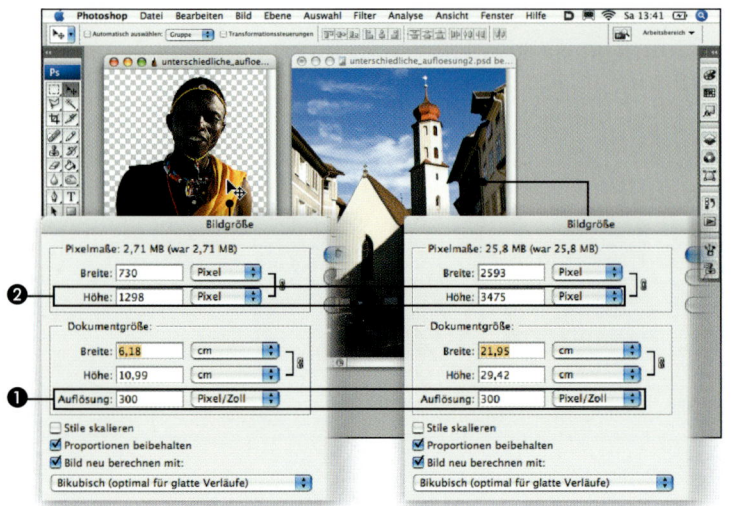

4 Bildauflösungen vergleichen

Die Ausgabeauflösung ist bei beiden Bildern gleich: 300 dpi ❶. Die Höhe der Bildauflösung ❷ jedoch beträgt beim Massai 1298 Pixel, beim Ortsmotiv 3475 – mehr als das Doppelte!

Da beide Bilder dieselbe Ausgabeauflösung haben, können Sie auch den cm-Wert zum Vergleich heranziehen. Hätten aber beide Bilder unterschiedliche Ausgabeauflösungen, wären die metrischen Maße nicht ohne Umrechnung vergleichbar. Immer aussagekräftig ist ausschließlich die Anzahl der Bildpixel!

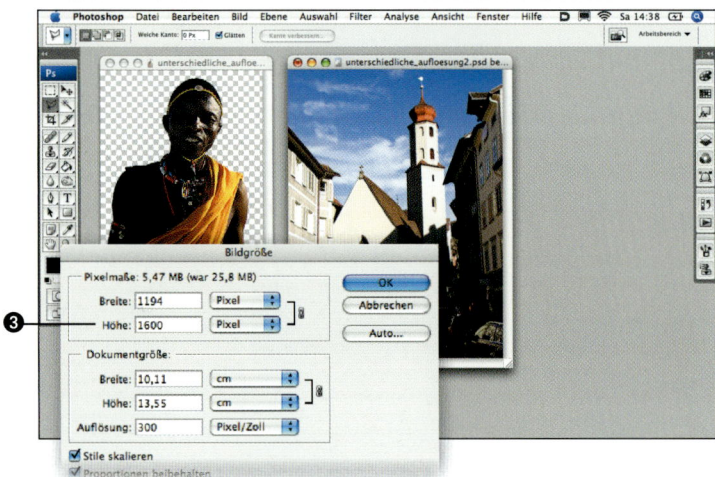

5 Bildauflösung angleichen

Nun, da ich weiß, dass das Bild des Massai eine Höhe von knapp 1300 Pixeln aufweist, kann ich den Wert für die Höhe des Ortsbildes anpassen. Ich nehme an, dass 1600 Pixel ❸ ein guter Wert ist – das muss ich zunächst einmal schätzen.

6 Ansicht anpassen

Zunächst einmal sieht es jetzt aus, als wäre die Ortsansicht viel zu klein geworden. Das liegt jedoch einzig daran, dass die Ortsansicht eine Zoomstufe von 12,5 %, der Massai von 33,3 % aufweist ❹.

Nachdem ich aber mit der Lupe, über das Menü ANSICHT oder ⌜Strg⌝/⌜⌘⌝+⌜+⌝ die Ortsansicht auf dieselbe Darstellungsgröße wie den Krieger gebracht habe ❺, kann man sich schon eher vorstellen, dass die Kombination klappen könnte.

7 Ein Bild in das andere verschieben

Nun kann ich neuerlich mit dem Verschieben-Werkzeug das Bild des Massais in die Ansicht des Ortes verschieben. Und nun stimmen auch die Proportionen.

Da der Krieger nicht frei im Raum schweben soll, ziehe ich ihn noch in die linke, untere Ecke – ebenfalls mit dem Verschieben-Werkzeug.

8 Frei transformieren

Etwas zu groß ist der Massai noch. Um ihn kleiner zu bekommen, wähle ich im Menü BEARBEITEN • FREI TRANSFORMIEREN. Dadurch erscheint um den großen Mann herum ein Rahmen mit Anfassern, wie Sie sie schon vom Freistellungswerkzeug her kennen. Wenn ich an diesen Anfassern ziehe, kann ich die Größe verändern. Damit Breite und Höhe nicht unterschiedlich skaliert werden, sondern die Proportionen erhalten bleiben, halte ich dabei die ⇧-Taste gedrückt.

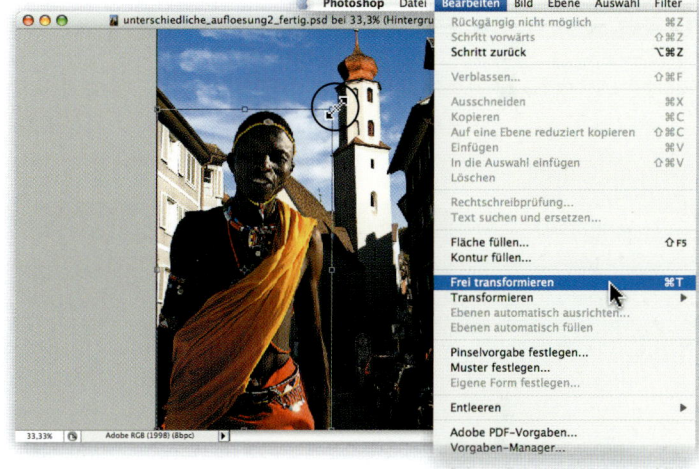

9 Frei-transformieren-Auswahl verschieben

Im Bild zu Schritt 8 sieht man noch, wie das linke Ohr des Massai ganz leicht das Dach des Hauses dahinter berührt. Natürlich wissen wir, dass das Haus dahinterliegt und die Ohren des Massai nicht bis an die Regenrinnen reichen – dennoch ist das nicht schön. Deshalb verschiebe ich den guten Mann noch etwas zur Seite. Mit diesem Schritt bin ich zufrieden mit der Montage und bestätige das freie Transformieren mit ⏎.

Tipp: Natürlich habe ich die Ortsansicht nach dem Reduzieren der Auflösung (Schritt 4) unscharf maskiert. Wie das geht, steht auf Seite 31.

Arbeitsfläche erweitern

Zusätzlicher Platz für Ihre Bildgestaltung

Oft benötigen Sie zur Bearbeitung eines Bildes zusätzlichen Raum. In diesem Workshop zeige ich Ihnen, wie Sie mit einer dreifachen Erweiterung der Arbeitsfläche einem Bild einen angemessenen Rahmen verpassen.

Zielsetzungen:

Weißen Rand hinzufügen

Um schwarze Fläche erweitern

Zusätzliche Fläche unten

Text einfügen und positionieren

[arbeitsflaeche1.psd]

Foto: Markus Wäger

1 Hintergrundfarbe wählen

Wenn Sie die Arbeitsfläche eines Bildes erweitern möchten und Ihr Bild noch eine Hintergrundebene enthält, dann sollten Sie zunächst eine Hintergrundfarbe ❶ wählen.

Ich möchte den Arbeitsbereich um eine weiße Linie erweitern. Ist die Hintergrundfarbe nicht Weiß, klicke ich auf STANDARDFARBEN ❷, um Vorder-/Hintergrundfarbe auf Schwarz/Weiß zu stellen (D).

Dann wähle ich BILD • ARBEITSFLÄCHE.

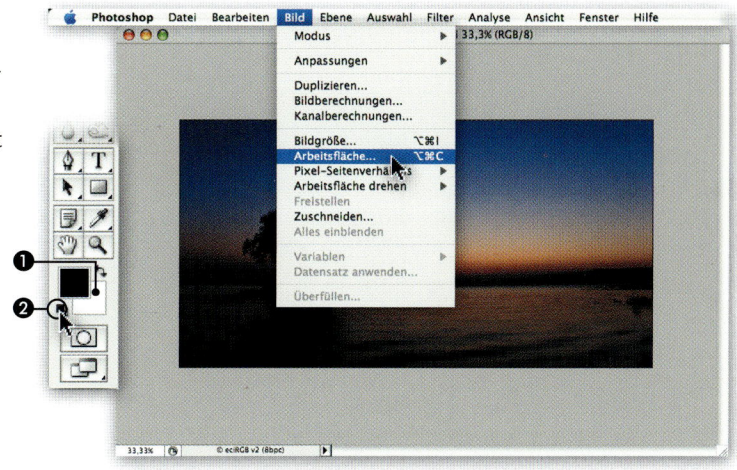

2 Arbeitsfläche relativ erweitern

Die Linie um mein Foto herum soll eine Stärke von 0,5 Punkt bekommen. Zunächst stelle ich also sicher, dass die Maßeinheit ❸ auf PUNKT eingestellt ist. Dann gebe ich den Wert für BREITE und HÖHE an. Die Option RELATIV ❹ aktiviere ich. Ohne diese Option erhielte ich ein Bild mit einer Breite und einer Höhe von 1 Punkt. Mit dieser Option werden zur aktuellen Breite und Höhe jeweils 1 Punkt hinzugenommen. Da ich die Erweiterung an allen vier Seiten wünsche, belasse ich den Anker ❺ in der Mitte.

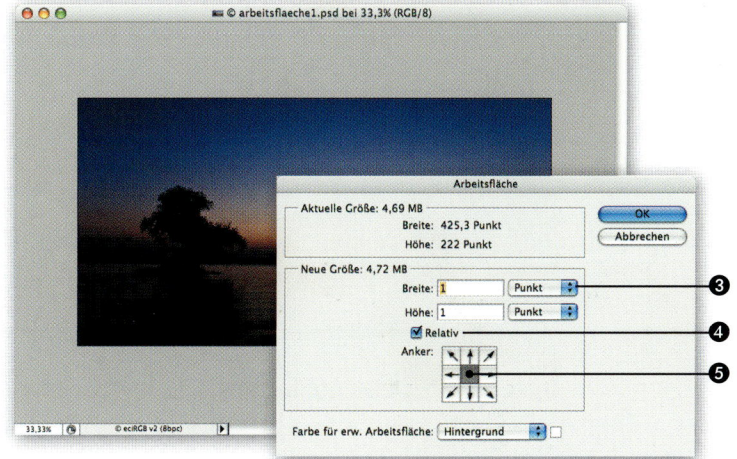

3 Arbeitsfläche absolut erweitern

Oben, unten, links und rechts sind jetzt 0,5 Punkt an weißer Arbeitsfläche hinzugekommen. Nun soll das Bild durch eine schwarze Fläche auf eine absolute Breite von 195 mm und eine Höhe von 115 mm erweitert werden. Zunächst vertausche ich Vorder- und Hintergrundfarbe durch Klick auf diesen Doppelpfeil ❻ (X). Dann rufe ich erneut den Dialog ARBEITSFLÄCHE auf (Strg/⌘ + Alt + C) und gebe die Werte ein – RELATIV ❼ wird diesmal deaktiviert.

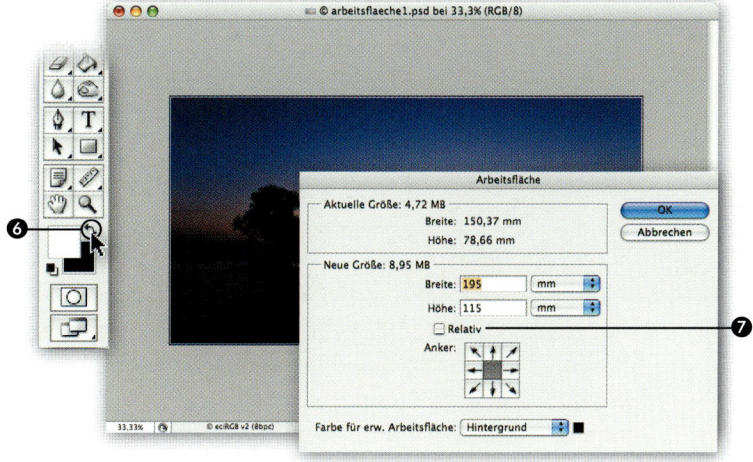

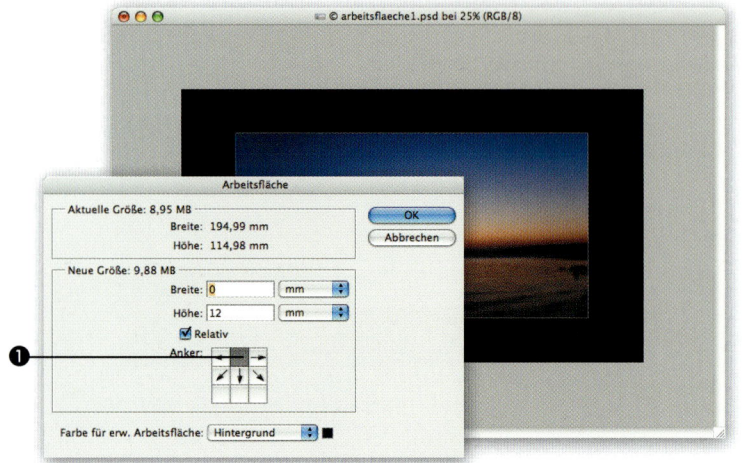

4 Arbeitsfläche einseitig erweitern

Im vierten Schritt möchte ich die Arbeitsfläche einseitig nach unten erweitern. Ich rufe neuerlich ARBEITSFLÄCHE auf und definiere einen relativen Wert für die HÖHE von 12 mm. Da diese 12 mm lediglich unten dazukommen sollen, platziere ich den ANKER ❶ oben in der Matrix aus neun Feldern.

Abschließend möchte ich das Bild mit einem Copyright-Vermerk versehen.

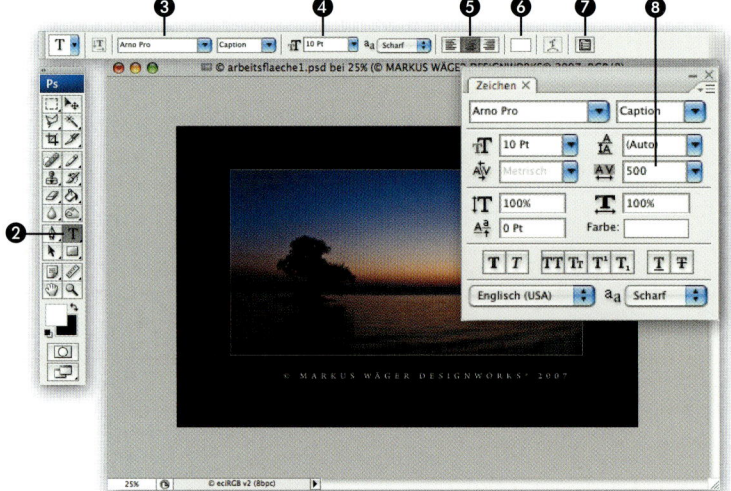

5 Text hinzufügen

Ich aktiviere das Text-Werkzeug ❷ – in der Optionen-Palette werden die wichtigsten Einstellungen für Text angezeigt: SCHRIFTART ❸, SCHRIFTGRÖSSE ❹ und TEXTAUSRICHTUNG ❺. Via Klick auf die Schaltfläche ❻ öffnet sich der ADOBE-FARBWÄHLER, und ich kann eine Farbe bestimmen. Eine Option fehlt mir in der Optionen-Palette noch: Durch einen Klick auf diese Schaltfläche 🔲 ❼ öffne ich deshalb die Palette ZEICHEN und stelle einen höheren Wert für die LAUFWEITE ❽ ein – dadurch erhöht sich der Zeichenabstand.

6 Text positionieren

Nach einem Klick in das Bild kann ich zu schreiben beginnen. Danach muss ich den Text noch mit dem Verschieben-Werkzeug ❾ sauber unter dem Bild positionieren.

Das pixelgenaue Positionieren von Objekten kann mit der Maus zuweilen etwas zäh ausfallen. Ich ziehe es deshalb vor Feineinstellungen mit den Pfeiltasten ←, →, ↑ und ↓ vorzunehmen. Wenn Sie dabei die ⇧-Taste gedrückt halten, verzehnfacht sich der reguläre Weg.

Der Adobe-Farbwähler

Vorder- und Hintergrundfarbe

Öffnen Sie via Klick auf Vorder- bzw. Hintergrundfabe in der Werkzeugpalette den Adobe-Farbwähler.

Farbton-Auswahlfeld

Wählen Sie in diesem Bereich via Klick einen Farbton aus.

Aktueller Farbton

Die Position des Kreises zeigt den aktuellen Farbton an.

Farbbereich

Wählen Sie in diesem Balken einen Farbbereich, der im Farbton-Auswahlfeld angezeigt wird.

Ursprüngliche Farbe

Die Vorder- bzw. Hintergrundfarbe, *wie sie war*.

Aktuelle Farbe

Die Vorder- bzw. Hintergrundfarbe, *wie sie wird*.

Farbwarnung CMYK

Diese Farbe kann in CMYK nicht exakt gedruckt werden – klicken Sie auf das Farbquadrat unter dem Warndreieck, um eine möglichst ähnliche, druckbare Farbe zu erhalten.

Keine websichere Farbe

Diese Farbe entspricht keiner der 216 als websicher definierten Farben – klicken Sie auf das Farbfeld unter dem Würfel, um die Farbe in die nächstliegende websichere Farbe umzuwandeln.

CMYK-Farbwerte

Wenn Sie eine Farbe numerisch nach CMYK definieren wollen, geben Sie die Werte hier ein.

RGB-Farbwerte

Wenn Sie eine Farbe numerisch nach RGB definieren wollen, geben Sie die Werte in diese Felder ein.

Hue, Saturation oder Brightness

Klicken Sie H, um die Farbe nach Farbton (Rot, Orange, Gelb, Grün etc.) einzustellen; klicken Sie auf S, um die Farbe nach Sättigung (leuchtender Farbton / dumpfer Farbton) einzustellen; klicken Sie auf B, um die Farbe nach Helligkeit einzustellen.

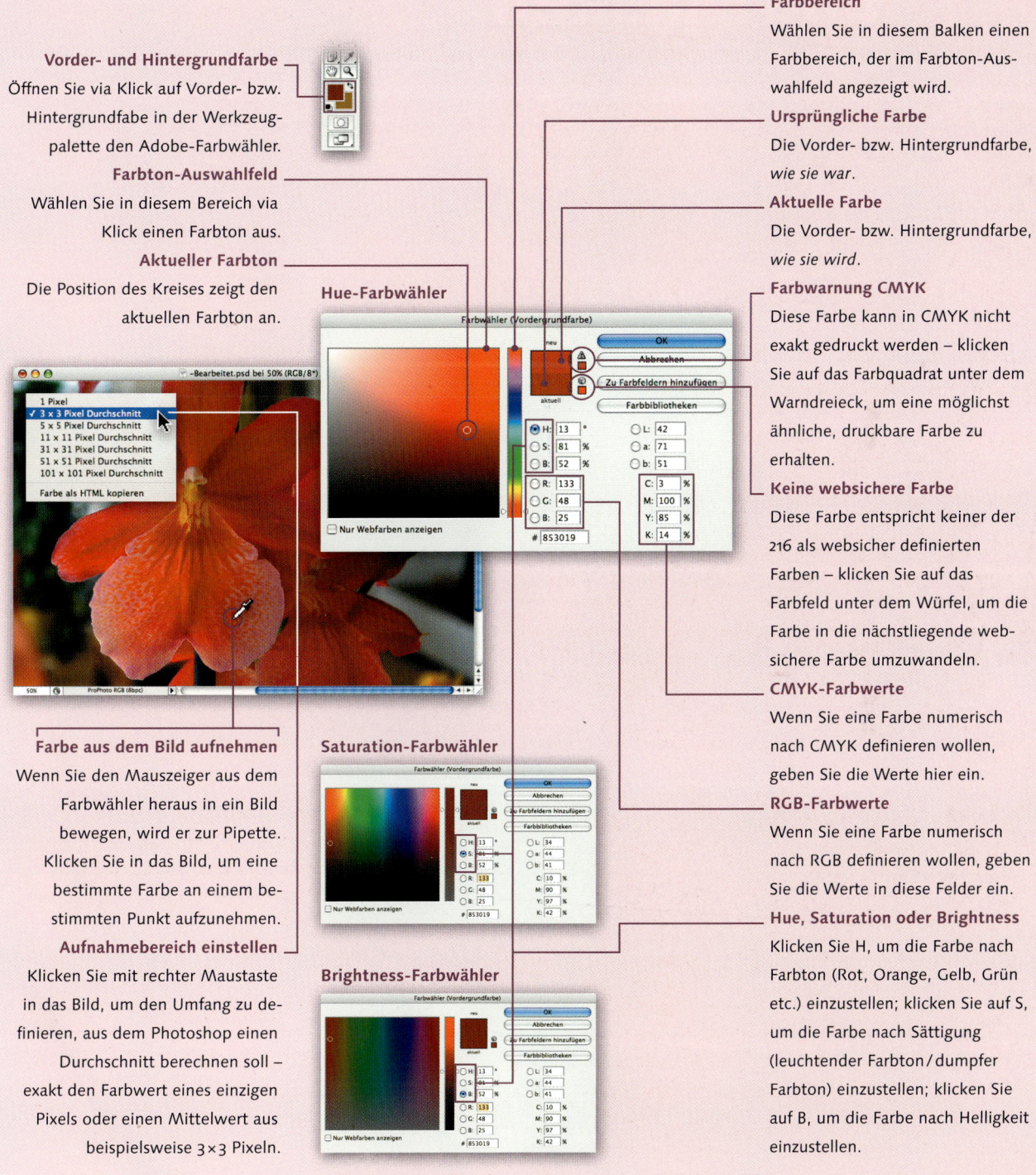

Hue-Farbwähler

Saturation-Farbwähler

Brightness-Farbwähler

Farbe aus dem Bild aufnehmen

Wenn Sie den Mauszeiger aus dem Farbwähler heraus in ein Bild bewegen, wird er zur Pipette. Klicken Sie in das Bild, um eine bestimmte Farbe an einem bestimmten Punkt aufzunehmen.

Aufnahmebereich einstellen

Klicken Sie mit rechter Maustaste in das Bild, um den Umfang zu definieren, aus dem Photoshop einen Durchschnitt berechnen soll – exakt den Farbwert eines einzigen Pixels oder einen Mittelwert aus beispielsweise 3×3 Pixeln.

Von Freistellern, Ebenen und Masken

Ebenen sind keine Spielereien.
Manch alter Photoshop-Hase mag sie dafür halten. In Wirklichkeit eröffnet sich der grenzenlose Gestaltungshorizont, den Photoshop bietet, erst dann so richtig, wenn Sie die Möglichkeiten beherrschen, die Ebenen und Ebenenmasken bieten. Mit Ebenen können Sie nicht nur abenteuerliche Composings in die Tat umsetzen – eine gute Auswahl und der richtige Einsatz von Ebenen ist auch bei ganz alltäglichen und äußerst seriösen Arbeiten hilfreich. Leider führt auch hier der Weg zu den interessanten Möglichkeiten über den steinigen Pfad der Theorie. Photoshop will verstanden werden, um sich dem Anwender zu erschließen.

Foto: Pascal Reis

Von Freistellern, Ebenen und Masken

Ebenen

Deckkraft

Stellt die Deckkraft von Pixeln *und* Effekten (Ebenenstilen) ein.

Fläche

Stellt die Deckkraft *ausschließlich* der Fläche ein – Effekte sind von einer Reduktion der *Deckkraft der Fläche* nicht betroffen.

Textebene

Text wird nach Standard auf einer eigenen Ebene erstellt.

Formebene

Mit den Formwerkzeugen oder dem Zeichenstift können Sie Vektorebenen erstellen – hier eine Sprechblase.

Effekt (Ebenenstil)

Über Ebenenstile bzw. Effekte (Adobe verwendet leider beide Begriffe) können Sie Schlagschatten, 3D-Effekte oder Verlaufsüberlagerungen erstellen – hier eine Kontur für die Sprechblase.

Klick auf das Dreieck rechts von »*fx*« blendet die Effekte ein/aus.

Einstellungsebene

Mit Einstellungsebenen können Sie Tonwertkorrekturen, Farbkorrekturen, Fotofilter usw. auf Ihr Bild anwenden – durch Einstellungsebenen lassen sich alle Einstellungen jederzeit wieder rückgängig machen.

Bildebene

Hintergrundebene

Die Hintergrundebene ist im Grunde eine gewöhnliche Bildebene, die aber nicht verschoben werden kann, immer zuunterst (zuhinterst) liegen muss und keine transparenten Bereiche haben kann.

Ebene löschen

Neue Ebene erstellen

Ebenen gruppieren

Füllmethode

Über die Füllmethoden lassen sich Ebenen in die darunterliegenden einblenden bzw. damit *vermischen*.

Fixieren

Ebenen lassen sich auf vier Arten schützen: 1. Nur Bildpixel lassen sich bearbeiten, transparente Bereiche sind geschützt; 2. Bildpixel und transparente Bereiche sind geschützt; 3. Ebene lässt sich nicht verschieben; 4. Ebene lässt sich weder verschieben noch bearbeiten.

Sichtbare Ebene

Über einen Klick auf diese Schaltfläche kann die Ebene ausgeblendet werden.

Schnittmaske

Eine Ebene, die eingerückt und der ein vorangestellt ist, ist eine sogenannte Schnittmaske – ihr Inhalt ist nur im Bereich der darunterliegenden Ebene sichtbar; in diesem Beispiel wirkt sich die Einstellungsebene nur auf die Ebene direkt darunter aus.

Ebenenmaske

Schwarze Pixel in der Ebenenmaske blenden Bildpixel in der Ebene, zu der sie gehören, aus – in diesem Beispiel wird die Landschaft hinter dem Massai ausgeblendet.

Ebenen verbinden

Damit können die ausgewählten Ebenen verbunden und beispielsweise immer gemeinsam verschoben werden.

Ebenenstil hinzufügen (Effekt)

Ebenenmaske hinzufügen

Einstellungsebene hinzufügen

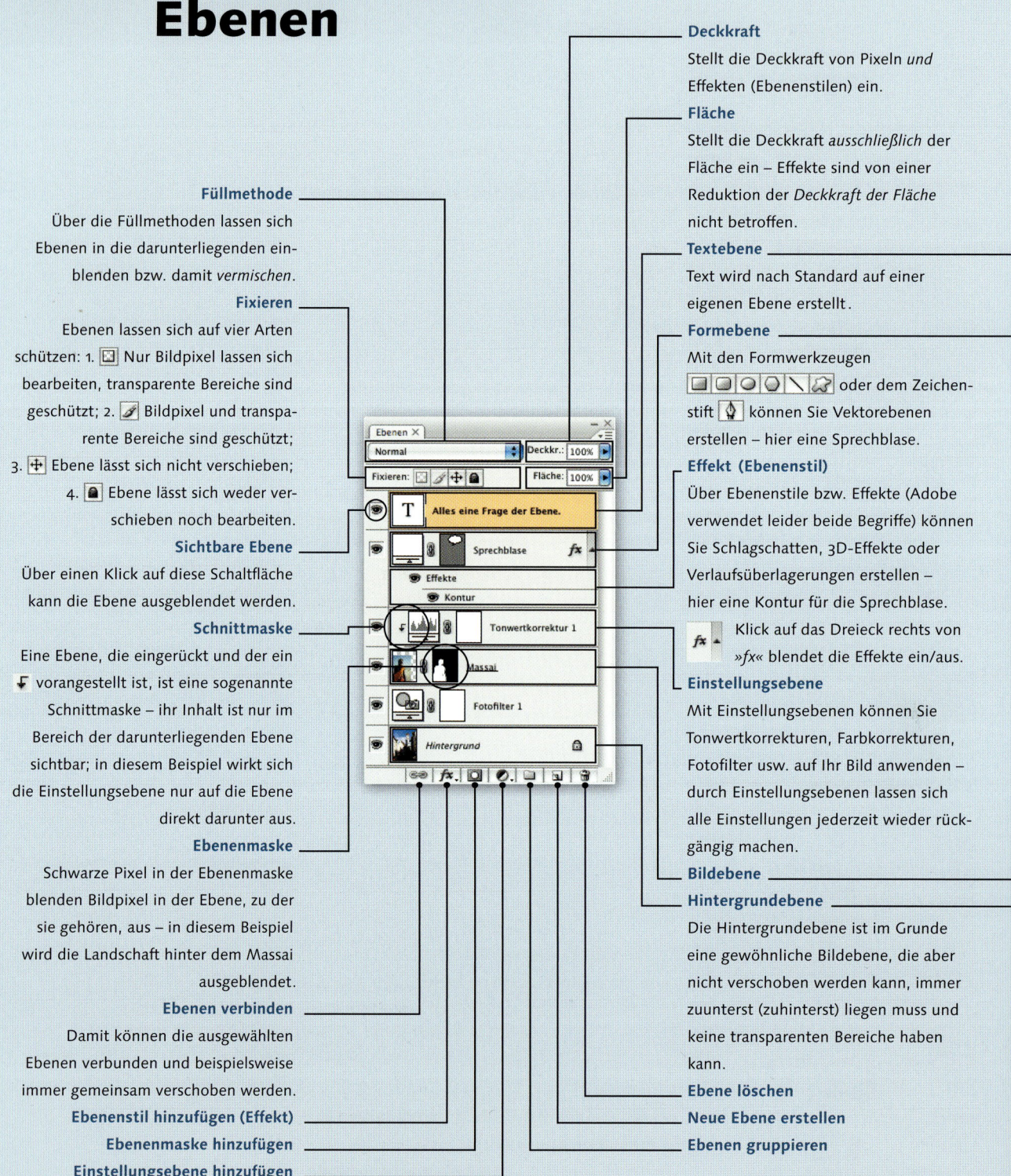

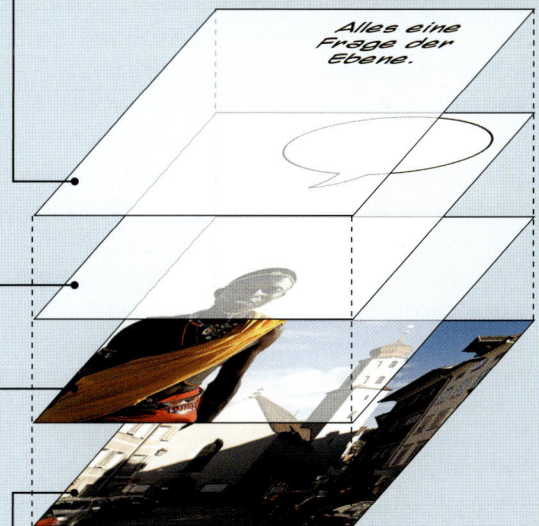

Bleiben Sie flexibel! Mit Ebenen

Eine der Kernfunktionen in Photoshop stellen Ebenen dar. Vieles von dem, was das Programm an Bildkompositionen möglich macht, wäre ohne nur schwer möglich. Der große Vorteil von Ebenen ist, dass Sie heute eine Bildbearbeitung vornehmen, es sich morgen wieder anders überlegen und zum ursprünglichen Bildzustand zurückkehren können.

Die meisten Bearbeitungstechniken, die Sie in Photoshop anwenden, verändern das Bild unwiderruflich (wenn wir einmal von Strg/ ⌘+Z absehen). Wenn ich heute ein Bild bearbeite und morgen mit dem Ergebnis nicht mehr zufrieden bin, dann gibt es kein Zurück ohne Qualitätseinbußen. Man bezeichnet diesen Prozess der Bildveränderung, bei dem die Bildinformationen nachhaltig verändert werden, als *destruktive Bildbearbeitung* – auch wenn das Resultat ansprechender sein sollte als davor.

Mit Ebenenmasken kann ich Bildinformationen unsichtbar machen, ohne sie zu löschen.

Mit Einstellungsebenen kann ich die Farbe aus einem Bild entfernen und sie morgen wieder ganz oder teilweise zurückholen.

Stapelreihenfolge

Wenn Sie die Palette EBENEN auf der linken Seite betrachten, dann sehen Sie, dass ganz oben die Ebene mit dem Text liegt. Was in der Palette weiter oben liegt, liegt für den Betrachter über allem, was daruntersteht.

Hintergrundebene

Die meisten Bilder bestanden zunächst einmal aus einer einzigen Ebene – einer sogenannten Hintergrundebene. Wenn Sie ein Foto von Ihrer Kamera öffnen, dann besteht dieses aus einer einzigen Ebene, der Bildebene, einer Hintergrundebene. Dasselbe gilt, wenn Sie einen Scan öffnen.

Sie können eine Hintergrundebene nicht verschieben, Sie können keine Pixel auf dieser Ebene löschen, d.h. transparent machen, und Sie können diese Ebene auch nicht vor (in der Palette wäre das über) eine andere Ebene ziehen.

Sie erkennen eine Hintergrundebene als solche daran, dass der Name »Hintergrund« *kursiv* geschrieben ist.

SCHWIERIGKEITSGRAD **2** FÜR AUFSTEIGER

Freistellen mit dem Radierer

Mit dem Radiergummi-Werkzeug auf Pixeljagd

In diesem Workshop möchte ich Ihnen zeigen, wie Sie mit den drei Radierern – Radiergummi-Werkzeug, Hintergrund-Radiergummi-Werkzeug und Magischer-Radiergummi-Werkzeug – ein Objekt freistellen können, um ein anderes Bild, eine Fläche oder eine Struktur im Hintergrund zu positionieren. Nebenbei erfahren Sie auch, wie man eine Struktur als Ebenenstil definiert und sie mit Hilfe einer Verlaufs-überlagerung natürlicher wirken lassen kann. Sie können jedoch auch auf eine weitere Ebene in Photoshop verzichten und stattdessen den Hintergrund erst in Adobes Layout-Programm InDesign dahinterlegen!

Zielsetzungen:

Esel freistellen

Struktur im Hintergrund erstellen

Verlauf über Struktur legen

Struktur anpassen

[radierer.psd]

Foto: Markus Wäger

1   Hintergrund in Ebene umwandeln

Um bei diesem Esel-Geschwisterpaar den Hintergrund im Bild ausradieren zu können, ist es zunächst notwendig, die Hintergrundebene in eine reguläre Ebene umzuwandeln. Wenn Sie auf sie doppelklicken ❶, erhalten Sie einen Dialog ❷, in dem Sie die Ebene benennen können.

   Trick: Ich mache das nur, wenn ich mit vielen Ebenen zu arbeiten plane. Ein Doppelklick bei gedrückter ⌈Alt⌉-Taste erspart mir den Dialog – der Name bleibt, wie er war.

2   Musterfüllung erstellen

Nun erstelle ich das Muster hinter den Eseln. Über die Schaltfläche FÜLL- UND EINSTELLUNGSEBENE ERSTELLEN ❸ wähle ich MUSTER und erhalte den Dialog MUSTERFÜLLUNG. Mit einem Klick auf das Muster ❹ öffne ich eine Palette mit den derzeit verfügbaren Mustern. Da mir keines entspricht, klicke ich auf das Palettenmenü ❺ und wähle unter den verfügbaren Mustern FARBPAPIER. Photoshop erkundigt sich sodann, ob ich die bestehenden Muster ersetzen möchte oder die neuen zu diesen hinzufügen – ich wähle ersetzen.

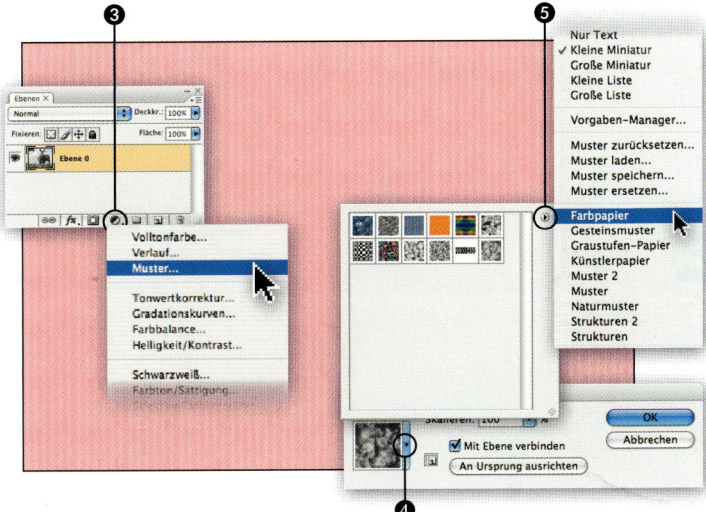

3   Stapelreihenfolge der Ebenen ändern

Ich habe mich unter den Farbpapier-Mustern für »Rotes Velinpapier« entschieden.

   Nun gilt es, die beiden Ebenen, die mein Dokument jetzt hat, umzuschichten. Die Esel sollen vor dem Papier-Muster stehen. Mit der Maus fasse ich die Ebene »Musterfüllung 1« und ziehe sie unter die Esel-Ebene.

   Nach dieser Aktion ist das rote Papier verschwunden. Es wird von der darüberliegenden Eselebene verdeckt und ist deshalb nicht mehr sichtbar. Aber das werden wir gleich ändern.

4 Zu bearbeitende Ebene aktivieren

Der nächste Arbeitsschritt ist der in Photo-shop am häufigsten vergessene: die richtige Ebene aktivieren. Ich bin keine Ausnahme – ich vergesse das auch immer wieder. Man merkt wenigstens gleich, wenn man auf der falschen arbeitet. Im Moment ist noch die untere Ebene farblich hervorgehoben. Farblich hervorgehoben bedeutet: Das ist die aktive Ebene – auf dieser Ebene werden Ihre Werk-zeuge und Befehle wirksam.

Mit einem Klick mache ich die Esel-Ebene zur aktiven ❶.

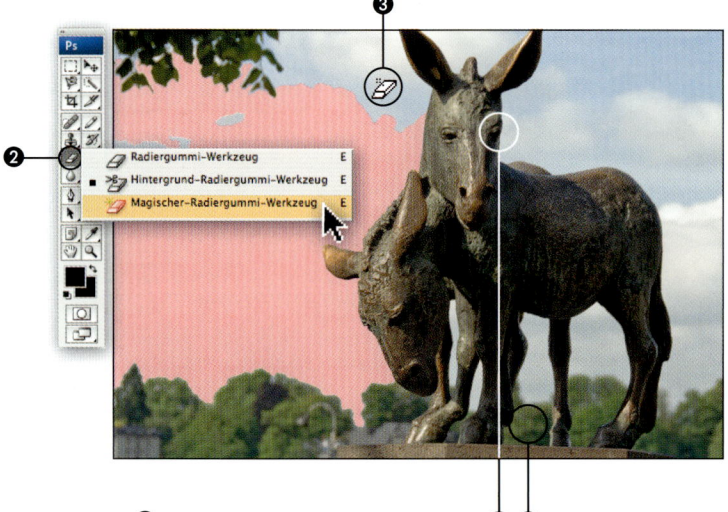

5 Magischer-Radiergummi-Werkzeug

Wenn Sie auf dem Radiergummi-Werkzeug ❷ die Maustaste drücken und einen Moment gedrückt halten, wird ein Menü ausgeklappt, in dem Sie zwischen Radiergummi-Werkzeug, Hintergrund-Radiergummi-Werkzeug und Magischer-Radiergummi-Werkzeug wählen können.

Magischer Radiergummi klingt doch ver-lockend, nicht? Wenn Sie mit diesem zauber-haften Werkzeug in den Hintergrund klicken ❸, dann werden wie von Zauberhand Pixel gelöscht, und das rote Papier erscheint.

6 Toleranz einstellen

Magische Werkzeuge funktionieren gut auf relativ gleichmäßigen Flächen ❸. Schwieriger wird es, ist die zu löschende Fläche stark ungleichmäßig ❹ oder die Kontrastkante zwischen Vorder- und Hintergrund undeut-lich. Der Kontrast zwischen Esel/Himmel ❺ ist deutlich – jener zwischen Bäumen/Sockel ❹ nicht. Über die Optionsleiste können Sie die Toleranzgrenze ❻ für den Kontrast anpassen.

> **Tipp:** Wenn Sie den Mauszeiger auf die Bezeichnung eines Eingabefeldes platzieren, erscheint ein Händchen 🖑. Bei gedrückter Maustaste können Sie den Wert im Feld nun wie über einen Schieberegler verändern.

7 Prinzip magischer Werkzeuge

Magische Tools arbeiten nach folgendem Prinzip: Sie klicken auf einen Bereich (Pixel) und alle Pixel, die diesem ähnlich sind, werden von der Aktion beeinflusst bzw. in die Auswahl aufgenommen. Wie ähnlich sich die Pixel sein dürfen, bestimmen Sie mit der Toleranz. Beim Himmel geht das recht gut. Um die Hufe ❼ ist der Kontrast Hintergrund/ Esel zu gering. Der magische Radiergummi frisst sich in die Beine der Esel und in den Sockel. Mit Strg/⌘+Z mache ich diesen Schritt rückgängig.

8 Hintergrund-Radiergummi-Werkzeug

Der Hintergrund-Radiergummi ist dem magischen ähnlich – auch hier kommt es auf die Ähnlichkeit von benachbarten Pixeln an. Nur wird das Radieren nicht automatisch erweitert, sondern findet innerhalb des Radius einer Pinselgröße statt. Wenn der Pinsel zu klein ist ❽, klicke ich auf die Schaltfläche PINSELVORGABEN ❿ und erweitere den DURCH-MESSER ❿, bis er die richtige Größe hat ⓫. Die AUFNAHME stelle ich auf EINMAL ⓬ und die TOLERANZ ⓭ reduziere ich auf einen Wert unter 10.

9 Prinzip Hintergrund-Radierer

Wenn Sie mit dem Hintergrund-Radiergummi-Werkzeug bei AUFNAHME: EINMAL arbeiten, zeigt sich der Mauszeiger so: ⊕.

Im Zentrum des Kreuzes liegt der Aufnahmepunkt. Wenn Sie die Maustaste drücken, dann wird die Farbe dieses Pixels aufgenommen ⓮. Bewegen Sie die Maus dann bei weiterhin gedrückter Maustaste über das Bild, dann werden alle Pixel gelöscht, die innerhalb der Toleranzgrenze und innerhalb der Pinselgröße liegen. Die Pinselgröße wird durch den Kreis um das Kreuz angezeigt.

10 Radiergummi-Werkzeug wählen

In diesem Fall ist es schwer, mit dem Hintergrund-Radiergummi-Werkzeug eine weitere Verbesserung zu erreichen. Entweder ist die Toleranz zu gering, um mit dem Radieren voranzukommen, oder die Toleranz ist zu hoch und der Radierer frisst sich ins Eselmotiv hinein.

In solchen Situationen wird es Zeit, zur bewährten Holzhammermethode zu greifen – zum guten, alten, ganz gewöhnlichen Radiergummi, frei von jeglicher magischen Intelligenz.

11 Werkzeugdurchmesser einstellen

Zunächst einmal möchte ich die noch verbliebenen großen Brocken aus dem Bild entfernen. Dementsprechend groß stelle ich den Werkzeugdurchmesser ❶ ein.

Alternativ dazu, den Mauszeiger zur Optionen-Palette zu bewegen und durch Klick auf ✎ die Pinselvorgaben-Palette zu öffnen, können Sie auch mit rechter Maustaste auf das Bild klicken – die Pinselvorgaben-Palette öffnet sich, und Sie können den Pinseldurchmesser ❷ anpassen.

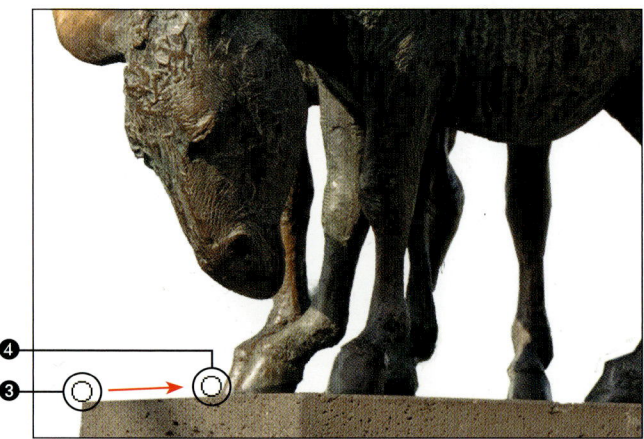

12 Große und mittlere Flächen entfernen

Mit diesem großen Radierer lassen sich nun mit wenigen Klicks die Blätter links oben und die Bäume im Hintergrund unten entfernen.

Die Feinarbeit nehme ich abschließend noch mit einem ganz feinen Pinsel vor.

Trick: Wenn Sie an einer Stelle im Bild klicken ❸, den Pinsel an eine andere Stelle bewegen ❹ und bei gedrückter ⬆-Taste neuerlich klicken, dann erzeugt Photoshop einen geraden Pinselstrich von ❸ zu ❹.

> **Tipp:** Wenn Sie ein Objekt vor einem unruhigen Hintergrund freistellen (hier die Struktur des roten Papiers), dann machen Sie es wie ich hier: Legen Sie temporär eine weiße Ebene dahinter.

13 Harte Kanten glätten

Wenn Sie Fotos eingehender betrachten, werden Sie feststellen, dass manche Bereiche scharf sind, andere eher unscharf. Hier sind die Esel recht scharf, die Landschaft im Hintergrund jedoch ist verschwommen.

Aber auch an den Eseln fallen eher scharfe Bereiche ❺ (auf die die Kamera fokussiert war), und eher unscharfe ❻ auf.

Mit einem Radiergummi-Pinsel in angemessener Größe und mit weichen Kanten ❼ fahre ich an den Rändern entlang, die etwas unscharf sein müssen, um natürlich zu wirken.

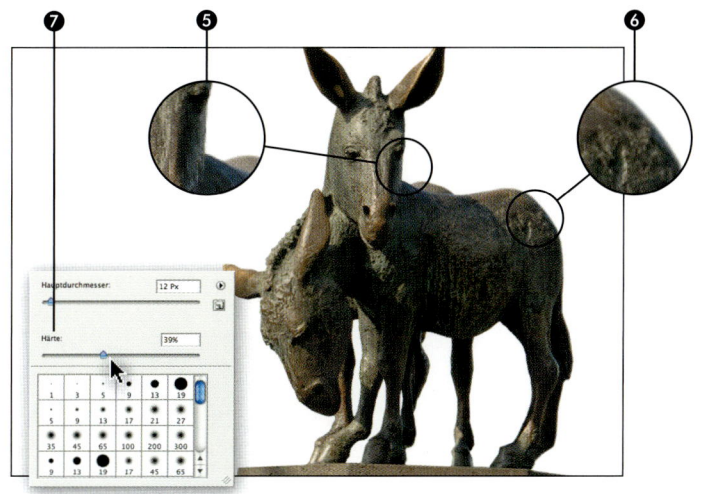

14 Verlaufsüberlagerung erstellen

Damit der Hintergrund ebenfalls etwas natürlich wirkt, möchte ich noch einen Verlauf über die Struktur legen. Dazu wähle ich den EBENENSTIL ❽ VERLAUFSÜBERLAGERUNG. Damit der eingestellte Schwarz/Weiß-Verlauf die Papierstruktur nicht überdeckt, wähle ich als FÜLLMETHODE • INEINANDERKOPIEREN (experimentieren Sie doch auch mit anderen Füllmethoden). Die DECKKRAFT reduziere ich auf 70 %. Schließlich kehre ich den Verlauf um, damit Schwarz oben und Weiß unten ist.

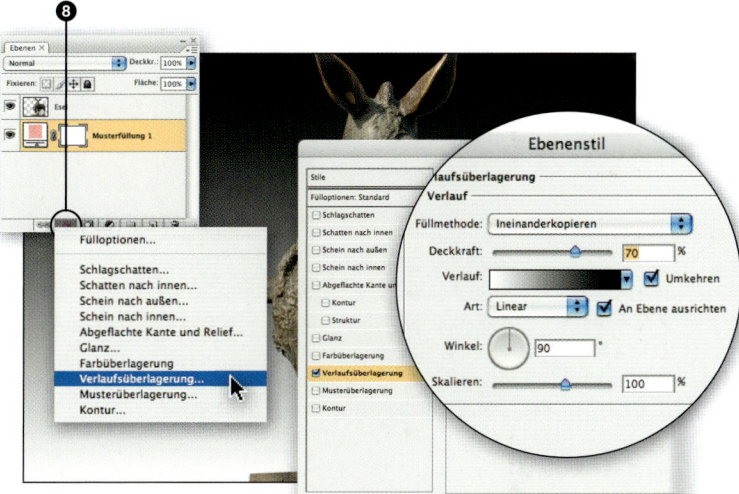

15 Musterfüllung anpassen

Da mir nun der Farbton des gewählten Papiers nicht mehr gefällt, möchte ich Alternativen testen. Dazu öffne ich via Doppelklick auf dieses Symbol ❾ (Sie müssen genau da klicken, sonst bekommen Sie einen anderen Dialog!) den Dialog MUSTERFÜLLUNG und teste verschiedene Papierstrukturen durch, um mich dann für eine Struktur mit dem poetischen Namen »Pfirsichfarbener Kieselstein« ❿ zu entscheiden.

Tipp: Photoshop ist eine Spielwiese. Experimentieren Sie mit den Möglichkeiten. Füllmethoden laden besonders dazu ein.

Freistellen mit den Auswahl-Werkzeugen

Von Auswahlrechtecken und Ameisenstraßen

Unerwünschte Bildpixel mit dem Radierer zu entfernen ist eine Methode, Objekte von einem Hintergrund zu trennen. Oft aber geht es schneller, den überflüssigen Bereich mit einer Auswahl zu umzingeln und dann, durch schlichtes Drücken der Löschen-Taste, verschwinden zu lassen. In diesem Beispiel setze ich mit dieser Methode einen MP3-Player auf eine Holzfläche.

Zielsetzungen:

Bild 1 mit Bild 2 kombinieren
Auswahl um Objekt erstellen und umkehren
Hintergrund entfernen
Schatten für Objekt erstellen

[auswahlrechteck1.psd, auswahlrecheck2.psd]

1 Bilder zusammenbringen

Ziehen Sie zunächst das Bild des MP3-Players aus seinem Dokumentfenster in jenes mit der Holzoberfläche hinein.

Beide Bilder haben exakt die gleiche Pixelbreite und Pixelhöhe. Wenn Sie Bilder übereinanderlegen wollen, bei denen diese Werte exakt übereinstimmen, dann können Sie während des Herüberziehens die ⇧-Taste gedrückt halten – die neue Bildebene wird dadurch exakt deckungsgleich über der bestehenden platziert.

2 Hilfslinien erstellen

Zunächst markiere ich die vier Seiten mit Hilfslinien, die ich aus den Linealen ziehe ❶. Um sie exakt positionieren zu können, habe ich die Ansicht auf 200 % vergrößert.

Um rasch vom rechten unteren Ausschnitt des Bildes nach links oben zu gelangen, rufe ich die Palette NAVIGATOR ❷ auf. Hier wird der Ausschnitt im Dokumentfenster als rotes Rechteck gekennzeichnet. Schiebe ich diesen roten Rahmen nach links oben, dann ändert sich auch der Ausschnitt im Dokumentfenster genauso.

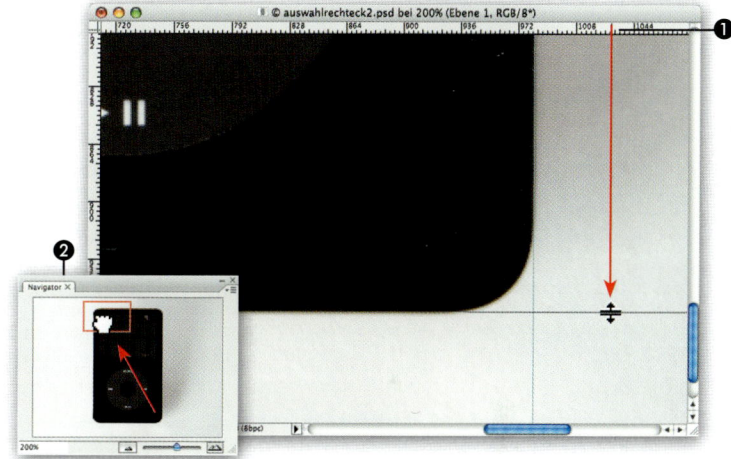

3 Ellipsen-Auswahl erstellen

Sie könnten in Photoshop zwar eine rechteckige Auswahl mit abgerundeten Ecken erstellen, allerdings müssen Sie raten, welchen Radius die Ecken haben sollen (oder vorher abmessen).

Deshalb wähle ich das Auswahlellipse-Werkzeug (Sie finden es hinter dem Auswahlrechteck-Werkzeug versteckt ❸) und ziehe damit eine runde Auswahl auf – von den Hilfslinien ausgehend –, um die abgerundeten Ecken zu markieren.

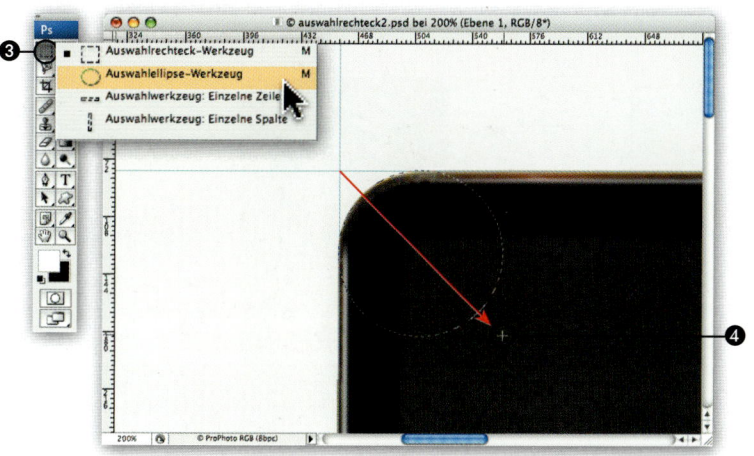

Zur Erinnerung: Sie finden alle Paletten im Menü FENSTER – auch die Palette NAVIGATOR.

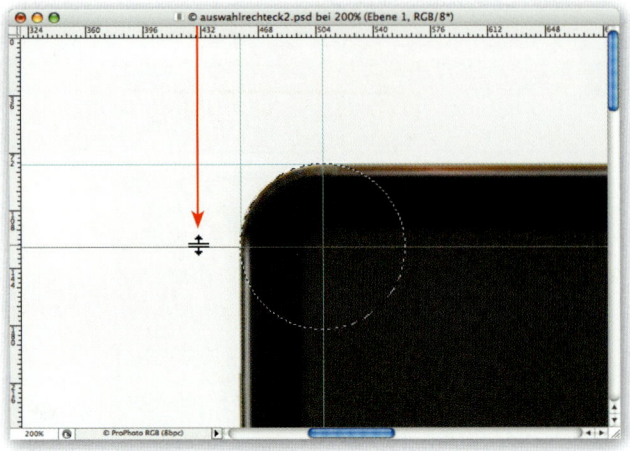

4 Hilfslinien an Auswahl ausrichten

Damit alle Radien an den Ecken die gleiche Größe haben und dann vor allem auch mit den zusätzlichen Rechteck-Auswahlen zusammenpassen, markiere ich als Nächstes die Mitte des Kreises zusätzlich mit Hilfslinien – sowohl in horizontaler wie auch in vertikaler Ausrichtung.

Beachten Sie, dass die Hilfslinie einrastet, wenn Sie dem Zentrum der Auswahl nahe kommen. Die Hilfslinie wird also von der Auswahl angezogen und absolut passgenau in der Mitte positioniert.

5 Auswahl verschieben

Es ist nach wie vor das Auswahlellipse-Werkzeug aktiv. Wenn ich damit (oder mit jedem anderen Auswahlwerkzeug) den Mauszeiger in die Auswahl hineinbewege und die Maustaste drücke, ändert sich dieser ❶.

Nun kann ich die Auswahl bei nach wie vor gedrückter Maustaste in die untere rechte Ecke bewegen, wo sie von den Hilfslinien unten und rechts angezogen, d. h. daran ausgerichtet wird.

6 Restliche Hilfslinien erstellen

An der neuen Position der Auswahl kann ich nun die restlichen beiden Hilfslinien erstellen.

Wenn Sie diese Übung anhand der Beispieldatei nachmachen, dann sollten sich über Ihrem Bild jetzt acht Hilfslinien befinden.

7 Auswahlen hinzufügen

Jetzt wird's etwas tricky: Wir brauchen vier kreisrunde Auswahlen. Wenn Sie einfach nur mit der Maus eine neu aufzuziehen versuchen, wird die bereits bestehende gelöscht. Um eine Auswahl um eine weitere erweitern zu können, müssen Sie die ⬆-Taste während des Aufziehens gedrückt halten.

Ziehen Sie eine neue Auswahl auf, dann bewirkt das Drücken der Alt-Taste, dass sie aus der Mitte heraus aufgezogen wird. Besteht jedoch bereits eine Auswahl, dann hat Alt eine andere Funktion, und zwar …

8 Auswahl hinzufügen, subtrahieren und Schnittmenge bilden

❷ Besteht eine Auswahl (das Quadrat jeweils links), und Sie ziehen nach Strandardeinstellung eine weitere auf (jeweils der Kreis in der Mitte), dann bleibt nur der Kreis;
❸ ziehen Sie die neue Auswahl bei gedrückter ⬆-Taste, dann wird die neue Auswahl der bestehenden hinzugefügt;
❹ ziehen Sie eine neue Auswahl bei gedrückter Alt-Taste, dann wird die Auswahl von der bestehenden weggenommen;
❺ ⬆+Alt-Taste ergibt die Schnittmenge.

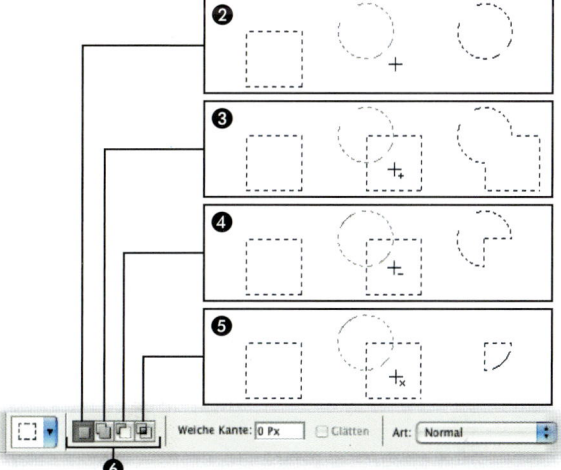

9 Auswahl aus der Mitte erweitern

Wir brauchen die ⬆-Taste zum Hinzufügen weiterer Auswahlen und die Alt-Taste, damit wir sie aus der Mitte aufziehen können. Beides zusammen ergibt aber die Funktion SCHNITTMENGE MIT AUSWAHL BILDEN.

Trick: Sie drücken zunächst die ⬆-Taste, um die erweiternde Auswahl zu beginnen – die Maustaste bleibt gedrückt! Dann drücken Sie die Alt-Taste, lassen sie aber noch einmal los, um sie neuerlich zu drücken. Nun können Sie die Auswahl erstellen und schließlich die Maustaste loslassen.

Tipp: Für Hinzufügen, Subtrahieren und Schnittmenge gibt es auch Schaltflächen in der Optionen-Palette ❻.

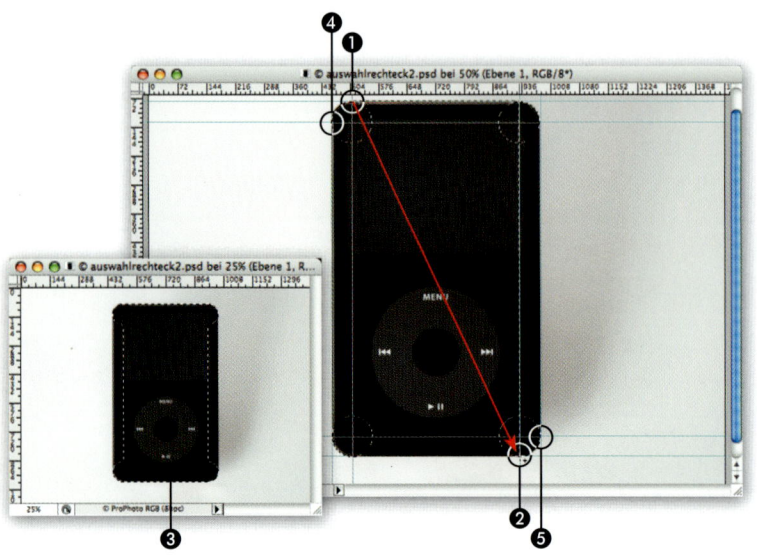

10 Auswahl um Rechteck erweitern

Statt des Auswahlellipse-Werkzeugs brauchen Sie nun das Auswahlrechteck-Werkzeug [▢]. Damit ziehen Sie bei gedrückter ⇧-Taste eine Auswahl von Punkt ❶ (wo sich die Hilfslinien schneiden) zu Punkt ❷. Die Form der resultierenden Auswahl erinnert dann ein wenig an einen Knochen ❸. Ziehen Sie danach mit dem Auswahlrechteck-Werkzeug ebenfalls bei gedrückter ⇧-Taste eine weitere Auswahl auf, und zwar von Punkt ❹ zu Punkt ❺.

11 Fläche löschen?

Der Sinn der ganzen Aktion ist ja, dass wir die weiße Fläche hinter dem MP3-Player löschen können und das Holz zum Vorschein kommt. Wenn Sie aber zu diesem Zeitpunkt die ⬅-Taste drücken, dann verschwindet der MP3-Player ❻. Der Grund dafür ist, dass sich der iPod in der Auswahl befindet und nicht der Hintergrund. Sie erkennen dies daran, dass die gestrichelte Linie, die die Auswahl markiert ❼, um den Player läuft – man nennt diese Auswahlbegrenzungen auch »marching ants«.

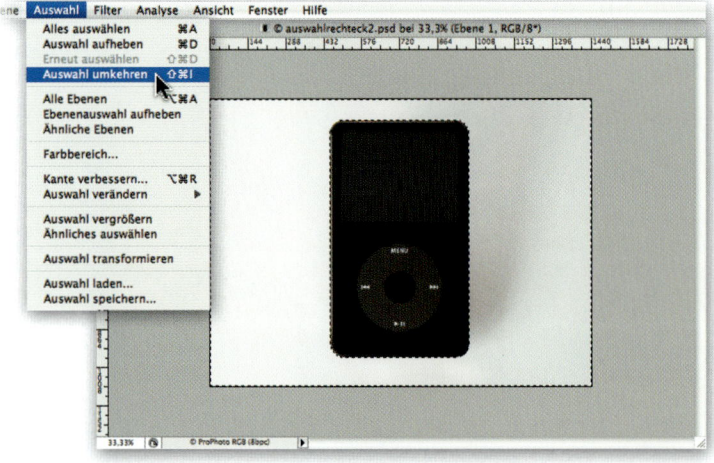

12 Auswahl umkehren

Damit das Richtige gelöscht werden kann, müssen Sie die Auswahl umkehren. Wählen Sie dazu Menü AUSWAHL • AUSWAHL UMKEHREN oder Strg/⌘+⇧+I (»I« steht für invertieren, also umkehren).

Sie sehen jetzt zwei Ameisenstraßen. Wenn Sie zwei solche gestrichelten, bewegten Auswahlbegrenzungen sehen und die eine komplett von der anderen umgeben ist, dann heißt das, dass der Bereich *zwischen* den beiden Straßen der ausgewählte ist.

13 Fläche löschen!

Nun brauchen Sie nur noch die `←`-Taste zu
drücken, und der Hintergrund geht ab in die
ewigen Jagdgründe.

Damit wäre das Freistellen abgeschlossen,
und Sie können die Auswahl aufheben. Entweder machen Sie das über Menü AUSWAHL •
AUSWAHL AUFHEBEN – besser aber, Sie merken
sich gleich den Shortcut dafür:
`Strg`/`⌘`+`D`.

14 Schlagschatten hinzufügen

Damit MP3-Player und Hintergrund nicht so
tun, als hätten sie nichts miteinander zu tun,
bedarf es eines Schattens.

Dazu hole ich die Palette EBENEN und wähle
unter EBENENSTIL HINZUFÜGEN ❽ SCHLAGSCHAT-
TEN. Vielleicht sollten Sie hier nicht einfach
meine Werte aus den Screenshots abschreiben
– experimentieren Sie selbst nach Lust und
Laune.

Zwei Tipps möchte ich Ihnen für Schatten
generell mit auf den Weg geben.

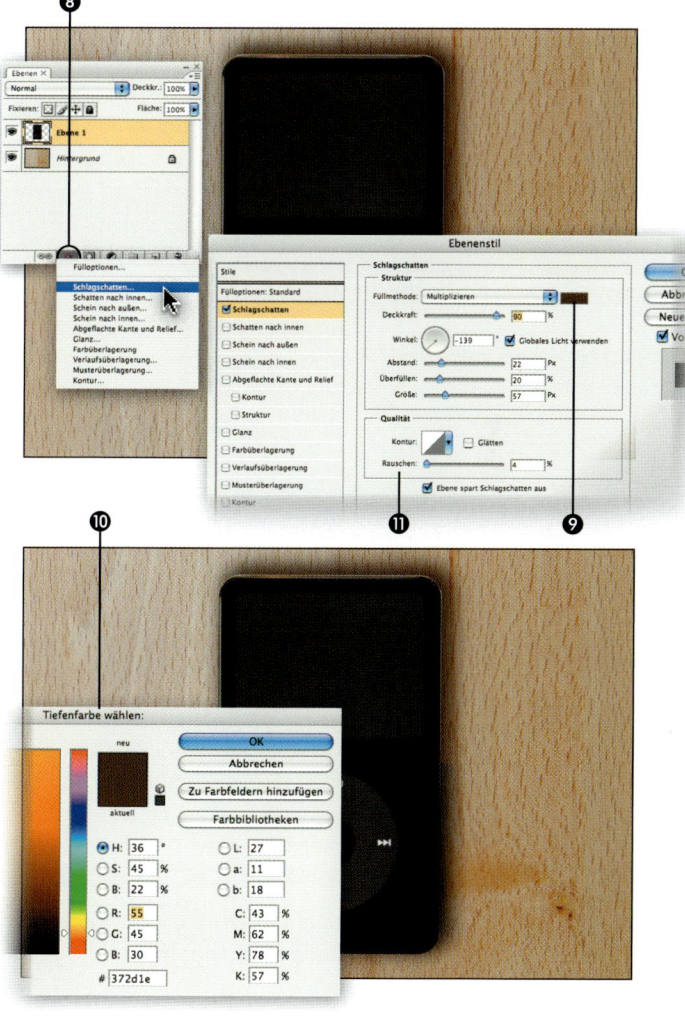

15 Der bessere Schlagschatten

Nehmen Sie nicht einfach einen schwarzen
Schatten. Stellen Sie eine glaubwürdige Farbe
für den Schatten ein. Klicken Sie dazu auf das
Farbfeld ❾. Es öffnet sich daraufhin der
Dialog TIEFENFARBE WÄHLEN ❿. Experimentie-
ren Sie auch hier mit glaubwürdigen Farben.

Fügen Sie Schatten immer ein leichtes
Rauschen ⓫ hinzu – zwischen 2 % und 7 %. Es
wirkt natürlicher, besonders wenn der Hintergrund glatt ist.

Tipp: Wenn Sie den Mauszeiger aus
dem Dialogfenster EBENENSTIL hinaus
ins Bild bewegen, können Sie den
Schatten mit der Maus verschieben.

Maske und Auswahl

Der Schlüssel zum Erfolg in Photoshop

Foto: Tootles – Fotolia.com

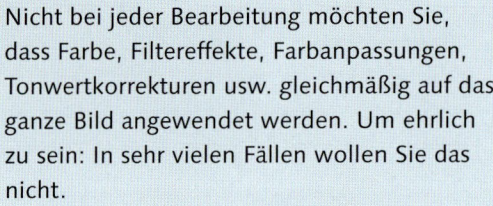

Nicht bei jeder Bearbeitung möchten Sie, dass Farbe, Filtereffekte, Farbanpassungen, Tonwertkorrekturen usw. gleichmäßig auf das ganze Bild angewendet werden. Um ehrlich zu sein: In sehr vielen Fällen wollen Sie das nicht.

Damit ein oder mehrere Bearbeitungsschritte nicht *global* auf das ganze Bild angewendet werden, sondern *selektiv* auf einen bestimmten Bereich, erstellen Sie eine Auswahl. Das ist ähnlich, als wenn Sie das Blatt eines Baumes auf ein Blatt Papier legen ❶, beides mit einem Airbrush oder einer Farbspraydose besprühen ❷ und das Blatt dann entfernen ❸ – die Stelle, an der das Blatt lag, hat keine Farbe angenommen.

Auf dieser Methode basiert das Prinzip des *Airbrush*. Bleiben wir beim Beispiel mit dem Blatt. Zunächst einmal legt der Airbrusher eine *Abdeckfolie* über das Material, das er mit Farbe besprühen möchte. Er kann dann freihändig schneiden oder eine Skizze auf der Folie aufzeichnen und diese ausschneiden.

Bei unserem Beispiel hier nehmen wir an, er hätte das Blatt als Vorlage unter der Folie liegen. Da ist es natürlich von Vorteil, wenn diese Folie durchsichtig ist. Unsere Folie ist rot und halb durchsichtig. Der Airbrusher kann also mit ruhiger Hand und einem Cutter den Umriss des Blattes entlangschneiden ❹. Ist er damit fertig, kann er die innere Folie herauslösen ❺ (wir nehmen hier nämlich an, dass er die Blattform färben will und nicht wie zuvor den Hintergrund).

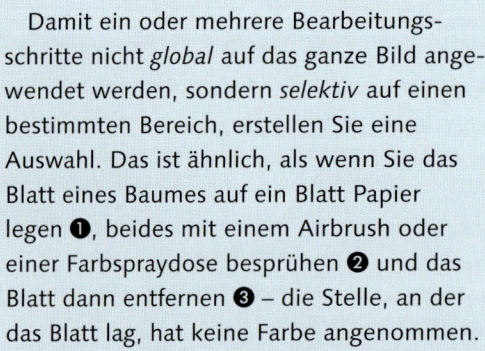

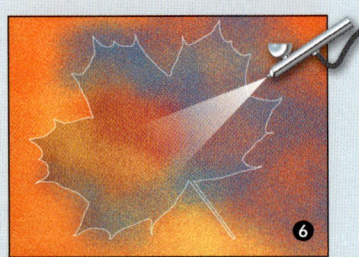

Da der gesamte Hintergrund mit roter Folie abgedeckt ist, kann der Airbrusher locker mit dem Luftpinsel über die Fläche hinweg sprühen und braucht sich um Präzision nicht zu kümmern ❻. Ist die Farbe trocken, kann er die Abdeckfolie vorsichtig vom Untergrund lösen. Was bleibt, ist die Form, die er mit dem Cutter aus ihr herausgeschnitten hat ❼.

Der Airbrusher kennt bei der Bearbeitung eines Bildes also zwei Schritte:

1. Das Abdecken – er nennt diesen Vorgang »maskieren« ❹;
2. das Auftragen der Farbe ❻.

Und genau gleich verhält es sich in Photoshop! Immer dann, wenn Sie von einem Bild nur Teilbereiche bearbeiten möchten, müssen Sie zuerst eine Auswahl erstellen, um den zu bearbeitenden Bereich einzugrenzen.

Analog zum Airbrush kennt auch der Photoshopper zwei wesentliche Arbeitsschritte:

1. Das Abdecken – in Photoshop nennt man dies, *eine Auswahl erstellen*; diesen Vorgang bezeichnet man auch als *Maskieren*, die Auswahl wird auch *Maske* genannt.
2. Das Bearbeiten des ausgewählten Bildbereichs (analog zum Auftragen der Farbe beim Airbrushen).

Es ist ganz wichtig, dass Sie sich diese Teilung der Arbeitsschritte merken:

1. Maske bearbeiten
2. Bild bearbeiten

Bei der Anzeige einer Maske kennt Photoshop verschiedene Formen. Da wäre zum Ersten einmal die Darstellung in Form einer laufenden, gestrichelten Linie ❽, wie sie praktisch allen Photoshop-Usern bekannt ist, gerne auch als »*running ants*« oder »*marching ants*« bezeichnet.

Zum Zweiten eine transparente, farbige Darstellung, meist rot ❾ (es lässt sich aber meist auch jede beliebige andere Farbe einstellen, ebenso wie die Deckkraft angepasst werden kann). Diese Form der Darstellung ist allen bekannt, die schon einmal im Maskierungsmodus gearbeitet haben.

Die dritte Darstellungsvariante begegnet einem bei Maskierungsebenen oder auch, wenn man eine gespeicherte Auswahl, einen sogenannten Alphakanal, bearbeitet. In dieser Form erfolgt die Darstellung in Graustufen ❿. In welcher Form Sie eine Auswahl (= Maske) in Photoshop auch immer betrachten, es ist letzten Endes doch immer dasselbe Ding, nur eben anders dargestellt.

Diese Darstellungsweise kann uns im Weiteren auch helfen, die Arbeitsweise von Masken (= Auswahl) besser zu verstehen. Schwarz in einer Maske bedeutet, dass dieser Bereich geschützt ist. Weiß bedeutet, dass dieser Bereich ausgewählt ist, also der Bereich ist, auf den sich die Arbeitsschritte in Photoshop (repräsentiert durch den Luftpinsel ⓫) auswirken.

Sie können sich also vorstellen, dass Sie, wenn Sie eine Auswahl erstellen, praktisch einen schwarzen Karton ⓬ über Ihr Bild legen, der bestimmte Bereiche des Bildes vor einem Farbauftrag schützt ⓭.

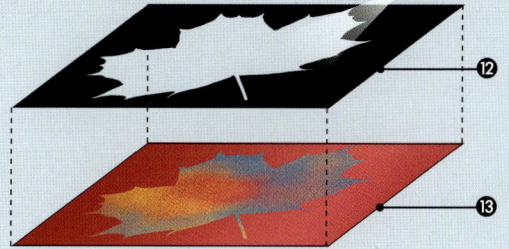

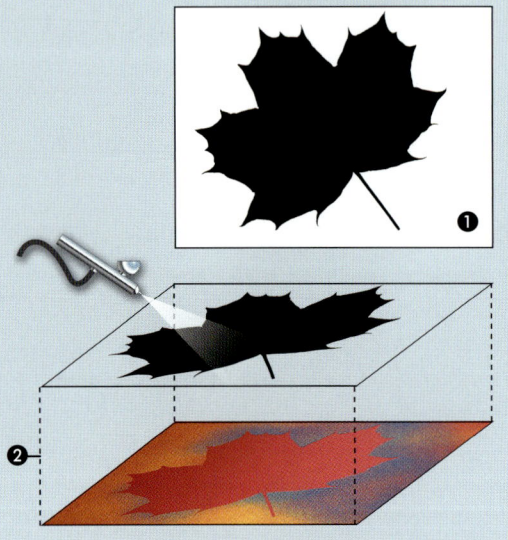

Wenn Sie eine Auswahl umkehren, dann heißt dies, dass die Maske sich umkehrt. Was zuvor weiß war (das Blatt), ist jetzt schwarz, und was zuvor schwarz war (der Hintergrund), ist jetzt weiß ❶. Wenn Sie nun Farbe auftragen, einen Effekt anwenden oder eine Korrektur vornehmen, wirkt sich dies genau im umgekehrten Bereich aus wie zuvor ❷.

Würden Sie lediglich mit Lasso und Zauberstab einfache Auswahlen erstellen, dann bräuchte Sie das meiste hier nicht zu kümmern. Wenn Sie aber auf aufwändigere Bildbearbeitungen aus sind – und ich bin mir sicher, das sind Sie –, dann kommen Sie ohne das, was jetzt folgt, nicht aus.

Erinnern wir uns an den Airbrusher von der vorangegangenen Seite. Er hat nichts anderes als einen Cutter, um Masken aus Karton und Folien zu schneiden.

Da geht es Ihnen in Photoshop beileibe besser. Sie können mit jedem Werkzeug, jedem Filter, jedem Dialog, mit dem Sie das Bild bearbeiten können, *auch die Maske* bearbeiten. Ich wiederhole: Sie können Masken mit allem bearbeiten, mit dem Sie auch Bilder bearbeiten können!

Wenn Sie also mit diesem Wissen bewaffnet die Maske von oben ❶ noch einmal hernehmen und einen ganz klassischen gaußschen Weichzeichner ❸ darüber laufen lassen, dann haben Sie anschließend ein äußerst ausgewaschenes Ahornblatt bzw. die weichgezeichnete Maske eines Ahornblattes ❹.

Wenden Sie nun eine Photoshop-Funktion über diese Maske an (= Auswahl – am Bildschirm würden Sie keine schwarze Maske sehen, sondern *marching ants* ❻), beispielsweise FLÄCHE FÜLLEN mit Gelb als VORDERGRUNDFARBE ❺, dann sieht das Resultat aus wie in Abbildung ❼.

Betrachten Sie die Abbildungen ❹ bis ❼ noch einmal etwas eingehender. Ich habe Ihnen vor wenigen Absätzen erläutert, Schwarz bedeutet bei einer Maske, der entsprechende Bereich ist maskiert, also geschützt. Oder um bei der Metapher mit dem Airbrush zu bleiben: Der Bereich ist abgedeckt.

Weiß bedeutet wiederum, dass der entsprechende Bereich ausgewählt ist, d.h. nicht geschützt. Wir bezeichnen diesen Bereich auch als *den ausgewählten*. Aber nun können Sie sehen, dass Photoshop etwas kann, was mit Abdeckfolie und Cutter unmöglich ist: Photoshop kennt nicht nur *geschützt* und *nicht geschützt* – es kennt auch *stufenlose* Übergänge dazwischen.

Auch dazu ein Beispiel: Tauschen wir die Maske mit dem weichgezeichneten Ahornblatt für einen Moment mit einer Maske, die nichts anderes ist als ein Verlauf von Schwarz zu Weiß ❽. Wenn Sie mit dieser Maske geladen (= Auswahl) das Bild mit gelber Farbe füllen, dann wird diese dort aufgetragen, wo die Maske weiß ist. Je dunkler jedoch die Abstufung in der Maske ist, desto weniger durchlässig ist sie, und ganz oben, wo der Verlauf ins Schwarze übergeht, wird auch keine Farbe mehr aufgetragen ❾. Das Resultat sieht dann aus, als würde es von oben nach unten langsam ausgeblendet ❿.

Im abschließenden Beispiel bearbeite ich die bereits weichgezeichnete Maske ❹ mit einem Kunstfilter aus der Filtergalerie ⓫. Als Resultat erhalte ich eine Maske, die an den Rändern richtig schön ausgefasert ist ⓬. Ist diese Maske als Auswahl geladen, wird sie am Bildschirm wie ⓮ dargestellt. Fülle ich die Fläche mit Gelb ⓭, sieht das Ergebnis so ⓯ aus.

Das ist doch ein netter Effekt, nicht? Ohne mit Masken umgehen zu können, wäre das kaum möglich.

Einstellungsebene und Schnittmaske

Was wäre das eine ohne das andere?

Ein großer Schritt nach vorne bei der Arbeit mit Photoshop war die Einführung von Einstellungsebenen. Dadurch wird die Bearbeitung von Bildern bedeutend flexibler, da Sie heute eine Einstellung vornehmen können und diese morgen wieder ändern, ohne dass die Bildqualität darunter leidet. In diesem Beispiel werden wir eine separate Ebene für den gelben Würfel erstellen und diesen erleuchten. Auch der Hintergrund soll mit einer separaten Einstellungsebene ein klein wenig freundlicher werden.

Zielsetzungen:

Hintergrundebene duplizieren

Würfel freistellen

Lebendigere Farben für Hintergrund

Leuchtendere Farben für Würfel

[einstellungsebene.psd]

▶ **Video-Training**

1 Hintergrundebene duplizieren

Als ersten Schritt in dieser Lektion erstelle ich ein Duplikat der bestehenden Hintergrundebene. Dazu ziehe ich diese auf das Symbol für NEUE EBENE ERSTELLEN .

2 Auswahlellipse erstellen

Mit dem Auswahlellipse-Werkzeug ❶ werde ich zunächst den gelben Würfel umschließen. Ich schätze, wo ich den Kreis am besten ansetze, um den Radius des Balls zu treffen. Ohne Hilfslinien wird das nicht exakt gelingen, aber das ist egal.

Ich drücke die Maustaste ❷ und bewege die Maus, bis die Größe etwa passt ❸. Dann drücke ich die Leertaste – die Maustaste ist nach wie vor unten! Wenn ich nun die Maus bewege, ändert sich nichts am Radius – vielmehr kann ich jetzt die Auswahl bewegen.

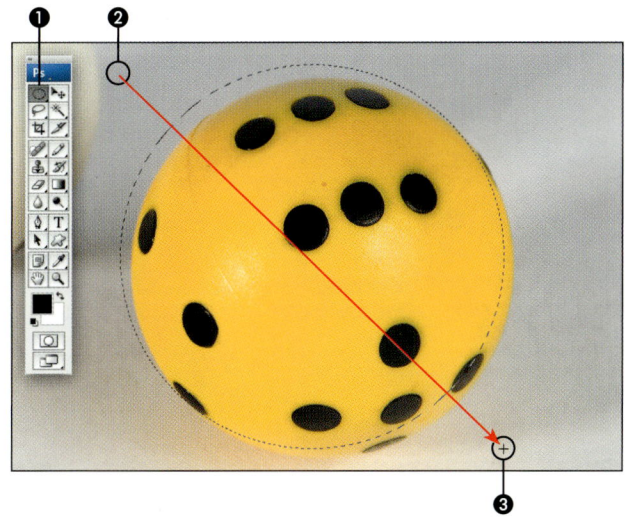

3 Auswahlellipse optimieren

Passt die Position ungefähr, werde ich wohl darauf kommen, dass der Radius noch nicht hundertprozentig perfekt ist. Ich lasse also die Leertaste wieder los und kann nun die Größe wieder verändern. Das ganze Spiel geht so lange hin und her – Leertaste drücken, Auswahl verschieben; Leertaste loslassen, Auswahl vergrößern (oder verkleinern) – bis sie sitzt wie angegossen.

Die Maustaste wird bei der ganzen Aktion keinen Moment losgelassen – erst wenn keine Korrektur mehr notwendig ist.

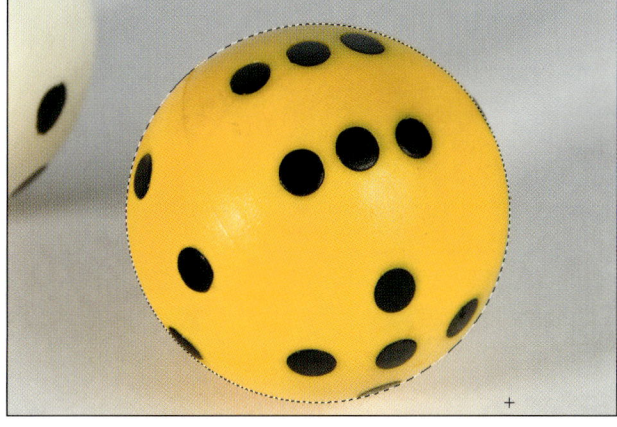

Tipp: Die Arbeit in der 100-Prozent-Ansicht kostet nichts extra, es wird aber genauer!

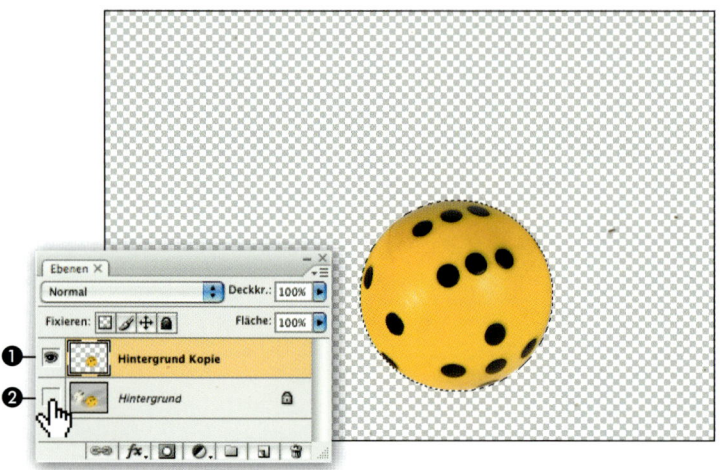

4 Auswahl umkehren, Pixel löschen

Die fertige Auswahl können Sie über Menü
AUSWAHL • AUSWAHL UMKEHREN umkehren
und die ausgewählten Bildpixel durch
Drücken der ←-Taste löschen.

Wenn sich durch das Löschen nichts verändert, liegt das daran, dass Sie zwar in der
oberen Ebene ❶ die Pixel entfernt haben, der
Hintergrund jedoch in der Ebene darunter
noch besteht. Klicken Sie ins Auge vor der
Hintergrundebene ❷, um sie auszublenden
und sich zu versichern, dass sich auf der aktuellen Ebene tatsächlich etwas verändert hat.

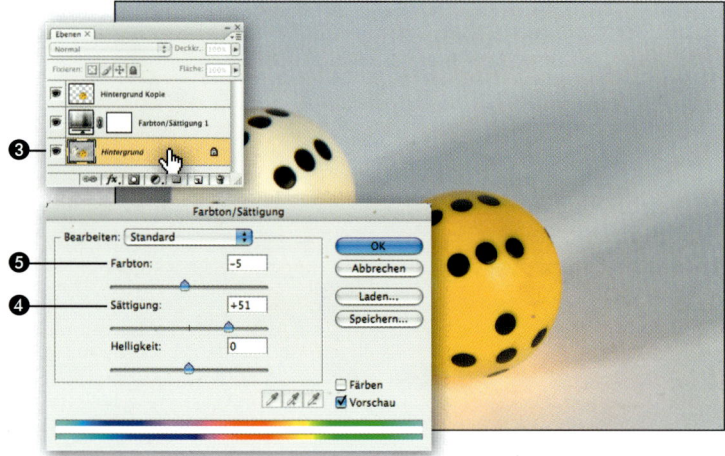

5 Einstellungsebene erstellen, Farbton/Sättigung einstellen

Nun möchte ich als Erstes den Hintergrund
dezent farbenfroher gestalten. Dazu aktiviere
ich mit einem Klick den Hintergrund ❸
und wähle dann als EINSTELLUNGSEBENE •
FARBTON/SÄTTIGUNG.

Die SÄTTIGUNG ❹ erhöhe ich recht drastisch
um +51 % – der Effekt darf ruhig etwas übertrieben wirken. Den FARBTON-Regler ❺
schiebe ich um eine Kleinigkeit nach links,
damit die Tönung etwas mehr ins rötliche
geht.

6 Farbbereiche bearbeiten

Über das Menü BEARBEITEN wähle ich dann
die BLAUTÖNE ❻ und dunkle damit den
Hintergrund etwas ab, bei gleichzeitiger
Erhöhung der Sättigung. Die MAGENTATÖNE ❼
habe ich ebenfalls nachbearbeitet.

Experimentieren Sie mit den Möglichkeiten.
Aber Vorsicht: Man tut schnell des Guten zu
viel! Deshalb sollten Sie auch immer in der
100-Prozent-Ansicht arbeiten – so erkennen
Sie es sofort, wenn Störungen entstehen.

Hinweis: Mit dem grau-weißen-Schach-
brettmuster will Ihnen Photoshop
sagen: Dieser Bereich ist transparent,
dahinter befindet sich nichts mehr.

7 Farbton/Sättigung – für zweite Ebene

Nun möchte ich den zuvor freigestellten Würfel (siehe Schritt) zum Leuchten bringen. Dazu aktiviere ich zunächst diese Kopie der Hintergrundebene mit einem Klick ❽ und erstelle dann eine Farbton/Sättigung-Einstellungsebene.

Für diese Ebene nehme ich keine selektiven Einstellungen für einzelne Farbbereiche vor, sondern begnüge mich damit, im Bereich STANDARD ❾ die SÄTTIGUNG zu erhöhen und den FARBTON eine Kleinigkeit ins Rötliche zu bewegen.

8 Schnittmaske erstellen

Der Hintergrund ist durch die neue Einstellungsebene noch leuchtender und roter geworden ❿. Damit diese Einstellungsebene nur auf »Hintergrund Kopie« wirkt, müssen Sie eine Schnittmaske erstellen.

Positionieren Sie den Mauszeiger zwischen Einstellungs- und Bildebene und drücken Sie [Alt] ⓫. Klicken Sie, dann wird die Bildebene zur Schnittmaske, d.h., die Einstellungsebene wirkt nur noch dort, wo sich auf der Schnittmaskenebene Pixel befinden. Vergleichen Sie dazu ❿ und ⓬.

9 Schnittmaske via Menü

Photoshop kennzeichnet, dass Ebenen zu einer anderen in einer Schnittmasken-Beziehung stehen, durch Einrücken und einen kleinen Pfeil ⏋ ⓭.

Erstellen können Sie eine Schnittmaske auch, indem Sie die Ebene, die zur Schnittmaske werden soll, aktivieren und im Menü AUSWAHL • SCHNITTMASKE ERSTELLEN wählen.

Hinweis: Einstellungsebenen wirken von oben nach unten. Alle Ebenen, die darüberliegen, werden *nicht* beeinflusst – alle darunter sehr wohl.

SCHWIERIGKEITSGRAD 2 FÜR AUFSTEIGER

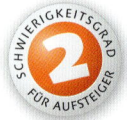

Füllmethoden und Smarte Objekte

Signieren Sie Ihre Fotos!

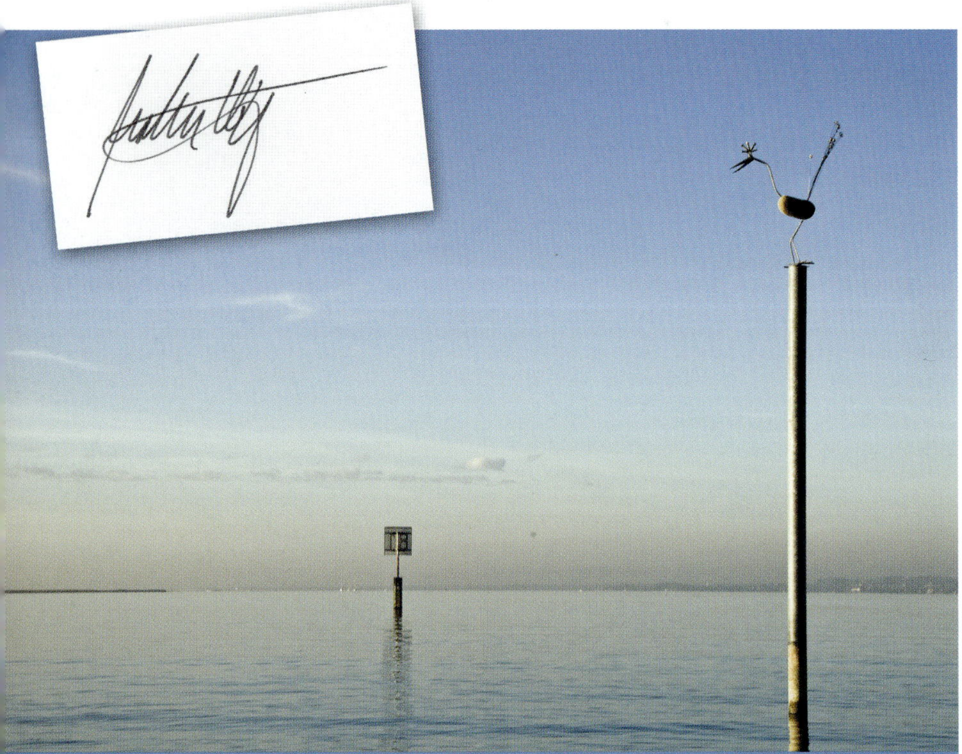

Signieren Sie Ihre besten Aufnahmen mit Ihrer Unterschrift. Das wirkt ungleich edler, als seinen Namen in einer ordinären Allerwelts-Arial in eine Ecke zu klemmen. Hier zeige ich Ihnen ein paar Tricks zum Aufbereiten Ihrer Unterschrift und wie Sie diese am einfachsten über Ihr Bild legen. Abschließend wird die Angelegenheit dann noch richtig smart.

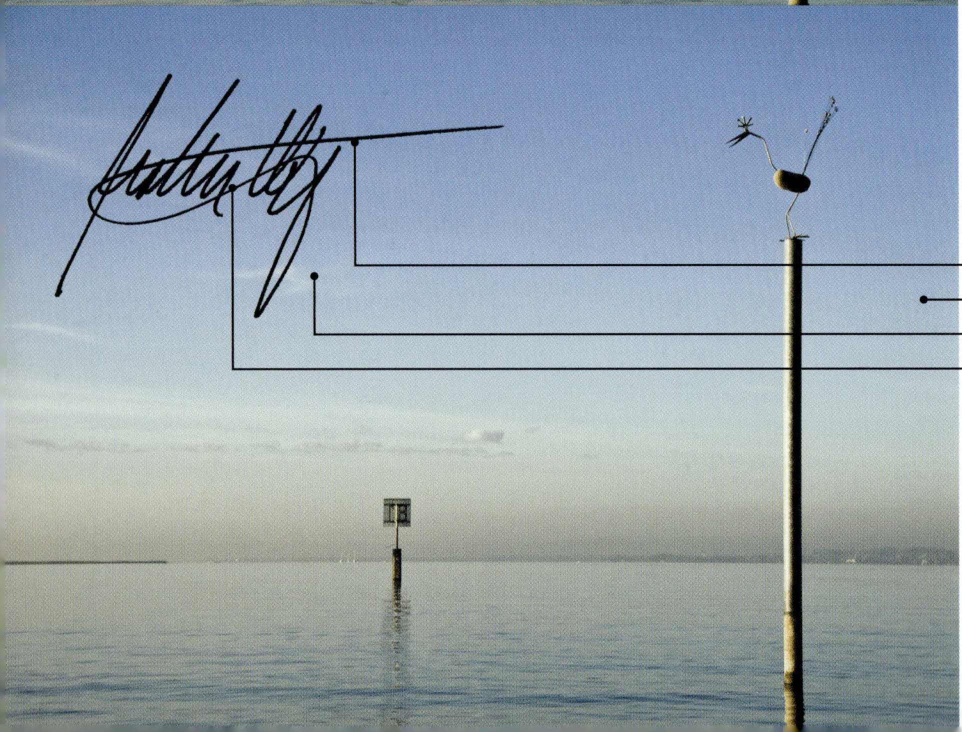

Zielsetzungen:

Signatur optimieren

Bilder zusammenführen

Weiße Fläche verschwinden lassen

Unterschrift skalieren, ohne Bildinformation zu verlieren

[smartobject.psd, smartobject2.psd]

Video-Training

1 Kontrast erhöhen

Der Kontrast des Scans ist sehr flach. Die Signatur steht nicht schwarz auf weiß aus, sondern grau auf flau.

Über das Menü BILD • ANPASSEN • GRADATIONSKURVEN werde ich das ändern. Dazu schiebe ich den Punkt für die Lichter ❶ (helle Bereiche) nach rechts, den Punkt für die Tiefen ❷ (dunkle Bereiche) nach links, setze im mittleren Bereich einen Punkt für die Mitten ❸ und hebe damit die Linie zu einer Kurve an.

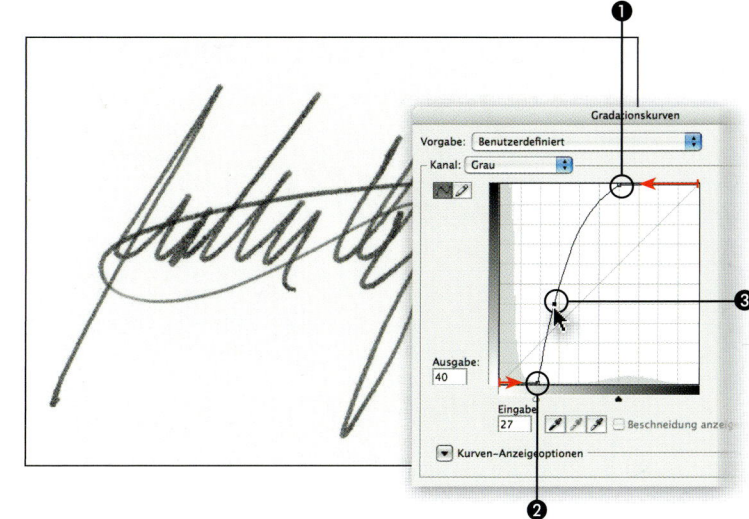

2 Licht oder Pigment/Druckfarbe

Die wichtigsten beiden Farbräume in Photoshop sind RGB und CMYK. CMYK wird in Prozent angegeben – höhere Werte bedeuten dunklere Farben. RGB wird in absoluten Werten von 0 bis 255 angegeben – höhere Werte bedeuten hellere Farben.

Je nach Einstellung kann es sein, dass die Verläufe ❹ bei Ihnen umgekehrt verlaufen als von mir oben abgebildet. Klicken Sie dann auf KURVEN-ANZEIGEOPTIONEN ❺ und stellen Sie um auf PIGMENT/DRUCKFARBE % ❻.

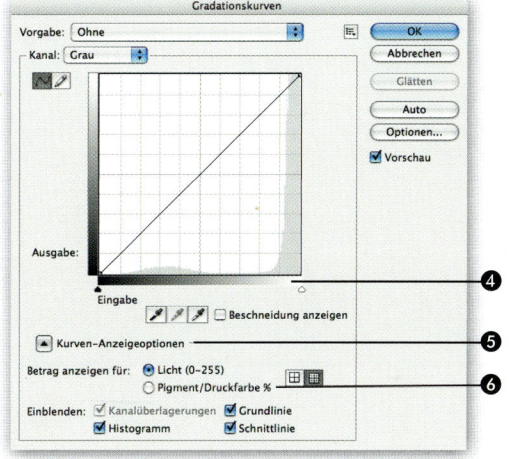

3 Pinsel einstellen, Flecken entfernen

Nun sollten Sie noch die Flecken entfernen. Das geht hier am einfachsten mit dem Pinsel-Werkzeug ❼. Beachten Sie, dass die Vordergrundfarbe ❽ Weiß ist, und stellen Sie den Pinsel auf einen angemessenen HAUPTDURCHMESSER, am besten auch mit 100 % HÄRTE.

Um sicherzugehen, können Sie auch noch überprüfen, dass der MODUS auf NORMAL steht und DECKKRAFT wie FLUSS bei 100 % ❾.

Wenn alles eingestellt ist, gehen Sie mit dem Pinsel auf Fleckenjagd.

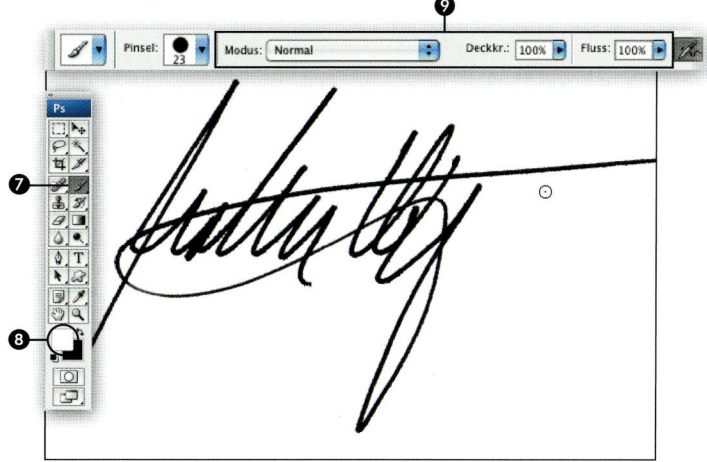

Hinweis: Verwenden Sie doch einen Scan Ihrer eigenen Unterschrift für diese Übung!

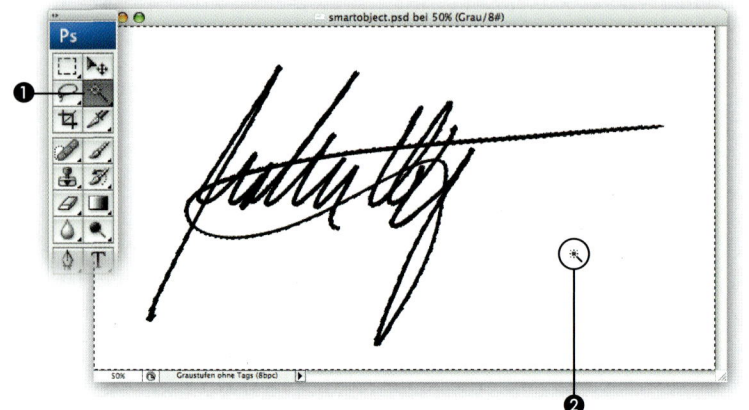
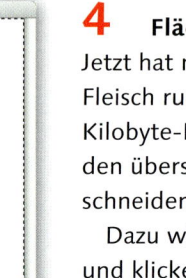

4 Flächenauswahl mit dem Zauberstab

Jetzt hat meine Unterschrift noch zu viel Fleisch rundherum. Überflüssigen Pixel- oder Kilobyte-Ballast mag ich nicht, weshalb ich den überschüssigen Raum einfach wegschneiden werde.

Dazu wähle ich das Zauberstab-Werkzeug ❶ und klicke damit auf die weiße Fläche ❷. Der Zauberstab funktioniert nach dem Prinzip, alle Pixel, die jenem ähnlich sind, auf den Sie gerade geklickt haben, auszuwählen. Bei einer solch homogenen Fläche wie hier hat er natürlich leichtes Spiel.

5 Freistellen

Als nächsten Schritt kehre ich die Auswahl um. Dazu wähle ich über Menü AUSWAHL • AUSWAHL UMKEHREN, oder schneller Strg / ⌘ + ⬆ + I .

Nun ist die Auswahl eng um die Unterschrift geschlungen. Jetzt kann ich BILD • FREISTELLEN wählen – Photoshop schneidet dann alle Bereiche, die außerhalb der Auswahl liegen, vom Bild weg.

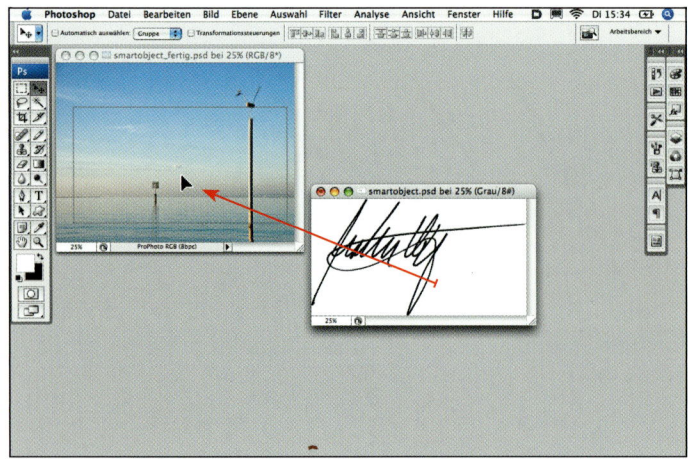

6 Bilder zusammenfügen

Die Unterschrift ist jetzt fertig ausgearbeitet, und ich kann Sie mit dem Verschieben-Werkzeug in das Bild des Blechvogels am Bodensee verschieben.

Hinweis: Es kann durchaus sein, dass das Freistellen nicht auf Anhieb so perfekt klappt, wie in Schritt 4 dargestellt. Dann haben Sie bei der Fleckenjagd bestimmt den einen oder anderen übersehen. Ich gestehe: Auch mir ist das beim Vorbereiten der Lektion passiert. Eliminieren Sie dann einfach die Flecken und erstellen die Auswahl neu, oder besser: Subtrahieren Sie diese Bereiche von der Auswahl.

7 Füllmethode: Multiplizieren

Nun liegt die Signatur mit einer deckenden, weißen Fläche über dem schönen Bild. Auch wenn ich sie drastisch verkleinere: Schick wird das nicht!

Es gäbe allerlei umständliche Methoden, die weißen Pixel zu löschen. Aber wieso umständlich, wenn es auch einfach geht? Aktivieren Sie die Ebene der Unterschrift ❸, und wählen Sie im Menü FÜLLMETHODE ❹ • MULTIPLIZIEREN.

8 Smart Objekt erstellen

Etwas dezenter darf die Signatur werden. Das Problem dabei: Wenn ich sie jetzt verkleinere, dann verliere ich Bildinformation. Möchte ich sie zu einem späteren Zeitpunkt wieder vergrößern, geht das nicht ohne qualitative Verschlechterung. Abhilfe schaffen Smart Objekte.

Mit rechter Maustaste klicke ich auf die Unterschriften-Ebene und wähle aus dem Kontextmenü IN SMART OBJEKT KONVERTIEREN. Photoshop kennzeichnet die Ebene nun mit einem solchen Symbol 🖻 ❺.

9 Frei transformieren

Nachdem die Signatur als Smart Objekt vorbereitet ist, kann ich sie verkleinern. Ich wähle im Menü BEARBEITEN • FREI TRANS-FORMIEREN, fasse den Transformieren-Rahmen an einem der Anfasser und ziehe ihn damit in die passende Größe. Die [Strg]/[⌘]-Taste verhindert, dass die Proportionen verzerrt werden. Positioniere ich den Mauszeiger im Rahmen, kann ich ihn bei gedrückter Maustaste verschieben. Auf diese Art richte ich Größe und Position ein und bestätige abschließend mit [↵].

Ebenenstile, Deckkraft und Fläche

Hinter dem Offensichtlichen steckt das Interessante.

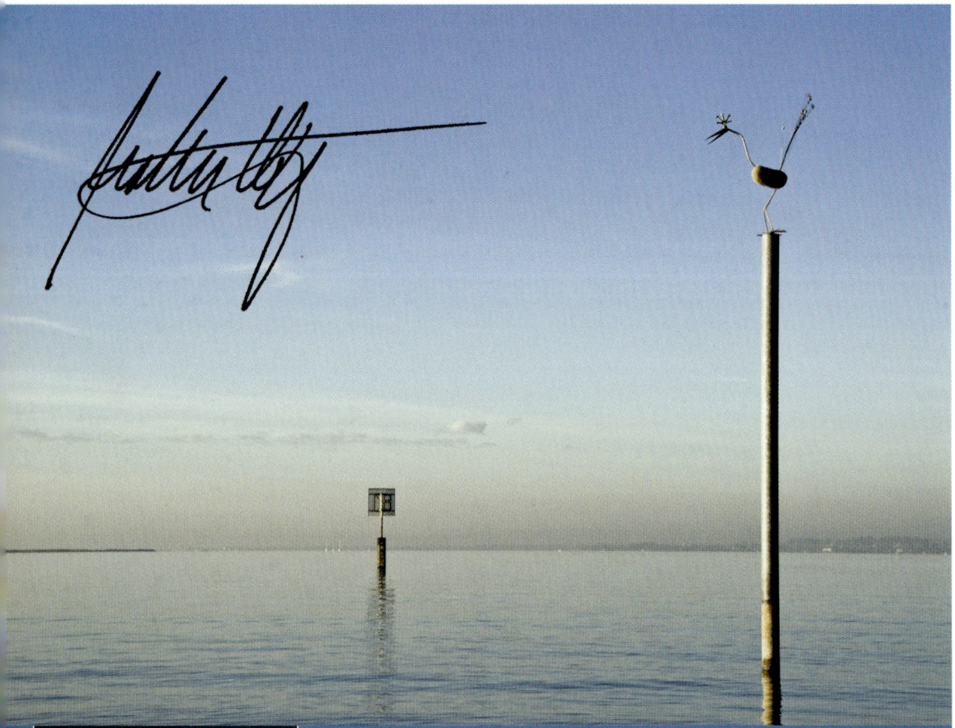

Mit Ebenenstilen haben sich die meisten Photoshop-User schon einmal beschäftigt, und viele wissen, was passiert, wenn sie die Deckkraft einer Ebene reduzieren. Aber was macht eigentlich die »Fläche«? Beziehungsweise: Was macht die »Fläche« anders als die »Deckkraft«? In diesem Workshop erfahren Sie, was es damit auf sich hat, und ich gebe Ihnen einen Einblick in die Möglichkeiten, die Ihnen das Zusammenspiel von Fläche und Ebenenstil bietet.

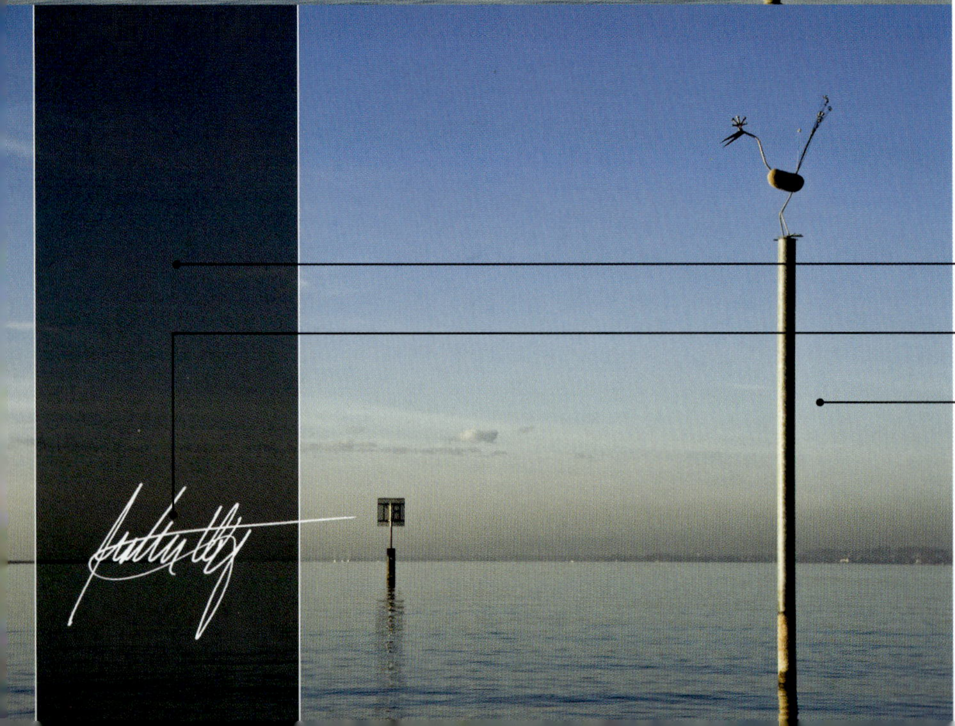

Zielsetzungen:

Transparente Fläche mit deckender Kontur einziehen

Signatur von Schwarz auf Weiß umstellen und verkleinern

Sättigung und Kontrast des Bildes erhöhen

[ebenenstile.psd]

1 Neue Ebene und Auswahl erstellen

Als Erstes blende ich die Unterschrift aus, indem ich auf das Auge ❶ bei »Ebene 1« klicke. Dann klicke ich auf Neue Ebene erstellen ❷ und erhalte »Ebene 2« ❸. Wenn statt des Hintergrunds »Ebene 1« zuletzt aktiv war, liegt die neue Ebene nun ganz oben. Dann ändern Sie am besten die Stapelreihenfolge gleich so wie abgebildet: oben »Ebene 1«, darunter »Ebene 2« und unten »Hintergrund«.

Auf der neuen Ebene erstelle ich, wie nebenstehend zu sehen, mit dem Rechteckauswahl-Werkzeug eine Auswahl ❹.

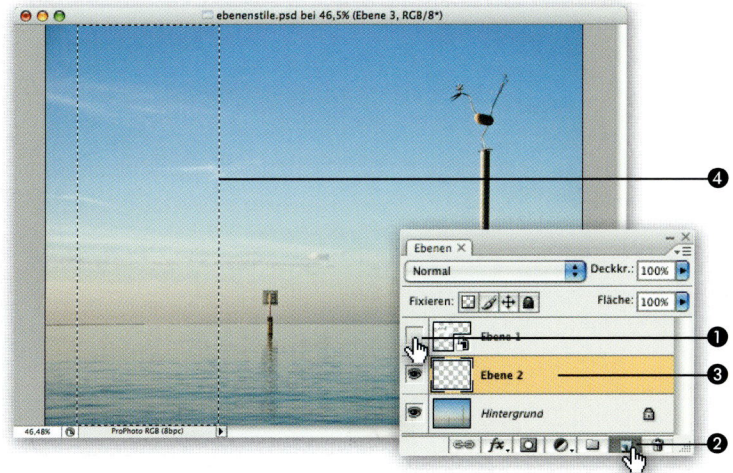

2 Ausgewählte Fläche füllen

Nun kann ich die Auswahl auf der neuen Ebene mit einer Farbe füllen. Über das Menü Bearbeiten wähle ich Fläche füllen. Im Dialog Fläche füllen wähle ich bei Verwenden • Schwarz ❺ und stelle sicher, dass die Füllmethode auf Normal und die Deckkraft auf 100 % steht ❻.

Nachdem ich mit OK bestätigt habe, ist auch im Thumbnail ❼ bei der »Ebene 2« der gefüllte Bereich erkennbar.

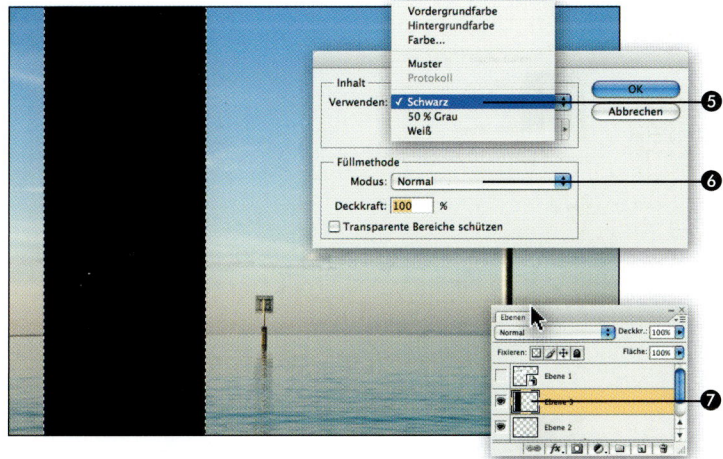

3 Ebenenstil »Kontur« festlegen

Die schwarze Fläche soll nun rechts und links von einer weißen Kontur begrenzt werden. Dazu wähle ich an der Palette Ebenen Ebenenstil hinzufügen • Kontur. Im Dialog Ebenenstil stelle ich die Grösse auf 2 ❽, klicke auf das rote Farbfeld ❾ und wähle im Dialog Konturfarbe wählen Weiß.

Nachdem ich Konturfarbe und Ebenenstil mit OK geschlossen habe, hat die schwarze Fläche einen weißen Rand erhalten.

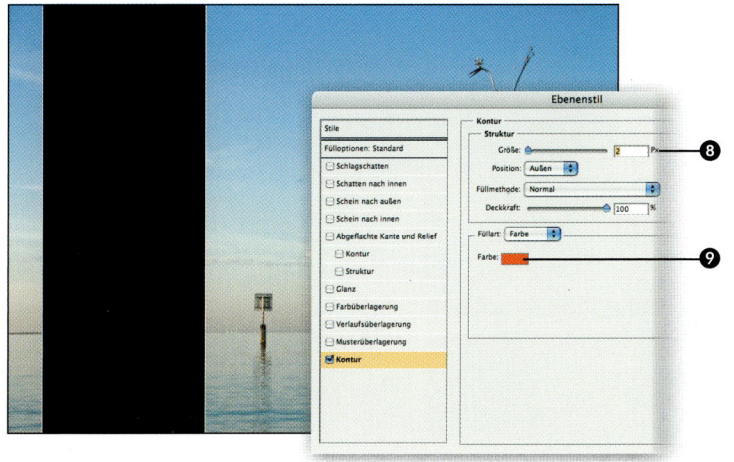

> **Hinweis:** Ich gestehe, dass ich Fläche füllen seit Jahren nur mehr in Seminaren öffne. Es gibt einen viel besseren Weg. Aber den verrate ich Ihnen später. Diesen sollten Sie ja auch kennen.

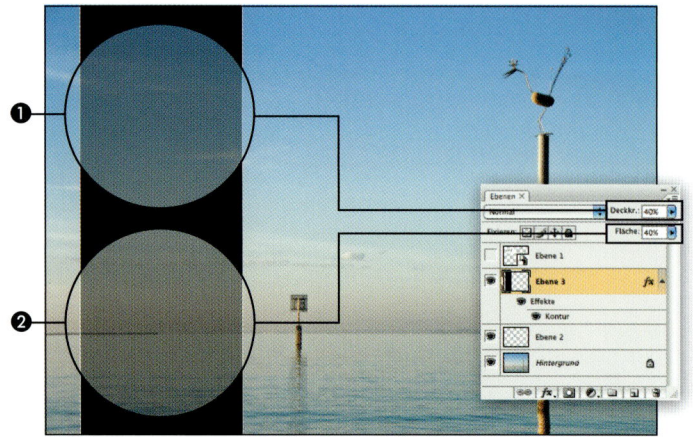

4 Deckkraft oder Fläche?

Nun möchte ich die schwarze Fläche nicht völlig deckend über dem Wasser schweben lassen, sondern den Hintergrund durch sie hindurch sehen. Der erste Gedanke ist natürlich, die Deckkraft für diese Ebene zu reduzieren, beispielsweise auf 40 % – leider wird dadurch auch die Deckkraft der Kontur reduziert ❶, und das soll sie nicht! Stattdessen reduziere ich die Fläche. Dadurch werden die Pixel der entsprechenden Ebene transparenter, nicht aber der Ebenenstil – in diesem Fall die Kontur ❷.

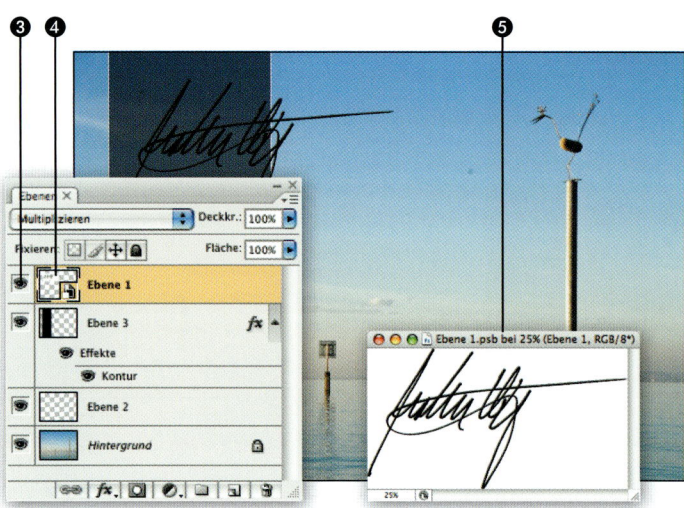

5 Smart Objekt bearbeiten

Mit einem Klick blende ich nun die Unterschrift (Ebene 1) wieder ein ❸. Allerdings: In schwarz sieht das jetzt überhaupt nicht mehr nett aus. Ich möchte sie lieber weiß auf der Fläche haben.

Mit einem Doppelklick auf die Miniatur der Ebene ❹ öffne ich das Smart Objekt – es wird wie eine eigenständige Datei in einem neuen Fenster geöffnet ❺.

6 Umkehren

Um die Signatur weiß vor dem Hintergrund darstellen zu können, muss ich sie hier umkehren – Weiß muss zu Schwarz werden und Schwarz zu Weiß. Dazu wähle ich Menü BILD • ANPASSUNGEN • UMKEHREN. Dieser Befehl funktioniert genau wie die Entwicklung eines Foto-Negativs in einen positiven Abzug.

Nach dem Umkehren sieht die Signatur so ❻ aus. Nun kann ich das SMART OBJEKT wieder schließen (Menü DATEI • SCHLIESSEN, Strg/⌘+W), und die Unterschrift liegt dann so ❼ auf dem Bild.

7 Negativ multiplizieren

Meine liebsten beiden Füllmethoden sind MULTIPLIZIEREN und NEGATIV MULTIPLIZIEREN. Beim Multiplizieren werden die weißen Bildpixel ausgeblendet und die schwarzen sind sichtbar – die Graustufen dazwischen sind ihrem Tonwert entsprechend deckend.

Beim negativen Multiplizieren werden die schwarzen Pixel ausgeblendet, und die weißen sind sichtbar. Hier setze ich NEGATIV MULTIPLIZIEREN ein, um dadurch den schwarzen Kasten auszublenden und nur mehr die weiße Signatur zu sehen.

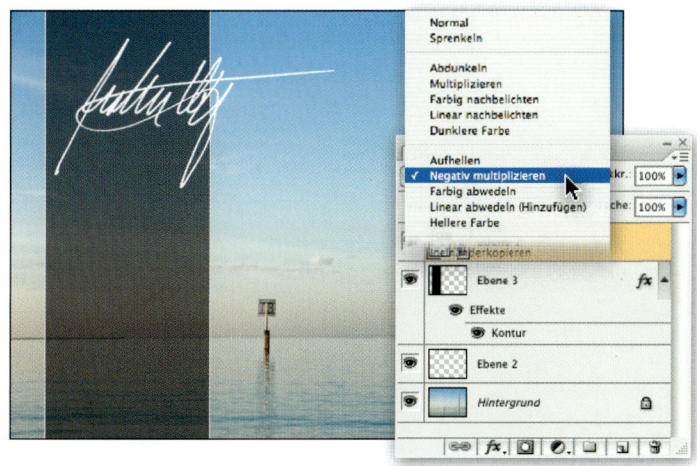

8 Bildebene multiplizieren, um Sättigung und Kontrast zu erhöhen

Mit FREI TRANSFORMIEREN habe ich die Unterschrift in eine passende Größe gebracht und auch gleich passend platziert.

Die Füllmethode MULTIPLIZIEREN können Sie auch verwenden, um einem Bild mehr Sättigung und Kontrast zu verleihen. Dazu habe ich den Hintergrund dupliziert, indem ich ihn auf NEUE EBENE ERSTELLEN gezogen habe ❽. Für »Hintergrund Kopie« ❾ habe ich dann die FÜLLMETHODE auf MULTIPLIZIEREN ❿ und die DECKKRAFT auf 75 % ⓫ gestellt.

9 Was ist eigentlich ein Smart Objekt?

Wenn Sie eine Bildebene in ein Smart Objekt umwandeln, dann wird das Bild dieser Ebene in voller Auflösung als Hintergrundinformation *im* Bild gespeichert. Das belegt natürlich zusätzlichen Speicherplatz, hat dafür aber einen immensen Vorteil: Sie können es beliebig verkleinern. Wenn Sie es sich später anders überlegen, kann Photoshop auf die im Hintergrund gespeicherte Information zurückgreifen und das Bild wieder bis zur vollen Größe verlustfrei rekonstruieren.

Textebenen und Schattenspiele

Text erstellen, formatieren und mit Effekten auszeichnen

Noch wirkt die Bildkomposition etwas langweilig. Vor allem: Ich möchte sie noch mit einem Text ergänzen. In diesem Workshop zeige ich Ihnen, wie Sie eine Textebene erstellen, diese duplizieren, den Ebenen Schatteneffekte hinzufügen, mehrere Ebenen gemeinsam verschieben und einen Textrahmen aufziehen.

markus wäger
FOTOGRAFIE DESIGN TRAINING

Zielsetzungen:
Textebenen erstellen
Schatteneffekt hinzufügen
Signatur absoften
Adressblock aufziehen
[textebenen.psd]

Am Kellerpark 5
6850 Dornbirn, Austria
www.designworks.at

1 Textebene erstellen

Ich aktiviere das Text-Werkzeug ❶ und stelle es ein, bevor ich zu schreiben beginne. Als SCHRIFTART ❷ wähle ich »Arno Pro«, als SCHRIFTSCHNITT ❸ »Display«; SCHRIFTGRAD ❹ (= Schriftgröße) 12 Punkt, SATZART ❺ ZENTRIERT und die TEXTFARBE ❻ wird Weiß.

Damit die neue Ebene über allen anderen zu liegen kommt, aktiviere ich vor dem Losschreiben noch die derzeit oberste Ebene mit einem Klick. Dann klicke ich mit dem Textwerkezug in das Bild und schreibe ich meinen Namen.

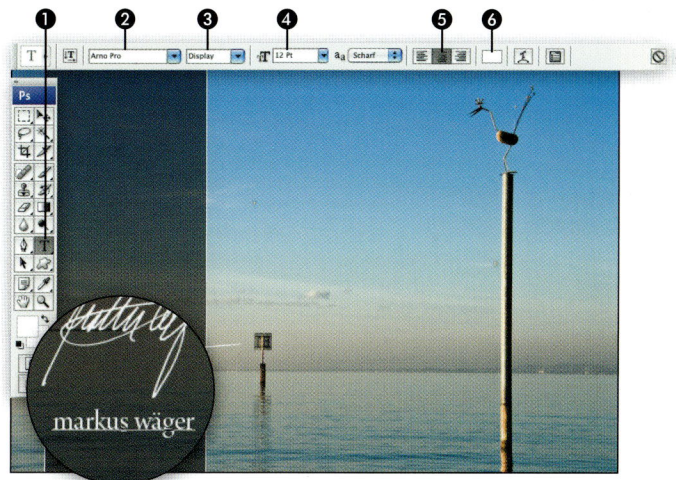

2 Laufweite anpassen

Mit einem Doppelklick auf die Miniatur der Textebene ⊤ (und nur da! Wenn Sie woanders auf die Ebene klicken, geht es nicht) wähle ich den Text aus. Alternativ können Sie die Auswahl auch vornehmen, indem Sie mit dem Text-Werkzeug über den Text ziehen.

Die Laufweite ist zu eng. Da sie sich nicht mit der Optionen-Palette einstellen lässt, öffne ich mit einem Klick ❼ die Zeichen-Palette und erhöhe die LAUFWEITE ❽, wodurch sich der Zeichenabstand erhöht.

3 Wortabstand verbessern

Photoshop bietet typografische Möglichkeiten, die einem Satzprogramm wie Adobe InDesign kaum nachstehen.

Mir erscheint der Wortabstand noch zu groß. Ich öffne die Palette ABSATZ und wähle im Palettenmenü ABSTÄNDE ❾. Hier kann ich die Werte für den Wortabstand reduzieren ❿, wobei für den Flattersatz eigentlich nur OPTIMAL interessant ist – MINIMAL und MAXIMUM werden nur beim Blocksatz aktiv. Als Resultat stehen die beiden Worte jetzt deutlich kompakter da.

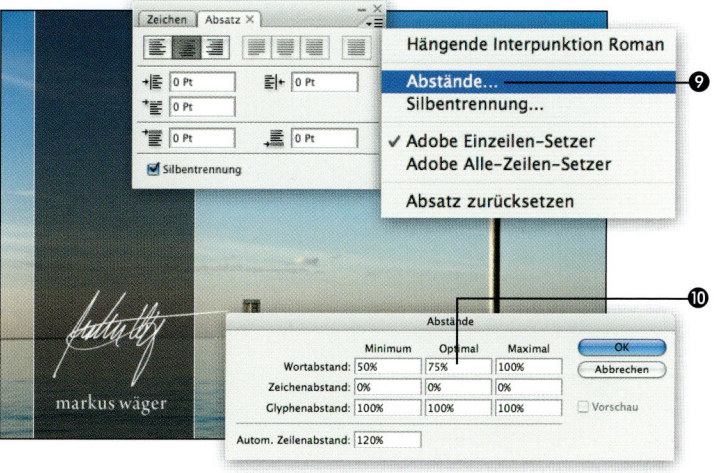

4 Textebene duplizieren

Mein Name soll nun noch eine Underline bekommen – eine zusätzliche Textzeile. Dazu wähle ich das Verschieben-Werkzeug [Verschieben] und verschiebe die bestehende Textebene bei gedrückter [Alt]-Taste ❶.

Verschieben Sie eine Ebene bei gedrückter [Alt]-Taste, dann wird immer eine Kopie von ihr erstellt. In der Palette EBENEN sehen Sie auch, dass über »markus wäger« jetzt »markus wäger Kopie« liegt ❷.

5 Text in Kapitälchen formatieren

Ich wähle den duplizierten Text »markus wäger« aus ❸, und überschreibe ihn mit »photographie design training«. Die SCHRIFT-GRÖSSE stelle ich auf 6 Punkt und die LAUF-WEITE erhöhe ich auf 100.

Die »Arno Pro« ist eine sehr schöne Open-Type-Schrift, die Adobe CS3 als Mitgift mitgegeben hat. Photoshop unterstützt Open-Type ebenso wie InDesign und Illustrator, und so stelle ich den Text über das Palettenmenü der Palette ZEICHEN auf KAPITÄLCHEN.

6 Ebenen ausrichten

Damit die beiden Textebenen zentriert untereinanderstehen, wähle ich zusätzlich zur bereits aktiven Ebene auch die andere aus, indem ich bei gedrückter [Strg]/[⌘]-Taste auf sie klicke ❹.

Das Verschieben-Werkzeug [Verschieben] ist aktiv – in der Optionen-Palette werden bei zwei oder mehr aktivierten Ebenen Symbole zum Ausrichten derselben angezeigt. Ich klicke auf jenes für die AN HORIZONTALER MITTELACHSE AUSRICHTEN ❺, und Photoshop zentriert die beiden Zeilen zueinander ❻.

7 Textebenen verschieben

Ist nur eine der beiden Ebenen ausgewählt und das Verschieben-Werkzeug ▶⊕ aktiv, dann kann ich den Abstand zwischen den Zeilen anpassen, indem ich ⬆ bzw. ⬇ drücke. Es ginge natürlich auch mit der Maus, aber feine Positionierungsarbeit geht über die Tastatur einfach besser.

Schiebe ich nun den Text über die Signatur, dann lässt er sich natürlich nur mehr schwer lesen, da ja beide weiß sind. Um den Text von der Unterschrift zu trennen, erstelle ich als erstes einen Ebenenstil • Kontur.

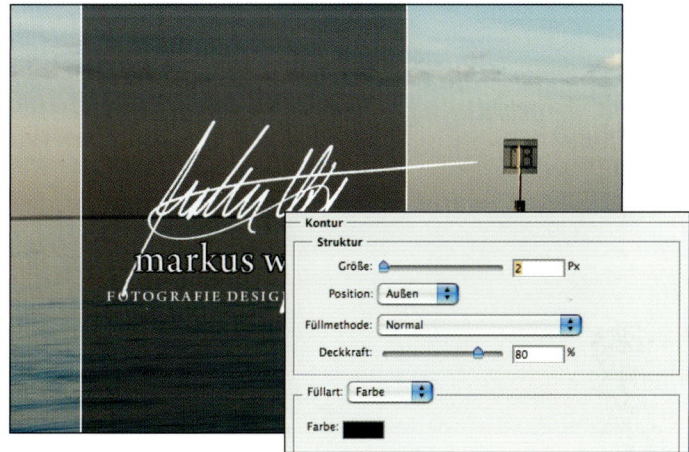

8 Ebenenstil Kontur

Zunächst bekommt die Textebene »markus wäger« eine Kontur. Die STÄRKE lege ich mit 2 Pixel fest. Wichtig bei Text ist, dass als POSITION • AUSSEN angegeben wird – Buchstaben leiden sehr darunter, *von Konturen erdrückt zu werden*.

Ich stelle die Farbe auf Schwarz und reduziere die Deckkraft etwas. Aber fühlen Sie sich frei, eigene Einstellungen zu probieren.

9 Ebenenstil »Schlagschatten«

Mit einem zusätzlichen Schlagschatten möchte ich dem Text mehr Tiefe geben. Dazu klicke ich auf den Namen des Effekts ❼ (klicken Sie nicht auf die Checkbox ☐ – der Effekt wird dadurch zwar aktiviert, aber Sie erhalten nicht die Einstellungsoptionen). Probieren Sie auch hier eigene Einstellungen, orientieren Sie sich aber beim WINKEL in dem der Schatten fällt, am Schattenfall des Fotos.

Tipp: Nutzen Sie auch GLOBALES LICHT VERWENDEN ❽. Wenn Sie mehrere Ebenen mit Lichteffekten erstellen, brauchen Sie den Lichteinfall später nur bei einer Ebene zu ändern – alle anderen werden von Photoshop angepasst!

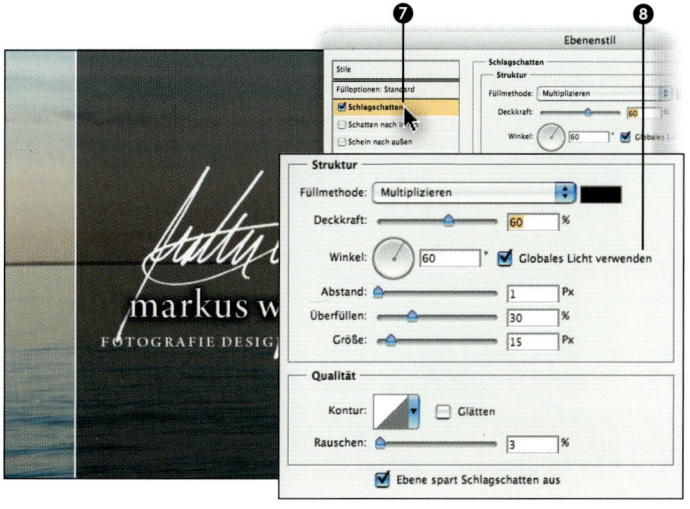

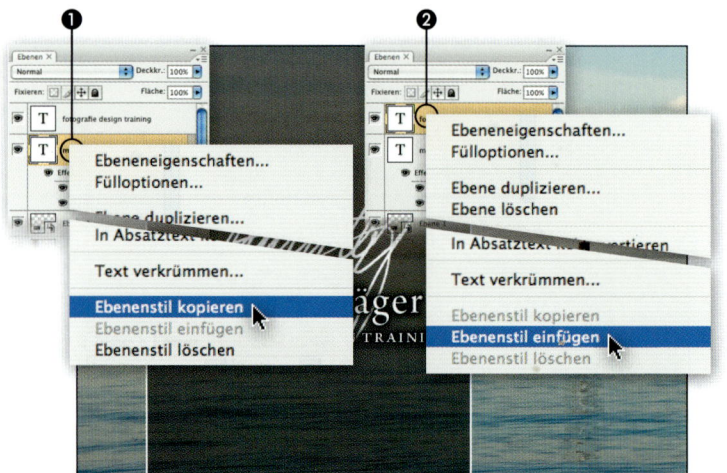

10 Ebenenstil kopieren und einfügen

Auch die Underline soll mit diesen Effekten ausgezeichnet werden. Glücklicherweise brauche ich die ganzen Einstellungen nicht neuerlich einzustellen, sondern kann die Effekte kopieren und einfügen.

Dazu klicke ich mit der rechten Maustaste auf die Ebene mit den Ebenenstilen ❶, wähle aus dem Kontextmenü EBENENSTIL KOPIEREN, klicke dann ebenfalls rechts auf die Ebene, die den Stil erhalten soll, und wähle EBENENSTIL EINFÜGEN ❷ – schon hat auch die Underline einen Schatten!

11 Textrahmen erstellen

Jetzt fehlt mir nur noch ein Adressblock. Diesmal klicke ich nicht einfach in das Bild hinein, um einen Punkttext zu erstellen, sondern ziehe einen Textrahmen mit dem Text-Werkzeug T auf.

Ein Punkttext, den Sie mit einem einfachen Klick auf das Bild erstellen, ist sinnvoll für Texte, die aus einem Wort oder zumindest nur einer Zeilte bestehen. Wenn Sie mehrere Zeilen schreiben möchten, erstellen Sie besser einen Textrahmen.

12 Adressblock eingeben, Adressblock positionieren, Signatur absoften

In den neu erstellten Textrahmen kann ich nun meine Adresse eingeben. Formatierungen am Text werden noch vorgenommen, dann kann ich den Textrahmen an eine passende Position verschieben – natürlich wieder mit dem Verschieben-Werkzeug . Abschließend habe ich die Deckkraft der Signatur noch um 20 % reduziert. Voilà! Fertig.

SCHWIERIGKEITSGRAD 1 FÜR EINSTEIGER

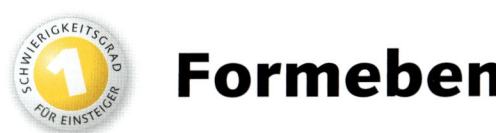

Formebenen

Simpel und flexibel

Formebenen sind nicht unbedingt geeignet, aufwändige Formen zu gestalten. Sie sind zuweilen recht störrisch, wenn es darum geht, Details an der Form zu verändern. Bei einfachen Formen haben sie jedoch Vorteile. Vor allem sind sie auflösungsunabhängig. Das heißt, Sie können sie jederzeit vergrößern und verkleinern, ohne dabei irgendeine Qualitätsverschlechterung in Kauf nehmen zu müssen. Hier zeige ich Ihnen, wie Sie damit Kröten zum Sprechen bringen.

Zielsetzungen:

Sprechblase als Formebene erstellen

Verlaufseffekt

Textebene erstellen

Zweite Sprechblase

Blase spiegeln und positionieren

[formebenen.psd]

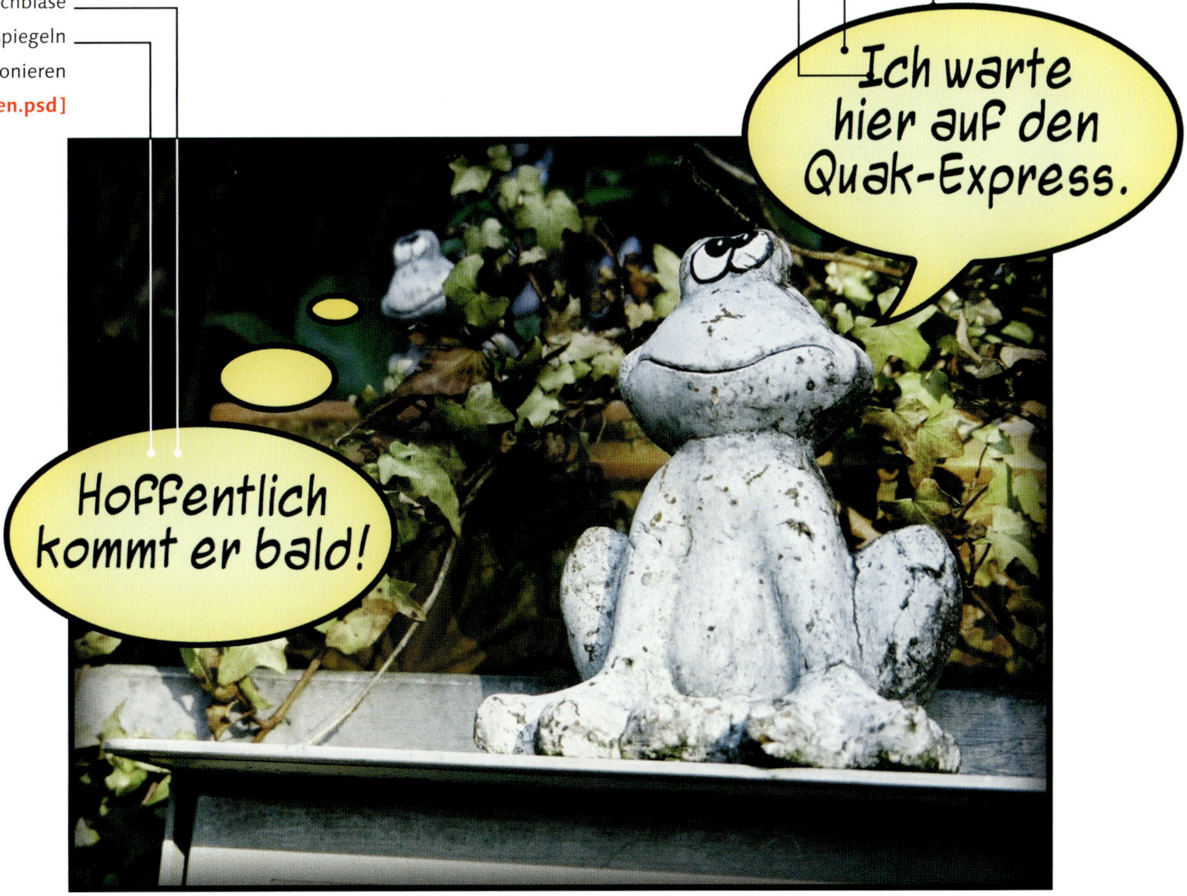

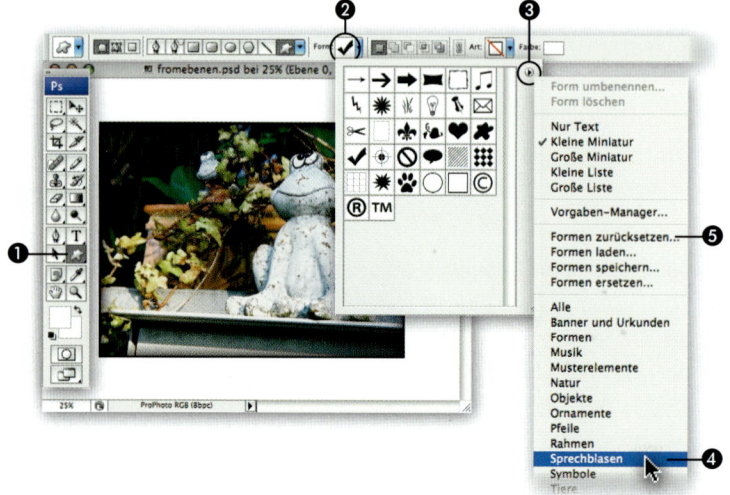

1   Eigene-Form-Werkzeug einstellen

Zunächst aktiviere ich das Eigene-Form-Werkzeug ❶. Für dieses Tool stehen verschiedene Formen ❷ bereit. Die Sprechblase der Standardformen macht mich aber noch nicht glücklich. Deshalb lade ich über das Palettenmenü ❸ den Formensatz SPRECHBLASEN ❹.

Wählen Sie diesen Menüpunkt, werden Sie gefragt, ob Sie die Formen anhängen oder ersetzen wollen. Sie können sie beruhigt ersetzen. Über FORMEN ZURÜCKSETZEN ❺ können Sie jederzeit wieder zu den Standardformen zurückkehren.

2   Sprechblase aufziehen

Ebenso, wie Sie eine Auswahl erstellen, erstellen Sie auch eine Form, indem Sie sie einfach bei gedrückter Maustaste aufziehen ❻. Photoshop erstellt dabei eine neue Ebene – eine Formebene ❼.

Da diese weiße Sprechblase auf dem weißen Rand des Bildes nur schwer zu erkennen ist, muss wieder eine Kontur her. Und wie bekommt eine Ebene eine Kontur? Richtig! Durch einen Ebenenstil.

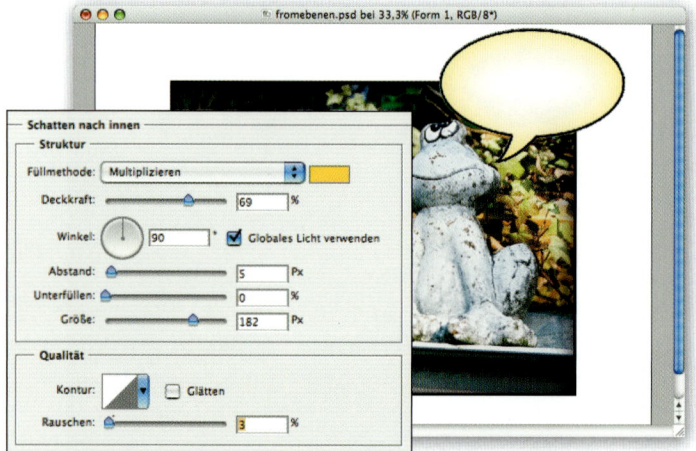

3   Schatten nach innen

Mit Konturen kennen Sie sich ja bereits aus – nur so viel: die GRÖSSE beträgt 10 Pixel und die AUSRICHTUNG geht nach innen.

Damit die Sprechblase etwas Leben bekommt, verleihe ich ihr einen SCHATTEN NACH INNEN. Dabei habe ich das voreingestellte Schwarz durch ein Gelb ersetzt, die GRÖSSE ordentlich angehoben und die DECKKRAFT etwas reduziert.

Tipp: Auf der Website von Adobe unter der Adresse www.adobe.com/cfusion/ exchange finden Sie weitere Formen zum Download.

4   Textebene hinzufügen

Natürlich mache ich keine Sprechblase, ohne dass etwas gesprochen werden soll. Deshalb erstelle ich mit dem Text-Werkzeug einen Textrahmen ❽ und schreibe mit einer passenden Schrift meinen Text hinein.

Falls es Sie – wie mich – stört, wenn an jeder Ebene eine Handvoll Stile hängt, dann können Sie sie auch ausblenden (bzw. einklappen), indem Sie hier ❾ klicken.

5   Formebene, Farbe ändern

Die Sprechblase ist mir noch etwas zu blass. Ich möchte, neben dem gelben Verlauf nach innen, einen leicht getönten Hintergrund dafür.

Wenn Sie die Farbe einer Formebene ändern möchten, dann klicken Sie auf dieses Symbol ❿ in der entsprechenden Ebene. Daraufhin öffnet sich der Adobe-Farbwähler, diesmal unter dem Namen GRUNDFARBE AUFNEHMEN. Ich entscheide mich hier, passend zur Kröte, für einen leicht blassgrünen Ton.

6   Formebene transformieren

Der Frosch, der im Hintergrund keck ums Eck guckt, bekommt eine Denkblase. Allerdings ist diese zunächst falsch ausgerichtet.

Zum Skalieren einer Formebene wählen Sie Menü BEARBEITEN • FREI TRANSFORMIEREN. Es erscheint der Transformieren-Rahmen mit seinen acht Anfassern. Ich nehme ihn links unten ⓫ und ziehe ihn über die gegenüberliegende Ecke, bis er am Ende ⓬ um 180° gedreht ist. Noch korrekt positionieren und eine zweite Textebene dazu. Fertig ⓭.

Tipp: Wenn Sie nach cooleren Comic-Schriften suchen, als die allgegenwärtige »Comic Sans«, besuchen Sie doch mal www.blambot.com.

Magie der Ebenenmasken

Lassen Sie Pixel verschwinden, und zaubern Sie sie wieder her.

Vor einigen Seiten habe ich behauptet, der Schlüssel zum Erfolg in Photoshop sei die Auswahl. Wenn wir davon ausgehen, dass Photoshop ein Programm mit sieben Siegeln ist – und das kann die Bildbearbeitung in der Tat manchmal sein –, dann gebe ich Ihnen hier den zweiten Zentralschlüssel mit auf den Weg. In diesem Workshop werden wir einen Wegweiser am Rande mitten in ein Bild hineinpflanzen. Dazu benötigen wir Lassos, Ebenenmasken, Filter, Gradationskurven und Verläufe. Also: Maskieren Sie sich, und folgen Sie mir ins große Pixelabenteuer.

Zielsetzungen:
Bilder zusammenführen
Wegweiser maskieren
Hintergrund weichzeichnen
Finetuning der Wegweiserkanten
Farbtemperatur angleichen
[ebenenmasken1.psd, ebenenmasken2.psd]

1 Bilder zusammenfügen

Ziehen Sie bei aktivem Verschieben-Werkzeug ![Verschieben-Werkzeug] das Bild mit dem Wegweiser in das Bild der Almhütte hinein. Beide Bilder sind von mir mit gleicher Auflösung vorbereitet. Sie können also die ⇧-Taste während des Verschiebens halten, damit das Einfügen deckungsgleich erfolgt.

Nun wollen wir den Wegweiser auswählen.

2 Auswahl mit dem Polygon-Lasso

Wählen Sie das Polygon-Lasso ![Polygon-Lasso]. Beginnen Sie an der Kante es Wegweisers mit einem Klick – so setzen Sie den ersten Punkt der Auswahl. Setzen Sie Klick für Klick weitere Punkte entlang der Objektbegrenzung ❶. Arretieren Sie die Feststelltaste, dann wird der Mauszeiger zum Fadenkreuz - ┆ -. Sie dürfen auch über das Bild hinaus klicken ❷. Umrunden Sie das Objekt, und kehren Sie zum Ausgangspunkt zurück, der Mauszeiger wird zu ![Lasso-Symbol] ❸. Schließen Sie die Auswahl mit einem Klick ❹.

3 Ebenenmaske erstellen

In den bisherigen Beispielen haben Sie die Pixel der Ebene gelöscht, entweder durch Drücken der ←-Taste oder mit dem Radiergummi-Werkzeug.

Diesmal werden Sie die Pixel lediglich ausblenden, und zwar, indem Sie EBENENMASKE HINZUFÜGEN ![Masken-Symbol] ❺ drücken. Die Pixel sind jetzt zwar durch eine EBENENMASKE ❻ ausgeblendet ❼, aber nicht für immer verloren.

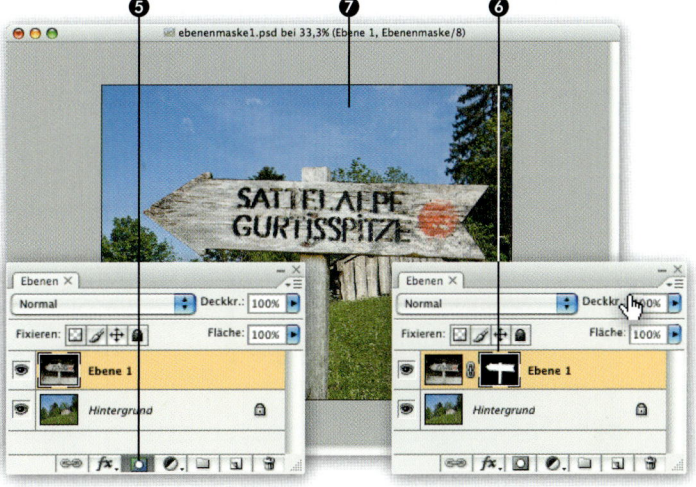

Tipp: Wenn Sie mit dem Polygon-Lasso-Werkzeug ![Polygon-Lasso] falsche Verankerungen setzen, können Sie einen nach dem anderen durch Drücken der ←-Taste wieder lösen!

4 Kanten der Ebenenmaske glätten

Betrachten Sie den Wegweisers einmal etwas genauer. An manchen Stellen ist die Kante zu scharf ❶, andere haben einen Trauerrand ❷.

Vergewissern Sie sich, dass *die Ebenenmaske* aktiv ist ❸. Was gerade aktiv ist, zeigen Ihnen spitze Klammern an den Ecken von Ebenenmasken- ❹ bzw. Bildsymbol ❺ an. Wählen Sie dann Menü FILTER • WEICHZEICHNUNGSFILTER • GAUSSCHER WEICHZEICHNER.

5 Gaußscher Weichzeichner

Mit dem Gaußschen Weichzeichner können Sie die Kanten der Ebenenmaske verschwimmen lassen. Ich habe mich für einen Radius von 2 Pixel ❻ entschieden. Dadurch entsteht zwar so etwas wie ein »schwarzer Schimmer«, an den Rändern, aber den brauche ich, um die Maske mit dem nächsten Schritt enger um den Wegweiser zu ziehen.

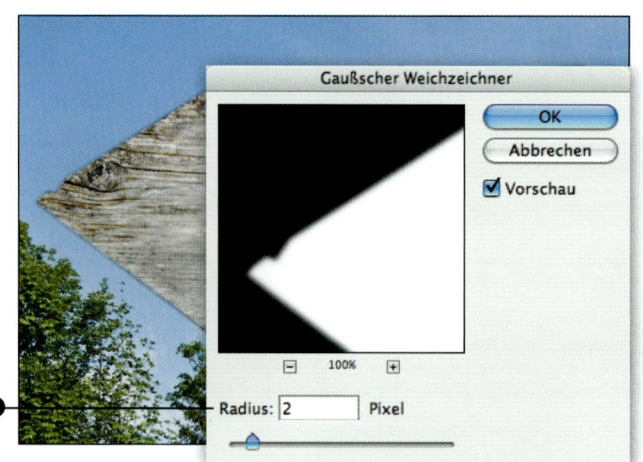

6 Freistellung verengen mit Gradationskurven

Nun wählen Sie Menü BILD • ANPASSUNGEN • GRADATIONSKURVEN. Nach ein paar Versuchen, bei denen ich zunächst die Lichter ❼ mal mehr, mal weniger nach links verschoben habe, die Schatten ❽ mal mehr, mal weniger nach rechts und mit den Mitten ❾ eine mehr oder weniger stark angehobene bzw. abgesenkte Kurve eingezogen habe, ist die optimale Einstellung gefunden. Probieren geht in Photoshop oft über studieren.

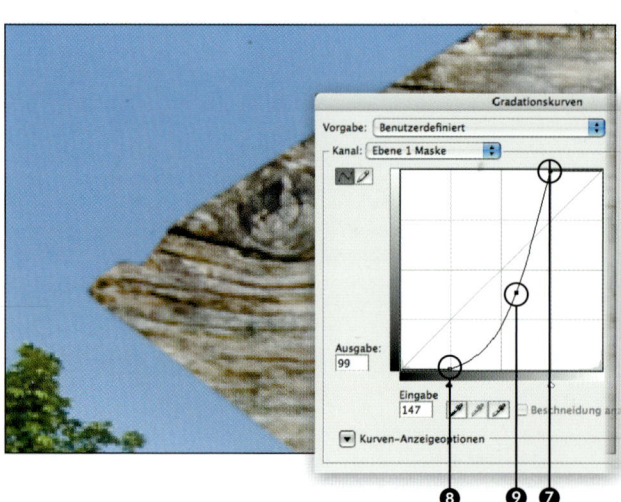

7 Exkurs: Gradationskurven

Lichter nach links verschieben 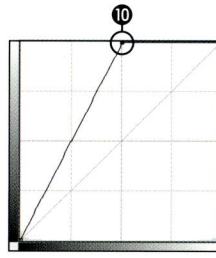 dehnt die hellen Bereiche der Maske aus – sie wird weiter. Schatten nach rechts verschieben ⓫ verengt die Maske. Eine gerade aufsteigende Linie ergibt eine völlig harte Trennung ⓬.

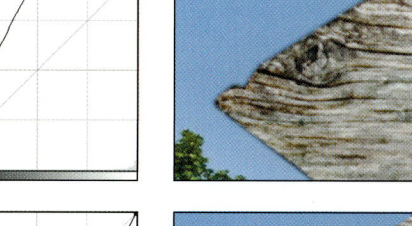

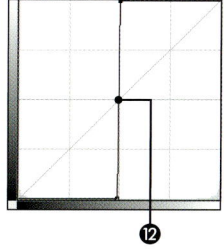
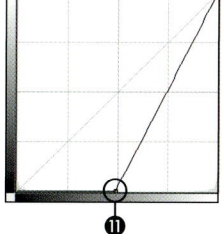

8 Hintergrundebene spiegeln

Beim Bild des Wegweisers ist erkennbar, dass das Licht von links einfällt. Beim Hintergrundbild hingegen fällt das Licht von rechts ein. Das gehört behoben! Bevor Sie beim Wegweiser ins Finetuning gehen, sollten wir also erst den Hintergrund spiegeln. Aktivieren Sie die Hintergrundebene, wählen Sie alles aus, indem Sie ⌨Strg/⌘+A eingeben, und wählen Sie Menü BEARBEITEN • TRANSFORMIEREN • HORIZONTAL SPIEGELN.

9 Hintergrundebene duplizieren

Ein weiteres Problem: Der Hintergrund wirkt schärfer als das Hauptmotiv. Auch dem helfen wir ab und zwar durch Weichzeichnung.

Damit die Weichzeichnung Tiefe bekommt, werden wir zwei Ebenen unterschiedlich weichzeichnen. Dazu erstellen Sie eine Kopie der Hintergrundebene, indem Sie sie auf das Symbol für NEUE EBENE ERSTELLEN ziehen 🔲.

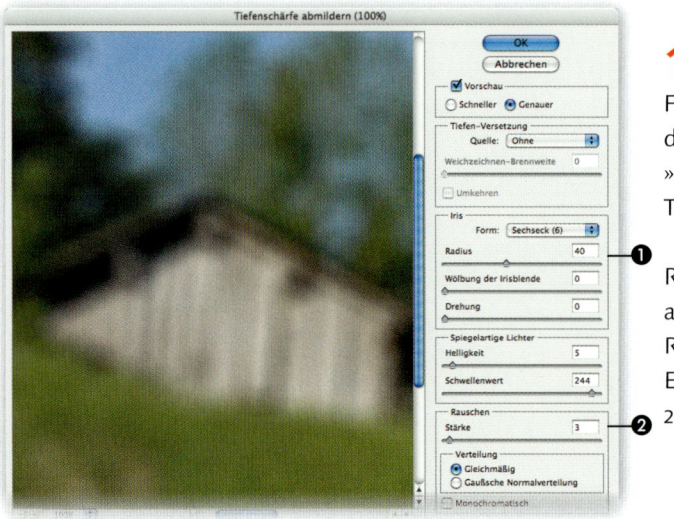

10 »Hintergrund Kopie« weichzeichnen

Früher war dazu der Gaußsche Weichzeichner, der Filter der Wahl. Der wirkt leider immer »etwas gaußsch«. Viel besser ist FILTER • TIEFENSCHÄRFE ABMILDERN.

Die wichtigste Einstellung hier ist der RADIUS ❶ – er regelt, *wie* unscharf das Motiv ausfällt. Und Sie dürfen bei Fotos das RAUSCHEN ❷ nicht vergessen, damit es am Ende nicht künstlich wirkt – eine STÄRKE von 2 bis 4 ist perfekt.

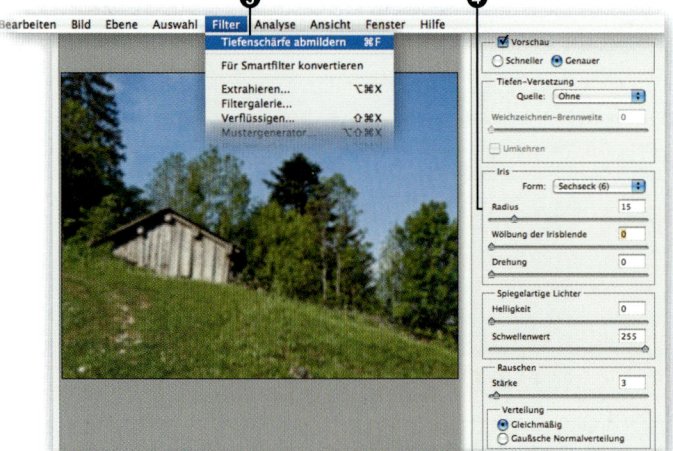

11 Hintergrund weichzeichnen

Aktivieren Sie nach »Hintergrund Kopie« nun mit einem Klick den »Hintergrund«.

Der erste Menüpunkt im Menü FILTER ist der zuletzt angewendete Filter ❸. Mit ⌷Strg⌷/ ⌘+⌷F⌷ wird dieser mit denselben Einstellungen wie zuvor wiederholt. Geben Sie stattdessen ⌷Strg⌷/⌘+⌷Alt⌷+⌷F⌷ ein, so wird er nicht einfach wiederholt, sondern der dazugehörige Dialog öffnet sich, und Sie können die Parameter neu festlegen – beispielsweise einen reduzierten RADIUS ❹.

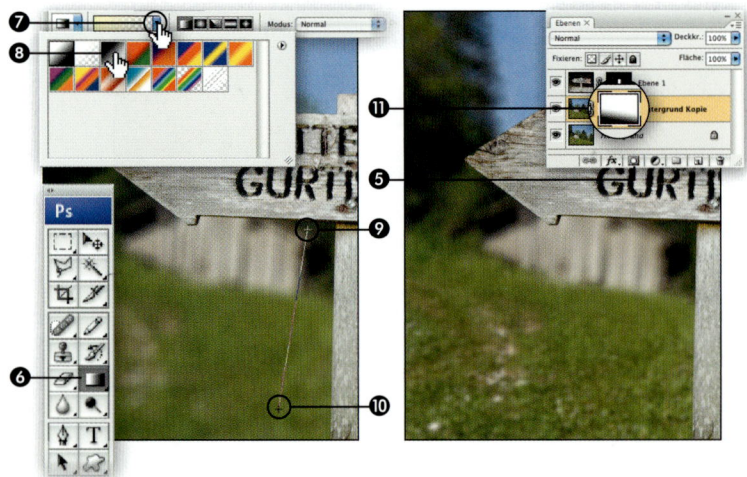

12 Hintergründe mischen

Damit wir die beiden Hintergründe ineinander überlaufen lassen können, aktivieren Sie die Kopie und klicken dann auf ◻ ❺, um eine Ebenenmaske zu erstellen. Wählen Sie dann das Verlaufswerkzeug ❻, in der Optionen-Palette ❼ den »Schwarz, Weiß«-Verlauf ❽ und ziehen Sie einen Verlauf von oben ❾ nach unten ❿ über das Bild, wie abgebildet. Die Ebenenmaske sieht dann so aus ⓫, und Sie sehen dort, wo sie schwarz ist, den schärferen Boden der Hintergrundebene durch.

13 Bildpixel einblenden

Was ich Ihnen eben gezeigt habe – ein Bild in ein anderes überblenden –, könnten Sie ohne eine Ebenenmaske kaum verwirklichen. Aber wozu der ganze Aufwand beim Wegweiser? Kehren wir zurück zu ihm: Klicken Sie auf seine Ebenenmaske ⓬. Aktivieren Sie das Pinselwerkzeug ⓭ und stellen Sie die Vordergrundfarbe auf Weiß ⓮. Wenn Sie nun scheinbar über das Bild malen ⓯, wird in Wirklichkeit weiße Farbe in der Maske aufgetragen ⓰, und dadurch werden die Bildpixel der Ebene wieder eingeblendet.

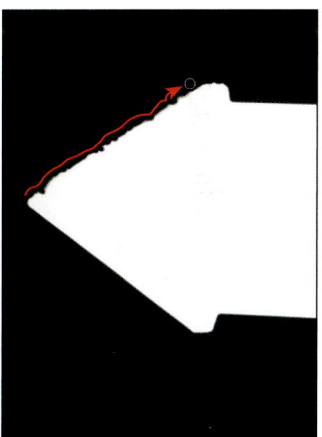

14 Bildpixel ausblenden

Ich habe zuvor etwas grob ins Bild hineingemalt und viel mehr vom Hintergrund des Wegweiser-Bildes wieder eingeblendet als nötig wäre. Aber das ist bewusst geschehen, denn jetzt kann ich schwarze Vordergrundfarbe und eine kleine Pinselspitze mit geringer Härte einstellen und die Bildpixel des Himmels wieder so weit aus dem Bild herauspinseln, dass nur mehr die verwitterte Struktur des Holzes überbleibt. Sie sehen links, wie sich das aufs Bild auswirkt, und rechts, was es mit der Maske macht.

15 Eine Gerade aufziehen

Jene Passagen, die gerade sein sollten, können Sie wieder mit dem Pinseltrick nachmalen: Klicken Sie am Anfangspunkt der Geraden ⓱, bewegen Sie die Maus zum Endpunkt ⓲ und klicken Sie bei gedrückter ⇧-Taste – Photoshop verbindet die beiden Punkte mit einer schnurgeraden Linie.

Arbeiten Sie sich auf diese Art, auch mit unterschiedlichen Pinselgrößen und -härten, um den Wegweiser herum. Je größer und weicher der Pinsel ist, desto verschwommener wird die Kante und umgekehrt.

Shortcuts für Werkzeugspitzen:
verkleinern: Ö ; vergrößern: # ;
weicher: ⇧+Ö ; härter: ⇧+# ;

16 Selektives Weichzeichnen

Ist die Begrenzung des Wegweisers nach dem Finetuning nach wie vor zu scharf, dann hilft nur weichzeichnen. Allerdings nicht mit dem Filter, denn die ausgefransten Fasern an der Spitze sind gut gelungen. Stattdessen aktiviere ich das Weichzeichner-Werkzeug ❶. Damit kann ich die Ebenenmaske selektiv nachbearbeiten ❷. So entschärfe ich die zu harten Kanten. Meistens arbeitet man dabei mit einer geringen STÄRKE ❸, aber hier sind 100 % angebracht.

17 Fotofilter anwenden

Nach all der Arbeit wirkt die Bildmontage aber nach wie vor etwas künstlich. Das Problem: Die Farbtemperatur der beiden Bildebenen passt nicht zusammen. Deshalb wähle ich als Einstellungsebene für den Wegweiser FOTOFILTER. Da heute mein Glückstag ist, passt der voreingestellte Filter WARMFILTER (LPA) perfekt. Genieren Sie sich nie, das Erstbeste zu nehmen, wenn das Erste das Beste ist!

18 Schnittmaske erstellen

Natürlich stimmen die Farbtöne jetzt noch immer nicht, denn die Einstellungsebene wirkt ja von oben nach unten, beeinflusst also nicht nur den Wegweiser, sondern auch die Alm – es haben sich also beide verändert.

Damit der Hintergrund von der Wirkung der Einstellungsebene ausgenommen ist und diese nur auf den Wegweiser wirkt, müssen Sie noch eine Schnittmaske erstellen. Positionieren Sie also den Mauszeiger zwischen den Ebenen ❹, drücken Sie die ⌞Alt⌟-Taste, und klicken Sie. Geschafft!

Ebenenmasken

Schwarz blendet aus, Weiß macht sichtbar.

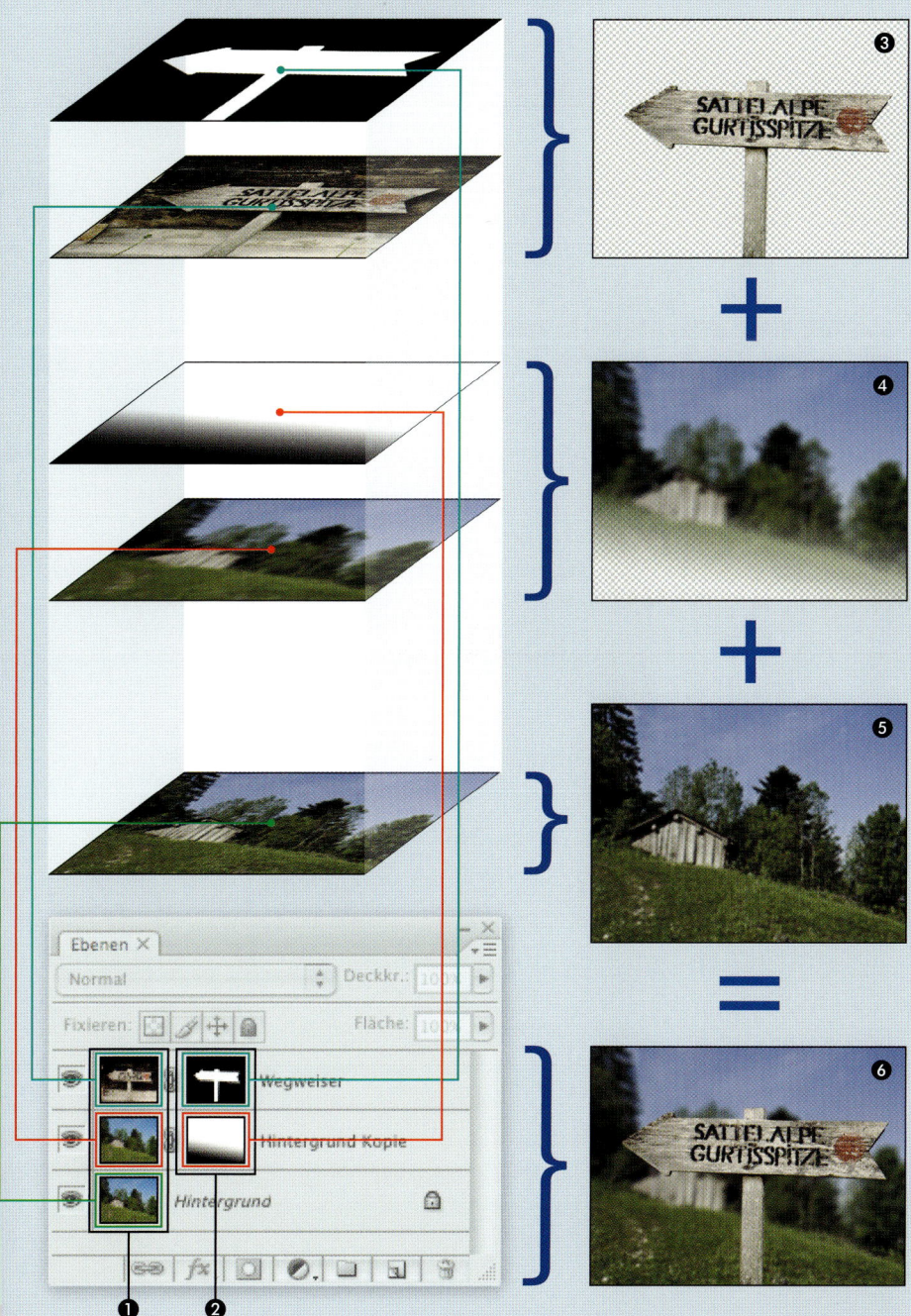

Auch wenn die EBENEN-MASKEN-Miniaturen ❷ in der Ebenen-Palette neben den Bildminiaturen ❶ stehen – Sie sollten sich eher vorstellen, dass sie *über* der Bildebene liegen, zu der sie gehören. Schwarz auf der Ebenenmaske maskiert die Bildebene – es blendet die Bildpixel aus; Weiß auf der Ebenenmaske lässt die Bildpixel unverändert sichtbar – deutlich bei der Wegweiser-Ebene ❸. Ein grau-weißes Schachbrettmuster steht für transparente Bereiche.

Grau blendet die Bildpixel etwas mehr aus, wenn es dunkel ist; etwas weniger, wenn es hell ist – schön zu sehen bei der Ebene mit dem Verlauf in der Maske ❹.

Beide Ebenen gemeinsam mit dem Hintergrund ❺ ergeben das gesamte Bild-Composing ❻.

Farb- und Tonwertkorrektur

Farbe ist rätselhaft.

Je mehr Sie sich mit ihr auseinandersetzen, desto mehr wird Ihnen klar, dass sie nie wirklich greifbar ist.

Ich kann Ihnen klar sagen, was Sie tun müssen, damit ein Bild korrekt aufgelöst ist, jeder Laie sieht, ob ein Freisteller gelungen ist, schlechte Retuschen werden durch fleckige Flächen entlarvt – aber bei Farb- und Tonwertanpassungen gibt es kein Richtig oder Falsch.

Sie können Einstellungen natürlich übertreiben und ein Bild ruinieren. Dazwischen aber liegt ein weites Feld an Möglichkeiten, bei denen allein Ihr Empfinden entscheidet, ob ein Bild hell genug oder ausreichend bunt ist. In der Bildbearbeitung gibt es nur einen Fehler: Den Monitor nicht zu kalibrieren.

Foto: Pascal Reis

Farb- und Tonwertkorrektur

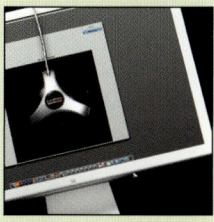

SCHWIERIGKEITSGRAD 1 FÜR EINSTEIGER

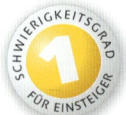

Einfache Tonwertkorrektur

Aufhellen und Tonwertumfang anpassen

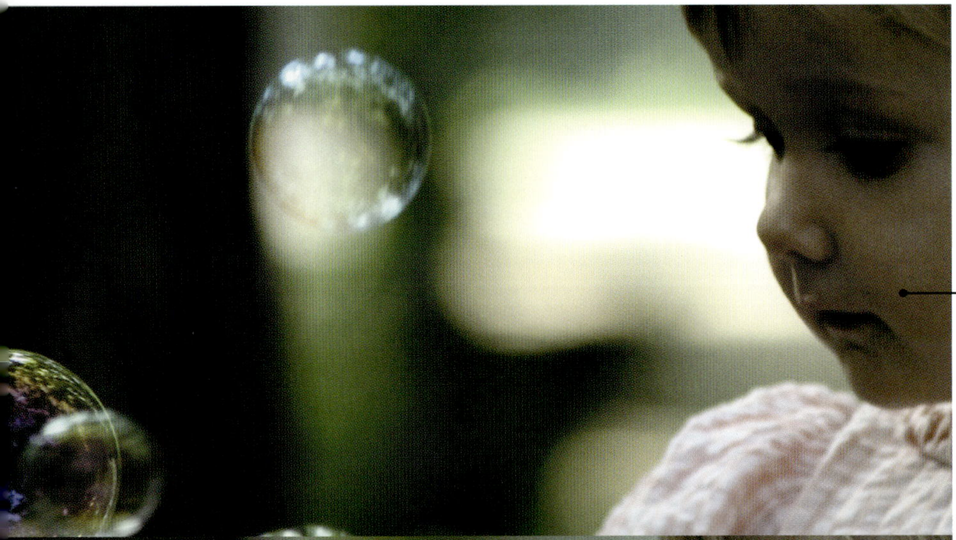

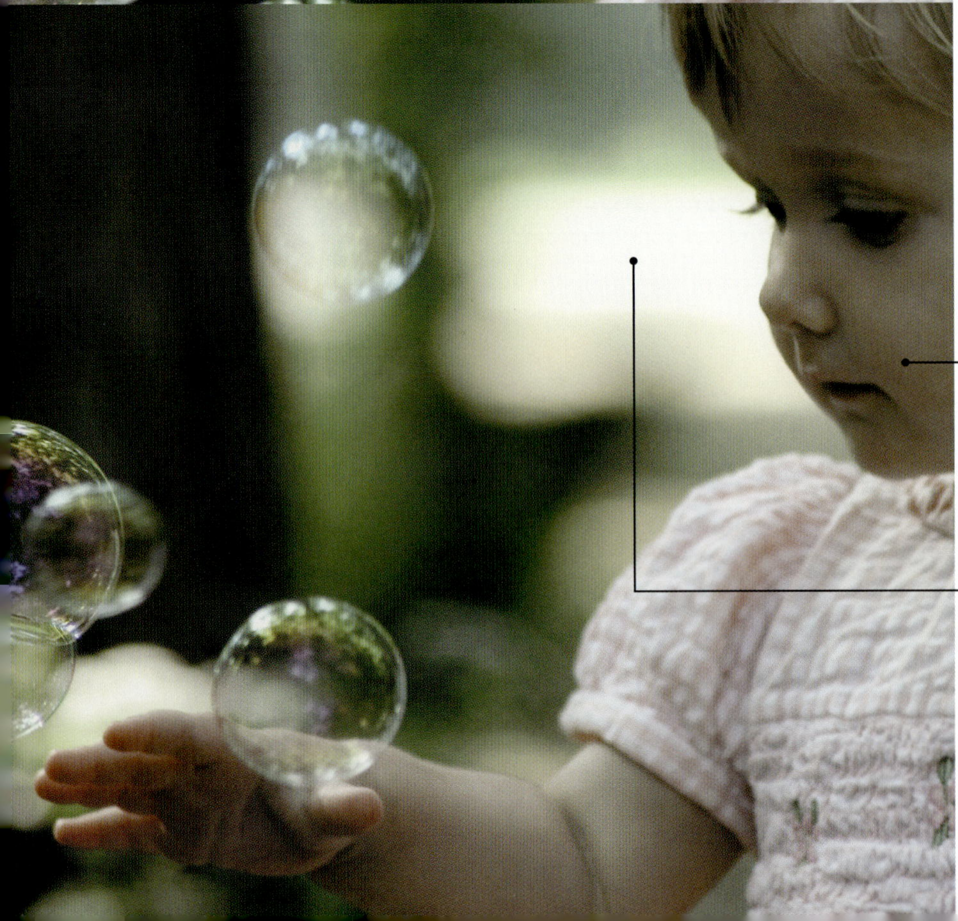

Ein sehr schönes Motiv, das der Fotografin da gelungen ist. Der Fokus liegt zwar auf der angeschnittenen Seifenblase ganz links und nicht, wie wir es gerne hätten, auf den Augen, aber der versunkene Blick des Kindes zieht dennoch den Betrachter in den Bann. Auch die Lichtstimmung ist weich und angenehm. Nur befindet sich das Gesicht des Mädchens zu sehr im Schatten. Einen einfachen Weg, ein Bild heller (oder dunkler) zu machen, stellt die Tonwertkorrektur dar. In diesem kurzen Workshop zeige ich Ihnen, wie Sie ein solches Motiv mit wenigen Klicks aufhellen können, und worauf Sie achten müssen, soll Ihr Bild im Offsetdruck reproduziert werden.

Zielsetzungen:

Bild aufhellen

Weiße Flächen vor Ausbrechen im Offsetdruck schützen

[tonwertkorrektur1.psd]

Video-Training

1 Tonwertkorrektur

Öffnen Sie über das Menü BILD • AN-
PASSUNGEN die TONWERTKORREKTUR. Dieser
Dialog wird von einem HISTOGRAMM ❶
dominiert – meist ein zerklüftetes Gebirge.
Darunter finden Sie Regler für Schwarz-
punkt ❷, Weißpunkt ❸ und Mitten ❹.

Beginnt der Fuß der Berge nicht ganz am
Rand ❺, dann heißt dies, dass in diesem Bild
keine Pixel mit diesem Tonwert vorkommen.

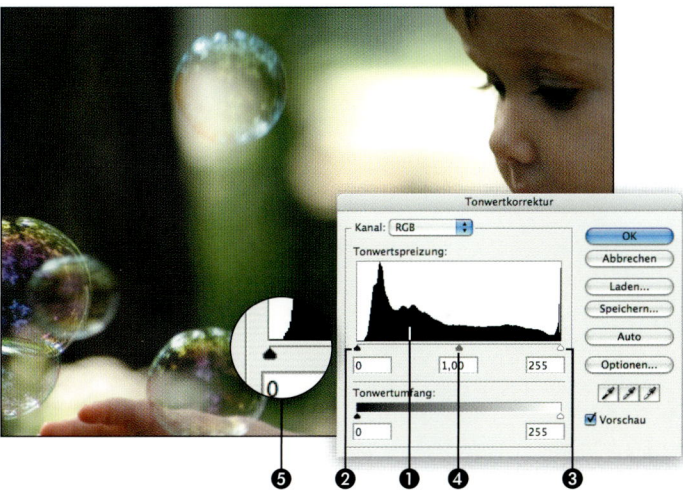

2 Schwarzpunkt setzen

Hier reichen die Berge bis zum rechten Rand
– das Bild beinhaltet also Bildinformationen
bis ins reine Weiß. Nur in dunkelsten Bild-
partien geht das Bild nicht bis ins reine
Schwarz. Da sich in diesen tiefen Bereichen
(»Tiefen« = dunkle Bereiche) keine Bildinformationen befinden, können Sie den
Schwarzpunkt-Regler bis an den Berg heranschieben ❻. Drücken Sie dabei die Alt-
Taste, markiert Photoshop alle Bereiche, an
denen Bildinformation abgeschnitten werden.

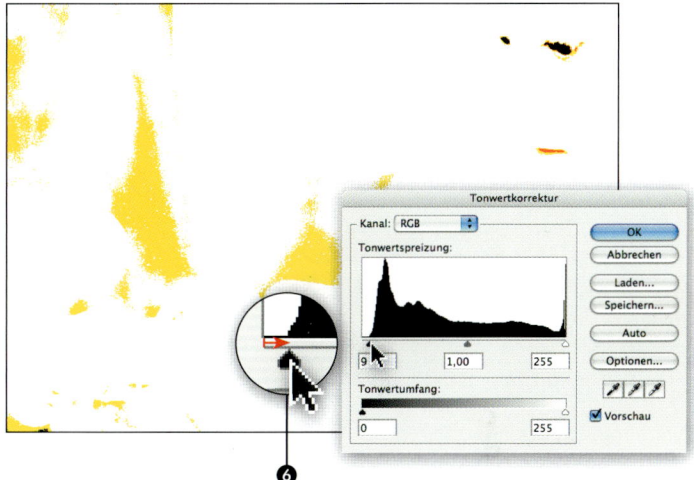

3 Tonwertumfang prüfen

Schieben Sie nun den Regler für die MITTEN ❼
nach links, um das Bild aufzuhellen.

Geht das Bild in den Offsetdruck, sollten Sie
die hellen Bereiche prüfen. Öffnen Sie über
Menü FENSTER die Palette INFO. Führen Sie
den Mauszeiger ins Bild ❽ – in der Palette
sehen Sie die Farbwerte vor ❾ und nach ❿
ihren Einstellungen. Werte unter 3 % bis 5 %
können nicht gedruckt werden. In solchen
Fällen sollten Sie den TONWERTUMFANG von
255 auf 242 beschneiden ⓫.

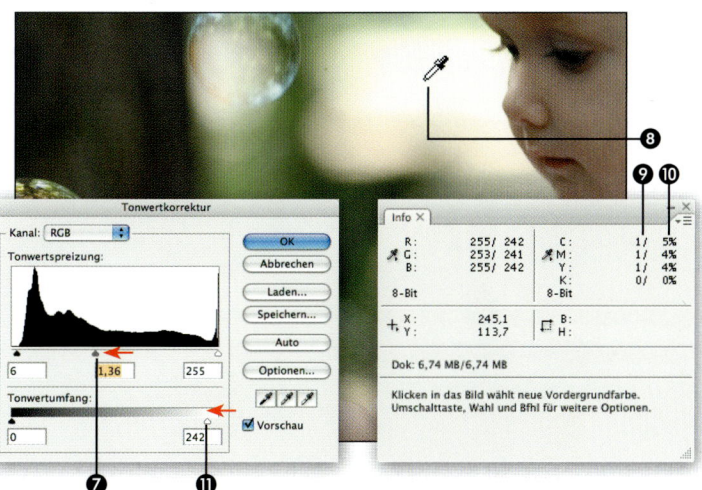

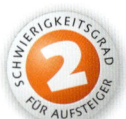

SCHWIERIGKEITSGRAD 2 FÜR AUFSTEIGER

Tonwertkorrektur per Klick

Pipetten zur schnellen und effizienten Tonwerteinstellung

Mit der zuletzt erklärten Arbeitsweise können Sie ein Bild zwar aufhellen, aber Sie können noch keinen Farbstich aus einem Bild entfernen. Viele Bilder aber weisen Farbstiche auf. Hier zeige ich Ihnen die einfachste Vorgehensweise, ein Foto mit wenigen Klicks nicht nur aufzuhellen (oder auch abzudunkeln – das kommt auf das Bild an), sondern auch gleich unschöne Farbstiche zu eliminieren. Sechs Klicks, und Sie sind fertig!

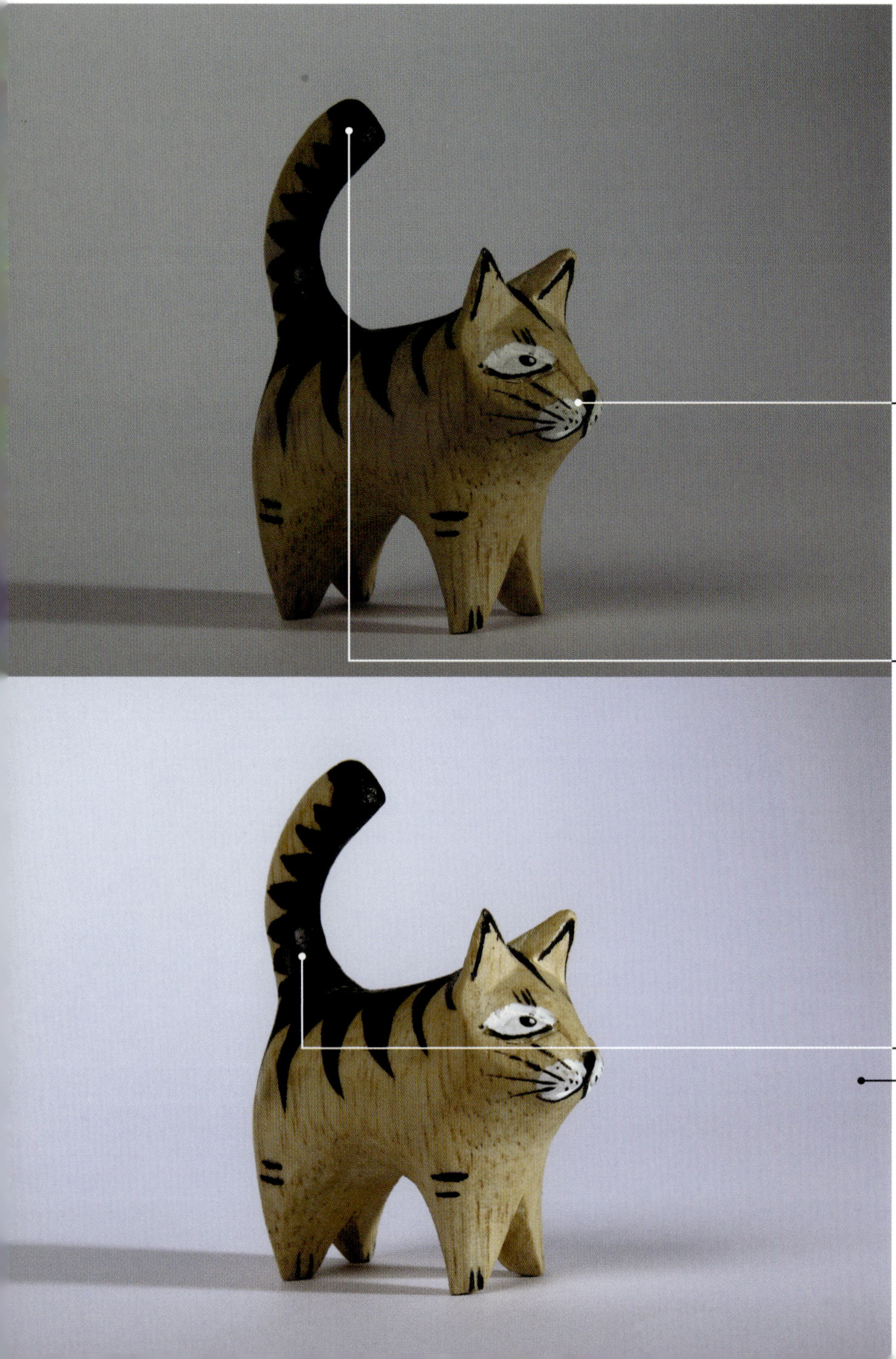

Foto: Markus Wäger

Zielsetzungen:

Weißpunkt setzen

Schwarzpunkt setzen

Neutrales Grau definieren

Mitteltöne aufhellen

[tonwertkorrektur2.psd]

1 Einstellungsebene Tonwertkorrektur

Öffnen Sie die Palette EBENEN, und erstellen Sie eine Einstellungsebene TONWERT-KORREKTUR. Dieses Bild ist deutlich unterbelichtet. Das erkennt der Profi am Histogramm, bei dem fast die Hälfte des möglichen Tonwertumfangs nicht genutzt wird. Ein solches Bild lässt sich zwar verbessern, aber besser wäre es, schon bei der Aufnahme darauf zu achten, dass der Tonwertumfang möglichst groß ist – also das Histogramm von ganz links bis ganz rechts reicht.

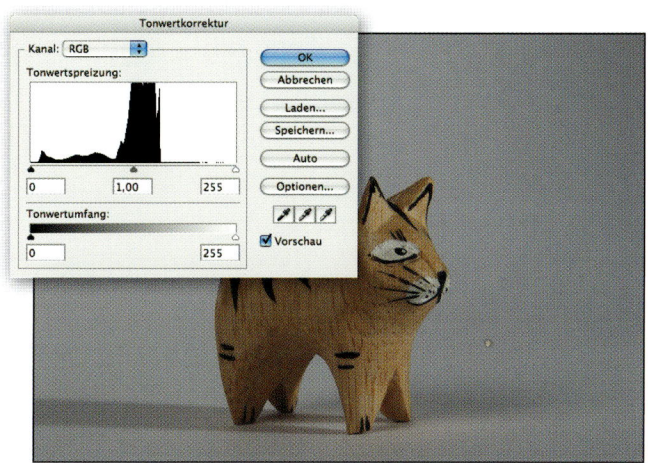

2 Weißpunkt definieren

Sie finden in diesem Dialog drei Pipetten ❶ mit denen Sie Weißpunkt 🖊, Mitten 🖊 und Schwarzpunkt 🖊 definieren können.

Aktivieren Sie zunächst die Lichter- bzw. Weißpunkt-Pipette 🖊, öffnen Sie die Info-Palette und suchen Sie im Bild nach den hellsten Stellen ❷. Achten Sie auf die Farbwerte. Ich orientiere mich meist an den RGB-Werten. Je höher die Werte, desto heller der Punkt. Klicken Sie an der hellsten Stelle, die Sie finden, um den Weißpunkt zu definieren ❸.

3 Schwarzpunkt definieren

Nun definieren Sie mit der Schwarzpunkt-Pipette 🖊 den dunkelsten Punkt im Bild als Schwarz. Behalten Sie die Info-Palette im Auge. Ich orientiere mich nach wie vor an RGB und suche eine Stelle, deren RGB-Werte möglichst nahe an Null herankommen ❹.

Klicken Sie, wenn Sie den dunkelsten Punkt gefunden haben ❺.

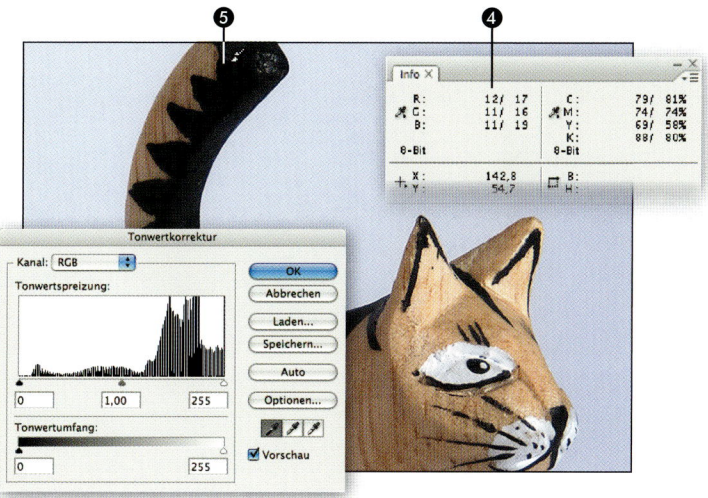

Hinweis: Menü ANPASSUNGEN oder Einstellungsebene – was ist besser? Einstellungsebenen haben den Vorteil der Flexibiliät. JPEGs können Sie aber nicht mit Einstellungsebenen speichern – dann können Sie ebenso gut die Einstellungen über das Menü vornehmen.

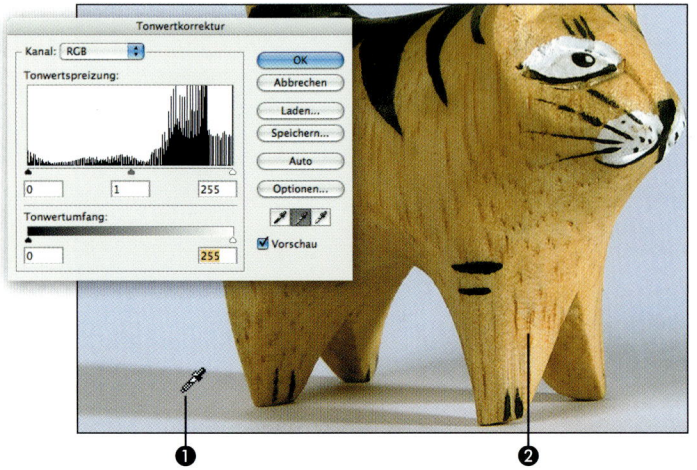

4 Was sind Mitteltöne?

Mit der dritten Pipette 🖊 im Bunde definieren Sie die Mitteltöne. Dabei würde man denken, dass man damit einen Ton mittlerer Helligkeit sucht – also nicht ⚪ und auch nicht ⚫, sondern 🔘. Das ist aber falsch! In Wirklichkeit suchen Sie ein Grau ohne Farbstich – also nicht 🔵, nicht 🟤 und auch nicht 🟢, sondern ⚪ – egal ob es hell oder dunkel ⚫ ist.

Neutrales Grau zu finden, ist gar nicht immer einfach. Oft heißt es ausprobieren ❶ und, wenn es falsch ist: Strg/⌘ + Z .

5 Mitteltöne definieren

Fotografiert habe ich den kleinen Holzkopf auf weißer Pappe. Weiß ist ja nichts anderes als hellstes Grau, und deshalb hätte ich erwartet, über den Hintergrund den blauen Farbstich eliminieren zu können. Stattdessen handelte ich mir einen gelben Farbstich ein ❷. Wenn jedoch Weiß das hellste Grau ist, dann ist Schwarz das dunkelste Grau, und tatsächlich habe ich in den Tigerstreifen einen guten Punkt zum Setzen neutralen Graus ❸ gefunden – klicken Sie also etwa an der gezeigten Stelle mit der Mitteltöne-Pipette.

6 Mitteltöne aufhellen

Abschließend habe ich die Mitteltöne ❹ noch etwas aufgehellt (*diese* Mitteltöne sind nun wirklich Töne mittlerer Helligkeit; wie Sie sehen, bezeichnet dasselbe Wort in Photoshop nicht zwingend dieselbe Sache).

Und um auch diesen Kater druckreif zu halten, habe ich den Tonwertumfang in den hellen Bereichen ❺ wieder etwas gekappt und auf 242 gestellt (mit 242 sind Sie ziemlich auf der sicheren Seite, dass es im Druck nicht zu Tonwertabrissen kommt).

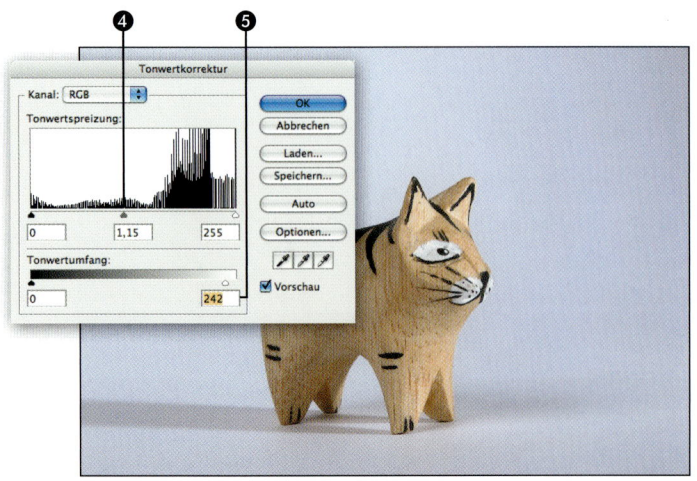

Tipp: Wenn Sie sich am bläulichen Hintergrund stören und ihn lieber neutraler hätten, versuchen Sie doch die SELEKTIVE FARBKORREKTUR (Seite 142).

Farbtöne, Farbräume und Tonwerte

Farbtheoretische Grundlagen

Farbton

Ein Begriff, dem Sie mit Photoshop immer wieder begegnen, ist Farbton, oft auch englisch »hue« bezeichnet. Farbton nennt sich das, was gemeinhin als Farbe bezeichnet wird und was man so wohlklingend wie relativ als Gelb, Rot, Grün und Blau bezeichnen kann. Damit wären vier der sechs wichtigsten Farben für Photoshop schon beim Namen genannt. Cyan und Magenta machen den Reigen komplett.

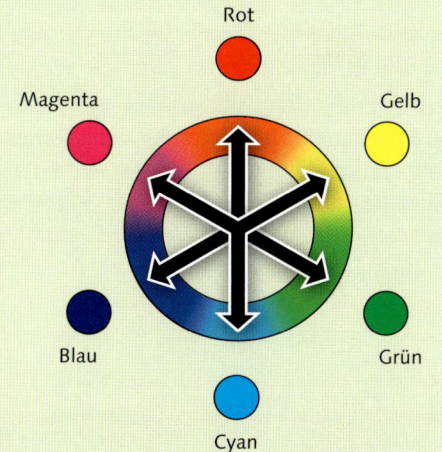

Diese sechs Farbtöne lassen sich zu einem Farbenkreis anordnen. Glauben Sie aber nicht, es gäbe den einen und ultimativen Farbkreis. Von Aristoteles über Goethe bis Newton haben sich Kapazitäten aus allen Wissenschaften mit dem Phänomen Farbe beschäftigt. Den allgemeingültige Farbkreis gibt es nach wie vor nicht. Gut jedoch, dass es für Photoshop einen amtlichen Farbkreis gibt, und das ist der oben abgebildete.

Sättigung

Sättigung kann man auch Intensität oder Leuchtkraft nennen, englisch »saturation«. Farbtöne können satt sein oder ungesättigt.

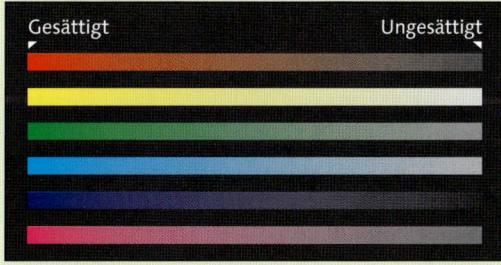

Helligkeit

Komplettiert man die beiden Parameter Farbton und Sättigung noch durch Helligkeit (»brightness«), ergibt sich ein System, mit dem sich alle Farben beschreiben lassen: das HSB-Farbsystem (Hue, Saturation, Brightness). Sie brauchen HSB nicht genauer zu kennen, aber es hilft bei der Arbeit mit Photoshop, wenn Sie mit den Begriffen Farbton, Sättigung und Helligkeit etwas anfangen können.

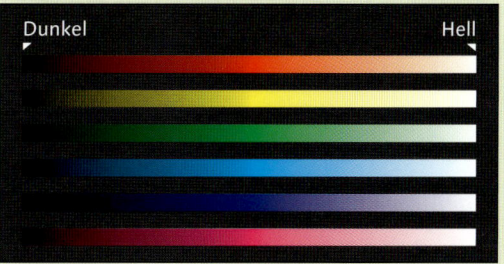

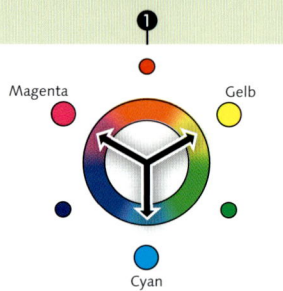

Magenta — Gelb — Cyan

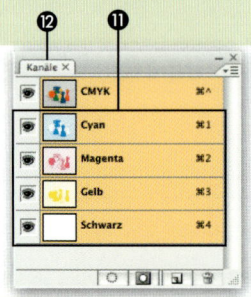

CMYK-Farbraum

Auf der vorangegangenen Seite habe ich Ihnen HSB vorgestellt. Wichtig zu kennen, aber kein Farbraum, in dem Sie arbeiten werden. Der wichtigste Arbeitsfarbraum in Photoshop ist der RGB-Farbraum. Dennoch möchte ich Ihnen den CMYK-Farbraum zuerst vorstellen, da er näher am Malen und einfacher zu verstehen ist.

CYMK steht für Cyan, Magenta, Yellow ❶ und Schwarz (ycolor). Schwarz wird benötigt, damit ein Bild Tiefe bekommt ❷, mit CMY allein würden Bilder im Druck zu flau ausfallen ❸. Konzentrieren wir uns der Einfachheit halber aber auf die Farben Cyan, Magenta und Gelb. Aus Cyan, Magenta und Gelb ergeben sich durch Überdrucken ❹ Rot, Grün und Blau. Durch die Kombination von Überdrucken ❹ und Rastern ❺ lassen sich alle Farben erzielen.

»Alle« Farben ist aber kräftig übertrieben. Da Druckfarben nie ganz rein sein können, lassen reine, leuchtende Farben in CMYK nicht drucken. Der CMYK-Farbraum ist aufgrund physi-

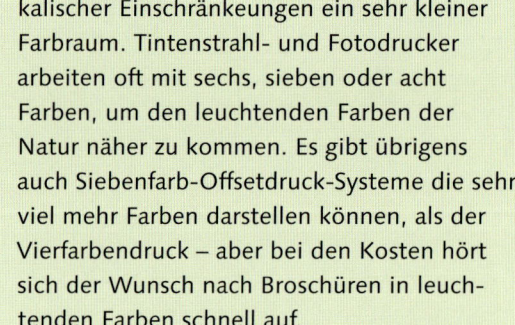

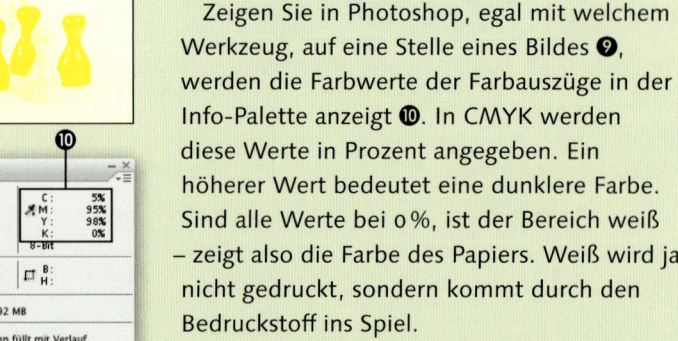

kalischer Einschränkeungen ein sehr kleiner Farbraum. Tintenstrahl- und Fotodrucker arbeiten oft mit sechs, sieben oder acht Farben, um den leuchtenden Farben der Natur näher zu kommen. Es gibt übrigens auch Siebenfarb-Offsetdruck-Systeme die sehr viel mehr Farben darstellen können, als der Vierfarbendruck – aber bei den Kosten hört sich der Wunsch nach Broschüren in leuchtenden Farben schnell auf.

Für den Offsetdruck werden Druckplatten gebraucht. Einzeln auf Papier gedruckt, sehen sie aus wie ❻, ❼ und ❽. Die Vorlagen für die Druckplatten werden Farbauszüge genannt. Wenn Sie sich ein paar Minuten Zeit nehmen und die Farbauszüge ❻–❽ mit dem Bild der Spielkegel ❸ vergleichen, sehen Sie sehr schön, wie der rote Kegel viel Magenta und Gelb enthält, aber kaum Cyan.

Zeigen Sie in Photoshop, egal mit welchem Werkzeug, auf eine Stelle eines Bildes ❾, werden die Farbwerte der Farbauszüge in der Info-Palette anzeigt ❿. In CMYK werden diese Werte in Prozent angegeben. Ein höherer Wert bedeutet eine dunklere Farbe. Sind alle Werte bei 0 %, ist der Bereich weiß – zeigt also die Farbe des Papiers. Weiß wird ja nicht gedruckt, sondern kommt durch den Bedruckstoff ins Spiel.

Nun muss sich Photoshop ja irgendwie und irgendwo notieren, wie die einzelnen Farbauszüge aussehen. Dies geschieht in sogenannten Farbkanälen ⓫. Diese können Sie ansehen, wenn Sie die Palette KANÄLE ⓬ öffnen.

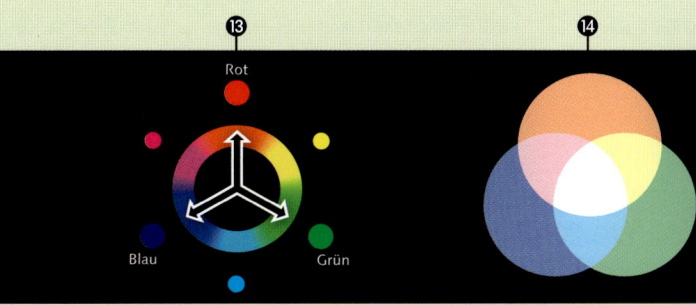

Rot

Blau Grün

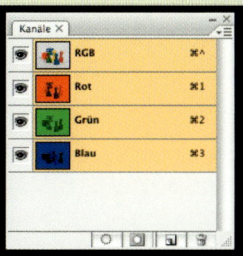

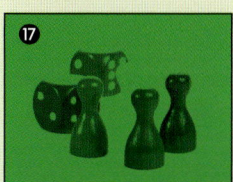

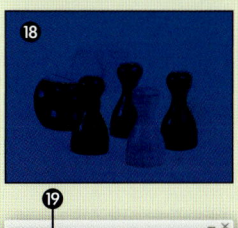

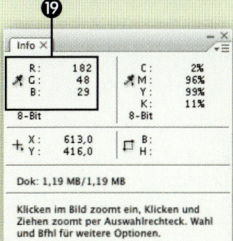

Neben Farbkanälen gibt es auch Alphakanäle. Das sind zwei Dinge, die gleich aussehen, gleich funktionieren, aber etwas ganz anderes machen. Alphakanäle entstehen, wenn Sie z. B. eine Auswahl speichern.

Unterscheiden können Sie diese zwei Arten von Kanälen an ihren Namen. Farbkanäle haben Namen wie »Cyan«, »Magenta«, »Rot« oder »Grün« – Alphakanäle »Alpha 1«, »Meine Auswahl« oder auch »Blau Kopie«.

RGB-Farbraum

Wie ich eingangs erwähnte, ist dies der wichtigere Farbraum in Photoshop. Den CMYK-Farbraum benötigen Sie nur, wenn Ihre Daten den Weg in eine Druckerei finden sollen. Und das nicht einmal bei jeder Druckerei. Im Digitaldruck kommen oft RGB-Daten zum Einsatz. Auch wenn Sie Ihre Bilder für Fotoabzüge im Fotolabor oder auf dem eigenen Fotodrucker vorbereiten, bleiben Sie im RGB-Farbraum. *Wenn Sie Ihre Bilder für den Vierfarbdruck aufbereiten, sollten Sie die Umwandlung erst am Schluss vornehmen.*

RGB steht für Rot, Grün, Blau ⑬. Während man CMYK als Pigmentfarbraum betrachten kann, bei dem ein Farbmaterial auf einen Farbträger aufgebracht wird, handelt es sich bei RGB um einen Lichtfarbraum.

Stellen Sie sich vor, Sie sitzen im stockdunklen Kino vor der weißen Leinwand (die weiße Leinwand sehen Sie zwar nicht, weil es stockfinster ist, aber Sie wissen, dass sie weiß ist). Sie haben drei Taschenlampen, zünden die erste an. Sie wirft einen roten Lichtstrahl auf die weiße Leinwand. Was sehen Sie? Einen roten Lichtkegel.

Die zweite Lampe wirft einen grünen Kegel. Wo sich die beiden Lichtkegel überschneiden, ergibt sich Gelb. Schalten Sie nun noch die dritte, blaue Lampe hinzu, erhalten Sie als Mischung aller drei Farben Weiß ⑭. So funktioniert Farbmischung mit Licht.

Geräte, die Farben mit Licht darstellen, sind Fernseher, Beamer und Computer-Bildschirme. Digitalkameras speichern Bilder in diesem Lichtfarbraum. Und wenn Sie Bilder in Photoshop bearbeiten, dann machen Sie das am besten auch in diesem Lichtfarbraum – RGB.

Vergleichen Sie jetzt einmal die Farbauszüge ⑯–⑱ mit dem RGB-Bild ⑮. Wie Sie sehen, beträgt der weiße Hintergrund des Motivs in allen Auszügen praktisch 100 % der Farbe. Logisch! Denn was ergeben 100 % rotes Licht, 100 % grünes Licht und 100 % blaues Licht? Richtig! Weißes Licht.

Allerdings werden RGB-Werte ⑲ des Bildes ⑳ in Photoshop nicht in Prozent angegeben, sondern in absoluten Werten von 0 bis 255. Während aber bei CMYK höhere Werte dunklere Farben bedeuten, ist es hier umgekehrt: Ein höherer Wert bedeutet mehr Licht, also eine hellere Farbe.

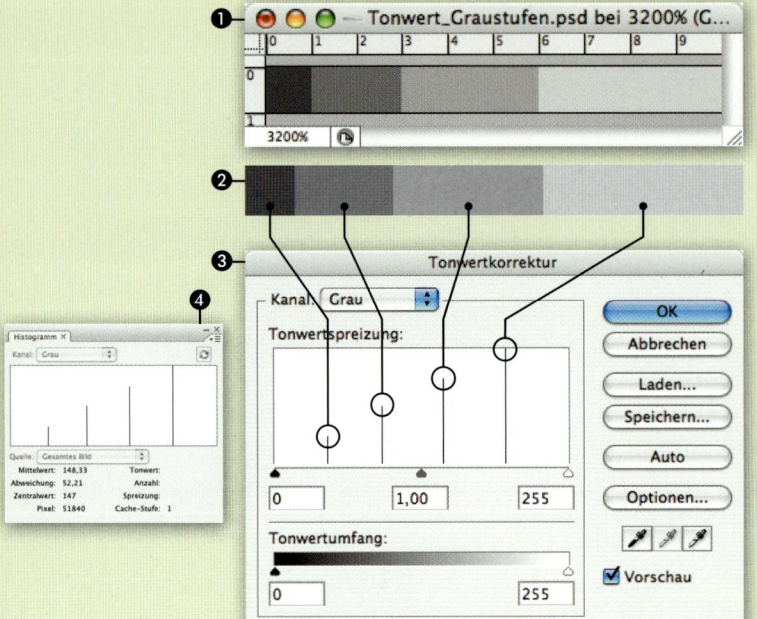

Tonwert und Histogramm

Um Farb- und Tonwerteinstellungen zu verstehen, sollten Sie wissen, was ein Histogramm ist.

Ich habe in Photoshop eine Grafik erstellt, die aus zehn Pixeln besteht ❶. Der erste Pixel ist 80 % Schwarz, dann kommen zwei Pixel mit 60 % Schwarz, drei Pixel mit 40 % Schwarz und vier Pixel mit 20 % Schwarz ❷. Die Tonwertverteilung über das Spektrum von 0 % Schwarz bis 100 % Schwarz ist also in 20-Prozent-Schritten gleichmäßig.

Wenn Sie den Dialog TONWERTKORREKTUR ❸ aufrufen, dann sehen Sie vier gleichmäßig verteilte Türme – je einen für jeden Grauwert innerhalb der Grafik. Die Höhe der Türme entspricht dem Anteil der Pixel innerhalb der Grafik. Der einsame dunkelgraue Pixel links wird durch den kleinsten Turm repräsentiert, die vier hellgrauen Pixel rechts durch den höchsten. In der Palette HISTOGRAMM ❹ sieht das ebenso aus wie im Dialog TONWERTKORREKTUR.

Was geschieht nun, wenn Sie eine Tonwertkorrektur vornehmen? Gewöhnlich schiebt man bei der Tonwertkorrektur den Regler für den Schwarzpunkt ❺ nach rechts an den Fuß des Berges und den Regler für den Weißpunkt ❻ nach links an den Fuß des Berges – in diesem Beispiel eben vor die Füße der Türme.

Wenn Sie mit OK bestätigen, werden die Graustufen neu verteilt ❼: aus 80 % Schwarz wird 100 %, aus 20 % wird 0 % Schwarz; das dunklere Grau in der Mitte wird dunkler, das hellere Grau heller. Rufen Sie TONWERTKORREKTUR neuerlich auf, sehen Sie, dass die Türme selbst so hoch geblieben sind, wie sie waren – lediglich die Abstände haben sich erweitert.

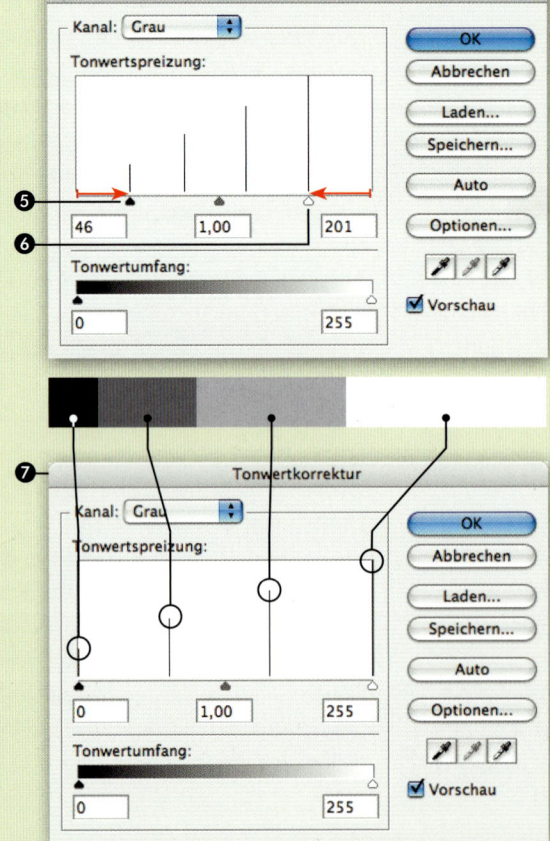

Sehen wir uns diese theoretische Betrachtung anhand praktischer Beispiele an.

Betrachten Sie zunächst einmal das Bild des Tores ❽. Links sehen Sie das Tor in Farbe, ganz rechts das Histogramm für die Tonwertverteilung. Eine Aufnahme mit einem sehr ausgewogenen Verhältnis der Tonwerte. Ein solches Histogramm ist ein gutes Zeichen für eine gute Aufnahme. Bildinformation ist über die gesamte Breite des Tonwertumfangs vorhanden.

Es gibt aber auch Aufnahmen, die zwar ein links- oder rechtslastiges Histogramm aufweisen, aber trotzdem in sich stimmig und gelungen sind.

Ein Bild, bei dem im Histogramm ein üppiger Berg auf der linken Seite zu erkennen ist, und das rechts eher flach ausläuft ❾, bezeichnet man als Low-Key-Aufnahme. Das sind Aufnahmen, bei denen die Schatten überwiegen – Bilder, die von dunklen Tonwerten dominiert werden. Das sehen Sie auch sehr schön an der Graustufen-Umsetzung der Aufnahme.

Wird das Histogramm eines Bildes von einem Berg auf der rechten Seite dominiert – überwiegen also die hellen Bereiche –, dann spricht man von einem High-Key-Bild ❿.

In den beiden Aufnahmen mit den Würfeln sind die Tonwerte von Rot, Grün und Blau relativ gleich. Mit den Farbaufnahmen ist das noch schwer zu beurteilen, aber ein Blick auf die Graustufen-Umsetzungen zeigt es deutlich.

❽

❾

❿

Grundsätzlich haben aber bunte Farben unterschiedliche Tonwerte ⓫. Gelb beispielsweise hat einen sehr geringen, Blau den höchsten Tonwert.

Als Einsteiger müssen Sie nicht in der Lage sein, ein Bild nach dem Histogramm zu beurteilen. Es ist sogar gefährlich, sich zu sehr auf »Histogramm-Theorie« zu verlassen, wenn man die eigentliche Anmutung des Bildes aus den Augen verliert.

Fortgeschrittene Bildbearbeiter jedoch beurteilen Bilder nicht allein nach der globalen Tonwertverteilung, sondern schenken auch den Histogrammen der einzelnen Kanäle Beachtung ⓬.

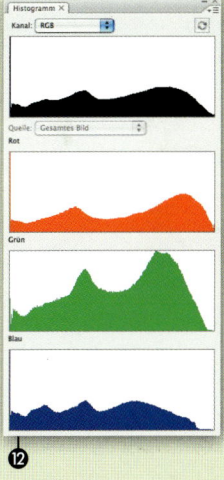

⓬

⓫

SCHWIERIGKEITSGRAD 3 FÜR ÜBERFLIEGER

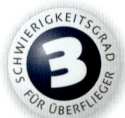

Bild aufhellen und Farbtemperatur erhöhen

In der Tonwertkorrektur einzelne Farbkanäle anpassen

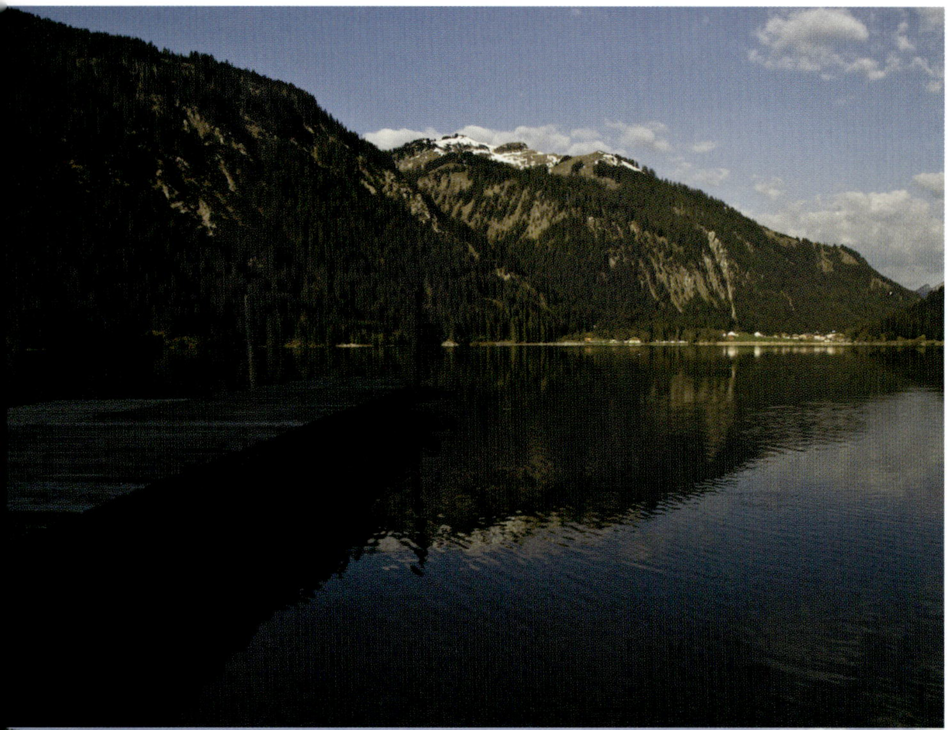

Diese Aufnahme entstand im Frühling, kurz nach sechs Uhr morgens. Man spürt sowohl die Kühle des Morgens als auch des Frühjahrs. Besonders an den Holzplanken des Badestegs erkennt auch das ungeübte Auge einen deutlichen Blaustich. Das größere Problem allerdings ist, dass der vordere Bildbereich noch zu sehr im Dunkeln ertrinkt. Während die Berge im Hintergrund schon warm von der Sonne beschienen waren, warfen andere Gipfel noch ihre Schatten auf den See samt Steg. Hier zeige ich Ihnen eine Methode, Bilder aufzuhellen und Farbstiche zu korrigieren.

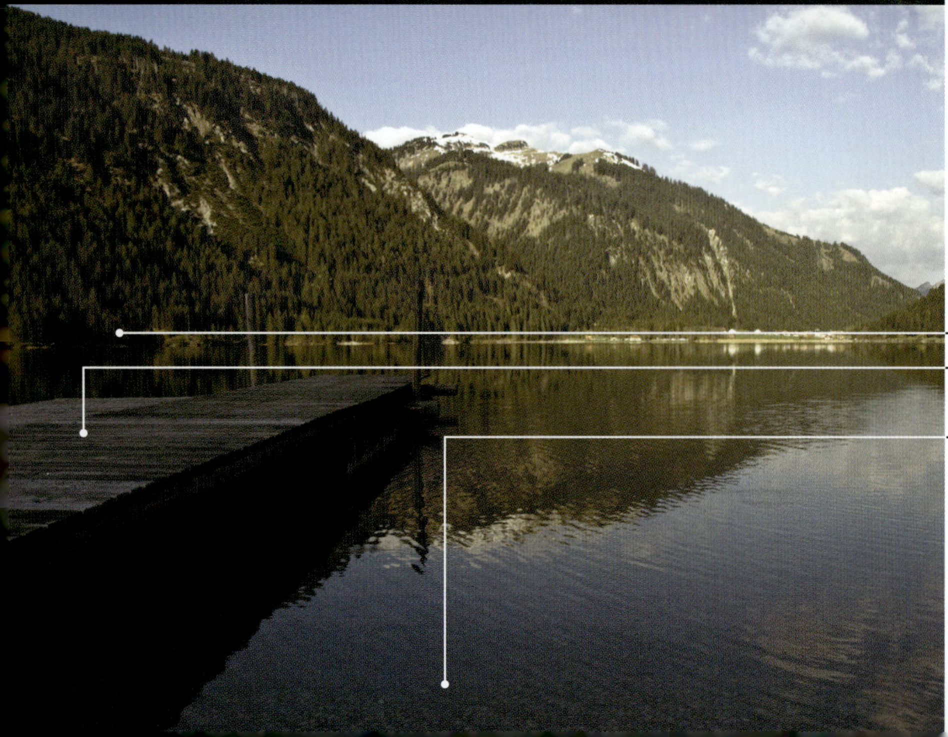

Zielsetzungen:

- Bild aufhellen
- Kühle Farbtemperatur wärmer gestalten
- Kontrast zurück ins Bild bringen

[tonwertkorrektur3.psd]

Foto: Markus Wäger

1 Tonwertkorrektur, Rot-Kanal wählen

Erstellen Sie eine neue Einstellungsebene für die TONWERTKORREKTUR. Das Histogramm für ein solches Bild sollte eine Tonwertverteilung von ganz links bis ganz rechts zeigen. Leider drängen sich in den schwarzen Partien links die Bildpixel, und das hellste Fünftel auf der rechten Seite ist frei von Zeichnung.

Diesmal nehmen wir die Änderungen an der Tonwertverteilung in den Farbkanälen vor – dadurch werden Farbstiche gleich mit getilgt. Beginnen Sie mit dem Rot-Kanal ❶.

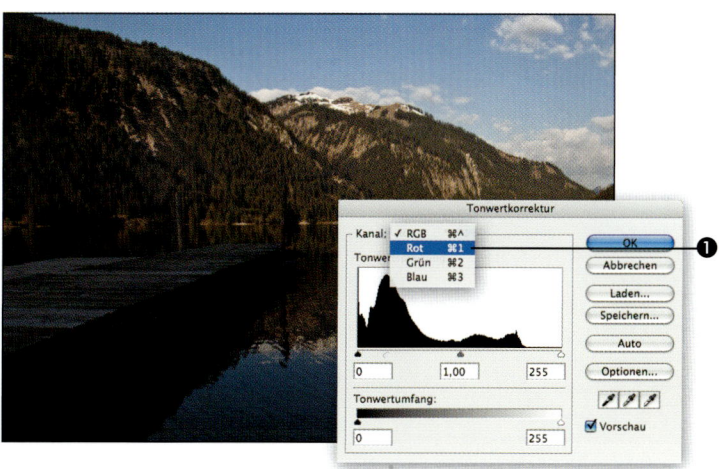

2 Rot-Kanal bearbeiten

Wenn Sie das Bild bei Step 1 betrachten, erkennen Sie einen leichten Blaustich im Vordergrund – vor allem auf den Planken des Stegs. Durch Anpassung der separaten Farb-kanäle lässt sich dieser möglicherweise beseitigen. Allerdings muss vorsichtig vor-gegangen werden, denn die Berge im Hinter-grund sind schön warm ausgeleuchtet.

Zunächst schiebe ich im Rot-Kanal den Regler für die Lichter an den Fuß des Gebirges, wie Sie es von der globalen Ton-wertkorrektur bereits kennen.

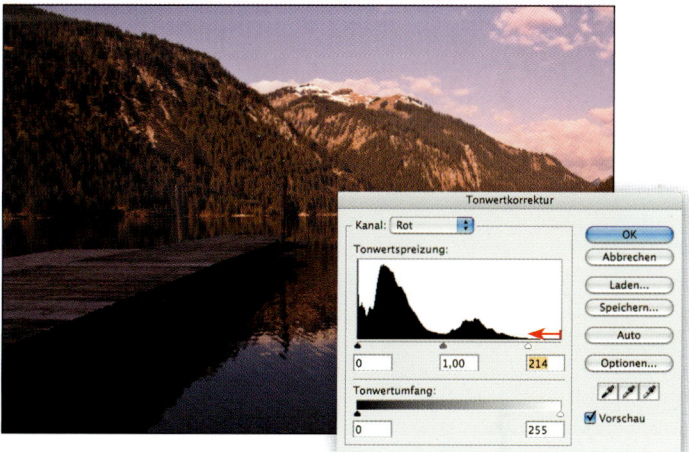

3 Grün-Kanal bearbeiten

Als Nächstes nehme ich mir den Grün-Kanal vor. Wie Sie unter ❶ sehen können, gibt es für die Kanäle Shortcuts – ich wähle den Grün-Kanal also über Strg/⌘ + 2.

Auch hier schiebe ich den Weißpunkt-Regler an den Anstieg der Histogrammkurve heran.

Hinweis: Fehlende Bildinformation kann von Photoshop nicht herge-zaubert werden. Dass die elektronische Bildverarbeitung das richtige Einstellen der Kamera überflüssig macht, ist ein Märchen. Eine schlechte Aufnahme kann man in der Regel verbessern, aber nie zur guten machen.

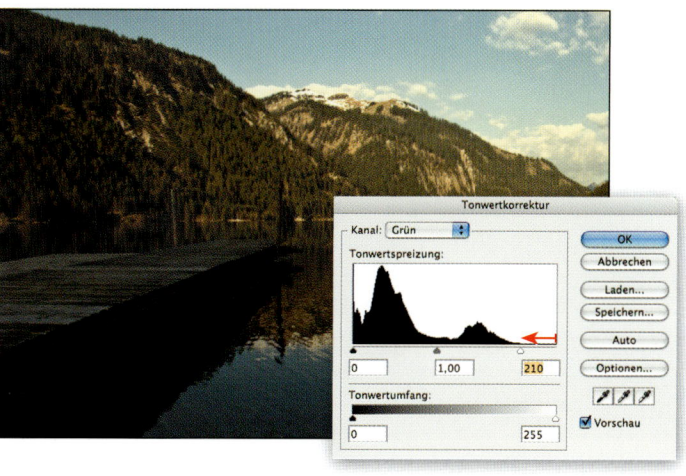

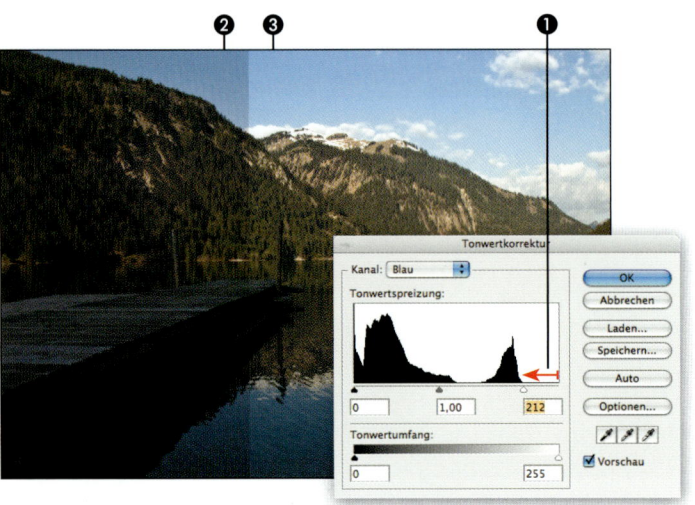

4 Blau-Kanal bearbeiten

Dieselbe Aktion fehlt nun noch im Blau-Kanal ❶. Ich habe in nebenstehender Abbildung das Ausgangsbild ❷ und den jetzigen Status ❸ nebeneinandergelegt – man sieht deutlich, wie das Bild schon um einiges freundlicher geworden ist.

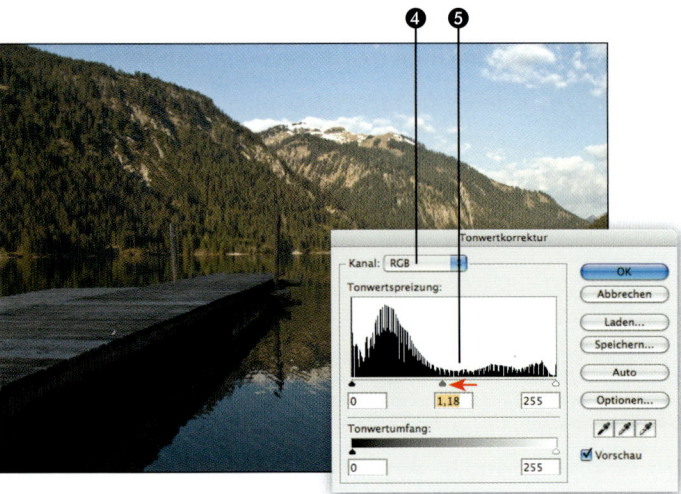

5 RGB-Kanäle bearbeiten

Bevor ich mich noch konkreter um die Farbstiche kümmere, möchte ich das Bild global noch etwas aufhellen. Dazu kehre ich zurück zu den RGB-Einstellungen ❹ und verschiebe den Regler für die Mitten ein wenig nach links ❺.

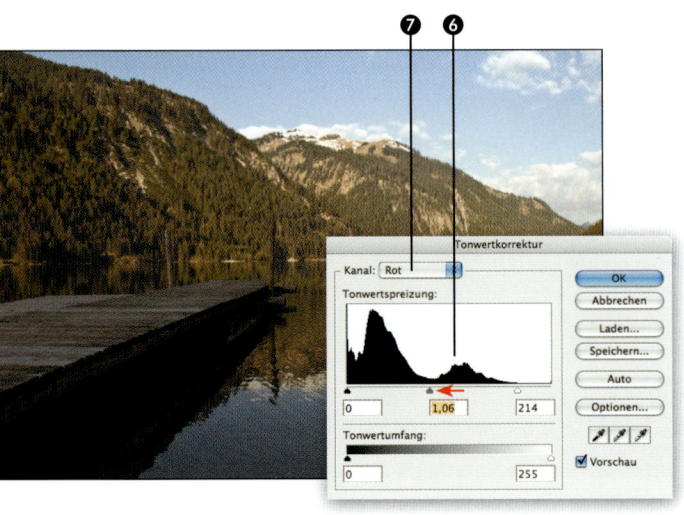

6 Finetuning im Rot-Kanal

Glauben Sie mir, dass Farbeinstellungen keine exakte Wissenschaft sind. Wenn Sie heute eine Einstellung vornehmen und morgen das Gefühl haben, es komplett anders machen zu müssen, dann geht es Ihnen nicht anders als den Profis.

Heute entscheide ich mich dafür, dass der Steg im Vordergrund mehr Wärme verdient, und verschiebe die Mitten ❻ des Rot-Kanals ❼ nach links.

7 Trial and error

Ist Ihnen »trial and error« ein Begriff? Es heißt so viel wie »Versuch und Irrtum«. Photoshop ist das Versuch-und-Irrtum-Programm. Sie können niemals sagen, was eine Anpassung bringt, bevor Sie sie probiert haben. Das wird mit zunehmender Erfahrung besser, aber im Voraus wissen werden Sie es nie.

Bei diesem Motiv habe ich auch Anpassungen in Blau- und Grün-Kanälen ausprobiert. Am Ende habe ich mich dann doch entschieden, es bei der subtilen Anpassung in Rot zu belassen.

8 Hintergrund duplizieren

TONWERTKORREKTUR ist zweifelsohne ein professionelles Werkzeug. Der Nachteil liegt jedoch darin, dass sich der Kontrast im Bild damit kaum ändern lässt. Das Resultat dieser Tonwertanpassung ist leider etwas flau geworden – vor allem den Bergen fehlt es etwas an Zeichnung.

Abhilfe kann man schaffen, indem man die Bildebene kopiert und mit einer Füllmethode überlagert. Kopieren Sie also zunächst den Hintergrund, indem Sie ihn auf NEUE EBENE ERSTELLEN 🔲 ziehen.

9 Füllmethode: Weiches Licht

Nun experimentiere ich mit verschiedenen FÜLLMETHODEN, um mich nach einigen Versuchen für WEICHES LICHT ❽ zu entscheiden.

Das sieht zunächst aus wie in der kleinen Abbildung dargestellt und wirkt etwas übertrieben. Aber indem ich die DECKKRAFT reduziere ❾, erhalte ich ein optimales Resultat.

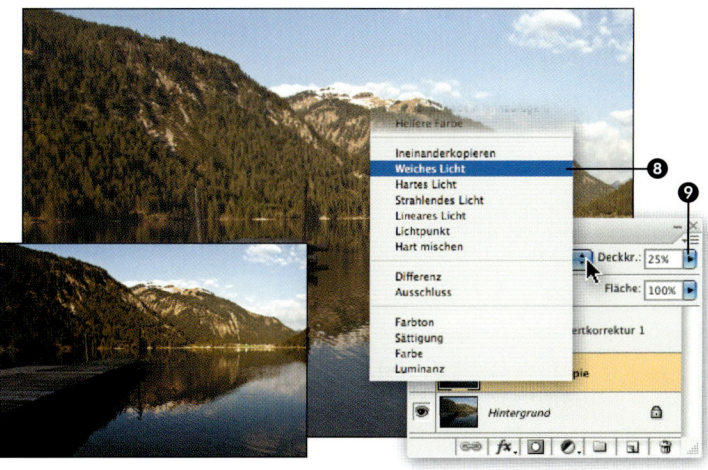

Gradationskurven light

Arbeiten wie die Profis!

Die meisten Profis schwören zur Tonwertkorrektur auf Gradationskurven. Damit lassen sich Helligkeitsanpassungen gezielt auf einen bestimmten Helligkeitsbereich anwenden. Vor allem aber lässt sich damit auch der Kontrast eines Bildes pushen. Für den Einsteiger sind Gradationskurven sicherlich etwas gewöhnungsbedürftig. Schon der Name hat großes Abschreckungspotenzial. Dabei lassen sich damit auch schon von Laien gute Ergebnisse mit wenigen Klicks erzielen. Wie es geht, verrate ich Ihnen hier.

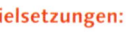

Zielsetzungen:
Bild aufhellen
Kontrast erhöhen
[gradationskurven1.psd]

1 Tonwertumfang anpassen

Erstellen Sie zunächst über die Palette Ebenen eine neue Gradationskurven-Einstellungsebene.

Neu in Photoshop CS3 ist, dass nun im Hintergrund der Gradationskurven nun das Histogramm angezeigt wird. Nun können Sie, ebenso wie in der Tonwertkorrektur, Tiefen und Lichter an den Tonwert-Berg heranschieben ❶.

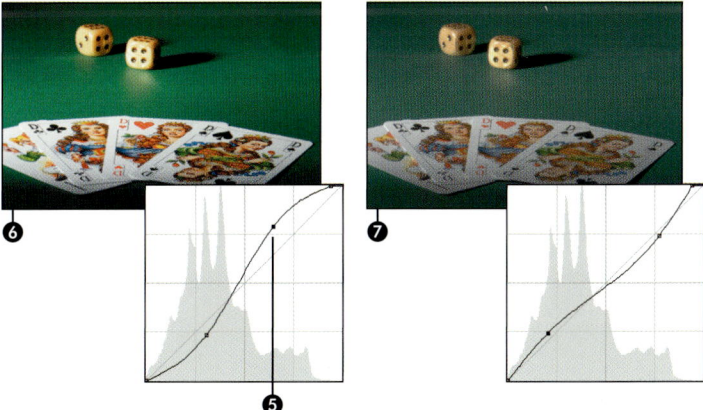

2 Wie wirken Gradationskurven?

Der Dialog GRADATIONSKURVEN zeigt ein von einer Linie durchzogenes Quadrat – an den Enden findet sich je ein Punkt. In einem RGB-Bild steht der linke Punkt ❷ für Schwarz, der rechte Punkt ❸ für Weiß. Der Verlauf ❹ ist die Tonwertverteilung zu verstehen. Via Klick auf die Linie können Sie Punkte setzen und bewegen ❺. Anheben hellt auf, absenken dunkelt ab. Formen Sie die Kurve zum S, erhöht sich der Kontrast ❻; eine verkehrte S-Kurve reduziert ihn ❼.

3 Kontrast erhöhen

Das Bild dieses Beispiels weist einen geringen Kontrast auf. Um ihn zu pushen, wird eine mehr oder weniger ausgeprägte S-Kurve benötigt. Zunächst setze ich einen Punkt am oberen Viertel der Linie ❽ und hebe sie damit an. Danach setze ich einen zweiten Punkt im unteren Viertel ❾. Da ich die Kurve oben rechts deutlich angehoben habe, darf ich hier nur mehr ganz dezent absenken.

> **Tipp:** Wenn Sie den Schwarz- bzw. Weißpunkt mit den Reglern unter dem Verlauf ❿ verschieben, können Sie durch Drücken der Alt-Taste sehen, ob Bildinformationen beschnitten werden (siehe auch Seite 107).

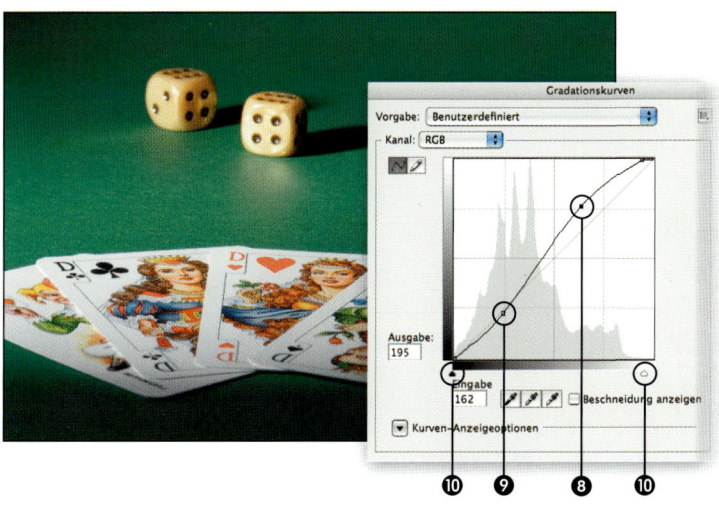

Gradationskurven im Einsatz

Mit Gradationskurven den Kontrast selektiv anpassen

Die Helligkeit dieses Bildes ist, wie sie sein sollte. Leider ist die Aufnahme etwas flau geraten. Mit einer Tonwertkorrektur ließe sich das Bild zwar aufhellen – und auch der vorhandene blassbläuliche Farbstich entfernen –, die Aufnahme bliebe aber nach wie vor kontrastarm. Wenn es darum geht, bei der Tonwertkorrektur auch gleich noch den Kontrast anzuheben, gibt es kein besseres Werkzeug als Gradationskurven, auch wenn die Arbeit damit etwas gewöhnungsbedürftig sein dürfte.

Zielsetzungen:

Mond stärker herausholen
Farbstich entfernen
Mehr Tiefe für die Schatten
Kontrast deutlich steigern
[gradationskurven2.psd]

1 Gradationskurven-Einstellungsebene erstellen

Beginnen Sie die Arbeit an diesem Bild, indem Sie in der Palette Ebenen wieder eine Einstellungsebene erstellen, diesmal für GRA-DATIONSKURVEN.

2 Weißpunkt setzen

Ebenso wie bei der Tonwertkorrektur können Sie auch bei den Gradationskurven mit Pipetten Weiß- und Schwarzpunkt sowie den Mittenwert setzen. Wählen Sie die Weißpunkt-Pipette ❶ und suchen Sie mit Hilfe der Palette INFO den hellsten Bereich des Bilds ❷. Im T-Shirt einer Person steht CMYK bei 0 %.

Wenn Sie die Ziellichterfarbe wie auf Seite 123 beschrieben eingestellt und gespeichert haben, können Sie mit einem Klick das Weiß auf die für den Offsetdruck optimierten Werte von 4 % C, 3 % M und 3 % Y setzen.

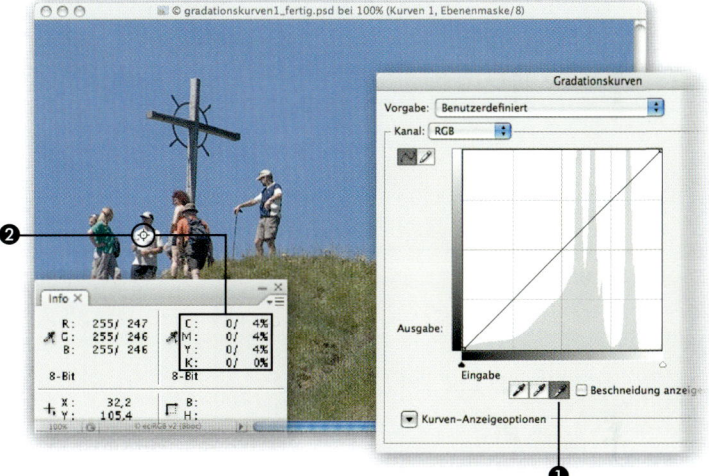

3 Schwarzpunkt setzen

Suchen Sie nun mit der Schwarzpunkt-Pipette ❸ den dunkelsten Bereich ❹ des Bildes. Klicken Sie hier, wenn Sie ihn gefunden haben. Auch hier wird automatisch auf die für die Zieltiefenfarbe eingestellten Wert angehoben (oder abgesenkt).

Hinweis: Ich bezeichne auch die Gradationskurven als Tonwertkorrektur. Lassen Sie sich nicht verwirren. Zum einen bezeichnet Tonwertkorrektur einen Anpassungs-Dialog. Zum anderen ist aber jedes Aufhellen, Abdunkeln oder Verändern des Kontrasts eine Tonwertkorrektur (Tonwerteinstellung).

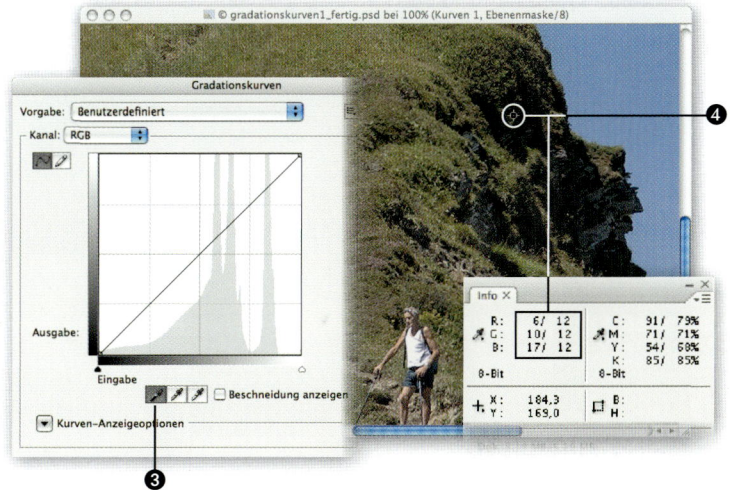

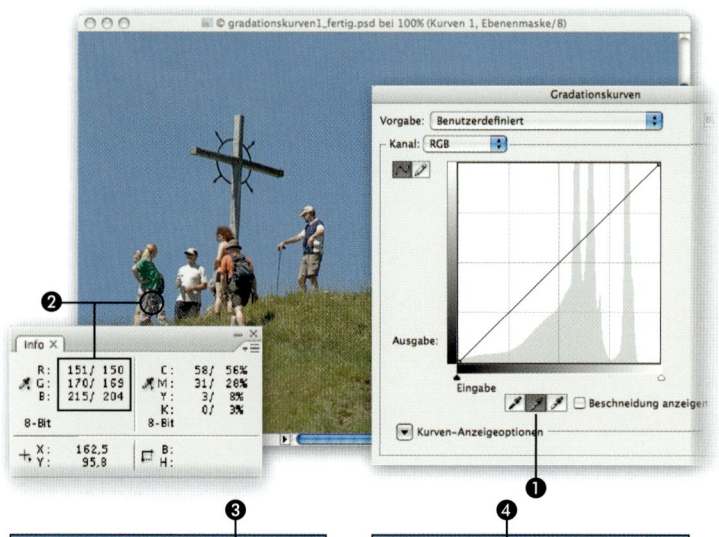

4 Mitteltöne definieren

Setzen Sie nun noch mit der Pipette für die Mitteltöne **❶** neutrales Grau. Hier ist es immer von Vorteil, etwas im Bild zu haben, bei dem man davon ausgehen kann, dass sein Farbton neutralem Grau entspricht. Bei Personen funktioniert Silberschmuck oder eine Stahluhr oft gut; in einer Städteansicht verzinkte Stahlteile, ein silbernes Auto, Asphalt oder Beton. Auch das verwitterte Holz des Kreuzes wäre erfolgversprechend gewesen. Ich habe mich aber dann doch für die Hose einer Person entschieden **❷**.

5 Anzuhebende Lichter kennzeichnen

Stellen Sie sicher, dass keine Pipette mehr aktiv ist. Bewegen Sie den Mauszeiger in das Bild hinein, erhalten Sie eine Pipette . Arretieren Sie die Feststelltaste, erscheint stattdessen ein Fadenkreuz. Damit arbeiten Sie treffsicherer. Klicken Sie nun bei gedrückter ⌜Strg⌟/⌜⌘⌟-Taste in den hellsten Bereich des Mondes – Photoshop setzt an der Stelle, die dem Tonwert dieses Bereichs entspricht, einen Punkt auf die Tonwertkurve (noch eine Gerade) **❸**. Machen Sie dasselbe auch im Bereich des Himmels **❹**.

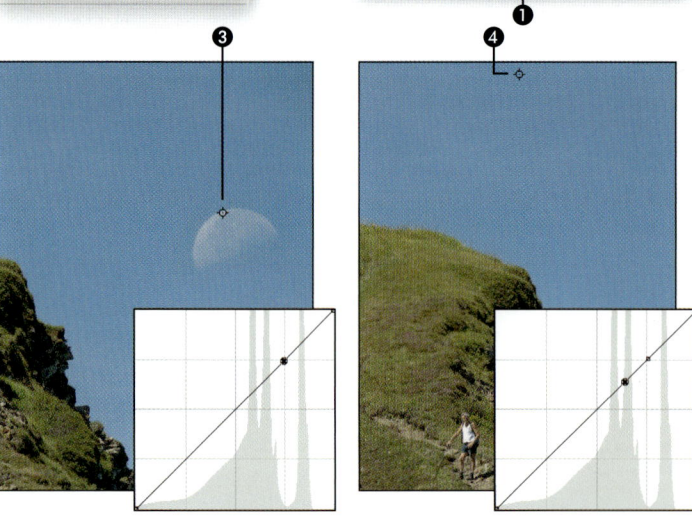

6 Abzusenkende Tiefen kennzeichnen, Mittenpunkt setzen

Wie zuvor setzen Sie nun auch in einem dunklen Schattenbereich einen Punkt auf die Gradationskurve **❺** – ebenfalls bei gedrückter ⌜Strg⌟/⌜⌘⌟-Taste. Wählen Sie aber keinen ganz dunklen Bereich, wie jenen Punkt, an dem Sie den Schwarzpunkt gesetzt haben. Dort könnten Sie nicht mehr viel absenken.

Definieren Sie dann noch den Bereich, der etwa einer mittleren Helligkeit des Bildes entspricht **❻**. Die Helligkeit dieses Bildes ist ja ohnehin gut, nur am Kontrast hapert es.

7 Lichter anheben

Nachdem ich vier Punkte auf die Gradationskurve gesetzt habe, kann ich diese Punkte
nun verwenden, um die entsprechenden
Tonwerte anzuheben bzw. abzusenken. Vorsichtig kann ich den Punkt, der am weitesten
oben auf der Linie die Lichter markiert, mit
der Maus anwählen ❼ – er wird schwarz, was
kennzeichnet, dass er nun ausgewählt ist. Mit
der Pfeiltaste ⬆ der Tastatur hebe ich
diesen Punkt dezent an.

Auf diese Art habe ich auch den zweiten
Punkt ❽ angehoben.

8 Tiefen absenken, Lichter nachjustieren

Den Punkt in der Mitte lasse ich unangetastet. Wie gesagt: Die Helligkeit des Bildes
geht ja in Ordnung. Ich wähle also mit einem
Klick den Punkt, den ich für die Tiefen gesetzt
habe, aus ❾, und senke ihn mit ⬇ ein paar
Schritte ab.

Jetzt kommt das Nachjustieren: Der Kontrast ist, mit der bisherigen Anhebung der
Lichter, noch etwas zu gering. Deshalb wähle
ich den unteren Lichterpunkt ❿ ein zweites
Mal aus und hebe ihn noch etwas weiter an.

9 Oberen Lichterpunkt heben, warmen Eindruck verstärken

Nach dem Absenken der Tiefen und dem
Nachjustieren der unteren Lichter zeigt sich,
dass die hohen Lichter ⓫ noch einmal ange-
hoben werden dürfen. Halte ich während des
Drückens von ⬆ die ⇧-Taste, legt der
Punkt den zehnfachen Weg zurück.

Nach der Einstellung der Tonwertverteilung
über die globale Gradationskurve ist mir das
Bild einen Deut zu kühl geworden. Deshalb
wähle ich den Grün-Kanal ⓬ und senke die
Kurve eine Winzigkeit ab ⓭.

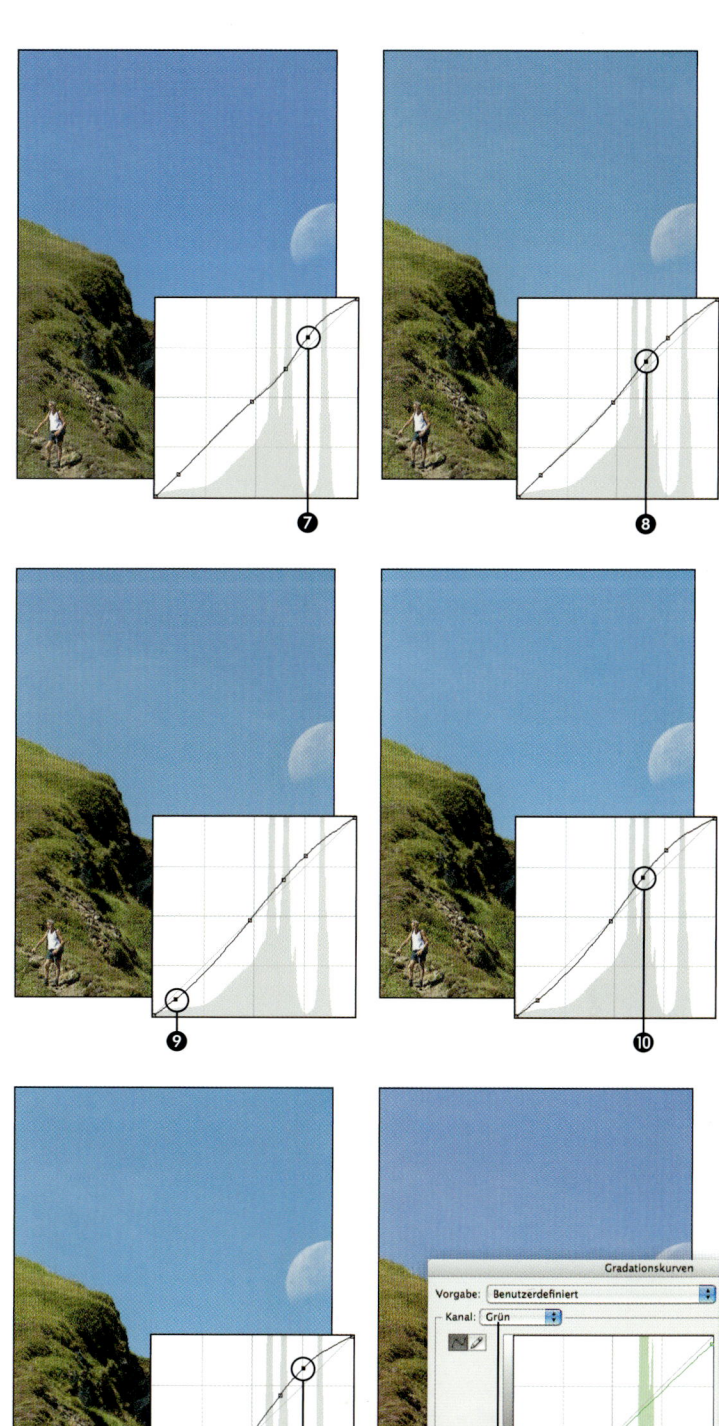

Farbmanagement

Color Management für gleichbleibende Farbdarstellung

Foto: istockphoto.com

Foto: Markus Wäger

Foto: istockphoto.com

Foto: istockphoto.com

Foto: Markus Wäger

Foto: istockphoto.com

▶ **Video-Training**

Farbmanagement – nur für Profis?

Farbmanagement ist sicher in erster Linie in der professionellen Bildbearbeitungs-Liga daheim und – so meine Erfahrung – auch dort noch längst nicht die Regel. Doch auch wenn Sie kein Profi werden möchten, sondern mit Photoshop ausschließlich Ihrem Hobby nachgehen, möchte ich Ihnen hier eine Vorstellung davon geben, was es damit auf sich hat.

Alles ist relativ

Wenn Sie glauben, Farbe ist, wie sie ist, dann muss ich Sie enttäuschen. Farbe ist etwas sehr Relatives.

Da wären zum einen Umwelteinflüsse, wie Tages- und Jahreszeit, die die Farben von Objekten beeinflussen. Auch wenn Sie keinen Himmel sehen, spüren Sie, ob die Aufnahme im Winter oder im Sommer aufgenommen wurde, in der Früh, zu Mittag oder bei Sonnenuntergang – oder ob gerade ein Gewitter heranzog. Das liegt daran, dass sich das Licht je nach Sonnenstand verändert. Am Morgen ist es bläulich, am Mittag relativ neutral, und am Abend, bei Sonnenuntergang, verschiebt es sich ins Gelblich-Rötliche. Und dass Aufnahmen im Licht einer Glühbirne gelb und im Licht einer Neonröhre grün bis blau sind, ist Ihnen sicher schon einmal aufgefallen.

Die Art des Lichtes ist ein Faktor, der bestimmt, wie Sie Farben sehen. Wichtig ist dieser Umstand auch, wenn Sie Bilder bearbeiten. Sie können ohne Weiteres im Sommer im Garten einen Brief in Ihren Laptop tippen.

Bilder aber sollten Sie unter solchen Bedingungen keinesfalls bearbeiten. Die absoluten Profis unter den Bildbearbeitern schaffen für die farbverbindliche Bildbearbeitung sogar einen Raum unter Normlicht, frei von Tageslichteinfluss und ohne farbliche Reize an Wänden und Einrichtung.

So weit brauchen Sie als Normalnutzer von Photoshop nicht zu gehen. Es genügt, wenn Sie annähernd gleichbleibende Bedingungen in Ihrer Bildbearbeitungs-Umgebung schaffen.

Unterschiedliche Geräte, unterschiedliche Farben

Lassen wir die physischen und psychologischen Faktoren des Betrachters – die ebenfalls einen Einfluss haben – außer Acht und betrachten die technischen Rahmenbedingungen der Farbdarstellung.

Nehmen wir an, Sie befinden sich auf Fotosafari. Sie spazieren an einem See und sehen ein Motiv ❶, das sich festzuhalten lohnt. Sie greifen nach Ihrer (digitalen) Kamera und fangen das Motiv ein.

Das, was das Auge der Kamera aufnimmt und auf die Speicherkarte überträgt, ist ihre Interpretation dessen, was Sie mit Ihren Augen sehen ❷. Je nachdem, welche Einstellungen Sie an der Kamera vorgenommen haben oder für welche vorprogrammierten Parameter sich die Software der Kamera entschieden hat, wird das Bild anders aussehen. Keine zwei Kameras werden dasselbe Motiv am selben Ort zur selben Zeit 1:1 identisch aufnehmen.

Wenn Sie das Bild dann auf Ihren Computer holen und am Monitor betrachten ❸, werden Sie vielleicht feststellen, dass Farben und Wirkung nicht so sind, wie Sie es in Erinnerung haben. Wo liegt das Problem? Hat die Kamera die Farben falsch gesehen? Oder lügt der Monitor?

Diese Frage lässt sich natürlich nicht pauschal beantworten – beides ist möglich. Sicher ist aber, dass keine zwei Bildschirme (die nicht kalibriert sind) die Farben identisch darstellen werden. Das liegt zum einen an der Hardware – also was für einen Monitor in welcher Qualität von welchem Hersteller Sie benutzen (streng genommen auch daran, wie alt er ist und wie lange er heute schon läuft).

Es liegt aber auch an den Farbeinstellungen des Betriebssystems. Diese sind nach Standard so konfiguriert, dass sie für Aufgaben in Büros geeignet sind, nicht aber für die Bilddarstellung und -bearbeitung.

Wahrscheinlich werden Sie das Bild auch ausdrucken. Und Sie wissen bestimmt auch, dass das Bild, was aus dem Drucker kommt ❹, anders aussieht als das, was Sie am Bildschirm vor Augen haben ❸.

Arbeiten Sie mit Photoshop für die Druckvorstufe, dann soll das Motiv wahrscheinlich mit einer Offsetdruckmaschine auf Papier gedruckt werden. Auch dabei gibt es eine ganze Reihe an Faktoren, die beeinflussen, wie die Farben des ursprünglichen Motivs letzten Endes auf dem Papier ankommen ❺ – vor allem das verwendete Papier hat wesentlichen Einfluss darauf.

Kalibrierung und ICC-Profile

Die beschriebenen Probleme beschäftigen Menschen, seit es Farbfotografie und Farbdruck gibt. In den letzten Jahren nun gibt es internationale Bemühungen, einheitliche Standards für die farbverbindliche Darstellung von Bildern auf unterschiedlichen Ausgabemedien zu definieren. Dazu wurde ein Standardfarbraum definiert, der als Urmeter für die Farbwiedergabe gesehen werden kann.

Für digitale Bildaufnahmegeräte wie Scanner und Digitalkameras und Ausgabegeräte wie Bildschirme, Beamer, Farbdrucker

Foto: Markus Wäger

Mein-Display.icc ❸

Mein-Printer.icc ❹

Foto: istockphoto.com

Adobe1998RGB.icc

Mein-Display.icc

Foto: istockphoto.com

Mein-Printer.icc

Foto: istockphoto.com

ISOcoated_v2_eci.icc

und Druckmaschinen wurden sogenannte ICC-Profile definiert (ICC = International Color Consortium). In diesen Profilen ist vermerkt, auf welche Art das einzelne Gerät vom Standardfarbraum abweicht.

Gerade bei Bildschirmen ist die Analyse und Erstellung eines individuellen Profils für jeden einzelnen Bildschirm unabdingbar, will man ordentliche Farbkorrekturen vornehmen und keine farblichen Blindflüge veranstalten.

Den Vorgang des Einstellens der Farbwiedergabe von Monitoren (aber auch Kameras, Scannern etc.) bezeichnet man als *Kalibrieren*. Zwar besteht die Möglichkeit, die Kalibrierung manuell »freien Auges« vorzunehmen, diese Methode darf aber nicht als allzu zuverlässig betrachtet werden.

Sicherer ist es, diese Aufgabe einem Gerät zu überlassen. Solche Geräte gibt es ab ca. 100 Euro von Herstellern wie Pantone, Gretag Macbeth oder ColorVision.

Bei der Kalibrierung wird dann das Gerät, ein sogenanntes Densitometer ❶, vor dem Bildschirm angebracht. Ein Programm stellt am Bildschirm eine Abfolge von Farbtönen dar, die vom Densitometer aufgenommen werden. Die aufgenommenen Daten übermittelt das Gerät dann wieder an die Software, und diese erkennt daraus, auf welche Art dieser spezielle Monitor Farben verfälscht darstellt.

Aus diesen Informationen kann die Software nun eine Beschreibung verfassen, wie der Monitor vom definierten Standardfarbraum abweicht, und es speichert diese – das sogenannte ICC-Profil ❷ – an einem bestimmten Ort innerhalb der Verzeichnisstruktur des Betriebssystems.

Da der Computer nun weiß, auf welche Art der Monitor Farben nicht richtig darstellt ❸, kann er gegensteuern und die Farbinformation, die er an den Monitor sendet, so anpassen, dass die

Wiedergabe mit einem Maximum an Farbtreue erfolgt ❻.

Ebenso wie für den Bildschirm ein eigenes Profil notwendig ist, sollte auch für den Drucker ein individuelles Profil erstellt werden ❹. Leider sind Lösungen, die eine solide Kalibrierung von Druckern ermöglichen, erheblich teurer als jene zur Kalibrierung von Monitoren.

Manche Hersteller liefern ihre Geräte mit Profilen aus, die auf eine Kombination von Gerätetyp und Papiersorte abgestimmt sind. Ein solches Profil für einen Gerätetyp erreicht zwar nicht die Qualität eines auf ein bestimmtes Gerät abgestimmten Profils, aber die Ergebnisse damit sind in der Regel besser als ganz ohne ein angepasstes Farbprofil.

Für den perfekten Farbmanagement-Workflow wären auch Individual-Profile für jede einzelne Kamera und für jede einzelne Druckmaschine erforderlich. Im Normalfall wird es auch professionellen Ansprüchen gerecht, wenn für Kamera und Druckerpresse Standard-Profile verwendet werden und lediglich Monitor und Farbdrucker individuell kalibriert sind.

Eine Kalibrierung zumindest des Monitors ist jedem zu empfehlen, der Farben und Tonwerte mit einem gewissen Maß an Sicherheit am Bildschirm bearbeiten möchte.

Wie funktionieren Profile?

Die Sache ist im Grunde einfacher, als es scheint. Sie haben die Aufnahme eines Sees. Die Kamera hat das Bild mit einem Profil versehen ❺ (dies ist beim Bild keine separate Datei, sondern wird in die Bilddatei hinein geschrieben) – oft das »Adobe 1998 RGB«- oder ein »sRGB«-Profil. Öffnen Sie das Bild in Photoshop, erkennt das Programm das Profil. Es weiß also, auf welche Art dieses Bild vom definierten Standard-Farbraum abweicht.

Da nach der Kalibrierung die Bildschirmdarstellung richtig eingestellt ist, ergibt sich aus Eingabeprofil der Kamera ❺ und (Bildschirm-) Ausgabeprofil des Monitors ❻ eine farbrichtige Darstellung.

Dasselbe gilt für den kalibrierten Drucker. Dank des Druckerprofils sind Photoshop die farblichen Eigenheiten des Druckers bekannt, es kann das Bild so an ihn übergeben, dass Farbverfälschungen auf das kleinstmögliche Maß reduziert werden ❼.

Ausgabeprofile für den Offsetdruck

Wie zuvor erwähnt, wäre streng genommen für jede Druckmaschine eine individuelle Kalibrierung erforderlich. Der Aufwand dafür wäre jedoch sehr hoch. Zumindest ein paar Standardprofile, die die wichtigsten, abweichenden Parameter abdecken, haben sich aber mittlerweile in der Druckvorstufe durchgesetzt.

Der Parameter, der die Darstellung von Farben und Tonwerten am meisten beeinflusst, ist im Offsetdruck das Papier. Es gibt gestrichene Papiere, die eine glatte, versiegelte Oberfläche aufweisen – auf diesen stehen Farben in der Regel recht brillant.

Die zweite große Gruppe an Papieren sind ungestrichene. Bei diesen sind die Poren des Papiers offen, die Oberfläche ist eher rau, die Druckfarben werden vom Papier aufgesogen – auf solchen Papieren verlieren Bilder an Helligkeit und Leuchtkraft.

Um den druckspezifischen Eigenheiten dieser beiden Papierklassen entgegenzuwirken und eine im Rahmen des Möglichen einheitliche Darstellung auf gestrichenem wie ungestrichenem Papier zu gewährleisten ❽, hat die ECI (European Color Initiative) eine Reihe von Profilen für die wichtigsten Drucktechniken und Papiersorten veröffentlicht.

Diese können von der Website der ECI – www.eci.org – heruntergeladen werden. Sie erfahren dort auch mehr über Farbmanagement.

Farbmanagement in Photoshop

Zu unterscheiden sind globale Farbeinstellungen, die den generellen Umgang des Programms mit Farbmanagement regeln, und Einstellungen, die für ein bestimmtes Bild vorgenommen werden.

Es empfiehlt sich, für die europäische Druckvorstufe die Profile der ECI in dem dafür vorgesehenen Ordner des Systems zu installieren. Suchen Sie dazu am besten über die Suchfunktion Ihres Betriebssystems nach dem Ordner »Recommended« ❶ und legen Sie die Farbprofile darin ab.

Wählen Sie dann in Photoshop Menü BEARBEITEN • FARBEINSTELLUNGEN. Es erscheint der unten abgebildete Dialog. Aktivieren Sie MEHR OPTIONEN ❷.

Im Bereich ARBEITSFARBRÄUME bestimmen Sie, welches Profil bei der Konvertierung eines Bildes von einem Farbraum in einen anderen für die Umrechnung der Farben herangezogen werden soll. Auf die installierten Profile der ECI können Sie nun im Dialog FARBEINSTELLUNGEN zugreifen. Ich habe als RGB-Arbeitsfarbraum »eciRGB v2« ❹ bestimmt und als CMYK-Arbeitsfarbraum »ISO Coated v2 (ECI)« ❺.

Konvertieren Sie mit diesen Farbeinstellungen ein Bild über Menü BILD • MODUS • CMYK-FARBE von RGB nach CMYK, dann bildet das »ISO Coated v2 (ECI)«-Profil die Basis für die Umrechnung. D. h. das Ergebnis dieser Umrechnung ist für einen farblich möglichst unveränderten Druck auf gestrichenem Papier optimiert.

Als RGB-Farbraum verwende ich ein »eciRGB-Profil« – dieses erhalten Sie ebenfalls auf der Website der ECI. Praktisch ebenso gut können Sie jedoch auch mit dem Profil ADOBE RGB (1998) arbeiten, das ab der Installation von Adobe Photoshop bereits verfügbar ist. Das RGB-Profil wird herangezogen, wenn Sie ein Dokument in den RGB-Farbraum konvertieren.

Einstellungen im Bereich FARBMANAGEMENT-RICHTLINIEN ❻ haben keinen direkten Einfluss auf die Darstellung und Umrechnung von Farben. Zum einen bestimmen Sie hier, was Photoshop machen soll, wenn Sie ein Bild öffnen und dessen Profil nicht jenem entspricht, das Sie als Arbeitsfarbraum definiert haben. Stellen Sie hier auf jeden Fall für RGB, CMYK und Graustufen EINGEBETTETE PROFILE BEIBEHALTEN ein.

Die ersten zwei Optionen unterhalb der Einstellungsmenüs deaktivieren Sie am besten, wenn Sie nicht andauernd beim Öffnen eines Bildes eine Meldung ❿ über abweichende Farbprofile erhalten wollen.

Wenn Sie professionell mit Farbmanagement arbeiten, aktivieren Sie die Option BEIM EINFÜGEN WÄHLEN ❼. Ist diese aktiviert, infor-

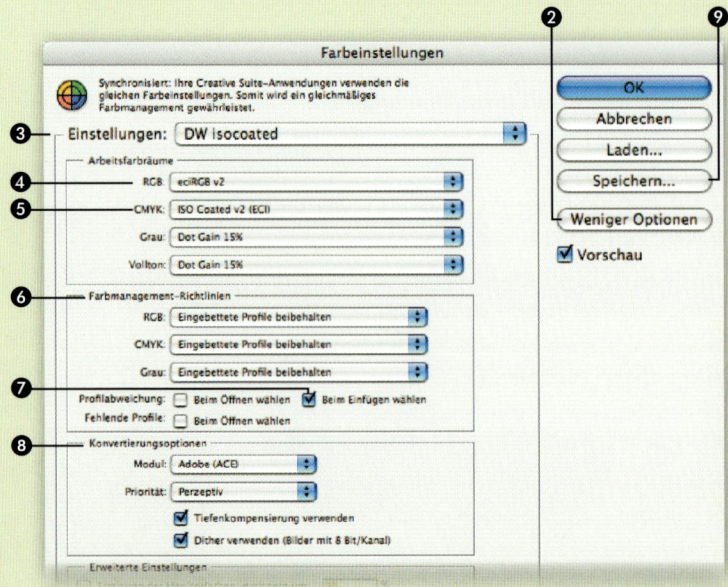

miert Photoshop Sie über abweichende Profile beim Kopieren und Einfügen ⓫.

Stellen Sie auch sicher, dass im Bereich KONVERTIERUNGSOPTIONEN als MODUS • ADOBE (ACE) und als PRIORITÄT • PERZEPTIV aktiviert ist ❽. Abschließend können Sie die Einstellungen unter einem aussagekräftigen Namen speichern ❾. Sie können daraufhin jederzeit über EINSTELLUNGEN ❸ darauf zurückgreifen (auch aus anderen CS-Programmen).

Nach demselben Rezept können Sie auch ein Profil für ungestrichenes Papier erstellen. Der einzige Unterschied sollte sein, dass Sie unter CMYK »ISO Uncoated v2« einstellen ❺ (ebenfalls von der Website der ECI).

Farben konvertieren und unterschiedliche Farbräume

Arbeitet man in der Druckvorstufe, erhält man Bilder meist im RGB-Farbraum und muss sie vor der Ausgabe nach CMYK konvertieren. Wählen Sie dazu BILD • MODUS • CMYK-FARBE, wird nach dem als CMYK-Arbeitsfarbraum definierten Profil konvertiert. Alternativ können Sie die Konvertierung auch über BEARBEITEN • IN PROFIL UMWANDELN vornehmen. Sie erhalten dann einen Dialog, in dem Sie den Zielfarbraum ⓬ – also den Farbraum, in den konvertiert werden soll – dezidiert definieren können.

Wichtig ist zu wissen, dass Farbräume unterschiedlich groß sind. Abbildung ⓭ stellt den für das menschliche Auge sichtbaren Farbraum dar (die Farbräume sind vereinfacht und exemplarisch dargestellt, denn weder der Umfang der vom menschlichen Auge wahrnehmbaren Farben noch der RGB-Farbraum lässt sich

im Vierfarbendruck tatsächlich wiedergeben). Die gestrichelte Linie ⓮ zeigt an, bis zu welchem Maß RGB Farben gesättigt wiedergeben kann. Die gepunktete Linie ⓯ zeigt, welches Maß im Vierfarbdruck (CMYK) möglich ist. Wie Sie sehen, ist der RGB-Farbraum viel größer als der CMYK-Farbraum – er umfasst leuchtendere Farben, als der 4C-Druck wiedergeben kann. Das Problem ist kein mathematisches (vier CMYK-Kanäle ergeben rechnerisch mehr Farben als drei RGB-Kanäle), sondern ein physikalisches (unreine Druckfarben).

Da leuchtende Farben aus dem Bild herausgerechnet werden, wenn es von RGB ⓰ nach CMYK ⓱ konvertiert wird, sollten Sie diesen Weg nur einmal gehen. Verlorene Leuchtkraft (Bildinformation) lässt sich in Bilder nicht wieder hineinrechnen. Behalten Sie aus diesem Grund auch immer ein RGB-Original eines jeden Bildes.

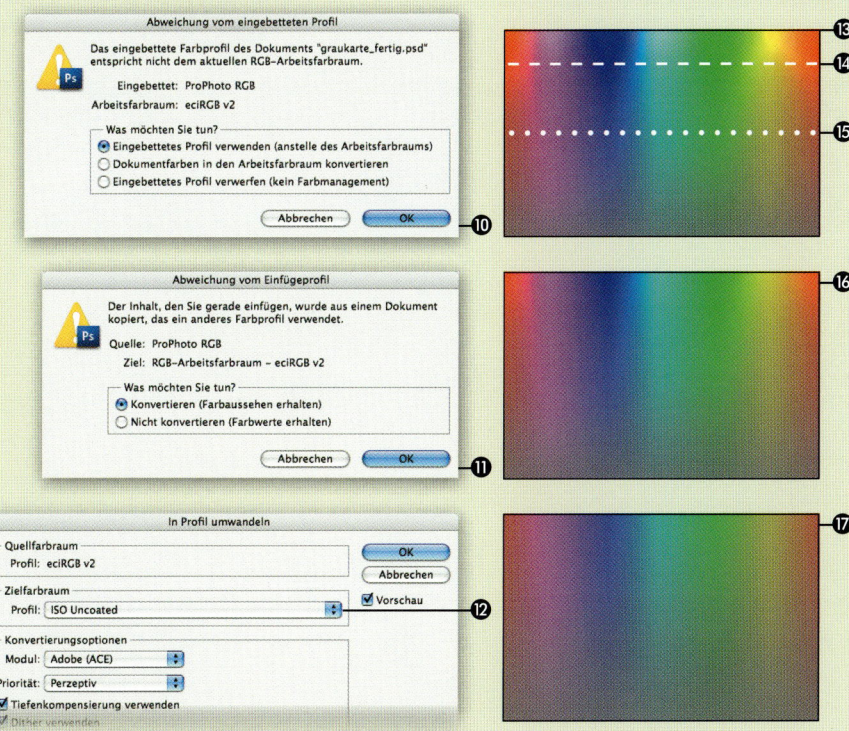

SCHWIERIGKEITSGRAD 3 FÜR ÜBERFLIEGER

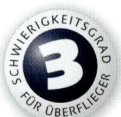

Tonwert- und Farbkorrektur

Schwellenwert, Farbaufnahme-Werkzeug und Füllmethoden

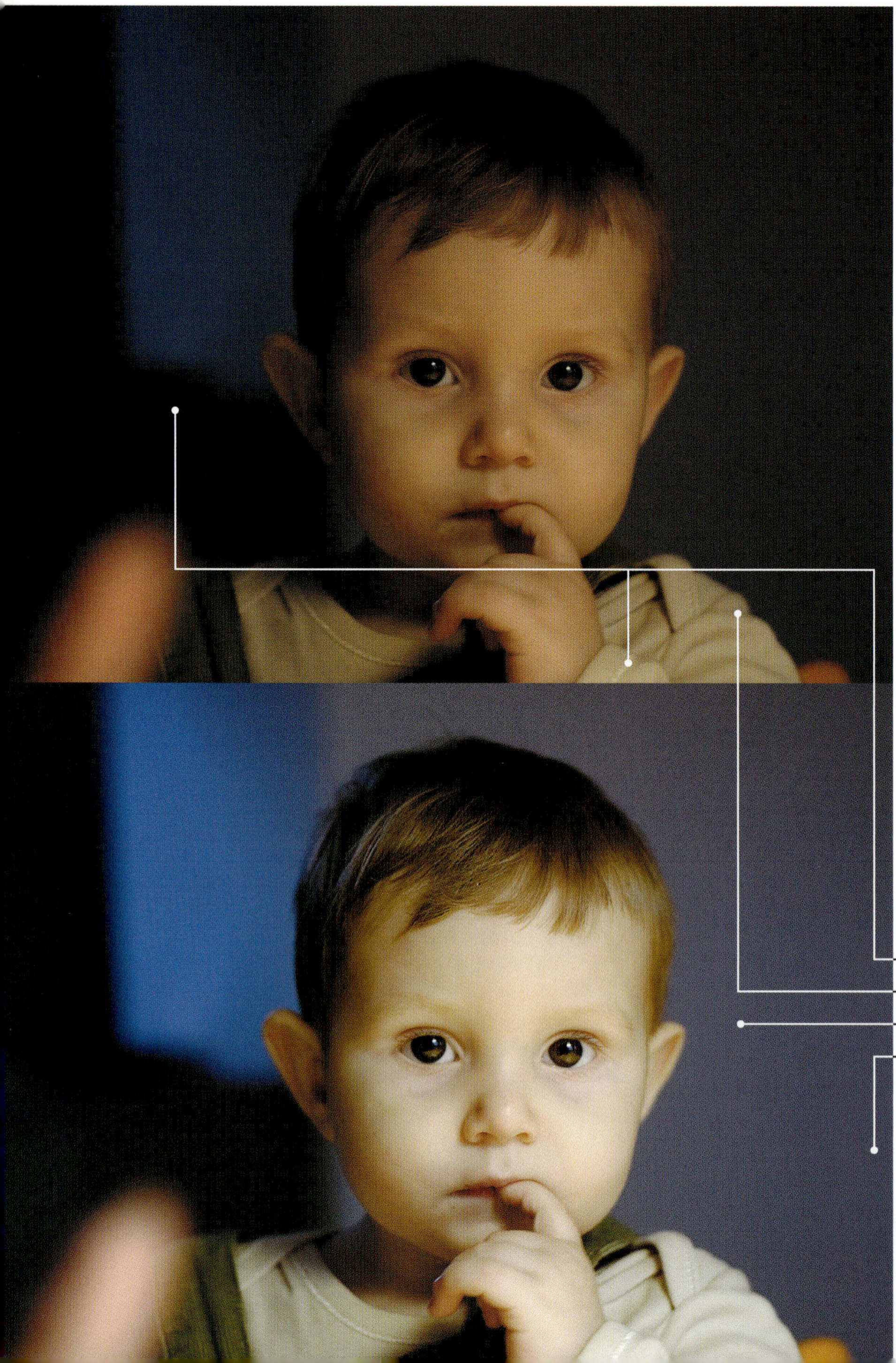

Foto: Markus Wäger

Das ist Max, der Sohn meines sehr guten Freundes Georg. Das Bild hat's in sich. Es ist an einem Abend entstanden, an dem Georg und ich unsere neuesten Spielzeuge – lichtstarke Festbrennweitenobjektive – gegeneinander antreten ließen. Trotz der hohen Lichtstärke ist das Bild unterbelichtet. Außerdem sind die Farben durch Kunstlicht verfälscht. In diesem Workshop werde ich es aufhellen und die Farbtöne korrigieren. Der Trick, mit dem ich die Farbanpassung erreiche, funktioniert jedoch nicht bei jedem Bild. Ich gestehe, dass ich hierfür zwei Bilder getestet habe, bei denen die Vorgehensweise komplett versagt hat. Dafür klappte es bei diesem umso besser. Ja, so ist die Bildbearbeitung eben!

Zielsetzungen:

- Schwarz- und Weißpunkt setzen
- Neutrale Mitteltöne finden
- Bild aufhellen
- Für Druck auf ungestrichenes Papier aufbereiten

[farbaufnahme.psd]

1 Schwellenwert-Einstellungsebene

Als Erstes erstellen Sie eine Schwellenwert-Einstellungsebene. Der Schwellenwert trennt das Bild in zwei Töne auf: Schwarz und Weiß. Zuerst ist jeder Bildbereich, der einen Tonwert zwischen 0 und 127 aufweist, schwarz, jeder Tonwert zwischen 128 und 255 weiß.

Mit dem Regler unter dem Histogramm, können Sie die Schwelle verschieben. Je weiter Sie den Regler nach rechts verschieben, desto heller muss der Bildbereich sein, um noch weiß umgesetzt zu werden. Schieben Sie den Regler komplett nach rechts.

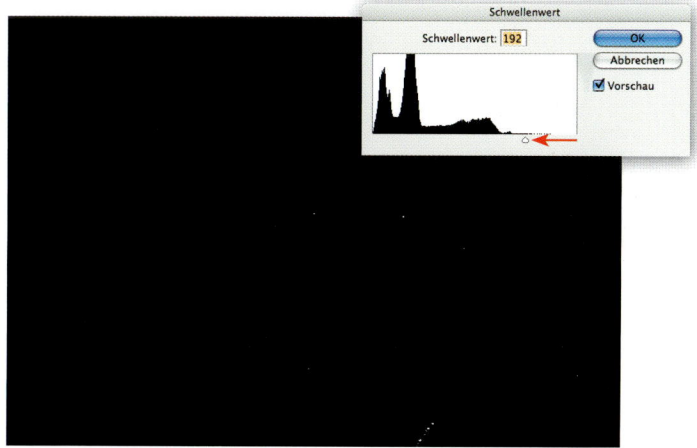

2 Weißpunkt finden

Schieben Sie nun den Regler wieder nach links, und zwar so weit, bis die ersten weißen Flecken durchbrechen. Damit haben Sie den hellsten Bereich des Bildes markiert.

Schließen Sie den Dialog, indem Sie mit OK bestätigen.

3 Farbaufnahme-Werkzeug

Wählen Sie aus der Werkzeugpalette das Farbaufnahme-Werkzeug und markieren Sie mit einem Klick einen der weißen Flecken. Dadurch wird eine Marke in das Bild gesetzt, die die Nummer 1 trägt.

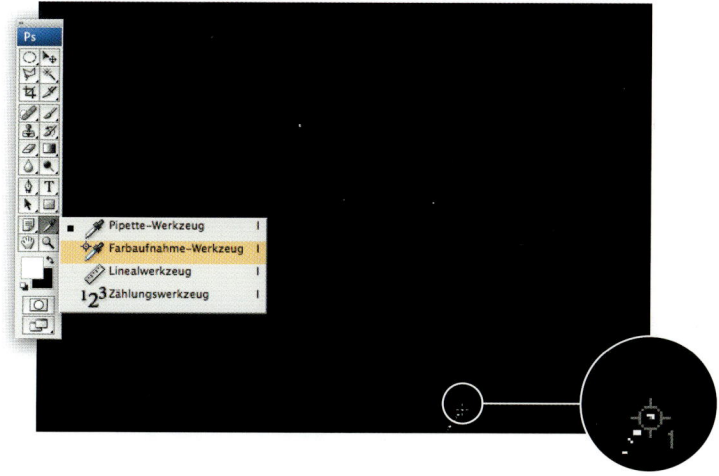

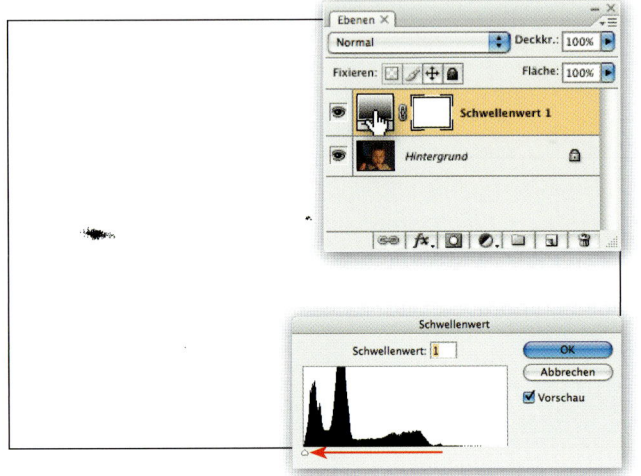

4 Schwarzpunkt finden

Nachdem Sie den Weißpunkt markiert haben, können Sie mit einem Doppelklick auf dieses Symbol ▦ in der Ebenen-Palette die Schwellenwert-Einstellungsebene neuerlich öffnen.

Verschieben Sie diesmal den Regler ganz nach links und dann wieder so weit nach rechts, bis die ersten schwarzen Flecken auftauchen. Bei diesem Bild sind die Flecken schon beim niedrigsten Wert »1« zu sehen.

Schließen Sie die Einstellungsebene wieder mit einem Klick auf OK.

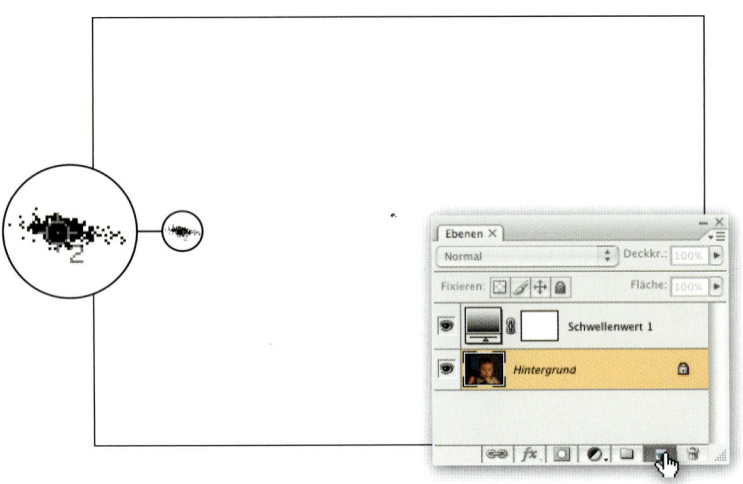

5 Schwarzpunkt markieren

Markieren Sie auch diesen Punkt mit dem Farbaufnahme-Werkzeug. Erstellen Sie dann eine neue Ebene unter der Schwellenwert-Einstellungsebene, indem Sie auf dieses Symbol ▭ in der Ebenen-Palette klicken.

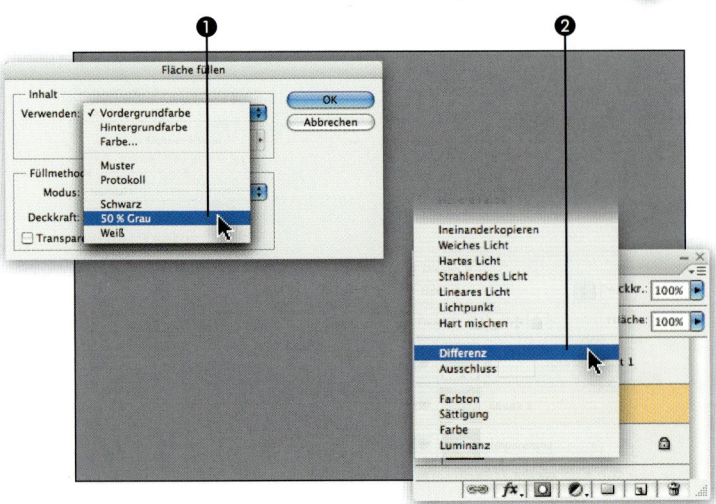

6 Ebene mit neutralem Grau füllen

Die neue Ebene ist zunächst leer. Füllen Sie die Ebene, indem Sie Menü BEARBEITEN • FLÄCHE FÜLLEN wählen oder ⇧+← eingeben (oder ⇧+F5).

Wählen Sie VERWENDEN • 50 % GRAU ❶, stellen Sie sicher, dass MODUS auf NORMAL und DECKKRAFT auf 100 % steht, und bestätigen Sie mit OK. Stellen Sie die Füllmethode der Ebene dann auf DIFFERENZ ❷.

7 Neutrales Grau finden

Öffnen Sie erneut die Einstellungsebene Schwellenwert mit einem Doppelklick, schieben Sie den Regler wieder ganz nach links und dann so weit zurück nach rechts, bis die ersten feinen, schwarzen Flecken durchbrechen.

Bestätigen Sie auch dies mit OK und markieren Sie einen der Flecken mit dem Farbaufnahme-Werkzeug ✐ ❸.

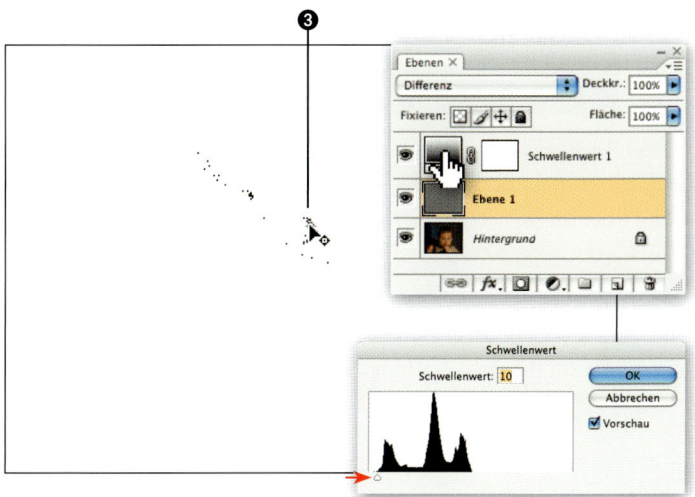

8 Weißpunkt setzen

Nach diesen Vorbereitungen können Sie nun mit den Pipetten der Gradationskurven und wenigen Klicks die Einstellungen vornehmen (natürlich ginge es ebenso gut mit den Pipetten der Tonwertkorrektur).

Erstellen Sie also eine Gradationskurven-Einstellungsebene. Aktivieren Sie die Weißpunkt-Pipette ❹ und klicken Sie auf »Markierung 1« ❺ – Photoshop übernimmt die Werte des Punktes, an dem Sie die Markierung gesetzt haben.

9 Schwarzpunkt setzen

Wählen Sie danach die Schwarzpunkt-Pipette ❻ und klicken Sie auf »Markierung 2« ❼.

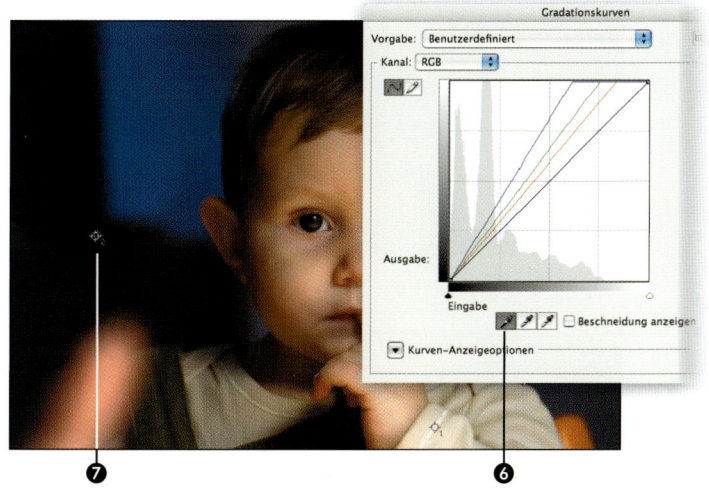

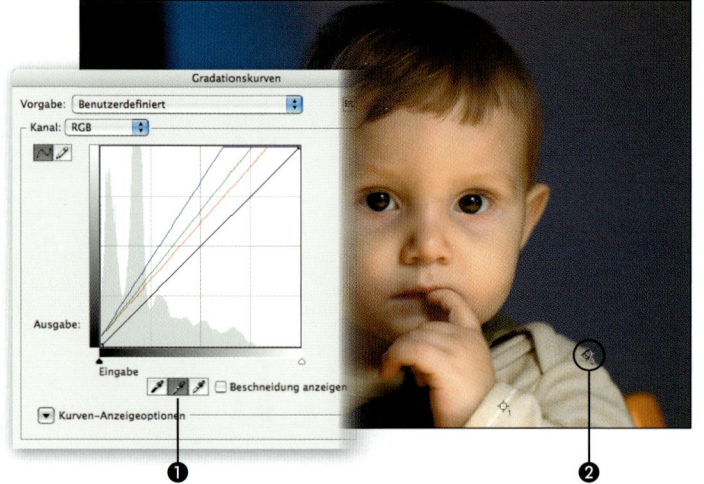

10 Mitteltöne setzen

Den Trick mit der neutralgrauen, auf Differenz gestellten Ebene habe ich mir bei PhotoshopUserTV abgeguckt. Weißpunkt und Schwarzpunkt hätte ich in diesem Bild auch ohne Schwellenwert-Einstellungsebenen-Trick sicher ermitteln können. Aber neutrales Grau im Pullover des Kleinen zu suchen – darauf wäre ich nicht gekommen.

Mit der Mitteltöne-Pipette ❶ und einem einzigen Klick ❷ wird der restliche, rötlichgelbliche Farbstich aus dem Bild eliminiert.

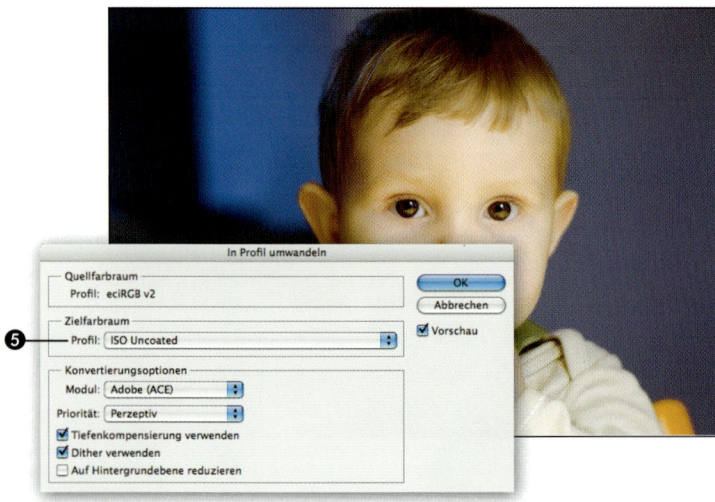

11 Kontrast mit den Gradationskurven anheben

Das Bild sieht schon recht gut aus, ist mir aber noch eine Spur zu dunkel und hat etwas zu wenig Kontrast. Mit einer dezent angehobenen Gradationskurve verleihe ich dem Bild den letzten Feinschliff.

Trick: Wenn Sie sich in Photoshop CS3 an den Kurven der Rot-, Grün- und Blau-Kanäle stoßen, klicken Sie auf KURVEN-ANZEIGEOPTIONEN ❸ und deaktivieren Sie KANALÜBERLAGERUNGEN ❹.

12 In Profil umwandeln

Möchten Sie das Bild für den Vierfarben-Druck auf ungestrichenem Papier vorbereiten, müssen Sie es von RGB nach CMYK konvertieren. Am besten machen Sie dies über BEARBEITEN • IN PROFIL UMWANDELN. Wählen Sie im folgenden Dialog als PROFIL • ISO UNCOATED ❺ (nicht vorinstalliert! Siehe Seite 130), stellen Sie sicher, dass das MODUL auf ADOBE (ACE) steht und die PRIORITÄT auf PERZEPTIV (= der menschlichen Wahrnehmung entsprechend). Bestätigen Sie mit OK.

Tipp: PhotoshopUserTV ist über Internet anzusehen oder über iTunes zu abonnieren. Surfen Sie doch mal hin: www.photoshopusertv.com.

Die Funktion Farbton/Sättigung

Die selektive Korrektur von Farbbereichen

Eine sehr schöne Aufnahme. Der Fokus sitzt sehr exakt auf der Pusteblume. Einzig der Hautton hat ein bisschen zu viel Rot abbekommen. Ob das beim Fotografieren schon passiert ist oder bei der nachträglichen Bildbearbeitung, ist schwer zu sagen. Aber mit ein bisschen Aufwand wird hier aus einem netten Motiv ein perfektes Motiv.

Zielsetzungen:
Hautton natürlich und weicher gestalten
Farbe des Hintergrunds beibehalten
Intensive Farbe von Lippen und Haaren wiederherstellen
[farbtonsaettigung.psd]

1 Farbton/Sättigung

Erstellen Sie eine Einstellungsebene FARBTON/
SÄTTIGUNG. MIT FARBTON/SÄTTIGUNG können
Sie a) den Farbton aller Farben im Bild entlang
dem Adobe-Farbenkreis verschieben, b) die
Sättigung aller Farben pushen bzw. reduzieren
und c) die Helligkeit aller Farben verändern.

Ich möchte aber nicht alle Farben verändern, sondern nur jene in den Farbbereichen
Rot und Gelb. Deshalb wähle ich zunächst
unter BEARBEITEN • ROTTÖNE.

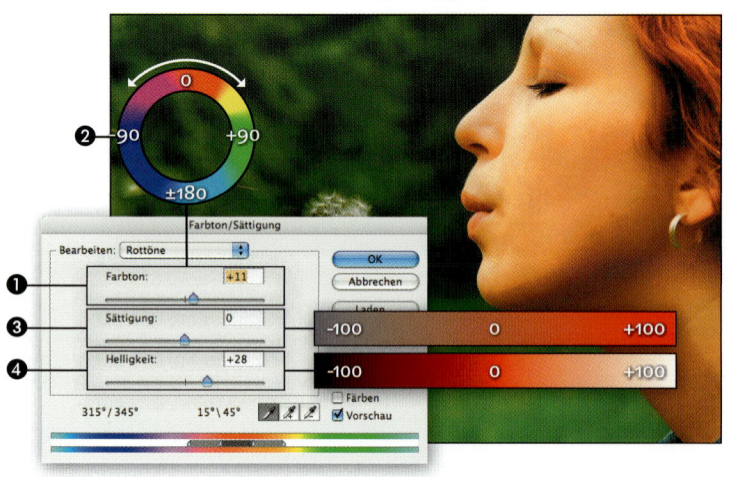

2 Rottöne *absoften*

Im Bearbeitungs-Bereich ROTTÖNE beeinflussen Sie nur noch Rottöne. Der grüne Hintergrund bleibt hier von den Einstellungen völlig
unangetastet.

Generell verschieben Sie mit FARBTON ❶ die
Farben entlang des Farbkreises ❷ – schieben
Sie also den Regler nach rechts, dann wird aus
Rot erst Gelb, dann Grün, Cyan usw. Mit
SÄTTIGUNG ❸ pushen oder reduzieren Sie die
Leuchtkraft der Farben, mit HELLIGKEIT ❹
dunkeln Sie sie ab bis zu Schwarz oder hellen
sie auf bis zu Weiß.

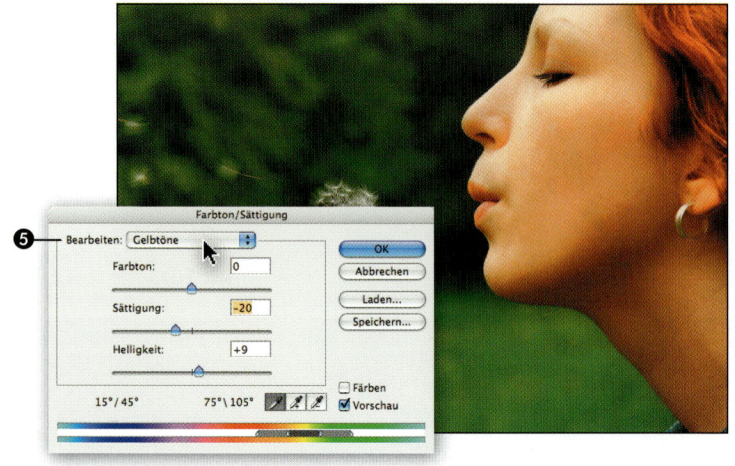

3 Gelbtöne absoften

Wie Sie am Screenshot oben gesehen haben,
habe ich die Rottöne leicht in Richtung Gelb
verschoben und außerdem etwas aufgehellt.
Die Gelb-Orange-Tönung muss ich nun im
Bereich GELBTÖNE ❺ beseitigen.

Hier reduziere ich vor allem die SÄTTIGUNG,
stelle den Farbtonbereich aber ebenfalls etwas
heller. Meist lassen sich zu intensive Hauttöne
über HELLIGKEIT besser weicher machen als
über SÄTTIGUNG – aber am Ende bleibt es
immer eine Sache des Experimentierens.

4 Hintergrund duplizieren für leuchtende Haare und Lippen

Durch das Anpassen der Hauttöne haben Haare und Lippen ihre intensive Farbe verloren. Deshalb kopiere ich die Hintergrundebene und bringe die Kopie dann an den Beginn des Ebenenstapels ❻. Bei gedrückter Alt-Taste klicke ich auf 🔲, um eine neue Ebenenmaske zu erstellen ❼. Durch Halten der Alt-Taste ist die Ebenenmaske völlig schwarz und somit das ganze Bild auf dieser Ebene ausgeblendet.

5 Haare demaskieren

Mit dem Pinsel-Werkzeug 🖌 und weißer Vordergrundfarbe kann ich die maskierten, also ausgeblendeten, roten Haare wieder zurück ins Bild malen. Dazu stelle ich einen hohen HAUPTDURCHMESSER ein, jedoch mit einer weichen Kante ❽. Zunächst bearbeite ich damit die Bereiche der Frisur, wo die Haare dicht sind ❾. Für den Haaransatz, also dort, wo man Haut unter den Haaren sieht, wähle ich einen reduzierten FLUSS ❿ und male vorsichtig auch hier ein wenig zurück ins Bild.

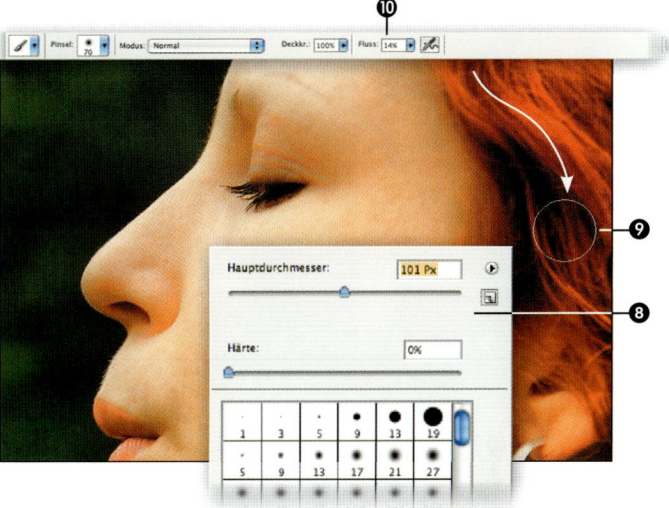

6 Lippen demaskieren

Für die Lippen stelle ich den Pinsel kleiner und die HÄRTE höher, ansonsten würde das Rot zu sehr in die Haut hineinlaufen.

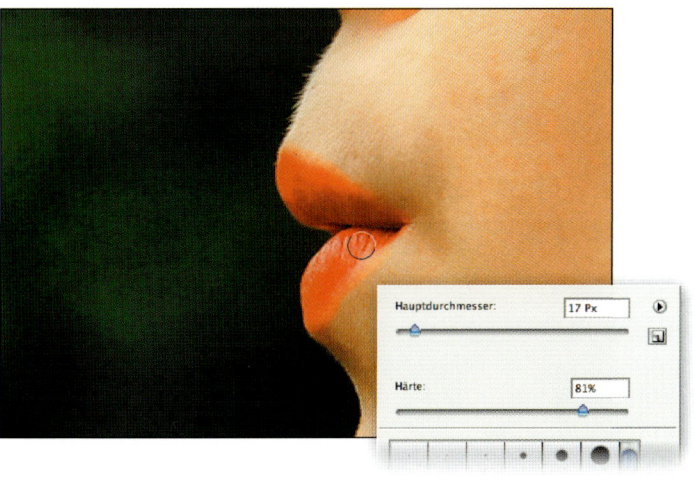

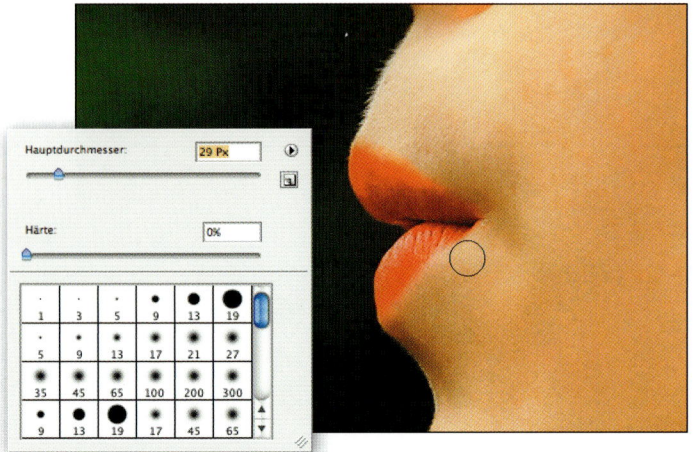

7 Untere Begrenzung aufweichen

Während das Rot der Oberlippen klar von der Hautfarbe getrennt ist, geht es bei den Unterlippen sanfter zur Haut über. Deshalb male ich hier zunächst das kräftige Rot *zu weit* in die Haut hinein, um danach, mit Schwarz als Vordergrundfarbe und einem sehr weichen Pinsel, einen fließenden Übergang von einer Ebene (intensivere Farben) in die andere Ebene (weniger intensive Farben) zu erreichen.

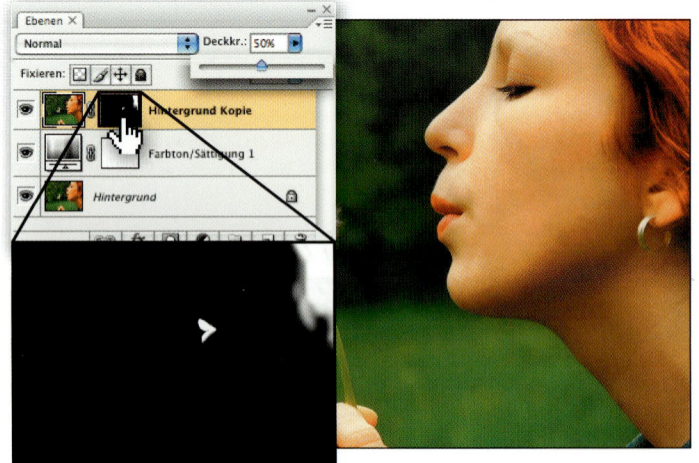

8 Fertige Ebenenmaske

Klicken Sie bei gedrückter Alt-Taste auf die Ebenenmaske, dann wird das Bild ausgeblendet und nur die Maske dargestellt. Hier können Sie auch beurteilen, wie sauber Ihre Maske gearbeitet ist und im Bedarfsfall natürlich noch einmal mit dem Pinsel (oder jedem anderen Werkzeug) nacharbeiten.

9 Sättigung selektiv reduzieren

Zu guter Letzt stört mich nun nur noch ein nach wie vor orange übersättigter Bereich an der Hand ❶. Am besten werde ich dieses Problem beheben, indem ich die Sättigung in diesem Bereich auf dem Hintergrund selektiv reduziere. Ich aktiviere also mit einem Klick den Hintergrund ❷, aktiviere das Schwamm-Werkzeug ❸ und pinsele einige Striche über die zu sehr gesättigten Stellen ❹ (den FLUSS sollten Sie dazu auf einen Wert zwischen 10 und 20 reduzieren).

Farbton/Sättigung

Anwendungsbeispiele

Foto: Clarissa Schwarz, www.pixelio.de

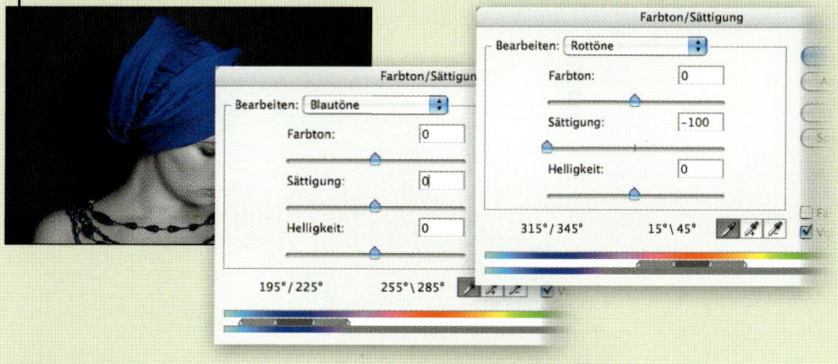

Die Abbildungen auf dieser Seite zeigen weitere Einsatzmöglichkeiten von FARBTON/SÄTTIGUNG. Bild ❶ ist das Original. Bei Bild ❷ habe ich nur die Blautöne verändert. Bei Bild ❸ habe ich den Turban stark gegen Rot verschoben; dazu war es notwendig, sowohl die Blautöne als auch die Cyantöne zu verändern, damit die Farbe des Turbans natürlich blieb. Bei Bild ❹ habe ich in allen Farbtönen die SÄTTIGUNG auf –100 reduziert, lediglich Blau- und Cyantöne habe ich unverändert bei 0 belassen – dadurch blieben Turban und Ketten blau, der Rest wurde grau.

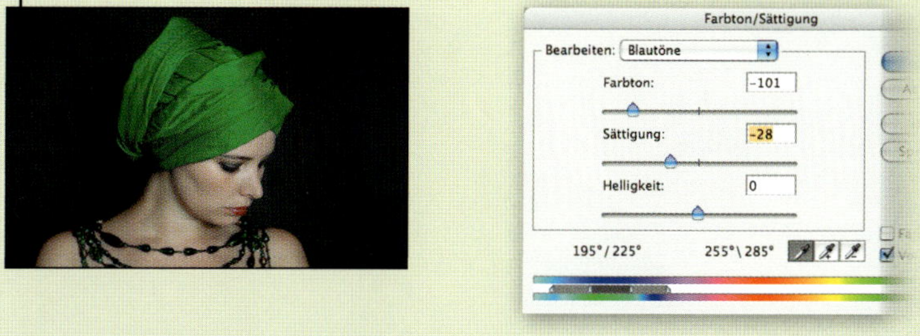

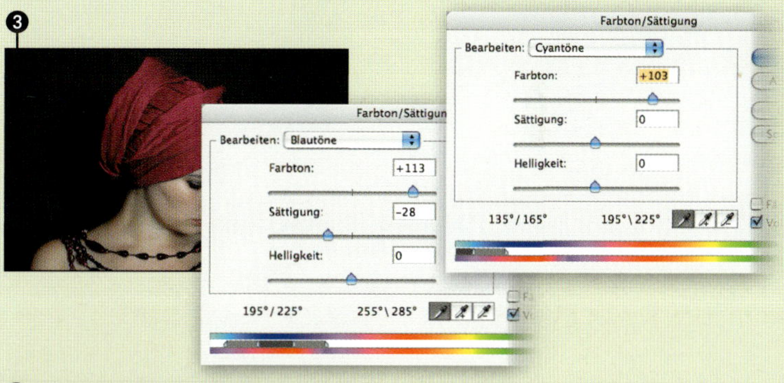

Die Abbildungen ❺ und ❻ zeigen ein Beispiel, bei dem ich FARBTON/SÄTTIGUNG sehr oft brauche. Nehmen wir an, dieses Foto eines Hotels solle in eine Broschüre. Leider wird kein Geld für einen professionellen Fotografen ausgegeben. Stattdessen macht der Herr Sekretär einen schnellen Schnappschuss mit der Digitalkamera ❺. Das Wetter? Das ist, wie es ist. Damit das Bild in der Broschüre nicht zu trostlos aussieht, bearbeite ich es (unter anderem) mit FARBTON/SÄTTIGUNG ❻ (das Beispiel ist frei erfunden, das Schlosshotel verwendet in Wirklichkeit professionelle Aufnahmen).

Foto: Markus Wäger

Die Selektive Farbkorrektur

Farbkorrektur für schwierige Fälle

Ein wirklich schlechtes Bild, das ich diesmal für Sie herausgesucht habe. Unscharf, mit Störungen und schrecklich verfälschten Farben. Schlecht, aber perfekt, um Ihnen die Arbeitsweise der Selektiven Farbkorrektur zu demonstrieren. Mit Selektiver Farbkorrektur können Sie in neun Farbtonbereichen sehr subtile, aber auch äußerst kräftige Anpassungen vornehmen. Den überwiegenden Teil meiner Farbkorrektur-Aufgaben erledige ich mit Farbton/Sättigung. Doch immer dann, wenn die Anpassungen entweder äußerst fein ausfallen sollen oder aber die Holzhammermethode für einen beinahe aussichtslosen Fall gefragt ist, greife ich zur Selektiven Farbkorrektur.

Zielsetzungen:

Schatten grau machen
Wand weiß machen
Bildschirm kühl-weiß halten
Weiß der Schrift bewahren
Gesichtsfarbe natürlicher machen

[selektivefarbkorrektur.psd]

1 Farbmarken setzen

Wollen Sie ein Profi werden, setzen Sie am besten zuerst mit dem Farbaufnahme-Werkzeug 🖌 Marken, um die Wirkung der Anpassungen auch in Zahlen im Auge zu behalten. Ich habe hier vier Marken gesetzt: ❶ hat zu viel Cyan und Magenta – soll neutral-grau werden; ❷ zu viel Cyan – darf fast weiß werden; ❸ Grünstich – ins kühle Weiß korrigieren; ❹ dieses Weiß bedarf kaum einer Korrektur – bei der Anpassung der anderen Töne darf hier keine Verschlechterung stattfinden.

2 Selektive-Farbkorrektur – Cyan

In der Palette EBENEN erstelle ich nach der Markierung eine Selektive-Farbkorrektur-Einstellungsebene. Cyan taucht in diesem Bild praktisch nur als Störfaktor in den weißen und grauen Bereichen auf. Deshalb wähle ich bei FARBEN zuerst CYANTÖNE ❺, schiebe Cyan und Schwarz links zum Anschlag und Magenta und Gelb rechts. Tatsächlich war ich hier selbst überrascht, dass durch diese Einstellung keine größere Veränderung erreicht wurde.

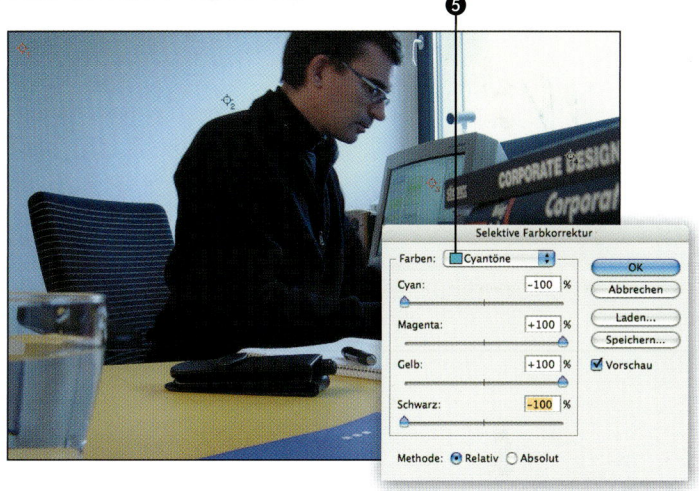

3 Neutrale Töne einstellen

Als Zweites wähle ich GRAUTÖNE. Hier kann ich vor allem den Schatten ❻ oben korrigieren. Dieser ist zu blau. Indem ich Cyan reduziere, verschiebt sich der Ton ins Violett. Erhöhe ich die Komplementärfarbe Gelb, wird der Schatten grauer (Komplementärfarben gemischt ergeben Grau).

Dritter Schritt: Weiß. Die Reduzierung von SCHWARZ auf –100 % bringt das beste Ergebnis ❼.

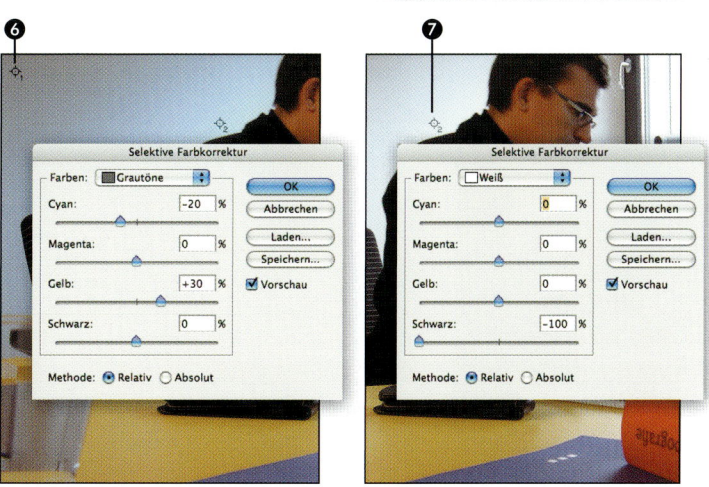

Hinweis: In der Info-Palette sehen Sie, wie neutral Ihre Korrekturen die Grautöne wirklich machen. Achten Sie darauf, dass die RGB-Werte sich möglichst aneinander angleichen.

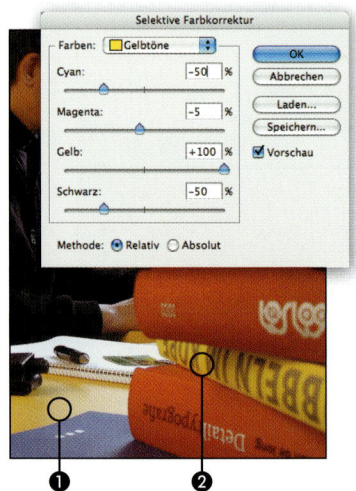

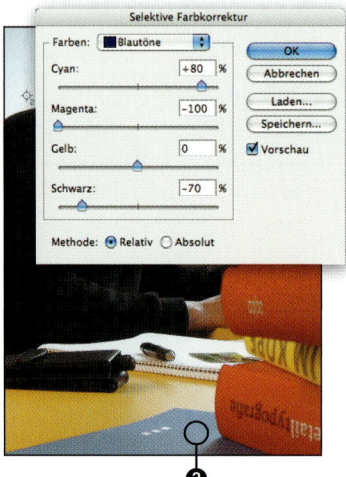

4 Farben zurück ins Bild holen

Durch die bisherigen Einstellungen vor allem bei Grautöne und Weiß haben die echten Farben des Bildes etwas verloren. Zunächst hole ich mit den Gelbtönen wieder mehr Gelb in die Tischplatte ❶ und das Buch im Stapel ❷, dann korrigiere ich mit den Blautönen den Folder im Vordergrund ❸, der durch die bisherigen Einstellungen von blau zu lila mutierte.

5 Gesichtsfarbe und Tiefe

Unnatürlich wirkt die Farbe des Gesichts ❹, nämlich etwas zu dumpf und zu grau. In den Magentatönen reduziere ich deshalb Schwarz auf −100 %. Die Veränderung, die dadurch im Bild vor sich geht, ist subtil, aber dennoch deutlich erkennbar.

Die letzte Korrektur nehme ich im Schwarz-Bereich vor ❺; hier können Sie einem Bild, das an Tiefe verloren hat, wieder etwas Kontrast spendieren – ähnlich wie mit den Gradationskurven. Dann bestätige ich die Anpassungen mit OK.

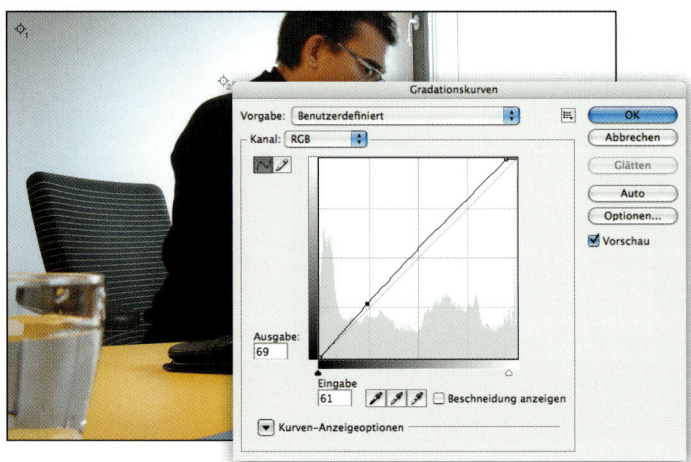

6 Bild aufhellen

Mit einer Gradationskurven-Einstellungsebene habe ich die Farb- und Tonwertkorrekturen am Bild abgeschlossen.

Leider ist durch die Farbkorrekturen das Bildrauschen noch verstärkt worden.

Hinweis: Sie dürfen nicht glauben, dass ich so schnell und souverän von Schritt 1 zu 2 zu 3 geflogen bin, wie es hier aussieht. Tatsächlich ist es ein stetes Switchen zwischen den Farbtönen und Nachjustieren der Farben.

7 Rauschen reduzieren

Um das Maß des Bildrauschens (das korrekte Wort für körnige Störungen) zu reduzieren, wähle ich Menü FILTER • RAUSCHFILTER • RAUSCHEN REDUZIEREN.

Rauschreduzierung ist untrennbar mit Schärfeverlust gekoppelt. Suchen Sie nach einem Kompromiss aus Reduzierung des Rauschens und Verlust an Detailzeichnung. Dieses Bild verträgt kräftige Einstellungen, da es starkes Rauschen aufweist und ohnehin schon unscharf aufgenommen wurde.

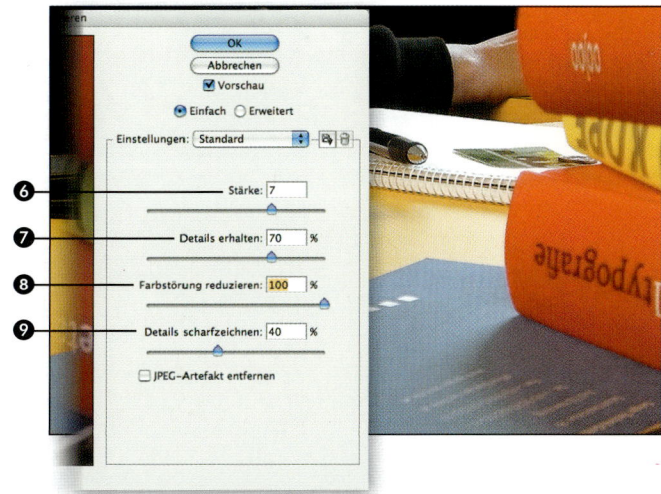

8 Einstellungen

Auch hier ist das Finden der korrekten Einstellungen ein Ausprobieren. Ich stelle zuerst alle Werte auf 0, nur die STÄRKE ❻ auf 5. Als Zweites erhöhe ich FARBSTÖRUNGEN REDUZIEREN ❽, wobei ich darauf achte, dass keine Farbsäume ❿ durch zu kräftige Einstellungen entstehen. Im dritten Schritt erhöhe ich DETAILS ERHALTEN ❼ – hier besteht bei zu kräftigen Einstellungen die Gefahr, dass das Bild überschärft wird ⓫. Vorsicht mit DETAILS SCHARFZEICHNEN ❾ – Störungen werden damit oft eher betont als reduziert ⓬.

9 Bearbeitung abschließen

Spielen Sie, wie gesagt, so lange mit den Reglern, bis das Rauschen möglichst weit reduziert ist, ohne dabei zu viel an Schärfe zu verlieren. Bestätigen Sie dann den Dialog mit OK.

Tipp: Sowohl Rauschreduzierung als auch die SELEKTIVE FARBKORREKTUR sind meist sehr subtile Arbeiten. Aktivieren und deaktivieren Sie die Checkbox VORSCHAU in den Dialogen, um das Vorher/Nachher Ihrer Einstellungen vergleichen zu können.

Schwarz, Weiß, Bunt

Form ohne Farbe. Schwarzweißbilder
gehören – gekonnt aufgenommen – nach
wie vor zur Königsklasse der Fotografie.
Souverän umgesetzt machen Sie aus
einem langweiligen Farbbild ein aus-
drucksstarkes, kleines Kunstwerk, indem
Sie auf »laute« Farbe verzichten und stattdessen nur die Form sprechen lassen.

Wenn Sie glauben, das Konvertieren
eines Farbbildes in ein Graustufenbild
durch die Umstellung des Modus sei
schon die ganze Kunst, dann erhalten Sie
auf den folgenden Seiten eine Menge
Tipps, wie Sie zu sehr viel besseren
Schwarzweißbildern kommen können.

Aber nicht nur der komplette Verzicht
auf Farbe hat seinen Reiz. Auch der
gezielte, nur stellenweise Einsatz von
bunten Stellen kann einem Bild Ausdruck
verleihen.

Foto: Markus Wäger

Schwarz, Weiß, Bunt

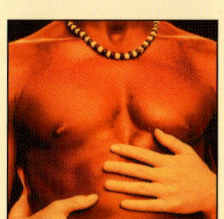

SCHWIERIGKEITSGRAD 1 FÜR EINSTEIGER

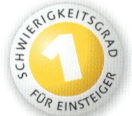

Schwarzweiß mit dem besten Kanal

Ein einfacher Weg zu besseren Graustufenbildern

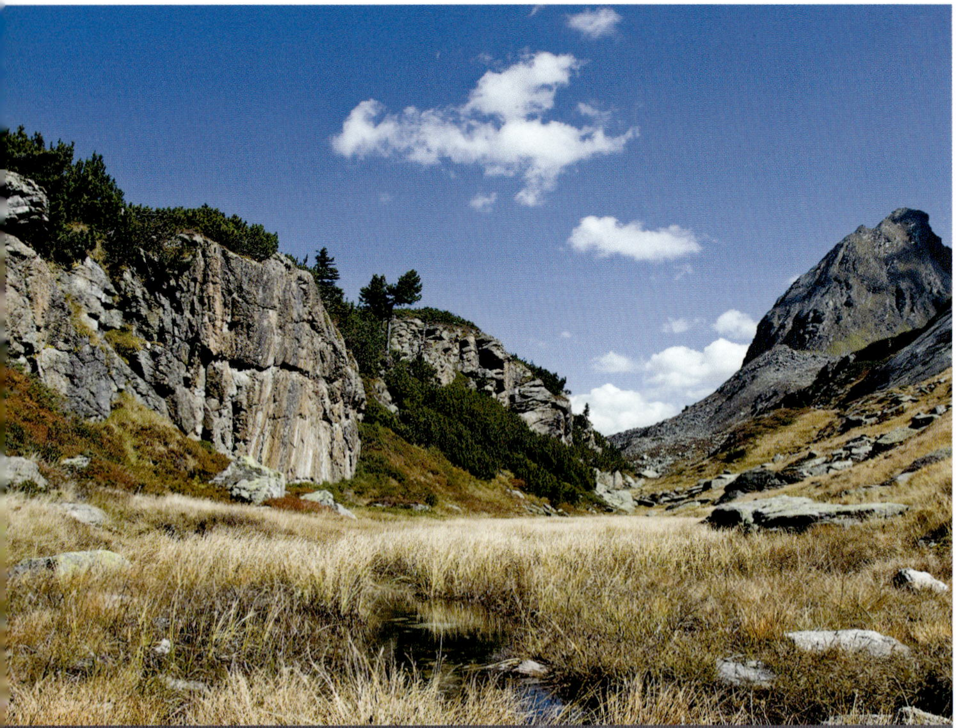

Die meisten Photoshop-Benutzer werden ihre Graustufenbilder wohl über das Menü »Bild« in den Graustufen-Modus erstellen. Dabei ist diese Methode die denkbar schlechteste, da eine schlichte Konvertierung der Tonwerte eines Bildes noch lange kein gutes Graustufenbild ergeben muss. Im Gegenteil: Das Ergebnis dieser Methode wirkt meist etwas kontrastarm, flau und »grau«. Ein einfacher Weg, zu besseren Schwarzweißumsetzungen von Bildern zu kommen, ist, die Farbkanäle der RGB-Datei einzeln zu betrachten und den besten davon als Vorlage für die Graustufen-Konvertierung auszusuchen.

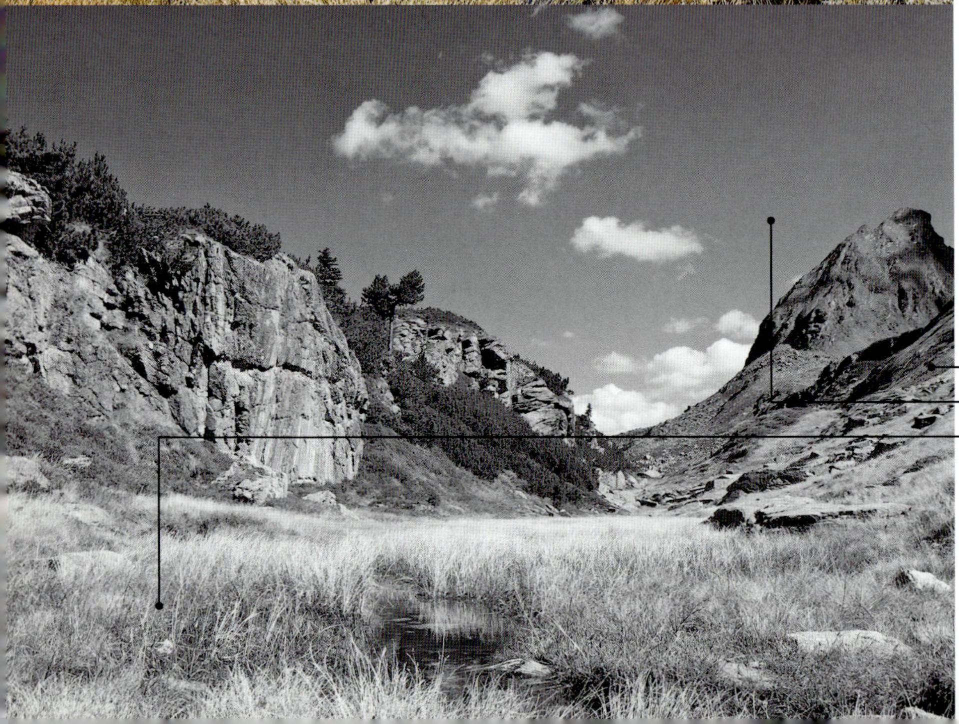

Zielsetzungen:

In Schwarzweißbild konvertieren

Betonter Himmel

Kontrastreiche Gräser

[graustufen1.psd]

1 Bild duplizieren

Zunächst einmal schlage ich vor, dass Sie ein Duplikat des Bildes erstellen, damit Sie am Ende das Ergebnis der normalen Umwandlung und der Umwandlung mit der Bester-Kanal-Methode vergleichen können. Wählen Sie Menü BILD • DUPLIZIEREN. Im Dialog BILD DUPLIZIEREN können Sie dem Duplikat einen Namen geben.

2 Modus: Graustufen

Sie haben durch das Duplizieren ein neues Dokument des bestehenden Bildes erstellt (das allerdings noch nicht gespeichert ist).

Wählen Sie nun Menü BILD • MODUS • GRAUSTUFEN, um das Duplikat auf regulärem Weg in ein Schwarzweißbild zu konvertieren. Wechseln Sie dann zum Originalbild, indem Sie in dessen Fenster klicken oder es über das Menü FENSTER • GRAUSTUFEN1.PSD wählen.

3 Rot-Kanal prüfen

Rufen Sie nun die Palette KANÄLE auf, und klicken Sie auf den Rot-Kanal (Sie können die Kanäle auch über Strg/⌘+1, 2, 3 auswählen). Dieser Kanal zeigt einen sehr schönen Kontrast. Wenn Sie das Ergebnis mit der zuvor erstellten Kopie vergleichen, werden Sie sehen, dass jene dunkler, man möchte sagen grauer wirkt – die Gräser im Vordergrund zeichnen sich im Rot-Kanal viel schöner ab, die Struktur der Felsen wird viel deutlicher betont.

4 Grün-Kanal prüfen

Lassen Sie uns als nächstes den Grün-Kanal prüfen. Er ist beinahe so schön wie der Rot-Kanal. Der Himmel ist etwas heller. Aus Erfahrung wissen wir, dass der Himmel blau ist, wenn keine – oder kaum – Wolken zu sehen sind. Je dunkler das Grau in einem Schwarzweißbild ist, desto satter muss das Blau des Himmels bei der Aufnahme gewesen sein. Helles Grau lässt eher auf trüberes Wetter schließen. Deshalb wirkt das Bild des Rot-Kanals sonniger.

5 Blau-Kanal prüfen

Würde sich im Hintergrund eine dramatische Wolkendecke befinden, dann würde dieser Vordergrund wunderbar dazu harmonieren. Aber für einen sonnigen Tag ist mir der Himmel viel zu blass und leer. Dieser Kandidat scheidet eindeutig aus.

6 In Graustufen konvertieren

Mit einem Klick aktiviere ich den Sieger dieser Auswahl, den Rot-Kanal. Im Menü BILD wähle ich MODUS • GRAUSTUFEN. Photoshop fragt dann nach, ob es die anderen Kanäle verwerfen soll, was ich mit OK bestätige. In der Palette KANÄLE bleibt ein Kanal übrig – der Grau-Kanal.

Vergleichen Sie die zuvor entstandene Kopie ❶ mit dem Schwarzweißbild aus dem Rot-Kanal ❷. Welches Ergebnis gefällt Ihnen besser?

Schwierigkeitsgrad 1 – Für Einsteiger

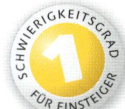

Schwarzweiß mit Lab-Helligkeit

Die schnelle Alternative zur Bester-Kanal-Methode

Ein Bild, das nach einer Schwarzweißumsetzung schreit. In Farbe reichlich fade, ist es aufgrund der kontrastreichen Strukturen von Schilfgraswiese, Holz, Blättern und Dachziegeln ein wunderbares Schwarzweißmotiv. Eine schnelle und einfache Methode zum besseren Schwarzweißbild ist die Suche nach dem besten RGB-Kanal. Eine ebenfalls schnelle und einfache Alternative stellt der Helligkeitskanal des Lab-Farbmodus dar.

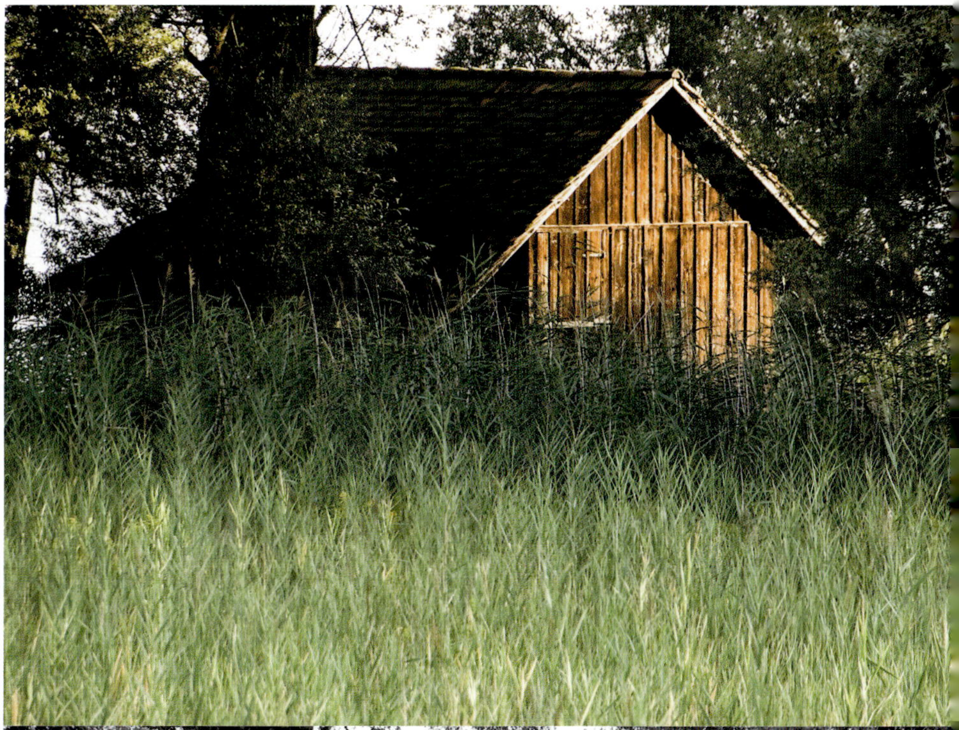

Zielsetzungen:

Graustufenumsetzung des Farbbildes, bei der die Struktur von Wiese, Holz und Dach am deutlichsten betont wird

[graustufen2.psd]

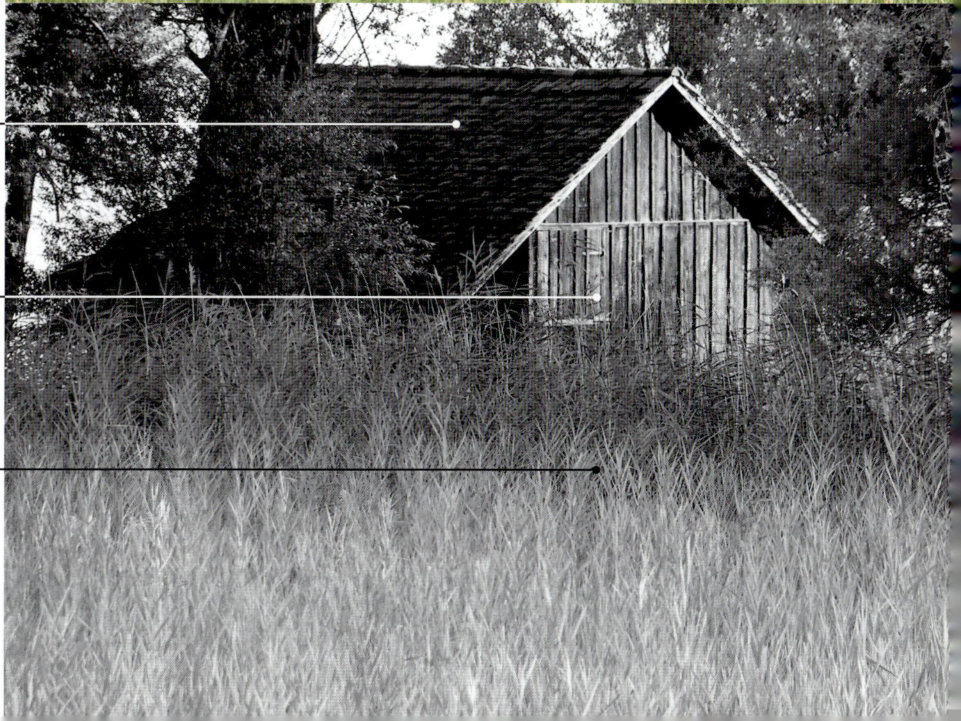

1   In Lab-Farbe konvertieren

Bis hierher haben Sie im Wesentlichen zwei Farbräume kennen gelernt: RGB und CMYK. Hier kommt nun der dritte: Lab (korrekt soll es »el-a-be« ausgesprochen werden, aber ich finde, dass »Läb« besser klingt und sich ohne Knoten in der Zunge aussprechen lässt).

Die Lab-Helligkeits-Kanal-Methode ist eine gute Alternative zur Bester-Kanal-Methode, wenn es darum geht, schnell und simpel ein RGB-Bild in ein bemerkenswertes Schwarzweißbild umzuwandeln. Wählen Sie also im Menü BILD • MODUS • LAB-FARBE.

2   Lab-Helligkeitskanal

Auch ein Lab-Bild besteht aus drei Kanälen. Aber während Sie bei RGB-Bildern aus den vorhandenen drei Kanälen den besten auswählen können, kommt beim Lab-Bild nur ein einziger in Frage: der Helligkeitskanal.

Klicken Sie ihn an, und begutachten Sie ihn. Ist er gut genug, zum Schwarzweißbild zu taugen, wählen Sie Menü BILD • MODUS • GRAUSTUFEN. Photoshop fragt wieder, ob die anderen Kanäle verworfen werden sollen, was Sie bejahen dürfen.

3   Der Vergleich macht Sie sicher

Auch von diesem Bild habe ich zu Beginn eine Schwarzweißumsetzung über Menü BILD • MODUS • GRAUSTUFEN erstellt ❶. Der Vergleich mit der Umsetzung über den Lab-Helligkeitskanal ❷ dürfte für sich sprechen.

Nicht jedes Bild eignet sich gut für diesen Weg zum Schwarzweißbild. Manchmal ist die RGB-Methode besser, manchmal diese. Ich habe jedoch noch nie erlebt, dass die Konvertierung über BILD • MODUS • GRAUSTUFEN das beste Ergebnis lieferte.

SCHWIERIGKEITSGRAD 2 FÜR AUFSTEIGER

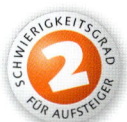

Die Funktion Schwarzweiß

Neue Graustufenhorizonte in CS3

Die in CS3 neue Funktion »Schwarzweiß« eröffnet dem Photoshop-User Möglichkeiten, die er zuvor nur aus Adobe Camera Raw kannte. Diese Option macht die kreative Schwarzweißbildgestaltung auch dem Laien zugänglich.

Zielsetzungen:

- Als Schwarzweißbild gestalten
- Himmel satter machen
- Hauttöne aufhellen
- Kontrast Haut/Shirt verstärken
- Licht- und Schattenkränze beseitigen

[graustufen4.psd]

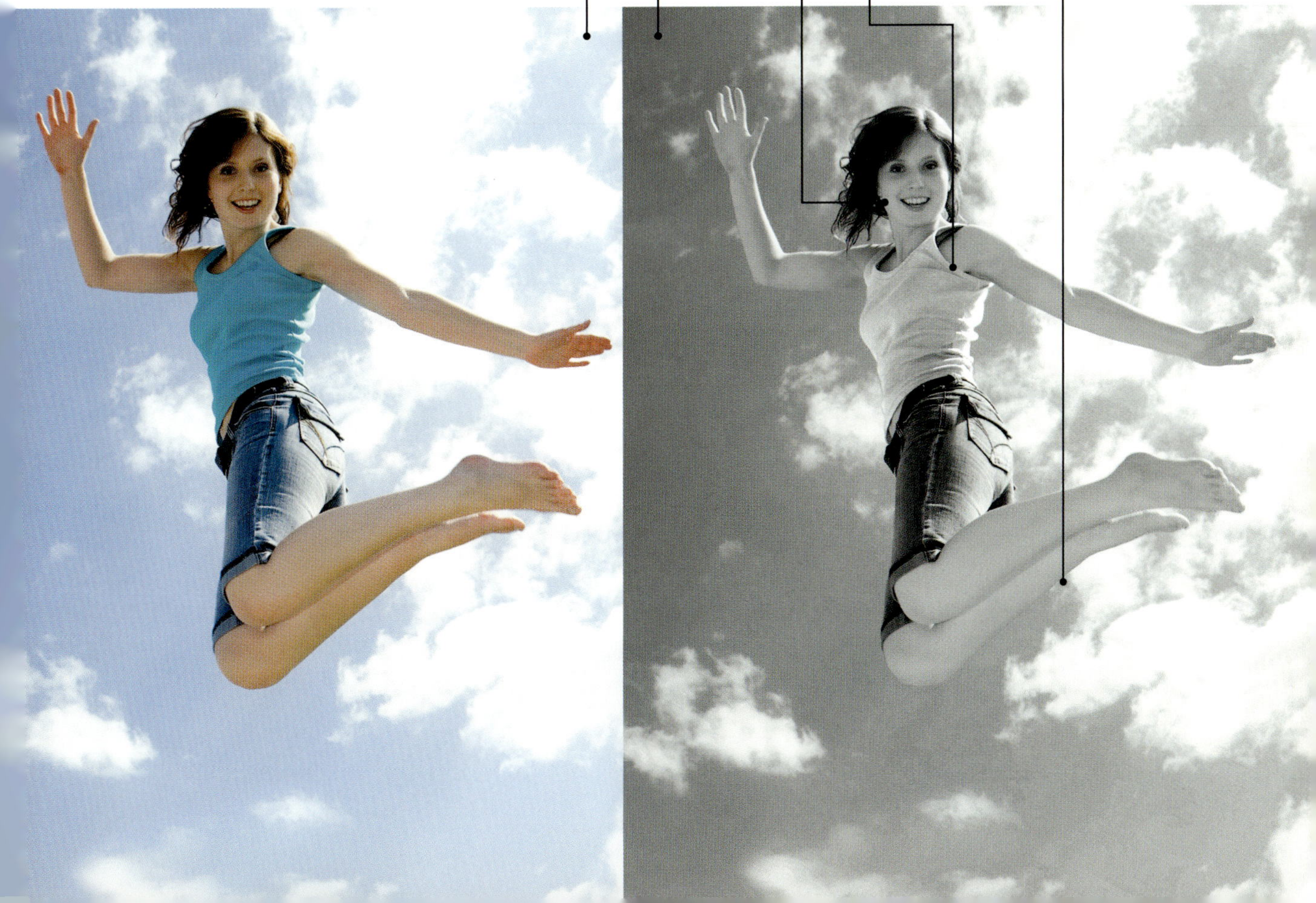

1 Einstellungsebene erstellen

Erstellen Sie in der Palette EBENEN eine Schwarzweiß-Einstellungsebene. Die Funktion SCHWARZWEISS ist alternativ auch über BILD • ANPASSUNGEN zu erreichen, dann allerdings werden die Auswirkungen destruktiv angewandt.

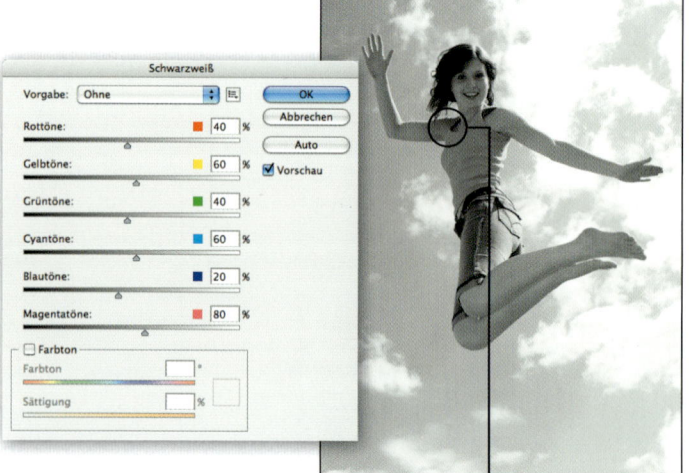

2 Farbtöne im Schwarzweißbild?

Es mag zunächst etwas verwundern, dass man in einem Dialog zum Einstellen eines Graustufenbildes Regler für Rottöne, Gelbtöne usw. findet. Aber bei näherer Betrachtung ist das Konzept so einfach wie genial! Denn mit dieser Lösung können Sie individuell bestimmen, welche Farbe Sie betonen wollen und welche eher in den Hintergrund treten soll.

3 Hauttöne aufhellen

Bei diesem Motiv beispielsweise werden die Hauttöne zu dunkel, und es gibt kaum mehr einen Kontrast zwischen Shirt und Haut ❶.

Verschieben Sie die Rot- und Gelbtöne nach rechts, dann werden diese Farbbereiche aufgehellt – die Haut, die in erster Linie aus Rot- und Gelbtönen besteht, wird heller – und zwischen Shirt und Haut bildet sich jetzt ein Kontrast ❷.

4   Himmel betonen

Den Himmel betone ich, indem ich den Blautöne-Regler nach links verschiebe, also abdunkle. Den Himmel können Sie sowohl mit dem Blau- als auch mit dem auch Cyan- töne-Regler beeinflussen.

Zu beachten ist, dass extreme Einstellungen zu leuchtenden oder schwarzen Konturen an den Passagen führen können, an denen sich zwei Töne treffen – mit diesen Einstellungen tritt dies am deutlichsten bei der rechten Hand zu Tage, wo die fleischfarbene Haut den blauen Himmel trifft.

5   Leuchtende Kante zurücknehmen

Bei diesem Bild kann ich durch kräftiges Ab- dunkeln der Magentatöne diesen Effekt etwas entschärfen. Allerdings bewirkt ein zu kräfti- ges Abdunkeln, dass sich statt eines weißen Glimmens ein schwarzer Trauerrand an den- selben Stellen bildet. Im Notfall müssen solche unerwünschten Effekte im Nachhinein selektiv behandelt werden.

6   Cyanfarbenes Shirt aufhellen

Indem ich nun den Cyantöne-Regler ganz nach links verschiebe, kann ich das ursprüng- lich cyanfarbene, in Schwarzweiß mittelgraue Shirt drastisch aufhellen, so dass es fast weiß sein könnte.

Vergleichen Sie dieses Bild nun mit der ersten Graustufenumsetzung aus Schritt 2: Hatte man zunächst den Eindruck einer unter- belichteten Gegenlichtaufnahme, ist der Himmel nun satt und betont, die Haut aufge- hellt und das Shirt hebt sich deutlich von der Haut ab – das Bild ist freundlicher geworden.

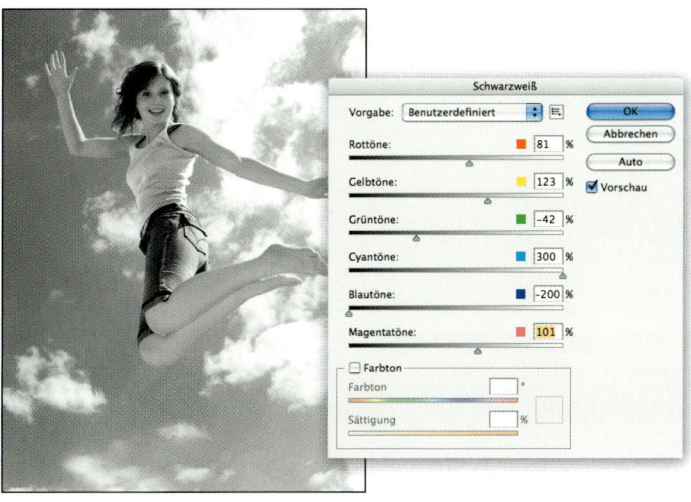

7 Sepia-Tönung

Sinnvoll ergänzt haben die Adobe-Program-
mierer den Schwarzweiß-Einstellungsdialog
durch eine Option, mit der Sie Graustufenbildern einen Farbton verleihen können.

Aktivieren Sie im unteren Bereich des
Fensters die Checkbox ☐ FARBTON ❶. Mit
dem ersten der beiden Schieberegler bestimmen Sie, welchen Farbton das Bild
bekommen soll, mit dem zweiten, wie gesättigt dieser sein soll.

8 Cyan-Tönung

Experimentieren Sie mit verschiedenen Farbtönen und Sättigungsstufen. Nach meiner Erfahrung eignen sich Grün und Rot nicht besonders gut, um Aufnahmen von Menschen
zu tönen. Grün wirken Gesichter irgendwie
krank oder außerirdisch, und einen roten Kopf
will man ja auch nicht haben.

Das aber ist mein Eindruck. Sie werden gute
Entscheidungen treffen, wenn Sie sich bei der
Entscheidung auf Ihre Augen verlassen.

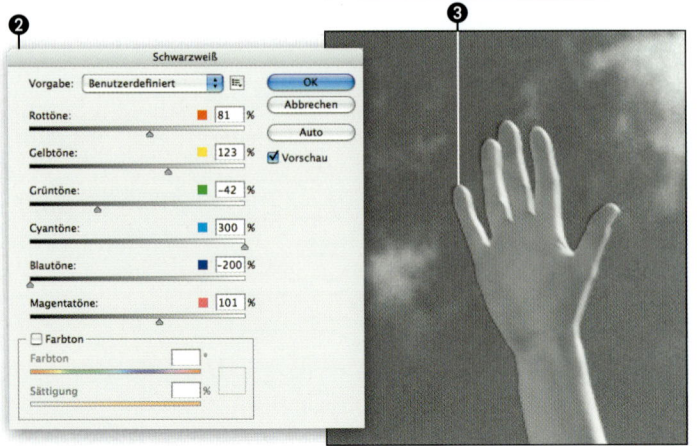

9 Licht- und Schattenkanten beseitigen

Ich habe mich schließlich für diese Einstellungen ❷ entschieden, mit denen sich das
Mädchen schön vom Wolkenhimmel abhebt.
Der Wermutstropfen dabei: hässliche
schwarze und weiße Kanten ❸. Aber das
werden wir auch in den Griff bekommen.

Schließen Sie den Dialog, und wählen Sie
das ganze Bild über AUSWAHL • ALLES AUS-
WÄHLEN ([Strg]/[⌘]+[A]) aus. Wählen Sie
dann BEARBEITEN • AUF EINE EBENE REDUZIERT
KOPIEREN.

10 Schattenkanten beseitigen

Wählen Sie Menü BEARBEITEN • EINFÜGEN – Photoshop erstellt eine neue Ebene mit dem auf Schwarzweiß reduzierten Bild ❹. Wählen Sie das Kopierstempel-Werkzeug 🖌 und stellen Sie in der Optionen-Palette die Füllmethode auf AUFHELLEN ❺ (Pinselgröße beachten). Platzieren Sie den Mauszeiger in einem Stück des Himmels und definieren Sie diesen Bereich mit einem [Alt]-Klick als Quellbereich ❻. Durch Malen mit der Maus können Sie den Quellbereich wie mit einem Pinsel auf einen Zielbereich übertragen.

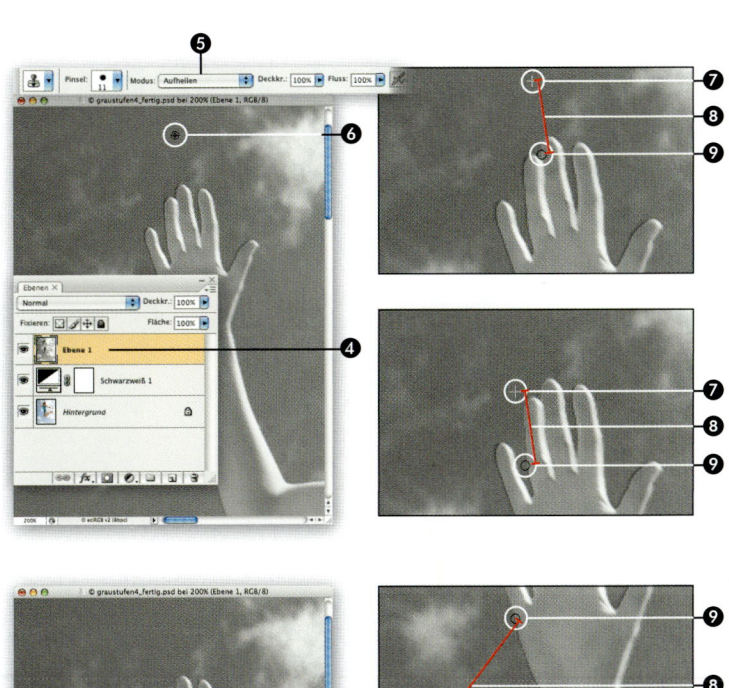

11 Aufnahmebereich ständig erneuern!

Die Füllmethode AUFHELLEN bestimmt, dass hellere Bereiche (Haut) als der aufgenommene (Himmel) nicht beeinträchtigt werden. Die Distanz ❽ von Quellbereich ❼ zu Zielbereich ❾ ergibt sich aus dem Abstand zwischen dem [Alt]-Klick, mit dem Sie die Quelle definiert haben, und dem ersten Auftrag und bleibt gleich, bis Sie eine neue Quelle definieren. Erneuern Sie den Aufnahmebereich immer wieder ❿, um keinen ungeeigneten Bereich als Quelle zu erhalten.

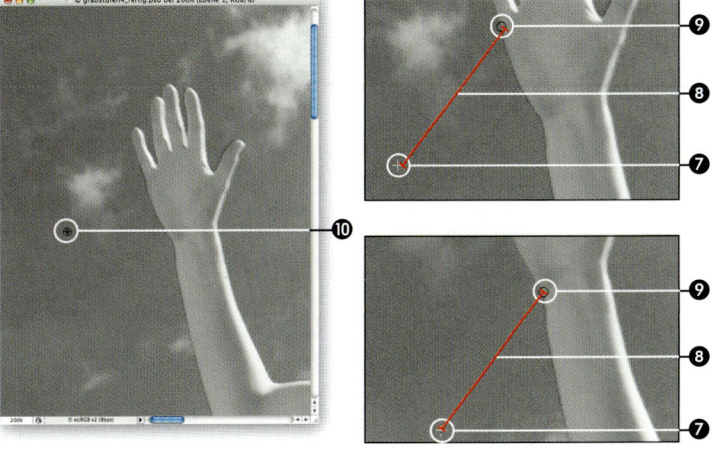

12 Lichterkränze beseitigen

Nicht nur dunkle Ränder stören, auch helle Lichtkränze treten unschön zutage. Um diese zu beseitigen, stellen Sie den MODUS (Füllmethode) auf ABDUNKELN ⓫, und beseitigen Sie wie oben beschrieben diese hellen Konturen.

Färben mit Farbton/Sättigung

Kolorieren leicht gemacht

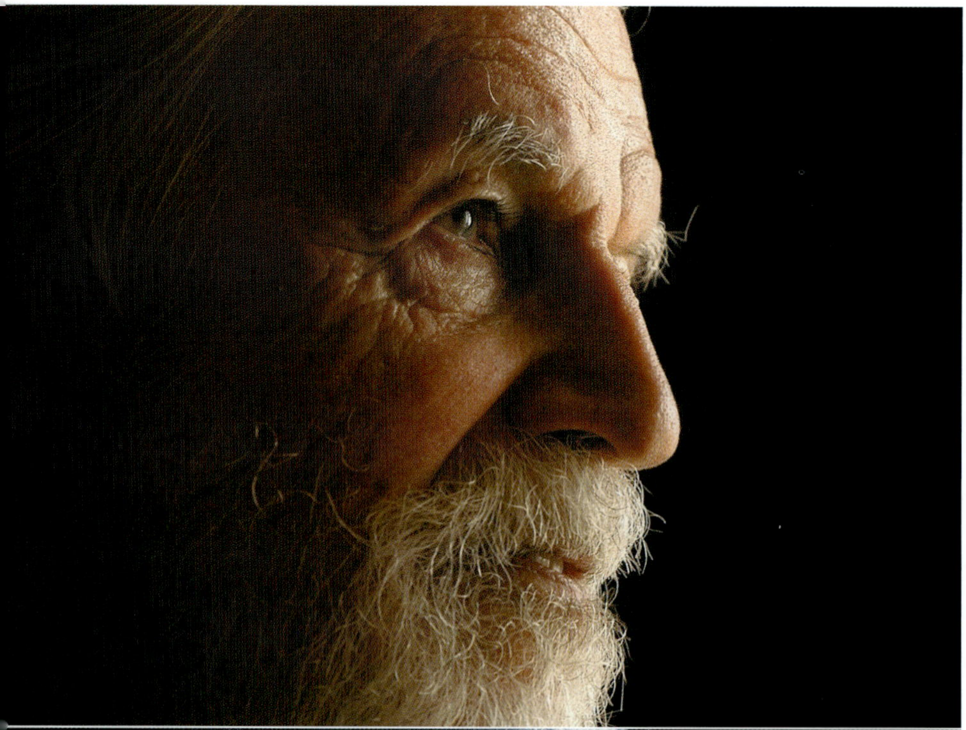

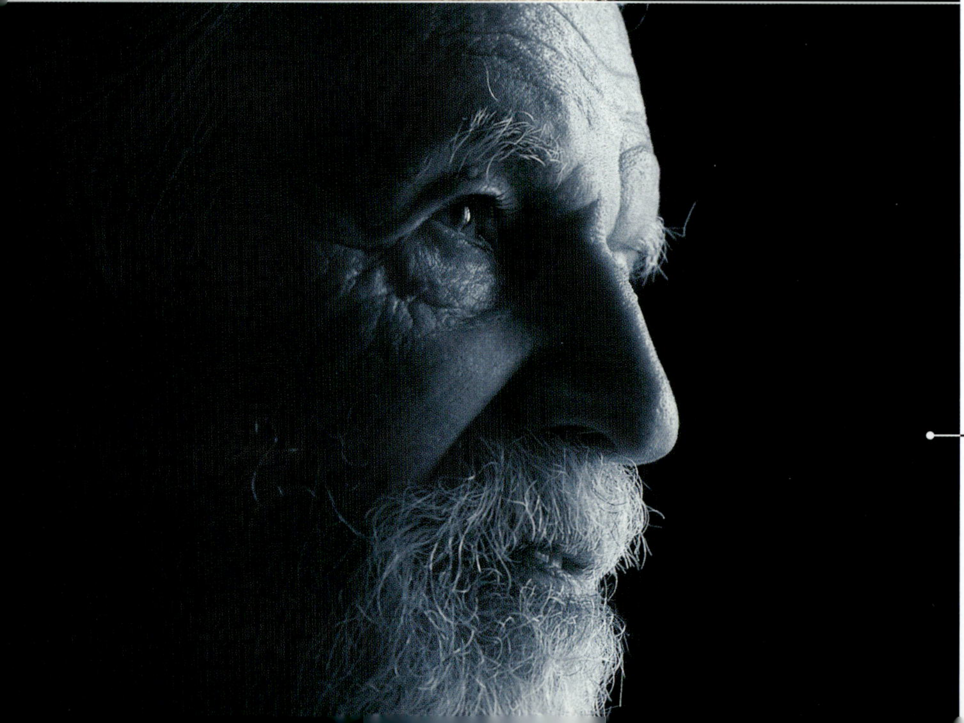

Oft kommen Bilder, die in Farbe nicht besonders viel hergeben, in Schwarzweiß glänzend zur Geltung. Diese Aufnahme eines ausdrucksstarken Gesichts wirkt auch in Farbe. Ungleich stärker kommt die Zeichnung des Gesichts jedoch reduziert auf Graustufen herüber. Eine zusätzliche Kolorierung gibt dem Ganzen noch einmal eine zusätzliche, eigene Note. Mit Hilfe der Färben-Funktion im Dialog »Farbton/Sättigung« lassen sich Bilder mit wenigen Klicks auf diese Art veredeln.

Zielsetzungen:

Bild einfarbig kolorieren

[koloriert.psd]

1 Einstellungsebene Farbton/Sättigung erstellen

Erstellen Sie als Erstes wieder eine Einstellungsebene, diesmal für FARBTON/SÄTTIGUNG.

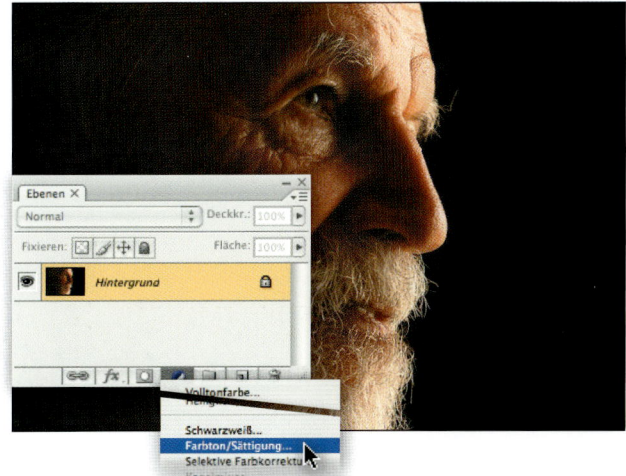

2 Färben

Aktivieren Sie im Dialog FARBTON/SÄTTIGUNG die Option FÄRBEN ❶. Dadurch wird das Bild einfarbig koloriert. Nun können Sie mit dem Regler FARBTON die Tönung des Bildes bestimmen und mit SÄTTIGUNG die Intensität, in der die Tönung aufgetragen wird.

Auf eine Veränderung der Helligkeit wird man beim Kolorieren meist verzichten, da ein Aufhellen ein milchiges Bild zur Folge hätte und ein Abdunkeln ein dumpfes – in beiden Fällen würde es an Kontrast verlieren.

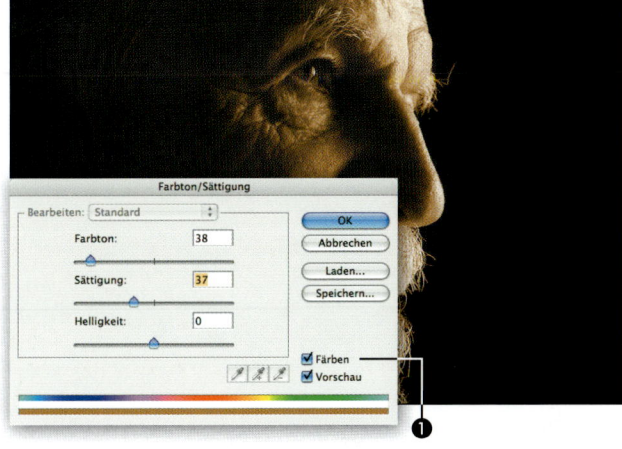

3 Alternative Tönungen

Ich habe zunächst eine klassische Sepia-Tönung versucht, mich aber schlussendlich für eine kühlere Cyan-Tönung entschieden.

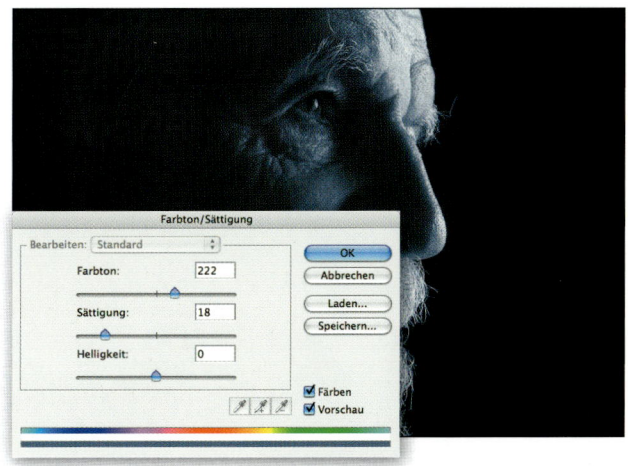

Duplex in Vollton und RGB

Farben sparen, Geld bewahren.

Gerade für kleine Unternehmen heißt es in der Produktion von Drucksachen oft scharf kalkulieren. Vor allem bei kleinen Auflagen macht die Anzahl der Druckfarben einen großen Unterschied. Und das ist nicht der einzige Vorzug, den Volltonfarben mit sich bringen. Immer dann, wenn Sie mit Volltonfarben drucken und Bilder im Spiel sind, wird Duplex zum Thema. Ein Duplex kann man als Graustufenbild verstehen, dem bunte Farben beigemengt sind. Daraus ergibt sich auch der besondere Effekt, der Duplex eigen ist. Ein Effekt, der nicht nur mit Volltonfarben etwas hermachen kann, sondern oft auch im Vierfarbdruck erwünscht ist.

Zielsetzungen:
Schwarzweißbild mit
Zweiton-Anmutung
Rückkonvertierung nach RGB
[duplex.psd]

1 Den besten Kanal heraussuchen

Auch wenn das Bild nach Schwarzweiß aussieht – technisch gesehen ist es absolut RGB. Außerdem ist das Ausgangsbild für meinen Geschmack zu dunkel.

Wenn Sie sich die Kanäle ansehen, dann sind zwar R, G und B identisch, aber einzeln sind die Kanäle heller als das RGB-Composite – und die Helligkeit ist genau richtig. Deshalb lasse ich einen Kanal ausgewählt, wähle dann Menü Bild • Modus • Graustufen und verwerfe die anderen Farbkanäle.

2 In Duplex umwandeln

Ein Graustufenbild ist die Voraussetzung dafür, ein Duplex erstellen zu können. Sie können kein RGB- oder CMYK-Bild direkt in ein Duplex-Bild umwandeln.

Wählen Sie Menü Bild • Modus und diesmal Duplex. Klicken Sie im folgenden Dialog Duplex-Optionen auf das Schwarze Farbfeld ❶. Es kann auch sein, dass mehr und andere Farbfelder angezeigt werden; wählen Sie dann bei Art • Einfarbig ❷, und klicken Sie das erste Feld an.

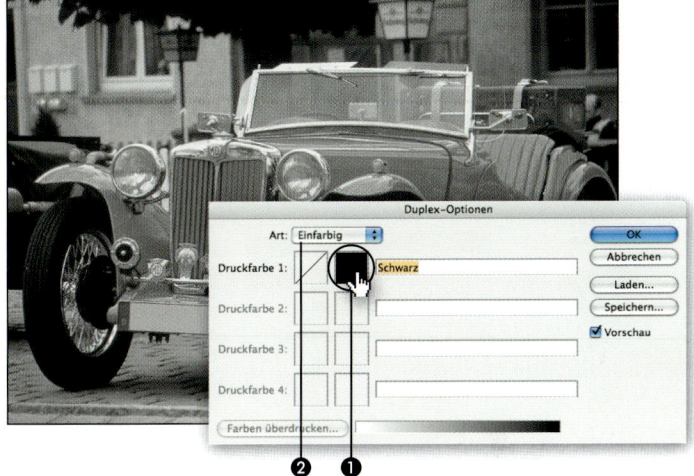

3 Druckfarbe wählen

Nun öffnet sich der Dialog Druckfarbe wählen. Möglicherweise sehen Sie gleich die Farbbibliotheken – wenn nicht, klicken Sie die Schaltfläche Farbbibliotheken ❸ an. Wählen Sie als Buch • Pantone® solid coated ❹.

Adobe hat in diesem Dialog das Eingabefeld eingespart. Es scheint, als müsse man sich durch Tausende von Pantone-Farben rollen, aber der Schein trügt. Tippen Sie einfach 543 in die Tastatur, und die Auswahl springt zur Farbe Pantone 543 C – auch ohne Eingabefeld!

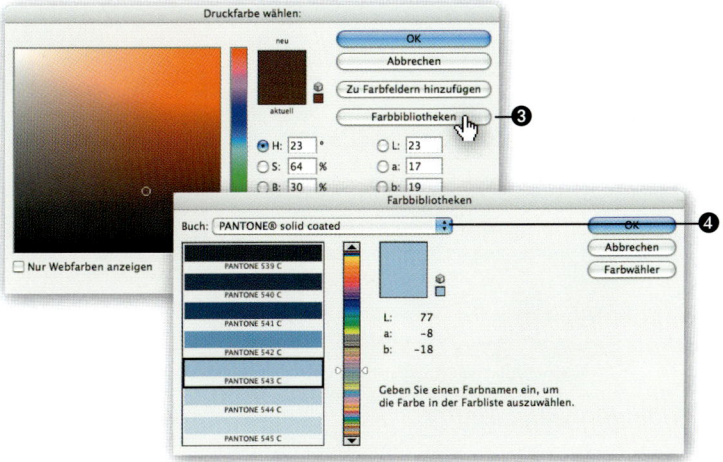

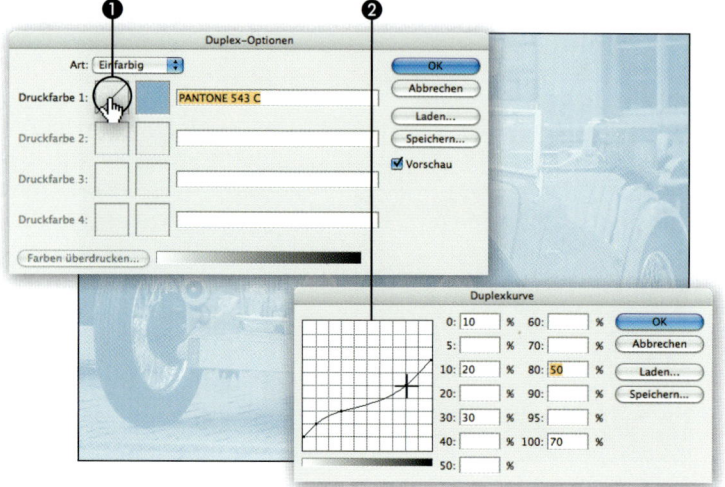

4 Duplexkurve einstellen

Nachdem Sie die Volltonfarbe (Pantone-Farben sind Volltonfarben; andere Vollton-farben-Systeme sind HKS, NCS oder RAL) für DRUCKFARBE 1 eingesellt haben, können Sie auf das Feld links des Farbfeldes klicken ❶. Im folgenden Dialog bearbeiten Sie die Duplex-kurve ❷. Sie ist im Grunde nichts anderes als eine Gradationskurve, mit der Sie bestimmte Tonwertbereiche absoften bzw. pushen können. Ich stelle hier eine recht flache Kurve ein, da ich mit dem Blau das Bild nur sanft hinterlegen möchte.

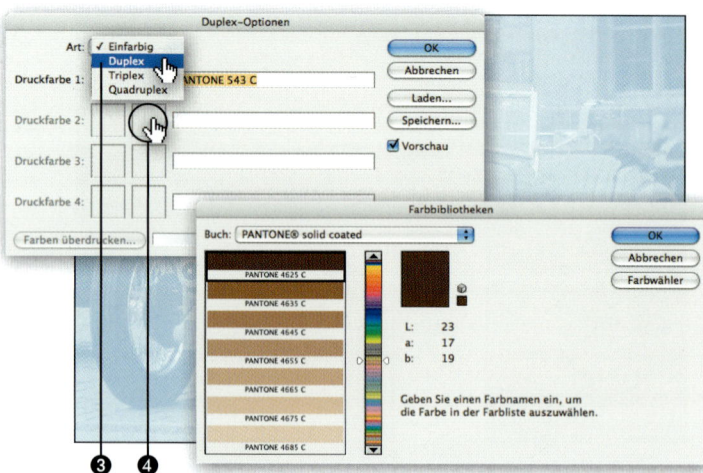

5 Zweite Duplex-Volltonfarbe einstellen

Da wir bisher nur eine Volltonfarbe definiert haben, handelt es sich noch gar nicht um ein Duplex. Streng genommen ist ausschließlich ein Bild, das aus zwei Volltonfarben aufgebaut ist, ein Duplex-Bild.

Wählen Sie im Dialog ART • DUPLEX ❸ und klicken Sie dann auf das Farbfeld ❹ bei DRUCKFARBE 2 – der Farbbibliotheken-Dialog öffnet sich erneut. Geben Sie diesmal 4625 für Pantone 4625 C ein (Sie dürfen dabei nicht zu langsam tippen).

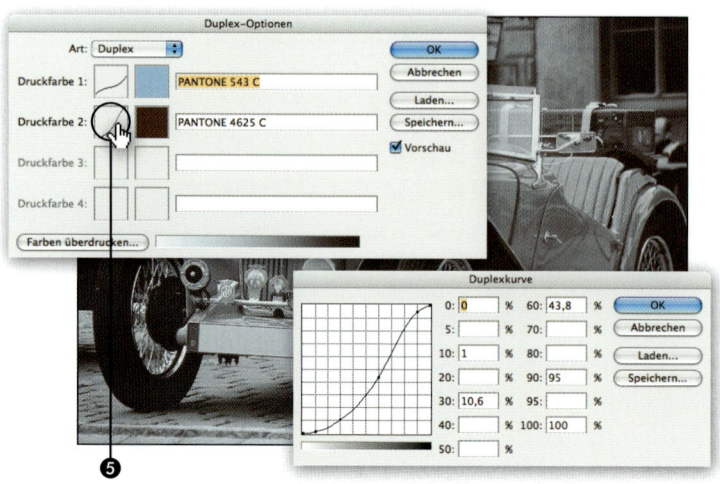

6 Duplexkurve einstellen

Stellen Sie nun die zweite Duplexkurve ein, indem Sie auf das Feld der Kurve ❺ bei DRUCKFARBE 2 klicken.

Für diese Volltonfarbe habe ich eine Kurve erstellt, die einen starken Kontrast ergibt. Be-stätigen Sie sodann beide Dialoge mit OK.

7   Duplex in RGB umwandeln

Im Vierfarbdruck gibt es keine echten Duplex-Bilder. Sinnvoll sind sie, wenn mit Vollton-farben produziert wird. Nehmen wir z. B. einen Folder, der schwarz und blau gedruckt werden soll. Dann können Sie Bilder mit Schwarz und Blau einfärben, was meist freundlicher wirkt als reine Graustufenbilder.

Möchten Sie in RGB oder CMYK ein Bild mit der speziellen Anmutung von Duplex-Bildern erstellen, können Sie es nach der Du-plex-Einstellung über Menü BILD • MODUS in diesen Farbraum umwandeln.

8   Antik

Sehr oft wird der Duplex-Effekt dazu verwen-det, einem Bild einen antiken Sepia-Touch zu verleihen, wie ich ihn mit den hier abgebilde-ten Einstellungen erreicht habe.

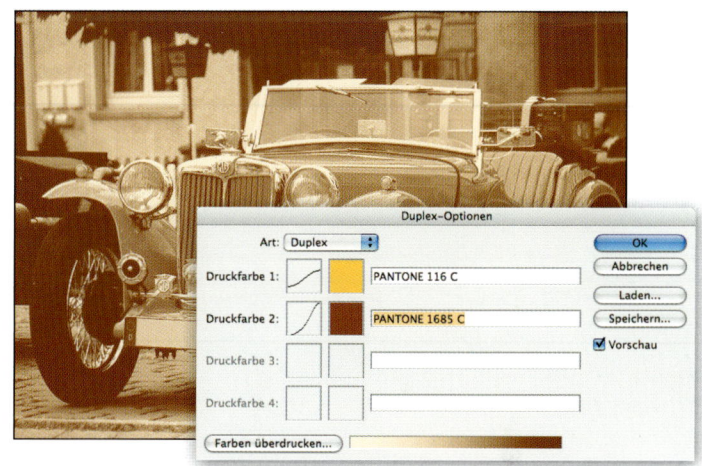

9   Oder Poppig?

Persönlich ziehe ich es vor, Bilder beispiels-weise über FARBTON/SÄTTIGUNG zu kolorieren. Duplex-Bilder neigen dazu, etwas matschig und müde zu geraten. Allerdings lassen sich auch poppigere Ergebnisse erzielen, wie dieses Triplex-Bild mit drei Farben beweist.

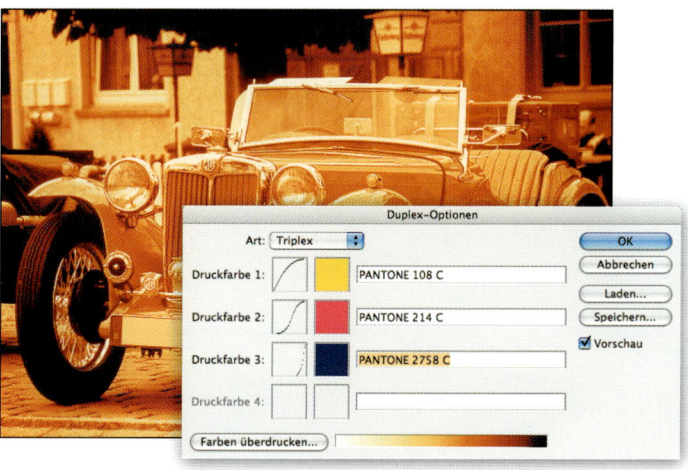

SCHWIERIGKEITSGRAD 1 FÜR EINSTEIGER

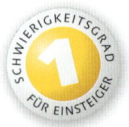

Farbeffekte mit der Verlaufsumsetzung

Mehr als langweilige Verläufe. Viel mehr!

Hätten Sie im Traum daran gedacht, mit einer Verlaufsumsetzung ein Zweitonbild wie unten gestalten zu können? Ich nicht. Da ist es doch gut, immer wieder mal in Büchern zu stöbern und Trainings zu absolvieren. Jemand hat immer schon einmal alles gemacht, und es lässt sich viel abgucken und lernen. Aber was erzähle ich Ihnen? Sie lesen ja auch dieses Buch.

Zielsetzungen:
Zweitonbild mit heißen Farben erstellen
[verlaufsumsetzung.psd]

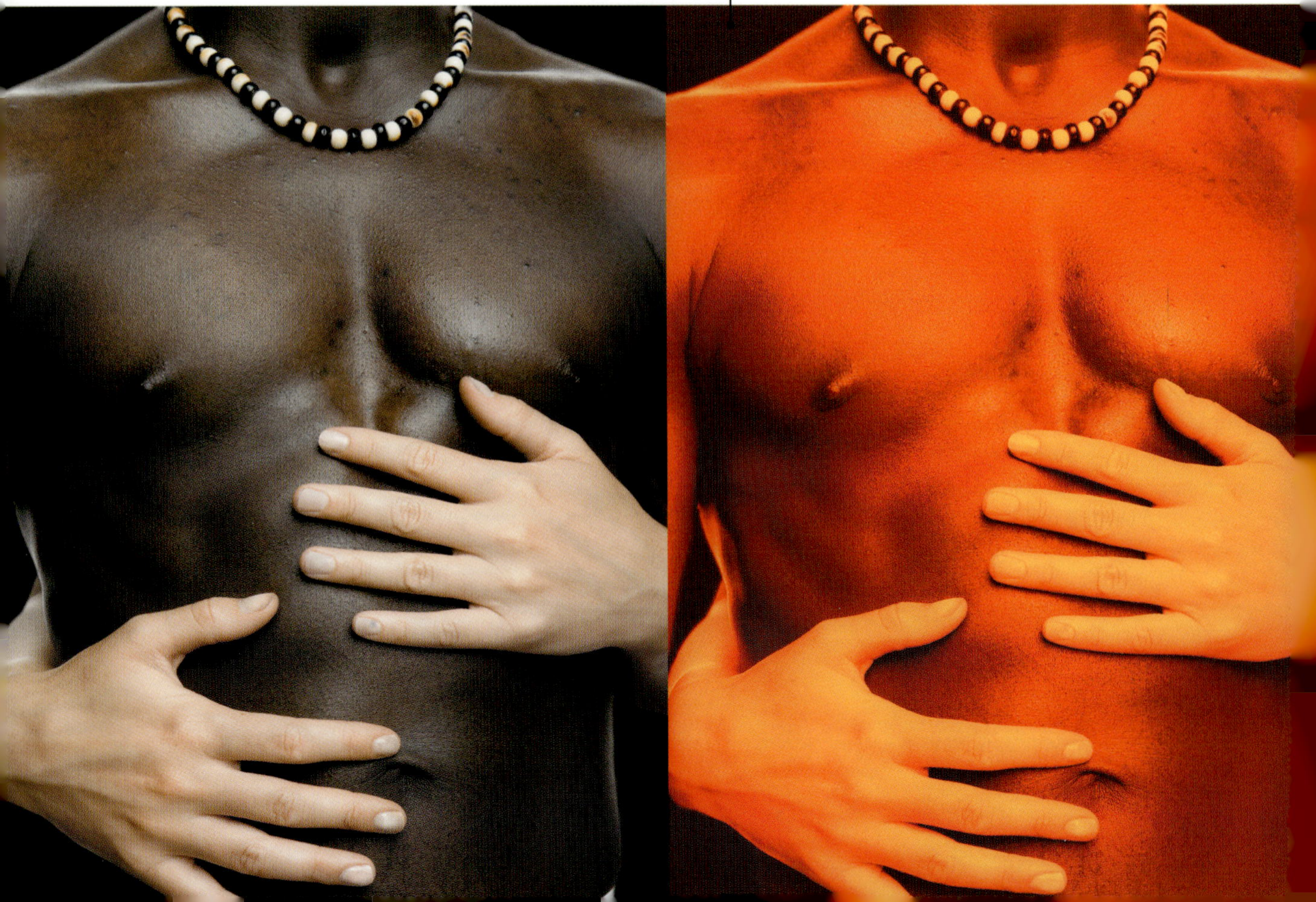

1 Einstellungsebene erstellen

Es langweilt Sie sicher schon, zum Einstieg eines jeden Workshops dasselbe zu lesen: Erstellen Sie eine Einstellungsebene – diesmal VERLAUFSUMSETZUNG.

Wahrscheinlich erhalten auch Sie zunächst einen Verlauf von Schwarz nach Weiß. Vielleicht sieht es in der Vorschau auch wie ein Negativ aus – aktivieren Sie dann die Checkbox UMKEHREN ❶.

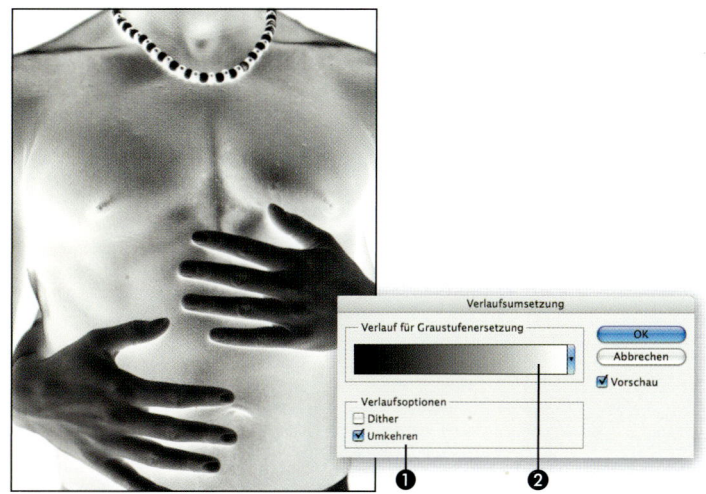

2 Verlauf bearbeiten

Klicken Sie dann auf den Verlauf ❷, um den Dialog VERLÄUFE BEARBEITEN zu öffnen.

Sollte Ihr Verlauf nicht Schwarz/Weiß sein, klicken Sie auf den dritten Verlauf ❸ der Vorgaben. Öffnen Sie dort den Dialog ENDFARBE WÄHLEN, indem Sie auf den linken Farbunterbrechungsregler ❹ unterhalb des Verlaufs doppelklicken.

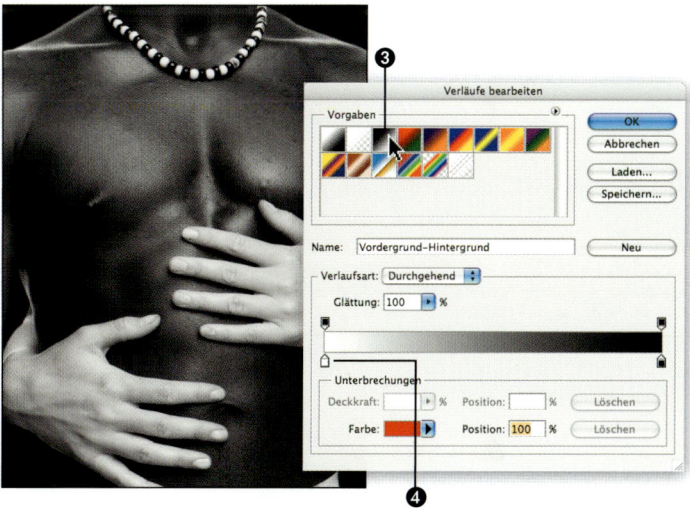

3 Endfarbe wählen

Stellen Sie die erste Farbe des Verlaufs ein. Ich habe mich für ein leicht rötliches Gelb entschieden, nicht voll gesättigt.

Schließen Sie den Dialog, nachdem Sie die Einstellung vorgenommen haben, indem Sie auf OK klicken.

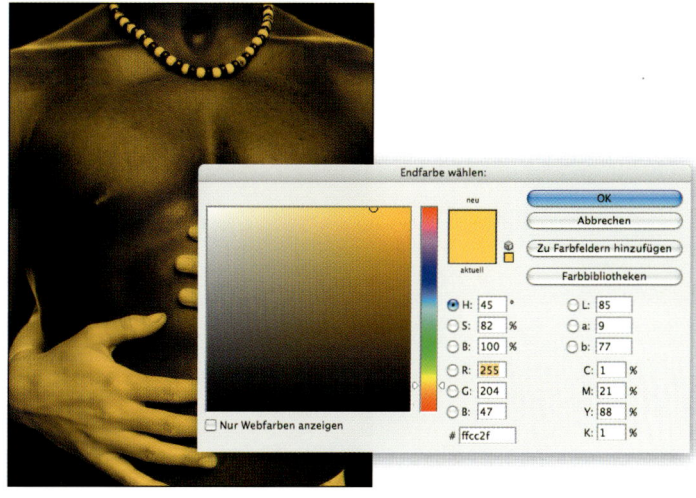

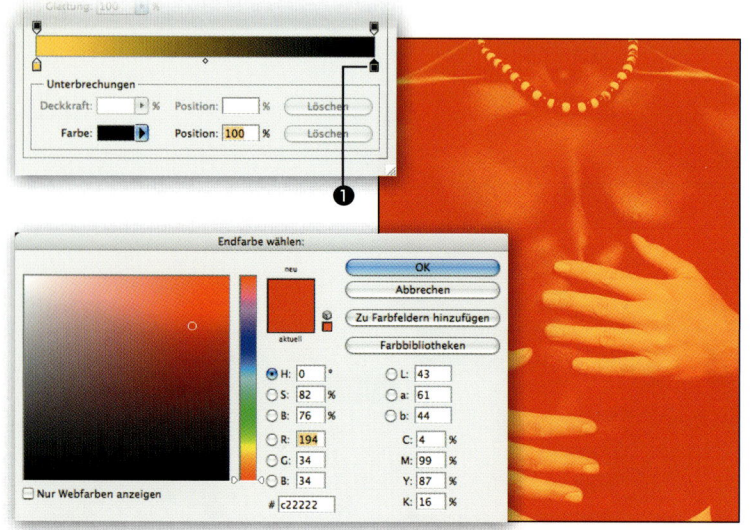

4 Zweite Endfarbe wählen

Mit einem Doppelklick auf den rechten Farb-unterbrechungsregler öffnen Sie dann den Dialog für die zweite Endfarbe ❶.

Als zweite Farbe habe ich mich für ein kräftiges Rot entschieden. Bestätigen Sie auch hier mit OK.

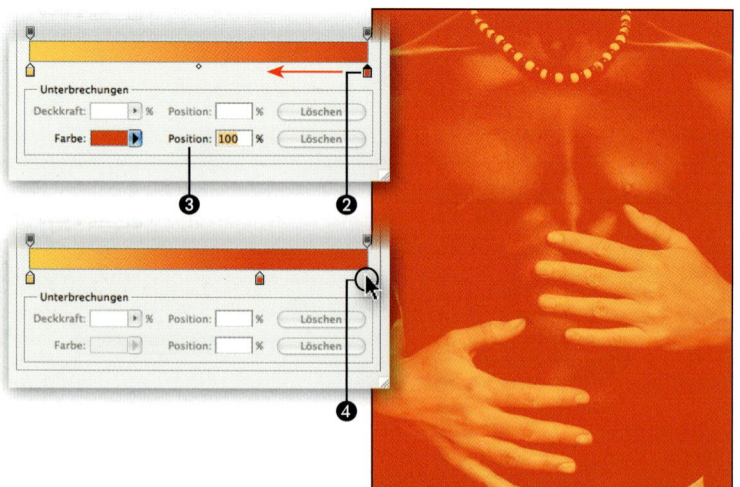

5 Zusätzlichen Farbregler erstellen

Nun soll noch eine dritte Endfarbe hinzu-kommen. Schieben Sie dazu den rechten Farbunterbrechungsregler ein Stück nach links ❷, bis bei POSITION ❸ 68 % angegeben wird. Klicken
Sie dann ganz rechts unterhalb des Verlaufs-streifens ❹, um einen neuen Regler zu er-stellen. Öffnen Sie diesen mit einem Doppel-klick.

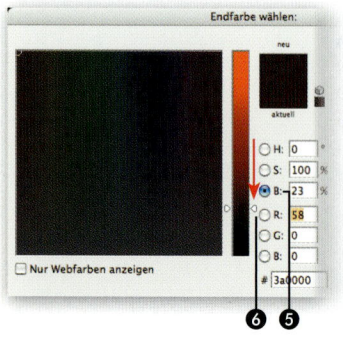

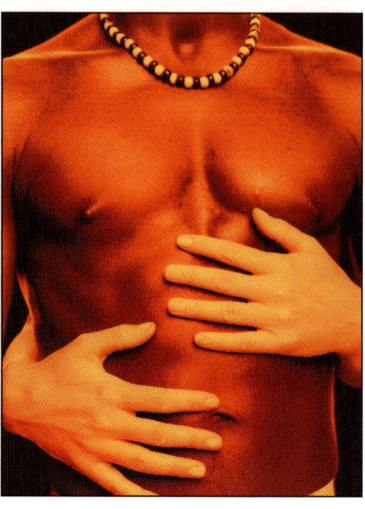

6 Endfarbe abdunkeln

Aktivieren Sie das Optionsfeld ⦿ B ❺. Über die Option B – BRIGHTNESS, also Helligkeit – können Sie eine Farbe abdunkeln, ohne dass Sie dabei den Farbton selbst verändern – schieben Sie einfach den Helligkeitsregler ❻ nach unten.

Bestätigen Sie auch hier wieder den Dialog mit OK. Schließen Sie dann den Dialog VERLÄUFE BEARBEITEN mit OK und VERLAUFS-UMSETZUNG mit OK.

Ihr Bild ist fertig koloriert.

Ein Schwarzweißbild kolorieren

Malen mit Pinsel und Füllmethode »Farbe«

Eingangs zu diesem Kapitel habe ich Ihnen gezeigt, wie Sie aus bunten Bildern bessere Schwarzweißbilder machen können. Nun gehen wir den umgekehrten Weg und bringen »bunte Farben« in ein Schwarzweißbild.

Zielsetzungen:

Hintergrundfläche füllen

Elf kolorieren

[manuelles_kolorieren.psd]

1   Hintergrund kopieren

Dieses Bild werden wir *destruktiv* bearbeiten. Das heißt, wir werden nicht über eine Einstellungsebene eine Bearbeitung vornehmen, die wir jederzeit und ohne Weiteres zurücknehmen können, sondern wir verändern den Pixelaufbau nachhaltig.

In einem solchen Fall habe ich mir angewöhnt, als erstes eine Kopie der Ebene, die ich bearbeiten möchte, zu erstellen.

2   Global kolorieren

In diesem Workshop lernen Sie als Erstes eine fünfte Methode kennen, wie Sie ein Bild als Ganzes einfärben können.

In der Palette FARBFELDER wählen Sie aus den Standardfarben die Farbe DUNKLERES GELBGRÜN ❶. Dann rufen Sie über das Menü BEARBEITEN den Dialog FLÄCHE FÜLLEN auf.

Stellen Sie bei VERWENDEN • VORDERGRUND-FARBE ❷ ein und aktivieren Sie beim MODUS • FARBE ❸ – durch diese Füllmethode wird das Grün nicht deckend aufgetragen, sondern koloriert das vorhandene Bild.

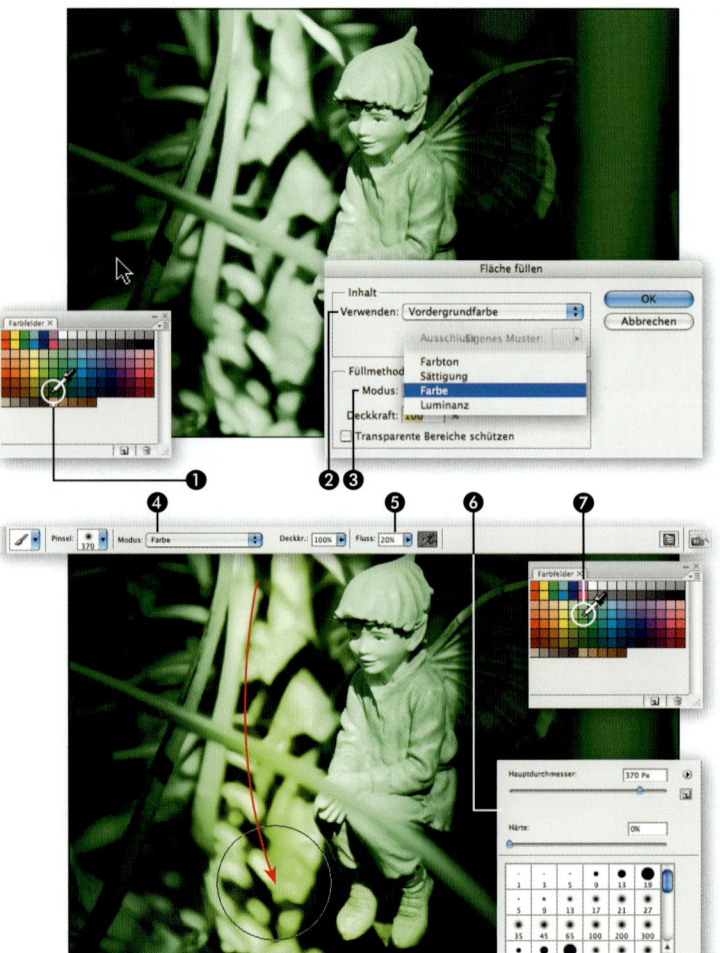

3   Selektiv kolorieren, Hintergrund

Schritt 2 diente dazu, den Hintergrund schnellstens einzufärben. Nun geht es ans selektive Anmalen. Dazu wählen Sie das Pinsel-Werkzeug ✏️, ein deutlich saftigeres Grün ❼, einen HAUPTDURCHMESSER von ca. 370 Pixel und eine HÄRTE von 0 % ❻. Als MODUS wählen Sie FARBE ❹, und den FLUSS ❺ reduzieren Sie auf ca. 20 %, um die Farbe nicht zu satt aufzutragen. Kolorieren Sie damit einzelne Bereiche des Hintergrunds.

> **Tipp:** Was tun, wenn Ihre Farbfelder-Palette andere Farben als die hier abgebildeten Standardfarben zeigt? Wählen Sie im Palettenmenü der Palette FARB-FELDER ZURÜCKSETZEN.

4 Selektiv kolorieren, Gesicht und Kleider

Ich habe beim Hintergrund auch mit dezenten Orange-, Gelb- und Blautönen gearbeitet. Setzen Sie die Arbeit dann mit der Kolorierung des Elfen fort. Sie können wie ich beim Gesicht beginnen, aber auch bei jedem anderen Körperteil. Ebenso, wie ich hier grob in andere Bereiche hineingemalt habe ❽, können Sie das auch machen und diese dann später mit einer anderen Farbe wieder übermalen ❾.

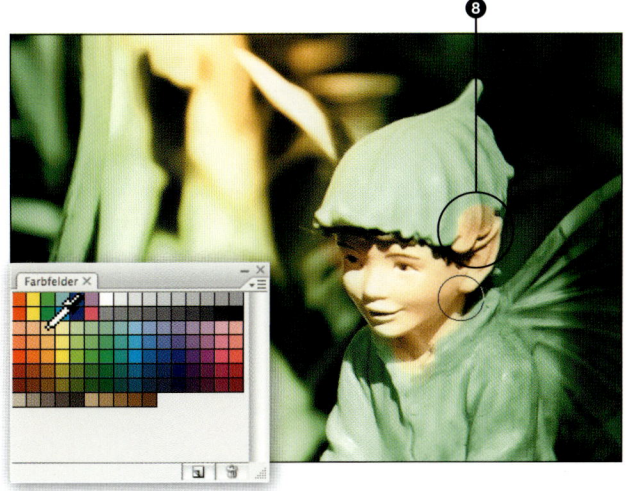

5 Auswahl erstellen

Um die Flügel zu bemalen, bietet sich eine Auswahl an, die Sie am lockersten mit dem Magnetischen-Lasso-Werkzeug 🖊 erstellen.

In der Optionen-Palette stellen Sie die BREITE ❿ ein – innerhalb dieses Radius ⓫ wird nach einer Kante zum Ausrichten der Auswahl gesucht. Stellen Sie einen kleinen KONTRAST ❿ ein, damit Photoshop die undeutliche Begrenzung der Flügel als Kante erkennt. Klicken Sie, um die Auswahl zu beginnen, und klicken Sie immer dann neuerlich, wenn Photoshop die Kante nicht mehr korrekt findet.

6 Im Maskierungsmodus nachbessern

Klicken Sie nun auf die Schaltfläche 🔲 für den MASKIERUNGSMODUS ⓭. Dadurch ändert sich die Darstellung der Auswahl – Sie sehen keine *Running Ants* ⓮ mehr, sondern eine halbtransparente, rote Maske.

Erinnern Sie sich: Es gibt zwei Arbeitsphasen für den Photoshop-User – 1. Bild bearbeiten; 2. Maske bearbeiten. Durch die Aktivierung des Maskierungsmodus wechseln Sie zur Phase 2 – Maske bearbeiten.

Tipp: Wie können Sie wissen, wie die Farbfelder heißen? Bewegen Sie einfach den Mauszeiger darauf, und warten Sie einen Moment – Photoshop blendet den Namen des Farbfeldes ein.

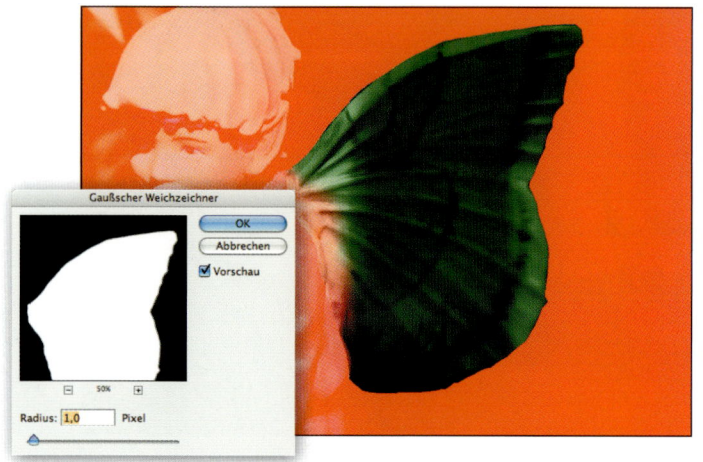

7 Maske weichzeichnen

Die Begrenzung der Maske ist noch etwas zu hart ausgefallen. Deshalb wähle ich zuerst Menü FILTER • GAUSSSCHER WEICHZEICHNER und mache mit einem Radius von 1 PIXEL die Begrenzung etwas unschärfer.

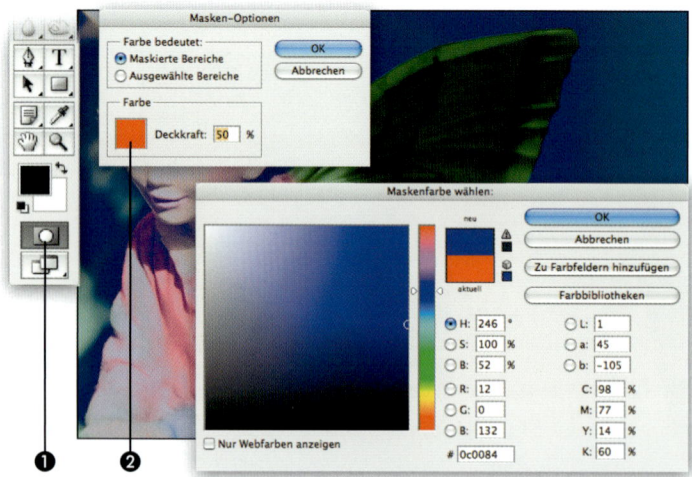

8 Masken-Farbe einstellen

Mit einem Doppelklick auf die Schaltfläche des Maskierungsmodus ❶ können Sie die MASKEN-OPTIONEN aufrufen. Doppelklicken Sie neuerlich, und zwar auf das Farbfeld ❷.

Im Dialog MASKENFARBE WÄHLEN entscheiden Sie sich für ein kräftiges, dunkles Blau. Blau kommt im Bild praktisch noch nicht vor, deshalb eignet es sich gut, um als blaue Abdeckfolie zur Maskierung zu dienen.

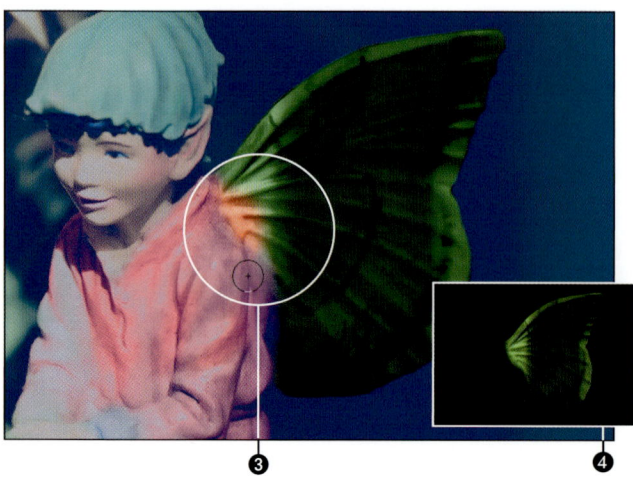

9 Mit dem Pinsel maskieren

Wählen Sie wieder das Pinsel-Werkzeug und Schwarz als Vordergrundfarbe. Malen Sie nun mit Schwarz, mit einer DECKKRAFT und FLUSS von jeweils 100 % und mit einem weichen Pinsel über das Bild, scheint es, als würden Sie halbdeckendes Blau auftragen ❸. Aber vergessen Sie nicht: Was Sie sehen, ist nur eine Darstellungsform der Maske. Photoshop könnte sie auch rot und 50 % deckend darstellen, violett und 20 % deckend oder magenta und 80 % deckend. Tatsächlich müssen Sie sich die Maske so ❹ vorstellen.

10 Flügel bemalen

Nachdem Sie den Übergang der Maske von den Flügeln zu den Kleidern des Elfen mit einem weichen Pinsel bearbeitet haben und somit der Übergang der Maske (= Auswahl) an dieser Stelle weich verläuft, schalten Sie mit einem Klick auf ▣ (oder Q = Quickmask) zurück in den normalen Bildbearbeitungsmodus.

Sie sehen wieder die Ameisen marschieren und können jetzt mit flinken Pinselstrichen den Flügel fertig kolorieren.

11 Feinarbeit

Am Ende steht immer das Finetuning. Auch hier habe ich zuallerletzt, nachdem der Flügel fertig koloriert und die Auswahl wieder aufgehoben war (Strg/⌘+D oder Menü AUSWAHL • AUSWAHL AUFHEBEN), noch die eine oder andere Stelle nachgebessert.

12 Grafiktablett

Ich habe für diese Arbeit ein Grafiktablett verwendet. Gerade wenn Sie viel mit Pinseln und ähnlichen Werkzeugen arbeiten, ist ein Grafiktablett, bei dem Sie einen druckempfindlichen Zeichenstift benutzen, sehr empfehlenswert. Sie steuern den Farbauftrag über die Kraft, mit der Sie den Stift auf die Unterlage drücken.

Foto: Markus Wäger

Tipp: Sollten Sie eine Auswahl noch einmal benötigen, können Sie sie über Menü AUSWAHL • ERNEUT AUSWÄHLEN neulich aufrufen – egal, wie viele Arbeitsschritte dazwischen lagen.

Färben mit Schwarzweiß

Lokale Wirkung durch Maskierung von Einstellungsebenen

Einstellungsebenen bieten vielfältige Möglichkeiten, Farbton, Sättigung und Helligkeit eines Bildes zu beeinflussen. Ebenenmasken wiederum ermöglichen es, die Wirkung von Einstellungsebenen in Teilbereichen abzuschwächen oder gänzlich zu unterbinden. Bei diesem Beispiel habe ich das Bild mit einer Einstellungsebene zum Schwarzweißbild gemacht und durch selektive Maskierung die roten Lippen in den Originalfarben hervorgehoben. Die Farbe des Kopftuches wurde mit einer Einstellungsebene »Farbton/Sättigung« justiert.

Zielsetzungen:

Farben zu Graustufen umstellen
Originalfarbe der Lippen freilegen
Farbe des Kopftuches einstellen
[selektives_kolorieren.psd]

1 Schwarzweiß-Einstellungsebene

Erstes Ziel dieser Bildbearbeitung ist es, dem Bild eine Graustufenanmutung zu geben. Ich spreche hier bewusst nicht von einer Graustufenkonvertierung, denn wir werden dazu eine Einstellungsebene verwenden, d. h. hierbei handelt es sich wieder um eine *nicht destruktive* Bildbearbeitung.

Öffnen Sie also die Palette EBENEN und erstellen Sie eine neue Einstellungsebene für Schwarzweiß.

2 Schwarzweiß-Einstellungen

Zunächst habe ich die Gelbtöne ordentlich erhöht, um die Haut der Frau aufzuhellen. Durch Erhöhen der Grüntöne habe ich das Kopftuch ebenfalls aufgehellt. Bestätigen Sie den Dialog.

Photoshop erstellt jede neue Einstellungsebene automatisch mit einer Ebenenmaske.

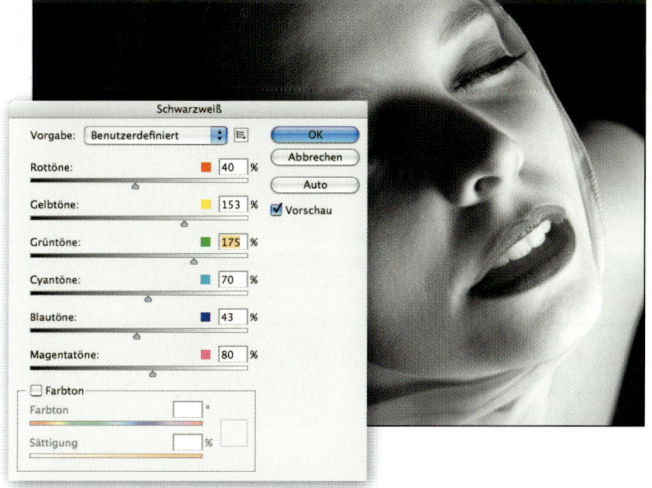

3 Ebenenmaske bearbeiten

Beachten Sie, dass die Ebenenmaske ausgewählt ist ❶, wählen Sie das Pinsel-Werkzeug und stellen Sie den HAUPTDURCHMESSER auf ca. 20 Pixel und die HÄRTE auf 50 %.

Malen Sie nun mit schwarzer Vordergrundfarbe über die Lippen. Dort, wo Sie Schwarz auftragen, wird die Wirkung der Einstellungsebene außer Kraft gesetzt. Das heißt in diesem Fall, die Wirkung der Einstellungsebene SCHWARZWEISS wird an diesen Stellen aufgehoben, und die Originalfarben kommen zum Vorschein.

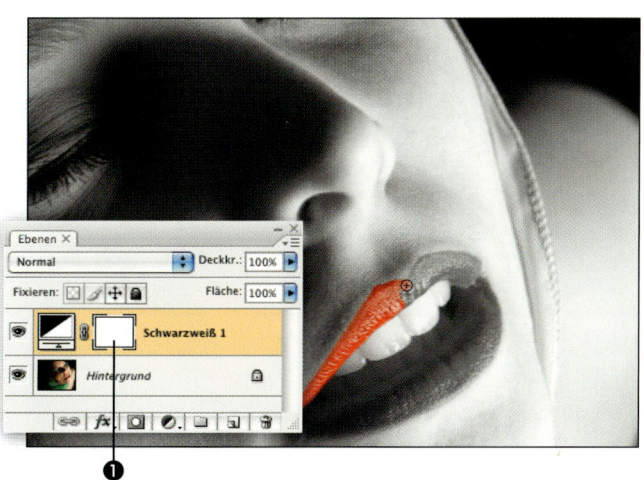

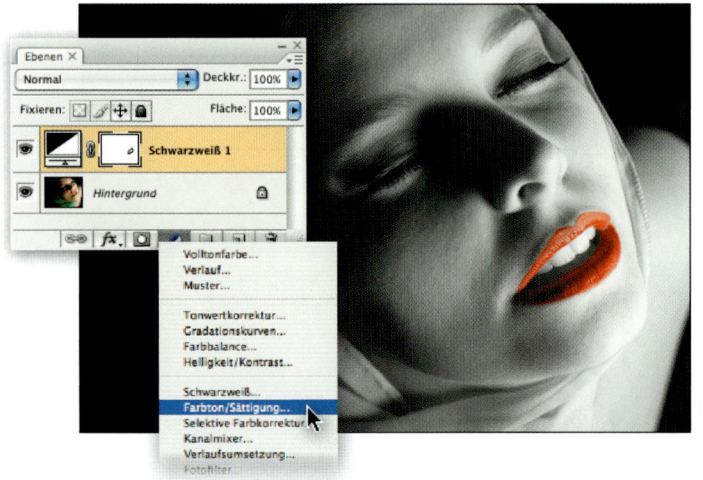

4 Einstellungsebene Farbton/Sättigung

Ich habe zwar die Lippen freigelegt, nicht aber die Zähne. Der leichteste Gelbstich würde im Graustufengesicht sehr unangenehm auffallen.

Das Rot der Lippen ist perfekt. Die Farbe des Kopftuchs hingegen möchte ich individuell steuern können. Dazu erstelle ich als Erstes eine Einstellungsebene für FARBTON/SÄTTIGUNG.

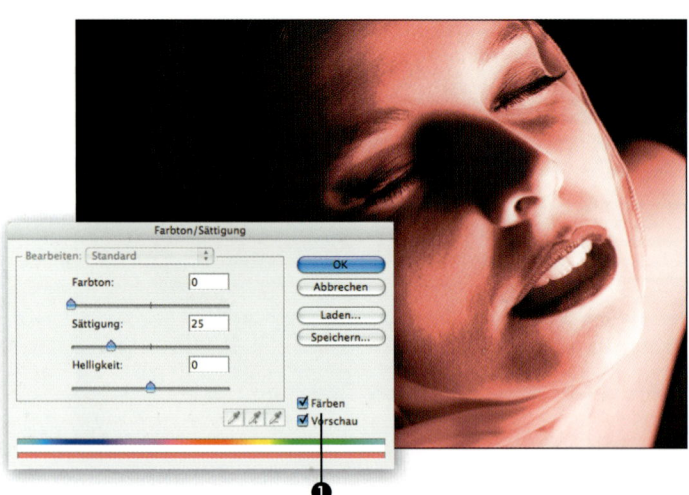

5 Färben

Im Dialog zur Einstellungsebene aktiviere ich die Option FÄRBEN ❶. Einstellungen nehme ich vorerst noch keine vor. Das werde ich erst nachholen, nachdem auch diese Einstellungsebene maskiert ist.

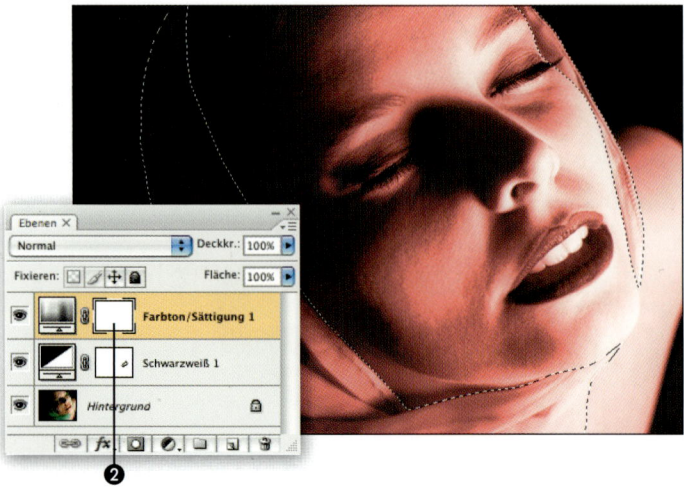

6 Auswahl erstellen

Nun möchte ich die Ebenenmaske ❷ der Einstellungsebene FARBTON/SÄTTIGUNG bearbeiten, damit die Färben-Einstellung nur auf das Kopftuch wirkt.

Natürlich könnte ich auch hier mit dem Pinsel alles außer dem Gesicht mit Schwarz zupinseln. Einfacher ist aber, eine Auswahl zu erstellen und diese anschließend mit Schwarz zu füllen.

Wählen Sie also das Polygon-Lasso-Werkzeug und erstellen Sie Klick für Klick eine Auswahl um das Kopftuch.

7 Auswahl umkehren, Fläche füllen

Nun müssen Sie die Auswahl noch umkehren – schließlich soll die Wirkung der Einstellungsebene außerhalb des Kopftuchs aufgehoben werden, wozu der Bereich außerhalb schwarz werden muss.

Wählen Sie Menü AUSWAHL • AUSWAHL UMKEHREN. Füllen Sie anschließend die Auswahl in der Ebenenmaske ❸ mit schwarzer Vordergrundfarbe – das geht am schnellsten, indem Sie Strg/⌘+← drücken.

Nun sieht die Ebenenmaske so aus ❹.

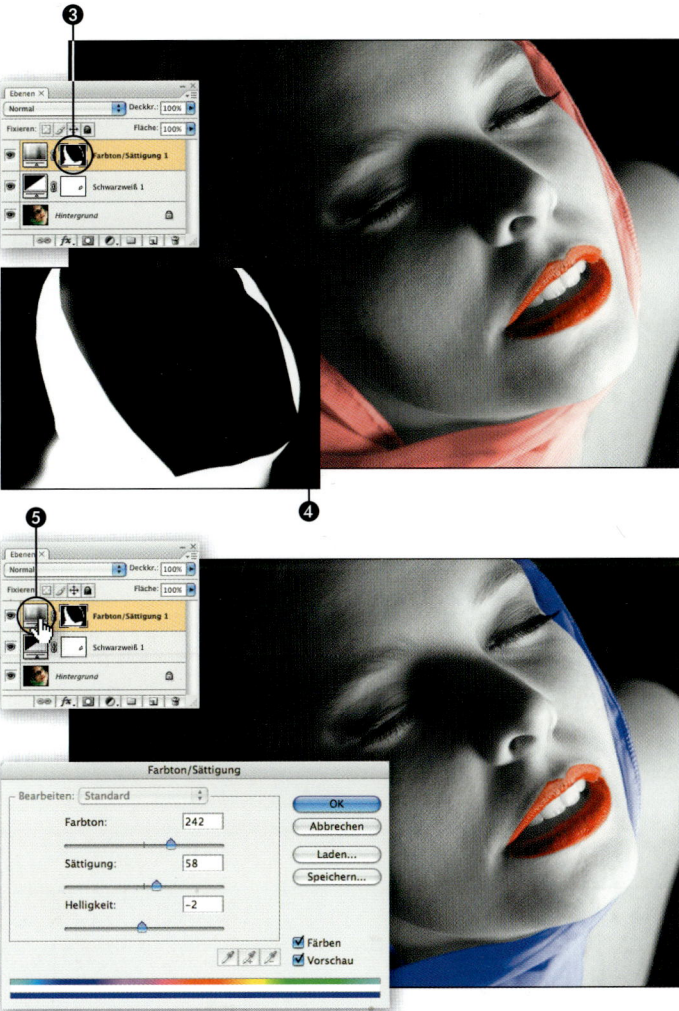

8 Färben einstellen

Nun da die Einstellungsebene FARBTON/SÄTTIGUNG nur mehr auf das Kopftuch wirkt, kann ich die passende Farbe einstellen. Mit einem Doppelklick auf das Einstellungsebenen-Icon ❺ öffne ich den Dialog dazu

9 Variationen einfach erstellt

Im Dialog FARBTON/SÄTTIGUNG probiere ich einige Varianten aus, um mich dann für ein blaues Kopftuch zu entscheiden.

Fotos nachbearbeiten

Die Grenzen der Kameratechnik.
Die Probleme, mit denen wir uns in
diesem Kapitel beschäftigen, gehen eher
auf physikalische Hürden der Kameratechnik als auf Fehleinstellungen des Fotografen zurück. Die vorliegende
Aufnahme weist gleich zwei ganz wesentliche Aufnahmeprobleme auf: Bildrauschen aufgrund langer Belichtungszeit
sowie massive Helligkeitsunterschiede.

Unser Auge kommt mühelos mit dem
leuchtenden Mond und dem dunklen
Himmel zurecht und lässt uns sowohl die
romantische Wolkenstimmung als auch
die Krater und Canyons des Erdtrabanten
erkennen. Um dies im Foto einigermaßen
wiedergeben zu können, musste ich zwei
Aufnahmen mit unterschiedlicher Belichtungszeit erstellen – einmal für den
Mond, einmal für den Himmel – und diese
in Photoshop zu einem Bild kombinieren.

Foto: Markus Wäger

Fotos nachbearbeiten

Schatten aufhellen

Mit »Tiefen/Lichter« Gegenlichtaufnahmen retten

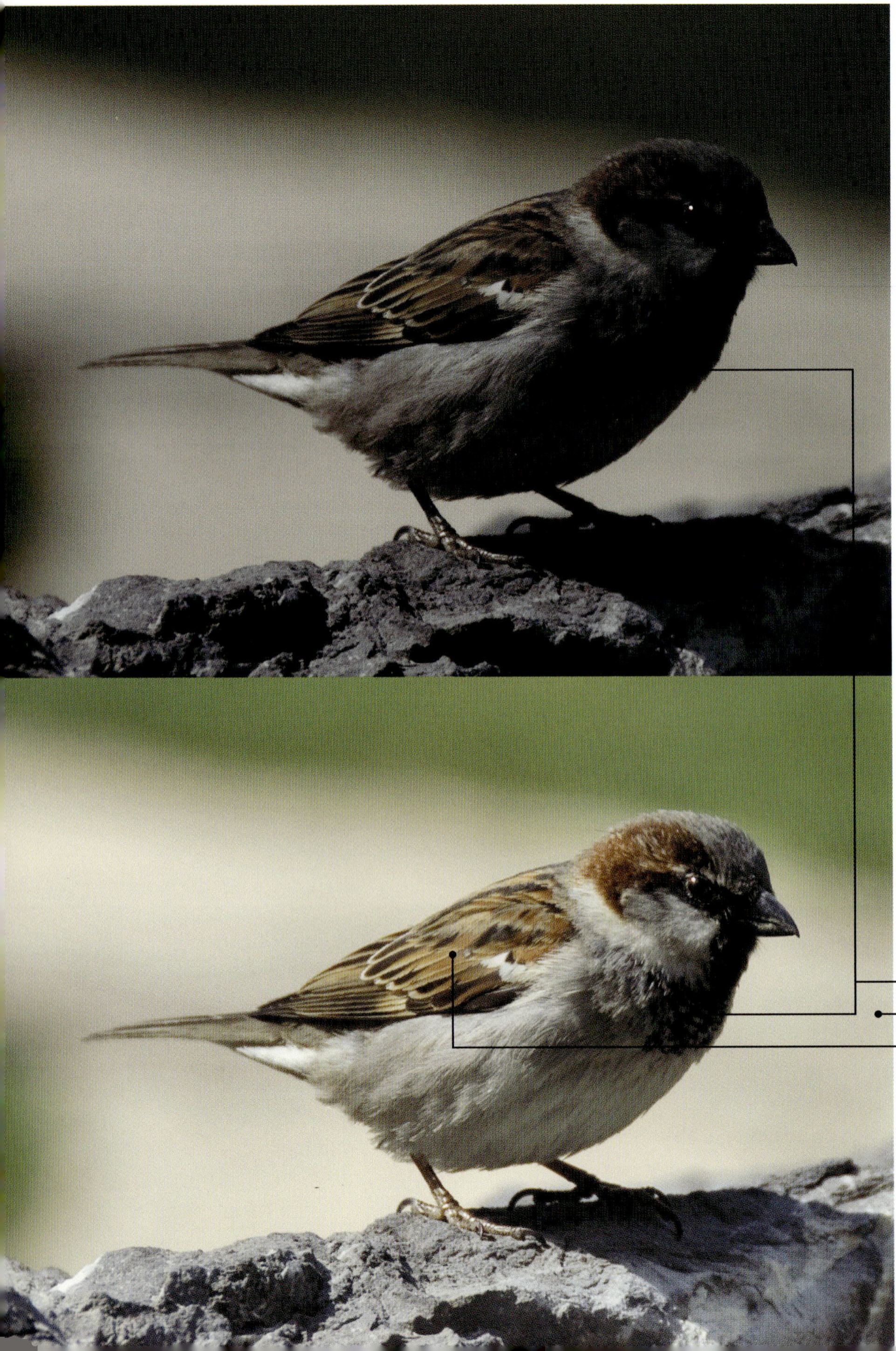

Das bei modernen, digitalen Kameras wohl am häufigsten auftretende Problem ist Gegenlicht. Den Schärfebereich erwischen immer zahlreichere Messfelder immer besser, der automatische Weißabgleich sorgt dafür, dass die Farben stimmen, und Anti-Shake-Systeme schützen vor Verwackelung. Wenn Sie aber ein Motiv im dunklen Schatten vor einem lichten Hintergrund fotografieren, ist die Kamera relativ machtlos. In Photoshop können Sie solche Gegenlichtaufnahmen effektiv verbessern. Mit »Tiefen/Lichter« geht es darüber hinaus auch noch schnell und einfach.

Zielsetzungen:

Schatten kräftig aufhellen

Lichter nicht zu kräftig aufhellen

Lebendigkeit der Farben wiederherstellen

[tiefenlichter.psd]

1   Tiefen/Lichter-Anpassungen

Tiefen/Lichter ist leider nicht als Einstellungsebene verfügbar, aus diesem Grund müssen
wir dieses Bild destruktiv behandeln.

Wenn Sie sich den Weg zurück offenhalten
wollen, machen Sie zuerst eine Kopie der
Ebene, bevor Sie die Anpassung vornehmen.

Wählen Sie dann Menü Bild • Anpassungen
• Tiefen/Lichter.

2   Über Tiefen und Stärke

Mit Tiefen/Lichter können Sie Tiefen ❶
(Schatten) aufhellen und Lichter ❷ abdunkeln.
In erster Linie werden Sie hiermit wohl zu
dunkle Schattenpartien aufhellen.

Bei den meisten Bildern genügt es, den
Regler Stärke ❸ unter Tiefen zu verschieben.
Nach Standard steht dieser, wenn Sie den
Dialog öffnen, bei 50 %. Schieben Sie ihn
zurück auf null – die Schatten sind dann unverändert. Schieben Sie ihn von null weg
wieder nach rechts. Je stärker die Schatten
aufgehellt werden sollen, desto weiter.

3   Tonbreite bearbeiten

Schieben Sie auch den Regler Tonbreite nach
links ❹. Steht dieser Regler ganz links,
werden nur die dunkelsten Schatten ❺ beeinflusst. Je weiter Sie ihn nach rechts steuern,
desto mehr werden auch hellere Bereiche ❻
beeinflusst. Schieben Sie den Regler von null
wieder nach rechts, bis Ihnen die Helligkeit
optimal erscheint.

> **Profi-Tipp:** Es gibt eine Möglichkeit,
> Tiefen/Lichter nicht destruktiv anwen-
> den zu müssen. Wählen Sie dazu zuerst
> Menü Filter • Für Smartfilter konver-
> tieren. Wenn Sie danach Tiefen/Lich-
> ter anwenden, wird die Funktion wie
> ein Ebenenstil an die Ebene angehängt.

4 Lichter- und Schattenkränze beachten

Es wären extreme Anpassungen von Lichtern und Schatten möglich, wären da nicht die Übergänge von den ganz hellen zu den ganz dunklen Bereichen. An diesen Stellen kommt es bei zu kräftigen Einstellungen zu Lichter- ❶ und Schattenkränzen ❷. Bei diesem Bild überschreitet bereits eine Tonbreite von 40 % die Grenze des Akzeptablen. Aber mit dem RADIUS sollte sich da noch etwas ausgleichen lassen, deshalb bleibe ich für den Moment bei dieser kräftigen Einstellung.

5 Radius einstellen

In der Adobe Hilfe heißt es zum RADIUS ❸: »Steuert die Größe der lokalen Umgebung um jeden Pixel. Anhand der benachbarten Pixel wird festgelegt, ob ein Pixel in den Tiefen oder in den Lichtern liegt.«

Glauben Sie nicht, ich wüsste, was das genau bedeutet. Aber man muss ja nicht verstehen, wie ein Einspritzer funktioniert, um GTI fahren zu können. Schieben Sie auch hier den Regler ganz nach links und dann wieder so weit nach rechts, bis Lichter- und Schattenkränze möglichst stark reduziert sind.

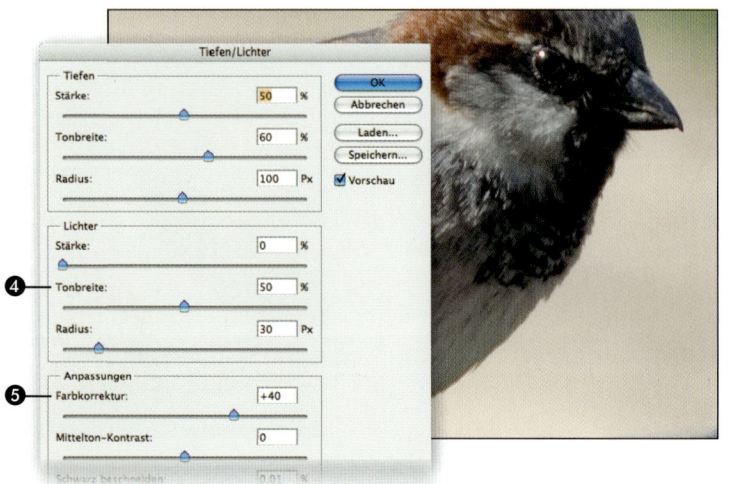

6 Lebendigkeit durch Farbkorrektur

Unterbelichtete Bildbereiche tendieren dazu, etwas wenig Leben in sich zu haben. Darum wirken sie oft etwas dumpf, wenn sie aufgehellt werden.

Damit das Bild nach der Aufhellung auch lebendig wirkt, habe ich die FARBKORREKTUR ❺ auf +40 gestellt. Abschließend habe ich versucht, ob bei der TONBREITE ❺, noch etwas mehr drin ist und bin dann bei einer Einstellung von 60 % geblieben.

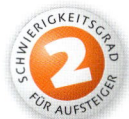

Schatten partiell aufhellen

Mehr Kontrolle durch Ebenenmasken

Schwierigkeitsgrad 2 – für Aufsteiger

Gegenlicht ist nicht nur bei Porträtaufnahmen ein häufig auftauchendes Problem. Auch und gerade bei Landschafts- und Architekturaufnahmen kämpfen Sie oft damit, dass Sie ein Motiv nur gegen das Licht aufnehmen konnten. Wenden Sie »Tiefen/Lichter« auf ein Bild an, ohne einzelne Bereiche zu maskieren, dann werden Schatten in allen Bildbereichen aufgehellt, auch dort, wo Sie es nicht wollen. In diesem kurzen Workshop zeige ich Ihnen, wie Sie eine Schnellauswahl erstellen, um Schattenbereiche selektiv durch eine steile Gradationskurve aufzuhellen.

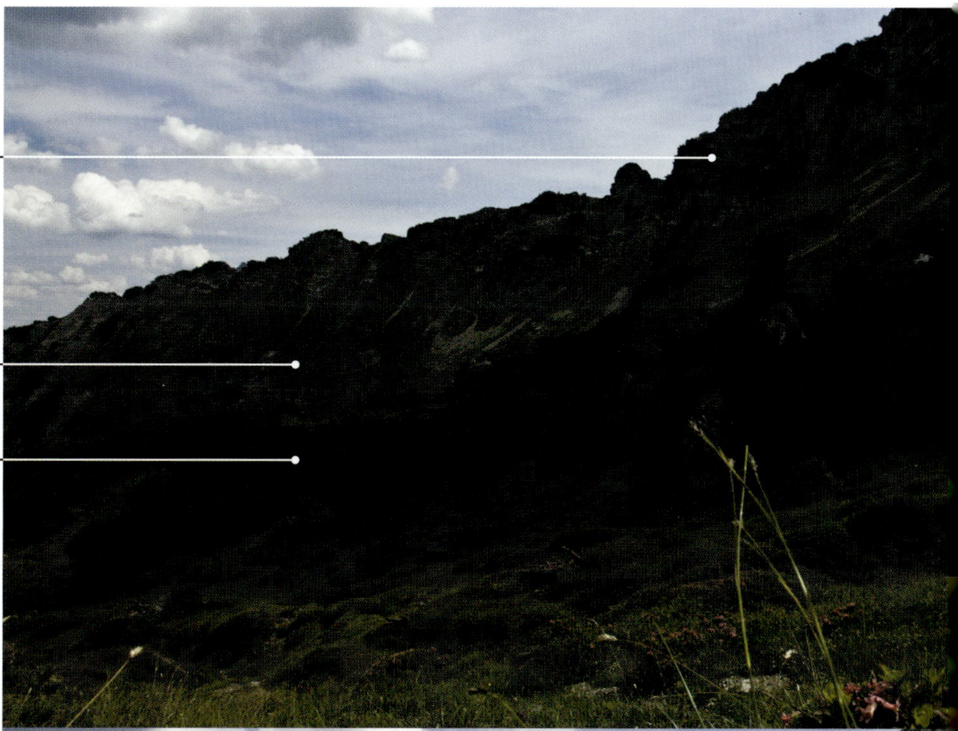

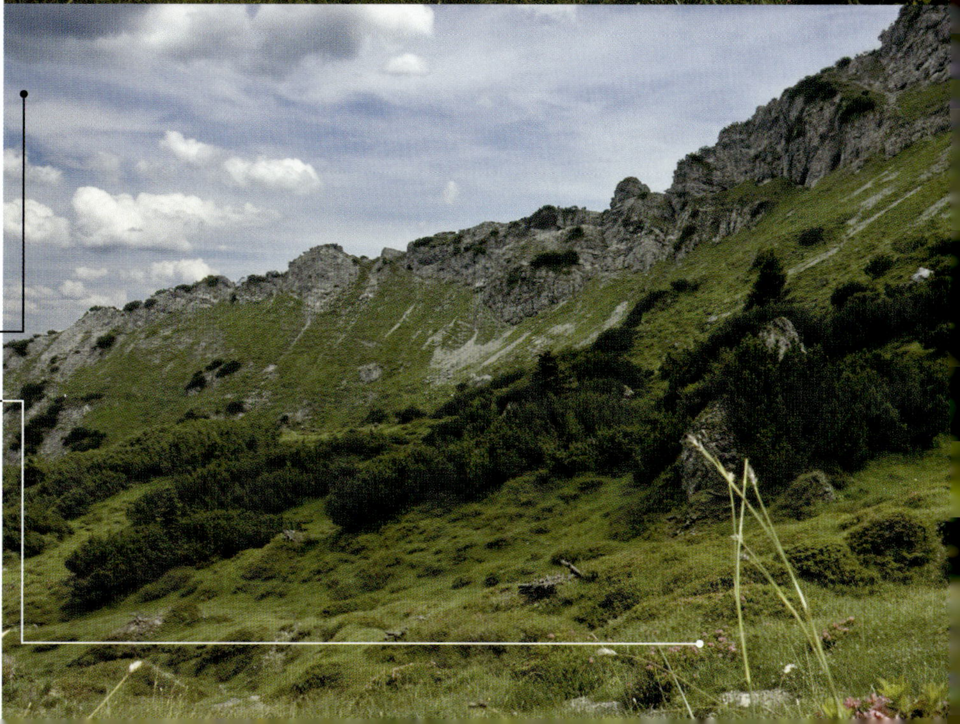

Zielsetzungen:

Wiesen, Bäume und Felsen aufhellen

Wolkenstimmung unverändert lassen

Aufhellung in den vordersten Bereichen zurücknehmen

[gegenlichtaufnahme.psd]

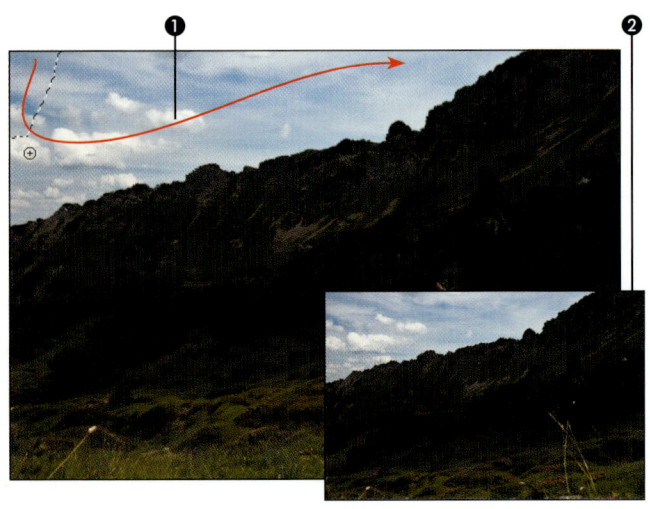

1 Schnellauswahl erstellen

Wählen Sie das von Adobe in Photoshop CS3 neu eingeführte Schnellauswahlwerkzeug . Bei diesem Himmel, der sich ganz klar vom Gebirge abhebt, leistet die Schnellauswahl wahre Wunder.

Ziehen Sie bei gedrückter Maustaste einfach über den Himmel hinweg ❶ – in nur zwei Sekunden haben Sie die perfekte Auswahl ❷ für unsere Anforderung.

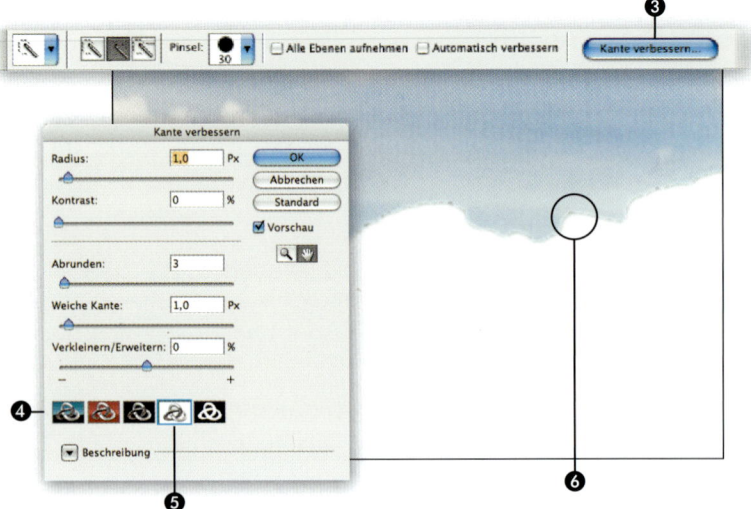

2 Kante verbessern

Ebenfalls eine Neuigkeit in CS3: KANTE VERBESSERN. Klicken Sie auf die so benannte Schaltfläche ❸ – Sie erhalten einen Dialog.

Erinnern Sie sich, dass Sie verschiedene Methoden wählen können, eine Auswahl (= Maske) darstellen zu lassen? Unten in diesem Dialog haben Sie die Wahl zwischen fünf Darstellungsformen ❹. Ich habe mich für eine weiße Maske ❺ entschieden – dadurch ist gut zu erkennen, dass die Auswahl noch deutlich zu weich ist ❻.

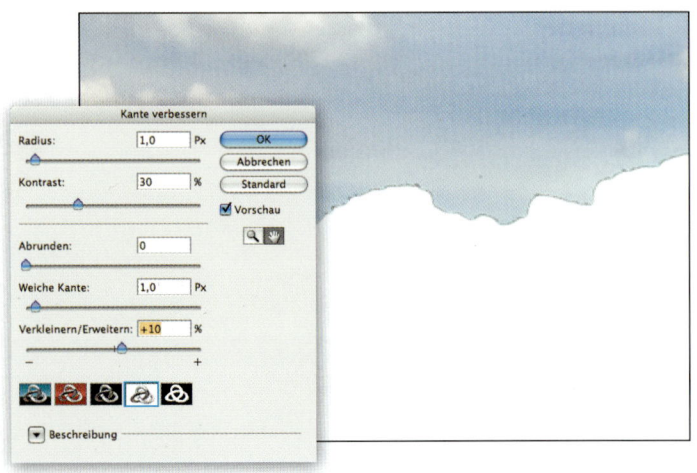

3 Einstellungen vornehmen

Meine bisherige Erfahrung mit KANTE VERBESSERN hat gezeigt, dass Sie sich am besten durch Ausbalancieren von KONTRAST und WEICHE KANTE an die optimale Schärfe herantasten und dann durch VERKLEINERN/ERWEITERN die Auswahl um das auszuwählende Objekt ziehen.

Aber jede Auswahl ist anders, und man kommt mit Ausprobieren am besten zu optimalen Ergebnissen.

4 Gradationskurven-Einstellungsebene

Auch wenn KANTE VERBESSERN durch die vielfältigen Einstellungskombinationen der fünf Regler etwas verwirrend ist – die Möglichkeiten zur Optimierung einer Auswahl sind phänomenal. Bestätigen Sie KANTE VERBESSERN mit OK, und kehren Sie die Auswahl dann über Menü AUSWAHL • AUSWAHL UMKEHREN um.

Erstellen Sie anschließend eine Gradationskurven-Einstellungsebene.

5 Gradationskurve kräftig anheben

Die Gradationskurven-Einstellungsebene wird durch die Auswahl gleich mit einer Ebenenmaske **❼** versehen. In der Maske ist der zuvor ausgewählte Bereich weiß – deshalb wirkt die Gradationskurve auf Felsen, Bäume und Wiesen im Vordergrund. Der Bereich außerhalb der Auswahl ist schwarz – dadurch ist der Himmel im Hintergrund maskiert; die Gradationskurve beeinflusst Himmel und Wolken nicht.

Nun kann ich mit einer ganz kräftig angehobenen Kurve **❽** den Vordergrund aufhellen.

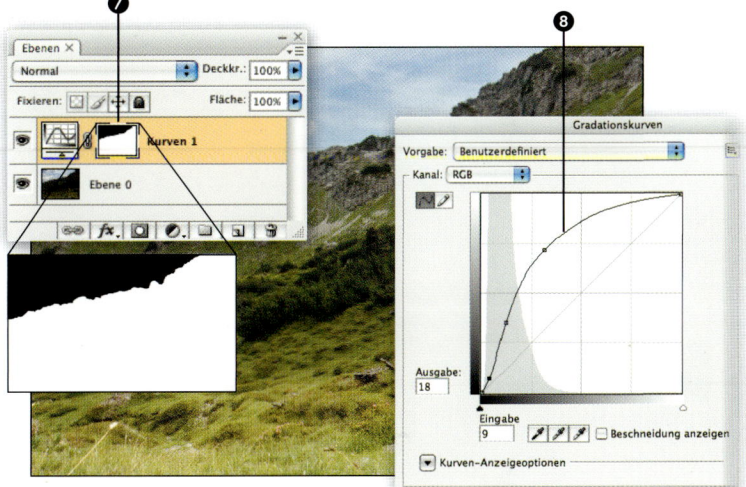

6 Mit Verlauf maskieren

Die Wiese ganz vorn im Vordergrund ist nun wiederum zu hell geworden. Diese Aufhellung des nächsten Vordergrundes möchte ich wieder reduzieren.

Dazu wähle ich das Verlaufswerkzeug 🔲 und stelle als Verlauf »Schwarz, Weiß« **❾** ein und den MODUS **❿** auf ABDUNKELN. Damit ziehe ich dann bei aktiver Ebenenmaske einen Verlauf von **⓫** zu **⓬**. Durch die Füllmethode ABDUNKELN wirkt der Verlauf zwar auf den hellen Bereich der Maske **⓭**, nicht aber auf den dunklen (schwarzen).

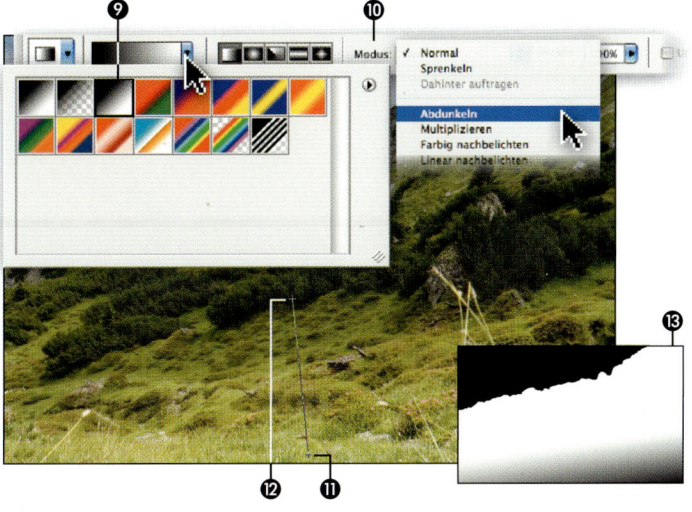

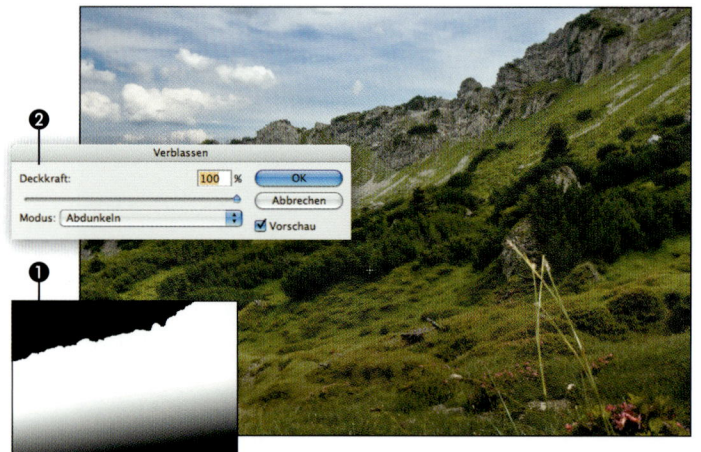

7   Verlaufsdeckkraft zurücknehmen

Nun ist die Wiese im Vordergrund zu dunkel. Das aber lässt sich sehr leicht beheben. Über Menü BEARBEITEN • VERBLASSEN können Sie Deckkraft und Füllmethode des zuletzt angewendeten Arbeitsschritts nachträglich anpassen – egal ob die Funktion FLÄCHE FÜLLEN, einen Filter, einen Pinselstrich oder eben einen Verlauf. Zunächst ist der Wert im Dialog VERBLASSEN exakt so eingestellt, wie Sie den Arbeitsschritt ausgeführt hatten ❶ – der Verlauf geht also bei 100 % DECKKRAFT ❷ von 100 % Schwarz zu 0 % Schwarz (= Weiß).

8   Verlauf reduzieren

Reduzieren Sie DECKKRAFT auf 0 % ❸, dann wird der Verlauf auf 0 reduziert ❹, ganz so, als hätten Sie ihn niemals angewendet.

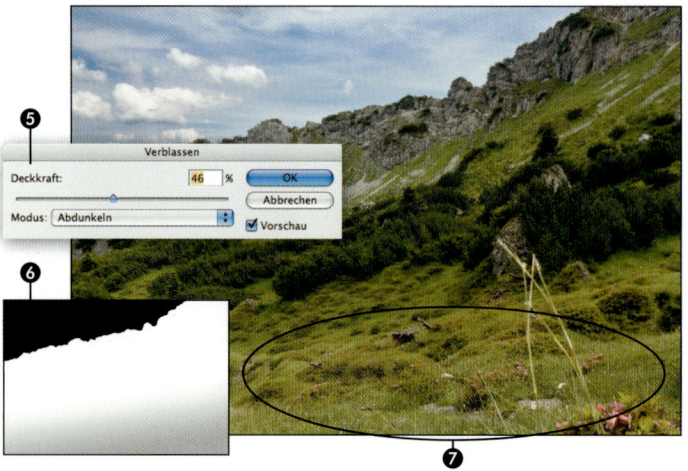

9   Verblassen

Von 0 weg schiebe ich den Regler DECKKRAFT wieder nach rechts ❺, bis die Helligkeit der Wiese im Vordergrund optimal ❼ ist – der Verlauf in der Maske ist aufgehellt ❻.

Ich schließe den Dialog mit OK und bin somit fertig.

SCHWIERIGKEITSGRAD 1 FÜR EINSTEIGER

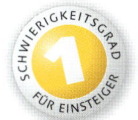

Schiefe Bilder begradigen

Wenn der Horizont schief gewickelt ist

Man braucht nicht betrunken zu sein, um den Horizont beim Fotografieren nicht exakt horizontal hinzubekommen. Ich habe ein Raster im Sucher meiner Kamera, dennoch gerät der Horizont in meinen Fotos immer wieder schief. Eine Möglichkeit, eine schiefe Horizontlinie auszurichten, habe ich Ihnen im Kapitel über Bildgröße und Ausschnitt bereits präsentiert. Hier zeige ich Ihnen die zweite Methode.

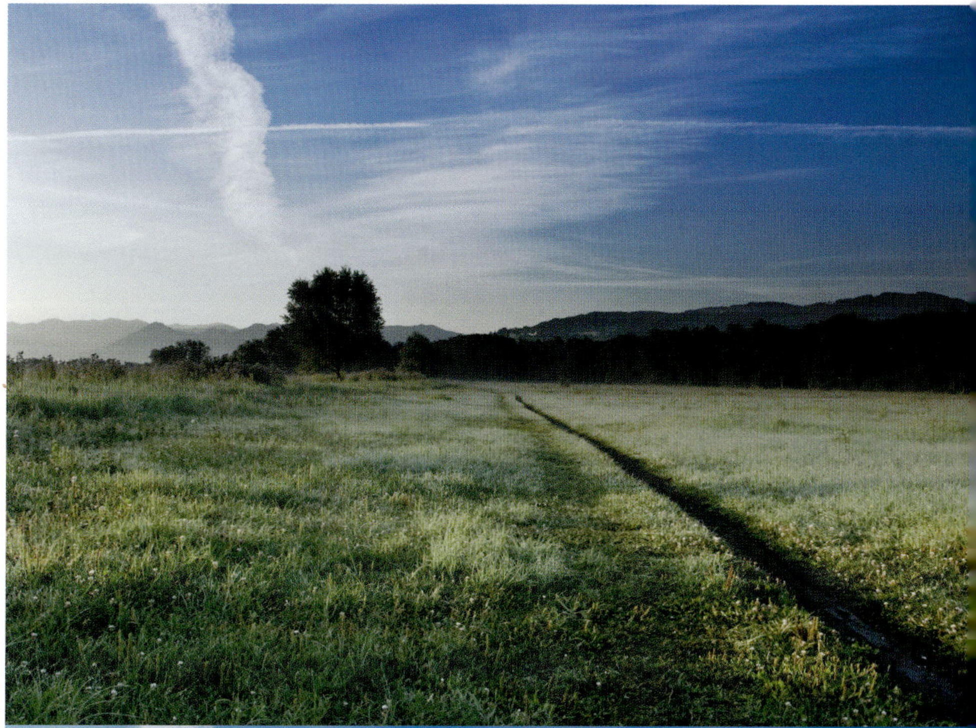

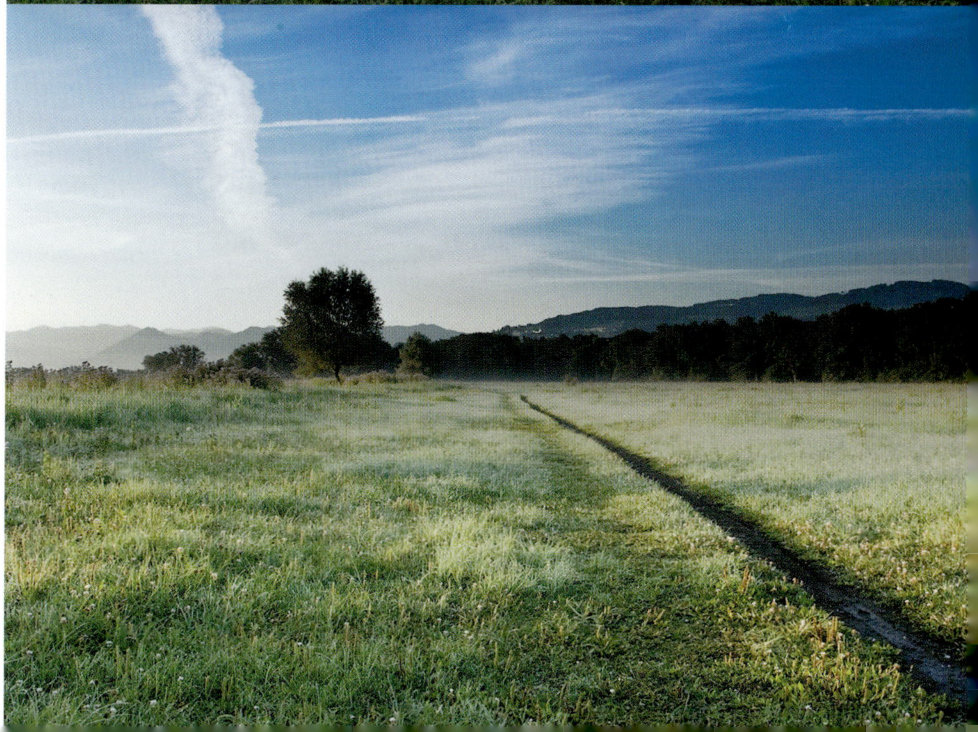

Zielsetzungen:

Horizont gerade ausrichten

[geradestellen.psd]

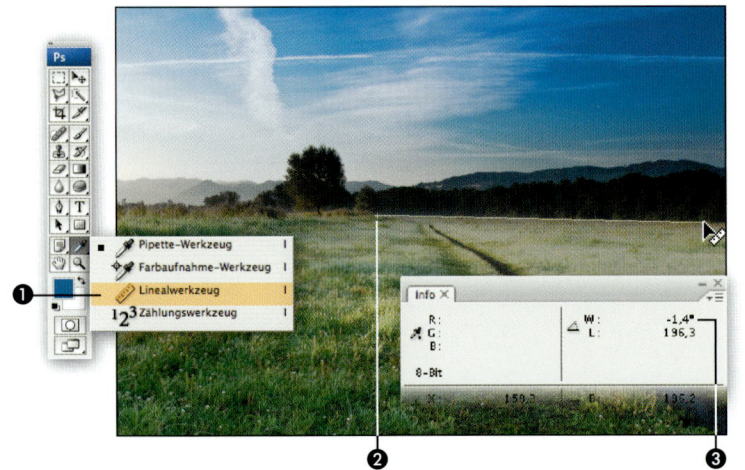

1 Winkel mit dem Lineal eruieren

Wählen Sie das Linealwerkzeug ❶ und ziehen Sie damit eine Linie entlang des Horizonts ❷. In der Info-Palette können Sie den Winkel ❸ ablesen. Wählen Sie dann im Menü BILD • ARBEITSFLÄCHE DREHEN • PER EINGABE.

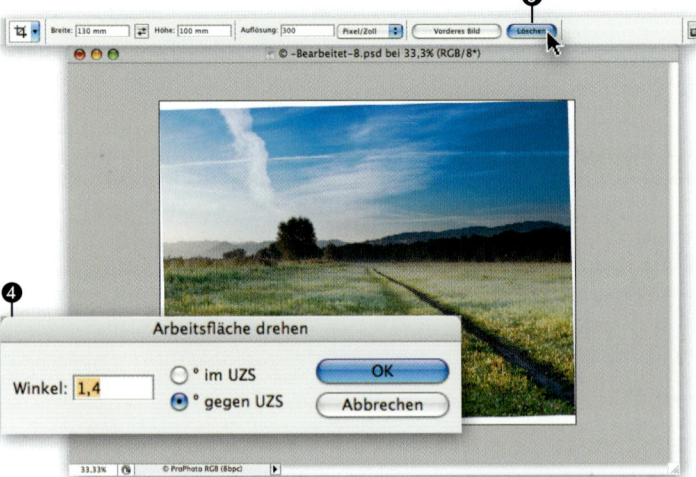

2 Arbeitsfläche per Eingabe drehen

Es öffnet sich der Dialog ARBEITSFLÄCHE DREHEN. Der Winkel, den Sie eben noch in der Palette INFO nachlesen konnten, ist hier ❹ bereits korrekt eingetragen – Photoshop übernimmt den Wert automatisch.

Bestätigen Sie mit OK und wählen Sie sodann das Freistellungswerkzeug ⬚. Sollten sich in der Optionen-Palette in den Eingabefeldern für BREITE, HÖHE und AUFLÖSUNG Werte befinden, löschen Sie diese, indem Sie auf LÖSCHEN ❺ klicken.

3 Ränder wegschneiden

Durch das Drehen haben sich an den Seiten des Fotos Ränder gebildet. Mit dem aktivierten Freistellungswerkzeug können Sie diese nun abschneiden. Wählen Sie den Bereich, den Sie behalten möchten, aus, indem Sie bei gedrückter Maustaste eine Auswahl aufziehen, und bestätigen Sie den Vorgang anschließend durch Drücken der ⏎-Taste.

Perspektivische Verzerrung beheben

Stürzende Linien mit »frei transformieren« aufrichten

Es sind viele kleine Details, die die Architekturaufnahme eines Profifotografen vom Schnappschuss eines Laien abheben. Am Ende ist gute Architekturfotografie eine Kunst. Es gibt aber einen kleinen Trick, mit dem Sie Ihre Architekturfotos der Wirkung eines professionellen Shots einen großen Schritt näherbringen, und zwar, indem Sie die perspektivisch verzerrten Fassaden mit Hilfe von Photoshop aufrichten.

Zielsetzungen:

Perspektivische Verzerrung der Architekturaufnahme entzerren

[stuerzende_linien.psd]

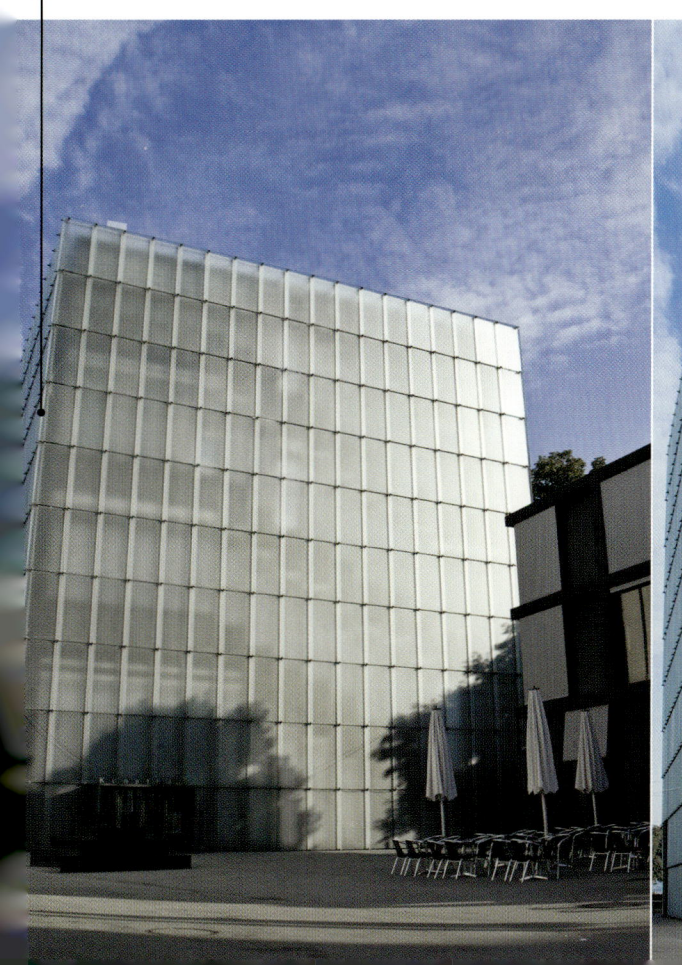

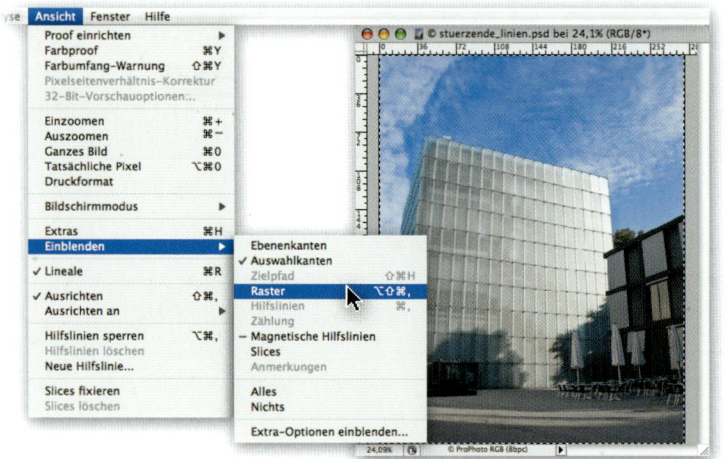

1   Alles auswählen, Raster einblenden

Wählen Sie zunächst das ganze Bild aus, indem Sie `Strg`/`⌘`+`A` eingeben.

Sie können sich beim Entzerren des Motivs mit Hilfslinien behelfen. Ebenso gut, wenn nicht besser, eignet sich das Raster. Blenden Sie es über Menü ANSICHT • EINBLENDEN • RASTER ein.

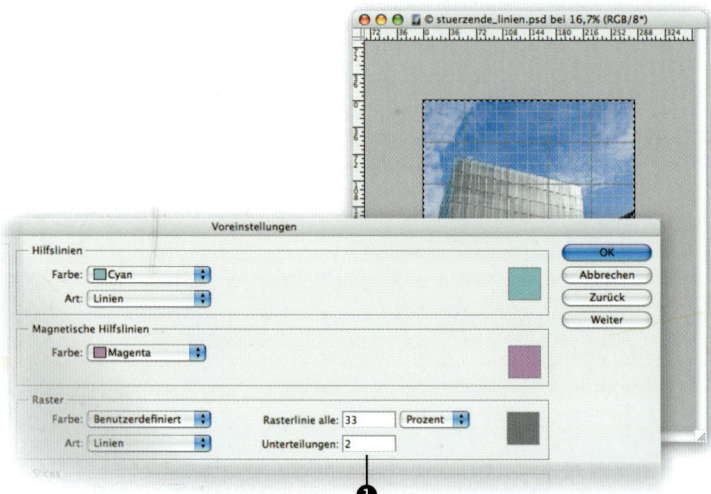

2   Raster einstellen

Das voreingestellte Raster ist mir zu feinmaschig. Mich irritieren die vielen Rasterlinien mehr, als sie mir helfen. Über VOREINSTELLUNGEN • HILFSLINIEN, RASTER, SLICES UND ZÄHLUNG rufe ich die Voreinstellungen für das Raster auf. Ich wähle RASTERLINIE ALLE • 33 PROZENT und 2 UNTERTEILUNGEN ❶. Damit ist mein Raster so eingestellt, dass es meine Bilder immer in Drittel einteilt – eine Einteilung, die Fotografen besonders gerne verwenden.

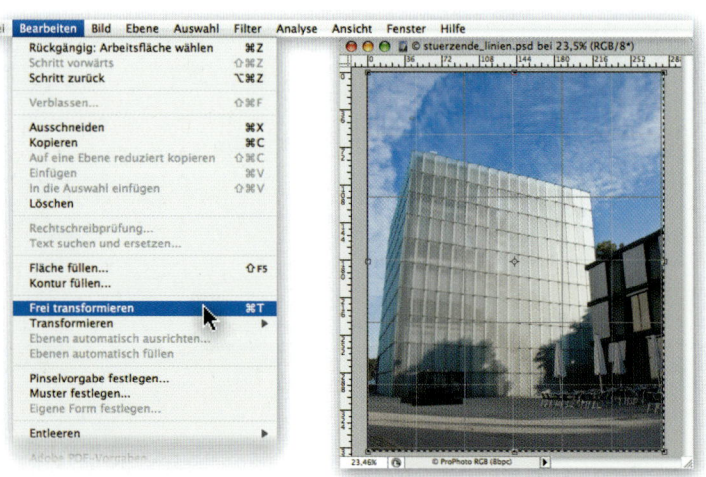

3   Frei transformieren

Nun ist die Darstellung so weit vorbereitet, dass ich mit dem Entzerren beginnen kann. Zunächst wähle ich im Menü BEARBEITEN • FREI TRANSFORMIEREN (`Strg`/`⌘`+`T`), wodurch ich wieder einen Begrenzungsrahmen mit den bekannten drei Anfassern erhalte.

4 Verzerren

Mit einem Rechtsklick auf die Frei-transformieren-Auswahl erhalte ich das Kontextmenü und wähle aus den angebotenen Optionen Verzerren. Alternativ können Sie die Funktion auch über Bearbeiten • Transformieren • Verzerren direkt anwählen – aber ich bevorzuge das Kontextmenü, da ich Frei transformieren stets über den Shortcut Strg/⌘+T aufrufe.

Nun können Sie einen Anfasser mit der Maus fassen und bei gedrückter Maustaste wie abgebildet verschieben ❷.

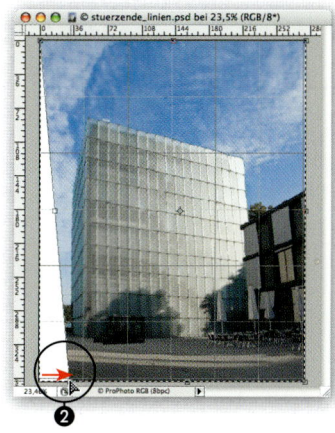

5 Verzerren und Skalieren

Nachdem ich unten den linken und rechten Anfasser zur Mitte hin verschoben habe, damit die Fassade in einem 90° Winkel zum Horizont steht, verschiebe ich auch den linken oberen Anfasser ❸ nach unten, um den extremen Winkel, der am Dach ❹ des Kunsthauses entstanden ist, zu entschärfen.

Beim Entzerren stürzender Linien wird meist das Verhältnis Breite zu Höhe gestört – wählen Sie deshalb über das Kontextmenü wieder Skalieren und machen Sie das Bild etwas flacher ❺.

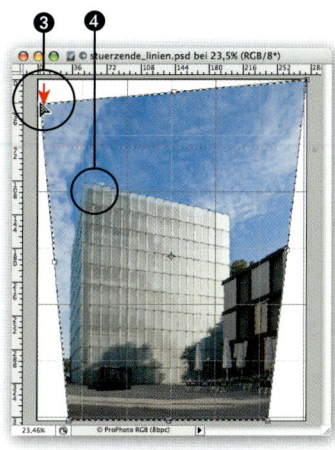

6 Freistellen

Durch die Verzerrung sind weiße Bereiche um das Bild entstanden, die es nun wegzuschneiden gilt. Wählen Sie dazu das Freistellungswerkzeug 🔲, ziehen Sie eine Freistellungsauswahl auf und bestätigen Sie mit ⏎, sobald diese Ihren Vorstellungen entspricht.

> **Tipp:** Wenn der Frei-transformieren-Begrenzungsrahmen aktiv ist, brauchen Sie nicht unbedingt auf Verzerren umzustellen, um ein Bild zu verzerren. Sie können stattdessen einen Anfasser bei gedrückter Strg/⌘-Taste verschieben – dadurch wird die Auswahl ebenfalls verzerrt, ohne den Transformierungsmodus zu wechseln.

SCHWIERIGKEITSGRAD 2 FÜR AUFSTEIGER

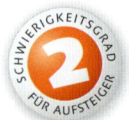

Objektivfehler korrigieren

Der Filter »Objektivkorrektur« in Aktion

Hier sehen Sie ein Bild mit einer ganzen Reihe an klassischen Objektiv- und Aufnahmefehlern. Mit »Objektivkorrektur« bietet Photoshop einen Filter, der sich einer dieser Probleme annimmt – auch für weniger geübte User.

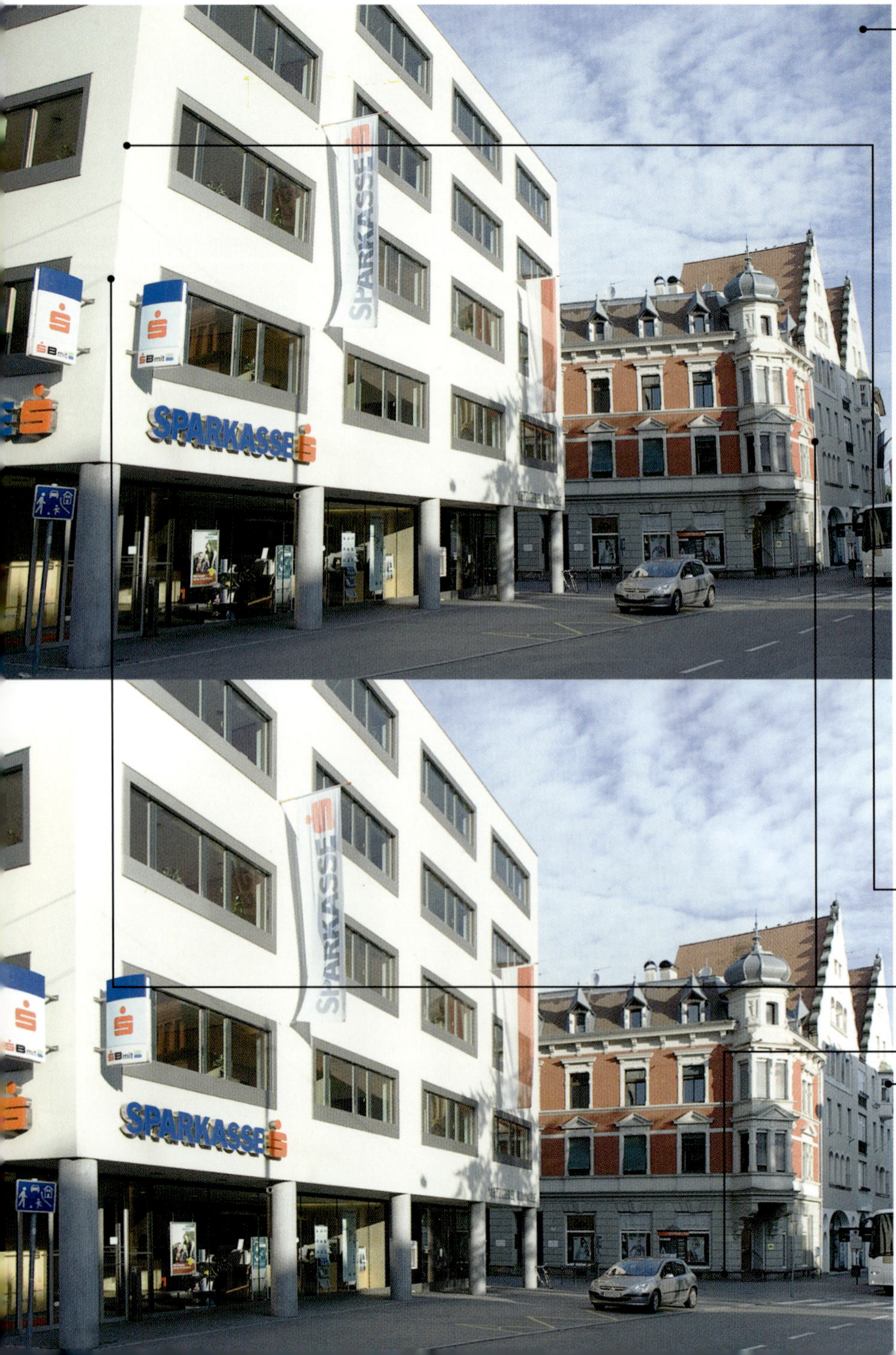

Zielsetzungen:

Abschattungen an den Ecken entfernen

Tonnenförmige Verzerrung – gut zu sehen an der gebogenen Fassade – entfernen

Perspektivische Verzerrung ausgleichen

Neigung gerade stellen

Freistellen

[objektivkorrektur.psd]

1 Filter Objektivkorrektur

Rufen Sie über FILTER • VERZERRUNGSFILTER • OBJEKTIVKORREKTUR auf (fragen Sie mich nicht, wer auf die Idee gekommen ist, den Filter an dieser Stelle in den Menüs zu verstecken – ich war's nicht).

Wenn Sie den Filter OBJEKTIVKORREKTUR aufrufen, sehen Sie zunächst ein oft störendes Raster über dem Bild. Dieses können Sie über die Option RASTER EINBLENDEN ❶ ausblenden.

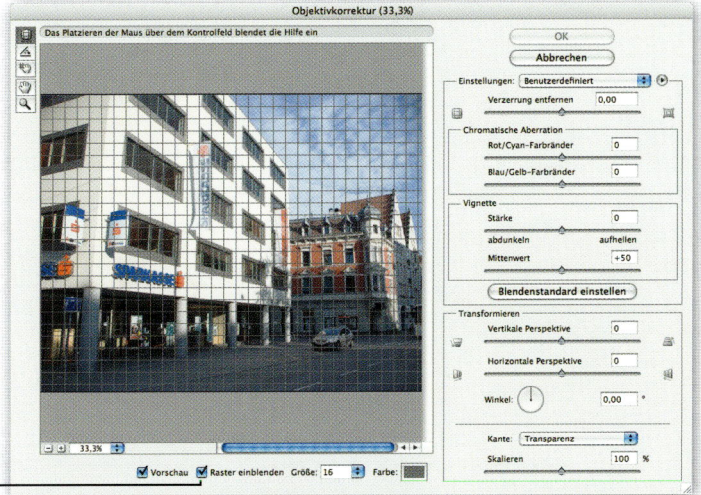

2 Vignettierung entfernen

Ein typischer Objektivfehler, vor allem bei Zoomobjektiven, ist die Vignettierung. Dabei entstehen an den vier Ecken unschöne Schatten, die vor allem im klaren Himmel, aber auch bei den weißen Wänden von Räumen recht deutlich zutage treten können.

Beseitigen Sie diese Abschattungen, indem Sie die Werte STÄRKE und MITTENWERT im Bereich VIGNETTE ❷ so ausbalancieren, dass die Vignettierung möglichst verschwindet.

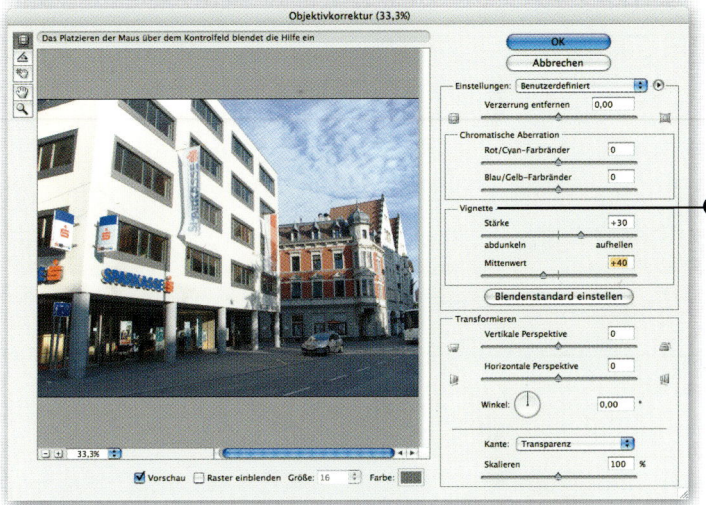

3 Verzerrung entfernen

Ebenfalls ein typischer Fehler von Zoom- und Weitwinkelobjektiven sind kissenförmige 🔲 wie auch tonnenförmige 🔳 Verzerrungen – zwei Begriffe, die sich wunderbar dazu eignen, mit fotografischem Fachwissen aufzutrumpfen, glauben Sie mir.

Unser Beispiel ist tonnenförmig verzerrt, d. h., es sieht aus, als wenn es etwas aufgeblasen wäre. Schieben Sie deshalb den Regler für VERZERRUNG ENTFERNEN ❸ in die Gegenrichtung, also zum Kissen hin.

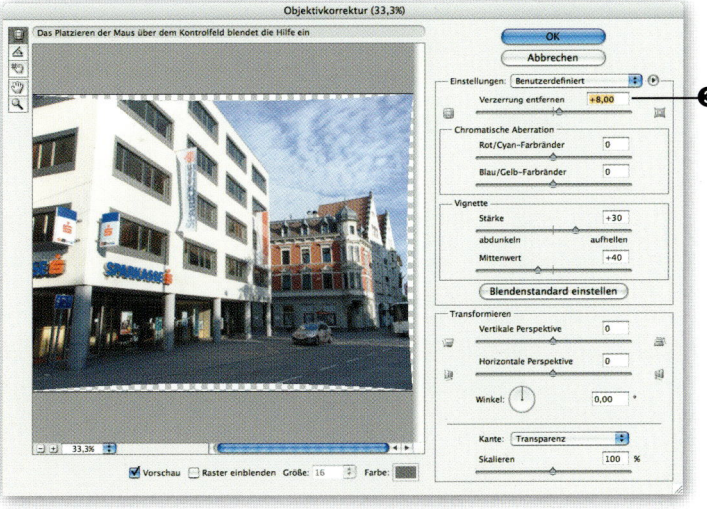

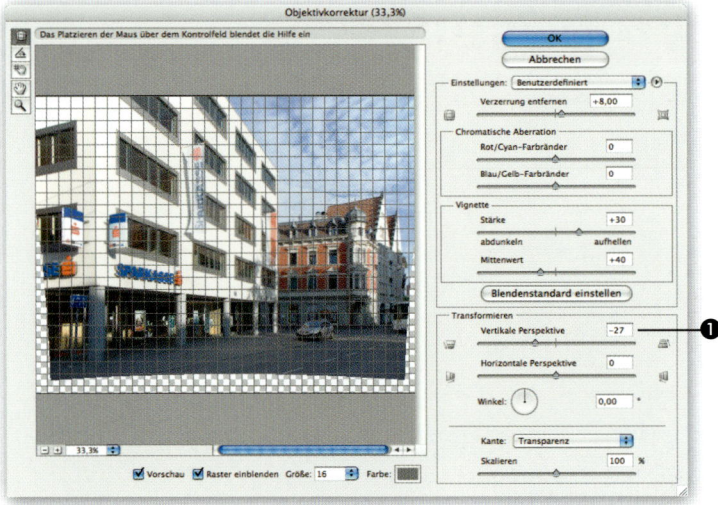

4 Perspektivische Verzerrung entzerren

Die perspektivische Verzerrung ist eigentlich kein Objektivfehler, sondern dem Umstand zu verdanken, dass wir Gebäude in der Regel aus der Perspektive des Frosches sehen und ablichten. Da Dinge, die weiter entfernt sind, immer kleiner erscheinen als jene vor unserer Nase, verjüngen sich die Wände einer Fassade zum Dach hin – für uns und die Frösche.

Schieben Sie den Regler für die VERTIKALE PERSPEKTIVE ❶ so weit nach links, bis die Fassaden des Motivs wieder lotrecht aufgerichtet sind.

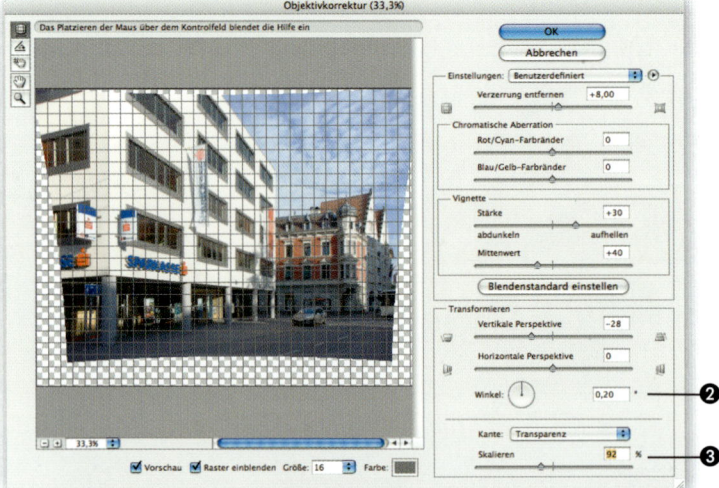

5 Neigung

Zwei Möglichkeiten, einen schiefen Horizont zu begradigen, haben Sie im Verlauf des Buches bereits kennengelernt. Hier kommt die dritte: Verstellen Sie den WINKEL ❷, bis waagrechte und senkrechte Linien des Motivs mit dem Raster übereinstimmen (wenn Sie das Raster nicht aktiviert haben, dürfen Sie es jetzt wieder zuschalten).

Es ist kaum zu glauben, aber das menschliche Auge wird bereits von Abweichungen im Zehntel-Millimeter-Bereich irritiert.

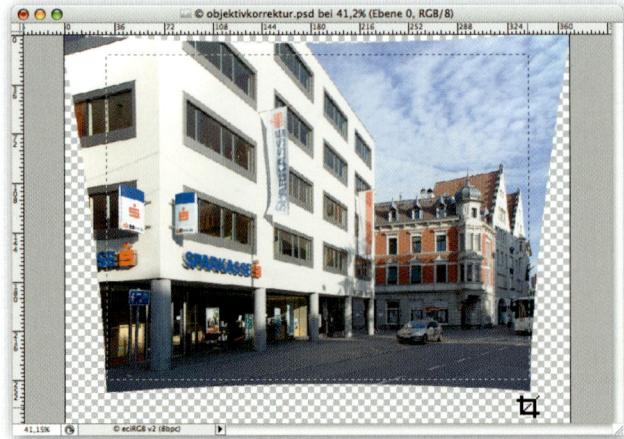

6 Freistellen

Im Dialog OBJEKTIVKORREKTUR habe ich noch die Skalierung ❸ verkleinert – dadurch bekommt das Foto oben wieder etwas mehr Luft, um Platz für die Freistellung zu schaffen.

Nachdem ich mit OK bestätigt habe, brauche ich das Bild nur mehr mit dem Freistellungswerkzeug ⊞ zu beschneiden, und die Entzerrung dieses schwierigen Falls ist abgeschlossen.

Tipp: Eine hervorragende Alternative zu Adobes eigenem Filter stellt das Plugin LensFix CI von Kekus Digital dar: www.kekus.com.

Staubflecken beseitigen

Flecken auf Linse oder Sensor digital entfernen

Nein, Sie sehen nicht doppelt. Die beiden Bilder sind in der Tat beinahe identisch. Wahrscheinlich müssten Sie eine Zeit lang suchen, um die beiden Staubflecken – vom Staub auf dem Kamera-Sensor verursacht – zu finden. Aber spätestens dann, wenn Sie diese Schandflecken auf Ihren schönsten Urlaubsfotos einmal wahrgenommen haben, sehen Sie anschließend nichts anderes mehr. Glücklicherweise fallen solche Flecken in erster Linie auf gleichmäßigen Flächen wie dem Himmel auf, und glücklicherweise lassen sie sich von dort mit je einem Klick entfernen.

Zielsetzungen:
Staubflecken entfernen
[bereichsreparatur.psd]

1 Bereichsreparatur-Pinsel-Werkzeug

Immer diese langen Namen, bei denen ich nie verstehen werde, wann sie mit Bindestrich und wann zusammengeschrieben werden. Ich werde wahrscheinlich auch niemals die beiden Namen Bereichsreparatur-Pinsel-Werkzeug und Reparatur-Pinsel-Werkzeug auseinanderhalten können (ich schreibe dies nur, um Sie zu beruhigen, falls es Ihnen ähnlich geht).

Wie auch immer. Zoomen Sie sich an den ersten Fleck heran, und wählen Sie das Bereichsreparatur-Pinsel-Werkzeug ❶.

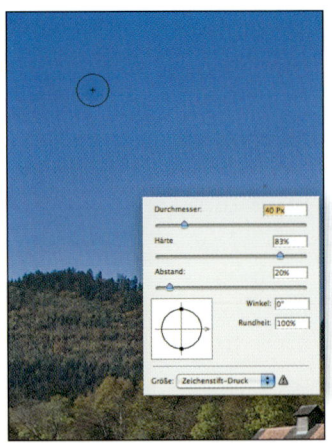

2 Größe einstellen

In diesem Fall wäre es kein Problem, dass der Pinseldurchmesser wesentlich größer ist als der Fleck. Trotzdem sollten Sie sich angewöhnen, eine Pinselgröße einzustellen, die gerade ein bisschen größer ist als das zu entfernende Objekt.

Zur Erinnerung: Mit einem Rechtsklick auf die Arbeitsfläche öffnen Sie eine Palette, mit der Sie die Pinselspitze einstellen können – auch beim Bereichsreparatur-Pinsel.

Klicken Sie dann auf den Fleck – Photoshop entfernt ihn rückstandsfrei.

3 Zweiten Fleck entfernen

Lokalisieren Sie den zweiten Fleck, und klicken Sie auch auf diesen.

Würden Sie hier einen zu großen Pinsel einsetzen ❷ und kämen einer andersartigen Fläche oder Struktur zu nahe (hier die Bäume), dann würde diese Struktur in die Berechnung zur Beseitigung des Flecken einbezogen, und das Resultat sähe so ❸ aus.

SCHWIERIGKEITSGRAD 1 FÜR EINSTEIGER

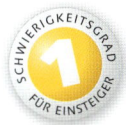

Das Rote-Augen-Werkzeug und Alternativen

Leuchtend rote Augen hat mein Schatz!

Bevor ich jetzt Ärger mit meinem echten Schatz bekomme, mit der hübschen jungen Frau auf dem Bild und der Freundin, die mir das Bild zur Verfügung stellte, möchte ich zur Überschrift anmerken, dass sie sich auf den Titel eines alten Schlagers bezieht und die Dame auf dem Foto nicht wirklich mein Schatz ist. Das einzig Wahre an der Überschrift ist, dass die Abgebildete leuchtrote Augen hat – ein Problem, das untrennbar mit direktem Blitzen verbunden ist. Photoshop hat ein Werkzeug, das behauptet, es könne rote Augen ausbessern. Aber das ist genauso gelogen wie die Substanz meiner Überschrift.

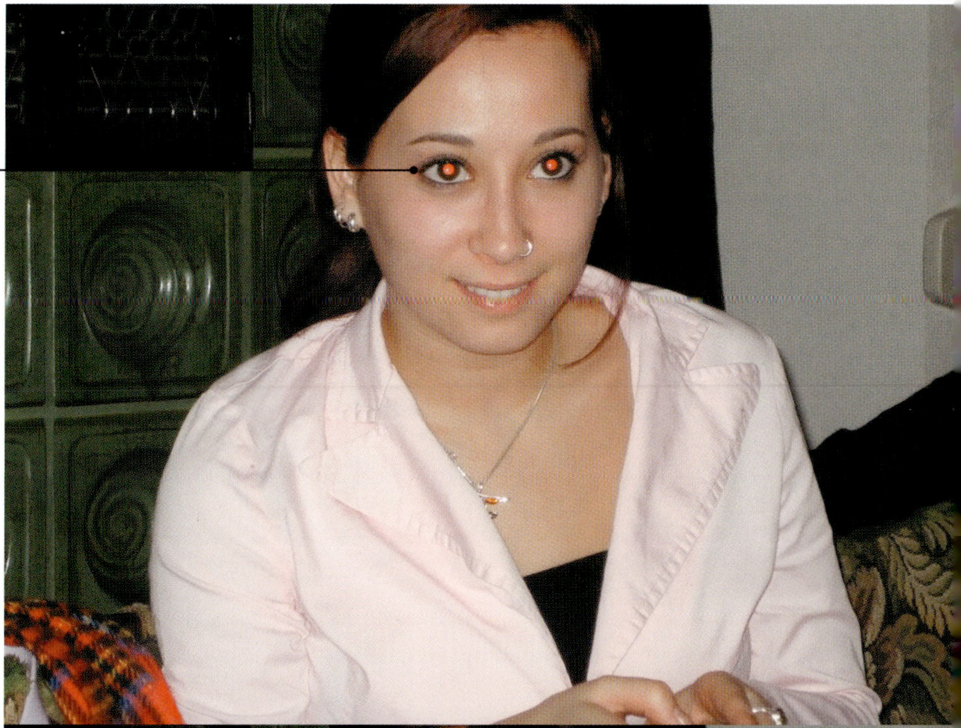

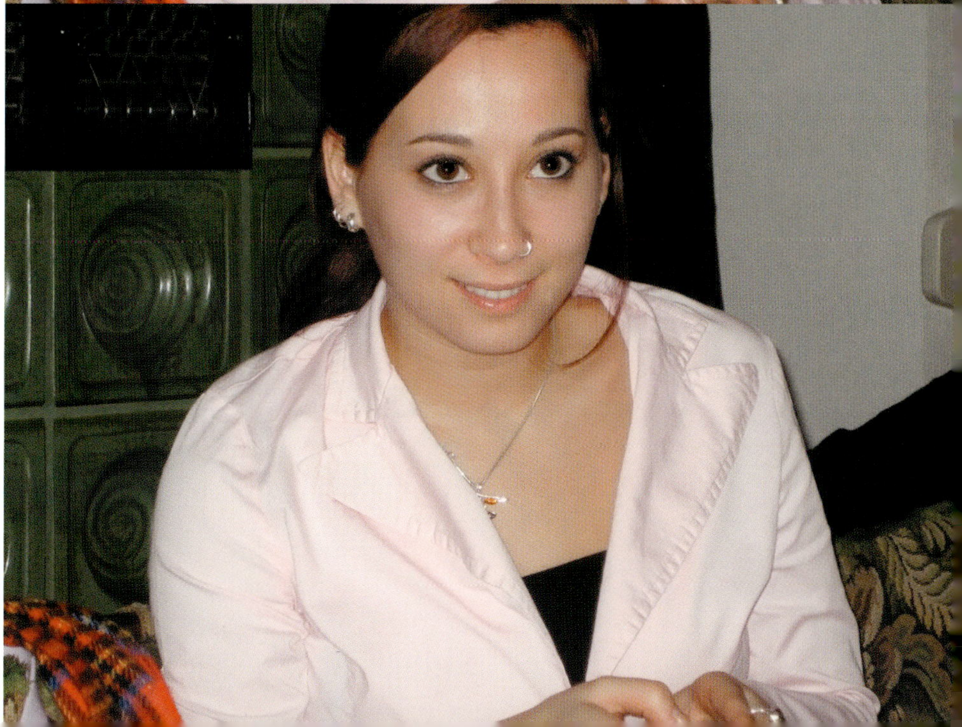

Zielsetzungen:
Rote Augen retuschieren
[rote_augen.psd, rote_augen2.psd]

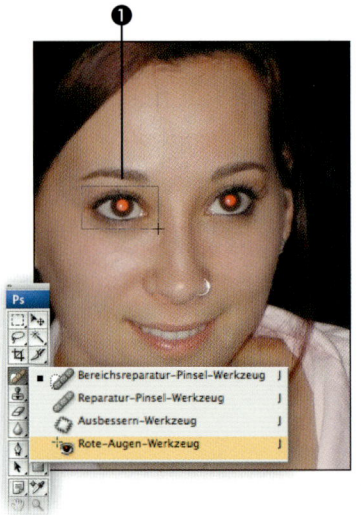

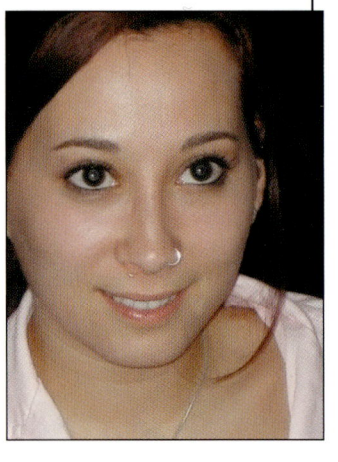

1 Rote-Augen-Werkzeug

Dieses sollte eigentlich »Mach-aus-roten-Augen-graue-Augen-Werkzeug« heißen. Aber Sie verstehen schon: Der Name wäre zu lang!

Wie Sie sehen, halte ich wenig von diesem Werkzeug. Ich finde, es ist Photoshop nicht würdig. Ich zeige Ihnen aber dennoch, wie Sie damit arbeiten. Wählen Sie das Rote-Augen-Werkzeug, ziehen Sie damit eine Auswahl um jedes Auge einzeln ❶ – fertig: graue Augen ❷.

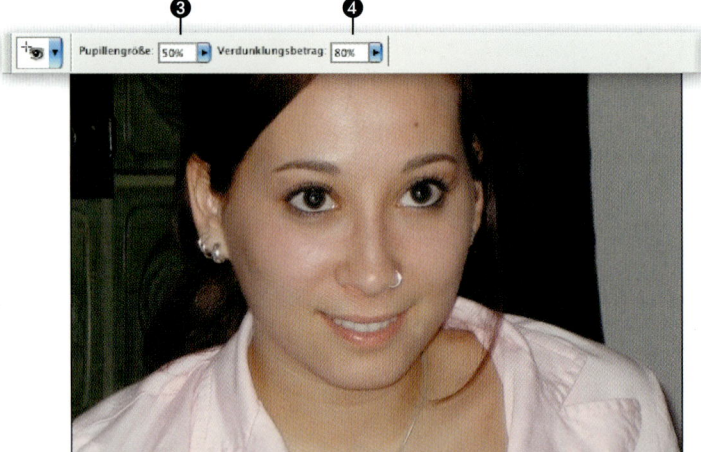

2 Verdunkelungsbetrag

Sie können nun damit experimentieren, in den Werkzeugoptionen die PUPILLENGRÖSSE ❸ anzupassen und den VERDUNKELUNGS-BETRAG ❹ zu erhöhen (verringern hat nach meiner Erfahrung noch nie etwas gebracht). Wenn Sie Glück haben, gerät das Ergebnis besser als das, was ich damit bei diesem Bild erreichen konnte.

So. Genug gemosert! Jetzt zeige ich Ihnen, wie Sie rote Augen wirklich wegbekommen.

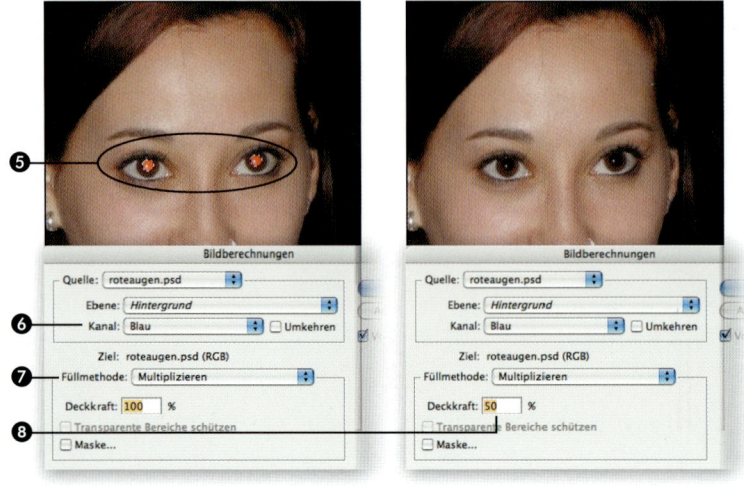

3 Auswahl und Bildberechnungen

Erstellen Sie zuerst eine möglichst exakte Auswahl ❺. Möglichst exakt heißt: Ist das Rot scharf begrenzt, brauchen Sie eine scharfe Auswahlkante; verläuft das Rot weich nach außen, brauchen Sie eine weiche.

Wählen Sie dann BILD • BILDBERECHNUNGEN. Stellen Sie als KANAL • BLAU ❻ und als FÜLL-METHODE • MULTIPLIZIEREN ❼ ein. Bestätigen Sie die Einstellungen mit OK. Ist das Ergebnis noch nicht ausreichend, wiederholen Sie die Bildberechnungen – bei Bedarf mit reduzierter DECKKRAFT ❽.

4 Weiteres Beispiel

Das Schwierigste an dieser Methode ist an und für sich, eine passende Auswahl zu erstellen. Die Art, wie aus den Augen rotes Licht reflektieren kann, ist nicht immer gleich. Im vorangegangenen Beispiel hätte man fast einen kräftigen Scheinwerfer hinter den Pupillen vermuten können. Bei diesem Beispiel ist das Rot bedeutend weniger kräftig und auch nicht so scharf umrissen, aber noch immer äußerst störend.

5 Auswahl erstellen

Zur Retusche der roten Augen habe ich zuerst die Iris der linken Frau ausgewählt. Über KANTE VERBESSERN ❾ habe ich die mit dem Auswahlellipse-Werkzeug erstellte Auswahl angepasst ❿. Dann habe ich BILDBERECHNUNGEN aufgerufen. Bei diesem Bild führte der Grün-Kanal zum besseren Ergebnis als der Blau-Kanal (wählen Sie aus Blau- und Grün-Kanal jeweils den geeigneteren aus).

Bei der zweiten Frau ⓫ bin ich identisch vorgegangen, nur war hier die Reduktion der Deckkraft auf 60 % ⓬ notwendig.

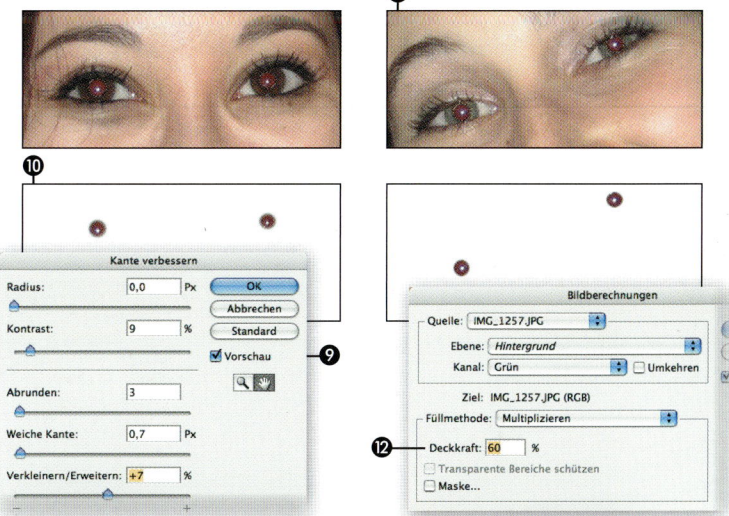

6 Keine roten Augen mehr

Wie Sie sehen, lohnt sich der Mehraufwand im Verhältnis zum Rote-Augen-Werkzeug. Hier ist wirklich nichts mehr von den vormals roten Augen zu sehen.

SCHWIERIGKEITSGRAD 2 FÜR AUFSTEIGER

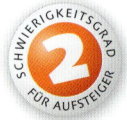

Überbelichtete Bilder nachbelichten

Ebenen multiplizieren – Kontraste schaffen

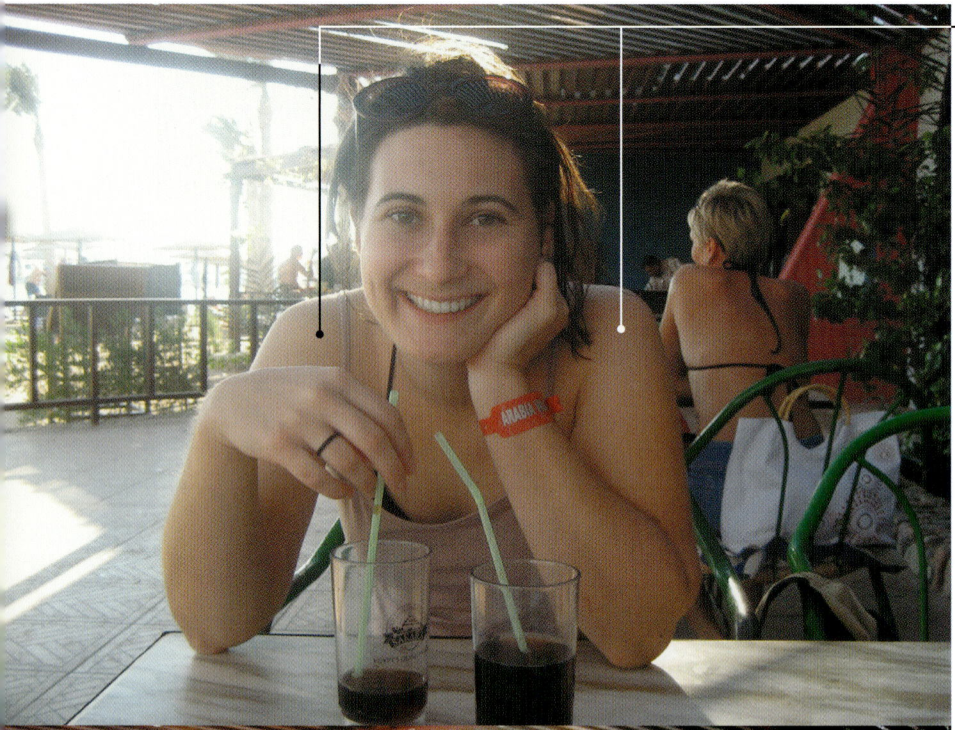

Ein bei Fotografien ebenfalls häufig auftretendes Problem ist die Überbelichtung. Aber auch das lässt sich in den Griff bekommen, wenn das Foto in den wichtigen Bereichen noch ein Mindestmaß an Bildinformation (Zeichnung) enthält. Das heißt, wenn Sie mit dieser Methode, auch mit mehreren übereinandergeschichteten und multiplizierten Ebenen, keine Zeichnung mehr aus einem Bild hervorkitzeln können und die Bereiche weiß bleiben, dann befindet sich in diesen Passagen keine Bildinformation, und Hopfen und Malz sind verloren.

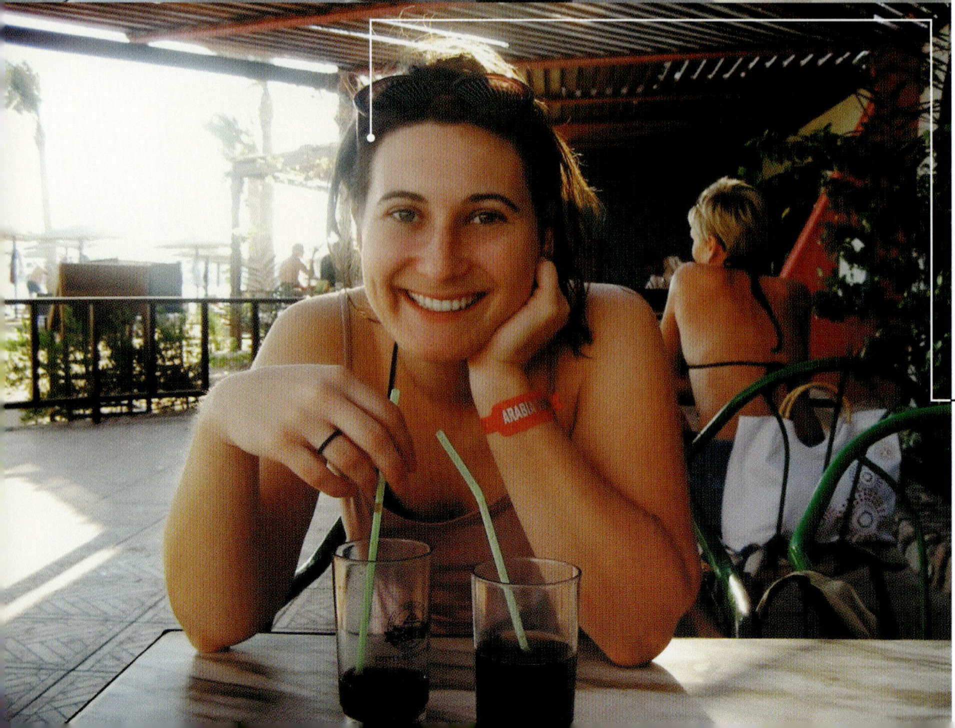

Zielsetzungen:

Gleichmäßigere Lichtverhältnisse für linke und rechte Seite der Person schaffen

Überbelichtete Bereiche abdunkeln und Kontrast erhöhen

[ueberbelichtet.psd]

1   Ebene duplizieren und multiplizieren

Beginnen Sie damit, den Hintergrund zu duplizieren, und stellen Sie die Füllmethode auf MULTIPLIZIEREN ❶. Als Ergebnis ❷ sollte das Bild dann bedeutend kontrastreicher erscheinen. Sollte eine Ebene nicht ausreichend sein, duplizieren Sie die neue Ebene einfach so oft weiter, bis das Bild ausreichend Kontrast bekommen hat.

In diesem Fall ist eine zusätzliche Ebene ausreichend, auf der rechten Seite der Frau sogar zu viel.

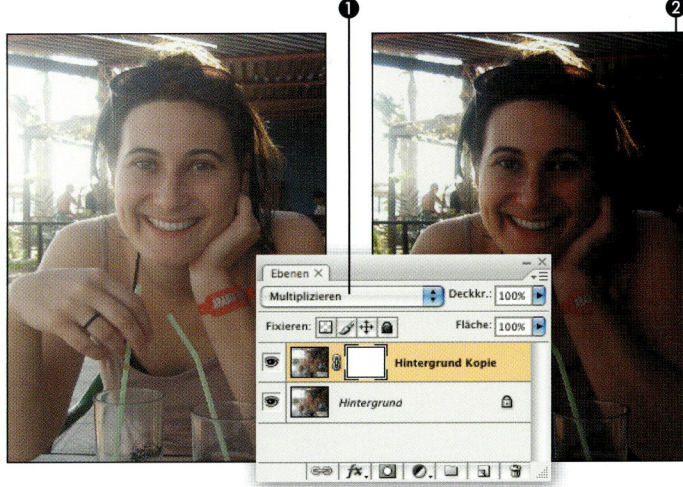

2   Ebenenmaske hinzufügen

Um die Lichtverhältnisse auf linker und rechter Seite auszugleichen, fügen Sie der Ebene eine Ebenenmaske hinzu. Erstellen Sie in der Ebenenmaske einen Verlauf von Schwarz zu Weiß ❸.

Linke und rechte Seite des Bildes wirken jetzt schon deutlich gleichmäßiger belichtet, lediglich der Bereich innen am rechten Arm wirkt nun deutlich zu dunkel ❹.

3   Zweite Ebene und Gradationskurven

Die zu dunklen Innenarme habe ich aufgehellt, indem ich bei reduzierter Deckkraft und schwarzem Pinsel die Wirkung von »Hintergrund Kopie« ❺ in der Ebenenmaske etwas zurück genommen habe ❽. Den Hintergrund habe ich noch einmal kopiert ❻ und die Füllmethode ebenfalls auf MULTIPLIZIEREN gestellt, allerdings hier die DECKKRAFT ❼ auf 72 % reduziert. Abschließend konnte ich dem Bild mit einer Gradationskurven-Einstellungsebene noch etwas mehr Pepp verleihen und über Farbton/Sättigung das Rot reduzieren.

Schwierigkeitsgrad 2 für Aufsteiger

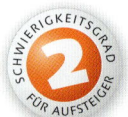

Bildrauschen entfernen

Wenn Bildpassagen voll flimmernder Störungen sind

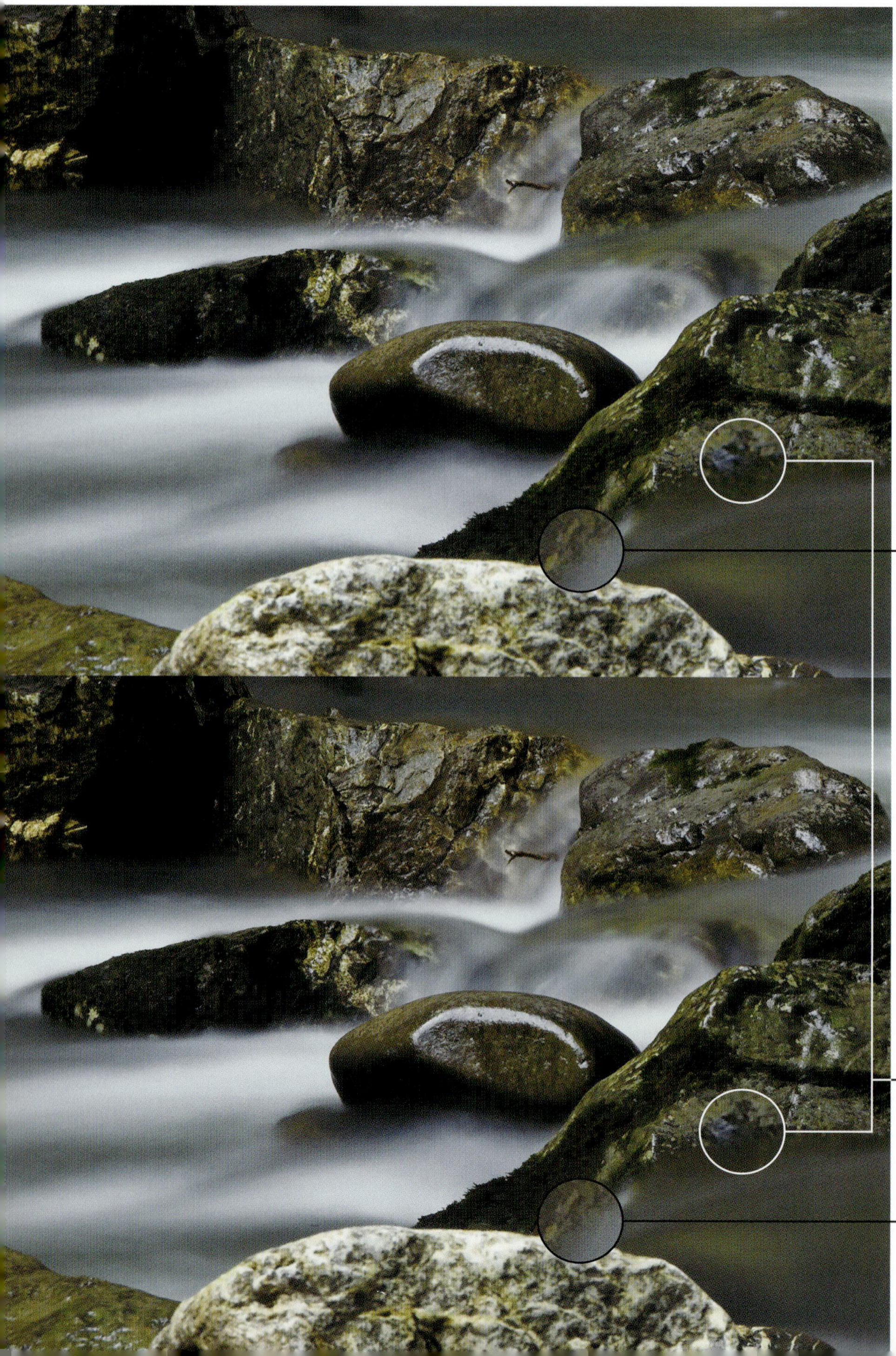

Bildrauschen reduzieren ist eine sehr subtile Angelegenheit. Ich fürchte, dass die feinen Unterschiede im Druck, gerade für einen Einsteiger, nur mehr schwer zu erkennen sind. Besonders bei den Beispielen über Rauschen und Störungen hilft es, wenn Sie sich das Bild am Monitor ansehen. Was sich hier im Buch höchstens noch dem geübten Auge des Fachmanns erschließt, ist am Bildschirm meist doch ganz offensichtlich. Bei diesem Bild tritt das Rauschen in erster Linie im fließenden Wasser auf. Meist sind aber vor allem auch dunkle Stellen in allen möglichen Motiven arg betroffen.

Zielsetzungen:

- Bildrauschen reduzieren
- Details und Farbnuancen erhalten

[rauschenreduzieren.psd]

1 Rauschen reduzieren

Rufen Sie über das Menü FILTER • RAUSCH-
FILTER • RAUSCHEN REDUZIEREN den gleichnamigen Filter auf. Die Einstellungen sollten
aussehen wie abgebildet. Bewegen Sie den
Mauszeiger in die Vorschau und drücken Sie
die Maustaste ❶. Solange sie gedrückt ist,
sehen Sie den Urzustand des Bildes; lassen Sie
die Maustaste wieder los, dann sehen Sie den
veränderten Zustand. Mit dieser Vorher/
Nachher-Methode können Sie die Auswirkungen der Einstellungen gut überprüfen.

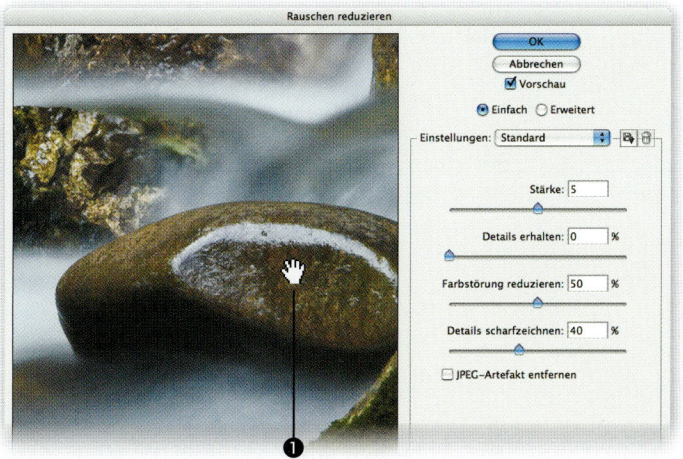

2 Farbstörungen reduzieren

Ich stelle zunächst den Wert von FARBSTÖRUN-
GEN REDUZIEREN auf 0 % ❸. Von da weg
erhöhe ich den Wert wieder in Zehnerschritten (⇧+↑). Die Verbesserung von 40 % im
Verhältnis zu 30 % ist marginal, weshalb ich
bei 30 % ❹ bleibe.

Der Nachteil von FARBSTÖRUNGEN REDUZIE-
REN ist, dass damit auch feine Farbnuancen,
die ins Bild gehören, reduziert werden. Am
besten erkennen Sie den Verlust an Farbnuancen am hinteren Stein ❷ durch die oben
beschriebene Vorher/Nachher-Methode.

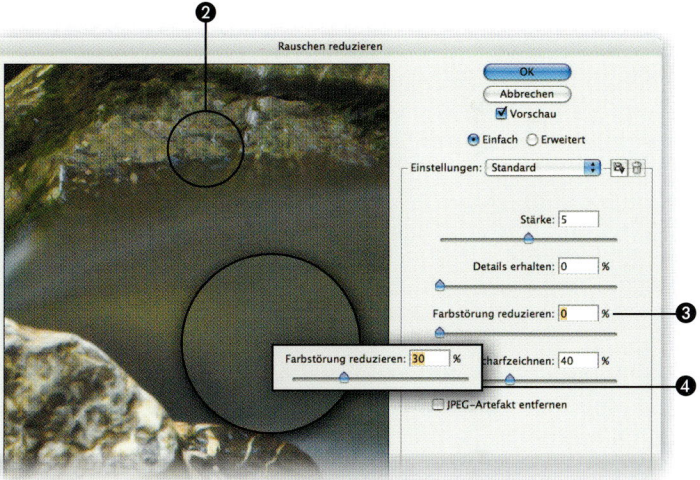

3 Details erhalten

Die Unschärfe, die ich unter Schritt 1 beschrieben habe und die noch immer deutlich auszu-
machen ist, reduziere ich nun, indem ich mit
⇧+↑ den Wert für DETAILS ERHALTEN ❺ in
Zehnerschritten von null weg erhöhe, bis die
Verbesserung marginal bleibt. Hier belasse ich
es bei 20 %.

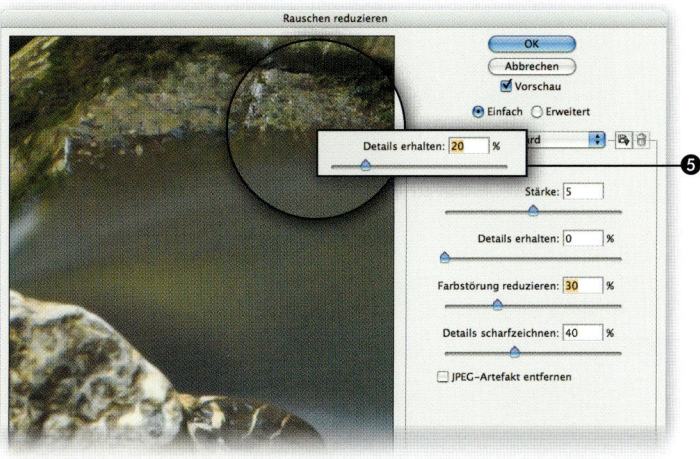

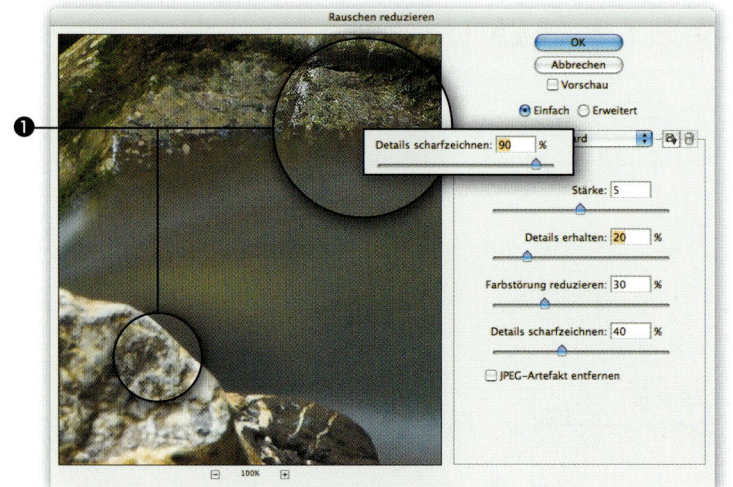

4 Details scharfzeichnen

»Zu viele Regler verderben die Suppe«, sagt
ein altes Sprichwort, und etwas Wahres ist
schon dran. Details scharfzeichnen führt, wie
bereits in einem früheren Kapitel kurz erwähnt, oft zu aggressiv überschärften Strukturen. Ich habe Ihnen die Auswirkungen hier
noch einmal mit einem deutlich überhöhten
Wert von 90 % dargestellt ❶.

Ich belasse den Wert bei diesem Bild bei
40 %, da weder eine Erhöhung noch eine
Verminderung einen deutlich sichtbaren Unterschied bringt.

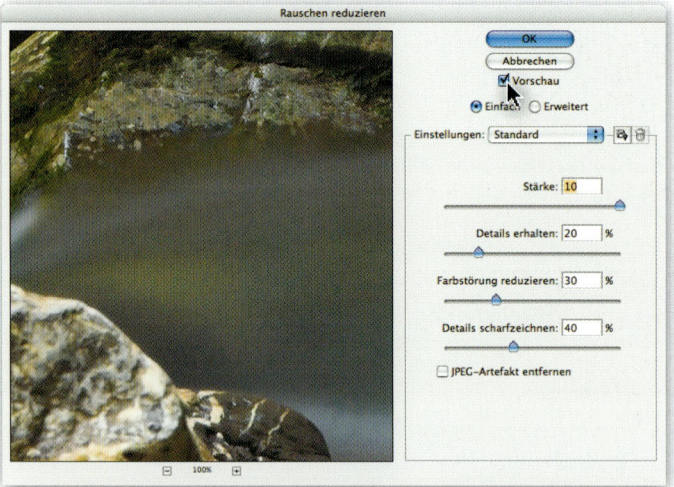

5 Stärke

Abschließend erhöhe ich auch bei diesem Bild
wieder die Einstellung für STÄRKE und kann
dabei ganz locker bis zum rechten Anschlag
gehen. Wenn Ihr Monitor es erlaubt, hinter
dem Dialogfenster das Dokumentfenster an-
zuzeigen, können Sie auch durch Aktivieren
und Deaktivieren der VORSCHAU die Verbesserung des Bildrauschens überprüfen – auch
eine Vorher/Nachher-Methode.

6 Aktion beendet

Klicken Sie OK. Die Reduzierung des Rauschens ist somit abgeschlossen.

Rauschen ist keine Störung, die in jeder
Stärke unter allen Umständen deutlich ins
Auge fällt. Besonders in Diashows an Bildschirmen und Beamern kann es aber oft sehr
unangenehm auffallen.

SCHWIERIGKEITSGRAD 2 FÜR AUFSTEIGER

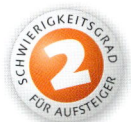

Rauschen über Lab vermindern

Störungen über Kanäle reduzieren

Gerade Farbrauschen, wie es in diesem Bild sehr intensiv auftritt, kann über Kanäle oft schneller und einfacher vermindert werden als über einen Filter.

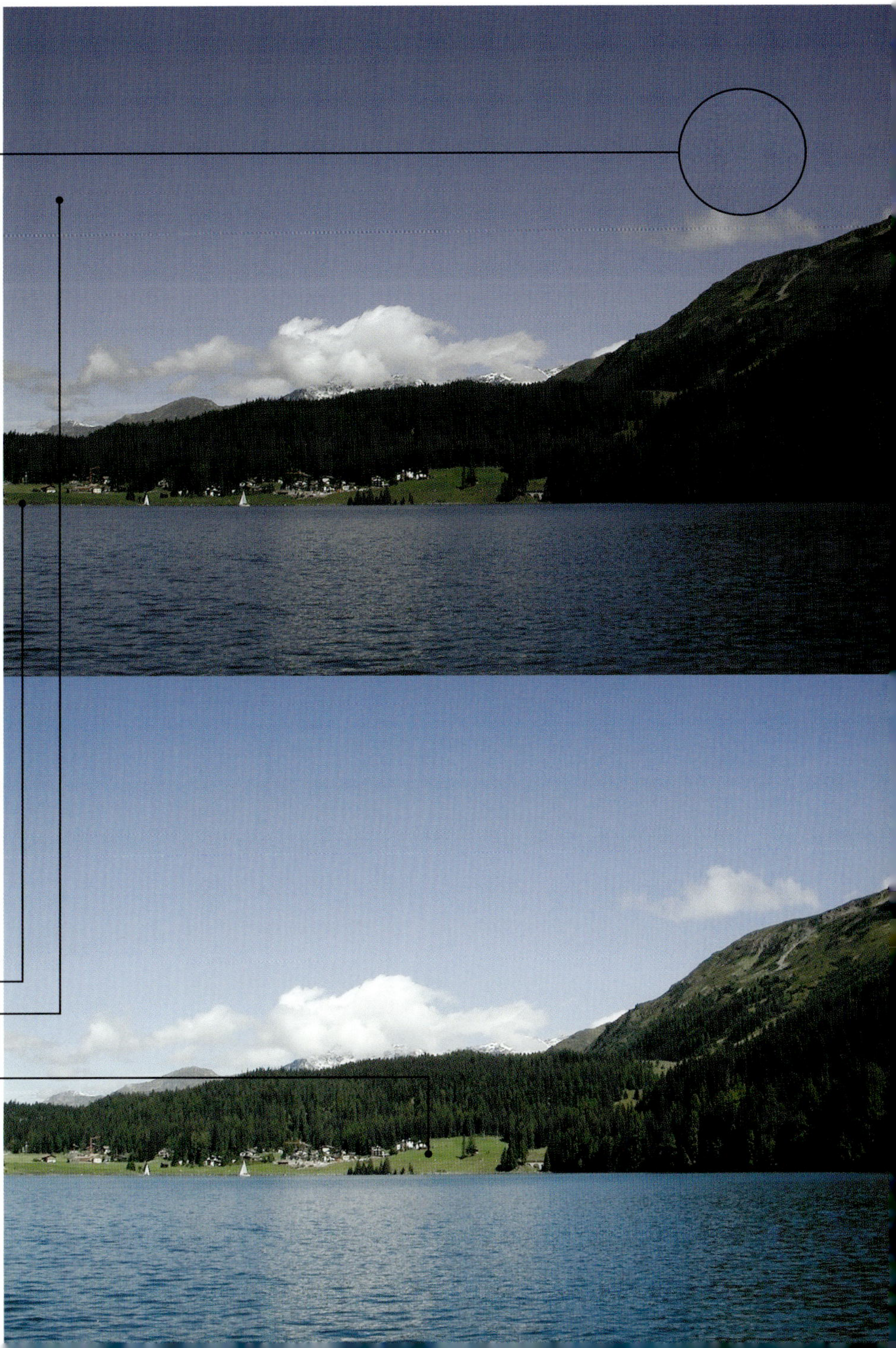

Zielsetzungen:

Farbrauschen im Himmel reduzieren

Kontrast und Helligkeit verbessern

Magenta-Stich im Himmel reduzieren

Farbe des Grases saftiger gestalten

[rauschenreduzieren2.psd]

1 Zur Tatsächliche-Pixel-Ansicht einzoomen

Gerade beim Reduzieren von Rauschen und Störungen ist es außerordentlich wichtig, immer in der 100-Prozent-Ansicht zu arbeiten. Zoomen Sie also am besten gleich in das Bild hinein, bis Sie die Ansicht TATSÄCHLICHE PIXEL sehen.

Zur Erinnerung: Sie können die Lupe durch Drücken von [Strg]/[⌘]+Leertaste temporär aufrufen und klicken, bis Sie in der 1:1-Ansicht sind, oder Sie können [Strg]/[⌘]+[Alt]+[0] eingeben.

2 In Lab-Farbe konvertieren

Wechseln Sie dann über Menü BILD • MODUS • LAB-FARBE in den Lab-Farbmodus.

Ein Lab-Bild besteht aus zwei Kanälen – a und b –, in denen sich ausschließlich die Farbinformationen zur Bildbeschreibung befinden. Im a-Kanal finden sich die Farbinformationen für Rot und Grün, im b-Kanal jene für Blau und Gelb. Die Beschreibung der Helligkeit im Bild befindet sich in einem separaten Kanal.

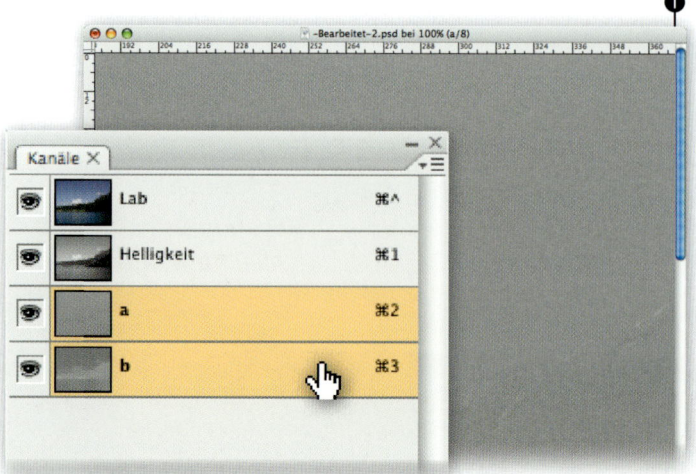

3 Lab-Farbkanäle auswählen

Stellen Sie im Helligkeits-Kanal starkes Rauschen fest, vergessen Sie diese Technik – dann sollten Sie den Filter RAUSCHEN REDUZIEREN versuchen.

a und b sehen oft aus wie im Screenshot ❶. Hier ist das Rauschen in den Farbkanälen deutlich zu sehen. Aktivieren Sie bei gedrückter [⇧]-Taste die Kanäle a und b – sie werden dann farblich hinterlegt dargestellt –, und wählen Sie FILTER • WEICHZEICHNUNGSFILTER • GAUSSSCHER WEICHZEICHNER.

> **Hinweis:** Bei der Konvertierung vom RGB- in den Lab-Farbraum und zurück entsteht keine Farbveränderung – Sie können beliebig hin- und herkonvertieren.

4 Gaußscher Weichzeichner

Wählen Sie im Gaußschen Weichzeichner einen Wert, der die Störungen im Himmel ❷ möglichst verschwinden lässt. Zwar verschwimmen die Farbinformationen des Bildes mit dieser Methode leicht ineinander, aber wenn Sie die Technik maßvoll einsetzen, dann ist dies kaum zu sehen. Dieses Bild ist diesbezüglich ein gutmütiger Kandidat, da keine kräftigen Farben mit harten Kanten aneinandergrenzen. Anschließend stellen Sie am besten wieder zurück auf RGB.

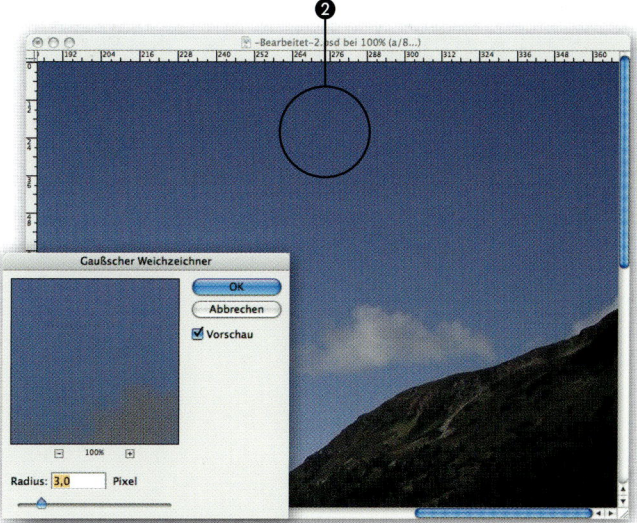

5 Gradationskurven

Ich beseitige normalerweise erst störendes Rauschen, bevor ich mich an Tonwert- und Farbanpassungen mache. Bei diesem Bild hatte das aber zur Folge, dass nach der Selektiven Farbkorrektur das Farbrauschen fast verschwunden, das verbliebene Helligkeitsrauschen aber mit der Lab-Methode nicht mehr zu beseitigen war. So ist die Bildverarbeitung: Sie kommen mit einer Standardmethode eben nie bei allen Bildern durch. Für das eingangs abgebildete Ergebnis war noch diese Gradationskurve notwendig.

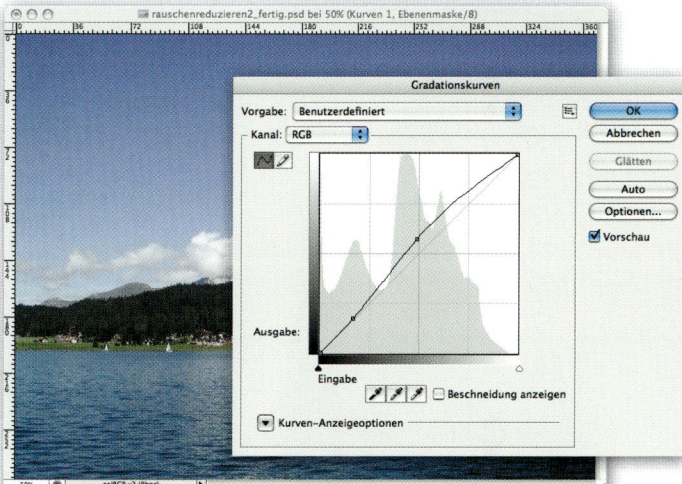

6 Selektive Farbkorrektur

Ich weiß nicht weshalb, aber die Farbe dieses Himmels erinnert mich permanent an Schokolade. Das muss sich ändern!

Im Dialog SELEKTIVE FARBKORREKTUR habe ich die Blautöne kräftig mit Cyan vollgepumpt, und – weil ich gerade dabei bin, Farben zu manipulieren – den Grüntönen mit Gelb mehr Kraft verleihen.

Hinweis: Von Farbrauschen spricht man, wenn farbige Pixel das Rauschen verursachen; von Helligkeits- bzw. Luminanzrauschen, wenn die Pixel gleichfarbig, aber unterschiedlich hell sind. Farbrauschen ist in Lab in den Farbkanälen zu sehen, Helligkeitsrauschen im Helligkeitskanal.

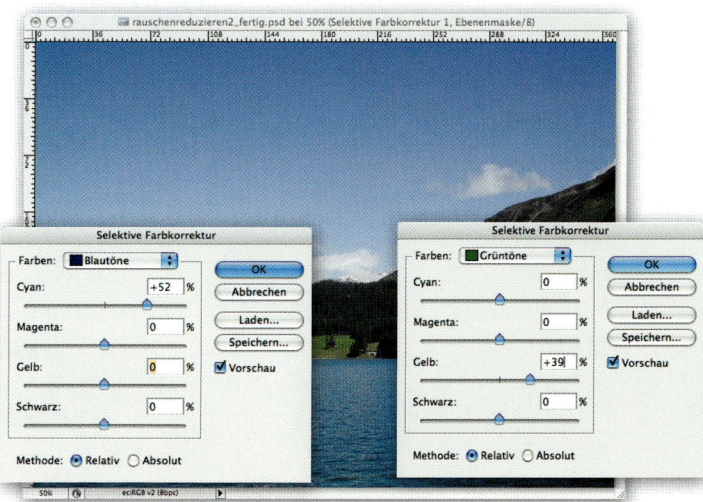

Retusche

Nothing is real. Das sang John Lennon in der 6oer-Jahren. Auf die Bilder, die uns heute allerorts in der Werbung und in Zeitschriften begegnen, trifft das sicher absolut zu. Dabei ist es gar keine Erscheinung unserer Zeit, schon die Künstler des Mittelalters waren angehalten, Ihre Auftraggeber nicht zu realistisch darzustellen.

Auch bei diesem Modell habe ich es nicht ganz bei der Realität belassen, sondern der natürlichen Schönheit noch etwas weiter auf die Sprünge geholfen, indem ich Poren und Flecken auf der Haut entfernt und das Gesicht danach weichgezeichnet habe. Schatten unter den Augen wurden entfernt, die Mundstellung korrigiert, die Lippen rot gefärbt, die Zähne gebleicht, Wimpern abgedunkelt und der Glanz in den Augen verstärkt …

Foto: Pascal Reis

Retusche

Die Reparatur-Werkzeuge

So restaurieren Sie alte Bilder.

Bilder zu retuschieren ist eine aufwändige Arbeit. Glücklicherweise unterstützt Sie Photoshop mit cleveren Werkzeugen. Aufwändig bleibt es trotzdem, aber die Resultate, die zu erreichen sind, können sich sehen lassen. Für diese Restaurierungsarbeit hat mir meine Mutter Fotos aus ihren Alben zur Verfügung gestellt – dieses stammt aus dem Jahr 1919 und zeigt meine Großmutter mit ihrer Schwester.

Zielsetzungen:
Flecken und Kratzer beseitigen
Helligkeit und Kontrast erhöhen
[restaurierung1.psd]

Foto: Markus Wäger

1 Isolierte Flecken entfernen

Beginnen Sie zunächst mit dem Bereichs-reparatur-Pinsel-Werkzeug isolierte Flecken zu entfernen. Damit meine ich jene Flecken, die komplett auf einer Fläche oder Struktur liegen und nicht – beispielsweise – zum Teil auf dem dunklen Hintergrund und zum Teil auf dem hellen Kleid. Stellen Sie den DURCHMESSER auf eine passende Größe ein und die HÄRTE auf ca. 80 % ❶. Klicken Sie dann auf die zu entfernenden Flecken ❷.

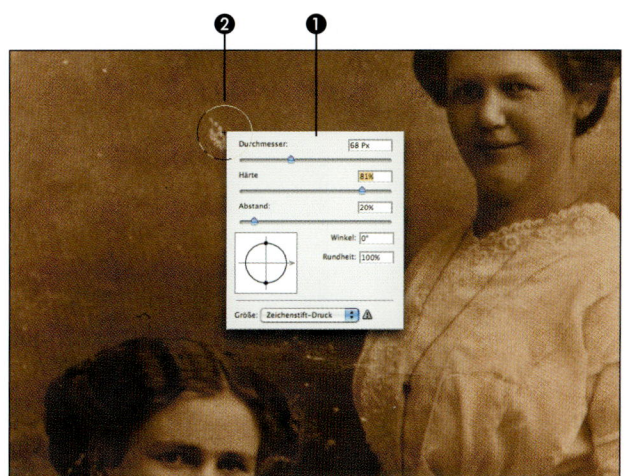

2 Mittlere Flecken entfernen

Ich entferne immer zuerst die großen Flecken, stelle den DURCHMESSER dann kleiner ❸ um die mittleren zu beseitigen, und mache zum Schluss den ganz kleinen den Garaus.

Suchen Sie das komplette Bild ab, und klicken Sie auf alle Flecken, die es verdient haben, zu verschwinden. Dabei stellen auch Stoffstrukturen ❹ kein Problem dar – selbst Spitzen sind für dieses Werkzeug kein allzu großes Hindernis.

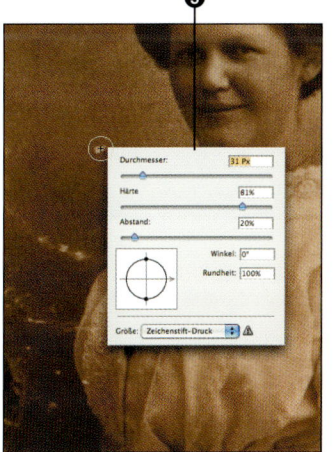

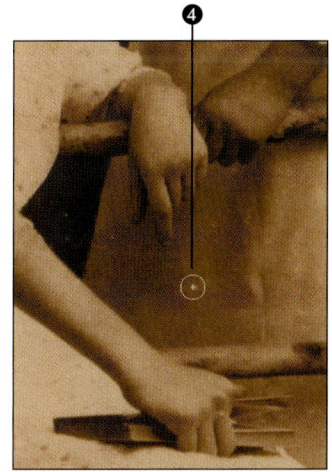

3 Risse und lange Flecken beseitigen

Auch Flecken, die, wie diese drei hier ❺, direkt beieinanderliegen oder gar miteinander verschmelzen, beseitigen Sie, indem Sie bei gedrückter Maustaste darüberfahren.

Photoshop zeigt zwar eine dunkle Spur ❻, während Sie darüber hinwegwischen, aber diese verschwindet nach einem Augenblick; was bleibt, ist eine Struktur, die jener, von der die Flecken umgeben waren, entspricht. Die Flecken sind weg ❼.

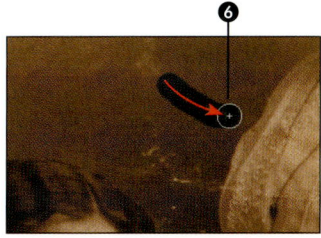

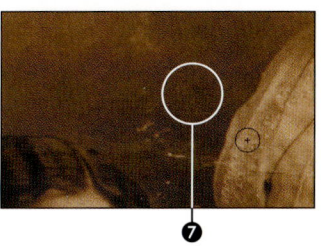

4 Kleine Flecken entfernen

Nachdem Sie große und mittlere Flecken entfernt haben, kümmern Sie sich um die ganz kleinen. Achten Sie dabei besonders auf Flecken in markanten Bildpassagen, wie hier im Gesicht ❶ der Frau. Gerade an diesen Stellen sind die kleinsten Störungen äußerst auffällig. Entfernen Sie diese Flecken mit einem Klick.

Danach kommen wir zu jenen Flecken, die auf zwei unterschiedlich getönten oder strukturierten Flächen liegen.

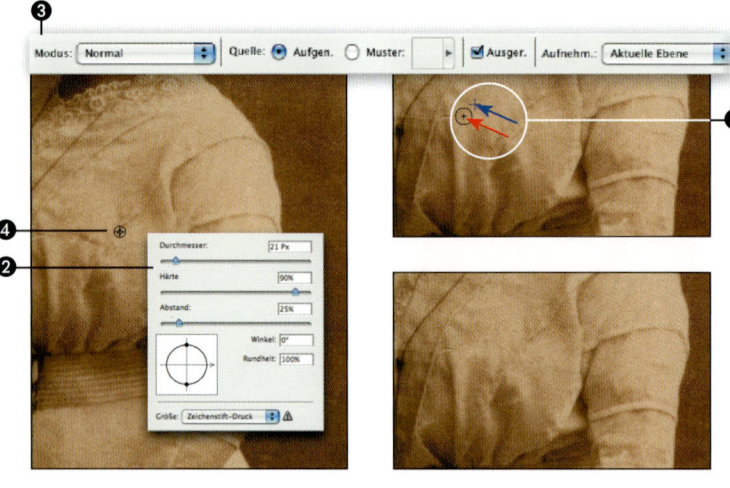

5 Flecken an kritischen Stellen beseitigen

Wählen Sie das Reparatur-Pinsel-Werkzeug und stellen Sie DURCHMESSER und HÄRTE ❷ sowie die OPTIONEN ❸ wie abgebildet ein. Suchen Sie einen Bereich, der als Quelle für den zu entfernenden Fleck dienen kann, und klicken Sie bei gedrückter [Alt]-Taste darauf ❹. Übertragen Sie die Quelle auf den Zielbereich, indem Sie darüber hinwegziehen ❺ (der blaue Pfeil zeigt den Quell-, der rote den Zielbereich).

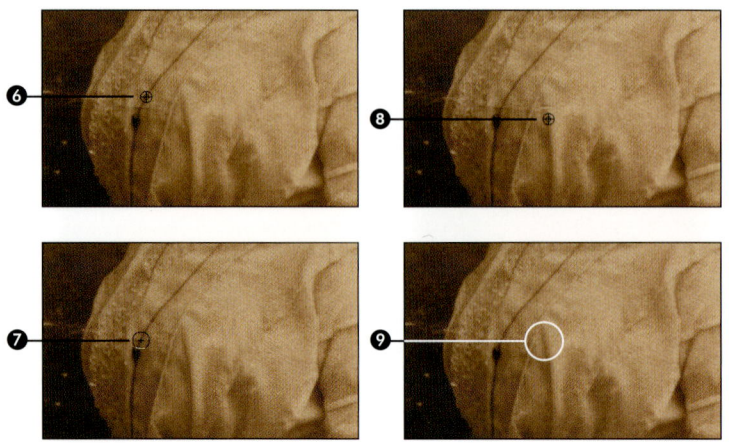

6 Quell- und Zielbereich korrekt ausrichten

Orientieren Sie sich beim Aufnehmen ❻ und Übertragen ❼ an einer Linie, und achten Sie darauf, dass sowohl Aufnahme- wie auch Übertragungspunkt direkt mittig daraufliegen. Im linken Beispiel habe ich mich an der Kette orientiert, rechts habe ich mich an die Schatten der Falte im Kleid ❽ gehalten – auch hier mit bestem Erfolg ❾.

> **Tipp:** Gerade beim Arbeiten mit Stempel und Reparatur-Pinsel ist ein Fadenkreuz im Zentrum Gold wert. Aktivieren Sie dazu in den VOREINSTELLUNGEN • ZEIGERDARSTELLUNG die Option PINSELSPITZE MIT FADENKREUZ ANZEIGEN.

7 Weitere Flecken und Kratzer

Beseitigen Sie auf dieselbe Art durch Aufnehmen und Übertragen mit dem Reparatur-Pinsel-Werkzeug alle Flecken, die sehr nahe an einer andersgearteten Fläche liegen, wie beispielsweise den Fleck hier ❿ nahe den Haaren oder den Kratzer ⓫ zwischen Kleid und Hintergrund.

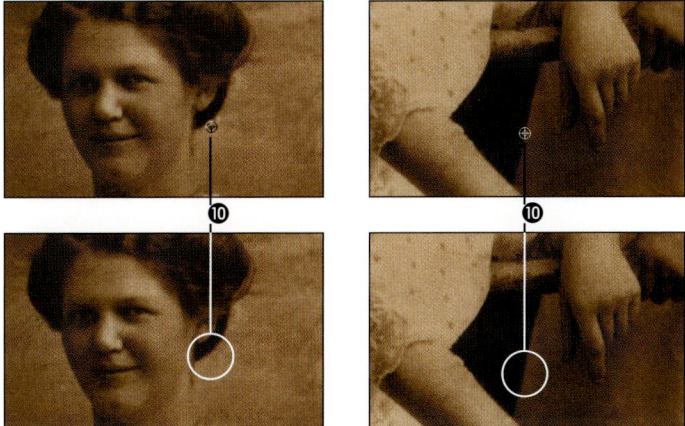

8 Ganze Flächen von Flecken säubern

Der Bereich zwischen den beiden Damen ist voller Flecken. Dies ist ein Fall für das Ausbessern-Werkzeug ⬙.

Zunächst arbeiten Sie damit wie mit dem Lasso-Werkzeug: Kreisen Sie den Bereich, den Sie ausbessern wollen, ein. Sie können einfach mit der Maus eine Schlinge aufziehen oder die Alt-Taste halten und den Bereich Klick für Klick einkreisen.

Beachten Sie, dass die Option QUELLE ❿ aktiviert ist.

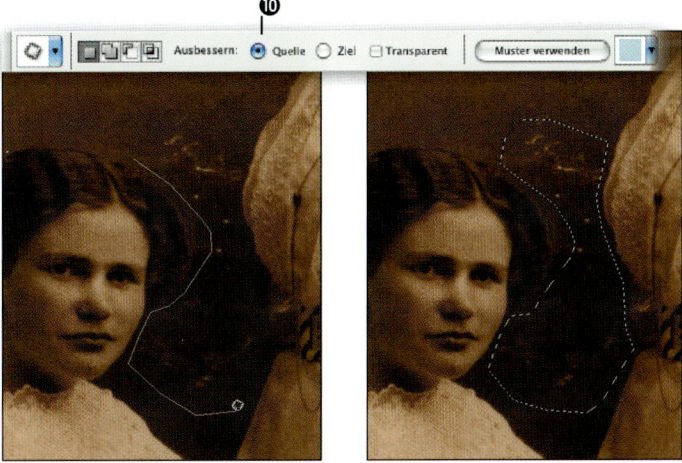

9 Ziel auf eine Quelle ziehen

Wenn Sie den zu retuschierenden Bereich umrundet und Maus- und Alt-Taste losgelassen haben, sehen Sie die bereits bekannten, marschierenden Ameisen ⓭. Diese Auswahl markiert das Ziel der Retusche.

Schieben Sie nun die Auswahl auf einen Bereich, der als Quelle zur Retusche dienen kann. Dieser braucht nicht dieselbe Helligkeit zu haben – lediglich die Struktur muss passen, und er sollte frei von Flecken sein.

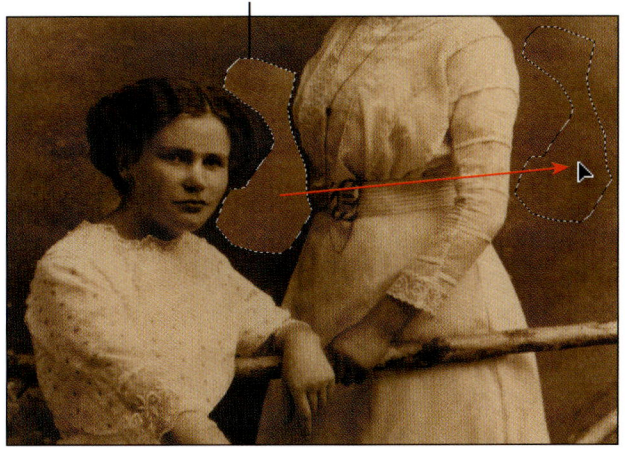

Tipp: Sie müssen die Quelle für das Ausbessern-Werkzeug nicht mit dem Ausbessern-Werkzeug auswählen – jede Auswahl kann die Quelle markieren.

10 **Weitere Bereiche ausbessern**
Wenn Sie die Auswahl mit ⌘Strg/⌘+⌘D aufheben, sehen Sie, dass das Ausbessern-Werkzeug in der Tat ganze Arbeit geleistet hat.

Auf diese Art können Sie nun noch die restlichen Bereiche von Flecken befreien, wenn Sie nicht ohnehin bereits alles mit dem Bereichsreparatur-Pinsel-Werkzeug und dem Reparatur-Pinsel-Werkzeug gesäubert haben.

11 **Bild aufhellen, Kontrast erhöhen**
Nachdem nun die Retusche an sich abgeschlossen ist, darf das etwas flaue und zu dunkle Bild noch aufgehellt werden.

Dazu verwende ich diesmal keine Einstellungsebene, sondern dupliziere die vorhandene Bildebene, indem ich sie auf das Symbol ▢ für Neue Ebene erstellen ❶ ziehe. Dieser Kopie des Hintergrunds weise ich als Füllmethode • Negativ multiplizieren ❷ zu und verringere ihre Deckkraft auf 50 % ❸.

12 **Zweite Ebene mit »Negativ multiplizieren«**
Kontrast und Helligkeit reichen mir mit einer negativ multiplizierten Ebenenkopie noch nicht, deshalb kopiere ich das Duplikat ein zweites Mal. Mit dem Ergebnis bin ich dann rundum glücklich.

Schwierigkeitsgrad 2 – Für Aufsteiger

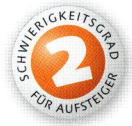

Gescannte Farbfotoabzüge restaurieren

Erinnerungen digitalisieren

Alte Bilder aus der Frühzeit der Fotografie sind nostalgisch und können einen schicken Retro-Touch haben. Ich nehme aber an, dass die wenigsten meiner Leser ein großes Archiv solcher Aufnahmen digitalisieren möchten. Wenn es aber darum geht, Erinnerungsfotos aus der eigenen Jugend für die Diashow am Computer aufzubereiten, wird es wohl eher um verblichene Farbfotos aus den 60er, 70er und 80er Jahren gehen. Für diesen Workshop habe ich noch einmal in der Fotokiste meiner Eltern gekramt und ein Bild zweier Schwestern aus den 60ern hervorgezogen.

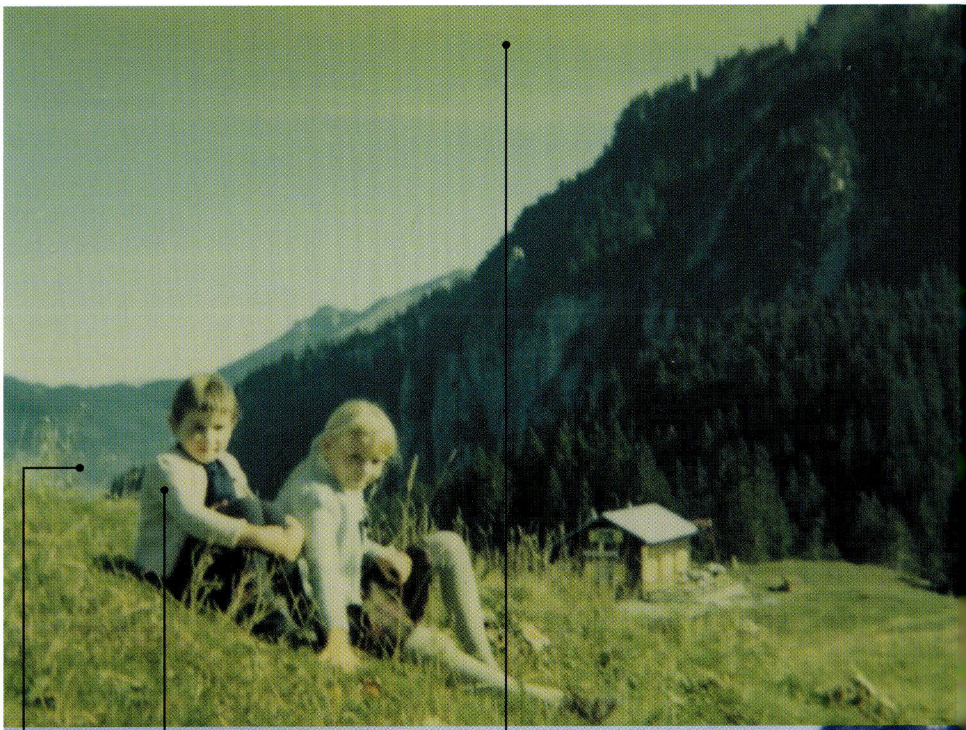

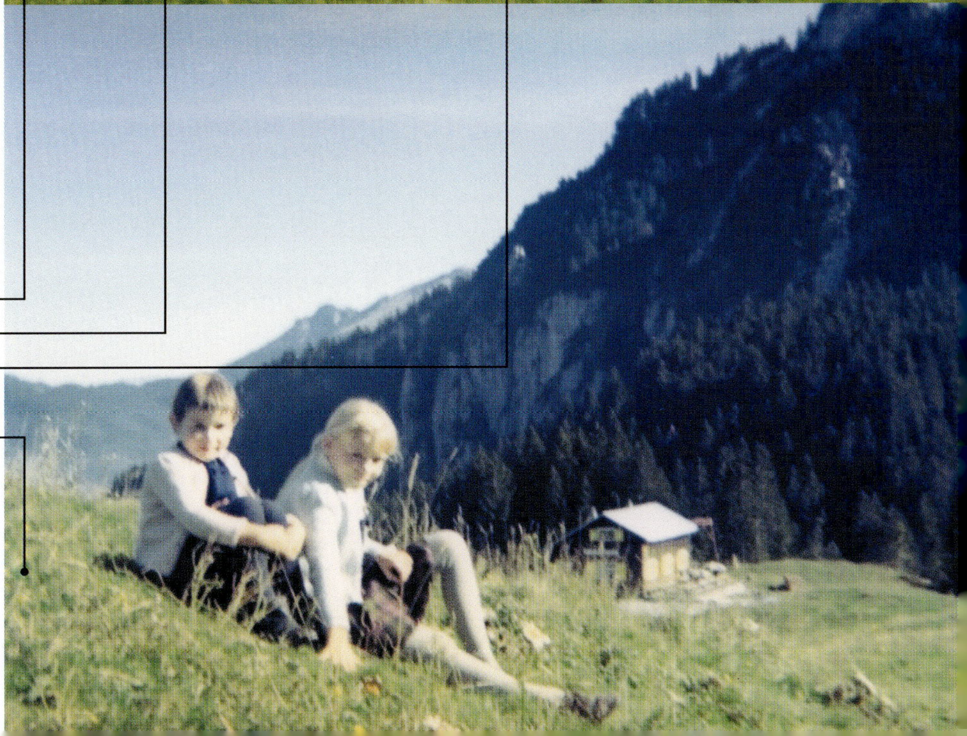

Zielsetzungen:

Bild aufhellen

Grünstich entfernen

Verlauf zu Grün im oberen Bereich beseitigen

Farben natürlicher machen

[restaurierung3.psd]

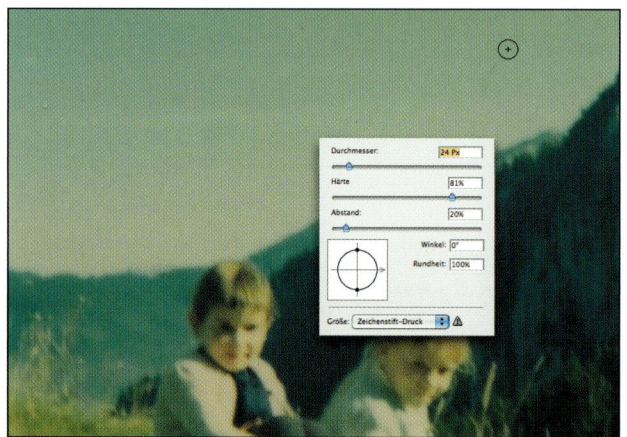

1 Flecken und Kratzer retuschieren

Entfernen Sie zuerst Flecken und Kratzer. Ich habe auch dazu wieder zum großen Teil das Bereichsreparatur-Pinsel-Werkzeug 🖉 eingesetzt. Für einige Passagen in den Wäldern im Hintergrund habe ich zum Reparatur-Pinsel-Werkzeug 🖉 gegriffen.

Hinweis: Eine Beschreibung der Anwendung finden Sie im Workshop ab Seite 214.

2 Bild ineinanderkopieren

Erstellen Sie eine Kopie der Hintergrundebene. Am schnellsten geht das mit Strg/⌘+J. Stellen Sie die Füllmethode der neuen Ebene auf INEINANDERKOPIEREN.

Der Effekt ist zunächst zu kräftig. Reduzieren Sie die DECKKRAFT für ein optimales Ergebnis. Ich habe mich für 20 % DECKKRAFT entschieden.

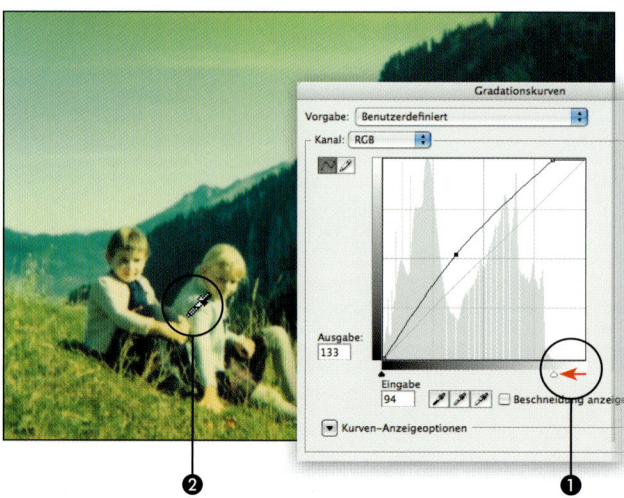

3 Farbstich und Helligkeit

Erstellen Sie nun eine Gradationskurven-Einstellungsebene. Als Erstes können Sie damit den Bereich der Lichter beschneiden ❶, da sich in diesem Bereich ohnehin keine Bildinformation befindet. Definieren Sie dann mit der Pipette MITTELTÖNE neutrales Grau. Ich habe in der Jacke des rechten Mädchens einen Bereich gefunden ❷, der zu einem guten Ergebnis geführt hat. Schließlich habe ich die Kurve etwas angehoben, um das Bild aufzuhellen.

4 Selektive Farbkorrektur

Das Definieren der Mitteltöne mit Hilfe der Gradationskurven hat schon einiges gebracht. Dennoch sind die Farbverfälschungen in diesem Foto dermaßen eklatant, dass ich als Zweites eine Einstellungsebene SELEKTIVE FARBKORREKTUR darübergelegt habe.

Justiert habe ich dabei die Gelb-, Cyan- und Grüntöne wie abgebildet.

5 Verlaufende Auswahl erstellen

Der Bereich oben, wo das Bild zunehmend in einen markanten Grünstich abdriftet, muss separat eingestellt werden. Dazu wechsle ich in den Maskierungsmodus ❸, aktiviere das Verlaufswerkzeug ▣, wähle in den Optionen einen Verlauf »Schwarz, Weiß« und ziehe einen Verlauf über den oberen Bereich des Fotos von ❹ nach ❺. Das Ergebnis sieht so aus ❻, und nachdem Sie in den Standard-modus (neuerlich auf ❸ klicken) zurückge-wechselt sind, so ❼.

6 Erneute selektive Farbkorrektur

Erstellen Sie bei aktiver Auswahl eine neue Einstellungsebene für SELEKTIVE FARBKORREK-TUR. Aus der Auswahl wird automatisch eine Ebenenmaske ❽; dadurch wirkt sich die Ein-stellungsebene nur im oberen Teil des Bildes aus. Mit den abgebildeten Einstellungen habe ich den Gelb-/Grünstich des Himmels in den Griff bekommen. Am besten experimentieren Sie aber auch hier mit eigenen Einstellungen.

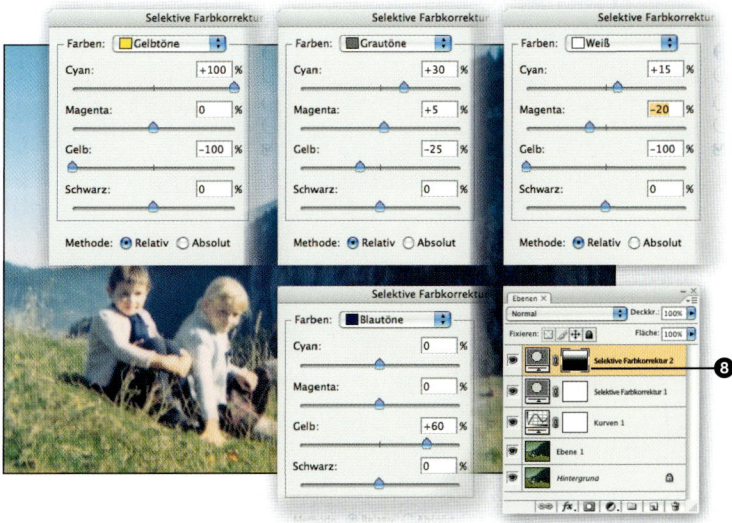

Einfache Retusche mit dem Bereichsreparatur-Pinsel

Wegräumen, was andere liegen lassen

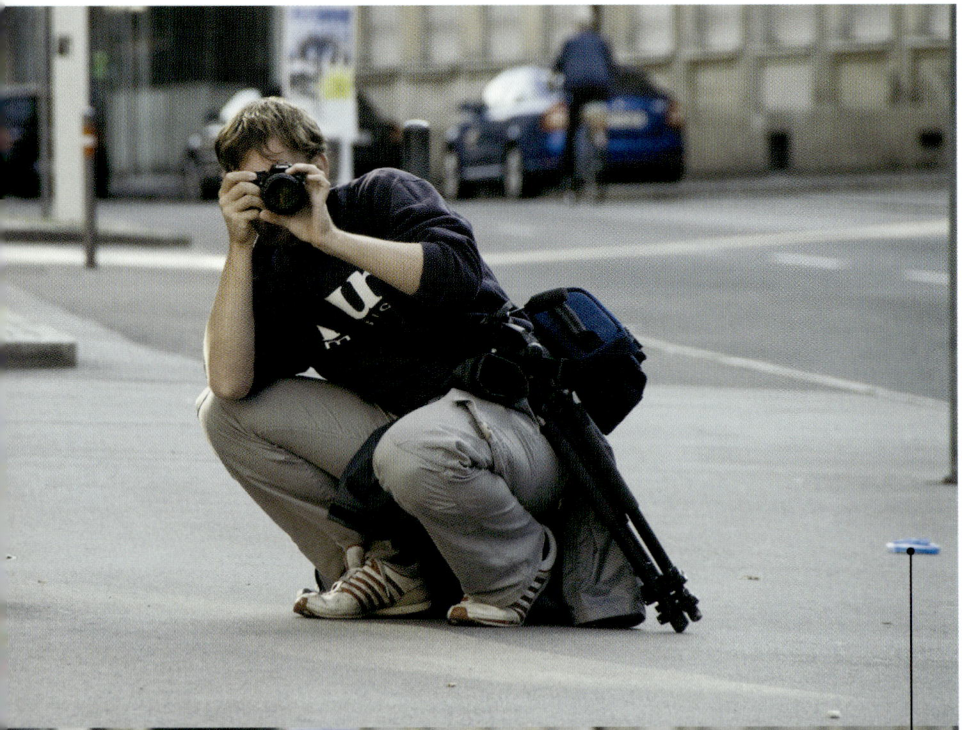

So sind die Menschen – wo sie gehen und stehen, machen sie Dreck, hinterlassen Müll, stellen hässliche Verkehrsschilder auf oder stehen vor Sehenswürdigkeiten herum – alles nur, um ambitionierte Fotografen zu ärgern. Gut, dass man Photoshop erfunden hat. Damit fegen Sie kleinen Abfall im Nu vom Gehsteig. Auch schwere Brocken stellen mit etwas Geduld und Know-how kein unüberwindliches Hindernis dar. Aber dazu kommen wir später. Für die kleinen Ärgernisse im Bild zeige ich Ihnen hier eine leichte Einstiegsübung.

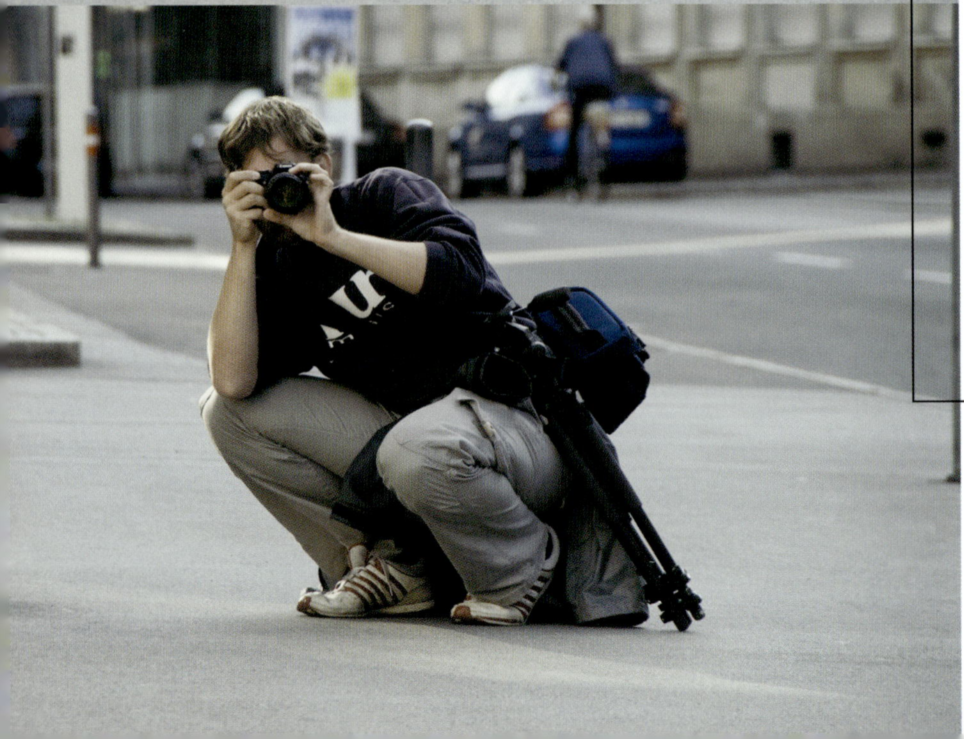

Zielsetzungen:
Abfall entfernen,
Platz säubern
[retusche1.psd]

1 Abfall mit dem Bereichsreparatur-Pinsel-Werkzeug beseitigen

Wählen Sie das Bereichsreparatur-Pinsel-Werkzeug , stellen Sie einen passenden DURCHMESSER ein und eine HÄRTE von etwa 80 %. Abfall, wie hier im Hintergrund ❶, beseitigen Sie so mit einem Klick.

Zur Erinnerung: Ist eines der vielen Pinsel-Werkzeuge aktiv – dazu gehören Weichzeichner, Radiergummi, Kopierstempel und eben auch Reparatur-Pinsel –, erhalten Sie durch einen Rechtsklick auf das Bild eine Palette, um DURCHMESSER und HÄRTE zu justieren.

2 Pinselgröße anpassen, lange Flecken entfernen

Passen Sie die Pinselgröße jeweils der Größe des störenden Objektes an. Objekte, die länglicher Form sind, können Sie durch Darüberziehen entfernen.

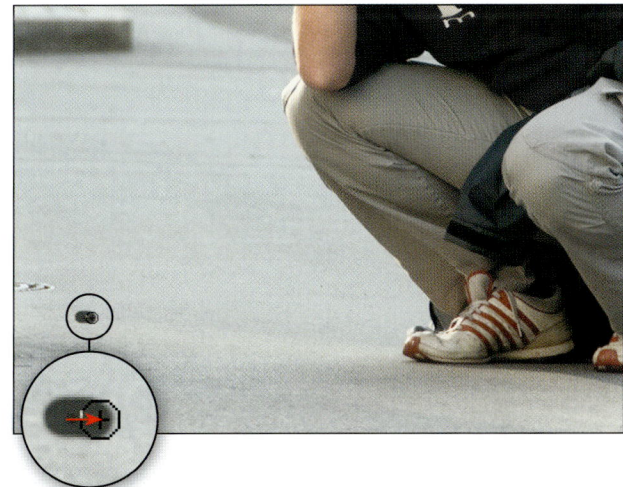

3 Größere Objekte entfernen

Selbstverständlich können Sie nicht nur Müll von der Straße fegen, sondern auch Elemente entfernen, die zur Landschaft gehören, aber aufgrund ihrer Position oder ihrer Art störend wirken.

Ich habe hier zum Beispiel auch den angeschnittenen Kanaldeckel links verschwinden lassen – einfach, weil's Spaß macht und leicht geht.

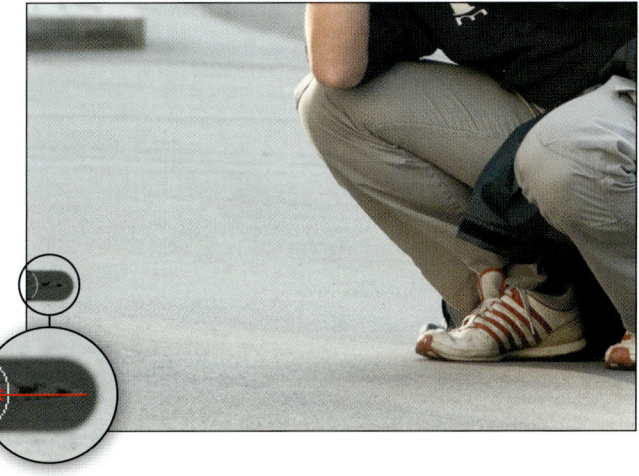

Schwierigkeitsgrad 1 – Für Einsteiger

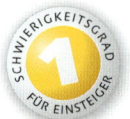

Einfache Retusche mit dem Ausbessern-Werkzeug

Wegzaubern wie Copperfield

Die Landmaschine auf dieser Wiese wäre mit dem Reparatur-Pinsel-Werkzeug leicht aus der Landschaft getilgt – auch wenn vielleicht etwas Unterstützung vom guten alten Kopierstempel notwendig wäre. Aber da wir es uns gerne leicht machen, greifen wir stattdessen zum Ausbessern-Werkzeug. Dieses haben Sie ja bereits beim Restaurieren alter Bilder in Aktion erlebt. Auf der Wiese zeigt es noch viel eindrücklicher, was es kann.

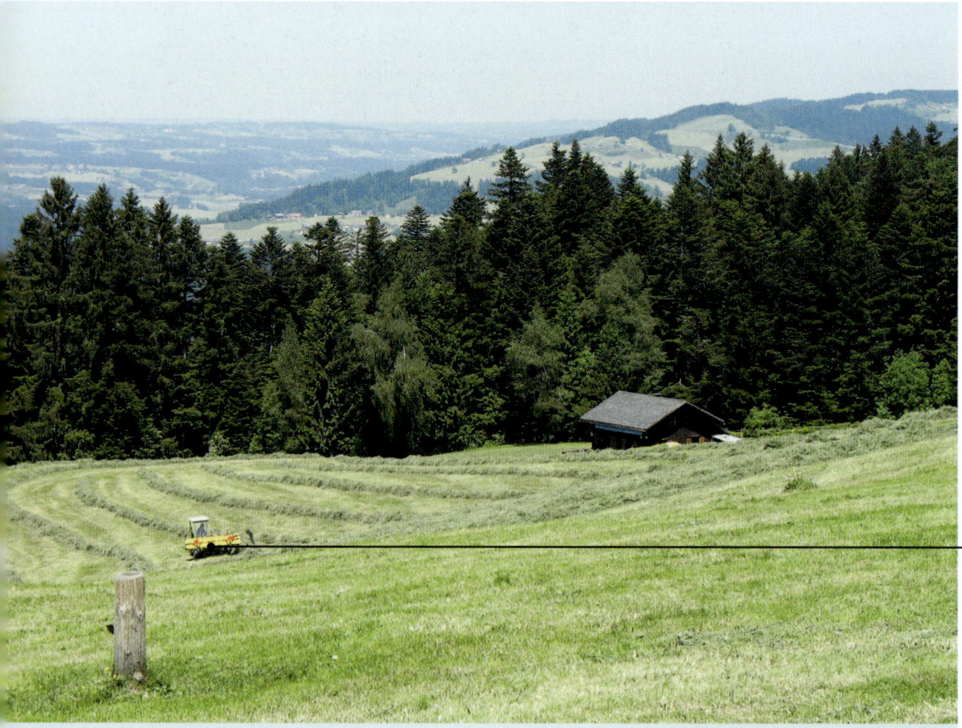

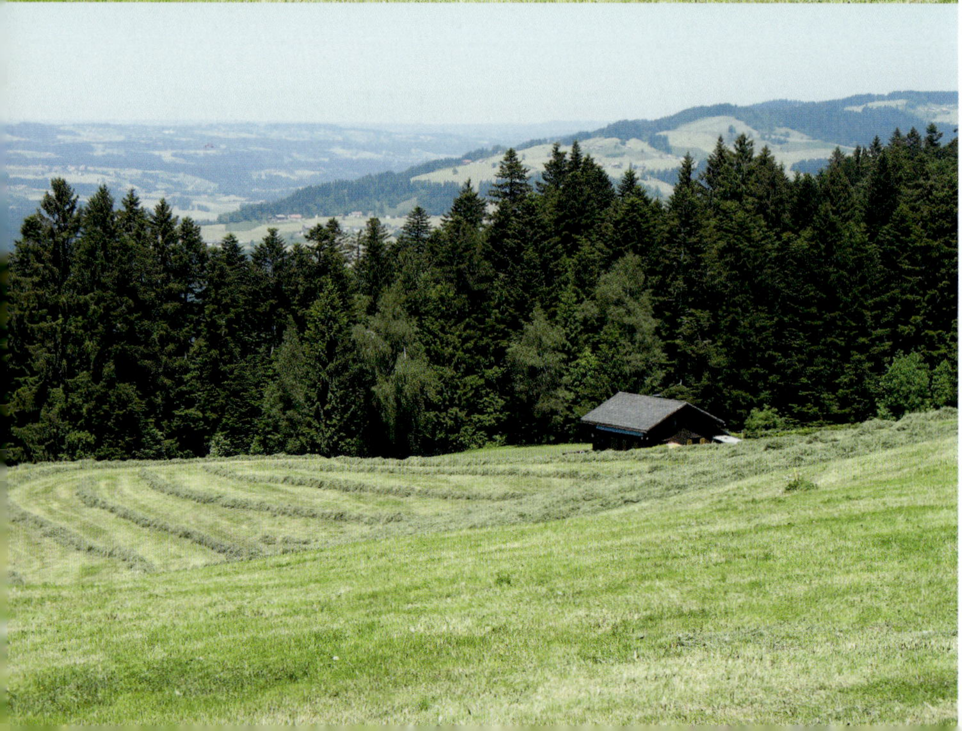

Zielsetzungen:
Landmaschine entfernen
[retusche2.psd]

1 Auswahl mit dem Ausbessern-Werkzeug

Kreisen Sie die Landmaschine des Bauern mit dem Ausbessern-Werkzeug ⬙ ein ❶. Beachten Sie, dass für die Methode, die ich Ihnen hier demonstriere, bei den Optionen QUELLE ❷ eingestellt sein muss.

Mit Strg/⌘+H können Sie die Auswahl auch ausblenden. Sie ist dann zwar immer noch aktiv, aber nicht mehr sichtbar. Das ist oft sehr hilfreich – Sie dürfen es nur nicht vergessen.

2 Auswahl verschieben

Verschieben Sie die Auswahl – wie Sie sehen, liegt das Heu schön in einer Linie. Orientieren Sie sich an dieser Linie, wenn Sie die Auswahl verschieben, damit der Heuhaufen in einer Linie liegen bleibt.

Lassen Sie die Maustaste dann los. Photoshop hat die Landmaschine weggezaubert, als wäre sie nie da gewesen (nun ja, die Heuhaufen lassen darauf schließen, dass sie da war).

3 Weiterzaubern

Da Sie nun wissen, wie Sie Dinge von der Wiese zaubern, machen Sie doch gleich mit dem Pflock im Vordergrund weiter. Einkreisen – Auswahl verschieben – fertig.

> **Hinweis:** Erwarten Sie nicht zu viele Wunderdinge vom Ausbessern-Werkzeug – es kann nicht wirklich zaubern (genau wie David Copperfield). Ich habe hier ein Bild gewählt, das prädestiniert ist, die Fähigkeit des Werkzeugs zu demonstrieren. Sie werden aber entdecken, dass das Werkzeug nicht mit jeder Struktur so gut zurechtkommt.

SCHWIERIGKEITSGRAD 2 FÜR AUFSTEIGER

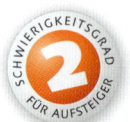

Der Kopierstempel

Nicht isolierte Objekte entfernen

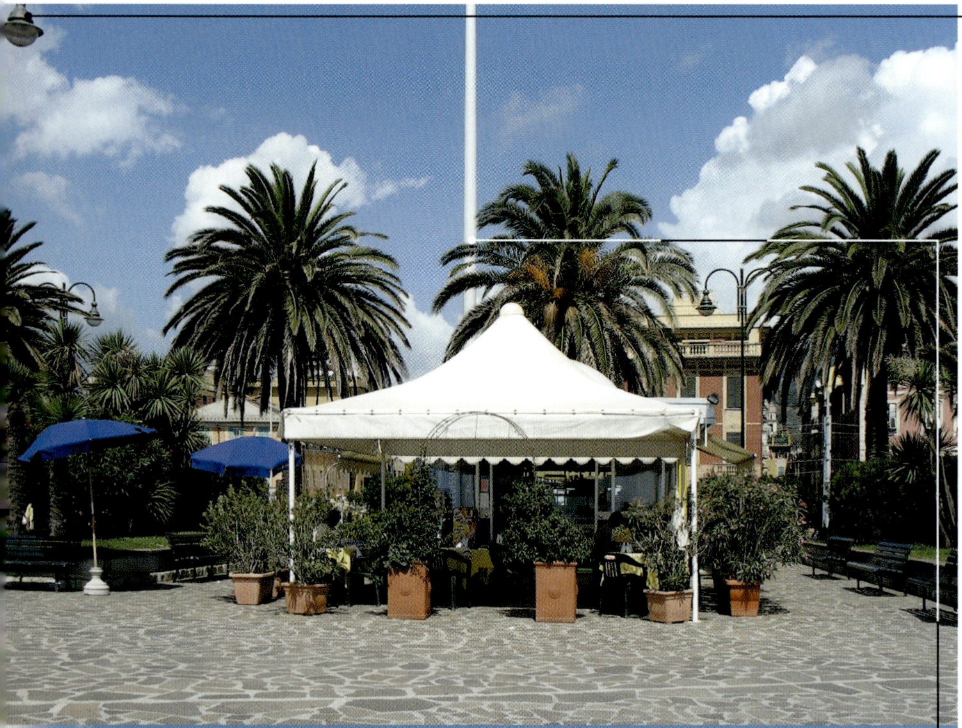

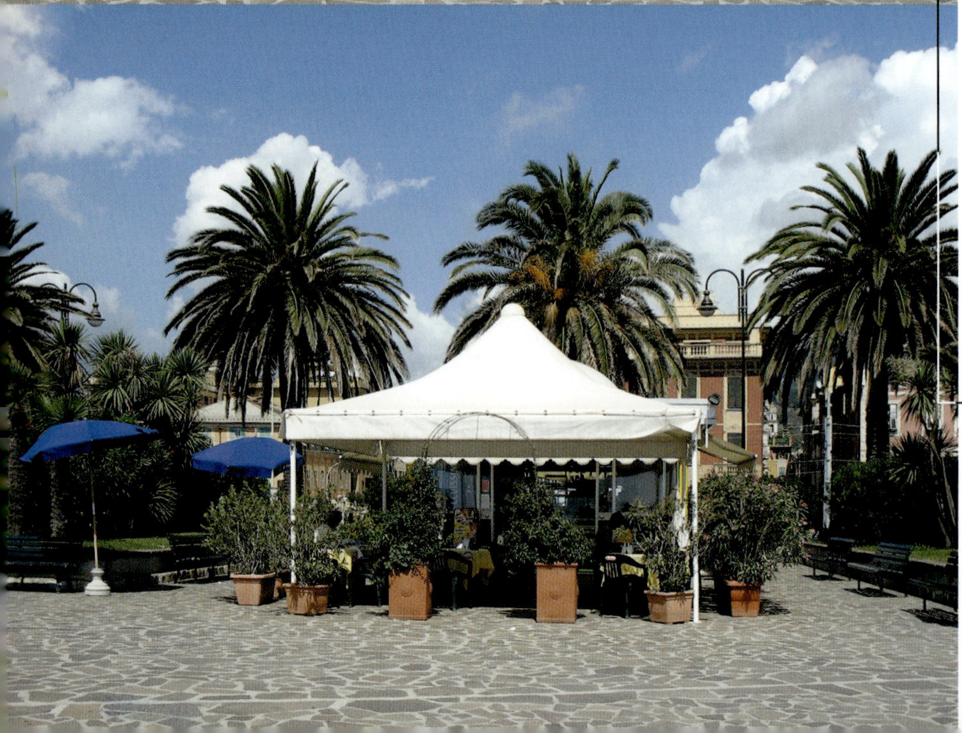

Isolierte Objekte zu entfernen stellt in der Regel kein großes Problem für die modernen Werkzeuge aktueller Photoshop-Versionen dar. Wenn aber ein Objekt direkt an ein anderes anschließt, wird es Zeit für den Kopierstempel. Dieses Fossil unter den Retusche-Werkzeugen ist für die digitale Bildbearbeitung nach wie vor unverzichtbar.

Zielsetzungen:

Lampe mit dem Ausbessern-Werkzeug entfernen

Mast mit Kopierstempel und Ausbessern-Werkzeug entfernen

[retusche3.psd]

1 Objekt mit dem Ausbessern-Werkzeug entfernen

Die Eingangsübung dieses Workshops ist leicht. Es geht darum, die fliegende Lampe links oben im Bild vom Himmel zu holen.

Wählen Sie das Ausbessern-Werkzeug ⬚, und kreisen Sie die Lampe mit einer Auswahl ein ❶.

2 Quelle wählen

Verschieben Sie nun die Auswahl auf einen geeigneten Quellbereich ❷. Hinter der Lampe stehen Wolken am Himmel. Ich habe mich deshalb entschieden, als Quelle einen Bereich, der ebenfalls Wolken enthält, zu wählen.

Im Ergebnis ist die Lampe tatsächlich lückenlos verschwunden. Die Wolke, die nun neu ❸ da steht, mag vielleicht etwas zu hell sein und einen Touch zu viel Magenta enthalten, aber wir wollen es dennoch gut sein lassen.

3 Fahnenmast entfernen

Das Problem beim Fahnenmast ist, dass er direkt an ein deutlich anders getöntes Objekt anschließt. Rechts sehen Sie die Ergebnisse, die Ausbessern-Werkzeug, Bereichsreparatur-Pinsel und Reparatur-Pinsel liefern würden – alle drei inakzeptabel. Es ist beeindruckend, was diese intelligenten Werkzeuge in der Lage sind zu leisten. Das Dumme ist lediglich, dass sich ihre Eigenschaft, ein vorhandenes Ziel mit einer Quelle oder einer Umgebung zu verrechnen, in manchen Fällen so negativ auswirkt, wie sie in anderen hilft.

4 Kopierstempel-Werkzeug

In diesem Fall müssen wir das gute alte Kopierstempel-Werkzeug 🖋 aus der Werkzeugkiste kramen. Ich suche erst nach einer geeigneten Quelle ❶, um den Bereich hier ❷ zu ersetzen. Dann klicke ich bei gedrückter `Alt`-Taste auf einen Quellbereich ❸, lasse die `Alt`-Taste wieder los und übertrage ihn auf den Zielbereich ❹, bis der Mast von der Palme getrennt ist. Auch hier sehen Sie den Quellbereich durch ein Kreuz markiert, solange Sie die Maustaste drücken.

5 Bereiche laufend erneuern

Mit dem Kopierstempel sollten Sie immer wieder neue Bereiche aufnehmen. Bei der unteren Seite desselben Palmwedels musste ich noch etwas weiter vom Zielbereich ❻ weggehen, um einen passenden Bereich zu finden, der als Quelle ❺ geeignet ist.

6 Weit entfernte Bereiche nutzen

Für die Spitzen des Palmwedels, die gerade noch in den Mast hineinragen ❽, habe ich Spitzen einer anderen Palme gewählt ❼.

7 Isoliertes Objekt entfernen

Nachdem Sie den Mast komplett isoliert haben – d. h. von der Palme getrennt ❽ –, können Sie ihn bequem mit dem Ausbessern-Werkzeug 🔲 auswählen und durch Verschieben auf einen geeigneten Quellbereich entfernen ❾. Mit dieser Methode verschwindet das störende Objekt nun fast rückstandsfrei. Fast rückstandsfrei, denn ein deutlich dunklerer Fleck ❿ macht sich am oberen Rand des Himmels wichtig.

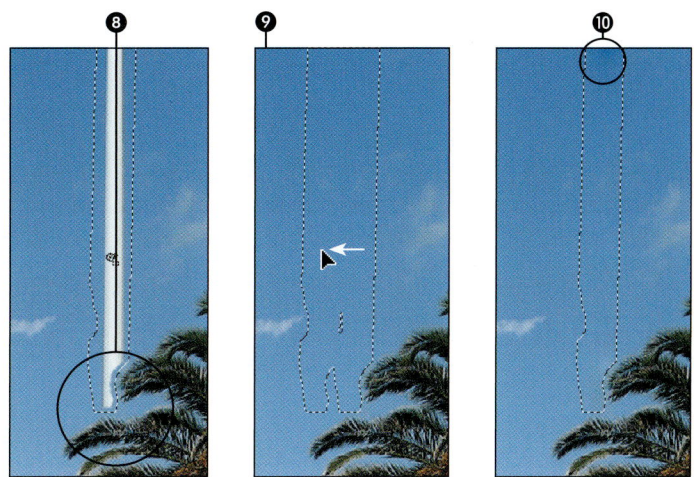

8 Rückstände bereinigen

Diesen Fleck entfernen Sie am besten ebenfalls mit dem Kopierstempel-Werkzeug. Auch hier würde die vorhandene dunkle Tönung immer wieder mit verrechnet, wenn Sie eines der Reparatur-Pinsel-Werkzeuge verwenden würden.

9 Zusatzübung gefällig?

Mich haben am Ende dieser Retusche noch die kräftigen Farben der Kleidung der Passanten am linken Bildrand gestört ❿ weshalb ich sie – ebenfalls mit dem Kopierstempel – beseitigt habe ❿

SCHWIERIGKEITSGRAD 3 FÜR ÜBERFLIEGER

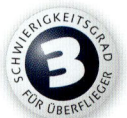

Der Fluchtpunkt-Filter

Perspektivische Retusche

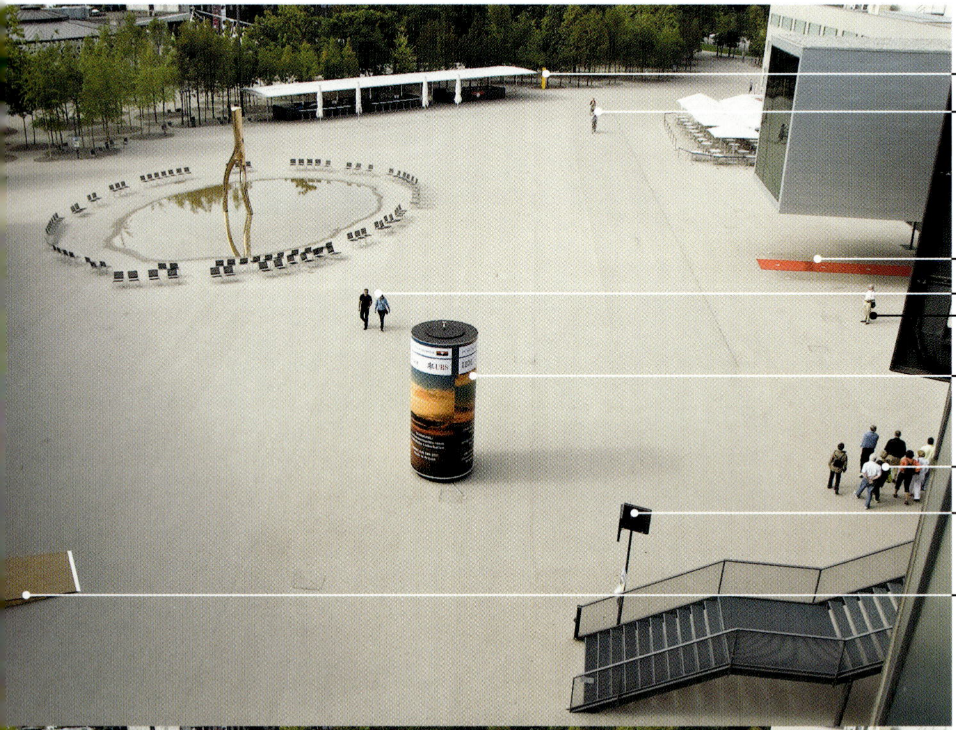

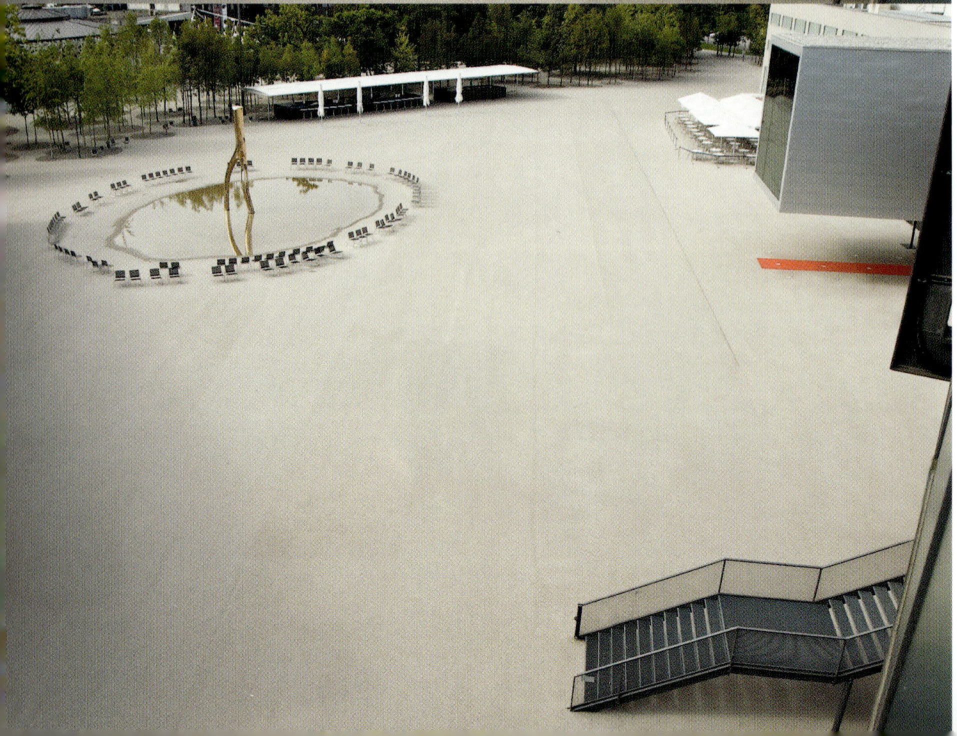

Mit den bisherigen Werkzeugen retuschieren Sie Flächen und Strukturen perfekt, die Sie in der direkten Aufsicht sehen. Wenn es aber darum geht, Objekte von Oberflächen zu entfernen, die sich perspektivisch in die Tiefe eines Bildes erstrecken, dann sind Reparatur-Pinsel, Ausbessern-Werkzeug und Kopierstempel weitestgehend ungeeignet. Zwar kennen die meisten Anwender den Filter Fluchtpunkt – er steht ja auch sehr prominent im Menü Filter –, aber nur die Profis wissen, dass sich mit ihm genau solche Aufgaben bewältigen lassen. Hiermit wollen wir das ändern.

Zielsetzungen:

Festspielplatz von Passanten und störenden Gegenständen befreien

[perspektivische_retusche.psd]

1 Fluchtpunkt-Filter aufrufen

Die Schwierigkeit bei diesem Bild liegt in der Perspektive. Auf dem Boden dieses Platzes zu Füßen des Fotografen sind Linien zu erkennen, die sich von vorn nach hinten perspektivisch verjüngen.

Würde ich diese Retusche einfach nur mit einem Reparatur-Pinsel oder dem Ausbessern-Werkzeug vornehmen, dann würde die Flucht der Linie nach hinten nicht mehr stimmen. In einem solchen Fall greift der Eingeweihte zum FILTER • FLUCHTPUNKT.

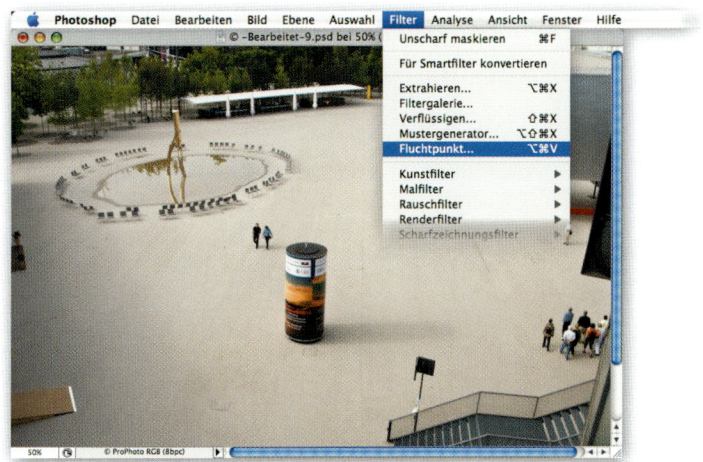

2 Ebene erstellen

Wählen Sie das Ebene-erstellen-Werkzeug aus, sofern es nicht bereits aktiv ist. Dieses Werkzeug hat übrigens nichts mit den Ebenen zu tun, die Sie bisher kennengelernt haben.

Setzen Sie nun auf dem Boden des Platzes einen ersten Ankerpunkt ❶ – setzen Sie ihn unbedingt an eine Stelle, an der eine perspektivische Linie in die Tiefe des Bildes zu erkennen ist, an der Sie sich orientieren können! Setzen Sie den zweiten Punkt ❷ am Ende dieser Linie im Bild. Setzen Sie den dritten Punkt ❸ horizontal zum zweiten.

3 Ebene schließen

Sobald Sie den vierten Punkt ❹ gesetzt haben, schließt Photoshop die Ebene und füllt sie mit einem perspektivischen Gitter. Die Verjüngung der in die Tiefe des Bildes reichenden Linien trägt dem Umstand Rechnung, dass ein Meter vor Ihren Füßen viel breiter zu sein scheint als 50 m von Ihrem Standpunkt entfernt. Dasselbe gilt für die horizontalen Linien – sie stehen umso dichter beieinander, je weiter Sie von Ihnen entfernt sind.

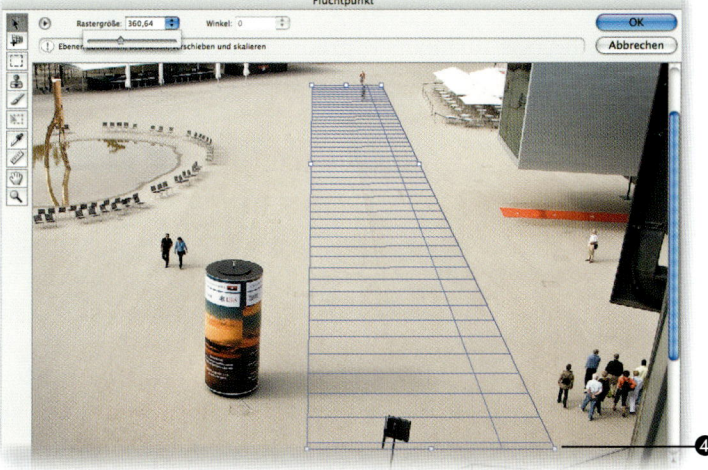

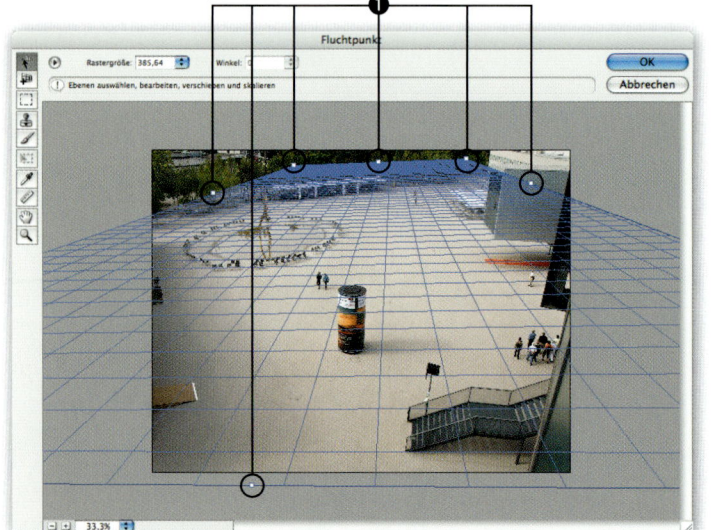

4 Ebenenraster anpassen

Ziehen Sie so lange an den acht Anfassern ❶ (im Bild sind nur sechs sichtbar), bis das Raster möglichst exakt mit den fliehenden Linien auf dem Platz übereinstimmt.

Eine Schwierigkeit bei diesem Bild besteht darin, dass zwar Linien zum Horizont hin gerade noch erkennbar sind, aber keine Linien parallel zum Horizont verlaufen. Es hilft bei dieser Arbeit übrigens, wenn Sie sich mit Fluchtpunkten zur Konstruktion von Zeichnungen auskennen.

5 Ansicht und Stempel wählen

Wenn Sie mit diesem Filter erfolgreich retuschieren möchten, sollten Sie die Ansicht ❷ auf mindestens 100 % einstellen – auch 200 % schaden nicht, wenn Ihr Bildschirm ausreichend Platz bietet, dann noch vernünftig zu arbeiten. Wählen Sie anschließend das Stempel-Werkzeug ⬚.

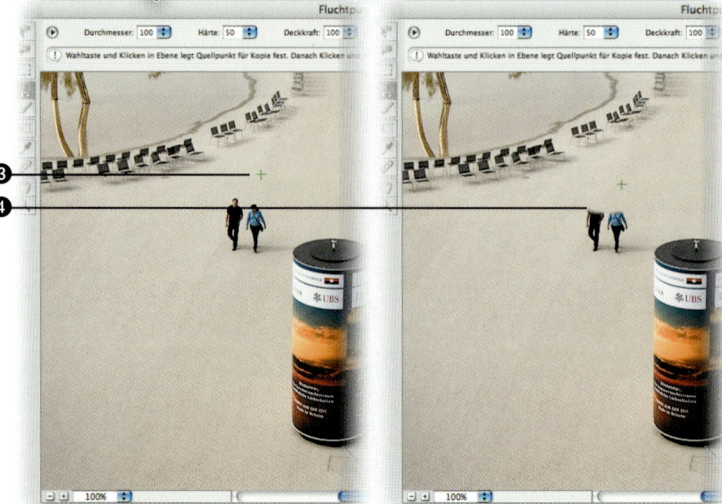

6 Erste Objekte wegretuschieren

Wo Sie nun mit der Retusche beginnen, ist im Grunde egal. Ich habe mich als Allererstes auf das Pärchen auf dem Platz gestürzt.

Genauso wie bei der Arbeit mit dem Kopierstempel-Werkzeug der Werkzeug-Palette müssen Sie erst einen Quellbereich aufnehmen, indem Sie bei gedrückter Alt-Taste auf eine geeignete Stelle klicken ❸. Anschließend retuschieren Sie die unerwünschten Objekte (oder Subjekte) weg ❹.

7 Weitere Objekte wegretuschieren

Genauso, wie es beim normalen Kopierstempel wichtig ist, laufend neue Bereiche
mit Alt-Klick als Quelle aufzunehmen,
ist das auch beim Kopierstempel dieses Filters
von Bedeutung. Achten Sie dabei immer auf
Perspektive und Schattierungen!

8 Pinselgröße nachjustieren

Passen Sie den Durchmesser des Kopier-
stempels immer wieder an Situation und
perspektivische Gegebenheiten an. Ich
möchte z. B. auch die Anzeigetafel an der
Treppe entfernen, wozu ich einen Durchmesser ❺ von 50 wähle. In dem Bereich, wo
die Anzeigetafel hinter dem Treppengeländer
liegt, ist es besonders wichtig, sich an Linien
zu orientieren – in diesem Fall habe ich den
Quellbereich ❻ am Handlauf des Geländers
ausgerichtet und den Zielbereich ❼ ebenfalls.

9 Entfernen nicht isolierter Objekte

Diese Personen hier kommen gerade hinter
einem Teil der Seebühne hervor. Die Leute
sollen weg, die Seebühne soll bleiben. Aber
für den Moment kann ich die Menschen ganz
rücksichtslos entfernen, ohne mich um den
Schaden an der Stahlkonstruktion zu
kümmern. Die anschließende Reparatur mit
dem Protokollpinsel ist leichter, als hier mit
dem Stempel eine Doktorarbeit zu versuchen.

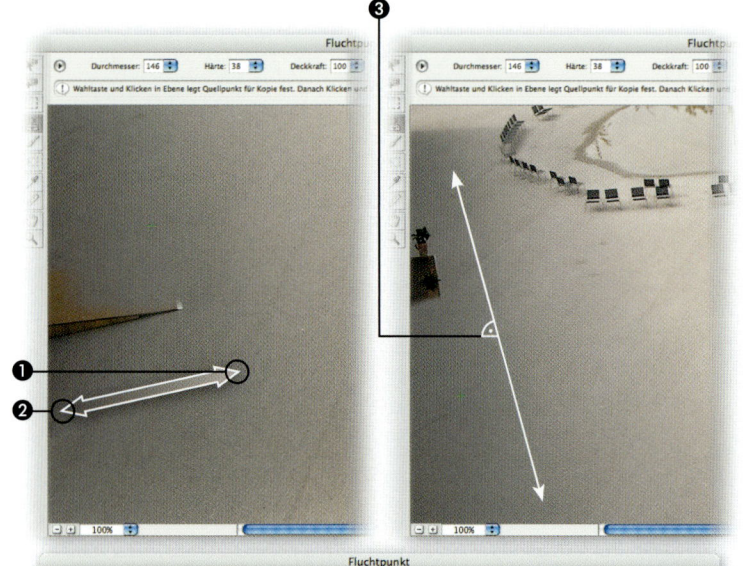

10 Schattenbereiche retuschieren

Anspruchsvoll zu retuschieren sind immer auch Bereiche, in denen eine helle Passage ❶ langsam in eine dunklere ❷ übergeht – beispielsweise hier der Verlauf vom sonnenbeschienenen Platz zu jenem, der im Schatten eines Zeltes liegt (das Zelt sehen Sie nicht, aber glauben Sie mir: Es war ein Zelt). Sie sollten sich deshalb bei der Definition von Quell- und Zielbereich am Verlauf des Schattens ❸ orientieren, um nicht einen sonnigeren Bereich auf einen schattigeren aufzutragen oder umgekehrt.

11 Alles sauber?

Nach einigen Minuten des Aufräumens ist der Platz vor dem Bregenzer Festspielhaus von Passanten befreit (verzweifeln Sie nicht, wenn Sie beim ersten Mal mehr als ein paar Minuten benötigen und das Ergebnis weniger aufgeräumt wirkt – Meister fallen höchstens in der Disziplin Fallschirmspringen vom Himmel). Beenden Sie die Retusche, indem Sie den Dialog mit OK verlassen.

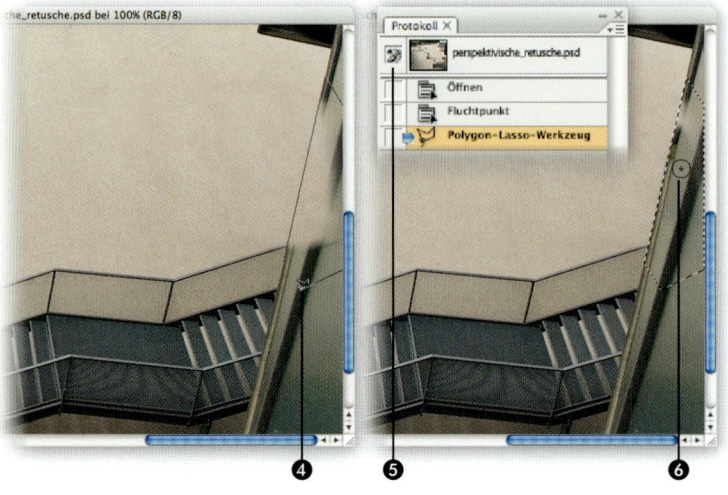

12 Mit dem Protokollpinsel die Fassade renovieren

Sie wissen ja, was nach der groben Arbeit kommt … Richtig! Die Feinarbeit. Als Erstes stellen wir die Fassade wieder her, die beim Entfernen der Personen beschädigt wurde. Kreisen Sie dazu den wiederherzustellenden Bereich mit dem Polygon-Lasso 🔲 ein ❹. Danach können Sie mit dem Protokollpinsel-Werkzeug 🔲 den Anfangszustand zurück ins Bild malen ❻ – es muss nur der Schnappschuss ❺ im ursprünglichen Zustand aktiv sein.

13 Detail-Retusche

Das Bild beinhaltet noch viele Details, die mich stören. Beispielsweise darf ich die beiden Fahrradfahrer nicht nur vom Platz fegen, sondern muss sie auch von der Scheibe wischen, in der sie sich spiegeln ❼. Ebenso entferne ich diese Objekte ❽ und die Zeitungsverteiler ❾ im Hintergrund.

Sie können als Suchspiel die beiden Workshop-Eingangsbilder vergleichen, um zu sehen, was mich alles an dem Bild gestört hat. Und ich bin sicher, Sie finden Ihre Objekte, die Sie zu entfernen wünschen.

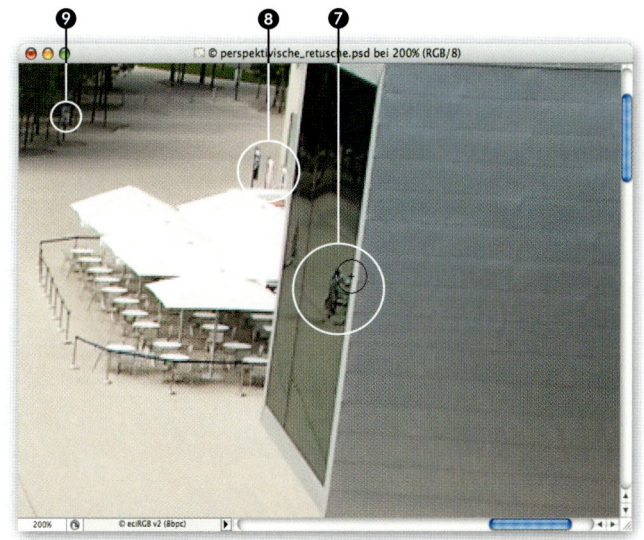

14 Schattierungen mit dem Abwedler aufhellen

Auf dem Boden des Platzes sind ein paar Stellen entstanden, die zu hell oder auch zu dunkel getönt sind. Nachdem ich mit Kopierstempel und Reparatur-Pinsel alle störenden Objekte beseitigt habe, helle ich als Erstes die zu dunklen Flecken mit dem Abwedler 🔍 etwas. Arbeiten Sie dabei mit einer sehr geringen BELICHTUNG ❿ und einer sehr weichen Kante bei einem ausreichend großen Pinseldurchmesser.

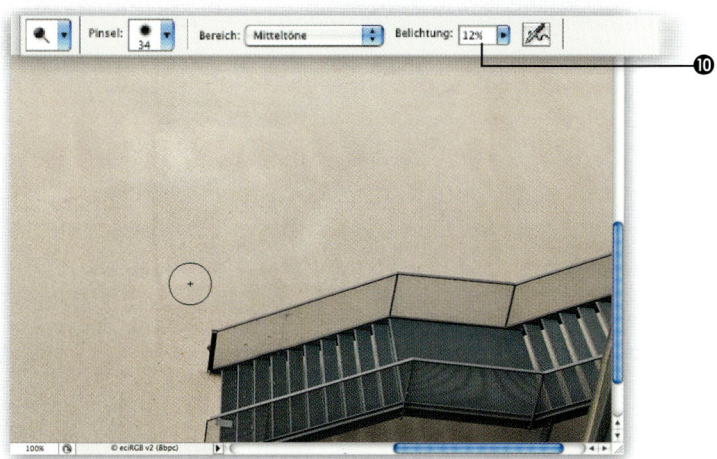

15 Nachbelichter zum Abdunkeln zu heller Flecken

Zu guter Letzt habe ich mit dem Nachbelichter 🖐 noch ein paar zu helle Flecken abgedunkelt. Auch hier sollte die BELICHTUNG ⓫ nicht zu kräftig eingestellt sein, da ansonsten aus zu hellen Flecken im Handumdrehen zu dunkle Flecken werden.

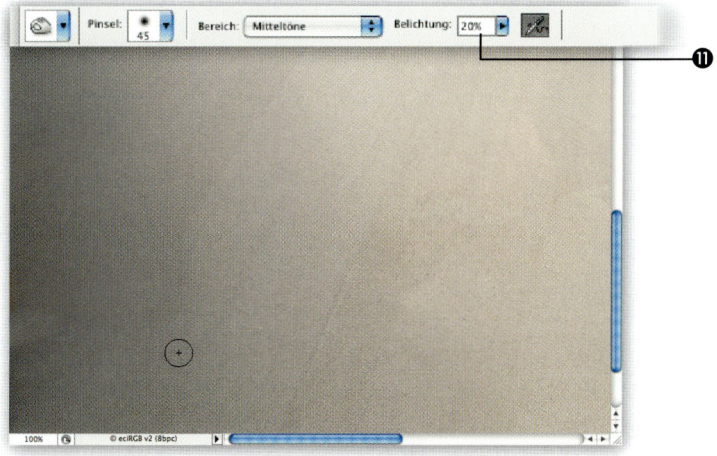

Strahlend weiße Zähne

Strahler 70 digital

Strahler was? werden meine Leser jetzt fragen. Wer aber wie ich im Österreich der 70er Jahre groß geworden ist, weiß dass Strahlerküsse besser schmecken. Doch bevor mich jetzt nostalgische Erinnerungen an meine Kindheit zu Tränen rühren, zeige ich Ihnen lieber, wie Sie Zähne in Photoshop ganz ohne Zahnpasta strahlend weiß polieren können.

Zielsetzungen:
Weiße Zähne
[gelbezaehne.psd]

1 Auswahl erstellen

Die schnellste Methode, gelbe Zähne weiß zu bekommen, ist, mit FARBTON/SÄTTIGUNG die Gelbtöne zu reduzieren. Meist müssen Sie dazu zunächst eine Auswahl erstellen, damit nicht auch andere Bereiche von der Reduktion betroffen werden – hier Haut und Hintergrund (richtig! Saftiges Grün hat einen hohen Gelbanteil).

Für diese Auswahl eignet sich das Schnellauswahlwerkzeug 🖌. Mit KANTE VERBESSERN ❶ können Sie die Auswahl mit einer weichen Kante ❷ versehen.

2 Farbton/Sättigung einstellen

Nachdem die Auswahl steht, können Sie FARBTON/SÄTTIGUNG aufrufen. Sie können entweder eine Einstellungsebene erstellen oder – wie ich – über Menü BILD • ANPASSUNGEN • FARBTON/SÄTTIGUNG (Strg / ⌘ + U) unwiderruflich arbeiten.

Im Dialog brauchen Sie sodann nichts zu tun, als unter BEARBEITEN die Gelbtöne ❸ zu verstellen. Ich vermindere meist die Sättigung leicht und erhöhe die Helligkeit massiv.

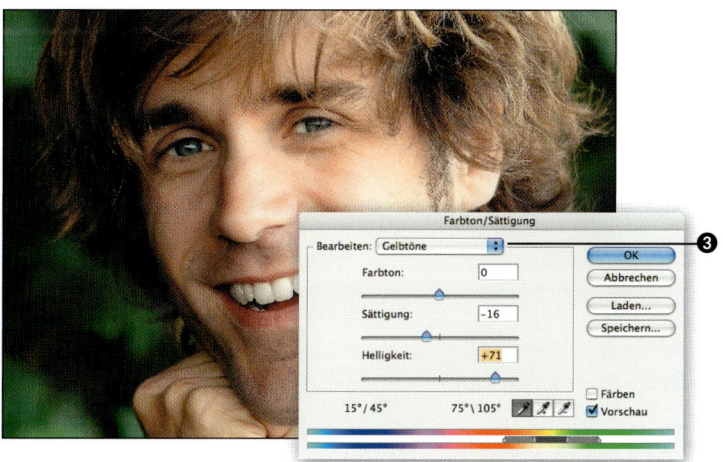

3 Mit dem Pinsel zum weißen Farbton

Eine Alternative zu FARBTON/SÄTTIGUNG stellt der Pinsel dar. Aktivieren Sie das Pinsel-Werkzeug 🖌, und stellen Sie die Vordergrundfarbe auf eine unbunte Farbe (Schwarz, Weiß oder ein beliebiges, neutrales Grau). Stellen Sie den MODUS auf FARBTON ❹ und den FLUSS ❺ auf einen niedrigen Wert (sonst sind die Zähne mit einem Klick grau). Stellen Sie den HAUPTDURCHMESSER auf eine adäquate Größe und die HÄRTE auf einen mittleren bis hohen Wert. Mit diesen Einstellungen lassen sich sodann die Zähne weiß pinseln.

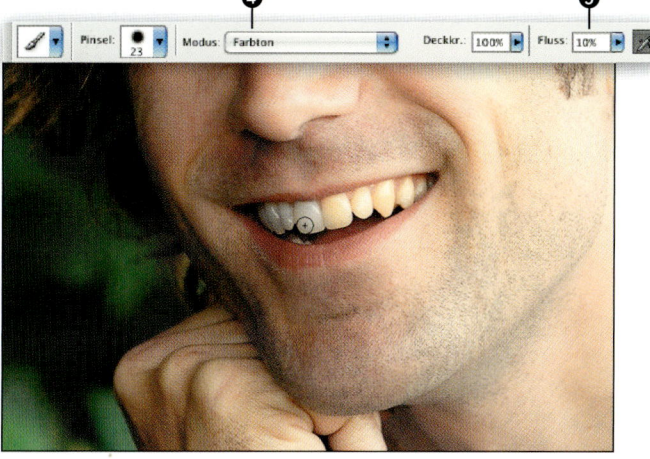

Ein Gesicht retuschieren

Die Make-up-Geheimnisse der Stars und Supermodels

Wer glaubt, dass unsere Stars so strahlend geboren werden, wie sie uns von der Leinwand funkeln, glaubt auch an den Weihnachtsmann. Es beginnt damit, dass sie vor jedem Auftritt von einem Visagisten aufpoliert werden, der auch Ihren Hund zu Jessica Alba schminken könnte (mit freundlicher Unterstützung eines plastischen Chirurgen, zugegebenermaßen). Kameraleute und Fotografen zaubern Fältchen, Falten und Canyons mit Licht aus gezeichneten Gesichtern. Die wahren Make-up-Könige aber sitzen an Computern vor Photoshop & Co. und retuschieren Lindsay Lohan jede durchzechte Nacht vom Angesicht. Hier zeige ich Ihnen ein paar grundlegende Retusche-Tricks.

Zielsetzungen:
Hautunreinheiten beseitigen
Augen aufhellen
Schatten unter den Augen entfernen
Lippen färben
[gesichtsretusche.psd]

1 Flecken mit dem Bereichsreparatur-Pinsel entfernen

Beginnen Sie mit dem Bereichsreparatur-Pinsel-Werkzeug ![Icon], Hautunreinheiten und Flecken zu entfernen. Stellen Sie eine etwas höhere Härte ein, und passen Sie den DURCH-MESSER des Werkzeugs möglichst an die Größe des Fleckens an.

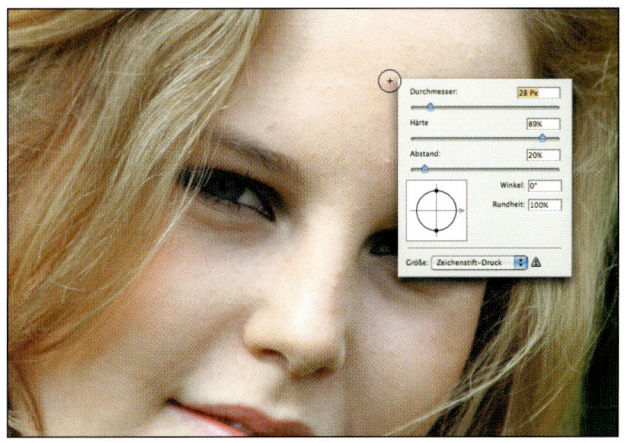

2 Fältchen unter den Augen aufhellen

Fahren Sie mit dem Abwedler-Werkzeug ![Icon] fort. Mit ihm können Sie die durch den Lichteinfall entstandenen, unschönen Schatten reduzieren. Arbeiten Sie sehr vorsichtig mit diesem Werkzeug. Stellen Sie den BEREICH auf TIEFEN ❶ und geben Sie auf jeden Fall eine niedrige BELICHTUNG ❷ ein. Ziehen Sie dann mehrmals mit der Maus über die Hautfältchen hinweg, bis sich die Schattierung dem Umfeld angleicht.

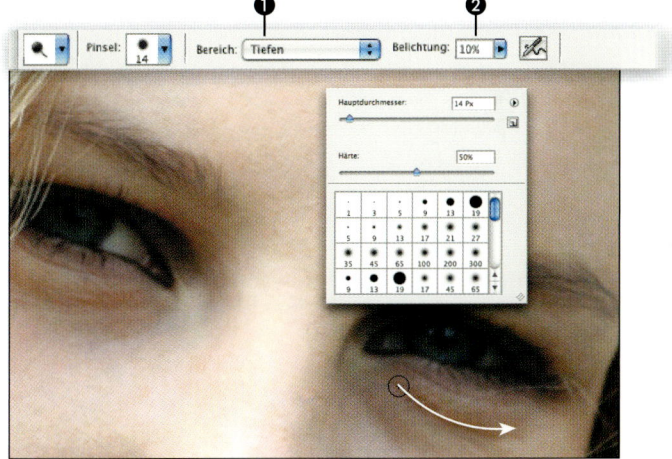

3 Schatten unter den Augen aufhellen

Das Abwedler-Werkzeug ist nach wie vor aktiv. Wenn die Schatten der Fältchen merklich zurückgetreten sind, können Sie den HAUPTDURCHMESSER erhöhen und die HÄRTE reduzieren. Damit können Sie nun die Schatten unter den Augen als Ganzes aufhellen.

Die Farbtöne verändern sich durch diese Bearbeitung störend – teilweise wird die Haut gräulich, teilweise bräunlich. Darum kümmern wir uns später.

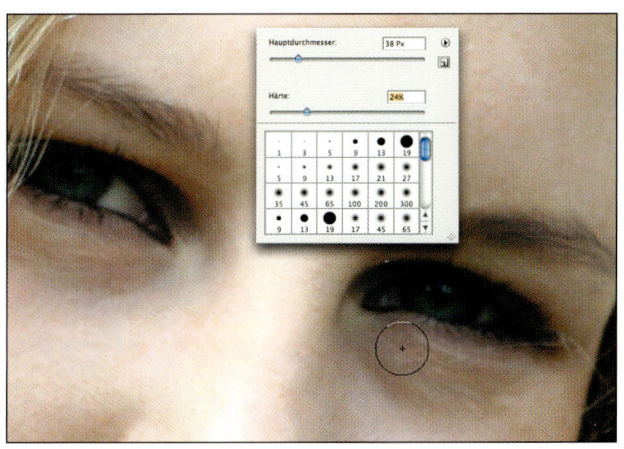

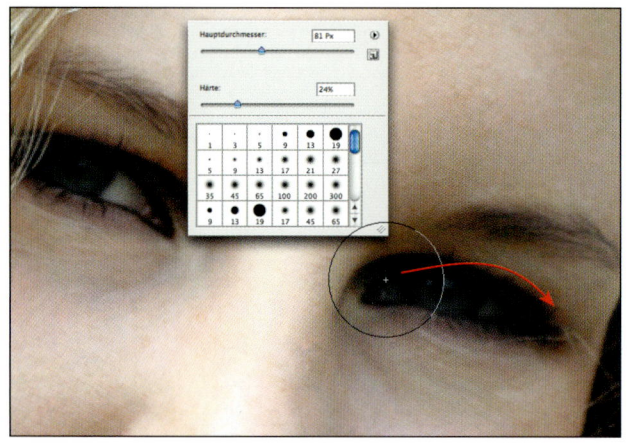

4 Augen aufhellen

Wie Sie rechts im Screenshot sehen können, sind Fältchen und Schatten unter den Augen nun bereits weitgehend entfernt. Die Haut hat zwar eine etwas unschöne, gelblich-bräunliche Tönung – aber wir kommen ja noch dazu.

Stellen Sie den HAUPTDURCHMESSER des Abwedler-Werkzeugs noch einmal höher, und hellen Sie damit nun auch die Bereiche über den Augen und die Augen selbst auf. Sie sollten dabei aber nicht zu viel von den Brauen aufhellen.

5 Flecken und sichtbare Übergänge

Durch das Abwedeln sind höchstwahrscheinlich auch in Ihrer Retusche unterschiedlich getönte Flecken und sichtbare Übergänge von ursprünglichen und retuschierten Bereichen entstanden. Diese können Sie nun mit dem Reparatur-Pinsel-Werkzeug beseitigen.

Als Quelle wählen Sie dazu am besten die Stirn aus. Sie bietet ausreichend Platz zur Retusche und ist gleichmäßig beleuchtet. Definieren Sie die Quelle durch einen Alt-Klick auf den Quellbereich ❶ und überpinseln Sie dann den Zielbereich ❷.

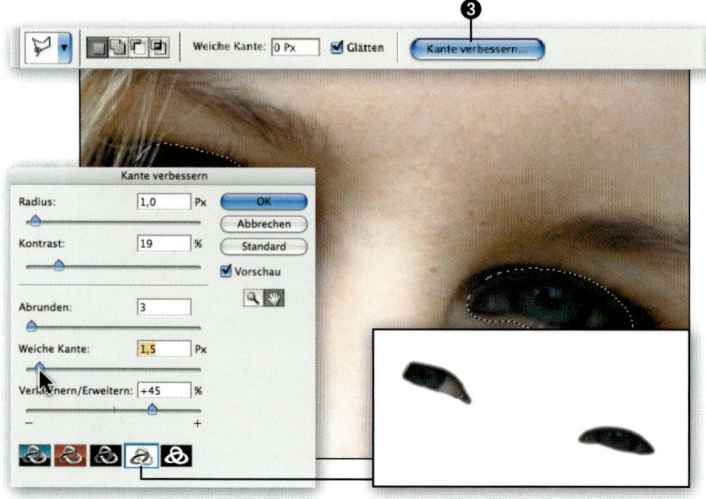

6 Kante der Auswahl verbessern

Nun sollen die Augen aufgehellt werden. Erstellen Sie dazu eine Auswahl um die Augen. Ich habe dafür das Polygon-Lasso verwendet. Klicken Sie danach auf KANTE VERBESSERN ❸ und justieren Sie die Einstellungen nach, bis die Auswahl (Maske) schön und weich um den sichtbaren Bereich der Augen liegt.

7 Gradationskurve

Zum Aufhellen der Augen verwenden wir die Gradationskurven. Damit können wir einerseits die Augen aufhellen und andererseits den Kontrast soweit erhöhen, dass das Ergebnis nicht flau gerät. Rufen Sie über Menü • BILD • ANPASSUNGEN den Dialog GRADATIONSKURVEN auf. Suchen Sie einen dunklen Bereich im Umfeld der Augen ❹. Klicken Sie bei gedrückter ⎡Strg⎤/⎡⌘⎤-Taste darauf. Photoshop setzt einen Punkt auf die Kurve ❺. Diesen Punkt lassen Sie unverändert. Darüber ziehen Sie eine leicht angehobene Kurve ein.

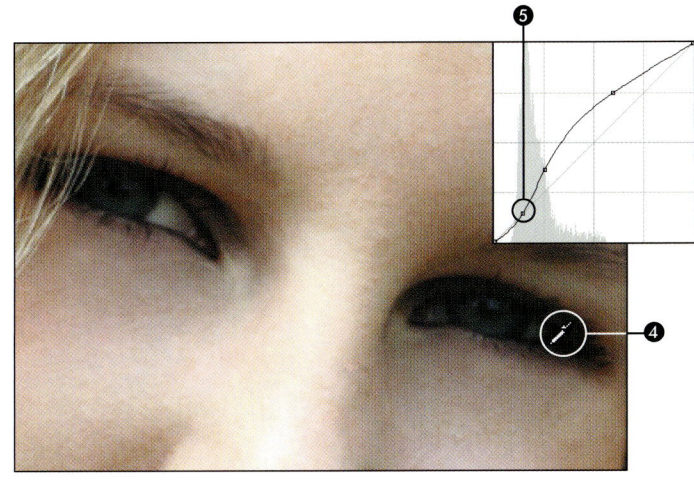

8 Dunkle Bereiche mit dem Nachbelichter verstärken

Die Augen des Ursprungsbildes liegen stark im Schatten. Schon bei dieser Aufhellung bin ich an die Grenze des Machbaren gegangen. Übertreiben Sie das Aufhellen, dann wird das vorhandene Bildrauschen auffallend betont.

Aber wir können das Leuchten der Augen auch verstärken, indem wir das unmittelbare Umfeld dunkler machen. Wählen Sie das Nachbelichter-Werkzeug 🖌, und streichen Sie mit einem kleinen Pinsel die Wimpern nach.

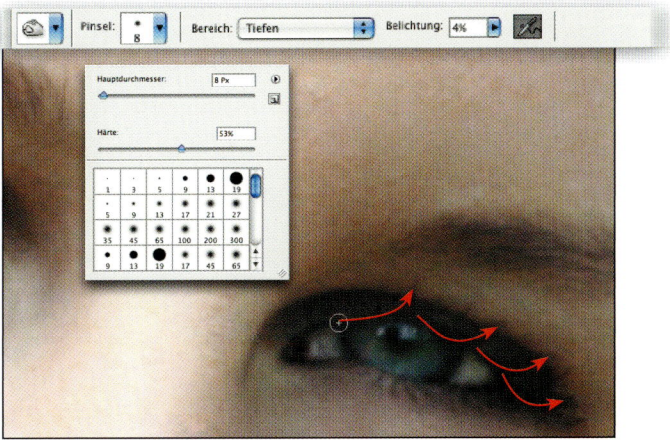

9 Lippen auswählen

Im nächsten Schritt sollen die Lippen etwas mehr Farbe erhalten. Bevor Sie damit beginnen, sollten Sie einen Schnappschuss ❻ aufnehmen.

Erstellen Sie dann eine Auswahl um die Lippen. Ich habe dazu das Polygon-Lasso 🔽 verwendet. Auch hier habe ich in der Palette der Werkzeugoptionen wieder KANTE VERBESSERN angeklickt, um eine passende, weiche Maske zu erhalten.

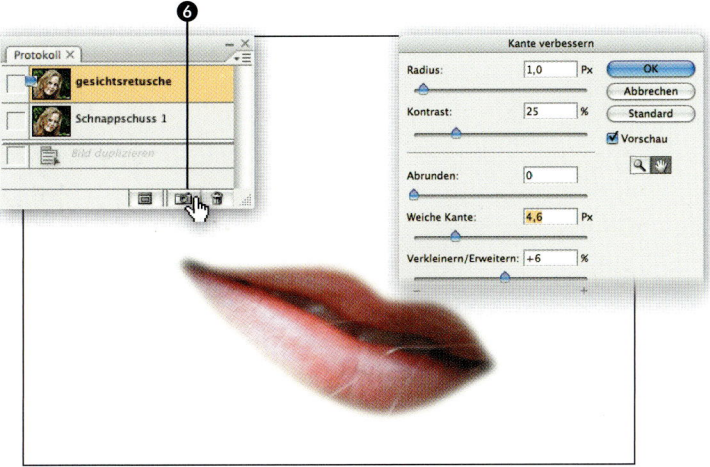

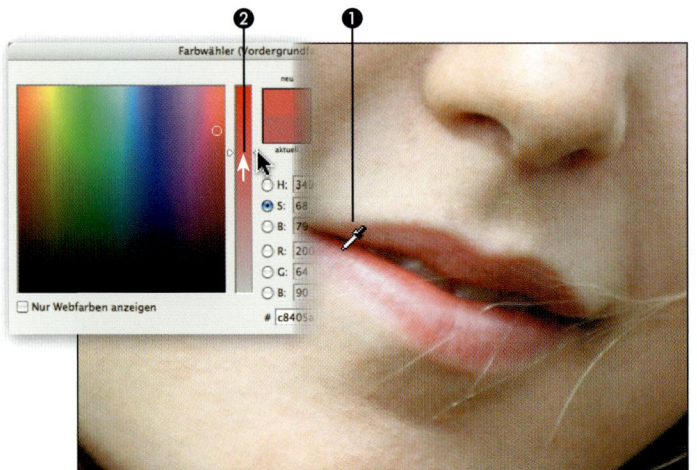

10 Farbe für die Lippen wählen

Im Screenshot hier links sehen Sie keine Auswahl. Das liegt daran, dass ich sie über ⌃Strg⌄/⌘+H ausgeblendet habe – sie ist jetzt zwar nicht mehr sichtbar, aber nach wie vor aktiv.

Klicken Sie zur Wahl der Farbe auf die Vordergrundfarbe, um den Farbwähler zu öffnen. Klicken Sie an eine Stelle der Lippen, an der sie satt gefärbt sind ❶. Ich habe danach SATURATION aktiviert und die Farbe etwas satter gemacht ❷.

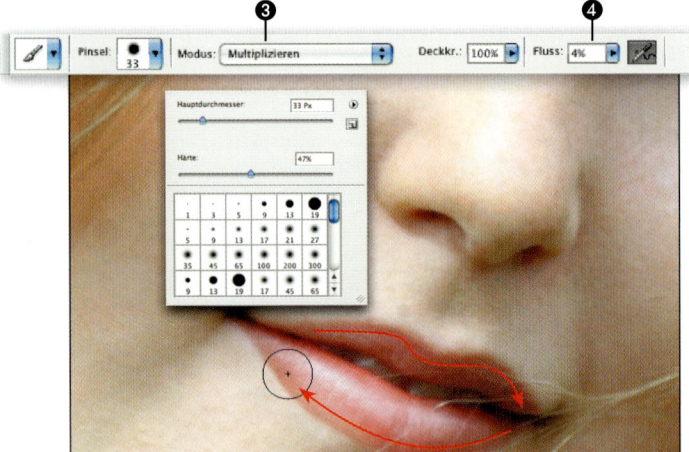

11 Lippen färben

Sie dürfen nun die Lippen nicht einfach deckend übermalen – auch nicht halbdeckend. Am Ende würden Sie total flache, glanzlose Lippen erhalten. Stellen Sie stattdessen für das Pinsel-Werkzeug den Modus auf MULTIPLIZIEREN ❸. Auch hier ist ein sehr geringer FLUSS ❹ wichtig – und wenn Sie meinen Wert von 4 % ansehen, dann werden Sie bemerken, dass ich einen wirklich sehr geringen FLUSS eingestellt habe.

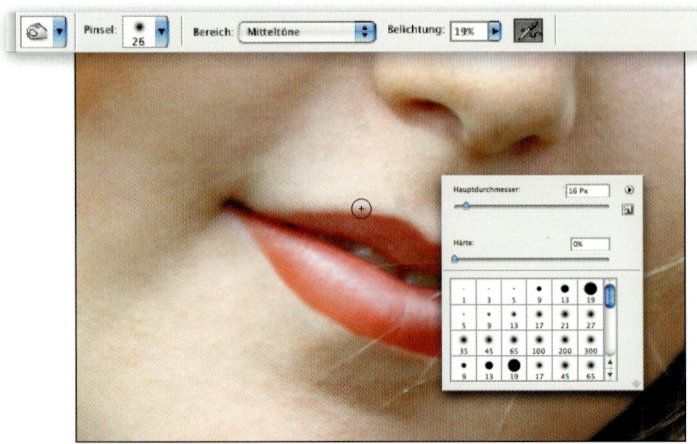

12 Lippen konturieren und Finetuning

Um die Lippen noch etwas in ihrer Form zu betonen und zu konturieren, können Sie die Ränder mit dem Nachbelichter nachfahren.

Mit dem Protokollpinsel , dem unter Schritt 9 aufgenommenen Schnappschuss und unterschiedlichen Hauptdurchmessern, Härten und Fluss habe ich zu dick aufgetragenen Lippenstift wieder abgeschminkt.

Ein wenig Nachbelichten hier, ein bisschen Abwedeln dort, ein paar Tupfer mit dem Bereichsreparatur-Pinsel-Werkzeug – fertig!

Schwierigkeitsgrad 3 – Für Überflieger

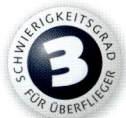

Der Verflüssigen-Filter

Plastische Chirurgie mit Adobe Photoshop CS3

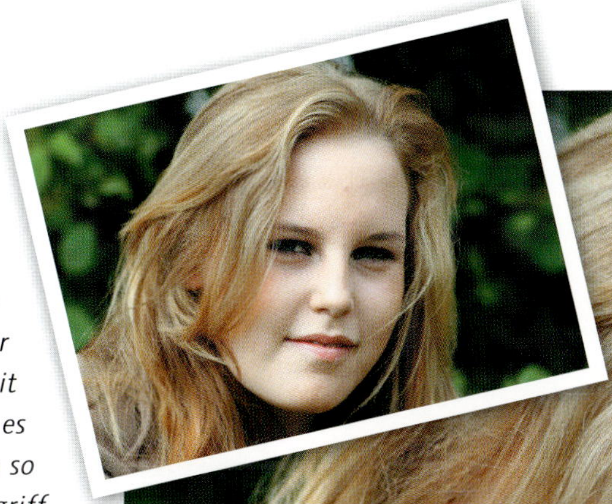

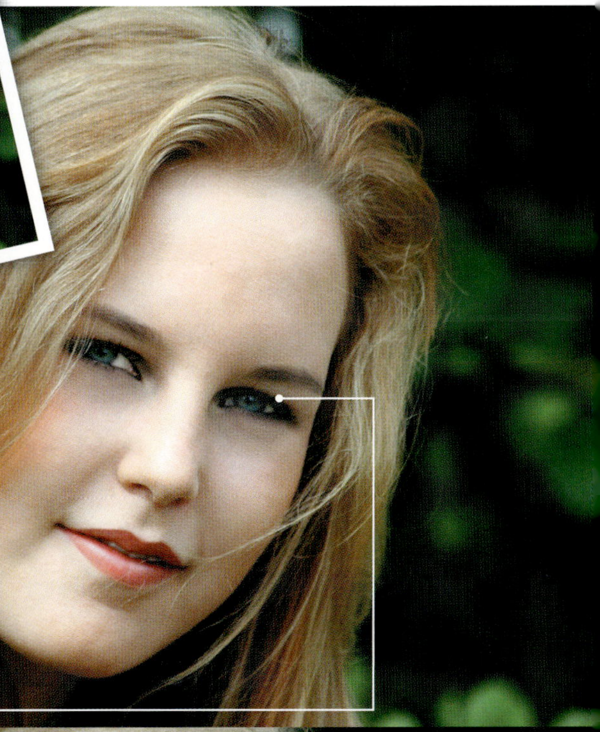

Die meisten Benutzer werden den Verflüssigen-Filter wohl daher kennen, dass sich mit ihm toll Schabernack treiben lässt. Es lässt sich aber auch ernsthaft damit arbeiten, auch wenn es nicht unbedingt ein so schwerwiegender Eingriff sein muss, wie ich ihn in diesem Workshop vorgenommen habe. Sehr oft geht es einfach nur darum, einem zu ernsten Porträt ein Lächeln zu entlocken. Was ich in diesem Workshop in wenigen Schritten erläutere, erfordert in der Tat außerordentlich viel Feinarbeit und einiges an Retuschiererfahrung.

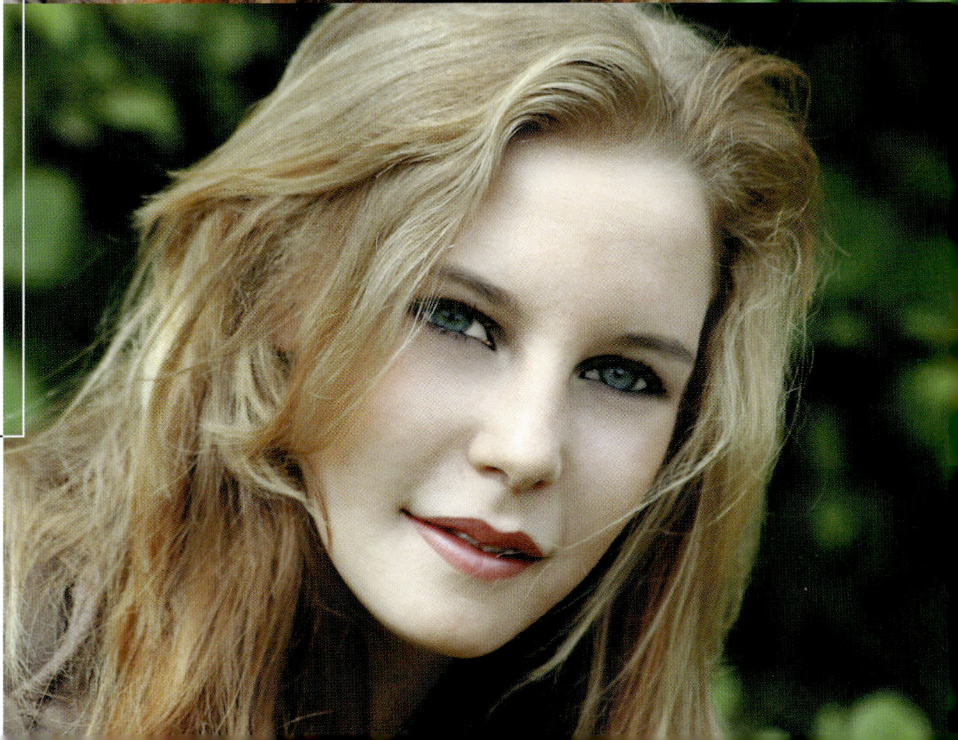

Zielsetzungen:

Gesicht schmaler machen

Augen vergrößern

[plastische_op.psd]

1 Bild samt Gesicht frei transformieren

Bevor ich damit beginne, das Gesicht zu verflüssigen, bediene ich mich eines ganz simplen Tricks, wenn es darum geht, etwas schmaler zu machen: Ich verzerre das Bild.

Dazu wähle ich zunächst mit dem Tastaturkürzel Strg/⌘+A alles aus, wähle im Menü BEARBEITEN • FREI TRANSFORMIEREN (Strg/⌘+T) und verzerre die Auswahl ein paar Prozent schmaler, indem ich den rechten, seitlichen Anfasser nach innen verschiebe ❶.

2 Filter Verflüssigen

Der Filter VERFLÜSSIGEN mag ob seiner kryptisch gekennzeichneten Schaltflächen und der zahlreichen Optionen etwas erschreckend erscheinen. Konzentrieren wir uns aber auf das Wesentliche, lässt sich sogleich entspannter damit arbeiten. Für diesen Workshop benötigen Sie nur die beiden Werkzeuge VORWÄRTS KRÜMMEN ❷ und AUFBLASEN ❹. Außerdem wird Ihnen das Rekonstruktionswerkzeug ❸ von Nutzen sein – damit können Sie wie mit dem Protokollpinsel den ursprünglichen Zustand wiederherstellen.

3 Wangen »krümmen«

Im ersten Schritt habe ich die Wangenknochen mit dem Vorwärts-krümmen-Werkzeug in das Gesicht hineingeschoben. Wählen Sie dazu eine PINSELGRÖSSE ❼ von 250–300; variieren Sie die Größe aber auch, um Unregelmäßigkeiten auszugleichen. Stellen Sie eine mittlere PINSELDICHTE ❽ ein (vergleichbar mit dem, was Sie bisher als HÄRTE kennengelernt haben) und vollen PINSELDRUCK ❻ (≈ DECKKRAFT bzw. FLUSS).

Tipp: Wenn Sie mit dem Aufblasen-Werkzeug arbeiten und die Alt-Taste drücken, wird temporär das Zusammenziehen-Werkzeug aktiviert – und umgekehrt.

4 Augen aufblasen, Stirn verkürzen

Im nächsten Schritt habe ich die Augen mit dem Aufblasen-Werkzeug ⬦ vergrößert. Das geht leichter, wenn man die PINSELGE- SCHWINDIGKEIT ❺ etwas reduziert – sonst sind die Augen schnell größer als der Kopf. Mund und Lippen habe ich vergrößert und nach unten verschoben.

Nachdem ich Gesicht und Wangen ordent- lich schmaler gemacht habe, ist es notwendig, die Stirn und damit den Schädel kleiner zu machen – ansonsten wirkt der Kopf wie ein Wasserkopf.

5 Direkte Retusche am Bild

Ich verlasse nun den Dialog mit OK, um ein paar Retuschen direkt am Bild vorzunehmen, die im Filter nicht möglich sind. So passen Licht und Schatten am Kinn nicht mehr zum schmalen Unterkiefer, was ich mit Abwedler, Nachbelichter und Reparatur-Pinsel-Werkzeug ausbessere ❾ (Quelle für Reparatur-Pinsel: Stirn). Mit Abwedler und Reparatur-Pinsel habe ich auch einen Schatten links am Mund ❿ beseitigt. Dann erstelle ich einen Schnappschuss.

❿ ❾

6 Abschließende Anpassung

Da Kopf und Haare noch zu voluminös wirken, rufe ich neuerlich den Filter VER- FLÜSSIGEN auf. Diesmal beschränke ich mich darauf, die Haare mit dem Vorwärts-krüm- men-Werkzeug 🖑 zum Gesicht zu schieben. Die Stirn wird noch etwas kleiner, ansonsten soll das Gesicht weitgehend unbeeinflusst bleiben. Da ich mit Pinselgrößen bis zu 600 arbeite, verschiebt sich aber schon einiges im Gesicht, was ich mit dem Protokoll-Pinsel- Werkzeug und dem zuvor aufgenommenen Schnappschuss reparieren kann.

Bildmontage und Collage

Nichts ist unmöglich. Wenn Sie mit Ebenen und Ebenenmasken umgehen können, haben Sie die Werkzeuge parat, um alles, was Sie sich vorstellen können, in Bildern umzusetzen. Sie werden dabei allerdings feststellen, dass nichts so einfach geht, wie Sie es aus Film und Fernsehen kennen, wo perfekte Retuschen nur zwei Klicks und einen Schnitt entfernt sind. Sie werden ferner lernen, dass abenteuerliche Retuschen aufwändige Handarbeit sind, und können sich plötzlich vorstellen, weshalb selbst die erfahrensten Profis an einer verblüffenden Illusion tagelang arbeiten. Aber am Ende werden Sie doch sehen, dass alles möglich ist.

Foto: Markus Wäger, Pascal Reis

Bildmontage und Collage

Überblenden mit Masken **252**
  Einfach und effektvoll

Eine Grafik in ein Bild einblenden **254**
  Ebenen »multiplizieren« und »negativ multiplizieren«

Eine Spiegelung erstellen **256**
  Mit Spiegelung und Verlauf ein Produkt in Szene setzen

Perspektiven kombinieren **261**
  Frei transformieren und perspektivisch verzerren

Porträt hervorheben **264**
  Mit Schnellauswahl, »Tiefenschärfe abmildern« und Protokoll

SCHWIERIGKEITSGRAD 1 FÜR EINSTEIGER

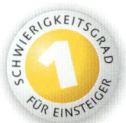

Überblenden mit Masken

Einfach und effektvoll

Überblenden gehört zu den billigen Tricks aus dem Zauberhut des Grafikdesigners – damit ist er nach wie vor in der Lage, Kunden in Präsentationen zu Begeisterungsstürmen hinzureißen. Mit wenig Aufwand lassen sich durch Überblenden effektvolle Bilder kreieren.

Zielsetzungen:
Zahnrad-Bild in ein Teamwork-Bild einblenden
[ueberblenden1.psd, ueberblenden2.psd]

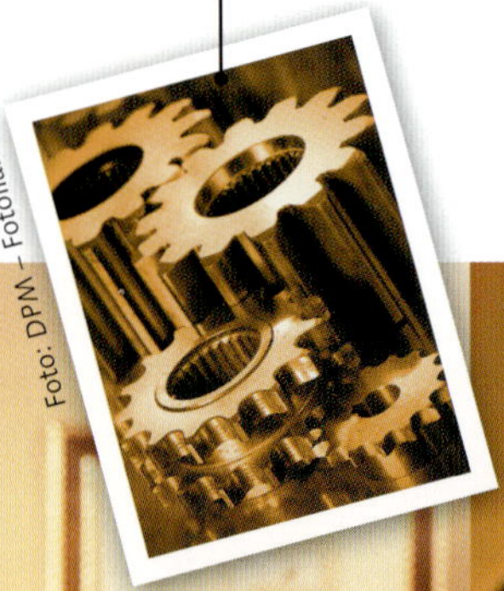
Foto: DPM – Fotolia.com

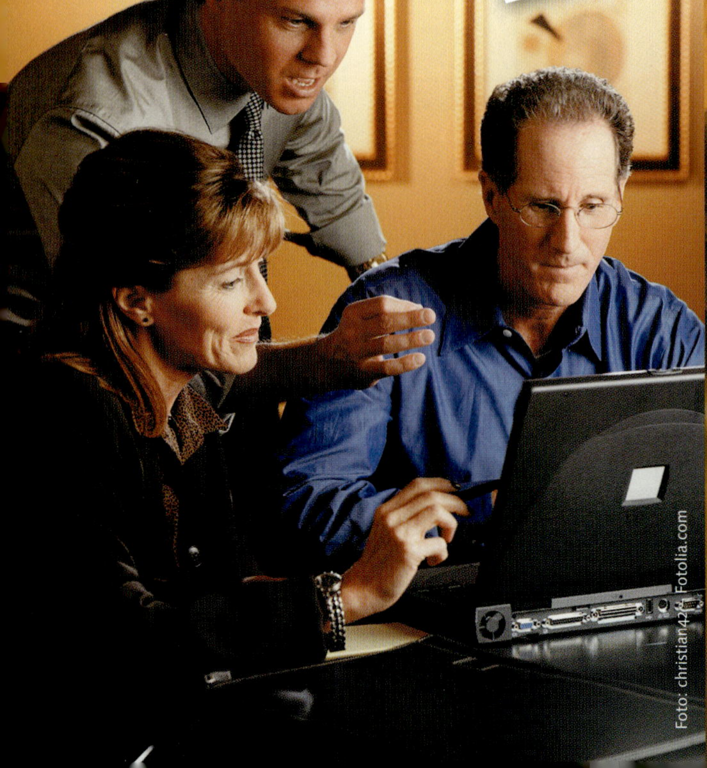
Foto: christian42 – Fotolia.com

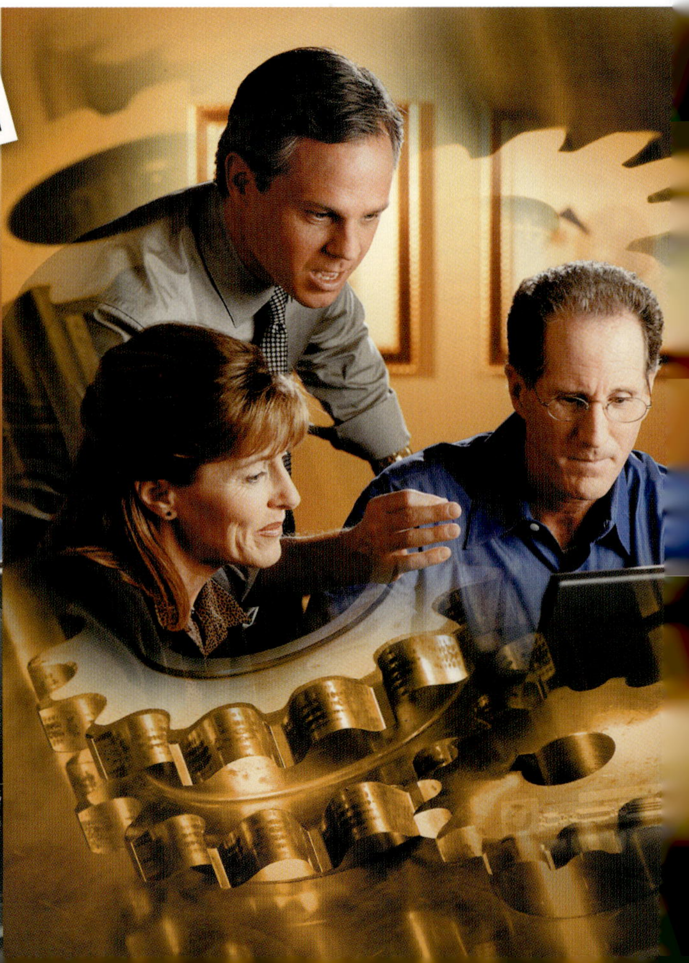

1 Bilder kombinieren, Ebenenmaske erstellen

Kombinieren Sie die beiden Bilder, indem Sie jenes der Geschäftsleute mit dem Verschieben-Werkzeug ⊕ in das Fenster mit den Zahnrädern ziehen. Halten Sie dabei die ⇧-Taste gedrückt, damit die Ebenen deckungsgleich ausgerichtet werden. Erstellen Sie dann für die obere Ebene eine Ebenenmaske ◻.

2 Mit Verlaufswerkzeug überblenden

Aktivieren Sie das Verlaufswerkzeug ▣, wählen Sie den »Schwarz, Weiß«-Verlauf ❶ und ziehen Sie damit bei aktivierter Ebenenmaske einen Verlauf wie abgebildet ❷ auf. Das Ergebnis sollte dann etwa aussehen wie rechts abgebildet.

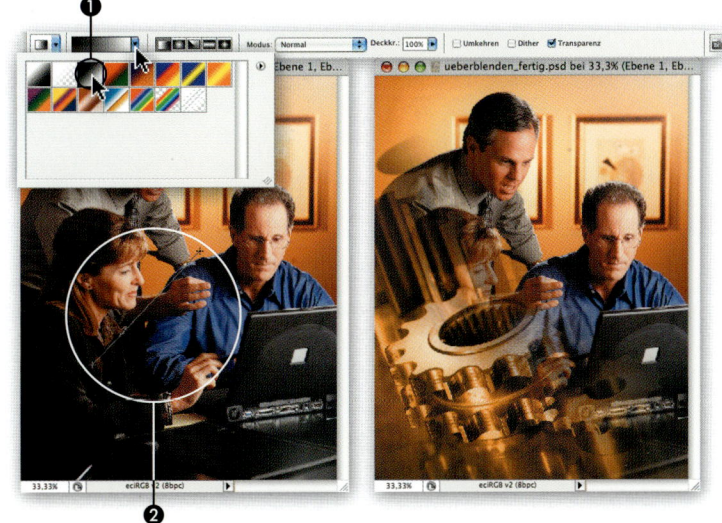

3 Ein- und ausblenden mit dem Pinsel

Bei diesem Bild bin ich mit dem Ergebnis, das ich durch Überblenden nur mit dem Verlaufswerkzeug erhalten habe, nicht zufrieden.

Wenn es Ihnen auch so geht, können Sie mit dem Pinsel-Werkzeug ✎ und weißer Vordergrundfarbe weitere Bereiche ausblenden bzw. mit schwarzer Vordergrundfarbe Bereiche wieder sichtbar machen ❸. Die Maske sieht bei mir nach der Nachbearbeitung aus wie rechts gezeigt.

SCHWIERIGKEITSGRAD 1 FÜR EINSTEIGER

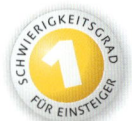

Eine Grafik in ein Bild einblenden

Ebenen »multiplizieren« und »negativ multiplizieren«

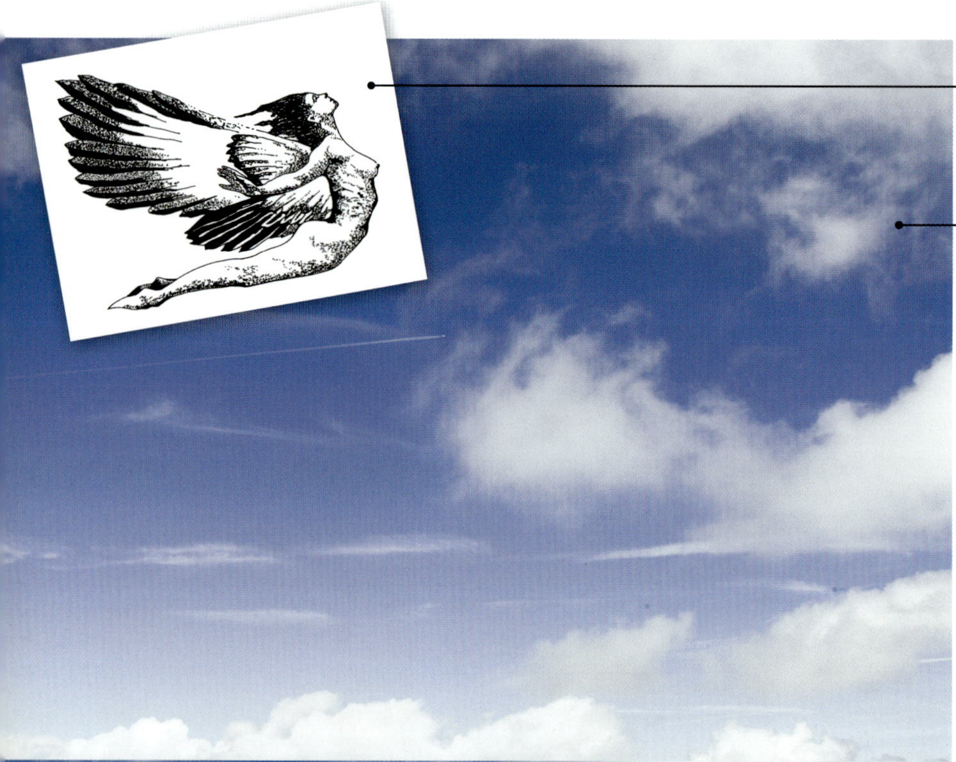

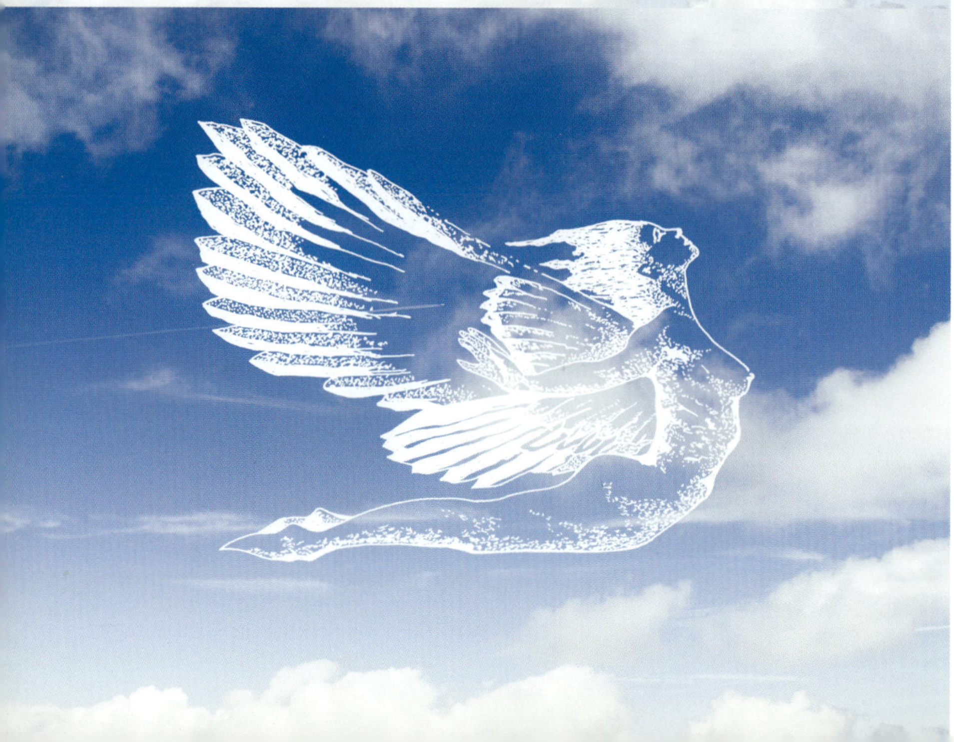

»Füllmethode« mag erschreckend technisch klingen; »multiplizieren« und »negativ multiplizieren« verheißt auch eher trockene Mathematik als Bildbearbeitungsspaß. Tatsächlich lassen sich aber mit Füllmethoden sehr einfach coole Effekte erzielen, und gerade die beiden Multiplizieren-Methoden sind aus Photoshop nicht wegzudenken. Hier zeige ich Ihnen, wie einfach es ist, eine Zeichnung in ein Bild einzublenden.

Zielsetzungen:

Illustration in ein Foto einblenden

[einblenden1.psd, einblenden2.psd]

1 Bilder zusammenfügen, Ebenen multiplizieren

Fügen Sie zuerst die Illustration der geflügelten Dame in das Bild mit dem Wolkenhimmel ein – so wie im vorangegangenen Workshop beschrieben.

Stellen Sie dann die Füllmethode der Ebene mit der Dame auf MULTIPLIZIEREN ❶. Dadurch werden die weißen Bereiche der Ebene ausgeblendet, die schwarzen bleiben schwarz.

2 Bild umkehren

Schwarz wirkt mir dieser Engel nun aber doch etwas zu hart auf dem klaren Himmel – weiß wäre sicher schöner!

Um die Zeichnung weiß auf den Hintergrund zu bekommen, wählen Sie zuerst BILD • ANPASSUNGEN • UMKEHREN. Das Ergebnis sieht dann aus wie in Abbildung ❷ (wenn Sie die FÜLLMETHODE zurück auf NORMAL stellen, zeigt sich die Ebene wie im kleinen Screenshot ❸).

3 Ebene negativ multiplizieren und transformieren

Mit MULTIPLIZIEREN bleibt Schwarz sichtbar, und Weiß verschwindet. Hier soll aber Schwarz verschwinden und Weiß sichtbar bleiben. Sie kennen den Trick ja bereits: Stellen Sie die Füllmethode auf NEGATIV MULTIPLIZIEREN ❹ – der Engel steht nun weiß auf dem Foto. Abschließend habe ich den Engel über BEARBEITEN • FREI TRANSFORMIEREN bei gedrückter ⇧-Taste auf die passende Größe gebracht ❺.

SCHWIERIGKEITSGRAD 2 FÜR AUFSTEIGER

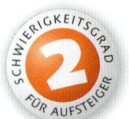

Eine Spiegelung erstellen

Mit Spiegelung und Verlauf ein Produkt in Szene setzen

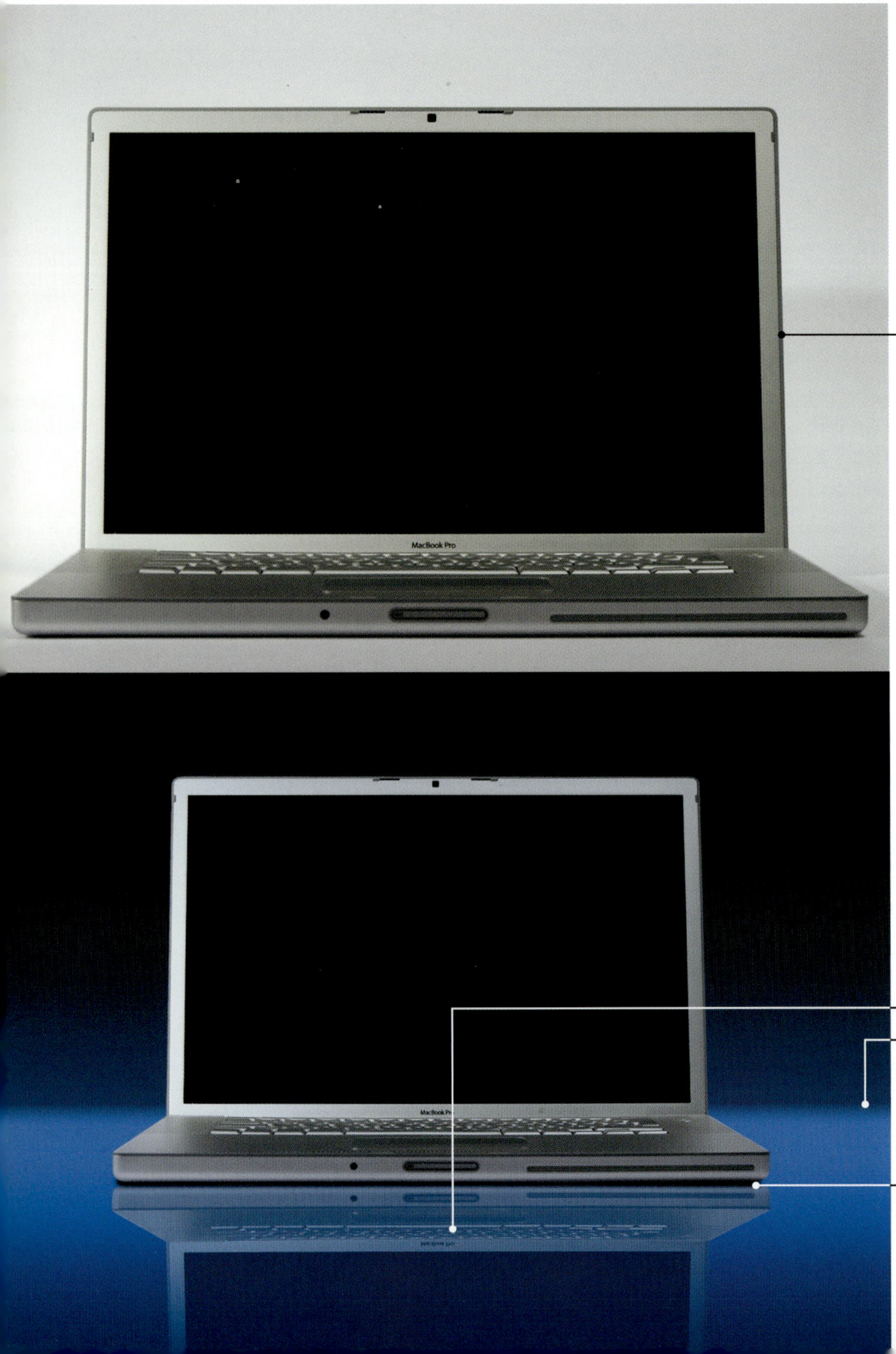

Eingangs zu diesem Workshop zeige ich Ihnen, wie Sie einen Pfad erstellen. Das Zeichnen von Pfaden lässt sich eigentlich nicht auf einer Seite beschreiben – es wäre ein Kapitel für sich. Aber da es mittlerweile viele weit komfortablere Möglichkeiten gibt, Auswahlen zu erstellen, fasse ich mich kurz. Ganz unterschlagen möchte ich Ihnen das Thema dennoch nicht, denn Pfade haben vier große Vorteile: 1. Über Pfade lassen sich äußerst präzise Auswahlen erreichen; 2. Pfade lassen sich jederzeit leicht nachbearbeiten und anpassen; 3. Pfade brauchen kaum Speicherplatz; 4. wenn Sie regelmäßig zwischenspeichern, kann es Ihnen nicht passieren, dass Sie durch einen falschen Klick oder einen Stromausfall die Arbeit von Stunden verlieren.

Zielsetzungen:

Objekt freistellen

Spiegelung erstellen

Hintergrund-Verlauf erstellen

Schatten hinzufügen

[spiegelung.psd]

1 Freistellen mit dem Zeichenstift

Vor wenigen Jahren war das Zeichenstift-Werkzeug ✒ noch unentbehrlich, um Objekte für ein Layoutprogramm freizustellen. Seit InDesign auf dem Markt ist, hat diese Funktion aber an Bedeutung verloren. Zum Erstellen einer Auswahl ist der Zauberstab aber nach wie vor ein exzellentes Tool.

Aktivieren Sie den Modus PFADE ❶ und zusätzlich die Option GUMMIBAND ❷. Setzen Sie mit einem Klick einen Ankerpunkt ❸, bewegen Sie die Maus, und setzen Sie weitere Ankerpunkte am Rand des Monitors ❹.

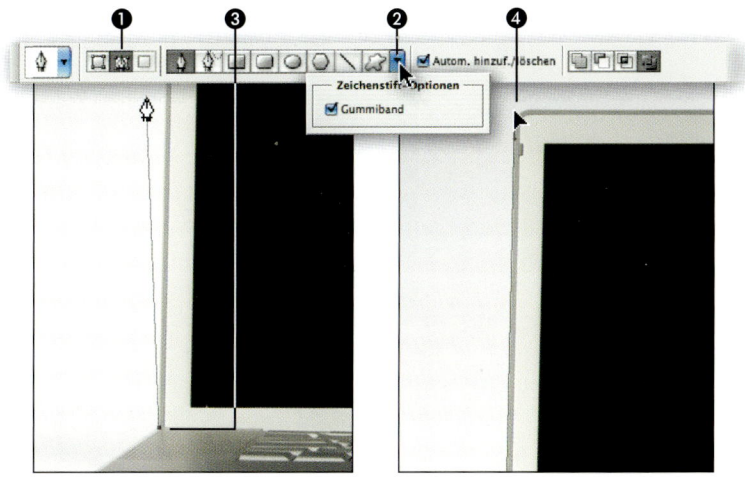

2 Eine Kurve zeichnen

Geraden werden Klick für Klick gezeichnet. Kurven sind etwas kniffliger. Um eine Kurve zu zeichnen, drücken Sie die Maustaste und bewegen dann – bei gedrückter Maustaste! – die Maus ❺. Photoshop setzt einen Ankerpunkt, und Sie ziehen sogenannte Tangenten daraus hervor. Mit einer Tangente können Sie bestimmen, dass die Gerade zwischen zwei Punkten zur Kurve wird, und den Kurvenverlauf steuern. Mit dem Direktauswahl-Werkzeug ▶ können Sie den Verlauf des Pfades jederzeit korrigieren ❻.

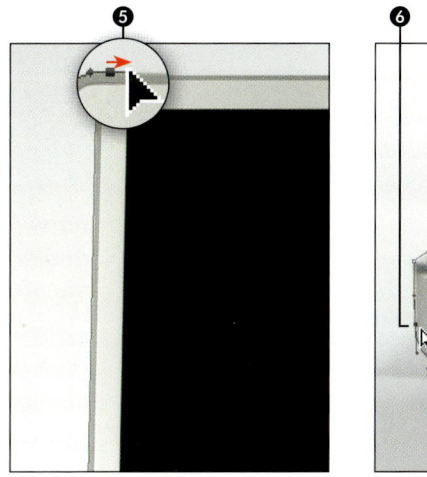

3 Pfad schließen, Auswahl erstellen

Sie müssen den Pfad auf jeden Fall durchgehend zeichnen und am Ende schließen, indem Sie auf den ersten Ankerpunkt klicken. Rufen Sie dann die Palette PFADE auf, und klicken Sie bei gedrückter ⌃Strg/⌘-Taste auf die Miniatur des Arbeitspfades ❼ – dadurch wird der Pfad als Auswahl geladen.

Kehren Sie die Auswahl mit ⌃Strg/⌘+⇧+I um, löschen Sie mit der ←-Taste den ausgewählten Bereich, und erweitern Sie über Menü BILD • ARBEITSFLÄCHE die Arbeitsfläche zum Quadrat ❽.

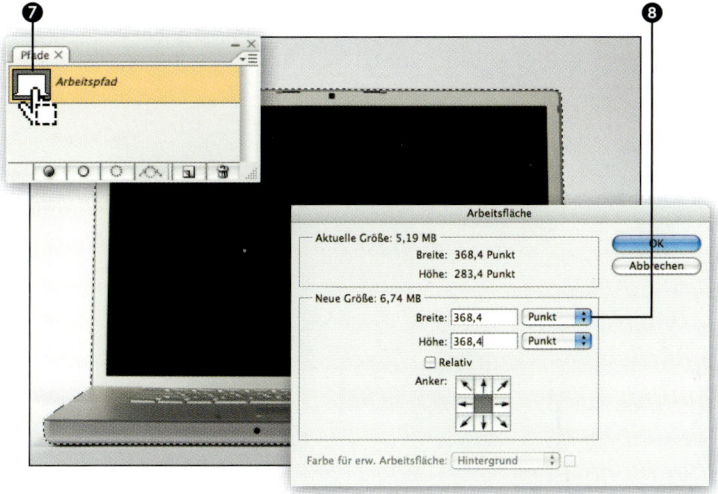

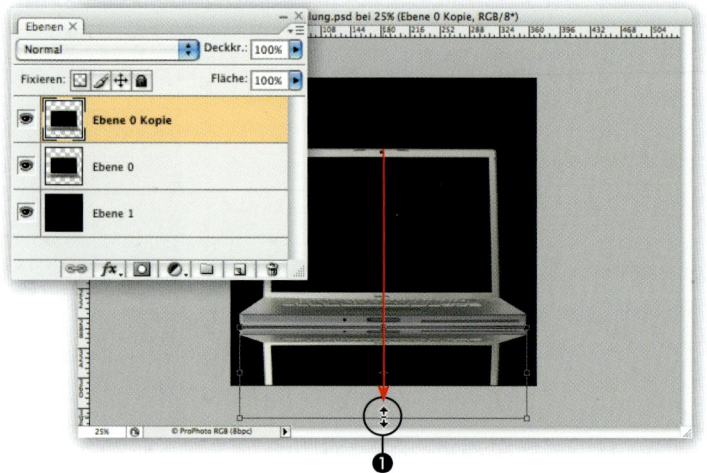

4 Ebene spiegeln

Erstellen Sie zuunterst eine neue Ebene, die Sie mit Schwarz füllen. Anschließend duplizieren Sie den mittlerweile freigestellten Laptop – aus dieser Kopie machen wir die Spiegelung. Wählen Sie im Menü BEARBEITEN • FREI TRANSFORMIEREN, und ziehen Sie dann den oberen Anfasser der Auswahl nach unten ❶. In diesem Fall brauchen Sie die Proportionen nicht exakt zu beachten. Es ist kein Schaden, wenn die Spiegelung etwas flacher ausfällt als das Original.

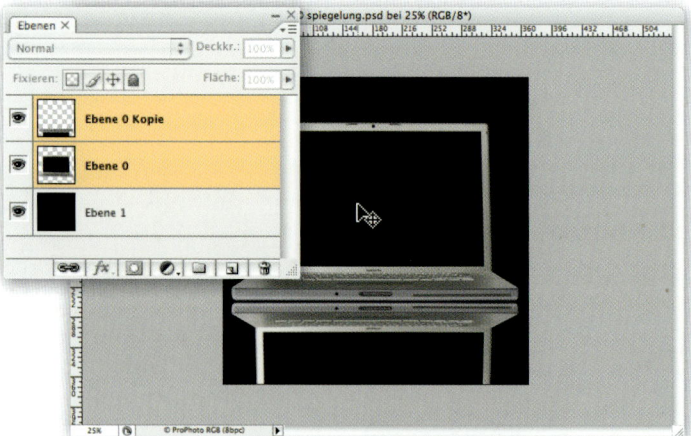

5 Mehrere Ebenen positionieren

Schließen Sie FREI TRANSFORMIEREN ab, indem Sie die Eingabetaste ⏎ betätigen.

Nun soll der Laptop samt Spiegelung noch etwas besser im Bildausschnitt positioniert werden. Wenn Sie bei gedrückter ⇧-Taste die Ebene des Laptops und jene seiner Spiegelung auswählen, können Sie die beiden gemeinsam mit dem Verschieben-Werkzeug ▸⊕ positionieren.

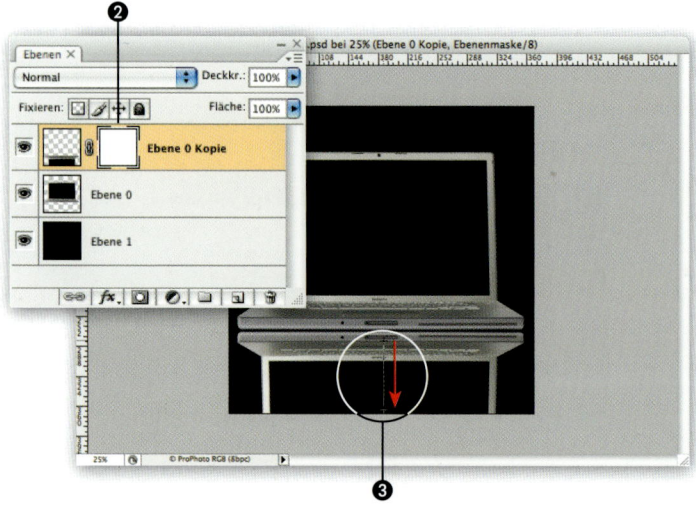

6 Spiegelung absoften

Die Spiegelung ist im Moment noch so kräftig wie das Objekt, das sie widerspiegelt – das wollen wir ändern. Versehen Sie die Spiegelung mit einer Ebenenmaske ❷, indem Sie auf ▣ klicken, und erstellen Sie in der Maske einen Verlauf ▣ von Schwarz zu Weiß ❸.

7 Eigenen Verlauf einstellen

Die Spiegelung wäre damit geschafft. Ich möchte hier aber keinen flachen, schwarzen Hintergrund, sondern etwas mit mehr Leuchtkraft und Tiefe, vielleicht einen Verlauf.

Klicken Sie hier ❹, um den Dialog VERLÄUFE BEARBEITEN zu öffnen. Hier finden Sie einen Streifen, der den aktuellen Verlauf repräsentiert und darunter Farbregler, in Photoshop Farbunterbrechung ❺ genannt. Doppelklicken Sie einen Regler, um seine Farbe zu bestimmen. Ich habe mich für ein dunkles Blau von R = 0, G = 37 und B = 106 entschieden.

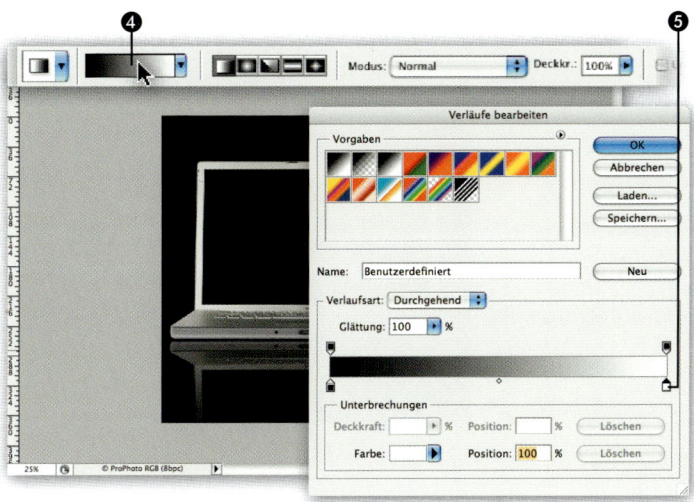

8 Verlaufsunterbrechung hinzufügen

Es ist durchaus möglich, dass Sie einen anderen Verlauf sehen, wenn Sie diesen Dialog öffnen. Falls Sie mehr Farbunterbrechungen unter dem Verlauf haben, als wir brauchen, ziehen Sie die übrigen einfach nach unten vom Verlauf weg.

Ich belasse den linken Regler auf Schwarz. Zwischen den beiden bestehenden setze ich mit einem Klick einen neuen ❻, öffne ihn per Doppelklick und stelle ein helleres Blau ein. Dazu aktiviere ich BRIGHTNESS ❼, um den bestehenden Farbton aufzuhellen ❽.

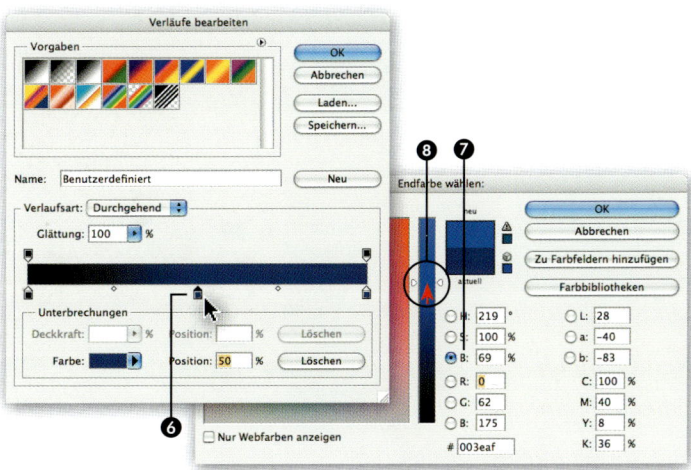

9 Verlaufstonmittelpunkt definieren

Wenn Sie im Dialog VERLÄUFE BEARBEITEN eine Farbunterbrechung aktivieren, sehen Sie zwischen ihm und den benachbarten Farbunterbrechungen jeweils eine Raute ❾. Diese Raute definiert den Halbwert des Verlaufs.

Wenn Sie einen Verlauf von Schwarz zu Weiß vor Augen haben, dann ist dies der Punkt, an dem sich ein exakt mittleres Grau befindet. Diesen Punkt können Sie verschieben. Ich habe ihn so weit es geht an das helle Blau und die Verlaufsunterbrechung etwas weiter nach rechts verschoben ❿.

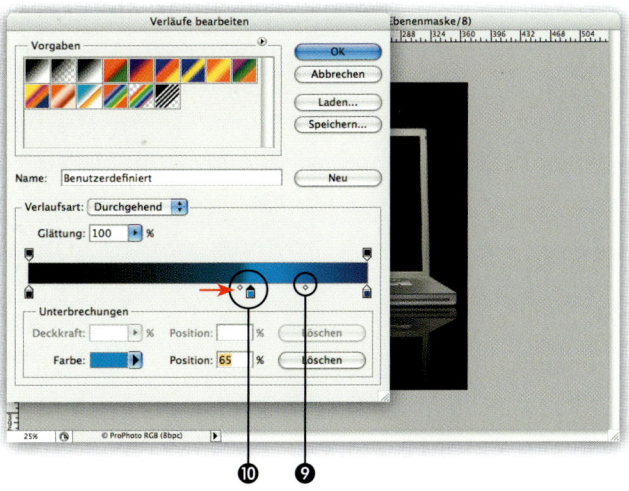

10 Verlauf anwenden

Wenn Sie den Dialog VERLÄUFE BEARBEITEN nicht bereits geschlossen haben, dürfen Sie ihn jetzt mit OK verlassen.

Wenden Sie nun mit dem Verlaufswerkzeug ▦ den neu erstellten Verlauf auf der untersten Ebene an.

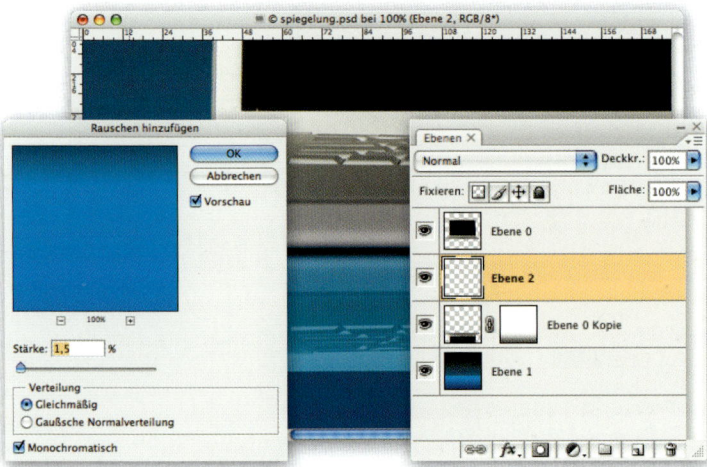

11 Rauschen hinzufügen

Wenn Sie einen Verlauf mit einem Foto kombinieren, sollten Sie ihn mit leichten Störungen versehen, damit er nicht zu glatt und künstlich aussieht. Wählen Sie dazu Menü FILTER • RAUSCHFILTER • RAUSCHEN HINZUFÜGEN, und verwenden Sie einen passenden Wert.

Nun fehlt noch ein Schatten unter dem Laptop. Erstellen Sie dazu eine neue Ebene, und ordnen Sie die Ebenen so an, dass der Laptop oben liegt, die neue Ebene darunter und dann Spiegelung und Hintergrund.

12 Schatten malen und Fotofilter

Wählen Sie als Vordergrundfarbe Schwarz und einen Pinsel mit passendem HAUPTDURCHMESSER und 0 % HÄRTE. Setzen Sie einen Punkt auf der einen Seite unter den Laptop ❶ und bei gedrückter ⇧-Taste einen Punkt auf der anderen Seite ❷ – Photoshop verbindet die beiden Punkte in einer geraden Linie.

Damit der Ton des Laptops mit dem kühlen Farbton des Hintergrunds harmoniert, war es abschließend noch notwendig, der Laptop-Ebene über Menü BILD • ANPASSUNGEN • FOTOFILTER einen KALTFILTER zuzuweisen.

Perspektiven kombinieren

Frei transformieren und perspektivisch verzerren

Die digitale Bildmontage macht es leicht, Bilder zu vereinen. Dadurch lässt sich mit zwei Bildern ein neues schaffen, welches ansonsten aufwändig neu fotografiert werden müsste. Das ist oft auch ein nicht zu unterschätzender Kostenfaktor. In diesem Workshop zeige ich Ihnen anhand eines ganz einfachen Beispiels, wie sich ein flaches Foto auf einen perspektivisch fliehenden Monitor montieren lässt.

Zielsetzungen:

Foto auf den Bildschirm projizieren

Bild perspektivisch korrekt anpassen

Licht und Schatteneffekt hinzufügen

[einfuegen1.psd, einfuegen2.psd]

1   Auswahl erstellen, Bild kopieren

Wählen Sie als Erstes den Bereich aus, in den Sie das Katzen-Bild einfügen möchten ❶. Ich habe dazu das Polygon-Lasso 🔲 verwendet. Das dauert zwar 15 Sekunden länger als mit dem Zauberstab, ist dafür aber auch präziser.

Noch schneller geht das Auswählen des einzufügenden Bildes. In diesem Dokument drücken Sie einfach `Strg`/`⌘`+`A` um alles auszuwählen, und dann `Strg`/`⌘`+`C` zum Kopieren der Auswahl.

2   In die Auswahl einfügen

Wechseln Sie nach dem Kopieren des Katzen-Bildes wieder zum Monitor-Bild zurück.

Wählen Sie im Menü BEARBEITEN • IN DIE AUSWAHL EINFÜGEN. Photoshop erstellt automatisch eine neue Bildebene aus dem Motiv der Katze (oder was auch immer es in der Zwischenablage findet) und versieht diese mit einer Ebenenmaske ❷, die der Auswahl entspricht.

3   Frei transformieren

Nun muss das Bild mit dem kleinen Tiger an den Bildschirm angepasst werden. Wählen Sie dazu Menü BEARBEITEN • FREI TRANSFORMIEREN, und passen Sie zunächst einmal das Format ungefähr an die Monitorgröße an. Ich habe dabei die ⬆-Taste gehalten, damit die Proportionen noch nicht verändert werden.

4   Perspektivisch verzerren

Im zweiten Anpassungsschritt möchte ich das
Bild so verzerren, dass die Größenverhältnisse
den Gesetzmäßigkeiten perspektivischer Verjüngung gerecht werden (entfernte Objekte
scheinen kleiner und kürzer als nahe). Klicken
Sie dazu mit der rechten Maustaste innerhalb
des Transformieren-Rahmens, und wählen Sie
PERSPEKTIVISCH. Verschieben Sie dann den
oberen oder unteren Anfasser auf der linken
Seite so, dass sich das Bild nach rechts
(hinten) verjüngt.

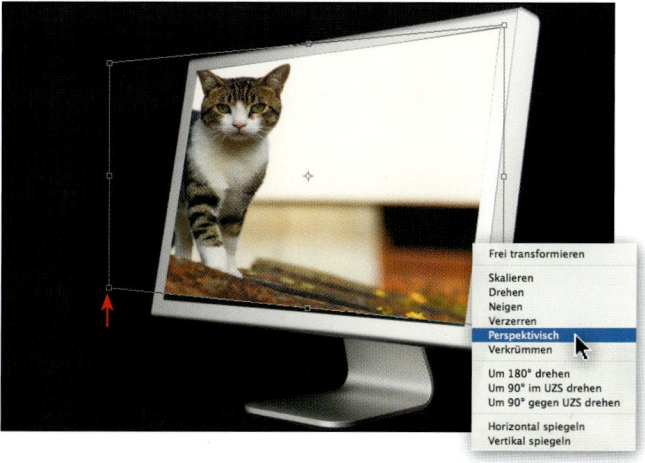

5   Einpassen durch Verzerren

Mit dem oberen Schritt wäre der Perspektive
weitgehend Genüge getan. Klicken Sie neuerlich innerhalb der Auswahl, und wählen Sie
diesmal VERZERREN. Damit können Sie nun die
Anfasser an den Ecken in die Nähe der jeweiligen Ecke des Monitors verschieben und
somit das Bild endgültig der Perspektive des
Monitors angleichen. Bestätigen Sie nach
getaner Anpassung das Transformieren, indem
Sie ⏎ drücken.

6   Licht und Schatten

Abschließend habe ich das Bild mit zwei
Ebenenstilen garniert. Erstens habe ich einen
ganz leichten SCHATTEN NACH INNEN hinzugefügt und zweitens einen kräftigen SCHEIN
NACH AUSSEN (natürlich habe ich die FARBE ❸
des Scheins vom voreingestellten Gelb auf
Weiß geändert).

   Damit das Bild nicht unnatürlich leuchtend
auf dem Monitor steht, habe ich zusätzlich
die DECKKRAFT der Ebene mit der Katze auf
90 % reduziert.

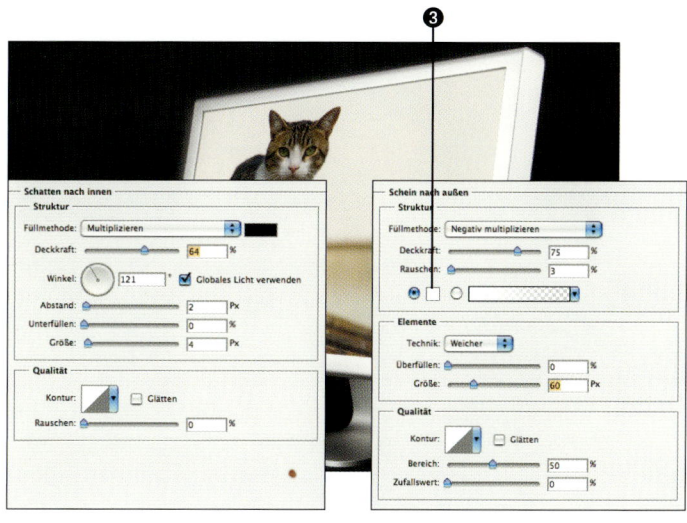

Schwierigkeitsgrad 3 – für Überflieger

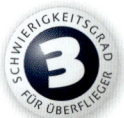

Porträt hervorheben

Mit Schnellauswahl, »Tiefenschärfe abmildern« und Protokoll

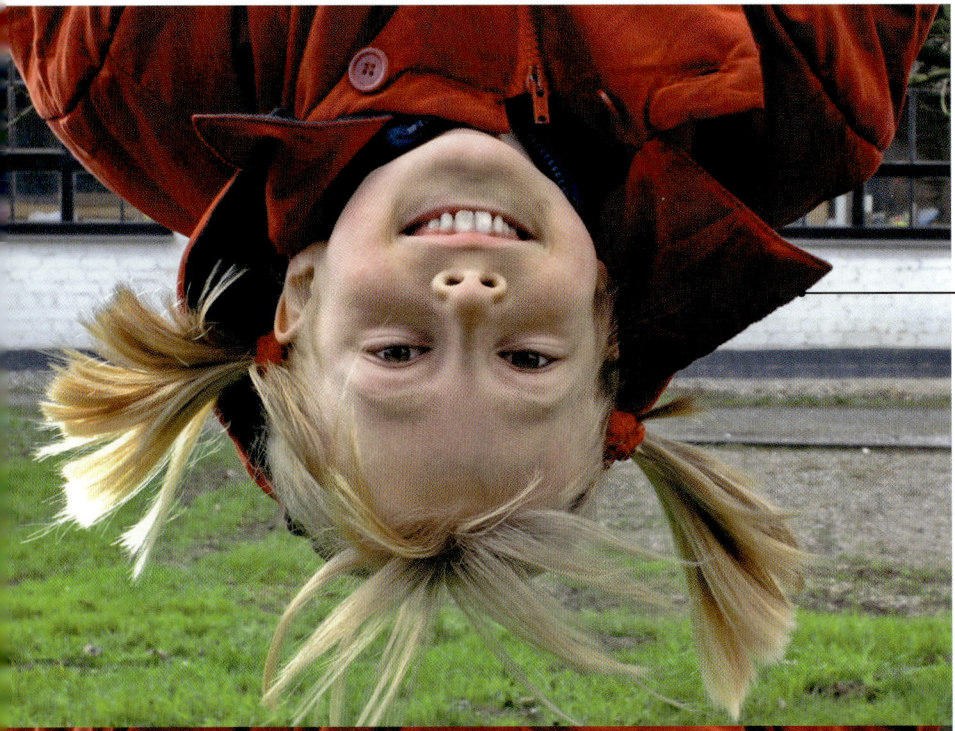

Das Wichtigste, wenn Sie eine Person fotografieren, ist die Person! Ein unruhiger Hintergrund, besonders wenn er etwas öde ist, kann dabei eigentlich bloß stören. Meist hilft es, wenn Sie den Hintergrund weichzeichnen, damit er nur mehr verschwommen dargestellt wird. Professionelle Fotografen machen das mit der richtigen Kombination von Brennweite und Blende. Am besten für einen natürlich wirkenden, unscharfen Hintergrund eignet sich der Filter »Tiefenschärfe abmildern«. Und der schnellste Weg zur notwendigen Auswahl führt vielleicht über das neue Schnellauswahlwerkzeug.

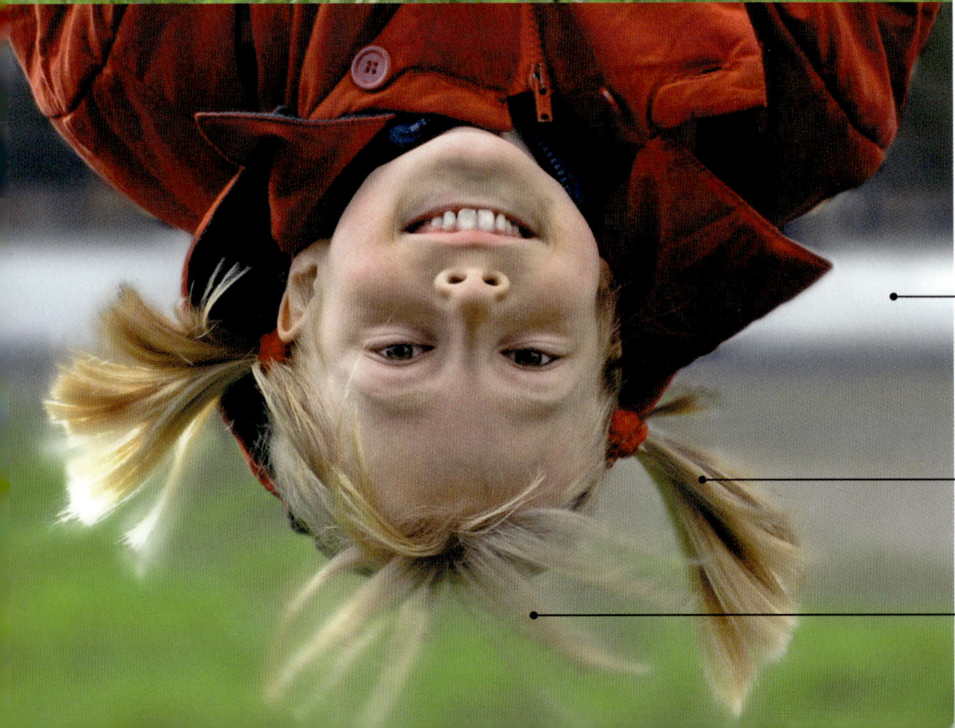

Zielsetzungen:

- Auswahl erstellen
- Hintergrund weichzeichnen
- Weichgezeichnete Haare wieder herstellen
- Problemstellen durch Bewegungsunschärfe kaschieren

[schnellauswahl.psd]

1 Einen Schnappschuss erstellen

Zunächst einmal erstellen Sie über die Palette PROTOKOLL einen Schnappschuss als Moment-aufnahme des Bildes. Mit einem Doppelklick auf den Namen des Schnappschusses können Sie ihn umbenennen. Nennen Sie ihn in diesem Fall »Scharf«.

2 Schnellauswahl erstellen

Wählen Sie nun das Schnellauswahlwerkzeug. Beginnen Sie damit in dem Bereich, den Sie auswählen wollen, und ziehen Sie über das Bild hinweg. Auch hier eine beeindru-ckende Demonstration des neuen Werkzeugs, auch wenn das Ergebnis nicht perfekt sein mag – für unseren Zweck ist sie ausreichend.

3 Schnellauswahl verbessern

Sie können dabei ohne Weiteres mehrmals ab- und zur Fortsetzung ansetzen – Sie brauchen die Auswahl nicht in einem Durch-gang zu erstellen. Die Werkzeugoptionen sind normalerweise so eingestellt, dass das Erwei-tern der Auswahl die Standardeinstellung ist.

Machen Sie sich keine Gedanken, wenn die Haare des Mädchens mit in die Auswahl fallen – wir werden das gleich beheben.

Tipp: Erstellen Sie die Auswahl immer anhand der gleichmäßigeren Fläche – Sie können sie am Ende ja umkehren!

4 Auswahl verkleinern

Die Haare, die zu viel in die Auswahl einbezogen wurden, werden wir teilweise wieder aus der Auswahl entfernen. Wie auch bei Rechteck- und Ellipsenauswahl-Werkzeug, können Sie durch Drücken der Alt-Taste Bereiche wieder von der Auswahl ausnehmen. Achten Sie aber darauf, dass sich Ihre Auswahl nicht in den Hintergrund hineinvergrößert.

5 »Tiefenschärfe abmildern«

Manche Bereiche sind sehr kritisch zum Auswählen, da wenig Kontrast zwischen Vorder- und Hintergrund vorhanden ist – lassen Sie dort lieber die Haare weg.

Wir werden diese Bereiche später wiederherstellen. Die Auswahl sollte am Ende etwa wie hier links abgebildet aussehen.

Wählen Sie dann FILTER • WEICHZEICHNUNGSFILTER • TIEFENSCHÄRFE ABMILDERN.

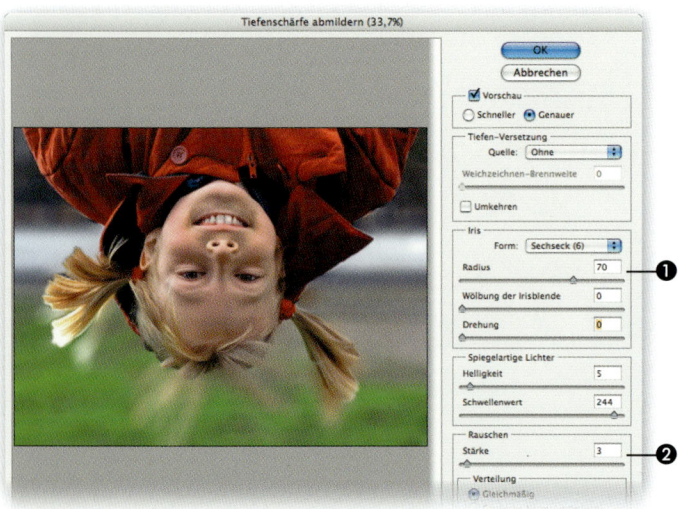

6 »Tiefenschärfe abmildern« einstellen

Stellen Sie die Weichzeichnung des Hintergrunds ein. Auch dieser Dialog bietet zahlreiche einladende Schieberegler und Optionen, an denen sich Herumspielen lässt – folgen Sie der Einladung, und probieren Sie verschiedene Einstellungen aus! Primär von Bedeutung ist der RADIUS ❶, mit dem Sie den Grad der Weichzeichnung einstellen. Darüber hinaus empfehle ich auch hier, ein leichtes RAUSCHEN einzusetzen, damit das Bild natürlich wirkt. Die Intensität des Rauschens wird mit STÄRKE ❷ eingestellt.

7 Zweiter Schnappschuss

Erstellen Sie einen weiteren Schnappschuss, und nennen Sie ihn »Hintergrund unscharf«. Dann aktivieren Sie mit einem Klick wieder den Schnappschuss »Scharf« ❸.

Falls bei Ihnen noch die *Marching Ants* unterwegs sind, heben Sie die Auswahl auf, indem Sie Strg/⌘+D drücken.

Nun möchte ich das Bild neuerlich weichzeichnen, diesmal wird sich der Filter aber auf das gesamte Bild auswirken, da ja keine Auswahl mehr aktiv ist.

8 Letzten Filter wiederholen

Über den ersten Menüpunkt im Menü FILTER lässt sich der zuletzt angewendete Filter neuerlich anwenden (Strg/⌘+F). Erstellen Sie auch von diesem Bearbeitungsstadium einen Schnappschuss, und nennen Sie ihn »Unscharf«. Aktivieren Sie erneut den Schnappschuss »Hintergrund unscharf« ❹ – das Bild sieht wieder aus wie im Schnappschuss. Klicken Sie dann in das Quadrat vor »Scharf« ❺; es erscheint dieses Symbol 🖌 darin – dieses Bild ist jetzt für den Protokollpinsel aktiv.

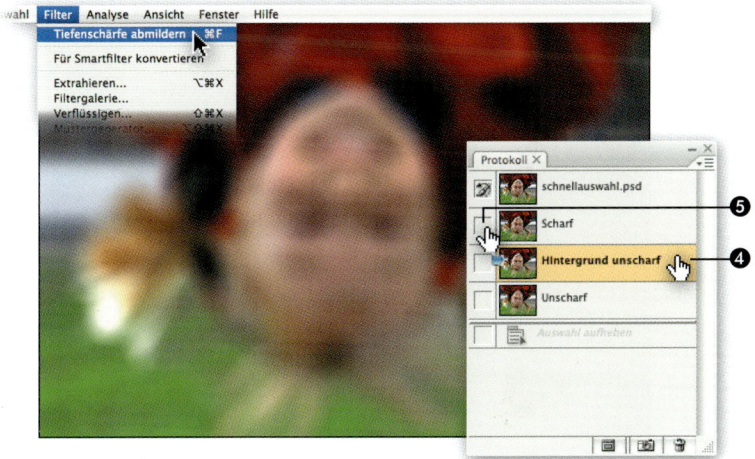

9 Wiederherstellen mit dem Protokollpinsel

Wählen Sie das Protokollpinsel-Werkzeug 🖌, mit passendem HAUPTDURCHMESSER und einer mittleren HÄRTE. Malen Sie über die weichgezeichneten Haare, werden die Details aus dem Schnappschuss »Scharf« wiederhergestellt, und die Haare erscheinen wieder scharf.

Wenn Sie auf diese Art in manchen Bereichen zu viel vom Schnappschuss »Scharf« wiederherstellen, können Sie »Unscharf« für den Protokollpinsel aktivieren und diese Partien wieder weichgezeichnet übermalen.

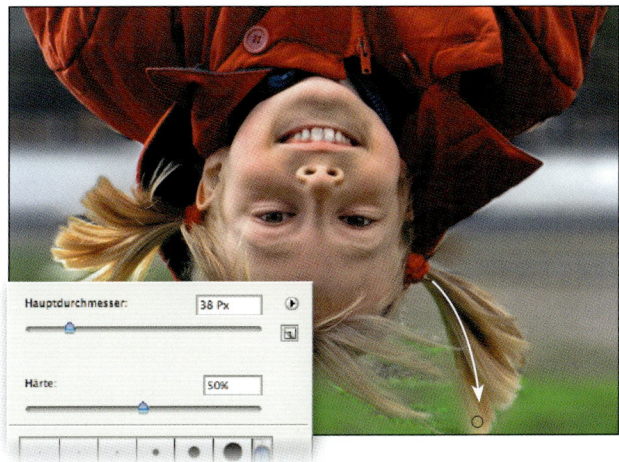

10 Unscharfen Hintergrund wiederherstellen

Aktivieren Sie dazu den Schnappschuss »Unscharf« ❶ und reduzieren den FLUSS ❷. Der FLUSS wirkt ähnlich wie DECKKRAFT, arbeitet aber oft weicher als dieser

Holen Sie irgendwo zu viel zurück – kein Problem: aktivieren Sie einfach wieder den Schnappschuss »Scharf« oder »Hintergrund unscharf«, und malen Sie so lange mit beiden in das Bild, bis der Eindruck passt.

11 Details mit Aufhellen zurückholen

Mit einem Trick werden wir die etwas feineren Haarspitzen wiederherstellen. Aktivieren Sie den »Scharf«-Schnappschuss, und stellen Sie den MODUS des Protokoll-Pinsels auf AUFHELLEN ❸. Streichen Sie jetzt über die Haare, dann werden Pixel, die im Schnappschuss »Scharf« heller sind als im aktuellen Zustand des Bildes, wiederhergestellt. Wo die Haarspitzen deutlich heller sind als der Hintergrund ❹, funktioniert das bestens.

12 Details mit Abdunkeln zurückholen

Sie können auch versuchen, einige dunkle Details mit der Füllmethode ABDUNKELN (Füllmethode = MODUS) wieder ins Bild zu bringen. Es sind aber in diesem Bild nicht viele Bereiche, in denen sich dabei Wesentliches verändert; am ehesten noch in diesem markierten Bereich ❺.

Das Bild mag längst noch nicht perfekt sein oder einem geübten Auge vorgaukeln, dass hier nichts manipuliert worden ist – professioneller als zu Beginn wirkt es allemal.

13 Neuerliche Schnellauswahl

Eine perfekte Trennung zwischen Haaren und Hintergrund wäre in diesem Fall äußerst schwierig und aufwändig (leider ist es bei vielen Motiven so). Ich werde darauf verzichten, jedes Haar einzeln freizustellen, und stattdessen etwas schummeln, indem ich dem Haar einen Bewegungseffekt verleihe. Dadurch darf es unscharf sein, ohne dass es unecht wirkt.

Zunächst wähle ich mit dem Schnellauswahlwerkzeug ◤ das Mädchen erneut aus.

14 Kante verbessern

Die neue Auswahl umschließt das Mädchen noch mit einer völlig harten Kante. Damit der nachfolgende Filter nicht mit einem abrupten Übergang innerhalb der Auswahl angewendet wird, muss ich sie noch aufweichen. Dazu rufe ich den Dialog KANTE VERBESSERN auf. Zur Voransicht stelle ich eine weiße Maske ein und spiele so lange an den Werten für RADIUS, KONTRAST, WEICHE KANTE und VERKLEINERN/ ERWEITERN, bis die Auswahl etwa so wie rechts aussieht.

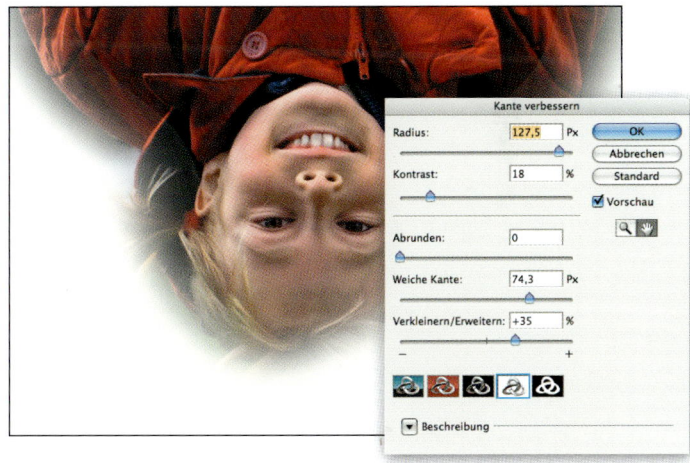

15 Radialer Weichzeichner

Bevor ich den Filter anwende, muss ich die AUSWAHL UMKEHREN ([Strg]/[⌘]+[⇧]+[I] oder Menü AUSWAHL). Dann wähle ich FILTER • WEICHZEICHNUNGSFILTER • RADIALER WEICH- ZEICHNER und gebe einen Wert von »3« für die STÄRKE ein.

Mit einem groß eingestellten Protokollpinsel habe ich den größten Teil des Zustands vor dem Radialen Weichzeichner wiederhergestellt – lediglich in den kritischen Bereichen der Haare habe ich die Wirkung des Filters genutzt, um die Retusche zu vertuschen.

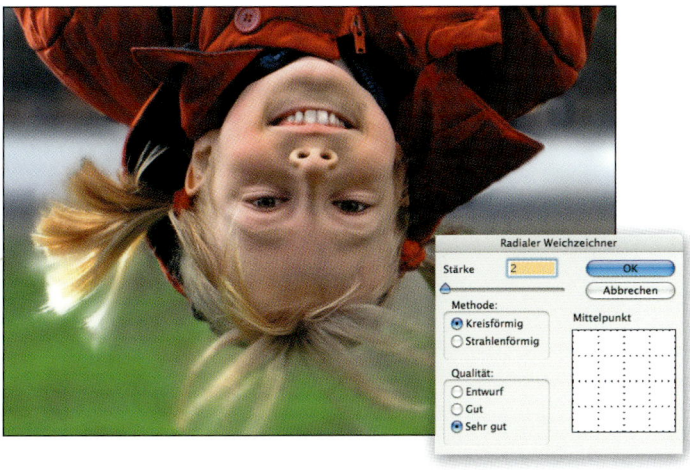

Schwierigkeitsgrad 3 – Für Überflieger

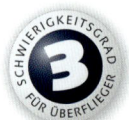

Perspektivische Projektion

Mit dem Fluchtpunkt-Filter auf mehrere Ebenen

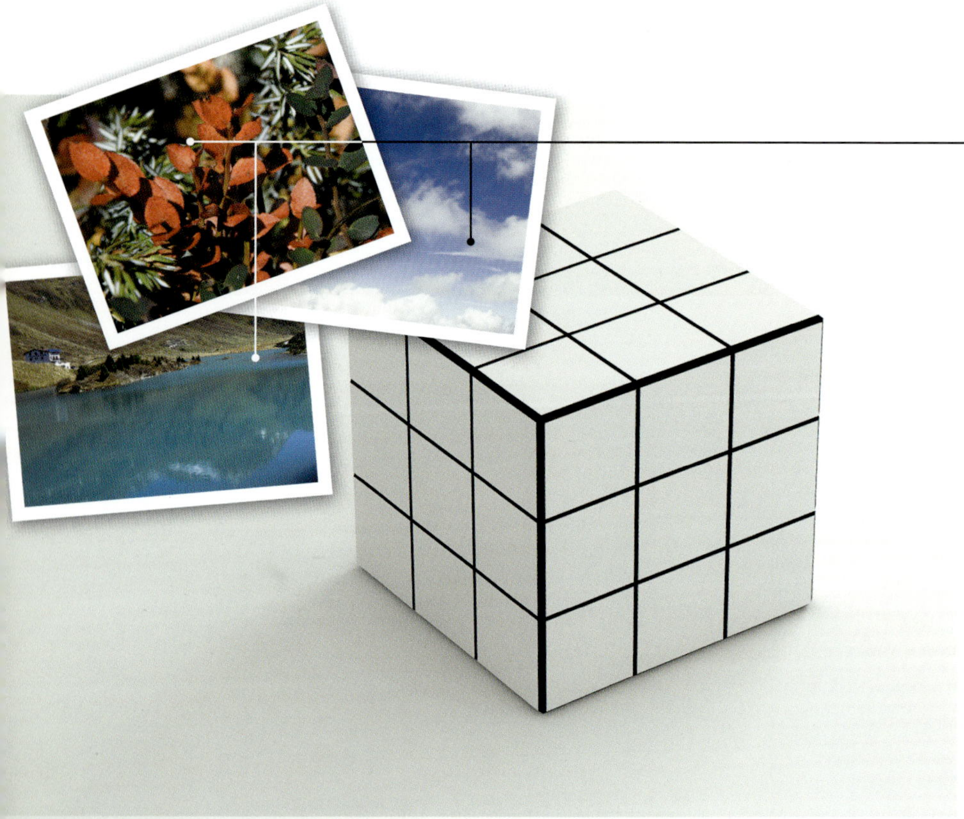

Abgesehen von der perspektivischen Retusche kann man mit dem Filter »Fluchtpunkt« auch andere, fabelhafte Dinge anstellen. Schade nur, dass er sich in der Praxis eher selten einsetzen lässt, denn fliegende Kuben brauche ich im Alltagsgeschäft nur sehr, sehr selten. In diesem Workshop zeige ich Ihnen, wie Sie Bilder auf drei Seiten eines Cubes projizieren und sie für die einzelnen Segmente maskieren.

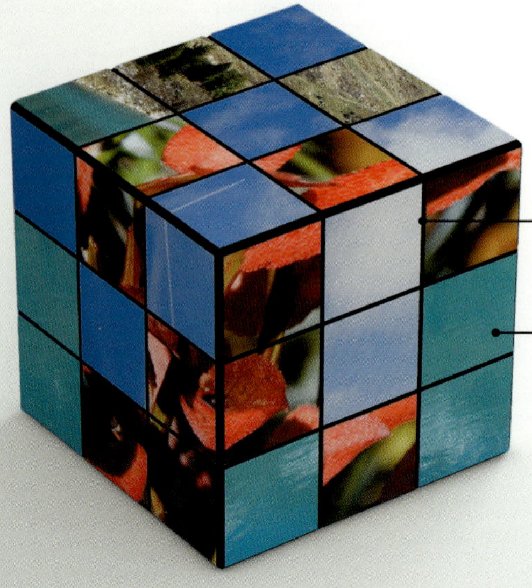

Zielsetzungen:

- Einzelbilder mit Hilfe eines perspektivischen Rasters auf einen Würfel projizieren
- Bilder so maskieren, dass sie nur auf den Segmenten des Würfels sichtbar sind
- Helligkeit an Umgebung anpassen

[wuerfelmontage1.psd – wuerfelmontage4.psd]

1 Fenster anordnen, gleiche Zoomstufe

Öffnen Sie die vier Bilder zu diesem Work-shop. Wählen Sie im Menü FENSTER • AN-ORDNEN • NEBENEINANDER. Dadurch werden die Dokumente so angeordnet, dass alle Fenster komplett sichtbar sind. Allerdings ist die Zoomstufe so, wie Sie die Bilder geöffnet haben – bei mir jeweils 100 %.

Verkleinern Sie eines der Bilder so weit, dass das ganze Bild sichtbar ist, und wählen Sie Menü FENSTER • ANORDNEN • GLEICHE ZOOMSTUFE – alle offenen Fenster werden auf dieselbe Zoomstufe gebracht wie das aktive.

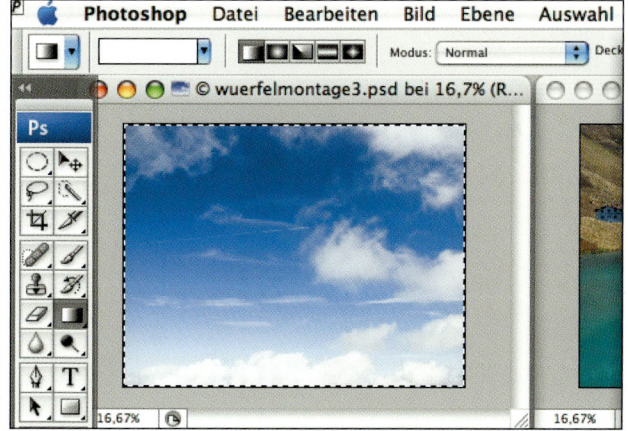

2 Fluchtpunkt

Wählen Sie das Bild mit den Wolken mit Strg/⌘+A komplett aus, und kopieren Sie es in die Zwischenablage.

Wechseln Sie dann zum Dokumentfenster mit dem Würfel, erstellen Sie eine neue Ebene und rufen Sie im Menü FILTER den Filter FLUCHTPUNKT auf.

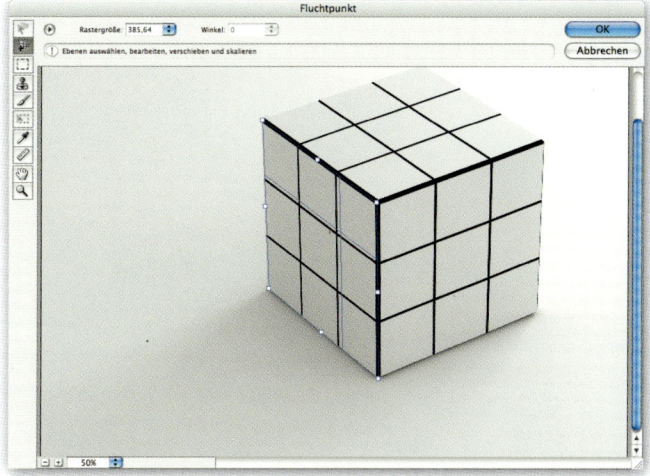

3 Fluchtpunkt – erste Ebene erstellen

Es öffnet sich der Fluchtpunkt-Filter-Dialog – das Ebene-erstellen-Werkzeug 🔲 sollte automatisch aktiv sein. Mit vier Klicks an den Ecken einer Fläche erstellen Sie die erste Rasterebene. Sehen Sie am Ende der vier Klicks eine rote Umrandung, ergibt sich aus dem Umriss keine korrekte Perspektive – sehen Sie ein blaues Raster, dann stehen die Eckpunkte perspektivisch korrekt. Leider ist ein blaues Raster noch keine Garantie dafür, dass die Rasterebene mit der Perspektive des Bildes auch wirklich übereinstimmt.

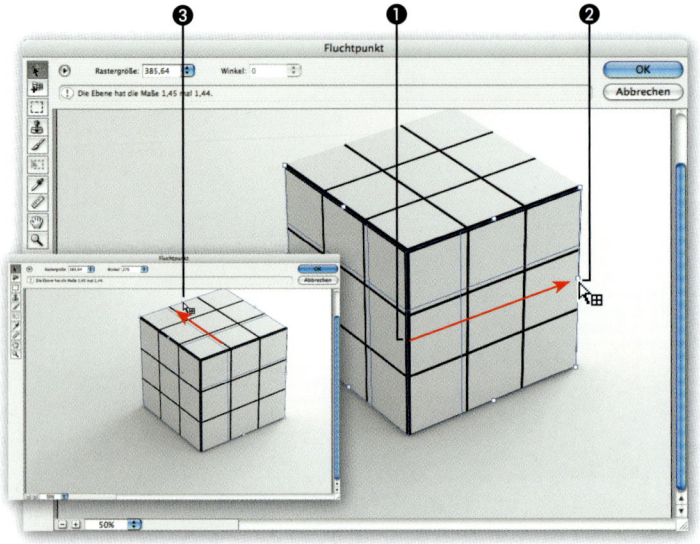

4 Zweite und dritte Ebene

Drücken Sie die `Strg`/`⌘`-Taste, platzieren Sie den Mauszeiger auf dem seitlichen Anfasser ❶, und ziehen Sie daran bis zum Punkt ❷ – dadurch erstellen Sie perspektivisch im rechten Winkel eine neue Ebene.

Ich habe die zweite Ebene mehrmals löschen, die erste durch Bewegen der Ecken umformen und die zweite Ebene neuerlich erstellen müssen, bevor das Rasternetz mit der Perspektive des Würfels übereinstimmte. Wenn die zweite Ebene stimmt, können Sie relativ problemlos die dritte erstellen ❸.

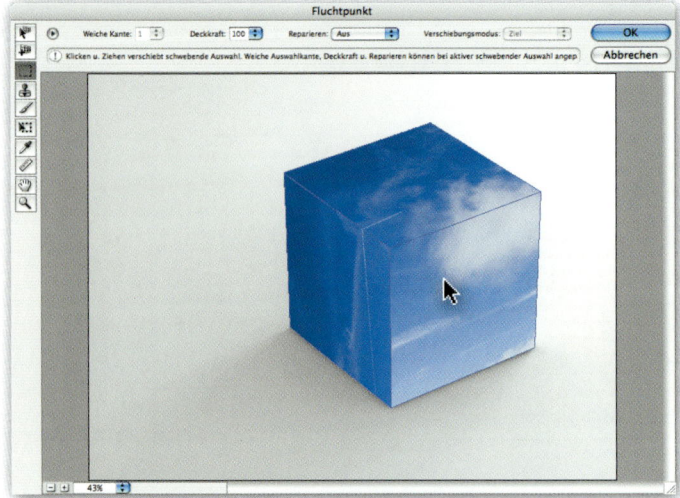

5 Bild einfügen und platzieren

Geben Sie nun `Strg`/`⌘`+`V` ein – das Bild wird aus der Zwischenablage eingefügt. Bewegen Sie es mit der Maus auf das Gitternetz des Würfels – dadurch wird das Bild auf die drei sichtbaren Seiten des Würfels projiziert.

6 Filter schließen, neue Ebene erstellen

Beenden Sie den Filter mit OK – Photoshop hat auf der aktiven Ebene ❹ einen Würfel mit dem eingesetzten Bild erstellt.

Wechseln Sie in eines der anderen Dokumente, und kopieren Sie auch dessen Inhalt. Kehren Sie zurück zum Würfel-Dokument, erstellen Sie neuerlich eine leere Ebene, rufen Sie den Filter FLUCHTPUNKT ein zweites Mal auf, und fügen Sie das eben kopierte Bild ein. Das Gitternetz ist noch vom ersten Durchgang verfügbar – Sie können das Bild also gleich auf den Ebenen platzieren.

7 Ebenen 2 und 3

Verfahren Sie für Ebene 2 und 3 so wie für Ebene 1 beschrieben. Am Ende sollten Sie über der Hintergrund-Ebene je eine Ebene mit einem Würfel haben, auf das eines der Fotos projiziert ist.

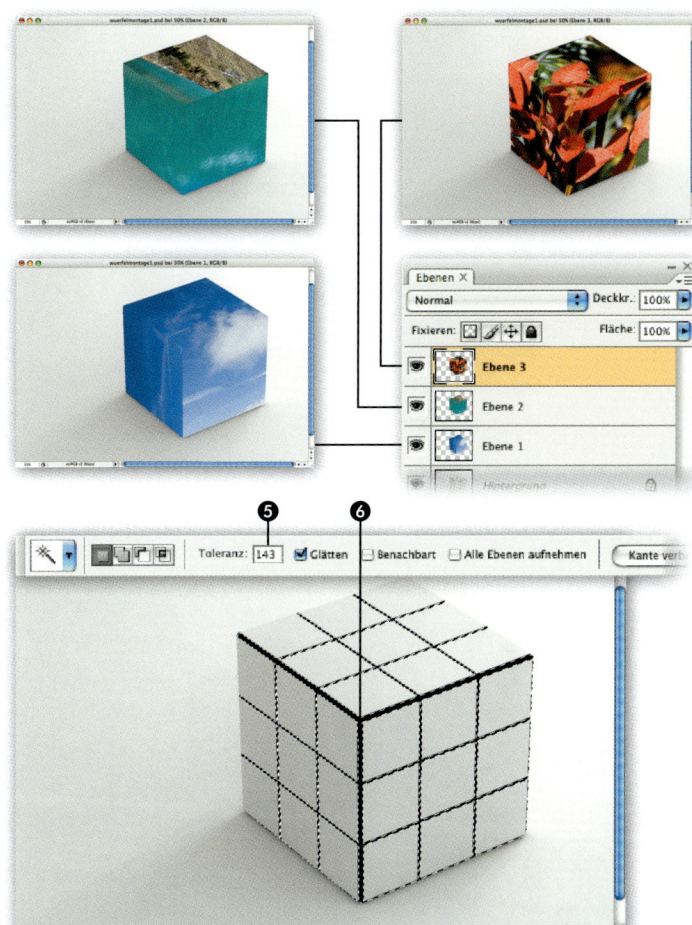

8 Auswahl um Würfelsegmente erstellen

Blenden Sie für den Moment die drei Ebenen mit den projizierten Würfeln aus, so dass Sie nur mehr die Hintergrund-Ebene sehen, und machen Sie sie zur aktiven Ebene.

Wählen Sie den Zauberstab ◉, stellen Sie ungefähr eine mittlere TOLERANZ ❺ ein, und aktivieren Sie GLÄTTEN. Klicken Sie damit auf die schwarze Umrandung der Würfelsegmente ❻. Dadurch sollte sich alles, was schwarz ist, mit einem Klick auswählen lassen.

9 Auswahl speichern

Rufen Sie die Palette KANÄLE auf, und klicken Sie in der Palette auf AUSWAHL ALS KANAL SPEICHERN ❼. Photoshop speichert die Auswahl als Alphakanal ❽. Heben Sie die Auswahl mit Strg/⌘+D auf, und erstellen Sie mit dem Polygon-Lasso ◉ eine Auswahl um den Würfel. Kehren Sie diese Auswahl mit Strg/⌘+⇧+I um, damit der Hintergrund ausgewählt ist. Aktivieren Sie den zuvor erstellten Alphakanal mit einem Klick, und blenden Sie die Farbkanäle aus ❾.

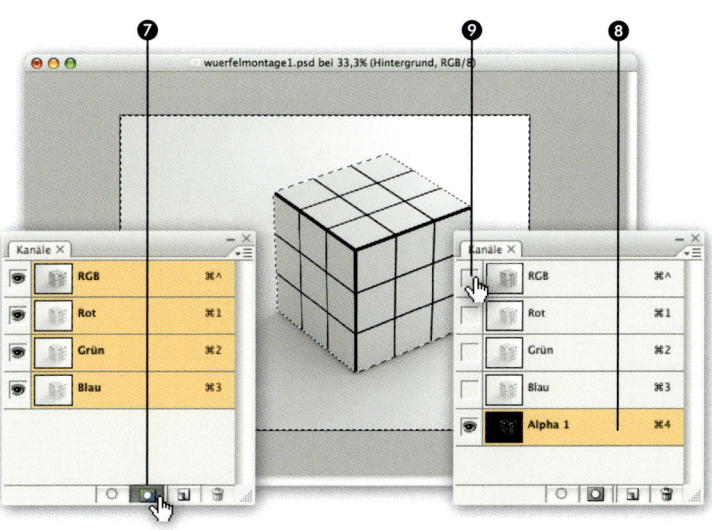

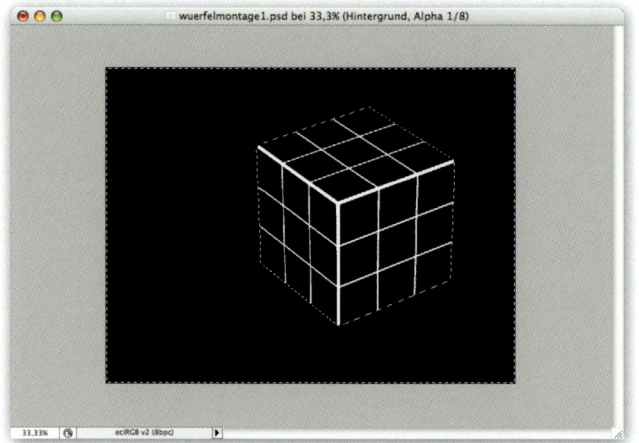

10 Würfelsegmente freistellen

Nachdem Sie die Farbkanäle ausgeblendet haben, sehen Sie nur noch den Alphakanal – so sieht eine gespeicherte Auswahl aus.

Um den Würfel herum und den Rand des Dokuments entlang bewegt sich die bekannte Ameisenstraße. Füllen Sie nun den ausgewählten Bereich mit Weiß. Ich mache dies, indem ich Weiß als Vordergrundfarbe einstelle und den Shortcut `Alt`+`←` eingebe (alternativ: `Strg`/`⌘`+`←` um die Fläche mit Hintergrundfarbe zu füllen).

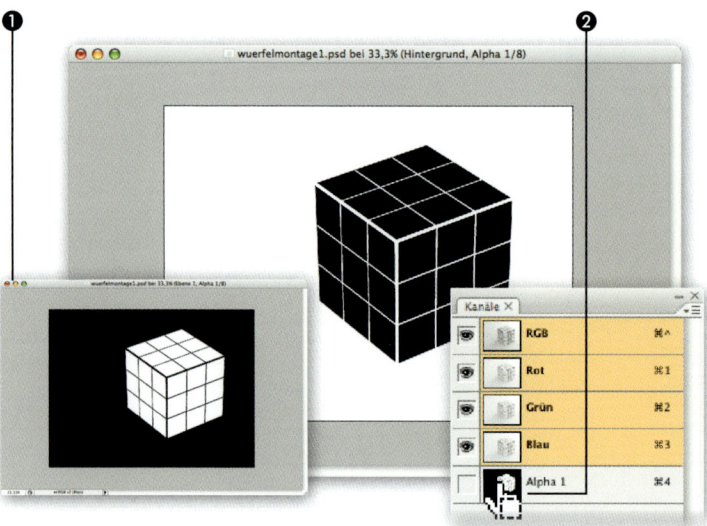

11 Maske umkehren

Das Ergebnis sieht aus wie links dargestellt. Allerdings brauche ich anschließend eine genau umgekehrte Maske. Dazu wähle ich im Menü Bild • Anpassungen • Umkehren (`Strg`/`⌘`+`I`) – danach stimmt meine gespeicherte Auswahl ❶. Nun kann ich die Farbkanäle wieder aktivieren und einblenden 👁. Mit einem weiteren Klick bei gedrückter `Strg`/`⌘`-Taste auf die Miniatur des Alphakanals ❷ lade ich ihn als Auswahl.

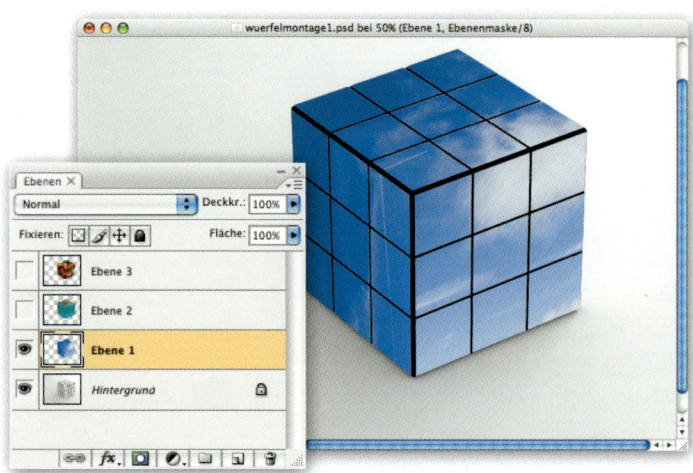

12 Würfel-Ebene maskieren

Blenden Sie die erste der Würfel-Ebenen wieder ein, und machen Sie sie zur aktiven Ebene. Klicken Sie dann auf das Symbol für Ebenenmaske hinzufügen 🔳. Photoshop erstellt wie gewohnt aus der aktiven Auswahl eine Ebenenmaske. Das Ergebnis sollte wie hier abgebildet aussehen – die Auswahl selbst wird durch das Erstellen einer Ebenenmaske aufgehoben.

13 Alphakanal erneut wählen oder »Erneut wählen«

Um »Ebene 2« ebenso zu maskieren wie »Ebene 1«, müssen Sie dieselbe Auswahl wie zuvor erneut aufrufen. Sie können dies wie zuvor beschrieben machen, indem Sie bei gedrückter ⌨Strg/⌘-Taste auf die Miniatur des Alphakanals klicken.

Alternativ wählen Sie im Menü AUSWAHL • ERNEUT AUSWÄHLEN. Dadurch wird die zuletzt aktive Auswahl wiederhergestellt. Maskieren Sie so auch die Ebenen 2 und 3.

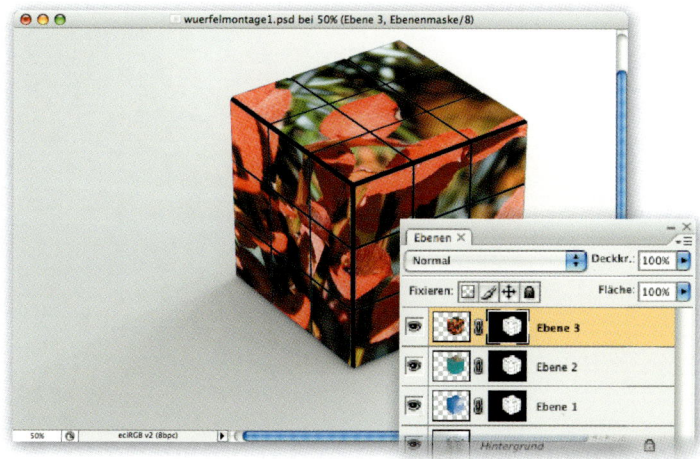

14 Würfelsegmente auswählen

Jetzt wird es tricky: Beachten Sie, dass die Maske der »Ebene 3« aktiv ist – zu erkennen an den spitzen Klammern um alle vier Ecken ❸. Ist eine Ebenenmaske aktiv, dann wird sie auch in der Palette KANÄLE angezeigt ❹ – in diesem Fall »Ebene 3 Maske«. Klicken Sie auf das Auge 👁 davor, um sie sichtbar zu machen – sie wird halbdurchsichtig rot angezeigt. Wählen Sie den Zauberstab, stellen Sie die Optionen wie abgebildet ein, und klicken Sie in 18 der 27 ausgesparten Würfelsegmente.

15 Würfelsegmente abdecken

Beachten Sie bitte, dass Sie für eine Mehrfachauswahl ab dem zweiten Klick die ⬆-Taste drücken müssen. Das Ergebnis der Auswahl müsste am Ende etwa wie in Schritt 14 aussehen – es müssen nicht dieselben Felder sein. Füllen Sie die Auswahl mit Schwarz. Dadurch werden nun 18 Felder des darunter liegenden Würfels sichtbar.

Wiederholen Sie die Aktion für den Würfel auf »Ebene 2« – hier legen Sie allerdings nur neun Felder frei.

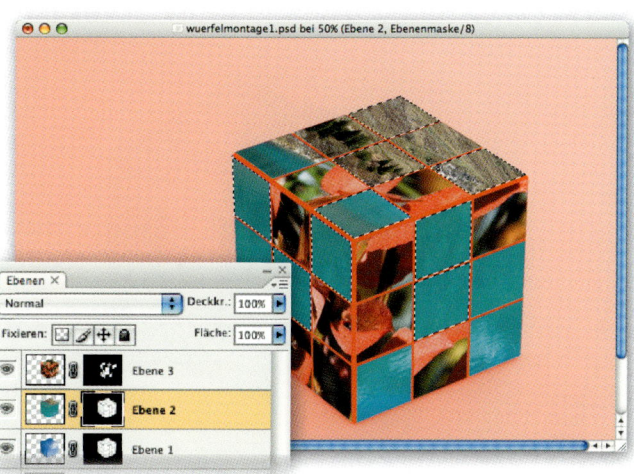

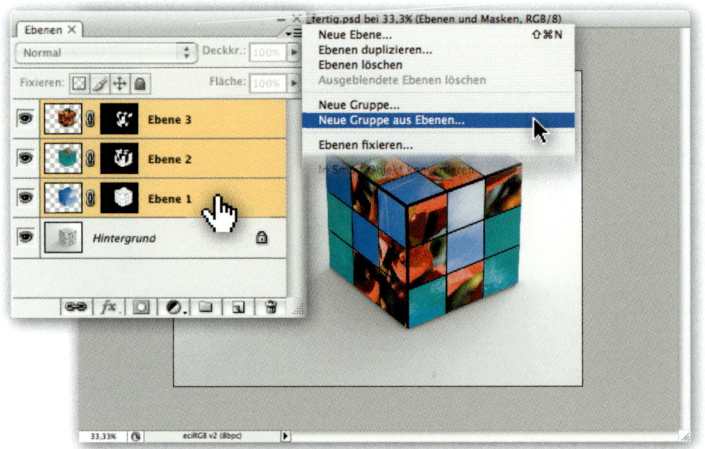

16 Ebenen-Gruppe erstellen

Wenn Sie die Ebenenmasken wieder ausgeblendet haben (dazu einfach wieder auf das
Auge-Symbol vor der Ebenenmaske in der
Palette KANÄLE klicken), sollte das Ergebnis
ungefähr aussehen wie hier links abgebildet.

Aktivieren Sie als Nächstes mit ⌂-Klick
die drei Ebenen, und wählen Sie dann im
Palettenmenü NEUE GRUPPE AUS EBENEN.
Geben Sie der Gruppe im folgenden Dialog
einen Namen wie z. B. »Ebenen und Masken«.

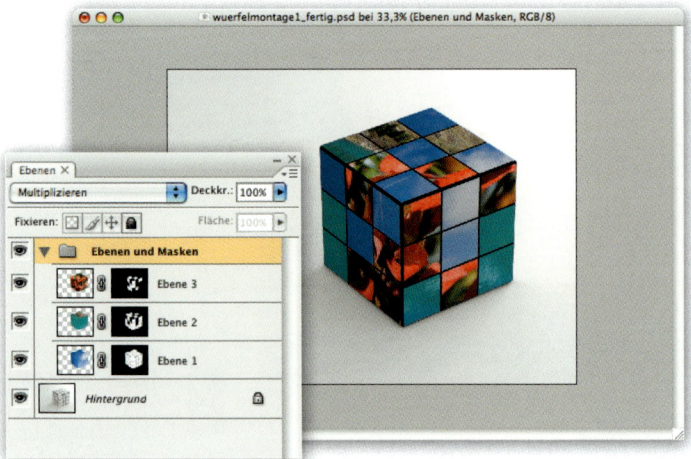

17 Füllmethode für Ebenen-Gruppe

Stellen Sie nun die Füllmethode der erstellten
Ebenen-Gruppe auf MULTIPLIZIEREN. Mit
dieser Einstellung durchwirken sich die Ebe-
nen-Bilder mit den Schattierungen auf dem
Würfel. Das geht natürlich nur, weil die Wür-
felflächen weiß sind. Mit den üblichen bunten
Quadraten würde dieser Trick versagen.

18 Einstellungsebene in der Gruppe

Zum Abschluss habe ich die Farben aber doch
noch einmal etwas nachgeschärft, indem ich
eine Gradationskurven-Einstellungsebene
erstellt habe. Da die Gradationskurven-
Einstellungsebene Teil der Gruppe ist, wirkt
sie nur auf jene Ebenen, die sich in der
Gruppe befinden, nicht aber auf den Hintergrund. Praktisch!

Montagearbeiten

Abenteuerliche Gewächse mit transformierten Ebenen

Bildmontagen wie diese sind für ausgefuchste Photoshopper ein alter Hut. Für manchen Laien stellt es aber nach wie vor ein Wunder der Technik dar, Bilder auf diese Art miteinander vermischen zu können. Eine gute Möglichkeit also, ahnungslose Freunde zu beeindrucken. Und Photoshop-Alltag der Profis ist diese Arbeit ohnehin.

Zielsetzungen:
Montage dreier Bilder zu einer »glaubwürdigen« Einheit
[mischobst1.psd – mischobst3.psd]

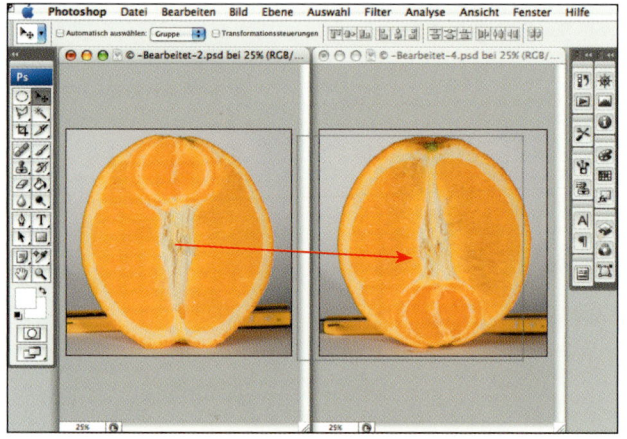

1 Orangen-Bilder zusammenfügen

Unter den drei Bildern für diesen Workshop befinden sich zwei Fotos einer Orange. Diese zeigen je eine Hälfte der Frucht, wobei die eine auf dem Kopf steht. Die beiden Hälften werden wir zu einer zusammenfügen – mir gefällt nämlich die Mutation im Unterleib des Früchtchens nicht – zuletzt schießt da eines Tages ein Alien heraus!

Ziehen Sie für die Montage zuerst einmal mit dem Verschieben-Werkzeug 🔀 die Hintergrund-Ebene des einen Dokuments auf das Fenster des anderen.

2 Ebenenmaske mit Verlauf erstellen

Erstellen Sie nun für die obere der beiden Ebenen eine Ebenenmaske. Nehmen Sie das Verlaufswerkzeug 🔲, und ziehen Sie in der Ebenenmaske einen kurzen Verlauf auf. Dadurch sollte die obere Ebene so in die untere eingeblendet werden, dass von beiden Hälften nur noch die Seite ohne Knubbel zu sehen ist.

Deaktivieren Sie das Verketten-Symbol 🔗 zwischen Ebenen-Miniatur und Ebenenmasken-Miniatur ❶, und klicken Sie auf die Ebenen-Miniatur, damit diese aktiviert wird.

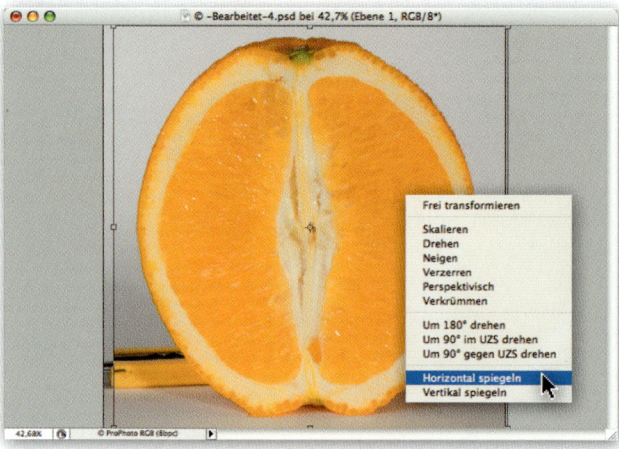

3 Frei transformieren

Wählen Sie im Menü Bearbeiten • Frei transformieren (Strg/⌘+T). Durch das Entketten der Ebenenmaske von der Bildebene können Sie nun Letztere bearbeiten, ohne dass Erstere mit transformiert wird.

Verzerren Sie die Orange so, dass aus oberer und unterer Hälfte eine einzige Orange zu werden scheint. Ich habe die Ebene außerdem auch gespiegelt, indem ich mit der rechten Maustaste auf den Transformieren-Rahmen geklickt habe.

4 Auf eine Ebene reduziert kopieren

Nachdem Sie das Transformieren mit ⏎ bestätigt haben, müssen Sie nun das Resultat dieser flotten Montage in das dritte Bild – das Bild des Apfels – kopieren. Wählen Sie zunächst das Bild komplett aus, indem Sie Strg/⌘+A eingeben. Wenn Sie jetzt aber auf gewohnte Weise kopieren, dann wird nur die obere Ebene in die Zwischenablage übertragen. Wir brauchen aber die Montage als Ganzes. Wählen Sie dazu Menü BEARBEITEN • AUF EINE EBENE REDUZIERT KOPIEREN.

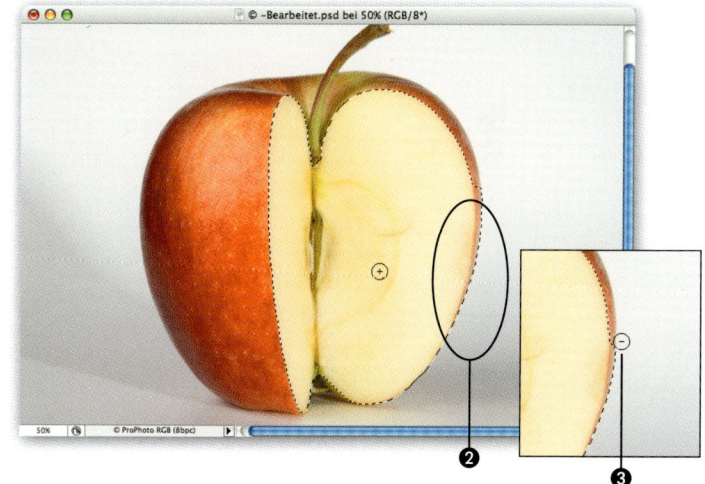

5 Apfel-Fruchtfleisch auswählen

Wechseln Sie nun zum Bild des angeschnittenen Apfels, und wählen Sie den Bereich des Fruchtfleisches aus. Das geht wie die Feuerwehr mit dem Schnellauswahlwerkzeug ✎. Lediglich rechts frisst sich die Auswahl etwas in die Schale hinein ❷. Das ist aber mit demselben Werkzeug bei gedrückter Alt-Taste schnell behoben ❸.

6 Auswahl speichern

Nun legen wir die Auswahl zunächst beiseite – sie wird erst in ein paar Minuten zum Einsatz kommen. Und das nicht nur einmal. Eine Auswahl können Sie nur konservieren, indem Sie sie speichern. Wählen Sie dazu Menü AUSWAHL • AUSWAHL SPEICHERN. Es folgt ein Dialog, bei dem Sie der Auswahl einen Namen geben können. Ich habe meine »Fruchtfleisch« genannt.

Hinweis: Wenn Sie eine Auswahl speichern, wird sie im Arbeitsspeicher der Datei gesichert. Auf die Festplatte wird sie aber erst gespeichert, wenn Sie die Datei speichern!

7 Bild einfügen

Nun können Sie das Bild aus der Zwischenablage einfügen – sofern Sie nicht in der Zwischenzeit etwas anderes kopiert haben.

Wählen Sie die linke Hälfte der Orange mit dem Rechteckauswahl-Werkzeug aus, und speichern Sie auch diese Auswahl.

8 Orangenhälfte löschen und transformieren

Sie können nun die linke Hälfte der Orange mit der Löschen-Taste entfernen. Danach reduzieren Sie die DECKKRAFT der Orangenhälfte auf ca. die Hälfte, wählen BEARBEITEN • FREI TRANSFORMIEREN und verzerren die Auswahl so, dass die Orangenhälfte in die Apfel-Hälfte passt – ich habe dabei die Schale der Orange über das Apfel-Innere hinausstehen lassen.

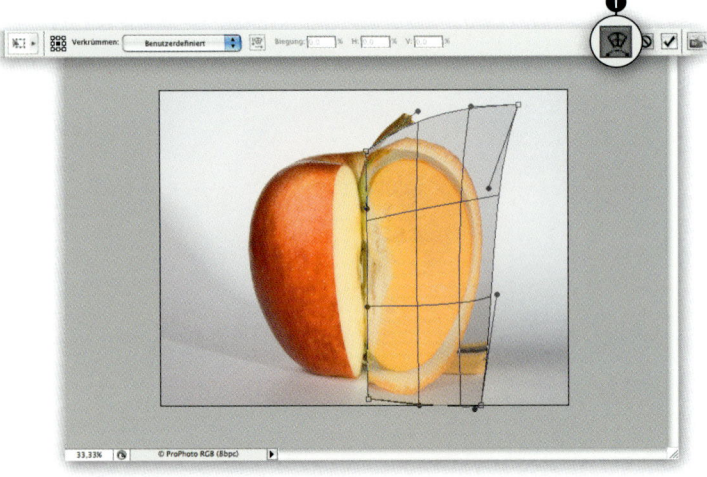

9 Verkrümmen

Nachdem Sie die Orange grob eingepasst haben, können Sie nun das Fruchtfleisch hauteng an den Apfel anpassen – und zwar indem Sie in der Optionen-Palette VERKRÜMMEN ❶ aktivieren.

Durch das Reduzieren der DECKKRAFT der oberen Ebene sehen Sie beide Früchte ineinander und können durch Verbiegen des Rasters das Fruchtfleisch der Orange in den Apfel zwängen. Bei mir sieht das am Ende aus wie nebenstehend. Bestätigen Sie mit ⏎.

10 Auswahl laden

Nun kommt der große Moment der gespeicherten Auswahl. Um sie wieder aufzurufen, wählen Sie AUSWAHL • AUSWAHL LADEN.
Im folgenden Dialog wählen Sie unter
KANAL ❷ jenen, der der Form des Inneren des
Apfels entspricht – bei mir heißt er »Fruchtfleisch«.

Nachdem Sie OK geklickt haben, ist die
Auswahl geladen und Dutzende, wenn nicht
Hunderte kleiner Ameisen krabbeln wieder
über den Bildschirm.

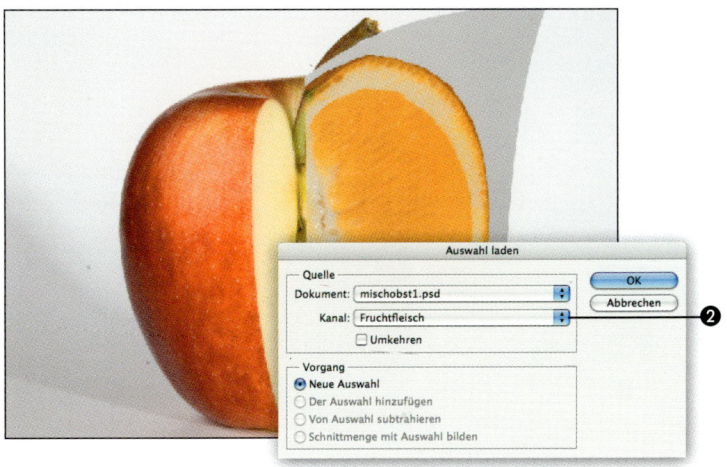

11 Maske erstellen

Bei geladener und somit aktiver Auswahl
müssen Sie nur noch auf das Symbol für
EBENENMASKE HINZUFÜGEN klicken, und
das Orangen-Fruchtfleisch ist in die Apfel-
Hälfte hineinmaskiert.

12 Zweite Orangenhälfte einfügen

Die Orange sollte sich noch immer in der
Zwischenablage befinden. Fügen Sie sie
neuerlich ein. Um diesmal die rechte Hälfte
der Frucht zu löschen, laden Sie die Auswahl,
die Sie bei der ersten Hälfte gespeichert
haben, erneut. Eine Alternative zum Laden
über das Menü AUSWAHL ist es, die Palette
KANÄLE aufzurufen. Wie Sie sehen, wurden
beide gespeicherten Auswahlen hier als Alphakanäle abgelegt. Mit einem Klick auf die
Miniatur des Kanals »Hälfte« ❸ können Sie
diesen als Auswahl laden.

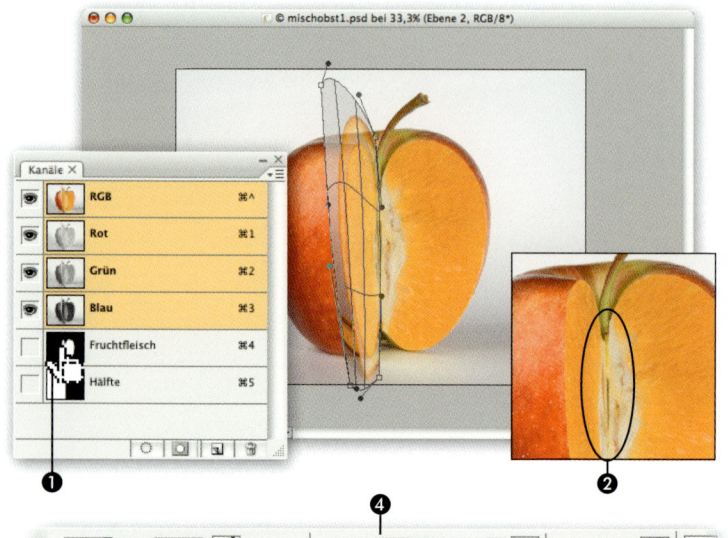

13 Frei transformieren und maskieren

Verzerren Sie nun auch die linke Hälfte der Orange so, dass Sie im Apfel Platz hat.

Nachdem Sie damit fertig sind, laden Sie wieder mit einem Klick auf die Miniatur des Alphakanals den Kanal »Fruchtfleisch« ❶ und maskieren diese Ebene ebenso.

Fast fertig, aber wie meist liegt auf der Zielgeraden noch das Finetuning. Ich habe beim Verzerren der beiden Orangenhälften etwas geschlampt, deshalb lugt zwischen ihnen etwas Apfel hervor ❷.

14 Retusche

Zum Ausbessern des Spalts wählen Sie den guten alten Kopierstempel 🔲. Aber weil wir die mühsam montierten Orangen-Ebenen nicht bepinseln wollen, erstellen Sie für das Stempeln eine neue Ebene und maskieren diese auch sogleich mit derselben Auswahl wie die beiden Ebenen darunter.

Nachdem Sie die Ebenenmaske erstellt haben, bedarf es noch eines Klicks auf die Bild-Miniatur ❸, damit diese aktiv ist. Aktivieren Sie dann noch in der Optionen-Palette AUFNEHMEN • ALLE EBENEN ❹.

15 Gradationskurven-Einstellungsebene

Nachdem Sie das Fruchtfleisch mit dem Kopierstempel retuschiert haben, ist das Bild von Farbe und Tonwertverteilung her noch einen Tick zu flau. Mit einer Gradationskurven-Einstellungsebene habe ich auch das noch nachjustiert.

Extrahieren

Der Freistellungsfilter

Freisteller sind eine leichte Aufgabe, wenn das freizustellende Objekt eine klare Kante zum Hintergrund aufweist. Schwieriger wird es, wenn der Übergang zum Hintergrund unscharf oder komplex ist, wie in manch haariger Angelegenheit. Mit »Extrahieren« bietet Photoshop eine Möglichkeit, mit der auch weniger versierte Photoshop-Anwender zu einem annähernd professionellen Ergebnis gelangen können.

Zielsetzungen:

Mädchen freistellen

Neuen Hintergrund einfügen

[extrahieren1.psd,

extrahieren2.psd]

1 Hintergrund kopieren, Filter aufrufen

Erstellen Sie als Erstes eine Kopie der Hintergrund-Ebene. Wählen Sie dann FILTER • EXTRAHIEREN. Im darauf folgenden Dialog sollte der Kantenmarker ![icon] aktiv sein. Damit markieren Sie die Bereiche, in denen der Filter eine Kante suchen soll, die die Begrenzung für die Freistellung ist. Stellen Sie eine angemessene PINSELGRÖSSE ❶ ein. Ich beginne mit der Markierung an einer gleichmäßigen Kante, deshalb aktiviere ich die HERVORHEBUNGSHILFE ❷.

2 Haare markieren

Bei den Haaren würde es mit Hervorhebungshilfe schwierig werden. Es bringt nichts, jedes abstehende Härchen einzeln zu markieren. Deshalb deaktiviere ich für den Bereich, wo das Haar in den Hintergrund absteht, die Hervorhebungshilfe, markiere dort einfach grob, und überlasse es Photoshop, hier Haar von Hintergrund zu unterscheiden.

3 Freizustellenden Bereich füllen

Markieren Sie die junge Frau an allen Kanten ❸. Sie müssen dabei besonders darauf achten, nirgends eine Lücke in der markierten Kontur zu hinterlassen.

Wenn alle Kanten markiert sind, können Sie den freizustellenden Bereich mit dem Füllwerkzeug ![icon] mit einem Klick füllen ❹ – der blau markierte Bereich ist nun geschützt, der nicht markierte Bereich wird gelöscht, und in der grünen Markierung sucht Photoshop die Freistellungskontur.

4 Vorschau

Um eine Vorstellung davon zu bekommen, wie gut Photoshop die markierte Figur freistellen wird, und auch um Nachbesserungen auszuführen, klicken Sie nun auf VORSCHAU ❺.

Photoshop markiert den gelöschten Bereich mit einem Transparenzmuster. Das ist aber keine besonders gute Darstellungsform, um wirklich herauszufinden, wie gut der Freisteller wird. Stellen Sie unter ANZEIGEN ❻ auf SCHWARZER HINTERGRUND – dadurch erkennen Sie schon viel besser, wo nachgebessert werden muss.

5 Bereinigen

Mit dem Werkzeug BEREINIGEN 🖌 können Sie nun an allen Stellen, wo Photoshop die Trennung vom Hintergrund nicht automatisch gut geschafft hat, nachbessern. Mit diesem Werkzeug pinseln Sie einfach über die noch auszublendenden Bereiche hinweg, um sie zu entfernen.

Hat Photoshop an einer Stelle zu viel gelöscht, übermalen Sie diese Bereiche bei gedrückter ⌈Alt⌉-Taste – Photoshop blendet sie dann wieder ein.

6 Auch anderen Hintergrund checken

Nachdem Sie das ganze Bild mit einem schwarzen Hintergrund nachgebessert haben, stellen Sie ANZEIGE auf WEISSER HINTERGRUND – dadurch werden dann Problemzonen sichtbar, die auf Schwarz nicht zu erkennen waren.

Sie können für ANZEIGE auch ANDERE wählen – stellen Sie beispielsweise das freizustellende Objekt vor einen roten Hintergrund, ist es natürlich sinnvoll, hier schon einmal Rot in der VORSCHAU zu prüfen.

7 Freigestellte Ebene und Hintergrund

Schließen Sie, wenn Sie mit dem Freisteller zufrieden sind, den Filter-Dialog EXTRAHIEREN. Da Sie zu Beginn eine Kopie der Hintergrund-Ebene erstellt haben, sieht es zunächst aus, als wäre gar nichts geschehen ❶.

Blenden Sie den Hintergrund aus 👁, um das Resultat korrekt angezeigt zu bekommen ❷. Leider stellt EXTRAHIEREN Ebenen nicht mit einer Ebenenmaske frei, sondern löscht die Pixel – mit meinem folgenden Kniff aber werden wir Photoshop austricksen.

8 Neuen Hintergrund einfügen

Als neuen Hintergrund habe ich das Bild eines Platzes in der Stadt St. Gallen in der Schweiz vorbereitet. Dieses habe ich mit TIEFEN-SCHÄRFE ABMILDERN weichgezeichnet, da ein scharfer Hintergrund hier nicht realistisch wirken würde (orientieren Sie sich für glaubwürdige Montagen immer an der Schärfe des originalen Hintergrunds). Ziehen Sie den Hintergrund dieser Datei in das Dokumentenfenster mit der jungen Frau, und platzieren Sie die neue Ebene unter dem Freisteller ❸.

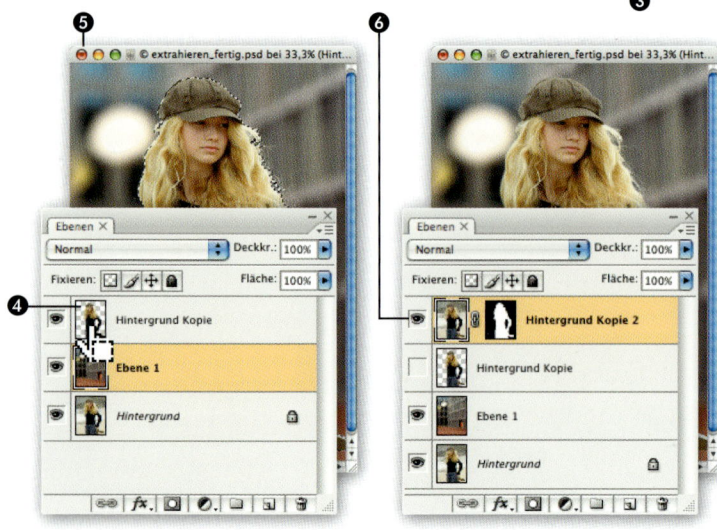

9 Bildebene mit Ebenenmaske

Nun zum Trick mit der Ebenenmaske: Klicken Sie bei gedrückter ⌈Strg⌉/⌈⌘⌉-Taste auf die Miniatur ❹ des mit EXTRAHIEREN freigestellten Mädchens – die Transparenz dieser Ebene wird als Auswahl geladen ❺. Legen Sie danach eine Kopie des Hintergrunds an und erstellen Sie dafür eine Ebenenmaske 🔲 ❻. Dadurch erhalten Sie die Möglichkeit, mit dem Pinsel, schwarzer wie weißer Vordergrundfarbe oder jedem anderen Werkzeug die Maske nachzubearbeiten und damit den Freisteller zu optimieren.

Freistellen mit Kanälen

So »extrahieren« die Cracks.

Extrahieren ist eine feine Sache. Die Profis aber ziehen es meist vor, Freisteller unter Einsatz von Kanälen zu erstellen. Das ist eine komplexe Angelegenheit, die über den Rahmen eines Buches, das sich doch eher an den Einsteiger richtet, hinausgeht. Ich möchte Ihnen die Technik dennoch nicht vorenthalten und zumindest in einem kurzen Workshop demonstrieren, wie diese Arbeit vor sich geht und was damit möglich ist.

Zielsetzungen:
Erdmännchen freistellen
Hintergrund austauschen
**[kanalfreisteller1.psd,
kanalfreisteller2.psd]**

1   Kanalberechnungen

Wenn Sie beide Bilder zu diesem Workshop geöffnet haben, bringen Sie das Bild des Erdmännchens in den Vordergrund.

Wählen Sie BILD • KANALBERECHNUNGEN. Mit diesem Dialog können Sie zwei Kanäle mittels Füllmethode mischen – egal ob Farb- oder Alphakanäle. Zum Erstellen einer neuen Maske sind fast ausschließlich die Optionen unter KANAL ❶ interessant sowie die FÜLLME-THODE ❷, mit der die beiden zum neuen Alphakanal ❸ verrechnet werden.

2   Zweite Kanalberechnung

Die Füllmethode MULTIPLIZIEREN funktioniert oft am besten, aber eben nicht immer. Ich habe für einen ersten Durchgang nach einigen Versuchen die Kanäle ROT und BLAU mit der Füllmethode FARBIG ABWEDELN gemischt.

Den entstandenen Kanal »Alpha 1« habe ich danach neuerlich über die KANALBERECHNUNGEN mit KANAL • BLAU und FÜLLMETHODE • MULTI-PLIZIEREN gemischt ❹ und dadurch »Alpha 2« ❺ erhalten.

3   Gradationskurven

Das Ergebnis der zweiten Kanalberechnung sieht aus wie in Schritt 2 zu sehen. Dabei ist der Pelz noch großteils zu dunkel und der Hintergrund teilweise zu hell.

Mit einer steilen Gradationskurve verstärken Sie den Kontrast zwischen hellen Borsten und dunklem Hintergrund weiter. Die Trennung des Hintergrunds vom Pelz gelingt bei diesem Bild an den meisten Stellen recht gut.

4 Manuelle Nachbearbeitung der Maske

Nun können wir das ganze Erdmännchen innerhalb des Pelzes weiß färben. Zuerst arbeiten Sie sich mit dem Pinsel rundum ➏.

Wenn Sie das Tier komplett umrundet haben, können Sie mit dem Polygon-Lasso eine Auswahl in der Mitte dieser Schneise erstellen und den Inhalt des Erdmännchens dann mit Weiß füllen ➐. Wenn die Maske fertig ist, laden Sie sie mit einem `Strg`/ `⌘`-Klick in der Palette KANÄLE ➑.

5 Ebene maskieren, Hintergrund einfügen

Machen Sie den Hintergrund zur Ebene, um aus der geladenen Auswahl eine Ebenenmaske zu erstellen ➒, und stellen Sie die Füllmethode auf NEGATIV MULTIPLIZIEREN. Fügen Sie das Bild mit dem Himmel ein ➓. Duplizieren Sie die Erdmännchen-Ebene ⓫, und stellen Sie die Füllmethode dieser Kopie zurück auf NORMAL ⓬. Beachten Sie vor dem nächsten Schritt, dass die Ebenenmaske der obersten Ebene aktiv ist.

6 Maske leicht verengen

Wählen Sie FILTER • WEICHZEICHNUNGSFILTER • GAUSSSCHER WEICHZEICHNER, und stellen Sie eine leichte Weichzeichnung ein ⓭. Dadurch wird die Maske zwar weicher, aber auch etwas weiter. Mit dem zweiten Schritt – ANPASSUNGEN • GRADATIONSKURVEN – ziehen Sie eine kräftige Kurve ein ⓮, so dass sich die Maske wieder enger um den Pelz legt. Weichzeichnung und Gradationskurve bewirken, dass an den Rändern die Borsten der mittleren Ebene sichtbar werden, die mit dem Hintergrund vermischt sind.

Einen echten Schatten, bitte!

Lassen Sie Ihre Freisteller nicht hängen.

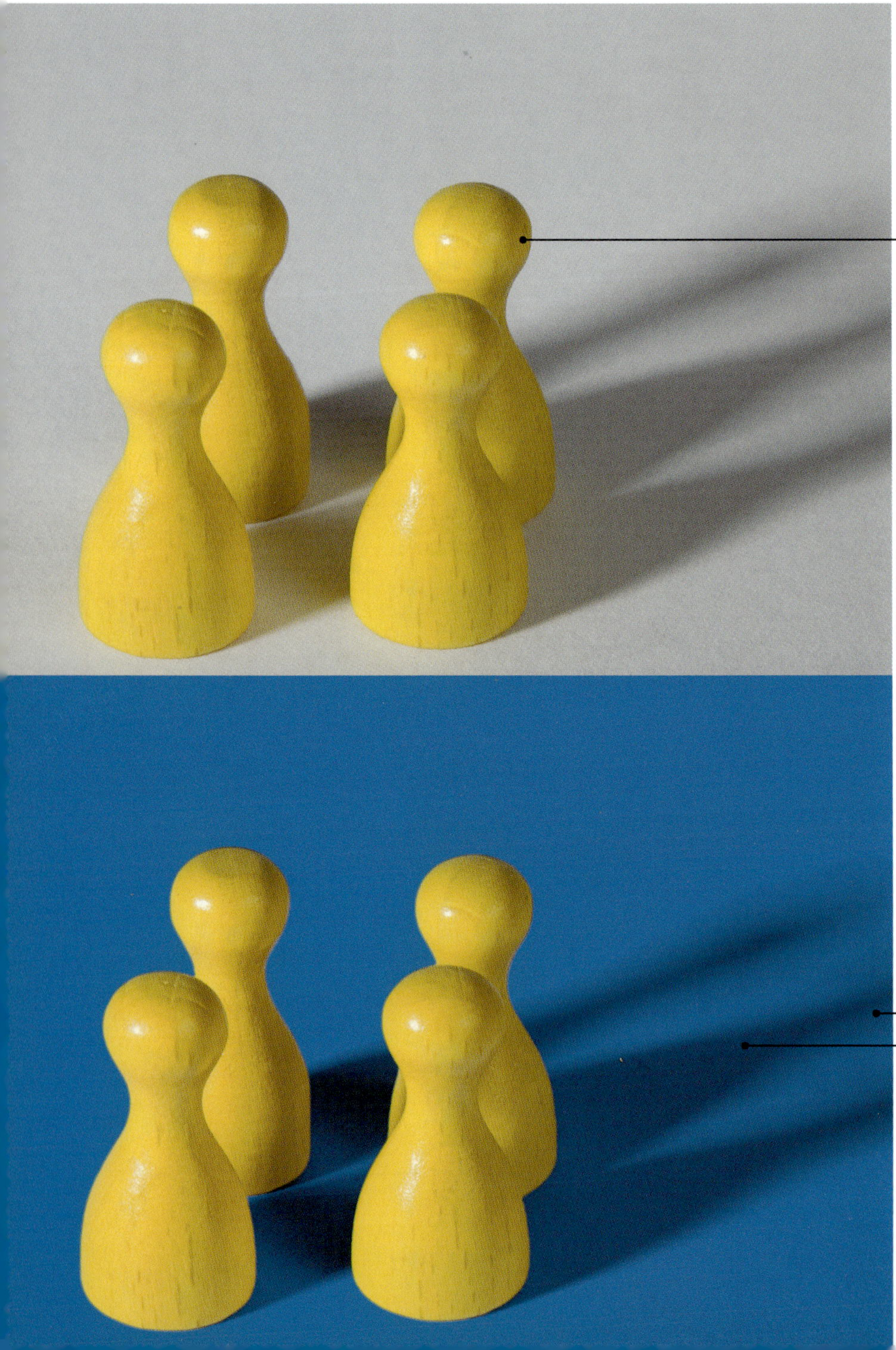

Objekte, die nicht flach auf einer Fläche aufgebracht sind, eignen sich nicht wirklich für den Schlagschatten der Ebenenstile – das Ergebnis sind Objekte, die mehr schweben als dass sie am Boden verhaftet sind. Wenn Sie das Glück haben, dass Ihr Motiv mit Schatten auf einem hellen, am besten weißen Untergrund steht, dann können Sie mit Hilfe einer Füllmethode den echten Schatten auf jeden beliebigen Hintergrund projizieren.

Zielsetzungen:
Kegel freistellen
Farbigen Hintergrund erstellen
Verfügbaren Schatten in den Hintergrund einblenden
[echterschatten.psd]

1   Auswahl, Maske, Volltonfarbe

Erstellen Sie eine Auswahl für die vier Kegel. Ich habe dafür das Schnellauswahlwerkzeug verwendet und mit Kante verbessern nachjustiert.

Doppelklicken Sie anschließend auf den Hintergrund und machen Sie aus ihm so eine reguläre Ebene, Wandeln Sie dann die Auswahl in eine Ebenenmaske um ▣. Die Kegel sind somit freigestellt. Erstellen Sie nun eine Volltonfarbe-Einstellungsebene.

2   Ebene duplizieren, Maske löschen

Nun kommt der Schatten hinzu. Einen Ebenenstil-Schlagschatten können wir hier nicht verwenden, denn das sähe aus wie in der kleinen Abbildung ❶.

Duplizieren Sie stattdessen die Kegel-Ebene, und ziehen Sie dann die Ebenenmaske der unteren Ebene auf den Papierkorb ❷. Klicken Sie im nachfolgenden Dialog auf Löschen ❸ – mit Anwenden würde der maskierte Bereich aus der Bildebene herausgelöscht, und das wollen wir nicht.

3   Ebene multiplizieren und mit Gradationskurven aufhellen

Stellen Sie nun die Füllmethode der mittleren Ebene auf Multiplizieren – dadurch mischt sich der Hintergrund dieser Ebene so mit dem Hintergrund, dass es aussieht, als fielen die Schatten auf eine blaue Fläche.

Damit der recht schattige weiße Grund der mittleren Ebene das Blau nicht zu sehr abdunkelt, habe ich ihn mit der Weißpunkt-Pipette ❹ der Gradationskurven als Weiß definiert ❺.

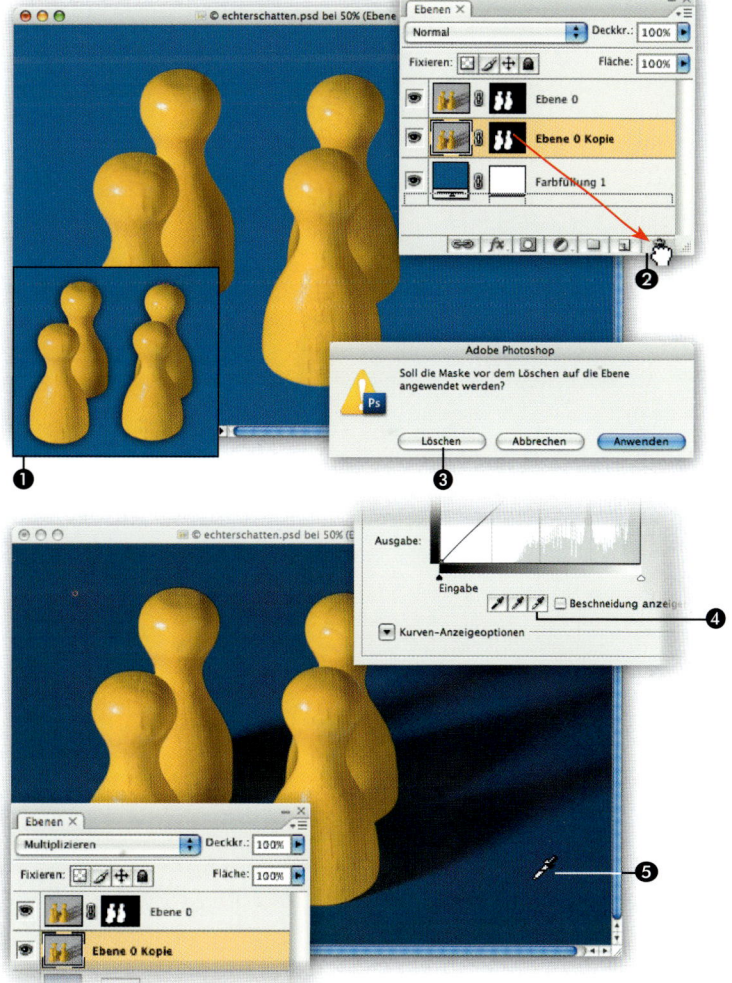

Text und Pfad

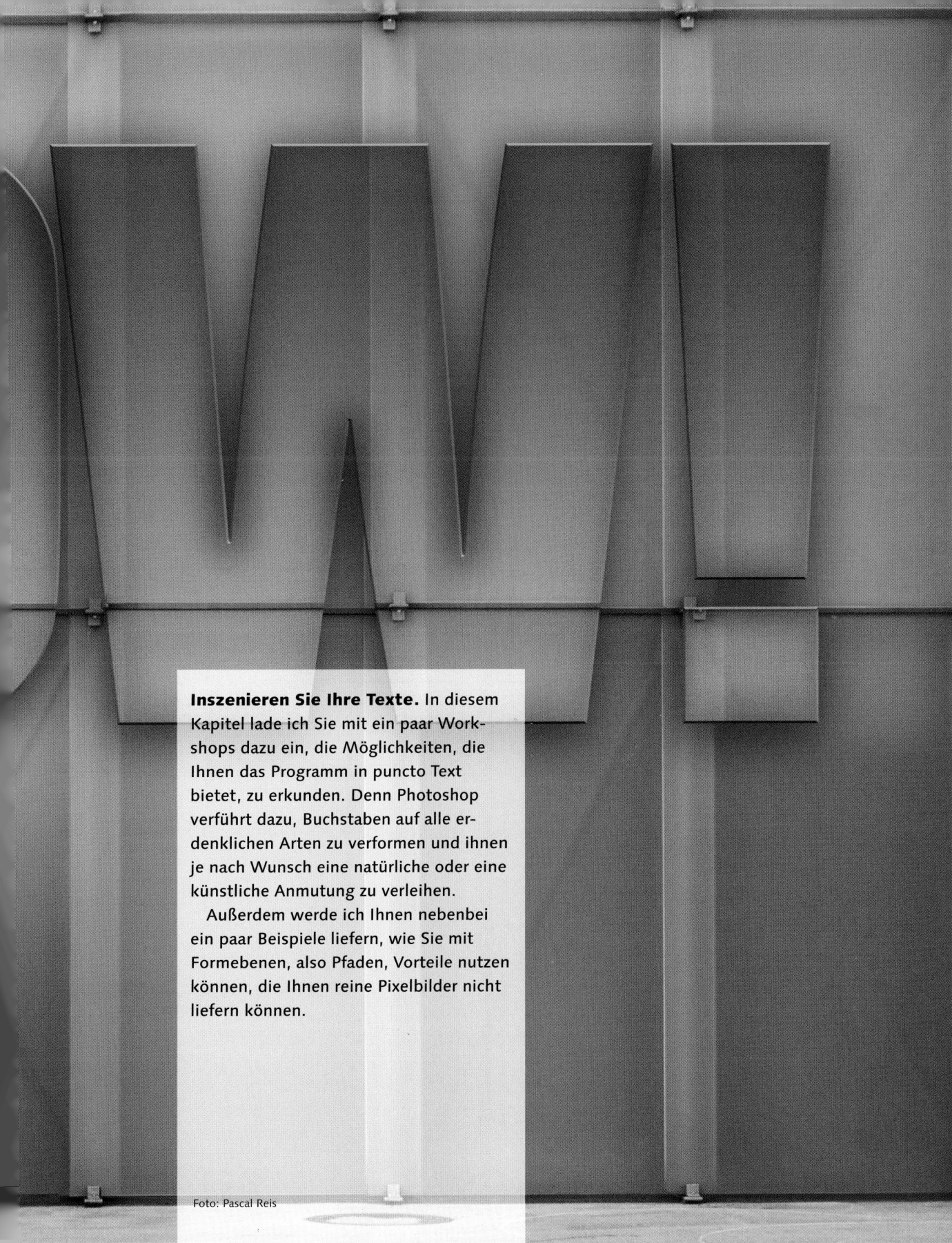

Inszenieren Sie Ihre Texte. In diesem
Kapitel lade ich Sie mit ein paar Workshops dazu ein, die Möglichkeiten, die
Ihnen das Programm in puncto Text
bietet, zu erkunden. Denn Photoshop
verführt dazu, Buchstaben auf alle er-
denklichen Arten zu verformen und ihnen
je nach Wunsch eine natürliche oder eine
künstliche Anmutung zu verleihen.

Außerdem werde ich Ihnen nebenbei
ein paar Beispiele liefern, wie Sie mit
Formebenen, also Pfaden, Vorteile nutzen
können, die Ihnen reine Pixelbilder nicht
liefern können.

Foto: Pascal Reis

Text und Pfad

LetterFX

Buchstaben mit Wow-Effekt

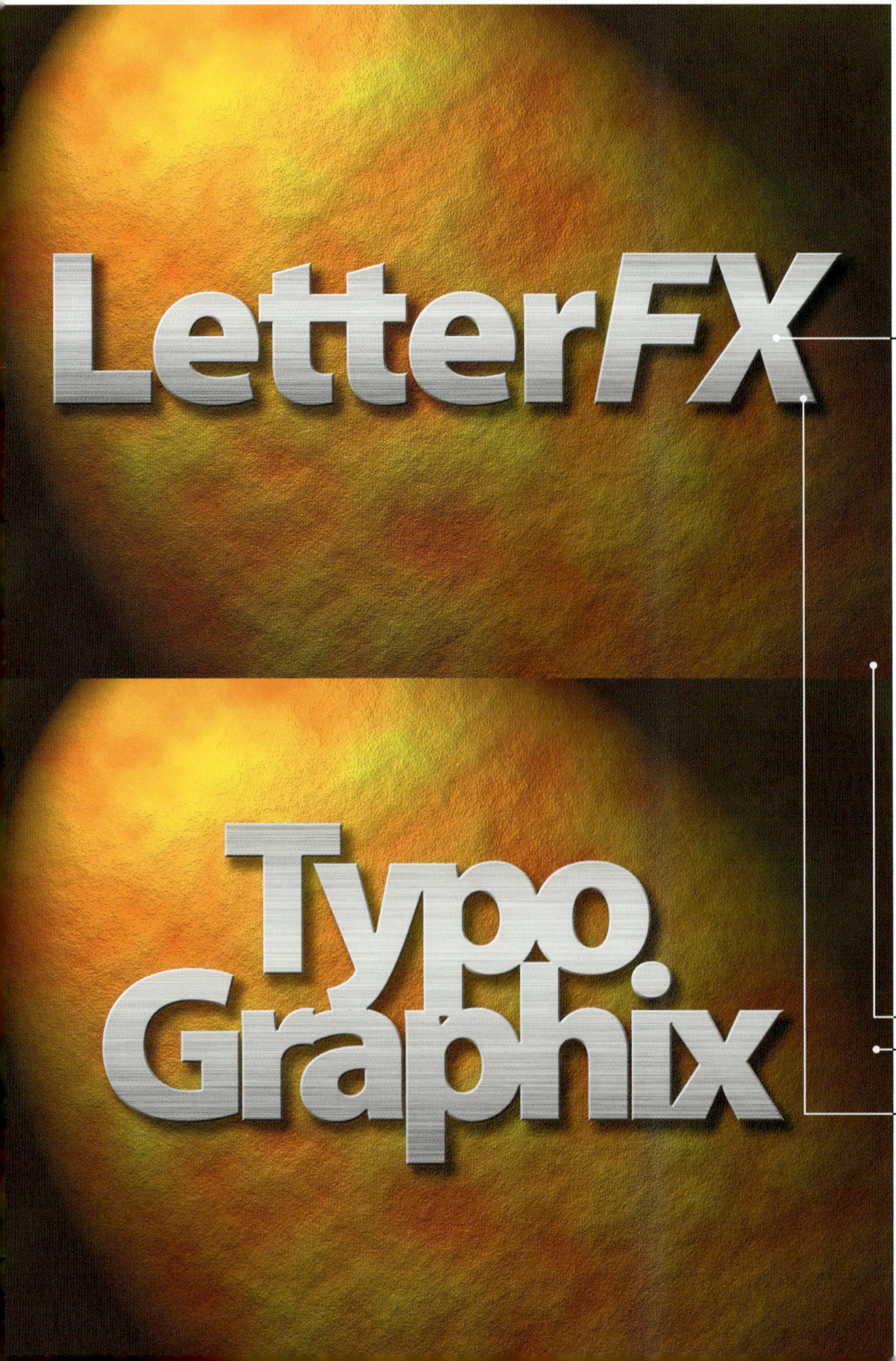

Auch mit Schrift lässt sich in Photoshop so einiges anstellen, was in anderen Programmen nicht möglich wäre. In diesem Workshop erstellen wir ein Bild von Grund auf, ohne uns dabei eines Fotos oder einer anderen Vorlage zu bedienen.

Zielsetzungen:

Text setzen

Farbigen Hintergrund erstellen

Hintergrund mit Struktur- und Lichteffekt versehen

Struktur für Text erstellen

1 Neue Datei

Wählen Sie Menü DATEI • NEU. Stellen Sie im darauf folgenden Dialog die Größe wie im Screenshot abgebildet ein.

Tipp: Soll Ihre Datei so groß werden wie eine andere, bereits geöffnete Datei, wählen Sie VORGABE ❶; Sie finden hier alle geöffneten Dateien angeführt – Breite, Höhe und Auflösung werden übernommen. Ebenso können die Werte eines Bildes aus der Zwischenablage übernommen werden.

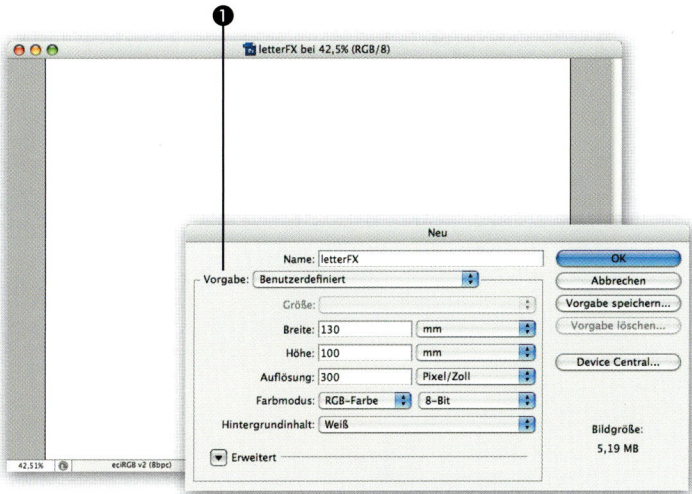

2 Renderfilter Wolken

Stellen Sie zwei harmonierende Farben für Vorder- und Hintergrundfarbe ein. Ich habe mich für Orange und Gelb entschieden.

Wählen Sie dann FILTER • RENDERFILTER • WOLKEN. Photoshop mixt die beiden Farben zu einer Struktur wie Watte.

Nicht immer ist das Zufallsresultat auf den ersten Versuch zufriedenstellend. Den zuletzt angewendeten Filter finden Sie im Menü FILTER immer an erster Stelle ❷. Wiederholen Sie seine Anwendung so lange ([Strg]/[⌘]+[F]), bis Sie zufrieden sind.

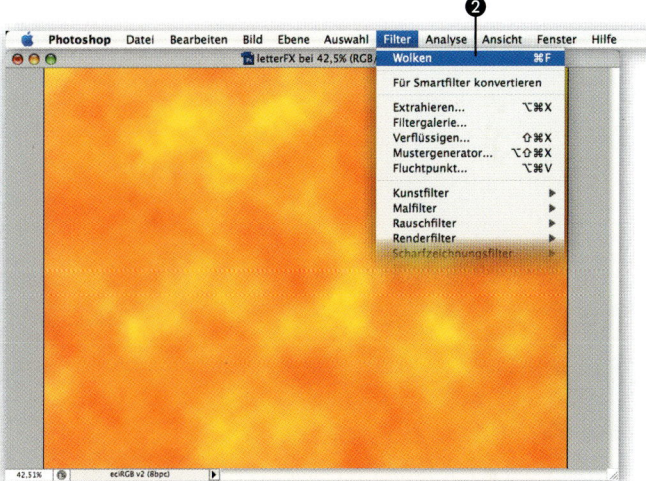

3 Rauschen hinzufügen

Damit die Wolkenstruktur nicht zu klinisch wirkt, sollten Sie nun etwas Rauschen hinzufügen. Wählen Sie dazu FILTER • RAUSCHFILTER • RAUSCHEN HINZUFÜGEN, und geben Sie einen geringen Wert für das Rauschen ein.

RAUSCHEN HINZUFÜGEN ist übrigens wieder ein Filter, bei dem die 100-Prozent-Ansicht unabdingbar für eine Beurteilung ist!

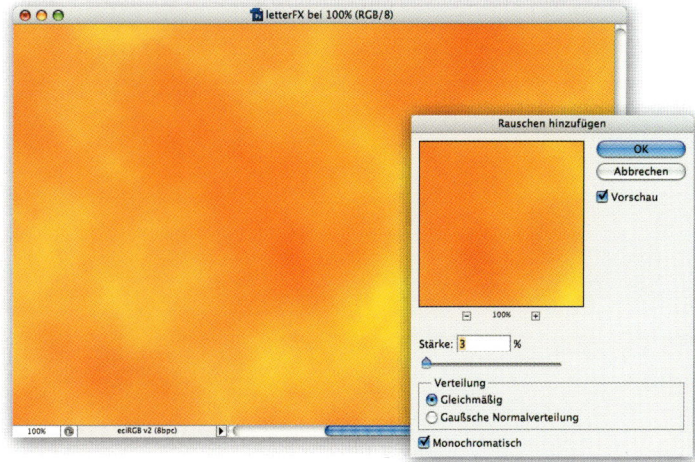

Tipp: Mit [Strg]/[⌘]+[F] wird der zuletzt angewendete Filter wiederholt. Mit [Strg]/[⌘]+[Alt]+[F] wird der Dialog des zuletzt angewendeten Filters geöffnet – Sie haben somit die Möglichkeit, die Parameter zu verändern.

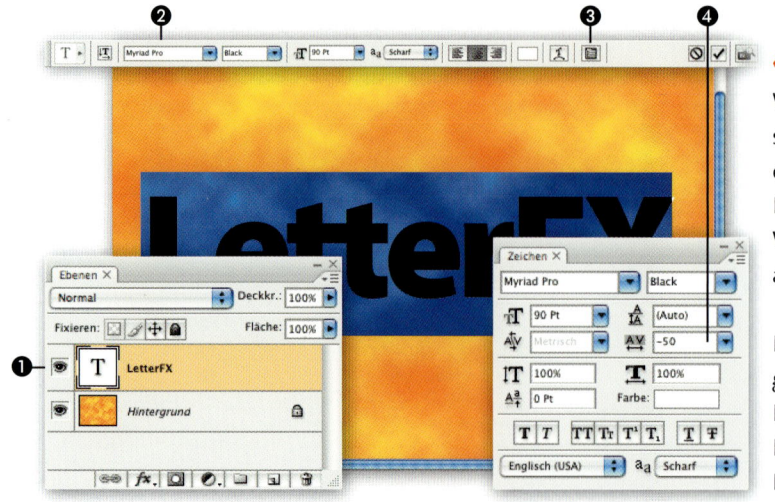

4 Textebene erstellen

Wählen Sie das Text-Werkzeug [T], und schreiben Sie nach einem Klick in das Bild einen aussagekräftigen Text wie »LetterFX«. Photoshop erstellt eine neue Textebene ❶. Wählen Sie den Text dann mit [Strg]/[⌘]+[A] aus, um ihn zu formatieren.

Ich habe mich für die Schriftart ❷ Myriad Pro im Schriftschnitt Black bei einem Schriftgrad von 90 Punkt entschieden. Für weitere Einstellungen klicken Sie hier ❸, um die Palette ZEICHEN zu öffnen, wo Sie z. B. die Laufweite ❹ auf –50 reduzieren können.

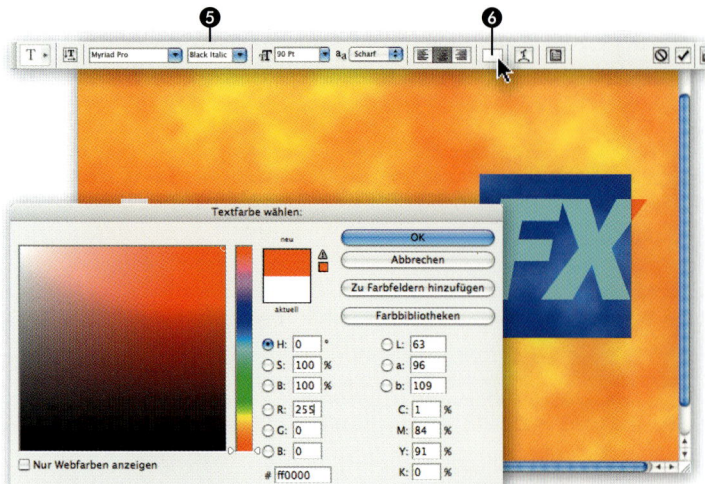

5 Textfarbe ändern

Für die beiden Buchstaben »FX« wollen wir einen anderen Schriftschnitt ❺ und eine andere Farbe bestimmen. Dazu wählen Sie den Text zunächst aus, indem Sie mit dem Text-Werkzeug darüberziehen – das geht genauso wie in jedem anderen Programm. Zum Ändern der Textfarbe des ausgewählten Textes klicken Sie hier ❻ – es öffnet sich der Adobe Farbwähler, und Sie können die Farbe wie gewohnt einstellen.

Klicken Sie vor dem nächsten Schritt auf die Hintergrund-Ebene.

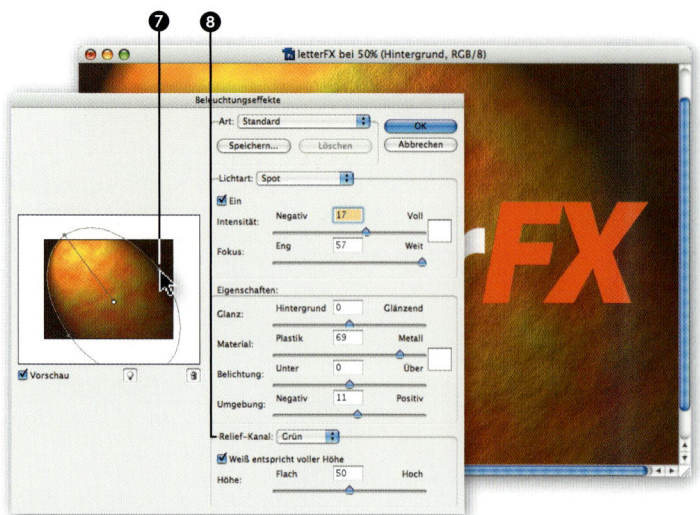

6 Beleuchtungseffekte

Nun wählen Sie FILTER • RENDERFILTER • BELEUCHTUNGSEFFEKTE.

Als Erstes ändere ich hier meist die Richtung des Lichteinfalls ❼ – das Licht kommt nach Standard von unten. Mit allen weiteren Einstellungen muss man experimentieren. Leider taugt die Vorschau nichts, und so werden Sie vielleicht für ein gutes Ergebnis mehrere Anläufe nehmen müssen. Wählen Sie als RELIEF-KANAL • GRÜN ❽ – dadurch entsteht eine interessante 3D-Struktur.

7 Schlagschatten für Textebene

Nach dem stimmungsvollen Schattenspiel für den Hintergrund schreit natürlich auch der Text nach einem passenden Schlagschatten. Erstellen Sie diesen mit Hilfe einer Einstellungsebene.

Trick: Wenn Sie den Mauszeiger aus dem Dialog in das Bild bewegen, können Sie den Schatten manuell verschieben.

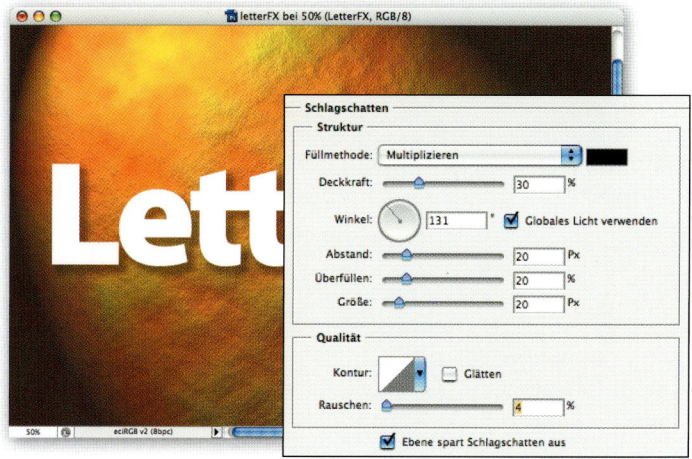

8 Rauschen hinzufügen extrem

Der Text wirkt noch müde, flach und wenig effektvoll. Dem werden wir abhelfen, indem wir auf die Buchstaben die Struktur Gebürstetes Metall projizieren. Erstellen Sie dazu eine neue Ebene, und füllen Sie diese mit Weiß **❾**. Nun wählen Sie FILTER • RAUSCHFILTER • RAUSCHEN HINZUFÜGEN. Geben Sie eine extrem hohe STÄRKE **❿** ein, damit das Ergebnis aussieht wie Schneegestöber im Fernsehen.

9 Bewegungsunschärfe

Im nächsten Schritt wollen wir aus der Punkt-Struktur eine Linien-Struktur machen. Wählen Sie FILTER • WEICHZEICHNUNGSFILTER • BEWEGUNGSUNSCHÄRFE. Stellen Sie 0° unter WINKEL ein und einen kräftigen Wert für ABSTAND.

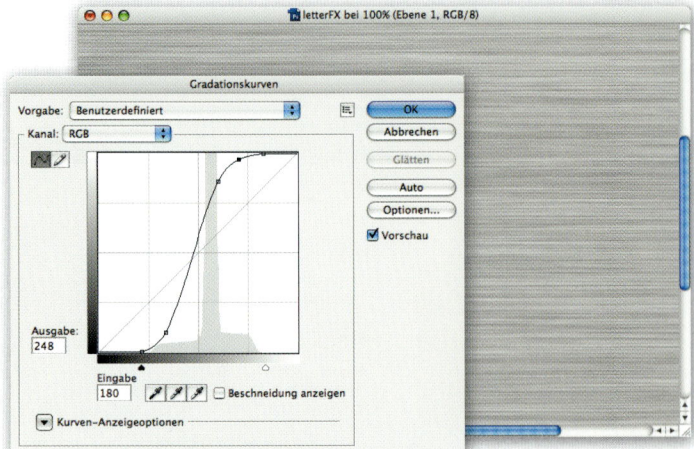

10 Gradationskurven zur Tonwertspreizung

Damit die Struktur härter wirkt, stellen Sie bei den Gradationskurven wieder eine kräftige, steile Kurve ein, wodurch die hellen Linien aufgehellt und die dunkleren abgedunkelt werden. Die gebürstete Struktur tritt außerdem stärker hervor.

11 Struktur strecken

Am Rand der Bildebene hatte BEWEGUNGS-UNSCHÄRFE noch keine bzw. zu wenig Wirkung, wodurch hässliche Schwarz/Weiß-Linien entstanden sind ❶.

Wählen Sie BEARBEITEN • FREI TRANSFORMIE-REN, und ziehen Sie die Auswahl an beiden Seiten so in die Breite ❷, dass diese Striemen verschwinden. Wenn Sie beim Ziehen die Alt-Taste gedrückt halten, dann geschieht die Skalierung aus der Mitte der Auswahl heraus.

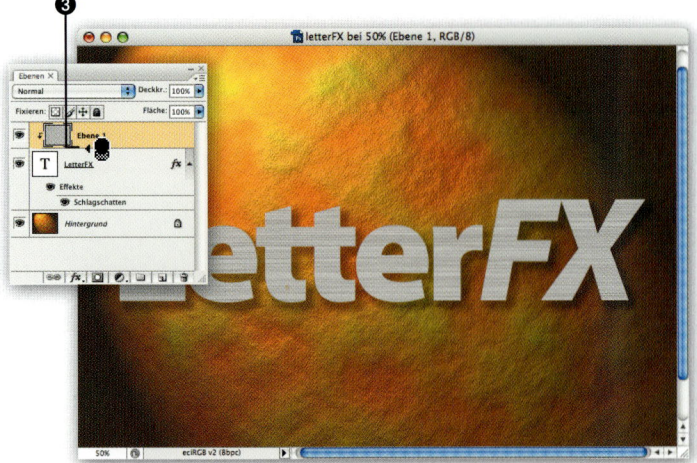

12 Schnittmaske erstellen

Ich habe ja angekündigt, dass die Struktur, die Sie eben erstellt haben, nur auf den Buchstaben zu sehen sein soll. Erstellen Sie dazu eine Schnittmaske. Positionieren Sie den Mauszeiger zwischen der Struktur-Ebene und der Textebene ❸, drücken Sie die Alt-Taste und klicken Sie – die obere Ebene wird in der Ebenen-Palette eingerückt dargestellt, und ihr Inhalt ist auf den transparenten Bereichen auf der unteren Ebene ausgeblendet.

13 Abgeflachte Kante und Relief

Jetzt wird es 3D! Wählen Sie wieder die Textebene aus. Unter dem Titel der Ebene sind
ihre Effekte aufgelistet ❹. Wenn Sie auf
Schlagschatten doppelklicken, öffnet sich
der Dialog Ebenenstil. Klicken Sie hier auf
Abgeflachte Kante und Relief.

Ich habe als Technik • Hart Meisseln ❺
gewählt, die Tiefe auf 180 % ❻ angehoben,
die Grösse auf 3 ❼ eingestellt und Licht- und
Tiefenmodus angepasst.

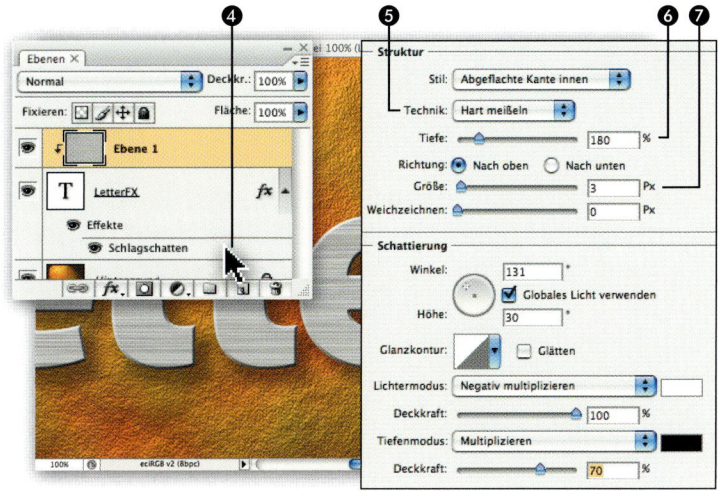

14 Verlaufsüberlagerung

Etwas fehlt der gebürsteten Struktur noch,
um wirklich wie Metall zu wirken, und zwar
eine Verlaufsüberlagerung. Mit den
Parametern habe ich eine ganze Weile ge-
spielt und mich im Endeffekt für Weiches
Licht als Füllmethode entschieden, als Art •
Reflektiert eingestellt, den Verlauf umgekehrt sowie einen Wert für die Skalierung
definiert.

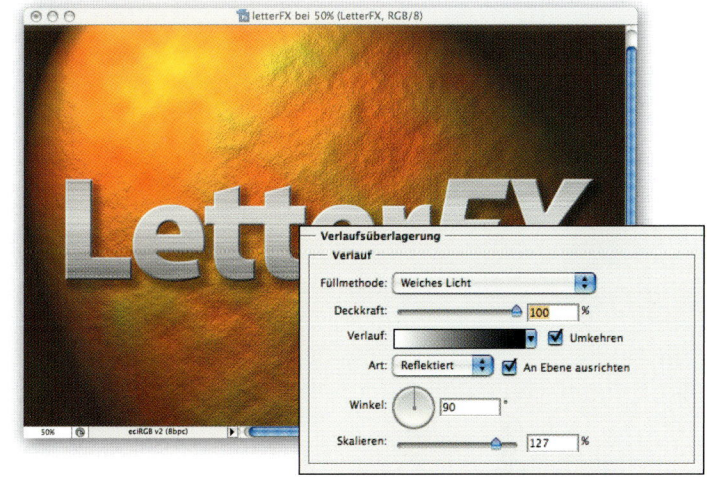

15 Allzeit bereit für Änderungen

Sie hätten die Textebene auch rastern und
dann direkt mit Filtern bearbeiten können.
Das Tolle an der Arbeit mit Schnittmasken
und Text ist aber, dass Sie den Text jederzeit
auswählen, überschreiben und neu formatieren können.

> **Tipp:** Sie können sämtliche Effekte, die
> Sie als Ebenenstil für Ebenen einstellen,
> als Set speichern und die Eigenschaf-
> ten dann mit einem Klick auf weitere
> Ebenen übertragen. Zum Speichern,
> Verwalten und Zuweisen solcher Effekt-
> eigenschaften-Sets verwenden Sie die
> Palette Stile.

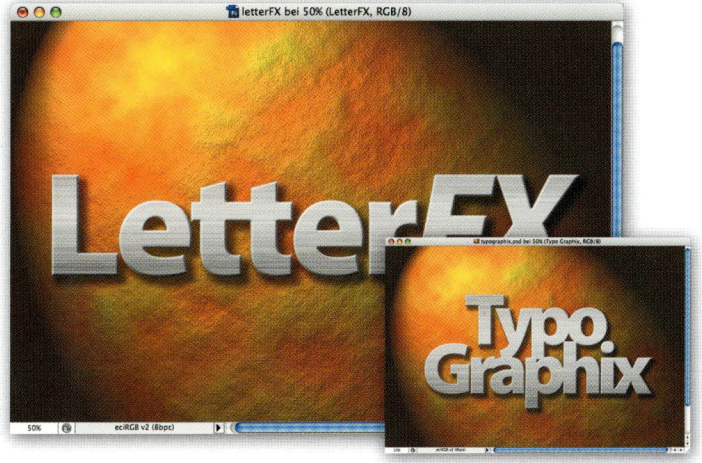

RetroFX

Wozu sind Effekte da? Zum Verwenden natürlich!

In diesem Workshop zeige ich Ihnen weitere Möglichkeiten, wie Sie mit Stilen und Filtern einen Text wirkungsvoll in Szene setzen können.

Zielsetzungen:
Strahlenhintergrund mit Hilfe eines Musters erstellen
Dunkle Vignette an den Rändern
Schrift verkrümmen
Schrift mit Effekten aufpeppen

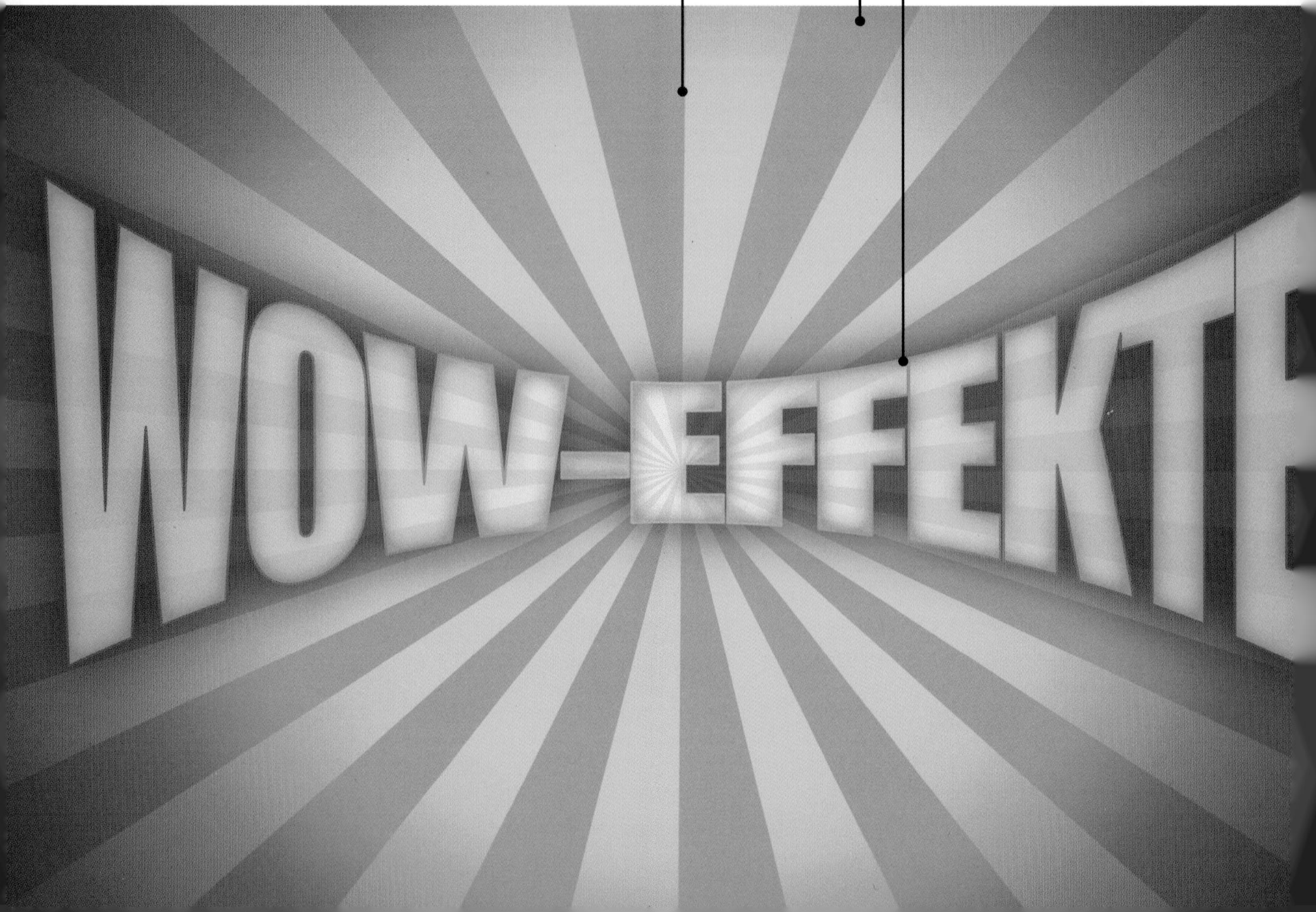

1 Neues Dokument, Mitte markieren

Erstellen Sie ein neues Dokument mit den Einstellungen der Abbildung rechts. Ziehen Sie eine Hilfslinie aus dem vertikalen Lineal (Lineale einblenden: [Strg]/[⌘]+[R] oder ANSICHT • LINEALE), und markieren Sie die Mitte ❶. Ist im Menü ANSICHT • AUSRICHTEN AN • DOKUMENTBEGRENZUNG aktiviert, wird die Hilfslinie automatisch von der Mitte angezogen. Stellen Sie R=255, G=153 und Blau=0 als Vordergrundfarbe ein und drücken [Alt]+[←], um die Fläche mit der Vordergrundfarbe zu füllen ❷.

2 Zweite Fläche füllen

Öffnen Sie nun den Dialog zum Einstellen der Hintergrundfarbe, bewegen Sie den Mauszeiger aus dem Dialog hinaus auf die Vordergrundfarbe ❸ (er wird zur Pipette), und nehmen Sie diese mit einem Klick auf. Schalten Sie auf SÄTTIGUNG ❹ und hellen Sie mit dem Schieberegler ❺ die Farbe deutlich auf.

Markieren Sie sodann mit dem Auswahlrechteck [▢] die Hälfte des Dokuments ❻, und füllen Sie diese durch Eingabe von [Strg]/[⌘]+[←] mit der Hintergrundfarbe.

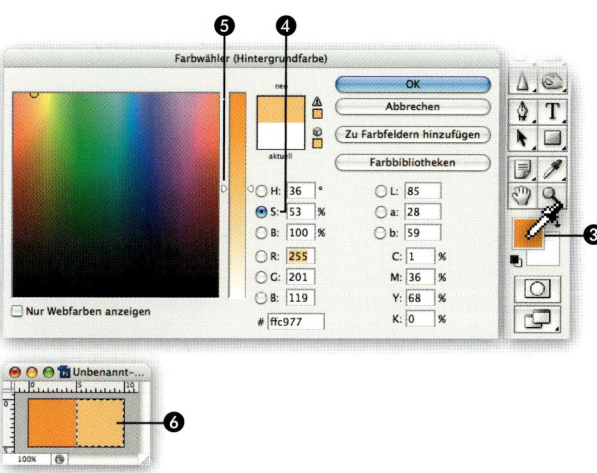

3 Muster festlegen, neues Dokument

Wählen Sie nun mit [Strg]/[⌘]+[A] alles aus und im Menü BEARBEITEN • MUSTER FESTLEGEN; geben Sie dem Muster einen Namen.

Erstellen Sie ein weiteres neues Dokument mit Einstellungen wie in der nebenstehenden Abbildung gezeigt (das eben angelegte Dokument können Sie im Grunde ohne zu speichern schließen, da es uns nur zur Erstellung des Musters gedient hat).

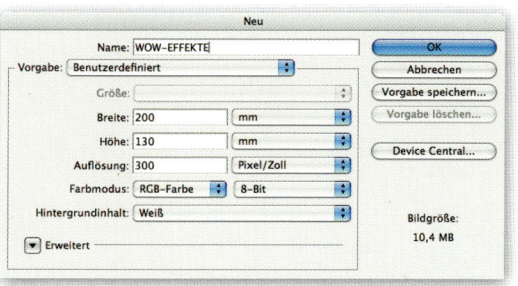

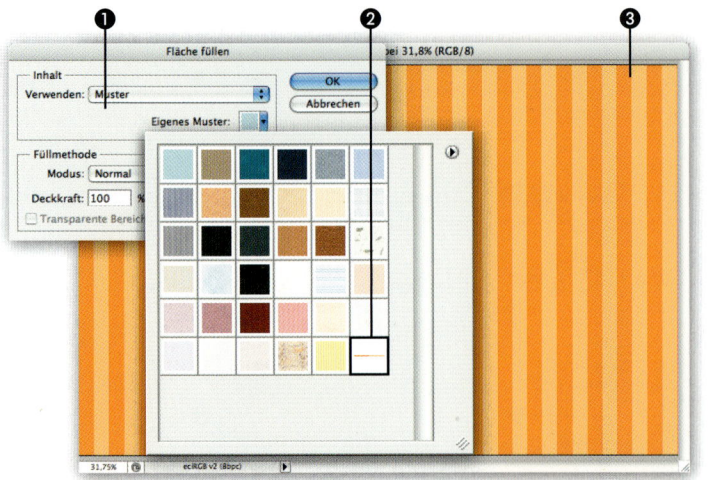

4   Fläche mit Muster füllen

Das neue Dokument sollte zunächst weiß sein. Rufen Sie über BEARBEITEN den Dialog FLÄCHE FÜLLEN auf und wählen Sie unter VER-WENDEN • MUSTER ❶. In der aufklappenden Palette finden Sie ganz am Ende das Muster, das Sie eben erstellt haben ❷. Klicken Sie darauf und dann auf OK. Das Resultat sollte nun aussehen wie hier ❸.

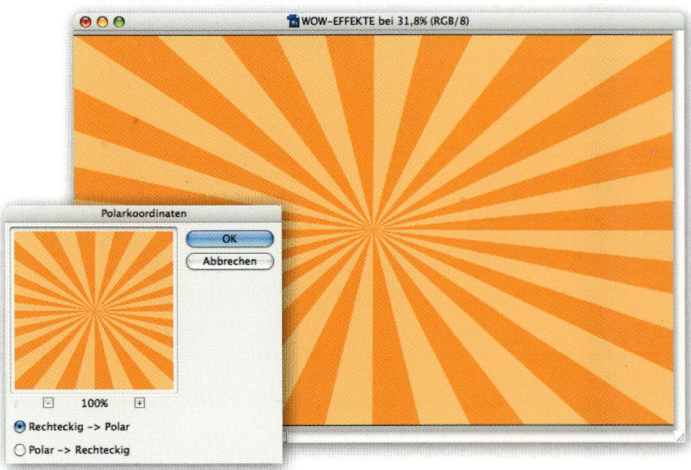

5   Polarkoordinaten

Um das Streifenmuster in Strahlen zu verwandeln, wählen Sie FILTER • VERZERRUNGSFILTER • POLARKOORDINATEN, stellen auf RECHTECKIG -> POLAR und be-stätigen den Dialog.

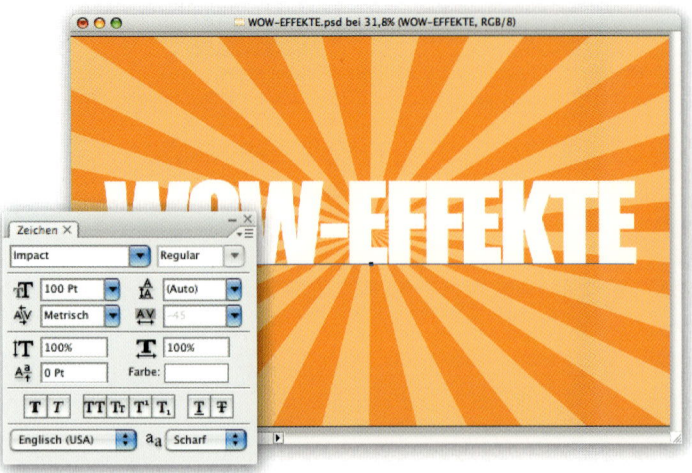

6   Text einfügen und formatieren

Klicken Sie mit dem Text-Werkzeug T auf die Arbeitsfläche, und schreiben Sie einen ähnlich poetischen Text wie ich hier. Ich habe dazu die Schrift Impact verwendet, und zwar so wie hier in der Palette ZEICHEN abgebildet.

7 Frei transformieren

Die Textebene ist nach wie vor aktiv. Wählen Sie BEARBEITEN • FREI TRANSFORMIEREN, und verzerren Sie den Text ganz grausam in der Höhe (als Mitglied des »Vereins zum Schutz von Schriften gegen Missbrauch« darf ich das ja eigentlich nicht, aber hier mache ich eine Ausnahme). Ich habe eine Verzerrung in der HÖHE ❹ von 250 % eingestellt.

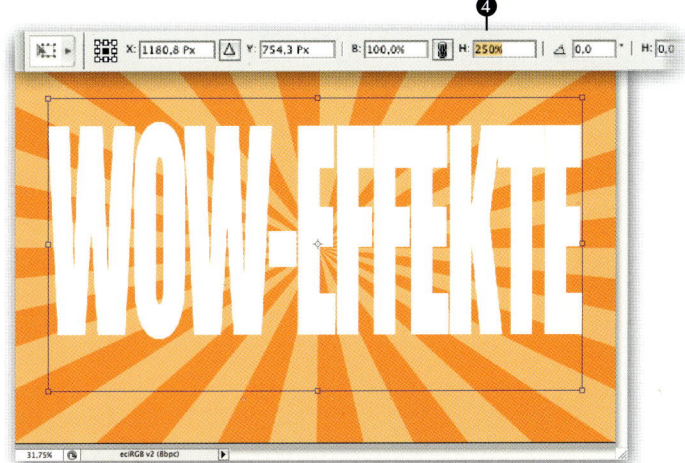

8 Verkrümmen

Aktivieren Sie nun die Option VERKRÜMMEN ❺ und als VERKRÜMMUNG • WULST ❻. Das Resultat sieht aus wie in der kleinen Abbildung zu sehen ❼ – also nicht so toll –, aber wenn Sie die BIEGUNG auf –20 % ❽ verstellen, dann wölbt sich die Schrift kräftig in die Tiefe, und das ergibt mit den Strahlen einen coolen Effekt.

9 Hintergrund in Smart Objekt konvertieren, Objektivkorrektur

Mit einem Rechtsklick auf die Ebene »Hintergrund« können Sie diese in ein Smart Objekt konvertieren, was für diesen Workshop eigentlich nicht von Bedeutung, aber in der Praxis oft empfehlenswert ist, weil Sie die Einstellungen des Filters nachträglich jederzeit ohne Qualitätsverlust wieder verändern können. Wählen Sie dann FILTER • VERZERRUNGSFILTER • OBJEKTIVKORREKTUR.

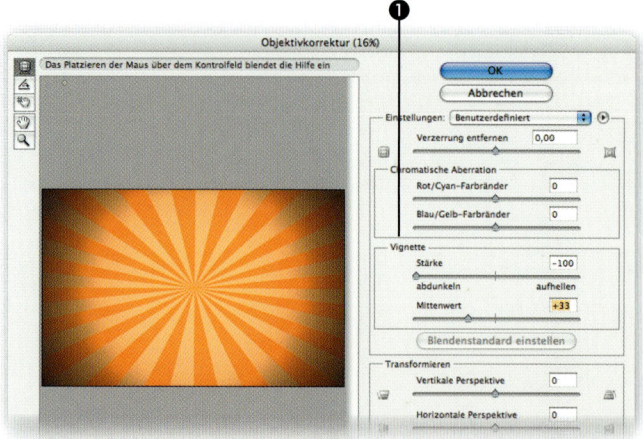

10 Ecken abdunkeln

Sie werden sich fragen, wozu denn eine Objektivkorrektur gebraucht wird? Bei unserem Hintergrund war doch gar kein Objektiv im Spiel?

Ja, objektiv gesehen haben Sie recht. Aber subjektiv betrachtet können Sie die VIGNETTE ❶ wie abgebildet verstellen und dadurch eine stimmungsvolle Randabdunkelung erzielen.

11 Ebenenstil: Kontur

Was nun folgt, ist eine wüste Effekt-Orgie.

Erstellen Sie zunächst für die Textebene einen Kontur-Ebenenstil mit nebenstehenden Einstellungen.

Wenn ich mit Ebenenstilen arbeite, habe ich normalerweise nur eine ungefähre Vorstellung davon, wie das Ergebnis aussehen soll. Für dieses Resultat habe ich mehrfach zwischen den verschiedenen Effekten gewechselt, um ein zufriedenstellendes Resultat zu erzielen. Hier zeige ich Ihnen mein Vorgehen Schritt für Schritt.

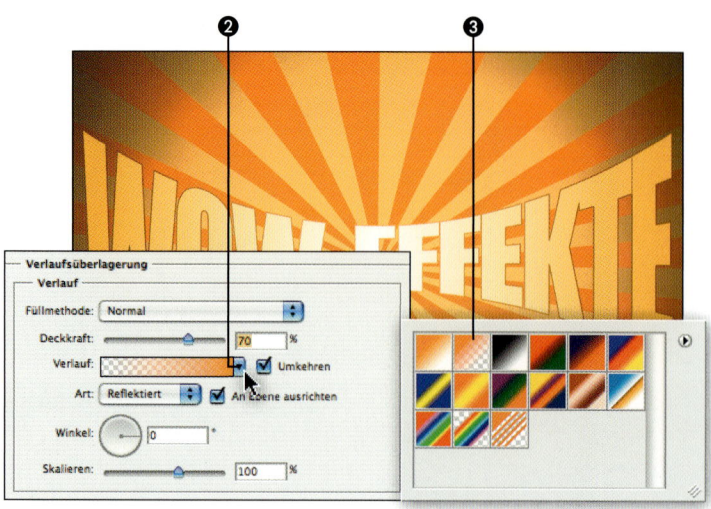

12 Ebenenstil: Verlaufsüberlagerung

Als zweiten Effekt habe ich eine VERLAUFS-ÜBERLAGERUNG definiert. Ich erspare Ihnen hier die Details und beschränke mich auf die wichtigsten Tricks und Kniffe. Als VERLAUF ❷ habe ich VORDERGRUNDFARBE ZU TRANSPA-RENT ❸ gewählt (die Vordergrundfarbe ist nach wie vor Orange). Für ART habe ich RE-FLEKTIERT eingestellt, damit der Verlauf in der Mitte transparent und nach außen hin deckend ist – die DECKKRAFT habe ich insgesamt auf 70 % reduziert.

13 Ebenenstil: Schein nach innen

Achtung! Wenn man mit der Effekt-Hascherei einmal beginnt, kommt man nicht mehr von ihr los.

Als Nächstes habe ich einen SCHEIN NACH INNEN aktiviert, als Farbe ein kräftiges Braun gewählt und die Füllmethode mit MULTIPLIZIEREN ins Gegenteil verkehrt, damit aus dem Schein eine Art Schatten wird.

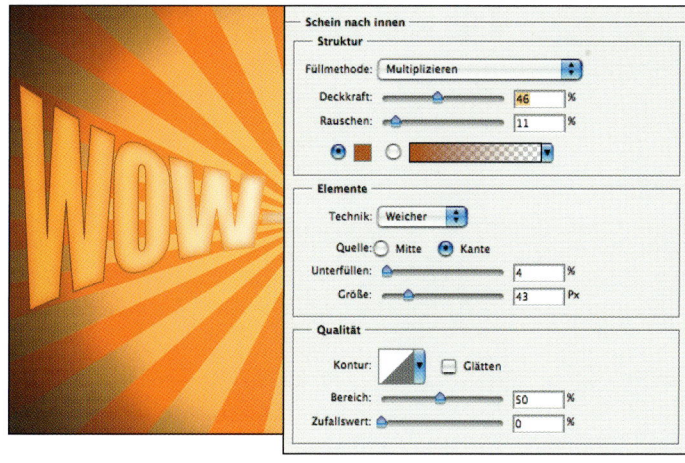

14 Ebenenstil: Schein nach außen

Noch einmal derselbe »Schmäh«, aber diesmal mit dem SCHEIN NACH AUSSEN: FÜLLMETHODE • MULTIPLIZIEREN, FARBE Braun.

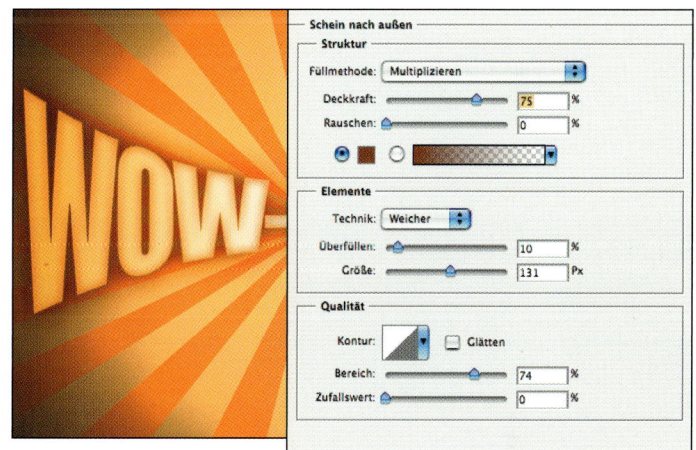

15 Fläche zurückbringen

Abschließend möchte ich die Deckkraft der Schriftfarbe Weiß noch etwas zurücknehmen, und zwar ohne dass die eben erstellten Effekte transparenter werden. Wenn Sie die DECKKRAFT ❹ reduzieren, dann wird alles transparenter – Pixel und Text auf der Ebene und auch die Effekte. Wenn Sie hingegen die FLÄCHE ❺ reduzieren, dann werden die Pixel und die Textfläche der Ebene in ihrer Deckkraft zurückgenommen, alles, was Sie als Ebenenstil eingestellt haben, bleibt jedoch bei 100 % erhalten.

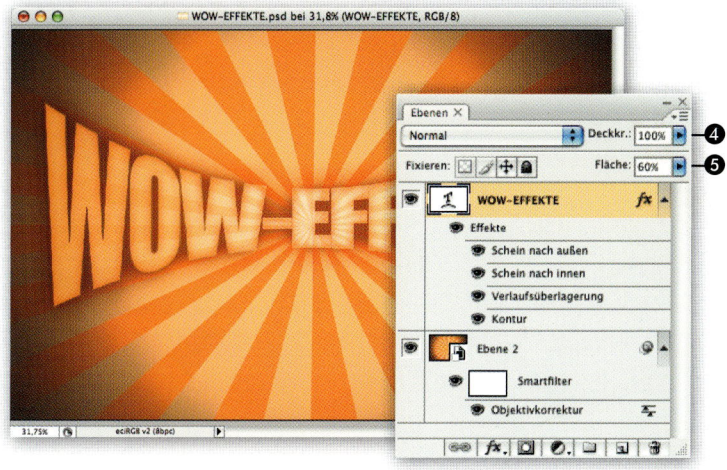

Text auf Pfad

Wie Sie mit Formebenen arbeiten und Text auf einen Pfad setzen

Text muss nicht immer von links nach rechts und von oben nach unten laufen. Er muss auch nicht stets schnurgerade in einer Reihe stehen. Sie können Text mit Hilfe von Pfaden auf einen Kreis setzen. Außerdem zeige ich Ihnen hier, wie Sie mit Formebenen einen vielzackigen Stern erstellen – unverzichtbar für die nächste Sonderaktion!

Zielsetzungen:

Struktur für den Hintergrund

Stern als Formebene erstellen

Rundsatz auf einer Ellipse

Effekte mit Gruppen und Smart Objekten

1 Neues Dokument

Das Schöne an der Arbeit mit Typografie und Effekten: Man braucht oft gar kein Ausgangsmaterial, um ein Werk zu schaffen, sondern kann mit einer leeren Datei beginnen, mit einem weißen Blatt Papier sozusagen. Legen Sie eine neue Datei mit den nebenstehenden Einstellungen an.

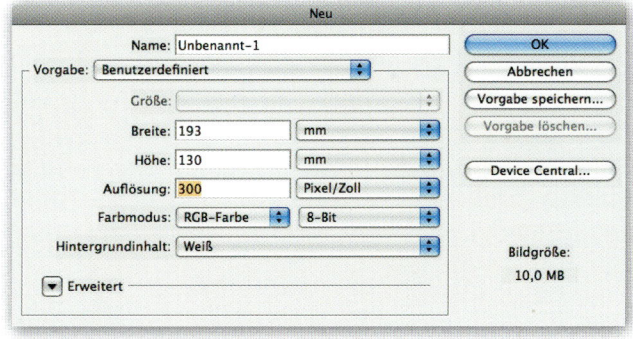

2 Musterfüllung

Die Hintergrundebene können Sie ignorieren und lassen wie sie ist. Erstellen Sie in der Ebenen-Palette eine neue Musterfüllungs-Einstellungsebene – im Einstellungsebenen-Menü heißt sie schlicht »Muster«.

Ich habe über das Optionsmenü der Musterauswahl »Künstlerpapier« geladen und mich für das erste Muster »Dunkles grobes Gewebe« ❶ entschieden.

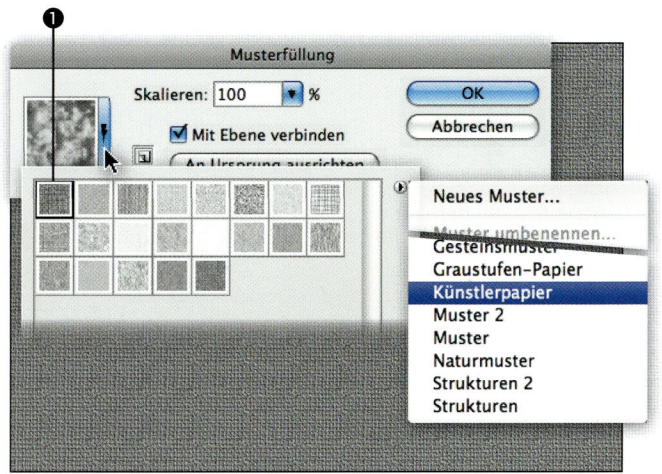

3 Farbüberlagerung und Verlaufsüberlagerung

So macht das Gewebe natürlich bestenfalls einen tristen Eindruck. Farbe muss her! Diese habe ich über einen Ebenenstil mit FARBÜBERLAGERUNG ins Spiel gebracht. Und weil ich schon bei den Ebenenstilen war, habe ich mit einer VERLAUFSÜBERLAGERUNG eine Art Beleuchtungseffekt erzielt.

Wichtig ist bei der Farbüberlagerung wie auch bei der Verlaufsüberlagerung, dass Sie die Füllmethode ändern.

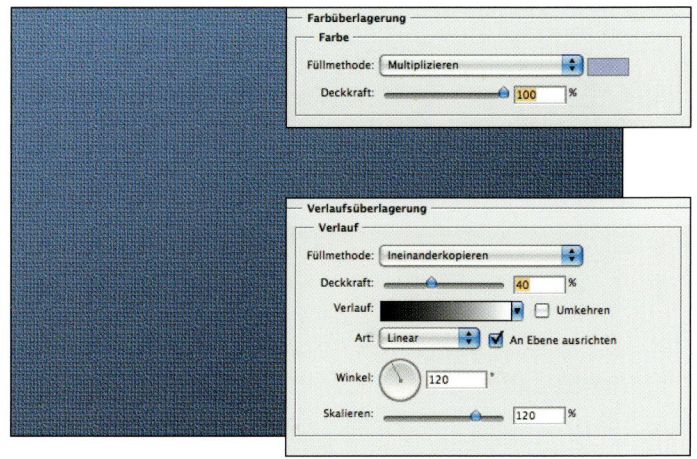

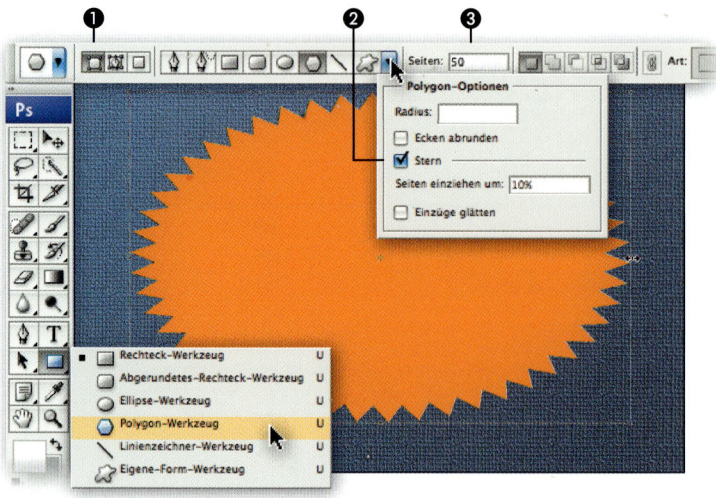

4 Einen Stern als Formebene erstellen

Zum Erstellen des Sterns aktivieren Sie das Polygon-Werkzeug ⬡ – beachten Sie, dass in der Werkzeugvorgaben-Palette FORM-EBENEN ❶ aktiviert sein muss. Bei den Polygon-Optionen habe ich STERN aktiviert ❷ und SEITEN EINZIEHEN UM mit 10 % eingestellt. Die Anzahl der SEITEN habe ich mit 50 vorgegeben ❸.

Wenn Sie nun den Stern aufziehen, dann ist er zunächst kreisrund. Über BEARBEITEN • FREI TRANSFORMIEREN können Sie ihn auf die ovale Form bringen.

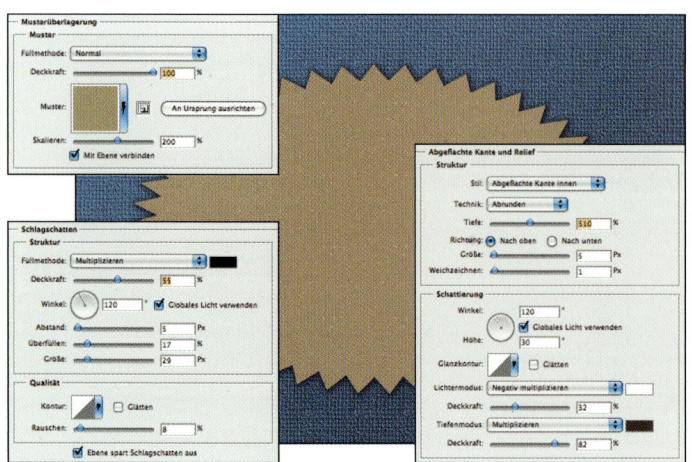

5 Plastische Effekte hinzufügen

Die Farbe des Sterns ist nebensächlich – sie wird ohnehin gleich von einem Muster überdeckt.

Wählen Sie aus den Ebenenstilen _fx._ MUSTERÜBERLAGERUNG (ich habe »Farbpapiere« geladen und das Muster »Beige-weiß gesprenkelt« ausgesucht), definieren Sie einen SCHLAGSCHATTEN gestalten Sie den Stern mit ABGEFLACHTE KANTE UND RELIEF noch etwas plastischer.

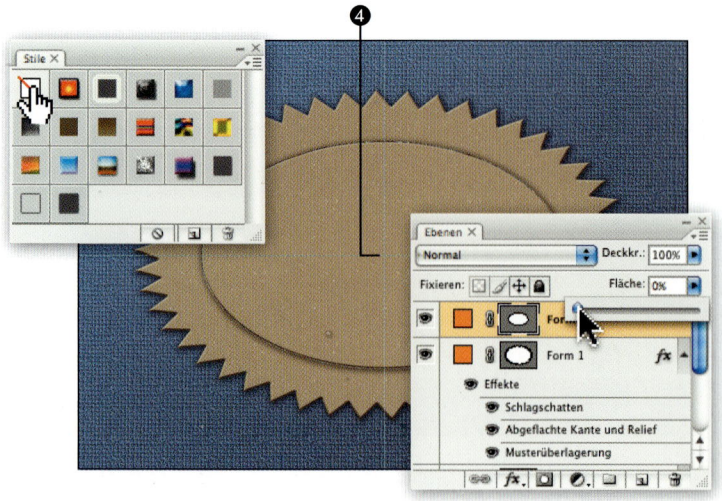

6 Eine Ellipse erstellen

Für den nächsten Schritt sollten Sie zuerst die Mitte des Sterns mit Hilfslinien markieren. Danach können Sie mit dem Ellipse-Werkzeug ⬭ bei gedrückter Alt-Taste eine Ellipse vom markierten Zentrum ❹ ausgehend erstellen. Wahrscheinlich hat Ihre Ellipse alle für das letzte Objekt eingestellten Effekte übernommen. Rufen Sie die Palette STILE auf, und klicken Sie auf den ersten Stil STANDARDSTIL (LEER), um alle Effekte zu entfernen. Reduzieren Sie danach FLÄCHE auf 0 % – die Formebene wird damit für den Moment unsichtbar.

7 Kontur-Effekt

Versehen Sie nun die Ellipse mit einer Kontur.
Ich habe sie rot eingestellt und eine GRÖSSE
von 16 Pixeln gewählt. Danach habe ich noch
die FÜLLMETHODE auf MULTIPLIZIEREN gestellt
und die DECKKRAFT reduziert, damit sich das
Rot der Kontur mit der Struktur darunter vermischt.

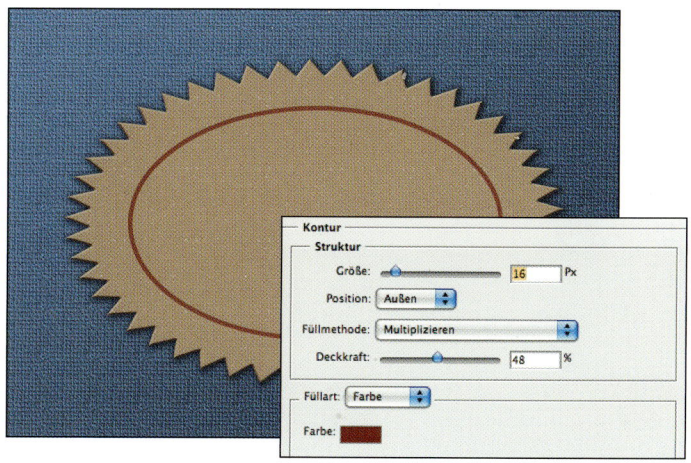

8 Text auf Pfad

Erstellen Sie eine zweite, etwas größere
Ellipse. Wählen Sie dann das Text-Werkzeug
T, und klicken Sie damit auf den Pfad ❺.
Nach dem Klick blinkt der Cursor auf dem
Pfad (Photoshop hat quasi den Pfad, auf den
Sie geklickt haben, in die Textebene kopiert),
und Sie können nun auf der Ellipse schreiben.

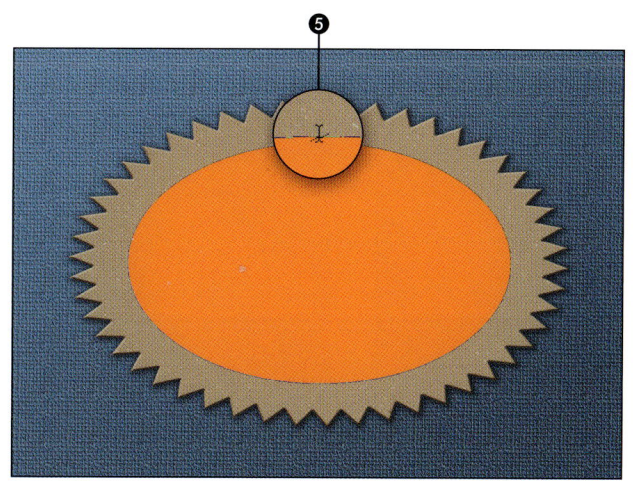

9 Text formatieren

Sie können den Text wie gewohnt auswählen
und formatieren. Ich habe mich für eine Gill
Sans entschieden und eine zur Ellipse
darunter passende Farbe gewählt. Die Ausrichtung des Textes habe ich auf zentriert
gestellt und die Laufweite deutlich erhöht.

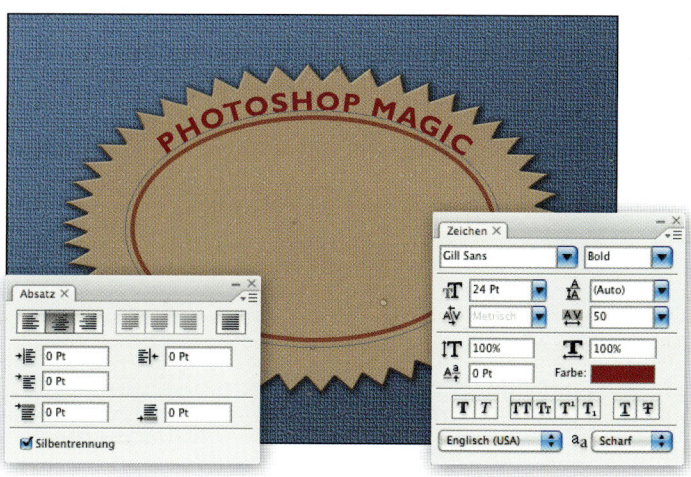

10 Formebene für zweiten Text

Kurze Überschicht – Sie haben jetzt drei Formebenen: Den Stern ❶, die rote Ellipse ❷ und jene Ellipse, die Ihnen gerade als Vorlage für den Rundsatz gedient hat ❸.

Verschieben Sie »Form 3« nach oben. Aktivieren Sie dann das Pfadauswahl-Werkzeug ▸, und vergrößern Sie die Ellipse über FREI TRANSFORMIEREN so, dass der Umfang der erweiterten Ellipse mit der Höhe der Großbuchstaben übereinstimmt.

11 Text auf Pfad im Kreis

Klicken Sie nun mit dem Text-Werkzeug T, auf die Unterseite des Kreises, und schreiben Sie Ihren Text. Der Text hängt zunächst kopfüber am Pfad. Um dies zu ändern, wählen Sie erneut das Pfadauswahl-Werkzeug ▸ aus. Positionieren Sie den Mauszeiger auf der anderen Seite des Pfades. Der Mauszeiger sollte sich daraufhin wie links abgebildet ändern. Ziehen Sie nun mit gedrückter Maustaste in die Ellipse hinein ❹. Dadurch sollte der Text in den Kreis hineinkippen.

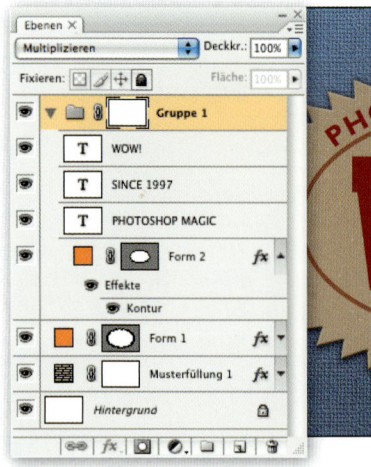

12 Ebenen-Gruppe erstellen

Ich habe mit einer fetten, serifenbetonten Schrift noch ein weiteres Wort über den Stern gelegt. Damit ich nun alle Ebenen, mit denen der Stern beschriftet ist, transparent stellen kann, habe ich mit einem Klick auf NEUE GRUPPE ERSTELLEN ▢ eine Ebenen-Gruppe angelegt und alle Textebenen inklusive der Formebene »Form 2« (also der roten Ellipse) in diese Gruppe gezogen. Mit einem weiteren Klick habe ich für diese Gruppe eine Ebenenmaske ▢ hinzugefügt.

13 Strukturierungsfilter für die Ebenenmaske

Damit der Text nicht zu gleichmäßig erscheint, möchte ich eine Struktur hinzufügen. Dazu habe ich bei aktiver Gruppen-Ebenenmaske die Filtergalerie aufgerufen und mich nach ein paar Versuchen für den Filter MIT STRUKTUR VERSEHEN entschieden.

Die Deckkraft der Gruppe habe ich auf 80 % reduziert und die Füllmethode von NORMAL auf MULTIPLIZIEREN umgestellt.

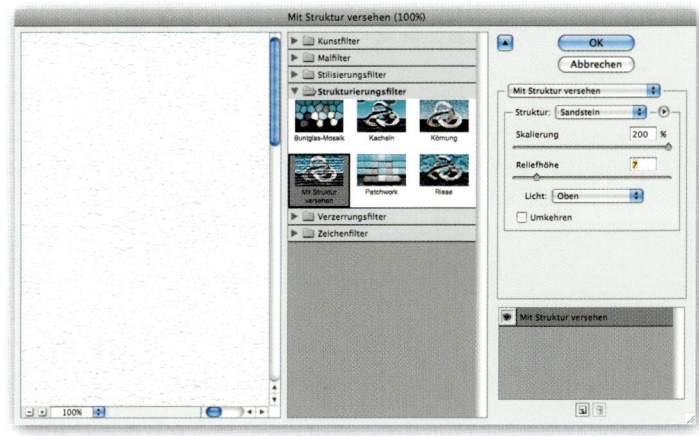

14 Gruppe mit Reliefeffekt

Damit ich der Gruppe und vor allem der roten Kontur einen Reliefeffekt anhängen konnte, musste ich sie zuerst in ein Smart Objekt konvertieren. Wie Sie wissen, klicken Sie dazu mit der rechten Maustaste auf die entsprechende Ebene – in diesem Fall eben die Gruppe.

Danach klicken Sie auf EBENENSTIL HINZUFÜGEN 𝑓𝑥., wählen ABGEFLACHTE KANTE UND RELIEF und treffen die gewünschten Einstellungen.

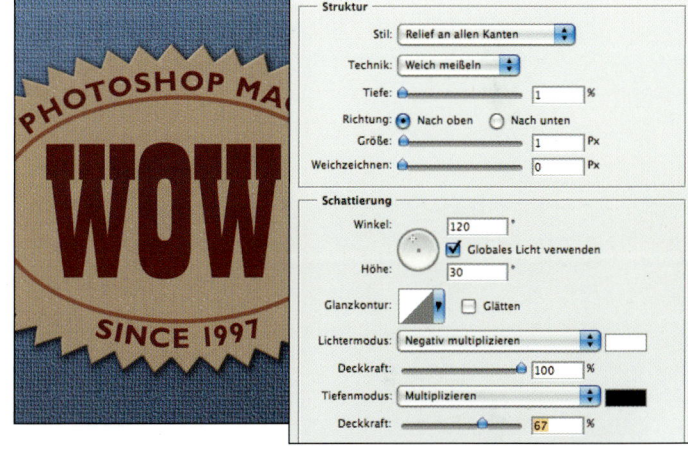

15 Mehrere Ebenen gemeinsam drehen

Stern und Beschriftung sollen nun gedreht werden. Wählen Sie dazu in der Palette EBENEN mit ⇧-Klick die Gruppe (jetzt ein Smart Objekt) und die Formebene mit dem Stern aus, und drehen Sie sie mit FREI TRANSFORMIEREN.

Für das Endergebnis habe ich den Hintergrund noch mit einer Vignette versehen. Konvertieren Sie dazu die Musterfüllungs-Ebene ebenfalls in ein Smart Objekt. Wie Sie den Vignetten-Effekt mit der Objektivkorrektur erstellen, habe ich Ihnen auf Seite 304 verraten.

Unterschrift als eigene Form

So haben Sie Ihre Signatur immer parat – in jeder Größe!

Der große Nachteil von Pixelbildern und allem aus Pixeln aufgebauten ist, dass sich die Pixel nicht beliebig vergrößern lassen. Vektordateien kennen diese Einschränkungen nicht. Photoshop ist und bleibt zwar ein Pixelprogramm, es kann aber in eingeschränktem Maße auch mit Vektorebenen umgehen. Hier zeige ich Ihnen, wie Sie eine eigene Form speichern, um sie jederzeit mit dem Eigene-Form-Werkzeug griffbereit zu haben.

Zielsetzungen:

Arbeitspfad aus Signatur erstellen

Eigene Form festlegen

Eigene Form anwenden

[eigeneform.psd]

markuswaeger·com

1 Arbeitspfad erstellen

Wählen Sie den Hintergrund durch einen Klick mit dem Zauberstab auf die weiße Fläche aus. Beachten Sie, dass in den Werkzeugvorgaben BENACHBART deaktiviert ist, damit alle weißen Bereiche ausgewählt werden. Kehren Sie dann die Auswahl um (AUSWAHL • AUSWAHL UMKEHREN oder Strg/⌘+⇧+I), und wählen Sie im Optionsmenü der Palette PFADE die Option ARBEITSPFAD ERSTELLEN. Stellen Sie im darauffolgenden Dialog für die Toleranz einen Wert von 1 ein.

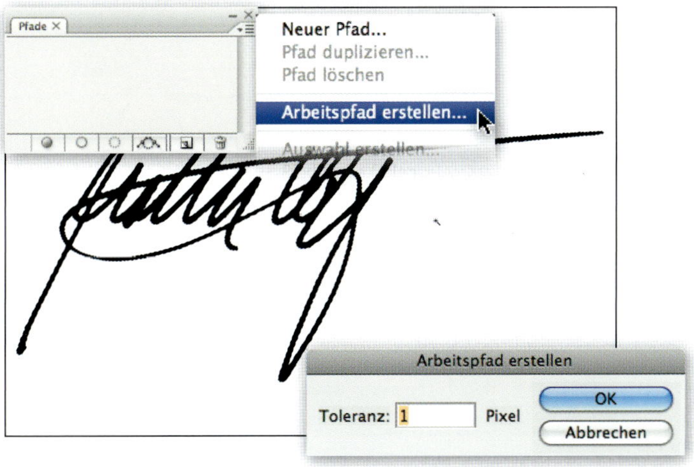

2 Eigene Form festlegen

Mit dem Pfadauswahl-Werkzeug können Sie den neu erstellten Arbeitspfad auswählen. Wählen Sie dann im Menü BEARBEITEN • EIGENE FORM FESTLEGEN.

Photoshop erstellt aus dem Arbeitspfad eine Form für das Eigene-Form-Werkzeug, die Sie in Zukunft immer über die Form-Palette dieses Werkzeugs abrufen können. Das Beste daran: Sie können so erstellte Formen – in diesem Fall meine Unterschrift – ohne Qualitätseinbußen beliebig vergrößern.

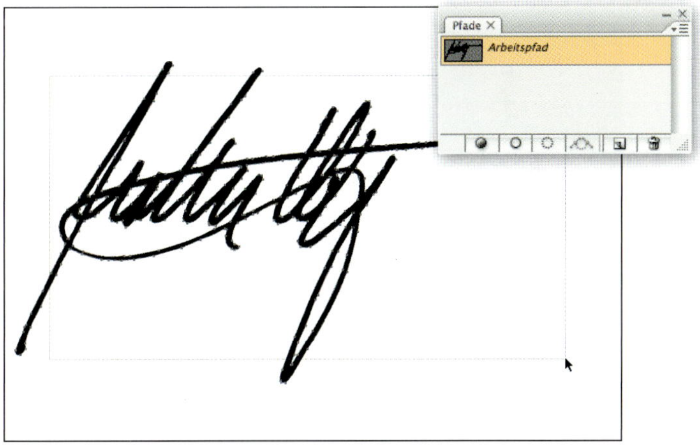

3 Unterschrift mit dem Eigene-Form-Werkzeug erstellen

Möchten Sie in Zukunft irgendwo Ihre Unterschrift positionieren, brauchen Sie nur das Eigene-Form-Werkzeug zu aktivieren, auf FORM ❶ zu klicken und die eigene Form ❷ aus der Palette auszuwählen.

Tipp: Um die Form dauerhaft zu behalten, empfiehlt es sich, über das Optionsmenü dieser Palette ❸ FORMEN SPEICHERN zu wählen und sie auf der Festplatte zu archivieren.

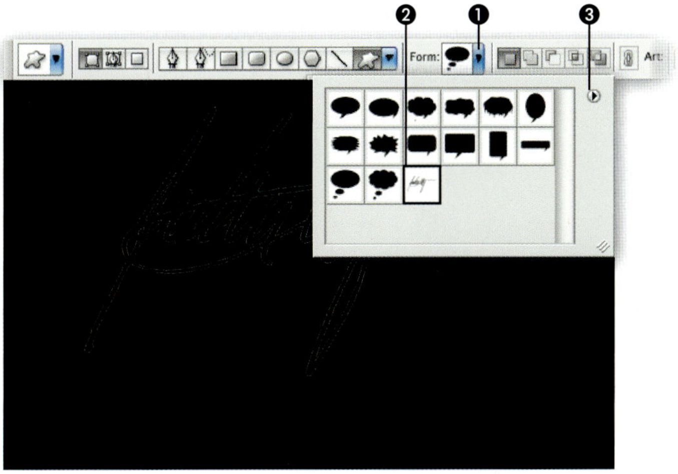

Tipp: Sie können einen Pfad, wie ich ihn in Schritt 1 und 2 erstellt habe, auch über DATEI • EXPORTIEREN • PFADE -> ILLUSTRATOR als Vektordatei sichern.

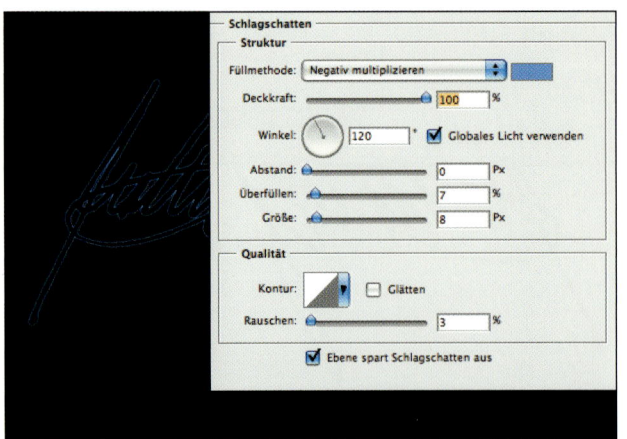

4 Schlagschatten als Schein

Für den SCHEIN NACH AUSSEN, wie er mir für diese Gestaltung vorschwebt, habe ich einen doppelten Schein erstellt.

Zunächst habe ich als Ebenenstil SCHLAG-SCHATTEN aktiviert, als FÜLLMETHODE • NEGATIV MULTIPLIZIEREN eingestellt und als Farbe ein helles Blau ausgewählt. Den ABSTAND habe ich auf 0 gestellt, da der Schein keine Verschiebung bekommen soll. Durch NEGATIV MULTIPLIZIEREN wird dann aus dem Schatten ein Schein.

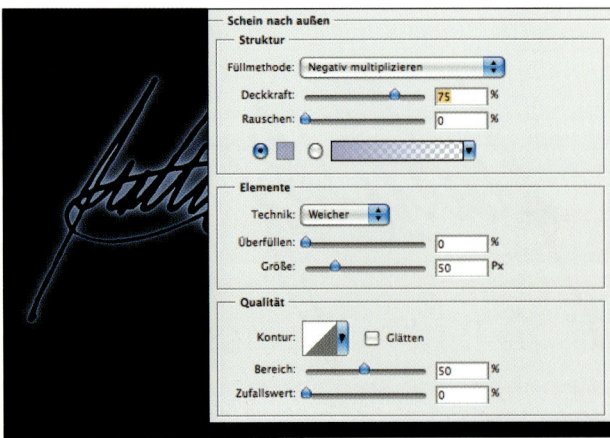

5 Schein nach außen

Als zweiten Effekt habe ich nun den echten SCHEIN NACH AUSSEN aktiviert. Auch hier habe ich ein helles Blau gewählt. Die GRÖSSE stellte ich mit 50 Pixeln sehr kräftig ein.

Mit zwei Schein-Effekten habe ich deshalb gearbeitet, weil ich dadurch den ersten kräftig, aber schmal um die Unterschrift legen konnte und mit dem zweiten einen dezenteren, weiter auslaufenden Schimmer rundum legen konnte.

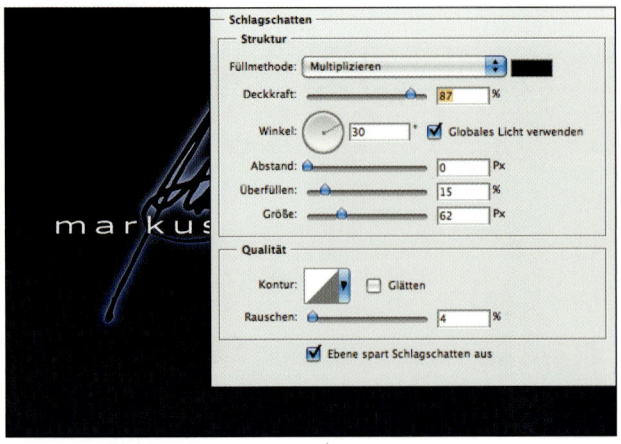

6 Verlauf im Hintergrund und Text im Vordergrund

Über den Hintergrund habe ich abschließend einen Verlauf von Schwarz zu Dunkelblau gelegt und diesen mit einem Rauschen von 3,5 % versehen (FILTER • RAUSCHFILTER • RAUSCHEN HINZUFÜGEN).

Über die Unterschrift habe ich ganz zuletzt noch meine Internet-Adresse gestellt und diese mit einem SCHATTEN NACH AUSSEN vom Hintergrund getrennt.

Formebenen verkrümmen

Ihr Schreibtischhintergrund im Mac-Style

Schreibtischhintergründe à la Mac erfreuen sich nicht bloß bei Apple-Freunden großer Beliebtheit. Haben Sie sich schon einmal überlegt, wie man eine Fläche wie die in der Abbildung gestalten mit Photoshop kann?

Zielsetzungen:

Eigenen Schreibtischhintergrund gestalten

1 Verlauf für Hintergrundebene

Erstellen Sie ein neues Dokument in der Größe, die Ihr Desktop-Hintergrundbild haben soll, beispielsweise 1024 × 768 Pixel.

Ich habe den Hintergrund mit einem dezenten Verlauf von einem Blau in ein etwas helleres Blau gefüllt. Verwenden Sie dazu das Verlaufswerkzeug ▨ und drücken Sie die ⇧-Taste, um den Verlauf im 90°-Winkel auszurichten.

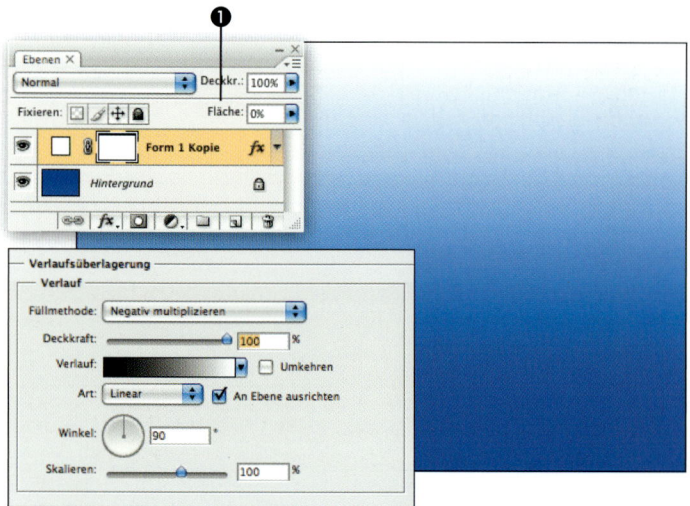

2 Formebene mit Verlaufsüberlagerung

Ziehen Sie dann über die gesamte Fläche des Dokuments hinweg mit dem Rechteck-Werkzeug ▢ ein Formebenen-Objekt auf. Reduzieren Sie anschließend die FLÄCHE auf 0 % ❶ – die Ebene wird dadurch unsichtbar.

Verpassen Sie der Ebene als nächstes einen Ebenenstil, und zwar eine VERLAUFSÜBERLAGERUNG, und stellen Sie die Füllmethode auf NEGATIV MULTIPLIZIEREN. Wenn Sie den Dialog schließen, ist die Ebene wieder sichtbar.

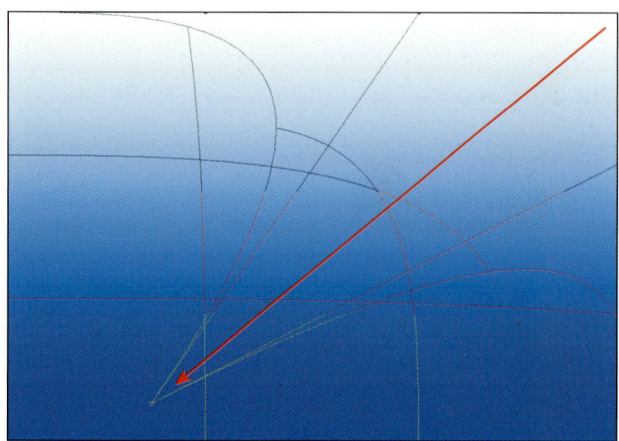

3 Formebene verkrümmen

Duplizieren Sie die Ebene, damit Sie nach dem Verkrümmen der ersten Ebene gleich eine unverkrümmte Ebene zur Verfügung haben. Wählen Sie nun BEARBEITEN • FREI TRANSFORMIEREN, und aktivieren Sie in der Werkzeugvorgaben-Palette VERKRÜMMEN ▨. Nun können Sie die Ebene beliebig verbiegen, wodurch sich interessante Formen ergeben.

4 Zweite Ebene verkrümmen

Ich habe nach dem Verkrümmen die DECK-
KRAFT der Ebenen auf 25 % reduziert – sowohl
die Deckkraft der verkrümmten Ebene als
auch die der unverändert gelagerten Ebene.

Duplizieren Sie jetzt die nicht verkrümmte
Ebene ein zweites Mal, und verbiegen Sie
auch diese nach Belieben.

5 Ebene drei verkrümmen

Sie können noch eine beliebige Anzahl an
weiteren Ebenen duplizieren und verkrümmen.

6 Ebenen gruppieren und ineinanderkopieren

Abschließend habe ich eine neue Ebenen-
Gruppe ▭ erstellt, alle Formebenen in diese
Gruppe gezogen und die Füllmethode auf IN-
EINANDERKOPIEREN gestellt.

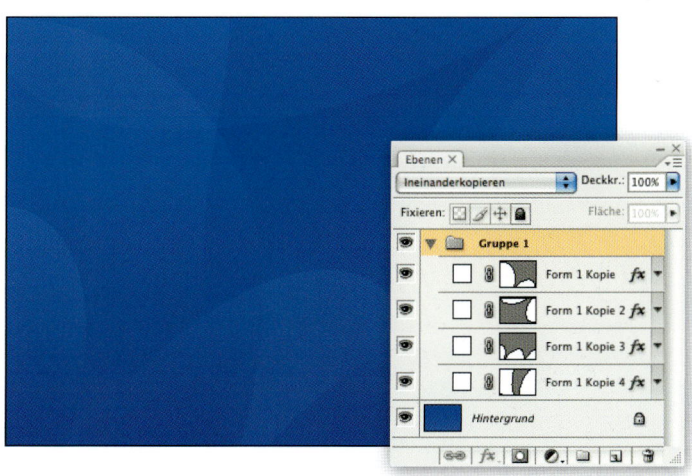

Texte mit Perspektiven

Wie Sie einen Text perspektivisch verzerren können

Photoshop lässt eigentlich für Text eine perspektivische Verzerrung nicht zu. In dieser Lektion zeige ich Ihnen, wie Sie den Effekt dennoch erreichen können. Aber zuerst schaffen wir einen spacigen Hintergrund für unseren perspektivisch verzerrten Text.

Zielsetzungen:

Mit Wolken- und Rauschfiltern

Weltraum simulieren

Text perspektivisch verzerren

In vielen der etwas lässigeren Zivilisationen am äußersten Ostrand der Galaxis hat der Reiseführer Per Anhalter durch die Galaxis die große Encyclopaedia Galactica als Standard-Nachschlagewerk für alle Kenntnisse und Weisheiten inzwischen längst abgelöst. Denn obwohl er viele Lücken hat und viele Dinge enthält, die sehr zweifelhaft oder zumindest wahnsinnig ungenau sind, ist er dem älteren und viel langatmigeren Werk in zweierlei Hinsicht überlegen. Erstens ist er ein bisschen billiger und zweitens stehen auf seinem Umschlag in großen, freundlichen Buchstaben die Worte: KEINE PANIK.

1 Renderfilter Wolken

Erstellen Sie ein neues Dokument im gewünschten Format. Doppelklicken Sie auf die Hintergrundebene, um sie zu einer regulären Ebene zu machen. Stellen Sie dann Vorder- und Hintergrundfarbe ein: Eine von beiden sollte auf Schwarz stehen, als zweite Farbe habe ich ein etwas dunkleres Blau gewählt.

Wählen Sie FILTER • RENDERFILTER • WOLKEN. Damit Sie statt vieler kleiner Wolken ❶ wenige große ❷ bekommen, sollten Sie FREI TRANSFORMIEREN wählen und die Ebene auf 300 % ❸ vergrößern.

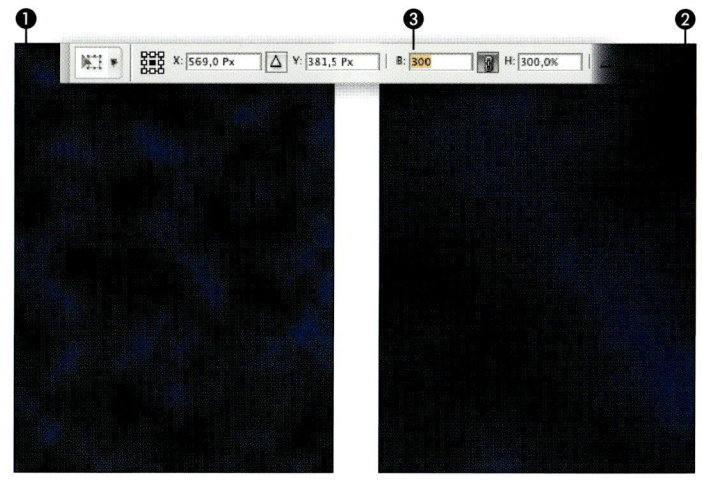

2 Violette Wolken

Damit der Hintergrund des Weltalls nicht nur blau-schwarz ist, erstellen wir eine zweite Ebene, stellen Vorder- und Hintergrundfarbe auf Schwarz und Violett um und wenden erneut den Wolken-Filter an. Auch diese Ebene sollten wir um ca. 300 % vergrößern ❹.

Danach habe ich noch die Füllmethode der Ebene auf AUSSCHLUSS gestellt ❺.

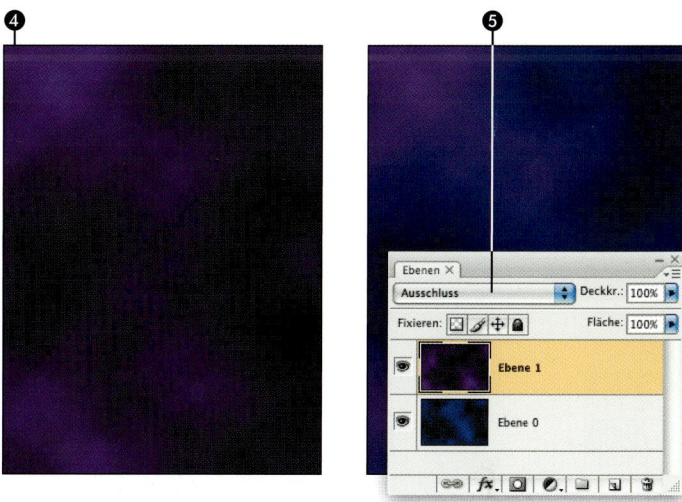

3 Schwarze Wolken

Das Resultat dieser beiden Ebenen war mir zu farbig und bunt. Deshalb habe ich eine dritte Ebene eingefügt und mit derselben Methode ein schwarz-weißes Wolkenmeer erstellt ❻. Als Füllmethode hierfür habe ich MULTIPLIZIEREN gewählt ❼.

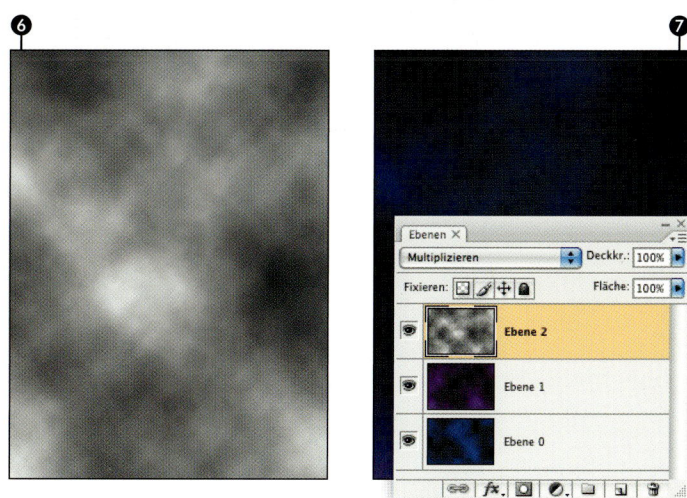

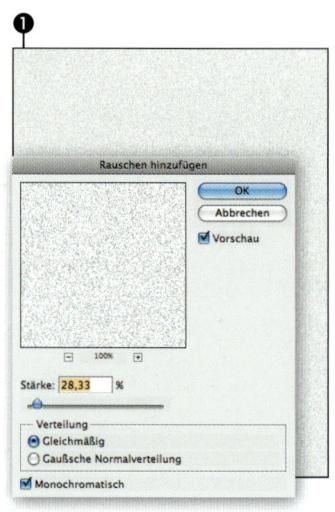

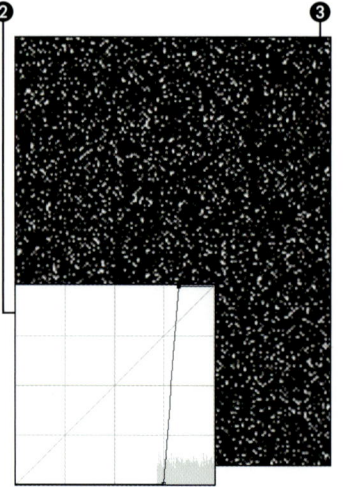

4 Rauschen hinzufügen

Das Sternenmeer erfordert etwas Bastelarbeit. Zuerst erstellen Sie eine neue Ebene, füllen diese mit Weiß und fügen mit dem gleichnamigen Filter Rauschen hinzu ❶. Dadurch entsteht eine helle, feine Punktstruktur.

Mit einer sehr steilen Gradationskurve ❷ sollten Sie jetzt die blassen Punkte verschwinden lassen und die dunkelsten Punkte um ein Vielfaches verstärken. Das Ergebnis habe ich dann mit Frei transformieren noch auf ca. 800 % vergrößert und über Bild • Anpassungen • Umkehren invertiert ❸.

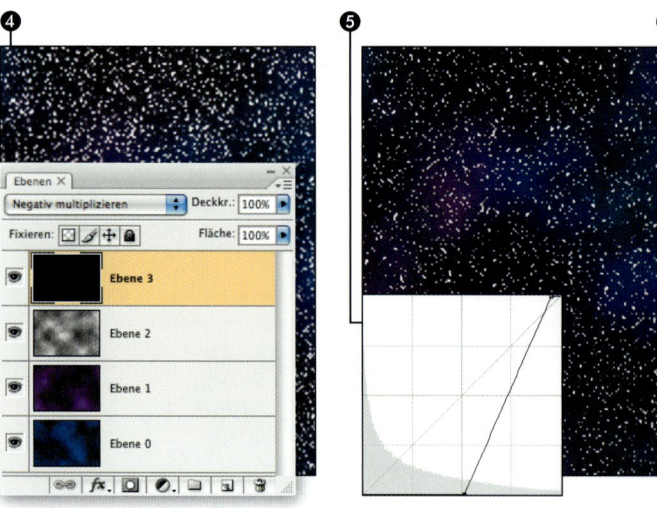

5 Sterne einblenden

Nun blenden Sie mit der Füllmethode Negativ multiplizieren die Sterne in den Hintergrund ein. Leider ergibt das zunächst noch zu viele Sterne, die zu dicht aufeinander kleben ❹. Deshalb habe ich neuerlich eine Gradationskurve eingestellt ❺ und die Ebene anschließend mit Nachbelichter 🔆 und Weichzeichner 💧 so lange nachbearbeitet, bis ich mit dem Ergebnis zufrieden war ❻. Einige Sterne haben am Ende trotzdem noch ausgesehen wie Würmer – diese habe ich mit einem schwarzen Pinsel 🖌 übermalt.

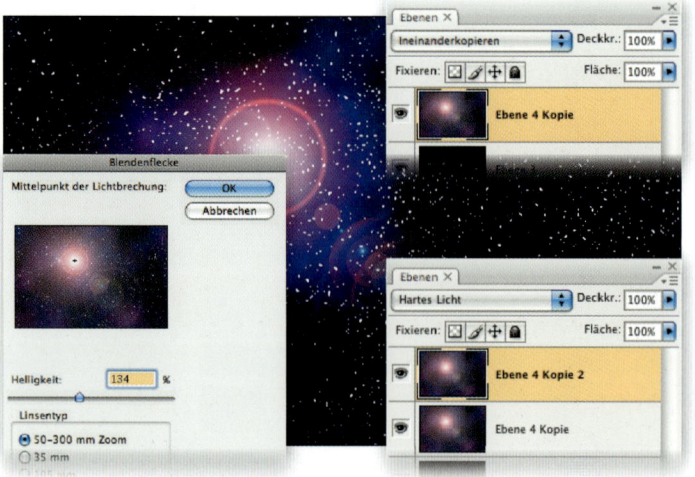

6 Ebenen kopieren

Wenn Sie mit dem Ergebnis zufrieden sind, wählen Sie mit `Strg`/`⌘`+`A` alles aus und markieren Bearbeiten • Auf eine Ebene reduziert kopieren. Fügen Sie das Kopierte sogleich als oberste Ebene wieder ein.

Wenden Sie auf diese neue Ebene Filter • Renderfilter • Blendenflecke an. Stellen Sie die Füllmethode für diese Ebene auf Ineinanderkopieren, duplizieren Sie die Ebene und stellen Sie die Füllmethode des Duplikats auf Hartes Licht. Das Resultat sollte richtig spacig aussehen.

7 Textrahmen erstellen

Die Arbeitsschritte bis zu diesem Ergebnis
verliefen natürlich auch bei mir nicht linear.
Stattdessen muss man für solche Ergebnisse
die Schritte immer wieder nacharbeiten oder
auch einmal ein paar Schritte rückgängig
machen und es auf eine etwas andere Art versuchen.

Da der Hintergrund jetzt fertig ist, können
Sie mit dem Text-Werkzeug einen Textrahmen
aufziehen und einen Text eingeben oder aus
der Zwischenablage hineinkopieren.

8 Text perspektivisch verzerren

Leider lässt sich Text nicht perspektivisch verzerren, auch nicht über den Umweg eines
Smart Objekts. Deshalb müssen Sie mit einem
Doppelklick auf die Textebene TEXT RASTERN
wählen, wodurch der Text in Pixel konvertiert
wird.

Nun können Sie im Menü BEARBEITEN •
TRANSFORMIEREN • PERSPEKTIVISCH wählen und
den Text in den Raum hinein verzerren. Ich
haben außerdem den Text auch in der Höhe
etwas gestaucht.

9 Schlagschatten hinzufügen

Damit der Text auf dem teilweise recht hellen
Hintergrund nicht zu schwer zu lesen ist, habe
ich noch einen bläulichen Schatten hinzugefügt. Das war es auch schon. Möge die Kraft
mit Ihnen sein!

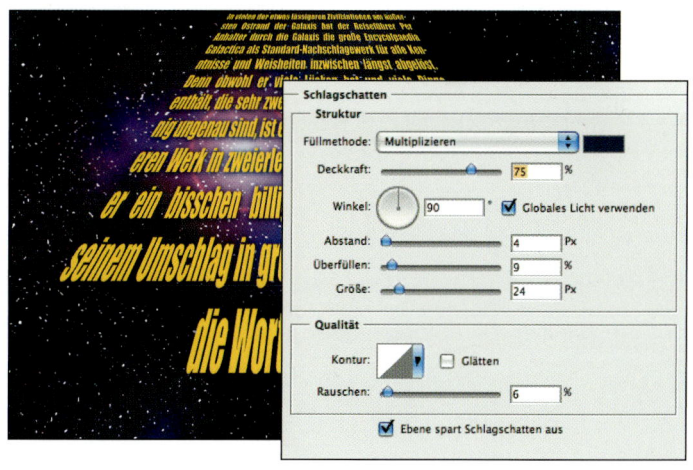

Tipp: Wenn Sie Ebenen wie in Schritt 1
bis 4 beschrieben vergrößern, werden
die Pixel, die über den Rand hinausgehen, nicht gelöscht, sondern bleiben
erhalten. Diesen überschüssigen Ballast
sollten Sie bei Gelegenheit abwerfen,
indem Sie alles auswählen und im
Menü BILD • FREISTELLEN wählen.

Stile und Effekte

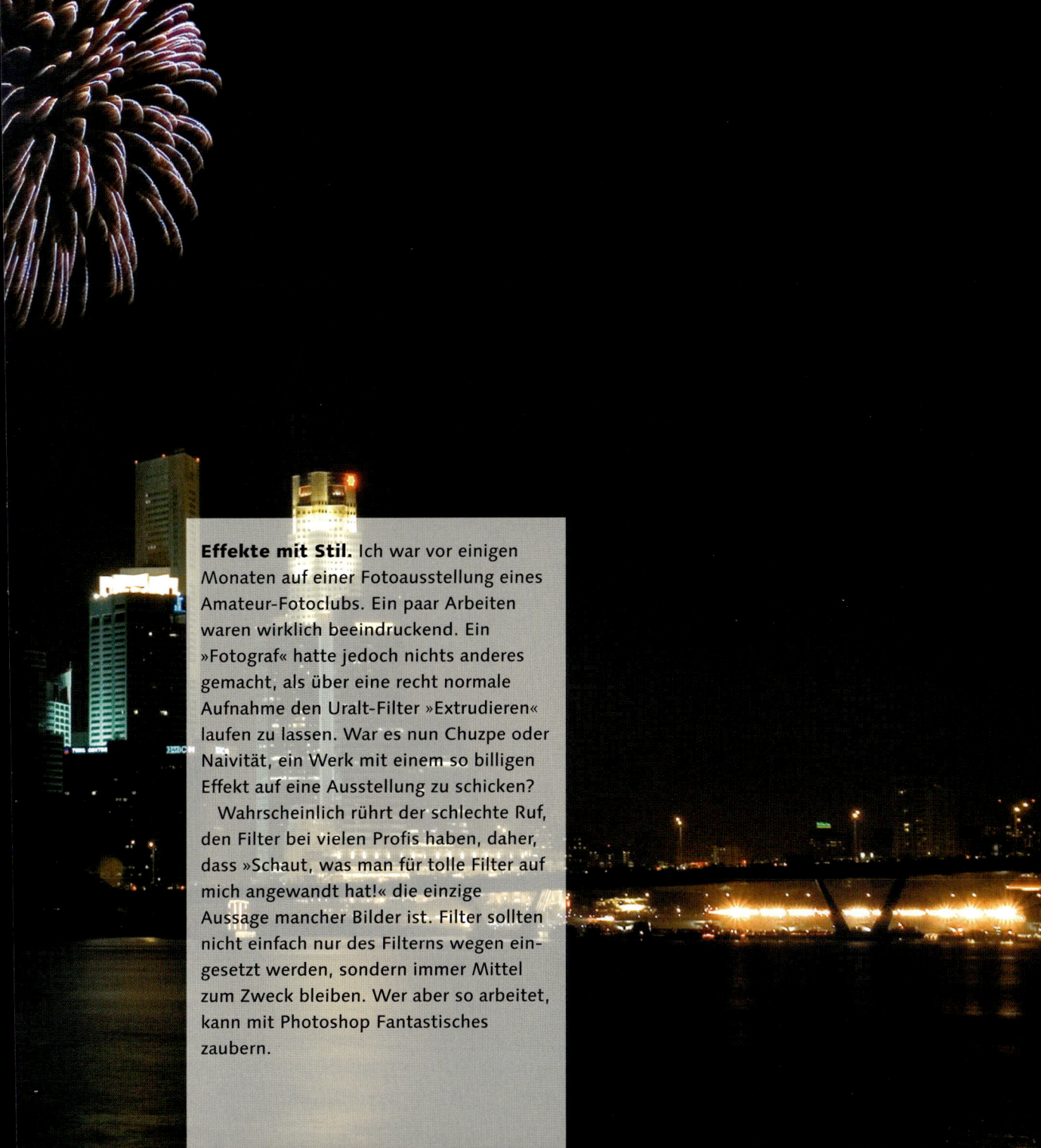

Effekte mit Stil. Ich war vor einigen Monaten auf einer Fotoausstellung eines Amateur-Fotoclubs. Ein paar Arbeiten waren wirklich beeindruckend. Ein »Fotograf« hatte jedoch nichts anderes gemacht, als über eine recht normale Aufnahme den Uralt-Filter »Extrudieren« laufen zu lassen. War es nun Chuzpe oder Naivität, ein Werk mit einem so billigen Effekt auf eine Ausstellung zu schicken?

Wahrscheinlich rührt der schlechte Ruf, den Filter bei vielen Profis haben, daher, dass »Schaut, was man für tolle Filter auf mich angewandt hat!« die einzige Aussage mancher Bilder ist. Filter sollten nicht einfach nur des Filterns wegen eingesetzt werden, sondern immer Mittel zum Zweck bleiben. Wer aber so arbeitet, kann mit Photoshop Fantastisches zaubern.

Stile und Effekte

Action mit dem Radialen Weichzeichner

Mit billigen Tricks zu heißen Effekten

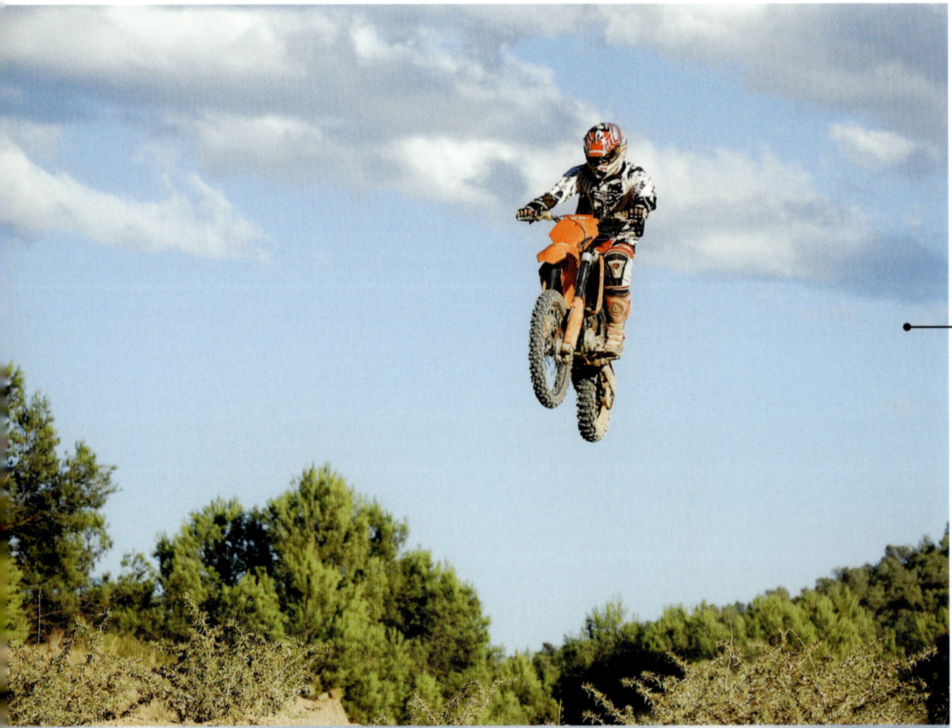

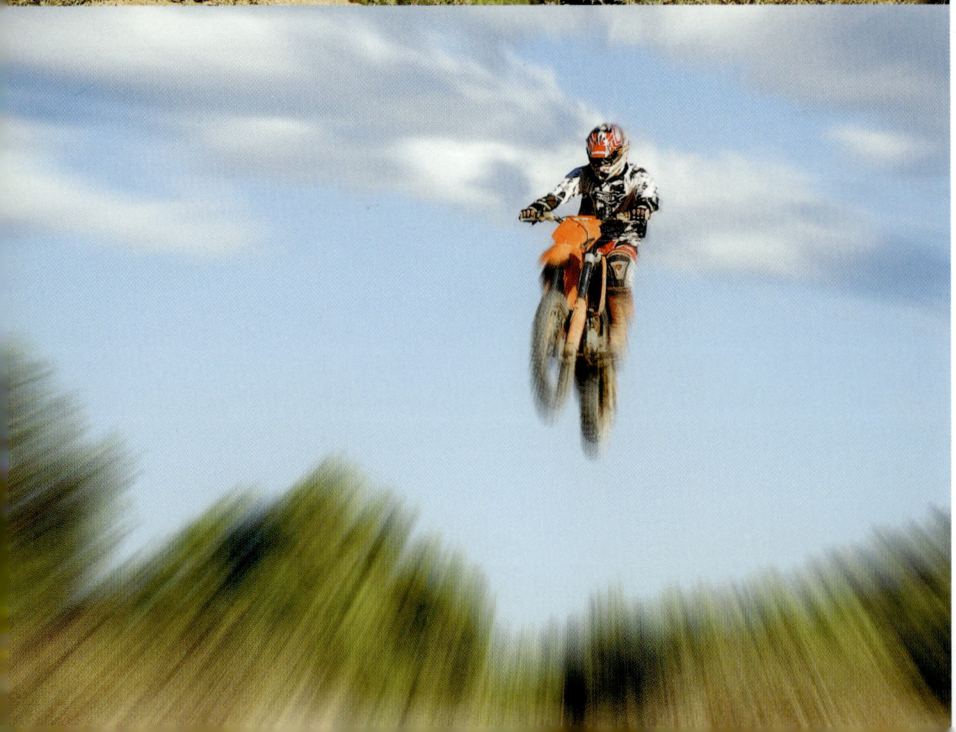

Dieser Filter gehört zu den Urgesteinen unter den Photoshop-Filtern. Ebenso wenig, wie Sie bei einem Opel aus den 70ern eine Klimaanlage erwarten dürfen, sollten Sie hier mit einer Vorschau rechnen. Puristisch wie ein britischer Roadster, könnte man sagen. Der Trick gehört in der Tat zum Billigsten, was Sie in Photoshop finden werden (es heißt, die 70's-Rocker »Cheap Trick« haben sich von diesem Filter zu ihrem Bandnamen inspirieren lassen) – dennoch ist er nach wie vor in der Lage, langweilige Action-Aufnahmen mit Adrenalin aufzupumpen.

Zielsetzungen:

Action-Effekt für ein Sportbild, das etwas zu statisch geraten ist

[radialerweichzeichner.psd]

1 Für Smartfilter konvertieren

Neu in Photoshop CS3 sind Smartfilter. So, wie es bisher möglich war, über Einstellungsebenen Tonwert- oder Farbanpassungen vorzunehmen, ohne das Bild dadurch destruktiv zu verändern, lassen sich nun auch Filter einsetzen und jederzeit wieder zurücknehmen.

Wählen Sie also als Erstes im Menü FILTER • FÜR SMARTFILTER KONVERTIEREN. Wenn Sie diesen Befehl zum ersten Mal aufrufen, erhalten Sie nebenstehende Dialogbox. Aktivieren Sie NICHT WIEDER ANZEIGEN ❶, damit Sie sie zum letzten Mal gesehen haben.

2 Radialer Weichzeichner

Rufen Sie über das Menü FILTER • WEICHZEICHNUNGSFILTER • RADIALER WEICHZEICHNER auf. Für die Action ist METHODE • STRAHLENFÖRMIG zuständig. QUALITÄT wollen wir natürlich SEHR GUT. Definieren Sie mit dem MITTELPUNKT ❷, in welchem Bereich die Strahlen zusammenlaufen sollen – dieser Bereich ist auch am schärfsten. Hier heißt es raten. Definieren Sie eine STÄRKE und bestätigen Sie mit OK.

3 Anpassen und Maskieren

Photoshop hat der Smart-Objekt-Ebene ❸ – zu erkennen an diesem Icon 🔲 – nun einen Smartfilter ❹ angehängt. Doppelklicken Sie auf den Filter, um im Filterdialog die Einstellungen so lange anzupassen, bis Ihnen das Ergebnis gefällt.

Anschließend können Sie, indem Sie die Smartfilter-Maske ❺ aktivieren, noch mit schwarzer Vordergrundfarbe und dem Pinsel die Wirkung des Filters in Teilbereichen etwas reduzieren – ich habe hierbei die DECKKRAFT des Pinsels auf ca. 20 % reduziert.

SCHWIERIGKEITSGRAD 2 FÜR AUFSTEIGER

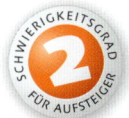

Bilder sprengen den Rahmen

Ein abgefahrener Effekt mit Verkrümmung und Ebenenstilen

»Nur Action bringt Satisfaction«, heißt es. Zumindest sorgen Action-geladene Bilder für mehr Aufmerksamkeit. Vor allem dann, wenn Sie die Realität auf den Kopf stellen, wie ein Squad, der aus einem Foto herausspringt.

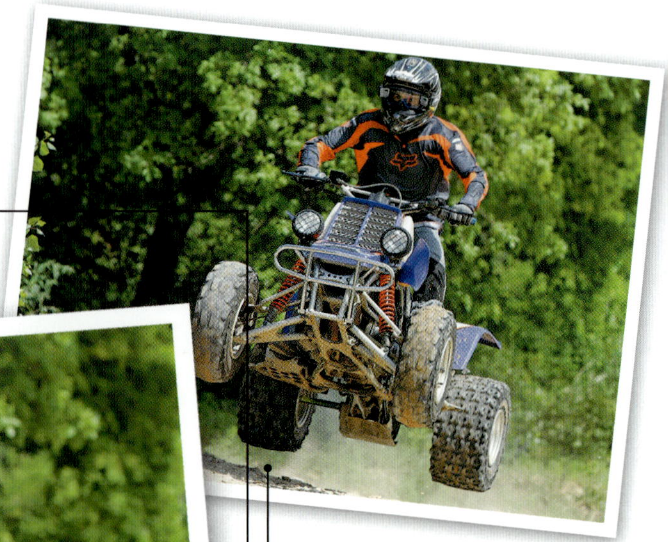

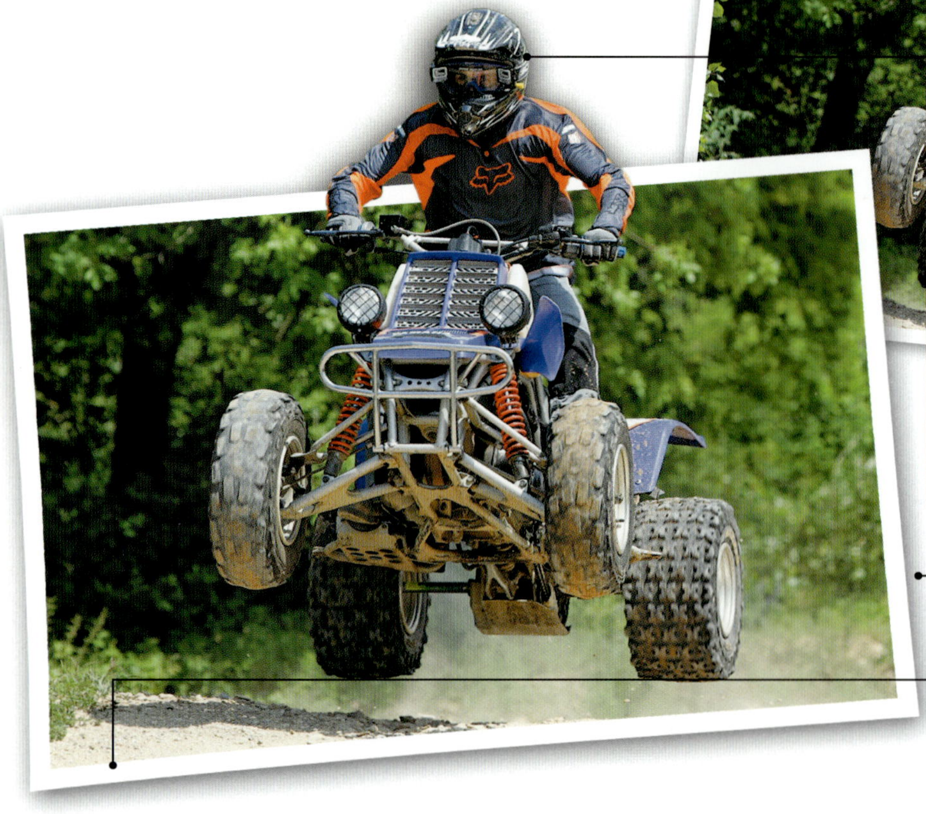

Zielsetzungen:

- Kleinerer Bildausschnitt
- Fahrer soll aus dem Bild herausspringen
- Mit einem Schlagschatten die Verbindung zum Hintergrund herstellen
- Plastische Verzerrung für das Foto

[popoutfoto.psd]

1 Arbeitsfläche drehen, Ebene kopieren

Startfrei zum diesjährigen großen Bilderrahmensprengen. Doppelklicken Sie zuerst auf den Hintergrund, um eine reguläre Ebene aus ihm zu machen (drücken Sie dabei die Alt-Taste, um sich den Optionen-Dialog zu ersparen). Wählen Sie dann im Menü BILD • ARBEITSFLÄCHE DREHEN • PER EINGABE, und definieren Sie einen WINKEL. Duplizieren Sie die vorhandene Ebene, indem Sie sie auf das Symbol für NEUE EBENE 🔲 ziehen (oder Strg/⌘+J eingeben). Blenden Sie die untere Ebene vorläufig aus ❶.

2 Herausspringendes Objekt auswählen

Wählen Sie nun das Objekt aus, das aus dem Rahmen herausspringen soll. Ich habe für diese Auswahl das Schnellauswahlwerkzeug 🖌 verwendet und es über das grüne Blätterwerk im Hintergrund gezogen. Die Auswahl wird wahrscheinlich nicht gleich ganz exakt – bei mir hat sie sich teilweise in den Anzug des Fahrers gefressen. Bei gedrückter Alt-Taste können Sie diese Bereiche wieder von der Auswahl ausnehmen ❷. Sie brauchen übrigens nur so viel auszuwählen, wie aus dem Foto herausspringen soll.

3 Ebenenmaske und Hintergrund

Ist die Auswahl fertig, klicken Sie auf 🔲, um eine Ebenenmaske zu erstellen. Ich habe vergessen, die Auswahl vorher umzukehren und nun ist der Fahrer ausgeblendet und das Gebüsch sichtbar – also gerade verkehrt herum! Um dies zu beheben, wähle ich BILD • ANPASSUNGEN • UMKEHREN – Photoshop verkehrt die Farben der Maske ❸, und schon sind die korrekten Bereiche sichtbar. Erstellen Sie danach eine Ebene für den Hintergrund, und füllen Sie die Fläche mit Weiß ❹.

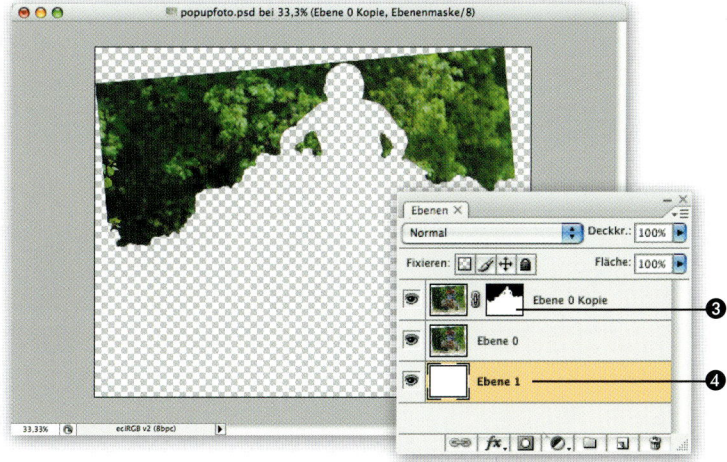

4 Auswahl für das Foto erstellen

Definieren Sie mit dem Rechteckauswahl-Werkzeug ⬚ das Format des Fotos, aus dem das Fahrzeug springen soll. Wenn die Auswahl steht, können Sie sie über Menü AUSWAHL • AUSWAHL TRANSFORMIEREN drehen ❶.

Bestätigen Sie mit ⏎, kehren Sie die Auswahl um (Strg/⌘+⇧+I), und löschen Sie den ausgewählten Bereich mit ← aus »Ebene 0« ❷. Stehen dann noch Bereiche über ❸, erstellen Sie eine grobe Auswahl um diese Bereiche ❹ und füllen sie in der Maske mit Schwarz ❺.

5 Ebenen verschieben

Das Ergebnis Ihrer bisherigen Arbeit sollte in etwa so wie hier aussehen. Nun können Sie bei gedrückter Strg/⌘-Taste beide Ebenen auswählen und mit dem Verschieben-Werkzeug ⊹ platzieren.

Wenn die Platzierung stimmt, können Sie die obere Ebene mit Fahrer und Squad deaktivieren, so dass nur noch die Ebene mit dem Fotoausschnitt ausgewählt ist.

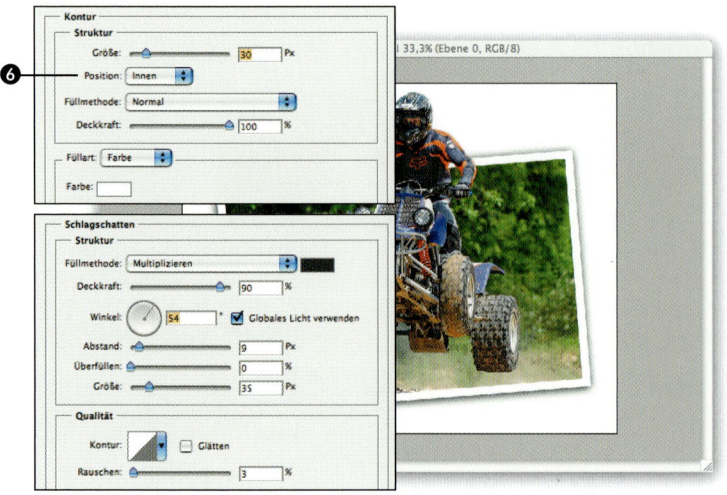

6 Ebenenstil für Schlagschatten und Kontur

Erstellen Sie im nächsten Schritt mit Hilfe der Ebenenstile in der Ebenen-Palette einen Schlagschatten, ungefähr so, wie er hier im Screenshot definiert ist. Außerdem können Sie eine weiße Kontur hinzufügen – dadurch bekommt das Foto einen richtigen Foto-Touch, auch wenn solche Ränder seit vielen Jahren nicht mehr gebräuchlich sind. Beachten Sie, dass Sie die POSITION ❻ der Kontur INNEN ausrichten.

7 Frei transformieren – verkrümmen

Der Rennfahrer springt nun richtig abgefahren aus dem Rahmen – der Rahmen selbst wirkt aber noch etwas flach. Wählen Sie, um das Foto leicht zu verzerren, im Menü BEARBEITEN • FREI TRANSFORMIEREN, und klicken Sie dann auf die Schaltfläche VERKRÜMMEN ❼.

Das Bild ist sodann von einem Raster überzogen, mit Anfassern ❽ an den Ecken, von denen je zwei sogenannte Tangenten ❾ ausgehen. Verschieben Sie die unteren Anfasser und Tangenten etwas, um das Bild zu verkrümmen.

8 Ebene kopieren

Das Foto hat bereits einen Schatten, der eine schöne Verbindung zum Untergrund schafft – dem Fahrer aber fehlt er.

Das Problem: Wenn Sie der obersten Ebene mit dem Fahrer einen Schatten zuweisen, dann ist dieser auch im Foto zu sehen ! Duplizieren Sie deshalb den Fahrer, und stellen Sie ihn unter die Foto-Ebene .

9 Ebenenstil kopieren

Diesem Ebenenduplikat können Sie nun einen Schlagschatten zuweisen. Am schnellsten geht das, wenn Sie den bereits vorhandenen kopieren. Klicken Sie dazu mit der rechten Maustaste auf die Ebene mit dem Effekt, und wählen Sie EBENENSTIL KOPIEREN ❿ aus dem Kontextmenü. Klicken Sie anschließend mit der rechten Maustaste auf die eben erstellte, untere Ebene ⓫, und wählen Sie EBENENSTIL EINFÜGEN. Überflüssig ist dabei natürlich die Kontur – ziehen sie Sie zum Entfernen auf das Symbol für EBENE LÖSCHEN 🗑.

Schwierigkeitsgrad 2 für Aufsteiger

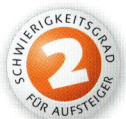

Passepartout und Holzrahmen

Mit Kunstfiltern und Ebenenstilen arbeiten

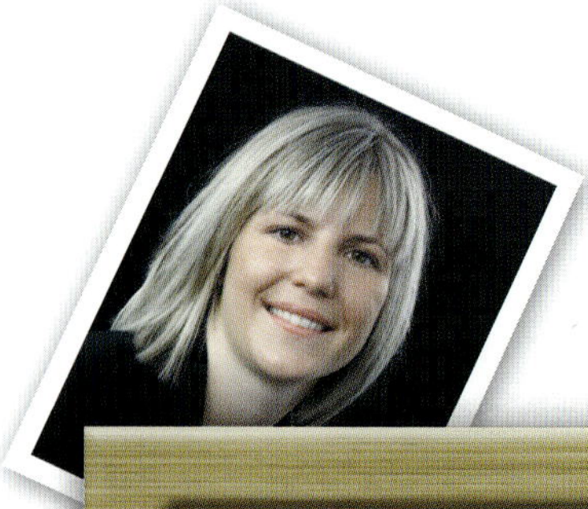

In diesem Workshop zeige ich Ihnen, wie Sie aus einem Passbild ein Gemälde machen. Wie alle Workshops in diesem Kapitel soll auch dieser Ihnen lediglich eine Basis liefern, von der aus Sie eigene Expeditionen in die kreativen Möglichkeiten von Photoshop starten können. Lassen Sie sich inspirieren!

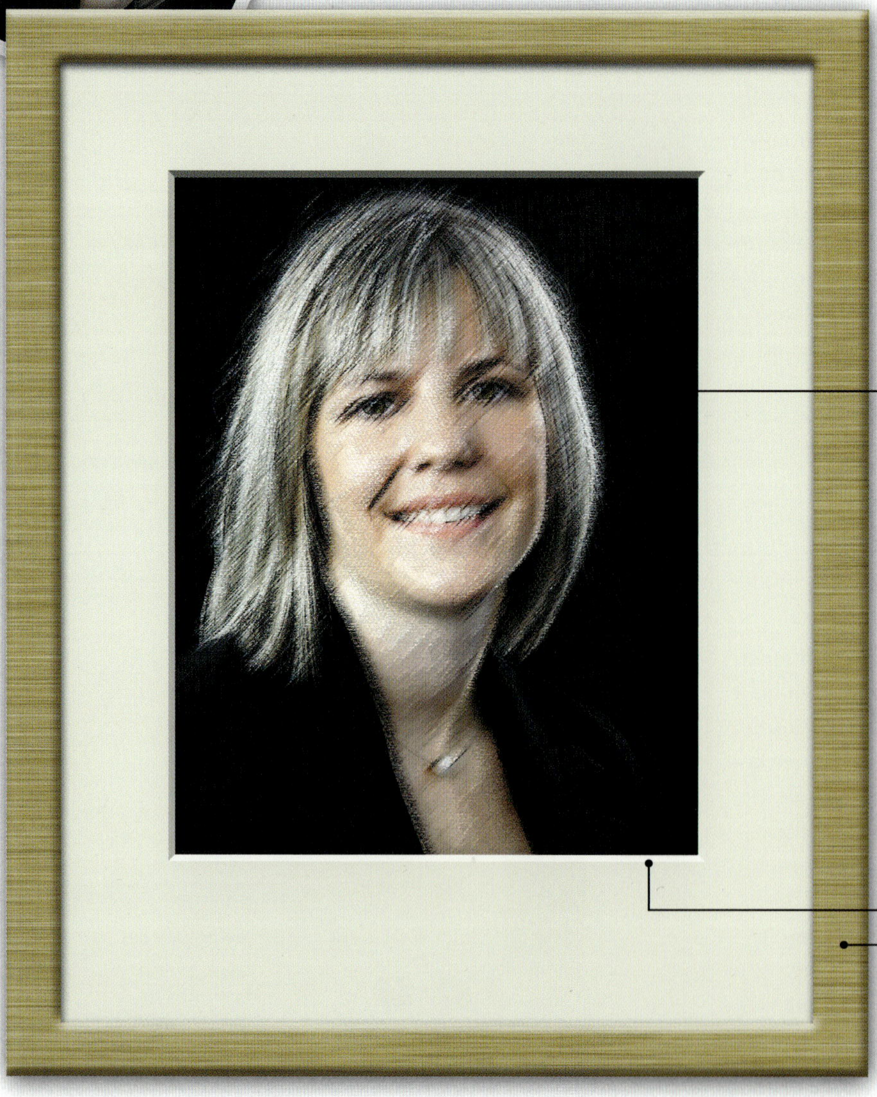

Zielsetzungen:

Foto in Gemälde verwandeln

Passepartout simulieren

Holzrahmen simulieren

[filtergalerie.psd]

1 Filtergalerie

Zuerst werden wir das Foto zum Gemälde verfremden. Wählen Sie im Menü FILTER die Filtergalerie. Ich beschränke mich darauf, Ihnen hier das Grundlegende zu erklären: In der Mitte sehen Sie die Filter der Filtergalerie fein säuberlich in Ordnern aufgelistet. Klicken Sie auf einen Filter (z. B. ❶), um ihn auszuprobieren. Rechts neben den Filtern können Sie die Einstellungen ❷ des ausgewählten Filters verändern, links in der Vorschau ❸ sehen Sie die Auswirkungen.

2 Nicht vergessen: 100-Prozent-Ansicht

Sie sollten auf jeden Fall die Auswirkungen der Filtereinstellungen in der 100-Prozent-Ansicht beurteilen ❹.

Wenn Sie einen Filter gefunden haben, der Ihnen gefällt, Sie aber noch nicht ganz zufrieden stellt, klicken Sie auf die Schaltfläche für NEUE EFFEKTEBENE ❺ (hat nichts mit Ebenen zu tun!) und können so testen, wie sich der bereits eingestellte Filter ❻ in Kombination mit einem weiteren Filter ❼ verhält.

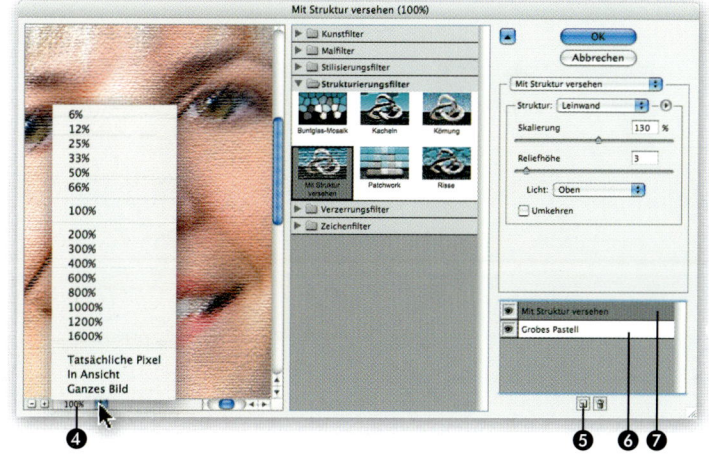

3 Filter ausblenden

Sie können ohne Weiteres eine größere Anzahl an Filtern miteinander kombinieren. Klicken Sie auf 🖼, um weitere Filter hinzuzufügen, klicken Sie auf 🗑, um Filter zu entfernen. Sie müssen aber Filter nicht unbedingt löschen. Klicken Sie auf das Auge ❽ vor dem jeweiligen Filter, um den Filter auszublenden. Sie sehen dann, wie das Bild ohne ihn aussieht. Wenn Sie den Dialog mit OK verlassen, werden nur die Filter angewendet, die zuletzt auch eingeblendet waren.

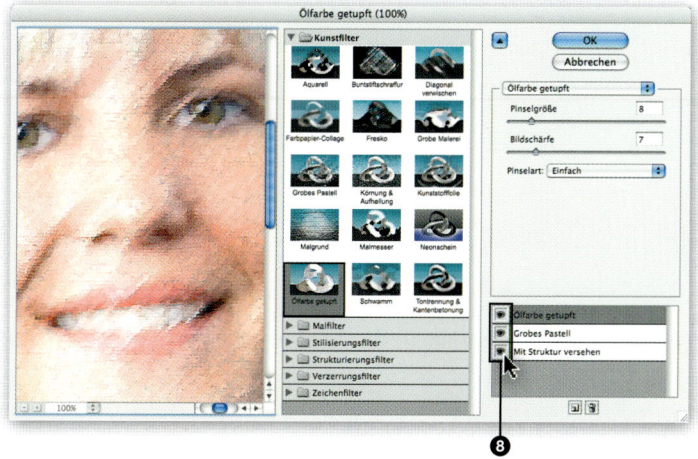

4   Filter-Reihenfolge

Die Filter der Filtergalerie werden in der Reihenfolge angewendet, wie sie in der Liste ❶ zu sehen sind. Mit den Einstellungen von Schritt 2 wurde erst ÖLFARBE GETUPFT angewendet, dann GROBES PASTELL und dann MIT STRUKTUR VERSEHEN. In diesem Schritt habe ich ÖLFARBE GETUPFT an die zweite Stelle verschoben ❷, wodurch dieser Filter erst nach GROBES PASTELL angewendet wird. An der Vorschau der Screenshots sehen Sie, dass sich dadurch auch das Ergebnis geändert hat.

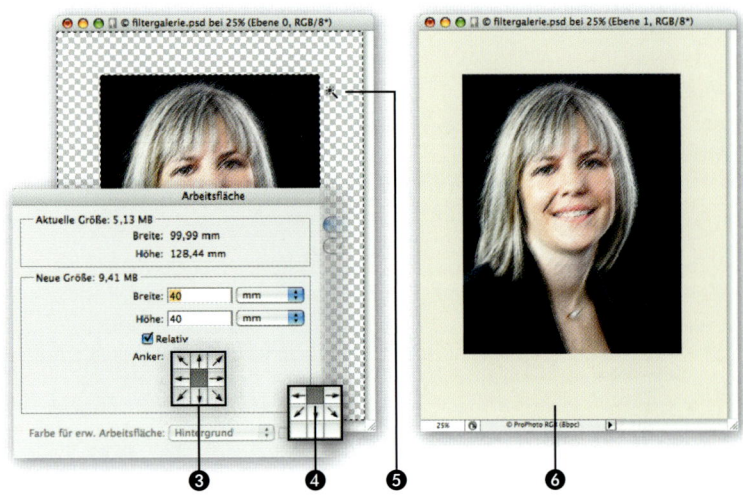

5   Passepartout erstellen

Wandeln Sie zuerst den Hintergrund mit einem Doppelklick in eine Ebene um. Wählen Sie dann Menü BILD • ARBEITSFLÄCHE. Erweitern Sie diese rundum ❸ um 40 mm. Bestätigen Sie mit OK, und rufen Sie ARBEITSFLÄCHE ein zweites Mal auf. Stellen Sie diesmal 10 mm für die HÖHE ein, und zwar so, dass diese unterhalb angefügt werden ❹.

Wählen Sie den neu erstellten, transparenten Bereich mit dem Zauberstab auswählen ❺, erstellen Sie eine neue Ebene, und füllen Sie diese mit einem passenden Farbton ❻.

6   Schnittkante mit Ebenenstilen

Das Passepartout soll eine schräge Schnittkante erhalten. Beginnen Sie dazu damit, der entsprechenden Ebene einen Kontur-Ebenenstil anzufügen. Klicken Sie bei den Einstellungen zur Kontur auf FARBE ❼ – der Dialog KONTURFARBE WÄHLEN öffnet sich. Bewegen Sie den Mauszeiger über das Passepartout, und nehmen Sie dessen Farbe mit einem Klick auf ❽. Stellen Sie danach für die KONTUR eine GRÖSSE von 15 Pixel ein.

7 Abgeflachte Kante und Schlagschatten

Die Kontur brauchen wir, um unter ABGE-FLACHTE KANTE UND RELIEF eine ABGEFLACHTE KANTE AUSSEN als STIL ❾ einstellen zu können – nur dadurch erhalten Sie eine scharf geschnittene Kante. Ohne Kontur würde die abgeflachte Kante die Farbe des Bildes darunter aufweisen, nicht das Beige des Passepartouts. Wählen Sie dieselbe GRÖSSE ❿ wie für die Kontur – also 15 Pixel. Ein zusätzlicher Schlagschatten macht das Passepartout perfekt.

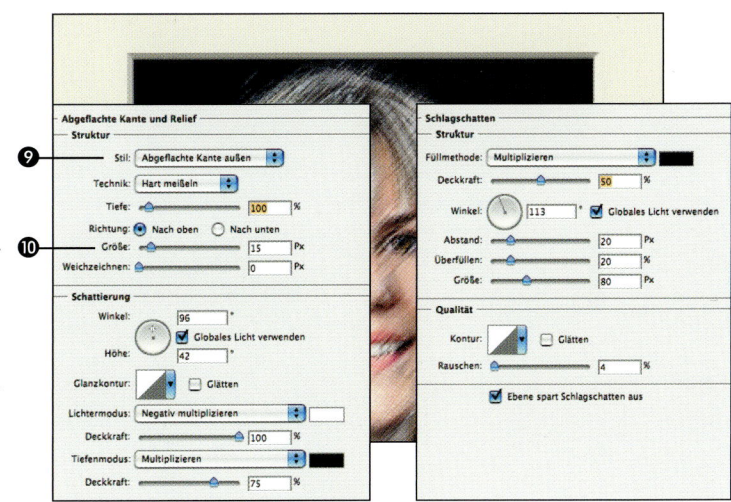

8 Holzstruktur erstellen I

Erweitern Sie die Arbeitsfläche erneut – diesmal rundum um 10 mm. Erstellen Sie eine neue Ebene, und füllen Sie diese mit Weiß. Wählen Sie dann im Menü FILTER • RAUSCH-FILTER • RAUSCHEN HINZUFÜGEN. Drücken Sie das Rauschen-Gaspedal voll durch, indem Sie die STÄRKE an den Anschlag drehen.

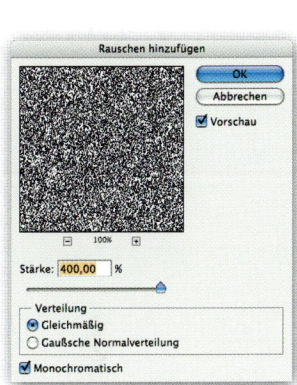

9 Holstruktur erstellen II

Das Ergebnis der Rausch-Orgie ist eine Schwarzweißstruktur, die aussieht wie das chaotische Schneegestöber bei gestörtem Fernsehempfang. Über FILTER • WEICHZEICH-NUNGSFILTER • BEWEGUNGSUNSCHÄRFE können Sie das Gestöber wieder glattbürsten.

Geben Sie auch hier ordentlich Gas und wählen Sie einen hohen Wert für den ABSTAND. Ich entschied mich, die Maserung horizontal verlaufen zu lassen, weshalb ich den WINKEL auf 0° gestellt habe.

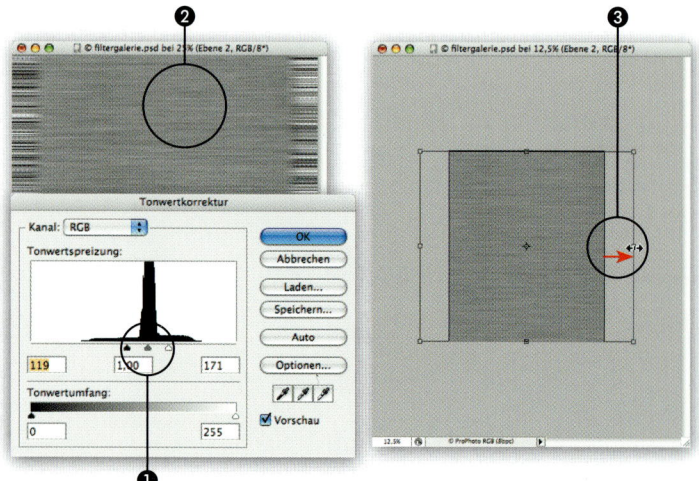

10 Holzstruktur erstellen III

Die Resultat wirkt noch etwas flau. Wählen Sie BILD • ANPASSUNGEN • TONWERTKORREKTUR, und schieben Sie die Regler für Schwarz- und Weißpunkt so in der Mitte zusammen ❶, dass die Struktur deutlich hervortritt ❷. Wählen Sie BEARBEITEN • FREI TRANSFORMIEREN, und ziehen Sie die Auswahl an den seitlichen Anfassern ❸ bei gedrückter [Alt]-Taste von der Mitte heraus in die Breite, um die Streifen an der Seite aus dem Bild zu bekommen.

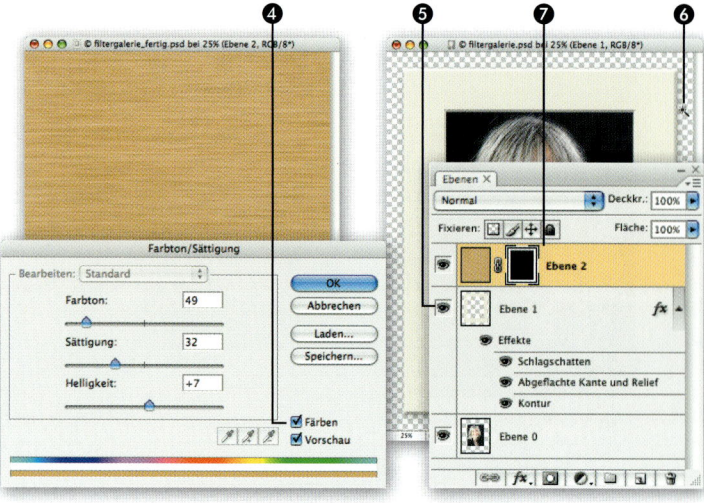

11 Holzstruktur erstellen IV

Die Struktur für den Holzrahmen steht jetzt. Aber nach Holz sieht es nicht aus. Dazu wählen Sie als Nächstes BILD • ANPASSUNGEN • FARBTON/SÄTTIGUNG. Aktivieren Sie die Option FÄRBEN ❹, und drehen Sie an FARBTON, SÄTTIGUNG und HELLIGKEIT, bis die Färbung der Maserung Ihren Vorstellungen entspricht.

Aktivieren Sie die Ebene mit dem Passepartout ❺, nehmen Sie den Zauberstab und wählen Sie den transparenten Rand mit einem Klick aus ❻. Erstellen Sie aus dieser Auswahl eine Ebenenmaske für die Holz-Ebene.

12 Ebenenstile für den Holzrahmen

Als letzten Schritt müssen Sie dem Rahmen nur noch über einen Ebenenstil ABGEFLACHTE KANTE UND RELIEF etwas Plastizität verleihen. Außerdem habe ich auch hier einen Schlagschatten eingestellt.

Illustrative Effekte

Vom Foto zur farbigen Zeichnung

Gerade in der Werbung erfordert ein Sujet oft eine Zeichnung, und echte, gute Illustrationen sind nicht umsonst zu haben. Da muss man manchmal schon digital »schummeln« und ein Foto in eine Illustration verwandeln. Hier zeige ich Ihnen, wie das gehen kann.

Zielsetzungen:
Ein Foto in eine farbige Zeichnung umwandeln
[illustration.psd]

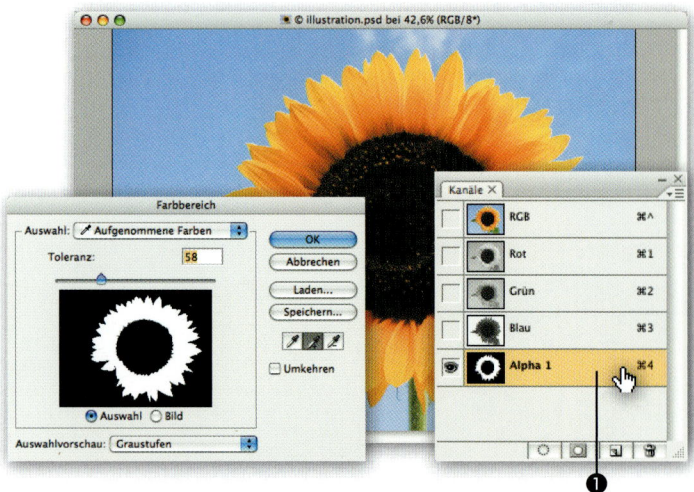

1 Farbbereich auswählen, Alphakanal erstellen

Um die Blütenblätter der Blume auszuwählen, aktivieren Sie AUSWAHL • FARBBEREICH. Klicken Sie mit der Auswahl-Pipette 🖊 und der Auswahl-erweitern-Pipette 🖊 so lange auf verschiedene Töne der orangefarbigen Blüte und justieren Sie die TOLERANZ nach, bis nur mehr ein weißer Kranz auf schwarzem Grund zu sehen ist. Speichern Sie die Auswahl danach als Alphakanal ❶, und klicken Sie auf ihn, damit die Farbkanäle ausgeblendet werden und Sie nur noch diesen Kanal sehen.

2 Alphakanal weichzeichnen

Damit die Form der Blüte nicht zu gestochen scharf wirkt, wählen Sie FILTER • WEICHZEICHNUNGSFILTER • GAUSSSCHER WEICHZEICHNER, und zeichnen Sie den KANAL mit einem RADIUS von etwa 4 PIXEL weich.

Dann rufen Sie BILD • ANPASSUNGEN • GRADATIONSKURVEN auf und stellen eine steil aufsteigende Kurve ein. Durch diese beiden Schritte ist die Maske nun deutlich geglättet (ein ähnliches Ergebnis erreichen Sie übrigens statt mit Weichzeichner und Gradation auch mit KANTE VERBESSERN).

3 Auswahl laden, Fläche füllen

Laden Sie nun den Alphakanal als Auswahl, indem Sie bei gedrückter ⌷Strg⌷/⌘-Taste darauf klicken ❷. Erstellen Sie eine neue Ebene, und füllen Sie den ausgewählten Bereich mit einem passenden Gelb ❸.

Die eben erstellte Ebene können Sie sogleich auch wieder ausblenden und neuerlich den Hintergrund aktivieren.

4 Zweite Tönung

Wiederholen Sie die Schritte 1 bis 3. Erstellen Sie mit FARBBEREICH als Erstes eine Auswahl mit ähnlichen Einstellungen wie rechts ❹. Nach den weiteren Schritten – Alphakanal erstellen, Weichzeichnen, Gradationskurve, Alphakanal als Auswahl laden und neue Ebene erstellen – können Sie die Auswahl dann mit einem etwas rötlicheren Orange füllen. Das Ergebnis sollte etwa aussehen wie hier ❺.

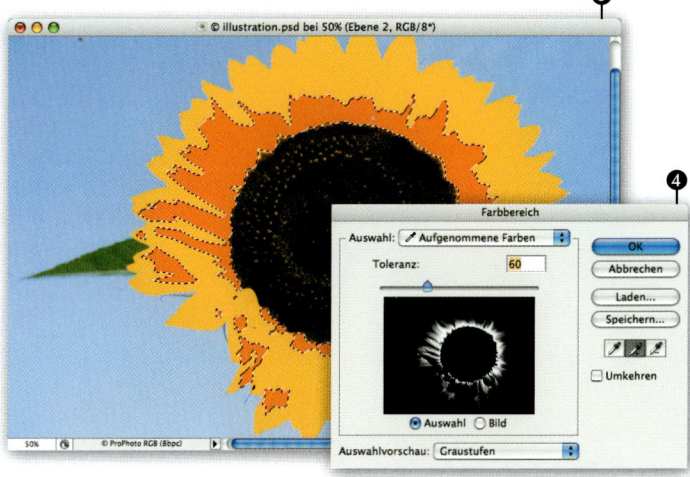

5 Stängel und Blätter mit der Schnellauswahl

Erstellen Sie dann eine dritte Ebene, die Sie hinter der Blüte anbringen ❻. Blätter und Stängel habe ich nicht über FARBBEREICH ausgewählt, sondern mit dem Schnellauswahlwerkzeug 🖌.

   Nun fehlt noch der Himmel. Für ihn verwende ich keine Bildebene, sondern erstelle eine Verlauf-Einstellungsebene.

6 Verlauf-Einstellungsebene

Stellen Sie den WINKEL des Verlaufs auf 90° ❼ ein. Klicken Sie dann auf den Verlauf ❽, um den Dialog VERLÄUFE BEARBEITEN zu öffnen, und erstellen Sie einen Verlauf von einem kräftigen Himmelblau zu einem etwas blasseren Blau. Sie doppelklicken dazu auf die Farbunterbrechungen ❾; falls für eine der Deckkraftunterbrechungen ❿ eine reduzierte Deckkraft eingestellt ist, klicken Sie einmal darauf, und stellen Sie die DECKKRAFT ⓫ auf 100 %. Schließen Sie dann VERLÄUFE BEARBEITEN und VERLAUFSFÜLLUNG mit OK.

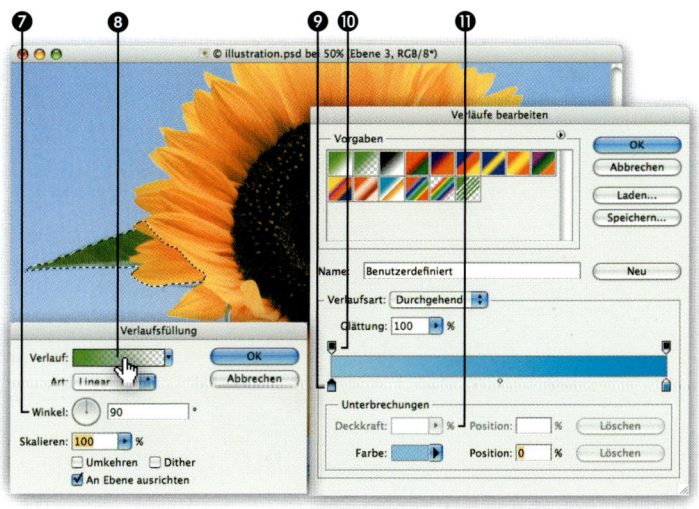

7 Ebene und Auswahl erstellen, Fläche füllen

Das Innere der Blüte auszuwählen ist eine leichte Übung. Dazu habe ich einfach eine eigene Ebene ❶ unter dem Blütenblätterkranz und über dem Himmel erstellt, mit dem Auswahlellipse-Werkzeug ⬭ eine Auswahl aufgezogen und diese dann mit einem passenden Braun gefüllt.

8 Konturen-Ebene mit Filtergalerie

Für die schwarzen Konturen in der Illustration habe ich zuerst den Hintergrund dupliziert. Sie können auch den Hintergrund in eine Ebene umwandeln, aber ich habe es ganz gern, das Originalbild zu behalten.

Auf die Kopie der Hintergrund-Ebene habe ich danach über FILTER • FILTERGALERIE den Kunstfilter TONTRENNUNG & KANTENBE-TONUNG ❷ angewendet.

9 Sättigung verringern

Vor dem nächsten Schritt müssen Sie die Farben aus dieser Ebene entfernen. Das Bild muss ein RGB-Bild bleiben, aber diese Ebene darf nur noch ungesättigte Graustufen enthalten, was dann eben wie ein Graustufenbild aussieht (auch wenn es keines ist). Wählen Sie dazu im Menü BILD • ANPASSUNGEN • SÄTTI-GUNG VERRINGERN.

10 Tontrennung über Gradationskurven

Als Nächstes müssen Sie eine Tontrennung vornehmen. Das ginge auch über BILD • ANPASSUNGEN • SCHWELLENWERT, aber da dadurch ausschließlich Schwarz und Weiß übrig bleibt, bevorzuge ich die Gradationskurven.

Stellen Sie im Gradationskurven-Dialog eine ganz steil aufsteigende Linie ein, indem Sie den Schwarzpunkt ❸ nach rechts und den Weißpunkt ❹ nach links ziehen.

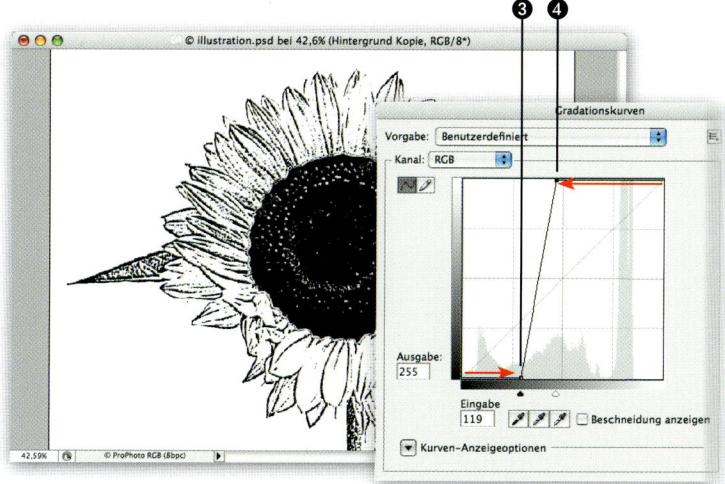

11 Kernbereich auswählen

Der Bereich der Kerne in der Blüte ist im Foto äußerst dunkel, wodurch er nun fast komplett schwarz geworden ist. Wechseln Sie auf die Ebene mit dem großen Blütenkranz ❺, und klicken Sie mit dem Zauberstab 🪄 in den Innenbereich ❻. Die Auswahl entspricht nun genau der Form dieses Bereichs. Damit im Ergebnis aber eine deutliche Kontur stehen bleibt, müssen Sie die Auswahl über AUSWAHL • AUSWAHL VERÄNDERN • VERKLEINERN etwas kleiner machen.

12 Kernbereich umkehren

Am besten stellen Sie die Zeichnung als Nächstes ganz nach oben ❼. Wählen Sie dann für diese Ebene im Menü BILD • ANPASSUNGEN • UMKEHREN ([Strg]/[⌘]+[I]). Dadurch wird, wie Sie bereits wissen, Schwarz zu Weiß und Weiß zu Schwarz. Was bleibt, sind ein paar schwarze Punkte, und das sieht dann schon sehr viel besser aus. Wählen Sie abschließend in der Ebenen-Palette als FÜLLMETHODE • MULTIPLIZIEREN ❽ – Weiß verschwindet und Schwarz bleibt als Zeichnung stehen.

SCHWIERIGKEITSGRAD 2 FÜR AUFSTEIGER

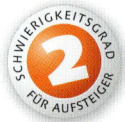

Prägung mit Beleuchtungseffekten

So werden Sie glänzen!

Wollten Sie schon immer Ihr Konterfei auf einer Münze geprägt sehen? Ich nicht. Deshalb habe ich für diesen Workshop auch kein Foto von mir herangezogen, sondern eines von einem schicken jungen Modell. Nicht jede Aufnahme eignet sich gut für diesen Prägeeffekt. Das Gesicht sollte recht weich und gleichmäßig ausgeleuchtet sein, damit der Trick funktionieren kann. Aber wenn Sie über ein solches Bild von sich verfügen: versuchen Sie es doch auch einmal mit einem eigenen Bild.

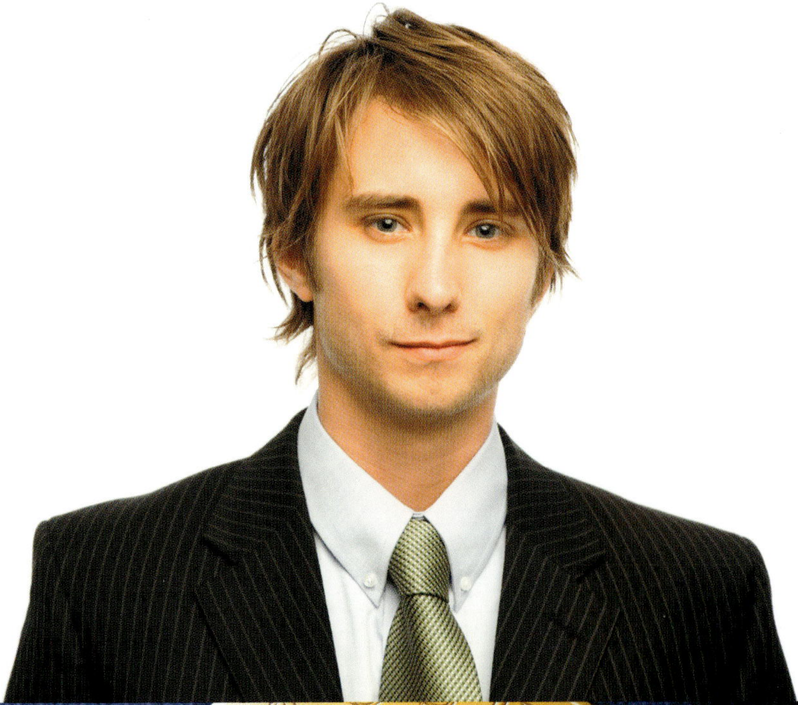

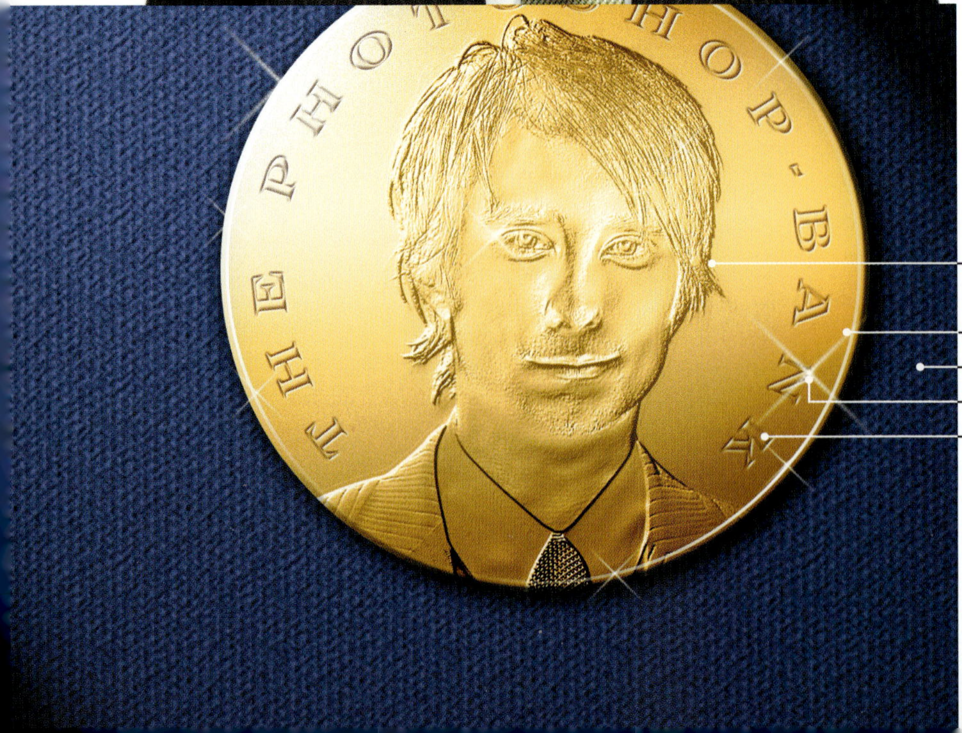

Zielsetzungen:

- Prägeeffekt mit Beleuchtungseffekten
- Goldeffekt für Münze
- Struktur und Farbe für Hintergrund
- Sternförmige Lichtreflexe
- Geprägte Lettern

[praegung.psd]

1 Graustufen-Bild mit »Bester-Kanal-Methode«

Suchen Sie mit der in Kapitel 4 beschriebenen »Bester-Kanal-Methode« einen passenden Graustufenkanal aus den Farbkanälen aus. Ich habe mich für den Blau-Kanal entschieden – bei den anderen Kanälen ist im Gesicht kaum Zeichnung vorhanden. Duplizieren Sie diesen Kanal, indem Sie ihn auf das Symbol für NEUEN KANAL ERSTELLEN 🔲 ziehen. Photoshop erstellt aus dem Farbkanal einen Alphakanal mit dem Titel »Blau Kopie«.

2 Alphakanal »Matter machen«

Damit Sie später eine kräftige Struktur als Vorlage für die Prägung erhalten, sollten Sie die Vorlage weichzeichnen. Ich habe mich hierbei für den Weichzeichnungsfilter MATTER MACHEN entschieden – damit bleibt die Schärfe an den Konturen erhalten, nur die Struktur der Poren im Gesicht und der Muster und des Gewebe auf den Kleidern wird weichgezeichnet. Dieser Filter wird auch gerne verwendet, um für Haut ein seidiges Aussehen zu erzielen.

3 Beleuchtungseffekte

Aktivieren Sie nun wieder die Farbkanäle, indem Sie in der Kanäle-Palette auf RGB klicken. Rufen Sie dann über FILTER • RENDER-FILTER • BELEUCHTUNGSEFFEKTE auf. Sie kennen diesen Filter bereits aus dem letzten Kapitel.

Aktivieren Sie unter RELIEF-KANAL • Blau Kopie ❶ – dadurch wird dieser Kanal als Vorlage für Licht und Schatten Ihres Effekts herangezogen. Je nach Einstellung entspricht Weiß einer Vertiefung oder Erhöhung.

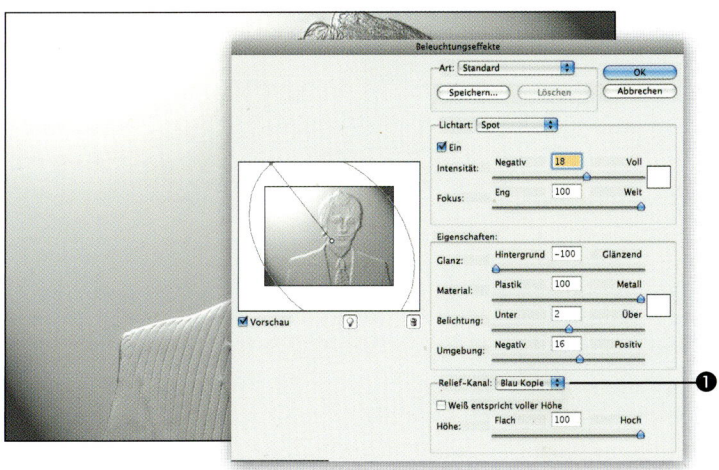

4   Kreisförmig maskieren

Wandeln Sie den Hintergrund in eine reguläre Ebene um, erstellen Sie darunter eine neue Ebene, und rufen Sie BELEUCHTUNGSEFFEKTE erneut auf. Zur Erinnerung: mit `Strg`/`⌘`+ `Alt`+`F` wird der Dialog des zuletzt angewendeten Filters ein weiteres Mal aufgerufen.

Erstellen Sie danach eine kreisrunde Auswahl, mit der Sie die Form der Münze definieren, und fügen Sie der Ebene eine Ebenenmaske hinzu – die Auswahl wird in eine Ebenenmaske umgewandelt.

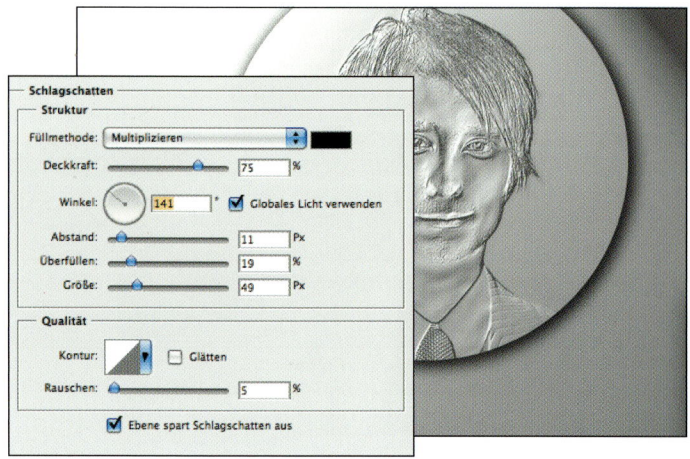

5   Schlagschatten

Der maskierten Ebene können Sie nun eine ganze Reihe an Stilen hinzufügen. Als Erstes setzen Sie einen Schlagschatten, damit sich die Münze vom Hintergrund abhebt. Beachten Sie dabei, dass der Winkel ungefähr dem Lichteinfall entspricht, den Sie auch beim Beleuchtungseffekt verwendet haben.

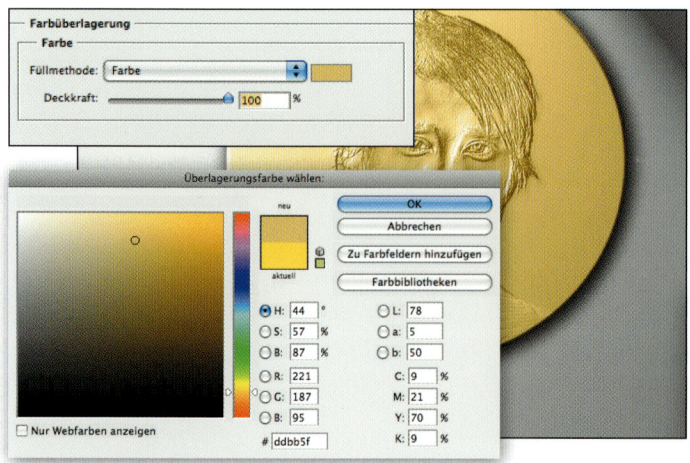

6   Farbüberlagerung

Die Münze soll natürlich golden werden. Fügen Sie dazu eine Farbüberlagerung hinzu, stellen Sie eine goldähnliche Farbe ein und die Füllmethode auf FARBE.

7 Verlaufsüberlagerung

Das Metall muss natürlich noch viel stärker glänzen. Deshalb habe ich eine VERLAUFSÜBERLAGERUNG eingestellt, bei der ich die SKALIERUNG auf 82% reduziert, als FÜLLMETHODE • INEINANDERKOPIEREN gewählt und die DECKKRAFT auf 55 % zurückgenommen habe. Als ART wählen Sie REFLEKTIERT. Bewegen Sie den Mauszeiger aus dem Fenster ins Bild, dann können Sie den Mittelpunkt des Verlaufs verschieben. Ich habe diesen Schimmer genau in die Höhe der Augen gelegt.

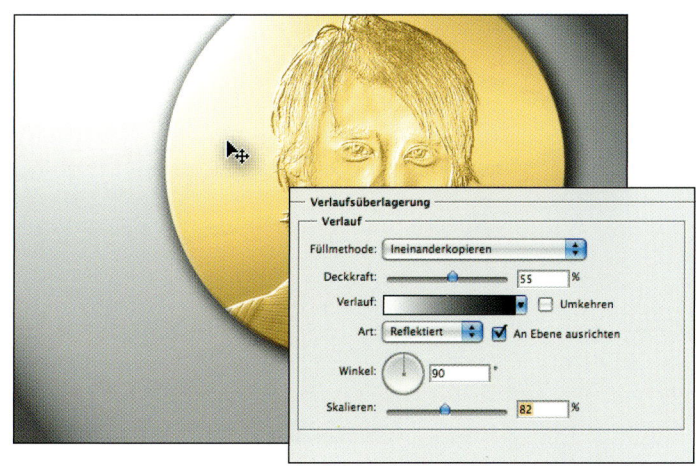

8 Glanz

Ich muss zugeben, dass ich mit dem Ebenenstil GLANZ wenig anzufangen weiß. Ich habe damit noch selten ein zufriedenstellendes Ergebnis erreicht. In diesem Fall ist dieser Effekt aber genau richtig, um der Münze zusätzliche Schattierungen zu verleihen. Hier habe ich mich für die Füllmethode FARBIG NACHBELICHTEN entschieden.

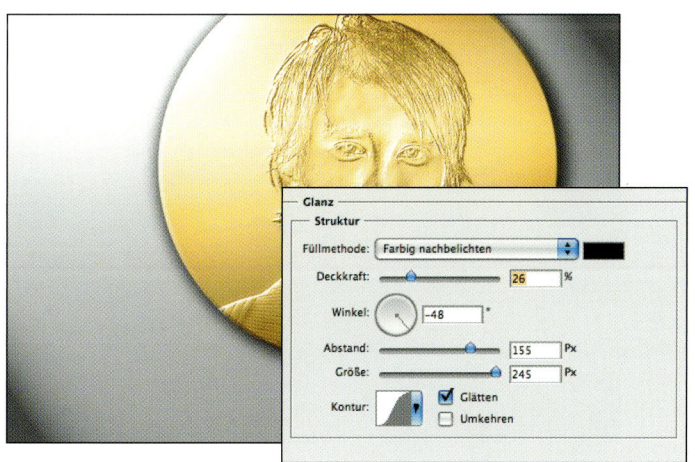

9 Struktur und Farbe für den Hintergrund

Auf dem glatten, grauen Hintergrund wirkt die Münze noch gar nicht. Das sollten Sie ändern. Wählen Sie in der Palette EBENEN die untere Ebene aus, und hängen Sie dieser Ebene sowohl eine MUSTERÜBERLAGERUNG als auch eine FARBÜBERLAGERUNG an. Stellen Sie beide Ebenen auf MULTIPLIZIEREN, damit sich Farbe und Struktur mit dem Beleuchtungseffekt mischen. Als Struktur habe ich KÜNSTLERPAPIER • SACKLEINEN gewählt.

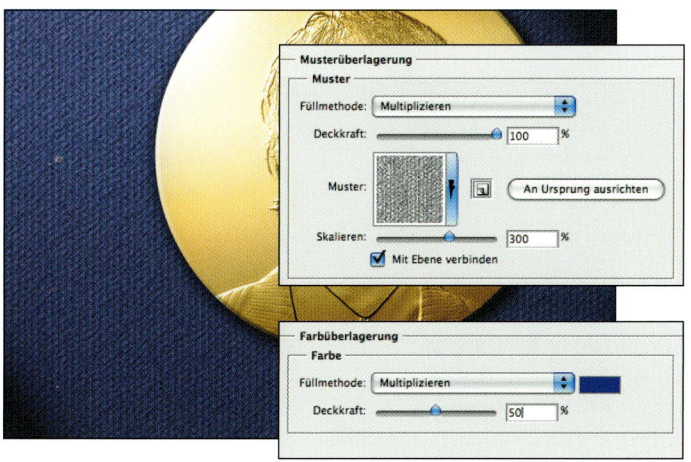

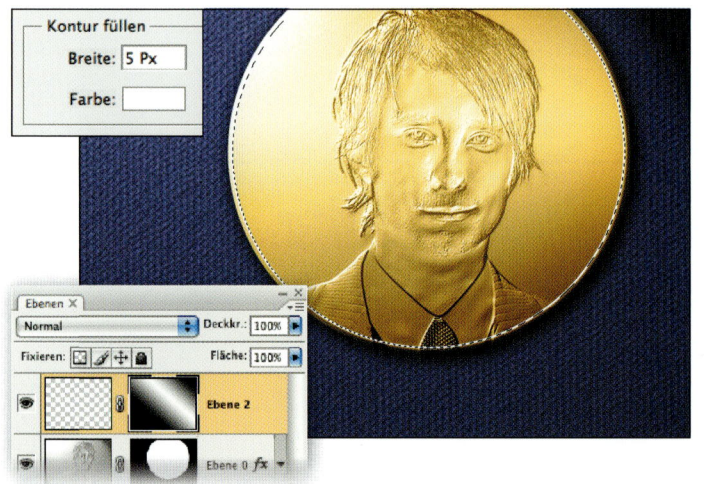

1 Glanzlicht hinzufügen

An der Kante der Münze soll ein Glanzlicht verlaufen. Dafür habe ich eine neue Ebene und mit der Auswahlellipse ⬭ einen Kreis erstellt und diesen über BEARBEITEN • Kontur füllen mit einer 5 Pixel starken, weißen Kontur gefüllt. Damit das Glanzlicht aber nicht rundum gleichmäßig verläuft, habe ich eine Ebenenmaske erstellt und diese mit Hilfe des Verlaufswerkzeugs ▣ mit einem reflektierten Verlauf ▬ gefüllt (den reflektierten Verlauf stellen Sie in der Werkzeugvorgaben-Palette ein).

2 Sternförmige Spitzlichter mit Pinselspitzen

Nun müssen noch sternförmige Spitzlichter hinzugefügt werden. Erstellen Sie noch einmal eine neue Ebene, stellen Sie die Vordergrundfarbe auf Weiß, aktivieren Sie das Pinsel-Werkzeug ✎ und laden Sie im Paletten-Menü der Pinselvorgaben VERSCHIEDENE SPITZEN. Unter diesen Pinselspitzen finden Sie auch eine, die sich hervorragend für unseren Zweck eignet. Stellen Sie die Größe passend ein, und malen Sie ein paar Spitzlichter auf die eben erstellte Ebene.

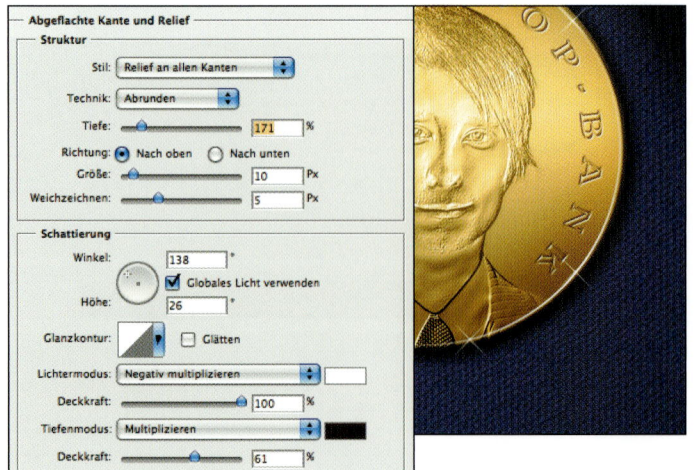

3 Beschriftung

Zuletzt fehlt nur noch die Beschriftung. Wie Sie einen Kreissatz mit Photoshop erstellen können, habe ich Ihnen im letzten Kapitel demonstriert. Die Farbe der Schrift ist egal, denn Sie werden die FLÄCHE der Textebene in der Palette EBENEN ohnehin auf 0 % reduzieren, um nur noch diesen Effekt zu sehen. Fügen Sie ihn dann als Ebenenstil hinzu, und zwar eine ABGEFLACHTE KANTE UND RELIEF.

SCHWIERIGKEITSGRAD 1 FÜR EINSTEIGER

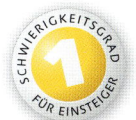

Ein Puzzle aus Illustrator

Mit Ebenen, Stilen und Smart Objekten arbeiten

Photoshop kann viel, aber andere Programme können dann doch Einiges noch besser. Weshalb sollte man sich da in Photoshop abmühen? In diesem Workshop werden wir mit einer Datei arbeiten, die ich aus Illustrator für Photoshop exportiert habe.

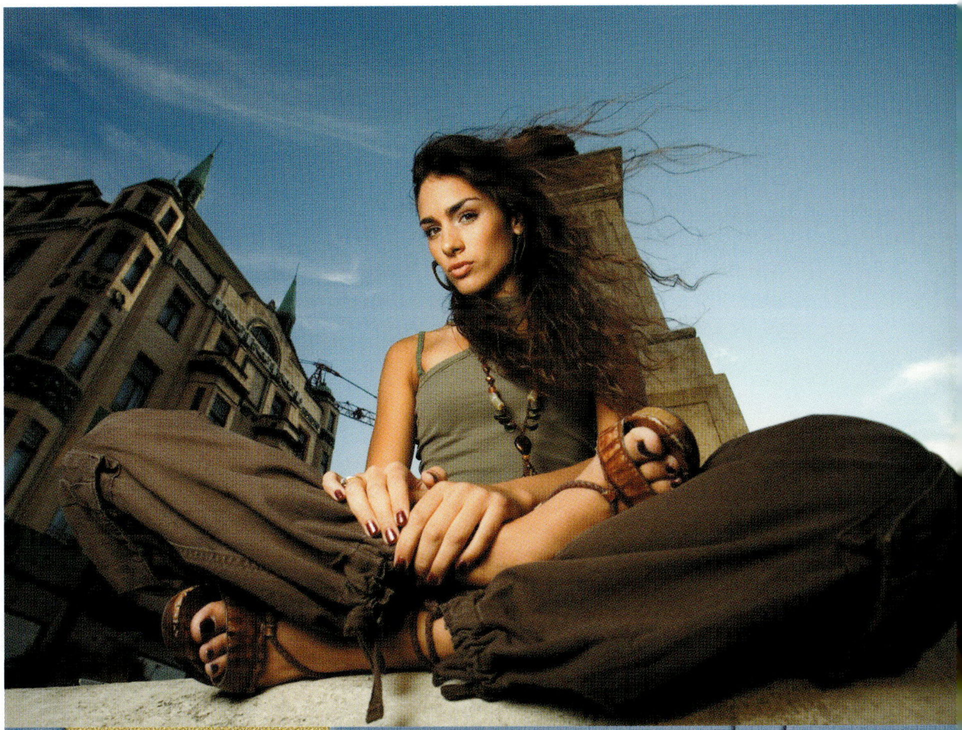

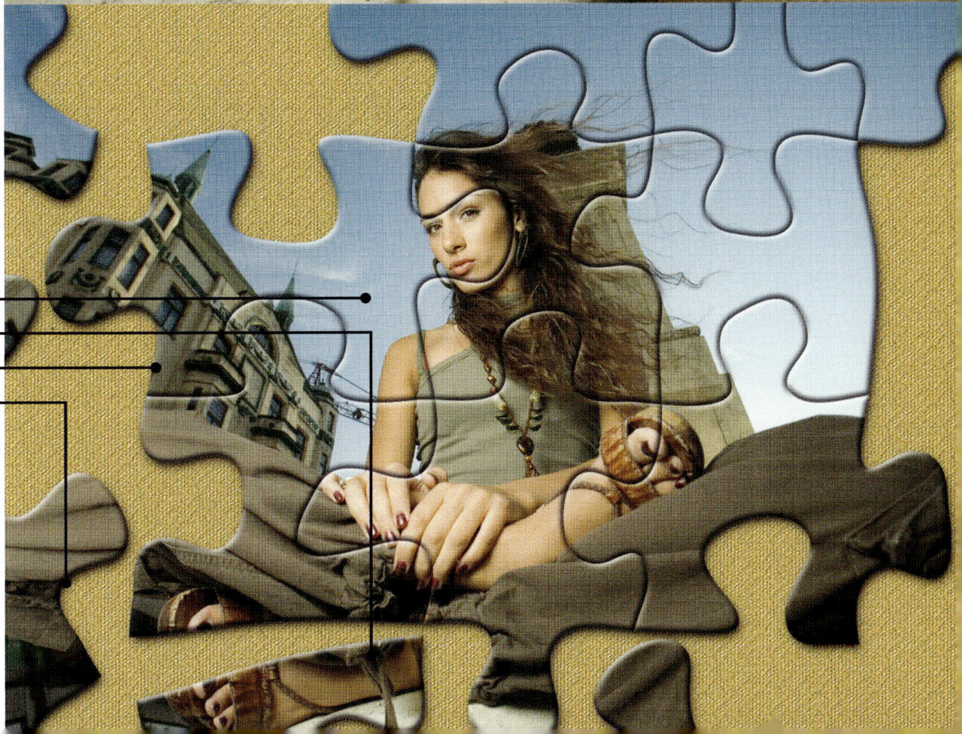

Zielsetzungen:

Illustrator-Datei öffnen

Foto in Puzzleteile zerlegen

Teile ausblenden und drehen

Plastizität für die Puzzleteile

Schlagschatten hinzufügen

[puzzle1.psd, puzzle2.psd]

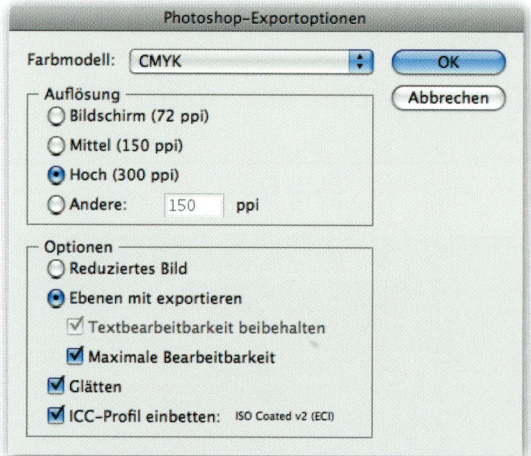

1 Illustrator-Datei für Photoshop speichern

Wenn Sie in Adobe Illustrator eine Grafik er-stellen und diese in Photoshop weiterbear-beiten wollen, dann wählen Sie in Illustrator DATEI • EXPORTIEREN und dann als Format PHOTOSHOP (PSD). Im folgenden Exportopti-onen-Dialog stellen Sie die Auflösung ein und aktivieren EBENEN MIT EXPORTIEREN, wenn Sie diese in Photoshop nutzen möchten.

Genau das habe ich getan, als ich die Datei »puzzle2.psd« aus Illustrator exportiert habe.

2 Bild einfügen

Die Datei »puzzle2.psd« besteht aus 20 Ebenen, auf denen sich jeweils ein Puzzleteil-chen befindet. Öffnen Sie auch die Datei »puzzle1.psd«, und fügen Sie deren Inhalt als oberste Ebene in »puzzle2.psd« ein. Klicken Sie bei gedrückter ⌜Strg⌝/⌜⌘⌝-Taste auf die Miniatur der obersten Puzzle-Ebene ❶ – dadurch wird die Transparenz dieser Ebene als Auswahl geladen.

3 Ebene durch Kopie

Achten Sie darauf, dass die Ebene mit der Frau aktiv ist, und wählen Sie EBENE • NEU • EBENE DURCH KOPIE (⌜Strg⌝/⌜⌘⌝+⌜J⌝). Photo-shop erstellt eine neue Ebene mit dem Inhalt der Auswahl genau der Ebene, die eben aktiv war. Dadurch hätten Sie also das erste Puzzle-teil mit einem Ausschnitt des Fotos als neue Ebene erstellt. Wiederholen Sie diese Aktion für die restlichen 19 Puzzleteil-Ebenen.

4 Hintergrund füllen

Wenn Sie die Ebene mit dem Mädchen auswählen, sollte das Bild jetzt wie rechts aussehen.

Die Ebenen mit den ursprünglichen Puzzleteilen werden nicht mehr gebraucht und
können gelöscht werden. Außerdem können
Sie die Ebene mit dem Mädchen mit Weiß
füllen.

5 Abgeflachte Kante und Relief

Die Puzzleteilchen müssen natürlich plastisch
wirken. Deshalb habe ich einen Ebenenstil
ABGEFLACHTE KANTE UND RELIEF hinzugefügt.
Außerdem fand ich eine Struktur für die
Oberfläche der Puzzleteile ganz nett, habe
MUSTERÜBERLAGERUNG aktiviert, als Füllmethode WEICHES LICHT eingestellt und aus
der Kategorie KÜNSTLERPAPIER • MULL ausgewählt.

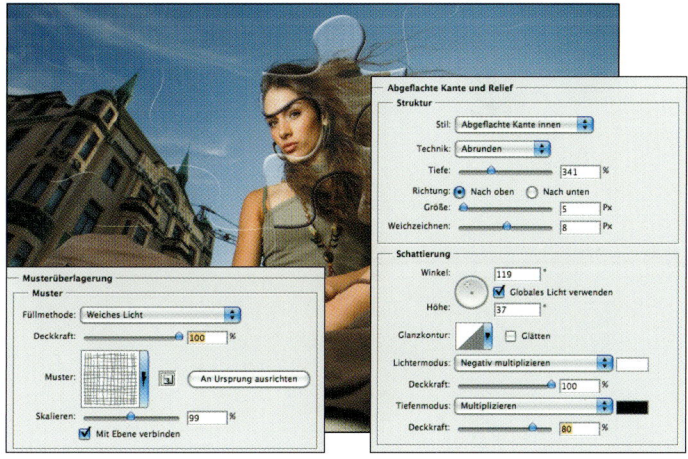

6 Ebenenstil kopieren

Nachdem die Ebenenstile für das erste Puzzleteilchen eingerichtet sind, können Sie nun mit
der rechten Maustaste auf die Ebene mit dem
Stil klicken und aus dem Kontextmenü EBE-
NENSTIL KOPIEREN wählen. Danach können Sie
eine Puzzle-Ebene nach der anderen mit der
rechten Maustaste anklicken und jeweils EBE-
NENSTIL EINFÜGEN wählen.

7 Ebenen automatisch auswählen

Aktivieren Sie nun das Verschieben-Werkzeug ➤ und in der Werkzeugvorgaben-Palette AUTOMATISCH AUSWÄHLEN • EBENEN. Klicken Sie ein paar Puzzleteile an, um die entsprechenden Ebenen in der Palette EBENEN ausblenden zu können bzw. um auch ein paar Puzzleteile mit FREI TRANSFORMIEREN drehen und verschieben zu können.

8 Gruppe aus Ebenen

Klicken Sie dann auf die oberste der Puzzle-Ebenen und bei gedrückter ⇧-Taste auf die unterste – es sollten nun alle Ebenen ausgewählt sein außer der weißen Hintergrundebene. Wählen Sie EBENEN • NEU • GRUPPE AUS EBENEN – Photoshop erstellt eine neue Ebenengruppe, in die es bereits alle ausgewählten Ebenen gepackt hat. Klicken Sie mit der rechten Maustaste auf die Gruppe ❶, und wählen Sie aus dem Kontextmenü IN SMART OBJEKT KONVERTIEREN.

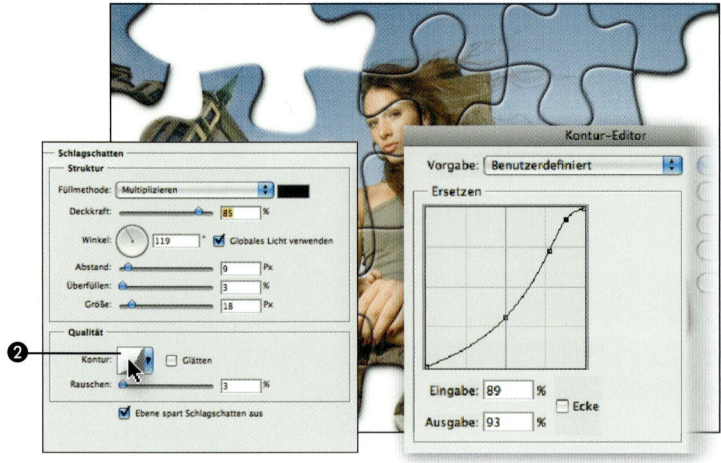

9 Schlagschatten für die Gruppe

Das Smart Objekt brauchen wir, damit sich allen Puzzleteilen gemeinsam ein Schatten anhängen lässt. Ansonsten würden nämlich die Puzzleteile auch einen Schatten auf jeweils darunter liegende Teilchen werfen.

Erstellen Sie nun für das Smart Objekt einen Ebenenstil SCHLAGSCHATTEN. Klicken Sie dabei auf das Symbol der Kontur ❷, um den KONTUR-EDITOR zu öffnen und eine S-Kurve für den Schatten einzurichten.

10 Smart Objekt bearbeiten I

Den Hintergrund habe ich wie auf Seite 345 beschrieben mit einer Struktur versehen und eingefärbt. Beschneiden Sie den Ausschnitt etwas mit dem Freistellungswerkzeug ⬚, damit der Abgeflachte-Kante-Effekt an den Rändern aus dem Bild hinausrutscht.

Was mir noch nicht gefällt, ist die Anzahl der sichtbaren und gedrehten Puzzleteilchen. Mit einem Doppelklick auf die Miniatur der Smart-Objekt-Ebene ❸ öffne ich das Smart Objekt zur Bearbeitung.

11 Smart Objekt bearbeiten II

Das Smart Objekt wird in einem separaten Dokumentfenster geöffnet, als wäre es eine eigenständige Datei. Ich habe hier die paar Änderungen vorgenommen, die mir notwendig erschienen, die Datei gespeichert und das Fenster wieder geschlossen.

12 Gradationskurve hinzufügen

Das Foto ist durch die Anwendung der Musterüberlagerung recht blass geworden. Mit einer Gradationskurven-Einstellungsebene habe ich den Kontrast wieder angehoben und schließlich aus der Einstellungsebene eine Schnittmaske Strg/⌘+Alt+G gemacht, damit sie nur auf die Ebene mit dem Puzzle, nicht aber auf den Hintergrund wirkt.

Mit Stilen illustrieren

Clever eingesetzt, kann man mit Effekten fast malen

*Ich bin kein Illustrator und meine illustrativen Fähigkeiten halten
sich in Grenzen. Dennoch muss aber jeder Grafiker zwischen-
durch einmal den digitalen Pinsel schwingen und eigenhändig
einfache Illustrationen ausführen. In dieser Lektion zeige ich
Ihnen ein paar Tricks, wie Sie dabei durch die geschickte Kombination von Möglichkeiten noch nicht einmal malen müssen.*

Zielsetzungen:

Eine Illustration mit Stilen und
Effekten erstellen

1   Runde Formebene erstellen

Als Allererstes habe ich alles ausgewählt und das Zentrum der Arbeitsfläche mit Hilfslinien markiert. Wenn Sie alles auswählen, dann zieht die Mitte der Auswahl die Hilfslinien automatisch an. Bei gedrückter Alt-Taste habe ich dann mit dem Ellipse-Werkzeug 🔘 bei gedrückter ⇧-Taste einen Kreis aus der Mitte heraus aufgezogen – als Formebene. Dieser Formebene habe ich dann eine Ebenenstil-Verlaufsüberlagerung angehängt.

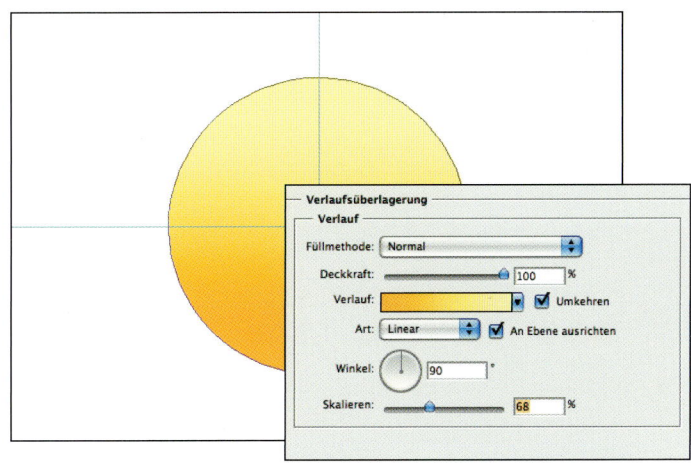

2   Verlauf im Hintergrund

Den bestehenden Hintergrund habe ich dann mit dem Verlaufswerkzeug 🔲 mit einem Verlauf von einem mittleren Blau zu einem etwas helleren überzogen.

3   Strahlen als Formebene

Wählen Sie dann das Polygon-Werkzeug 🔘, aktivieren Sie in den Polygon-Optionen STERN, und ziehen Sie die Seiten um 40 % ein ❶. Unter SEITEN habe ich 30 gewählt ❷. Mit diesen Einstellungen habe ich wieder aus dem mit den Hilfslinien markierten Zentrum einen Stern aufgezogen – die Sonne strahlt!

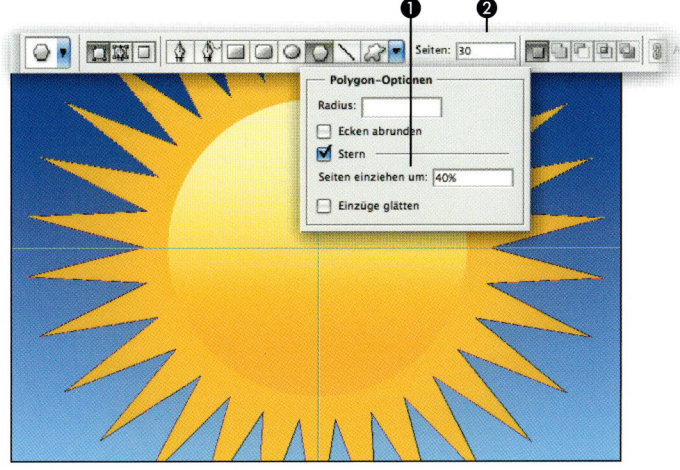

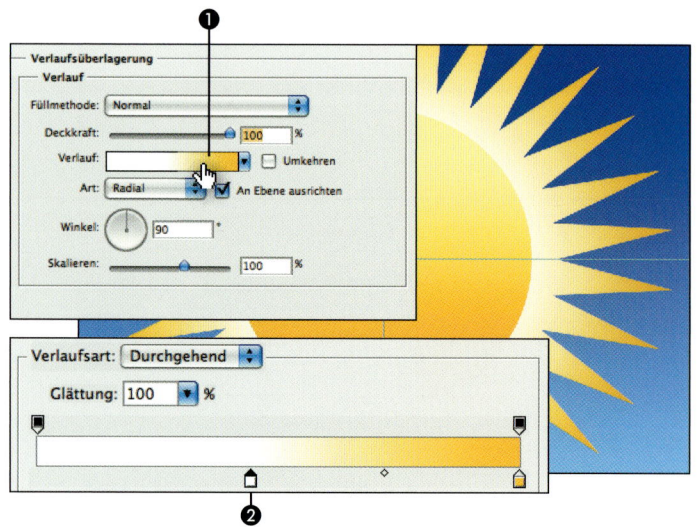

4 Verlaufsüberlagerung

Die Strahlen sollen nicht so gleichmäßig sein, sondern glühen. Deshalb habe ich der Ebene eine Verlaufsüberlagerung spendiert. Zum Bearbeiten klicken Sie auf den Verlauf ❶. Damit das Weiß schön hinter der Sonne hervorglüht, habe ich die weiße Verlaufsunterbrechung beinahe bis ins Zentrum gezogen ❷.

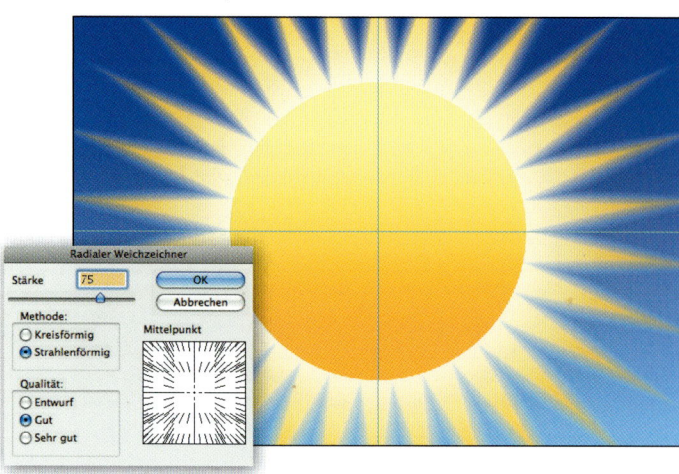

5 Radialer Weichzeichner

Mit dem Radialen Weichzeichner – FILTER • WEICHZEICHNUNGSFILTER • RADIALER WEICHZEICHNER – habe ich die Strahlen dann in den Hintergrund verwischen lassen.

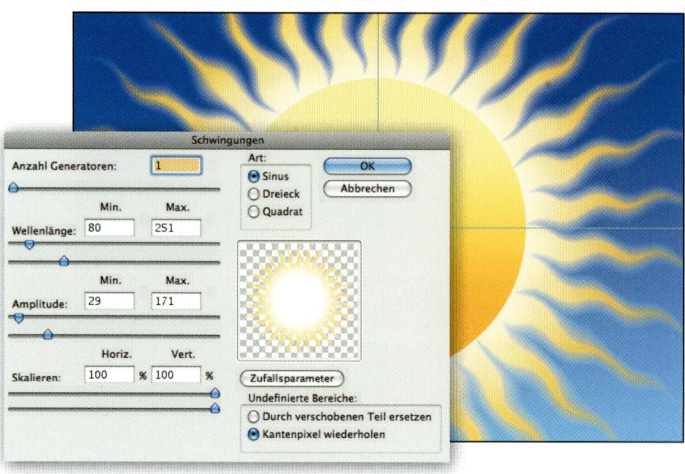

6 Schwingungen

Now, let's swing! Damit die Sonnenstrahlen nicht wie Stacheln aussehen – das wäre vom Feng Shui her nicht optimal – sollten wir sie in Schwingung versetzen. Wählen Sie dazu FILTER • VERZERRUNGSFILTER • SCHWINGUNGEN. Ich habe mich auf einen Generator beschränkt. Der Rest ist Sache des Ausprobierens.

7 Profil und Schein für die Sonne

Nun gefällt mir die Sonne noch nicht, sie wirkt noch zu sehr wie eine Scheibe. Deshalb habe ich als Nächstes einen SCHEIN NACH INNEN definiert, als FARBE ein passendes Orange eingestellt, die GRÖSSE auf über 200 aufgedreht und als Füllmethode MULTIPLIZIEREN gewählt. Außerdem habe ich auch einen SCHEIN NACH AUSSEN getestet – es geht bei solchen Dingen ja immer auch um das Ausprobieren, und in diesem Fall gefällt es mir, weshalb ich diesen Effekt dazugenommen habe.

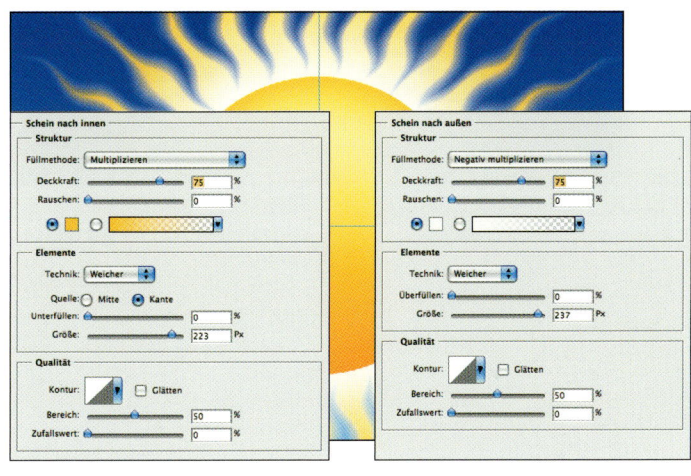

8 Auswahlellipse erstellen

Nun bekommt die Sonne einen Mund. Erstellen Sie dafür zuerst eine neue Ebene und dann, bei gedrückter Alt-Taste, von der vertikalen Hilfslinie in der Mitte ausgehend eine Ellipse mit dem Auswahlellipse-Werkzeug ⬭. Positionieren Sie dann den Mauszeiger etwas weiter oben auf der Hilfslinie, und drücken Sie ein weiteres Mal die Alt-Taste, um eine Ellipse aus der bestehenden Auswahl herauszulösen. Drücken Sie die Maustaste, und lassen Sie sie nicht los, bis ich es Ihnen sage!

9 Auswahl von Auswahl abziehen

Die Alt-Taste bewirkt normalerweise, dass eine Auswahl aus der Mitte aufgezogen wird. Besteht bereits eine Auswahl, dann bewirkt sie, dass die neue von der bestehenden Auswahl abgezogen wird. Damit Sie dennoch die neue Auswahl von der Mitte aufziehen können, müssen Sie kurz die Alt-Taste loslassen und dann wieder drücken. Also: 1. Alt drücken; 2. Maus drücken und bewegen; 3. Alt loslassen und erneut drücken; 4. Auswahl fertig aufziehen. Jetzt dürfen Sie die Maustaste loslassen.

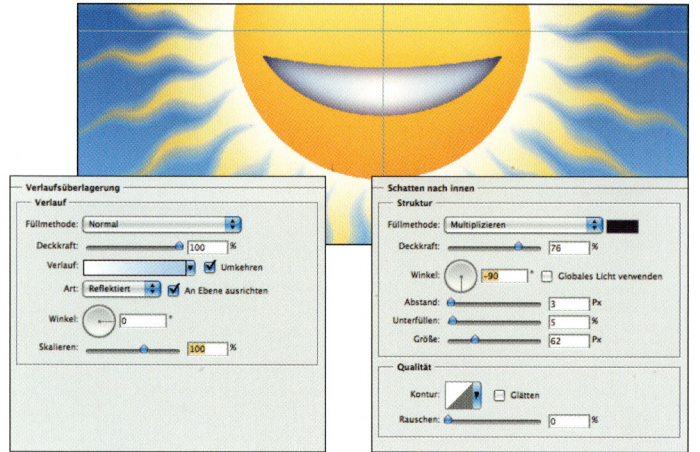

10 Effekte für das Gebiss I

Füllen Sie die Auswahl dann mit Weiß. Nun werden wir dem Lachen fünf Ebenenstile verpassen. Wir beginnen mit einer reflektierten VERLAUFSÜBERLAGERUNG von Weiß zu Hellblau, damit wirken die Zähne strahlend weiß.

Es folgt ein SCHATTEN NACH INNEN, wodurch das Gebiss Tiefe bekommt. Den WINKEL habe ich dabei auf –90° gestellt und GLOBALES LICHT VERWENDEN deaktiviert. Als Farbe für den Schatten habe ich kein reines Schwarz, sondern ein sehr dunkles Violett gewählt.

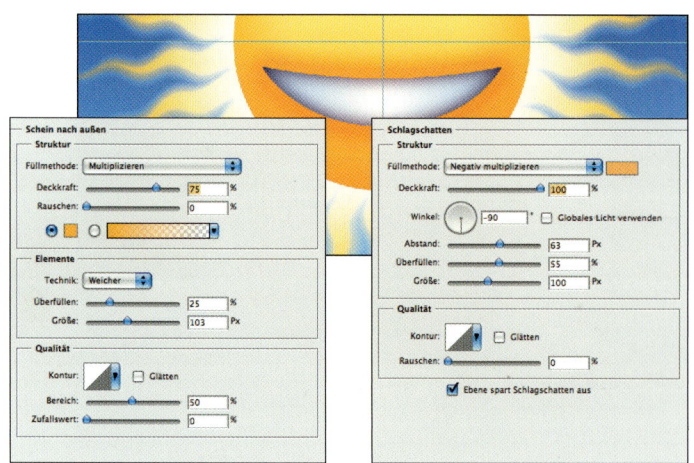

11 Effekte für das Gebiss II

Nun kommen die Effekte für die Umgebung. Effekt Nummer drei ist der SCHEIN NACH AUSSEN. Die Füllmethode dieses Effekts habe ich von NEGATIV MULTIPLIZIEREN auf MULTIPLIZIEREN umgestellt.

Beim Schlagschatten bin ich umgekehrt vorgegangen: Ich habe auf NEGATIV MULTIPLIZIEREN umgestellt. Auch hier habe ich GLOBALES LICHT VERWENDEN deaktiviert und einen WINKEL von –90° gewählt. Diese Kombination mag seltsam klingen, ergab aber diesen schönen, plastischen Effekt für den Mund.

12 Effekte für das Gebiss III

Abschließend hat der Mund noch eine sehr, sehr dunkelviolette Kontur bekommen.

13 Kreise für die Augen

Erstellen Sie mit dem Ellipse-Werkzeug ![Ellipse-Symbol], einen Kreis, der an der vertikalen Hilfslinie ausgerichtet ist. Verschieben Sie die neue Formebene mit dem Verschieben-Werkzeug ![Verschieben-Symbol] bei gedrückter Alt-Taste auf die andere Seite der vertikalen Hilfslinie ❶, so dass die linke Seite des Kreises direkt an der Hilfslinie liegt. Durch das Drücken der Alt-Taste wird die Ebene dupliziert. Nun können Sie die aktive Ebene mit den Pfeiltasten von der Hilfslinie weg nach rechts verschieben ❷.

14 Masken vor die Augen setzen

Wenn Sie gezählt haben, wie oft Sie die Pfeiltaste nach links gedrückt haben, können Sie nun das rechte Auge um die gleiche Anzahl Schritte nach rechts verschieben – dadurch wird das Gesicht symmetrisch.

Legen Sie dann wie abgebildet ❸ eine Auswahl an, und erstellen Sie mit einem Alt-Klick auf ![Symbol] eine Ebenenmaske für eines der Augen. Drücken Sie dann Strg/⌘+⇧+D – dadurch wird die Auswahl erneut geladen und Sie können auch das andere Auge maskieren ❹.

15 Ebenenstil kopieren

Erstellen Sie aus den beiden Augen eine neue Gruppe, und konvertieren Sie diese in ein Smart Objekt, wie es ab Seite 350 in Schritt 8 und 10 beschrieben ist.

Nun können Sie die Ebenenstile der Mund-Ebene duplizieren und auf die Augen-Smart-Objekt-Ebene kopieren. Das passt dann schon fast, wie die Faust aufs Auge, nur den Schlagschatten habe ich etwas verändert.

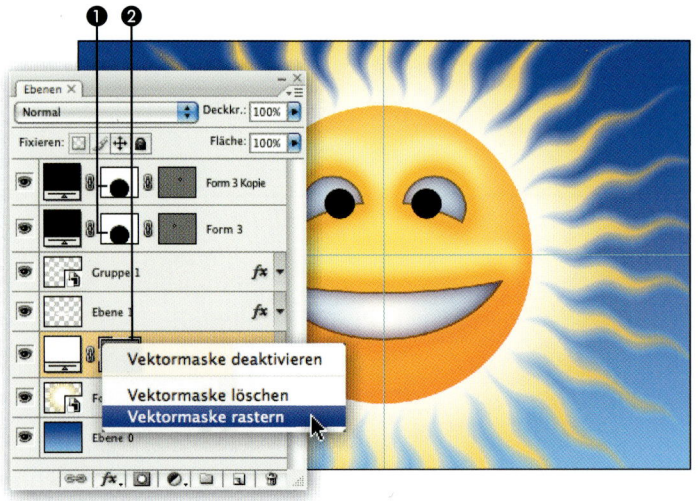

16 Pupillen als Formebenen

Für die Pupillen habe ich zwei schwarze Formebenen erstellt. Mit `Strg`/`⌘`+`⇧`+`D` konnte ich die Auswahl, mit der ich schon die Augen maskiert habe, neuerlich laden und auf dieselbe Art auch die Pupillen maskieren ➊.

Die Vektormaske der Sonnen-Ebene müssen Sie vor dem nächsten Schritt rastern. Wichtig ist, dass Sie dazu mit der rechten Maustaste auf die Vektormaske ➋ klicken, nicht links und nicht rechts davon!

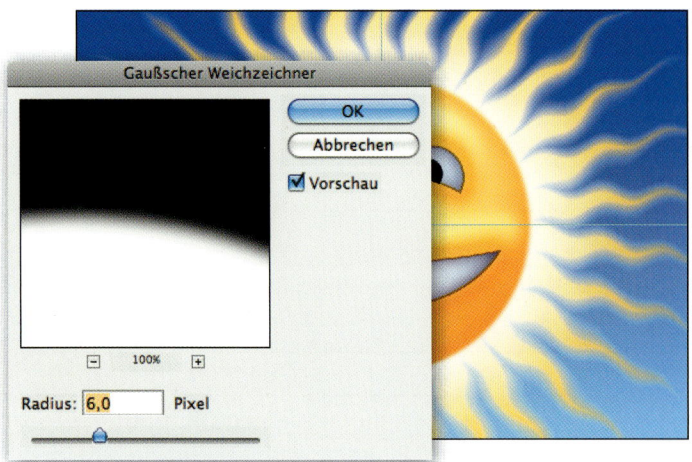

17 Sonnenscheibe weichzeichnen

Das Rastern der Vektormaske in Schritt 16 war notwendig, um die Sonnenscheibe nun weichzeichnen zu können. Ich habe wie üblich den Gaußschen Weichzeichner dafür verwendet.

18 Farbton/Sättigung-Einstellungsebene

Die Sonnenstrahlen waren mir am Schluss nun zu fade. Mit einer Farbton/Sättigung-Einstellungsebene habe ich die Sättigung kräftig gepusht. Nach der Einstellung habe ich die Einstellungsebene in eine Schnittmaske umgewandelt, damit sie nur auf die Ebene mit den Sonnenstrahlen wirkt.

Vektordatei als Smart Objekt

Eine mit Adobe Illustrator erstellte Datei platzieren

Photoshop ist ein tolles Programm, aber ein Einzelgänger hat es oft schwer. Leichter geht es, wenn man Freunde hat, auf die man zählen kann. Ein Freund von Photoshop ist Illustrator, der vieles kann, woran in Photoshop nicht zu denken ist. Hier zeige ich Ihnen, wie Sie ein Objekt, das in Illustrator CS3 mit Hilfe des 3D-Effekts »Extrudieren und abgeflachte Kante« entstanden ist, in Photoshop einbinden können.

Zielsetzungen:

Illustrator-Datei platzieren

Objekt im Gras einsinken lassen

Schatten hinzufügen

Schattierung des Objekts verändern

[3d-objekt.psd, 3d-objekt.ai]

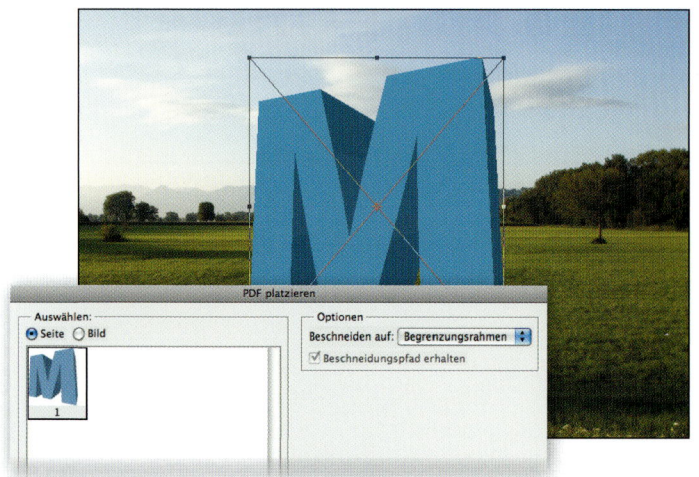

1 Illustrator-Datei platzieren

Öffnen Sie zuerst die Datei »3d-objekt.psd«. Wählen Sie dann im Menü DATEI • PLATZIEREN und öffnen Sie »3d-objekt.ai«. Es handelt sich bei dieser Datei zwar um ein Illustrator-File, Sie erhalten aber den Dialog PDF PLATZIEREN. Nachdem Sie ihn bestätigt haben, können Sie das platzierte Objekt nun noch verschieben und in der Größe ändern, und wenn Sie zufrieden sind, das Platzieren mit ⏎ abschließen.

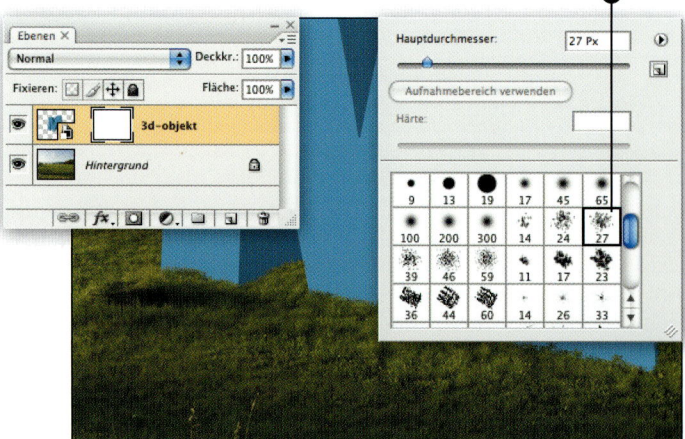

2 Gras maskieren

Die Illustrator-Datei ist nun in Ihrem Dokument als Smart Objekt platziert. Das »M« soll auf der Wiese stehen und muss deshalb ein wenig im Gras versinken. Erstellen Sie eine Ebenenmaske, aktivieren Sie das Pinsel-Werkzeug ✎, und stellen Sie eine Spitze mit einer zerstreuten Form ein, z.B. SPRITZER ❶. Maskieren Sie damit die untere Kante des Buchstabens. Ich habe dabei die Pinselspitzen etwas variiert und auch die Spitze GRAS genutzt.

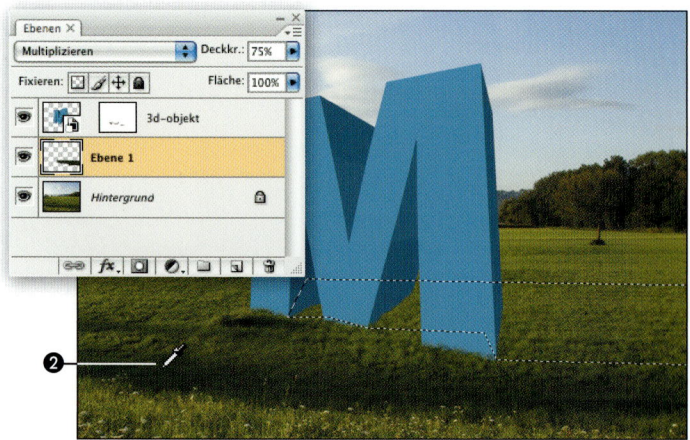

3 Kein Schlagschatten

Ein Ebenenstil SCHLAGSCHATTEN würde hier natürlich nicht funktionieren. Wir müssen einen Schatten malen, damit es authentisch wirkt.

Dazu habe ich zuerst mit einer Auswahl markiert, wo der Schatten liegen sollte. Dann habe ich unter dem »M« eine neue Ebene erstellt und diese mit einer Farbe gefüllt, die ich aus der Wiese aufgenommen habe ❷. Stellen Sie die Füllmethode dieser Ebene auf MULTIPLIZIEREN, und reduzieren Sie die Deckkraft.

4 Gaußscher Weichzeichner

Der Schatten muss natürlich noch etwas weichgezeichnet werden, was am besten mit FILTER • WEICHZEICHNUNGSFILTER • GAUSSSCHER WEICHZEICHNER zu erreichen ist. Mein Schatten war danach noch zu grünlich, was ich mit BILD • ANPASSUNGEN • FARBTON/SÄTTIGUNG ausgeglichen habe, indem ich den Farbton Richtung Blau verschoben habe.

5 Schatten abblenden

Erstellen Sie für die Schatten-Ebene auch eine Ebenenmaske, und ziehen Sie mit dem Verlaufswerkzeug ▣ einen Schwarz-Weiß-Verlauf vom rechten Rand an das »M« heran auf ❸. Der Verlauf wird dadurch zum Rand hin zwar zu kräftig abgesoftet, aber das können Sie mit einer Gradationskurve leicht wieder korrigieren.

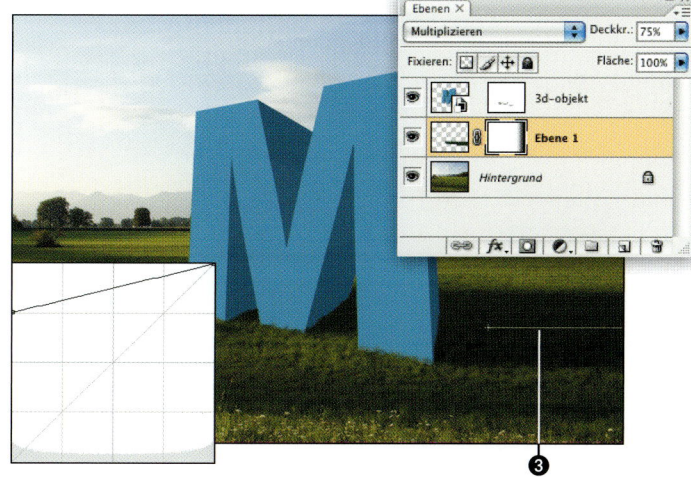

6 Mehr Kontrast für das 3D-Objekt

Der Kontrast des Buchstabens stimmt noch nicht mit den kräftigen Lichtverhältnissen des Fotos überein. Um das auszugleichen, habe ich eine Gradationskurven-Einstellungsebene erstellt und diese dann zur Schnittmaske ❹ gemacht, damit sie nur auf den Buchstaben wirkt. Darunter habe ich eine Ebene – ebenfalls als Schnittmaske – erstellt ❺, mit Weiß gefüllt, über FILTER • RAUSCHFILTER • RAUSCHEN HINZUFÜGEN 7 % Rauschen dazugefügt und die Ebene dann auf MULTIPLIZIEREN gestellt, damit die Flächen des »M« nicht zu clean wirken.

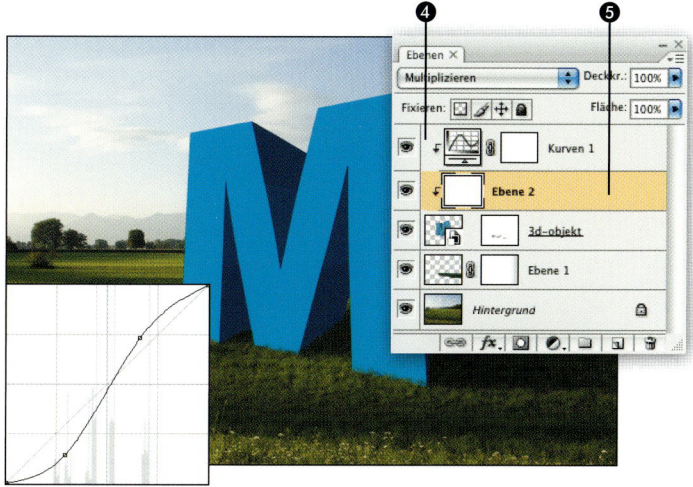

Automatisierung

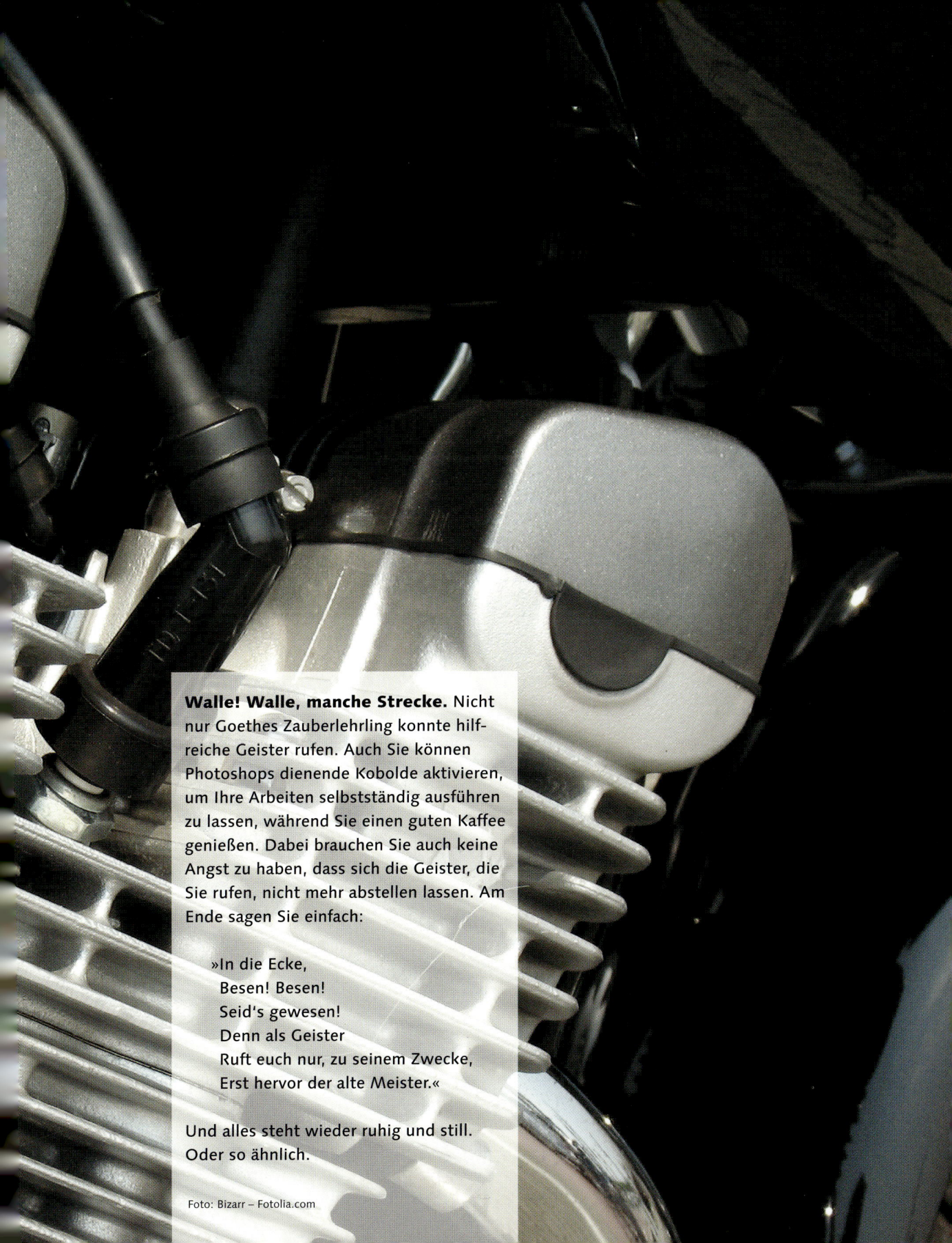

Walle! Walle, manche Strecke. Nicht nur Goethes Zauberlehrling konnte hilfreiche Geister rufen. Auch Sie können Photoshops dienende Kobolde aktivieren, um Ihre Arbeiten selbstständig ausführen zu lassen, während Sie einen guten Kaffee genießen. Dabei brauchen Sie auch keine Angst zu haben, dass sich die Geister, die Sie rufen, nicht mehr abstellen lassen. Am Ende sagen Sie einfach:

»In die Ecke,
Besen! Besen!
Seid's gewesen!
Denn als Geister
Ruft euch nur, zu seinem Zwecke,
Erst hervor der alte Meister.«

Und alles steht wieder ruhig und still. Oder so ähnlich.

Foto: Bizarr – Fotolia.com

Automatisierung

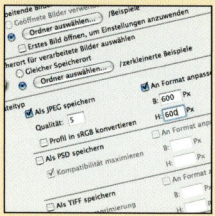

SCHWIERIGKEITSGRAD 2 FÜR AUFSTEIGER

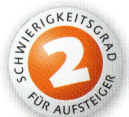

Wiederkehrende Arbeitsabläufe automatisieren

Aktionen können Ihnen viel Arbeit abnehmen.

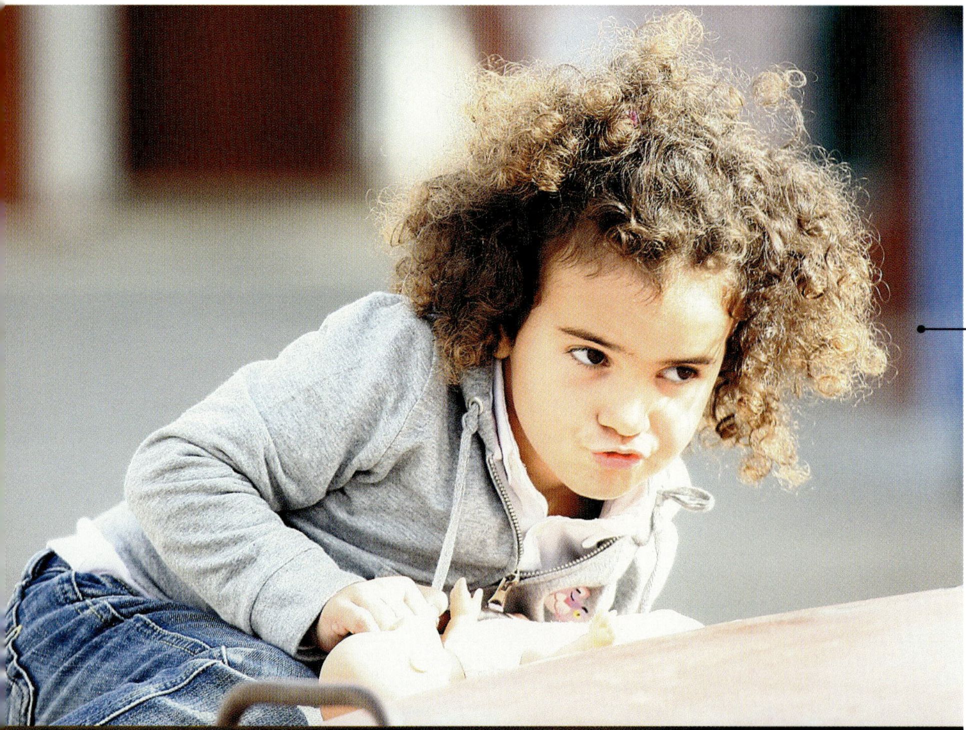

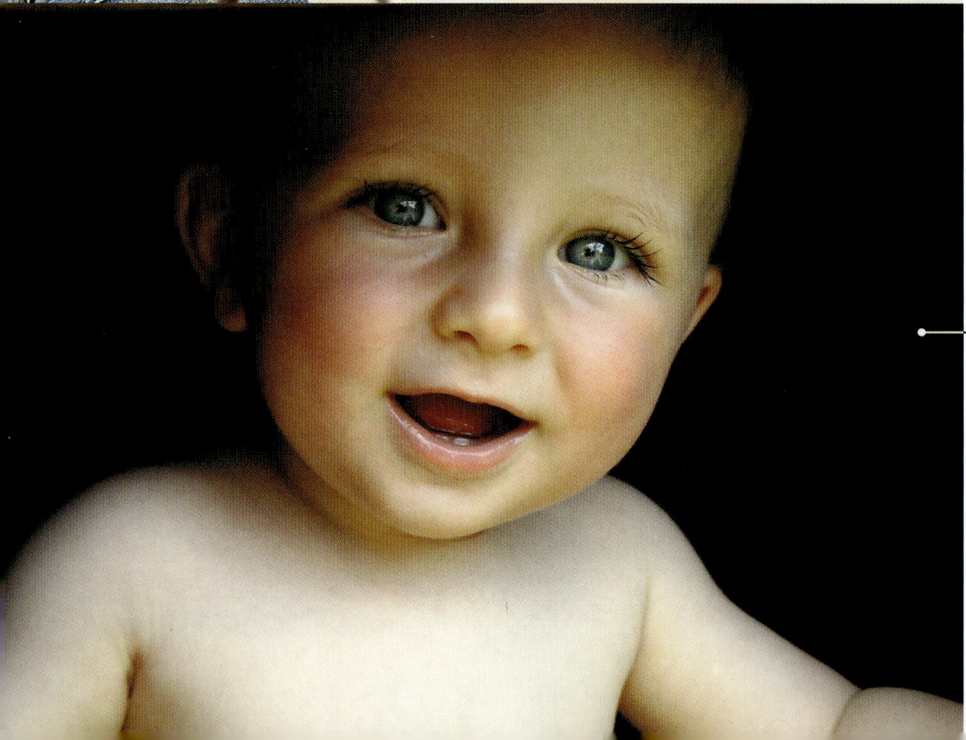

Ich werde in Seminaren immer wieder gefragt, ob die Programme dies nicht automatisch können und jenes nicht selbstständig ausführen. Ich muss gestehen, dass ich froh bin, dass Software längst nicht alles ohne unser Zutun ausführt, denn wo bliebe dann die Arbeit für den Gestalter? Vieles aber – gerade stur gleichbleibende, wiederkehrende Arbeitsabläufe, bei denen Intelligenz und Kreativität nicht gefordert sind – kann Photoshop selbsttätig ausführen. In diesem Workshop demonstriere ich Ihnen das Aufzeichnen einer Aktion anhand eines Scharfzeichnungs-Arbeitsablaufs im Lab-Modus.

Zielsetzungen:

Aktion zum Scharfzeichnen eines Bildes aufzeichnen

Aktion mit Dialogfenster für individuelle Anpassungen auf weitere Bilder anwenden

[aktionen.psd, aktionen2.psd]

1   Aktionen-Satz erstellen

Rufen Sie die Palette AKTIONEN auf. Wenn die Palette sich im Schaltflächenmodus befindet, können Sie diesen über das Palettenmenü ❶ deaktivieren.

Danach sollten Sie einen Ordner mit dem Namen »Standardaktionen« sehen, worin sich die von Adobe definierten Aktionen befinden. Mit einem Klick auf die Neu-Schaltfläche 🔲 ❷ können Sie einen eigenen Folder für Ihre Aktionen erstellen.

2   Aufzeichnung starten

Klicken Sie auf die Schaltfläche mit dem Punkt 🔘, um mit der Aufzeichnung zu beginnen und geben Sie der Aktion einen Namen. Sie können außerdem eine Funktionstaste definieren und eine Farbe, in der die Aktion im Schaltflächenmodus gekennzeichnet ist. Wählen Sie als ersten Ausführungsschritt BILD • MODUS • LAB-FARBE. Aktivieren Sie danach in der Palette KANÄLE den Kanal HELLIGKEIT und blenden Sie die anderen Kanäle wieder ein ❸.

3   Unscharf maskieren

Wie Sie bereits wissen, können Sie auch in RGB unscharf maskieren. Der Vorteil im Lab-Farbraum ist aber, dass dadurch das in vielen Bildern enthaltene Farbrauschen nicht verstärkt wird.

Wählen Sie FILTER • SCHARFZEICHNUNGSFILTER • UNSCHARF MASKIEREN. Bei diesem Bild geht es nicht um ein gewöhnliches, leichtes Nachschärfen. Es ist recht unscharf fotografiert worden, weshalb ich hier auch überaus hohe Einstellungswerte verwende.

4 Zurück zu RGB, Aufnahme beenden

Nachdem Sie den Dialog UNSCHARF MASKIEREN mit OK verlassen haben, können Sie das Bild über BILD • MODUS • RGB-MODUS zurück konvertieren. Die Aktion ist damit beendet. Wenn Sie einen Blick in die Palette AKTIONEN werfen, werden Sie sehen, dass Photoshop die Bearbeitung Schritt für Schritt mitverfolgt und protokolliert hat.

Klicken Sie auf die Stop-Schaltfläche ❶, um die Aufnahme abzuschließen.

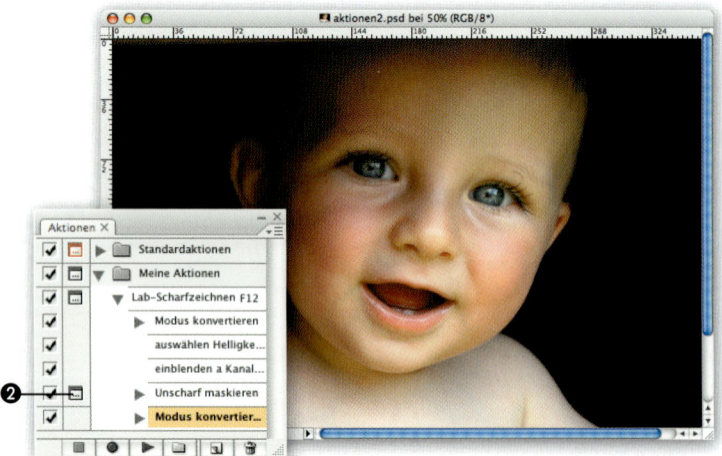

5 Dialoge aktivieren/deaktivieren

Vor jedem Aktionsschritt sehen Sie ein Quadrat mit Häkchen ☑. Wenn Sie diese Checkbox deaktivieren, wird beim Ausführen der Aktion dieser Schritt übersprungen.

Vor UNSCHARF MASKIEREN sehen Sie ein zweites Quadrat ❷. Ein solches steht vor jedem Schritt mit einem Einstellungsdialog. Aktivieren Sie diese Option, öffnet sich beim Abspielen der Aktion das entsprechende Dialogfenster, und Sie können geänderte Einstellungen für das aktuelle Bild vornehmen.

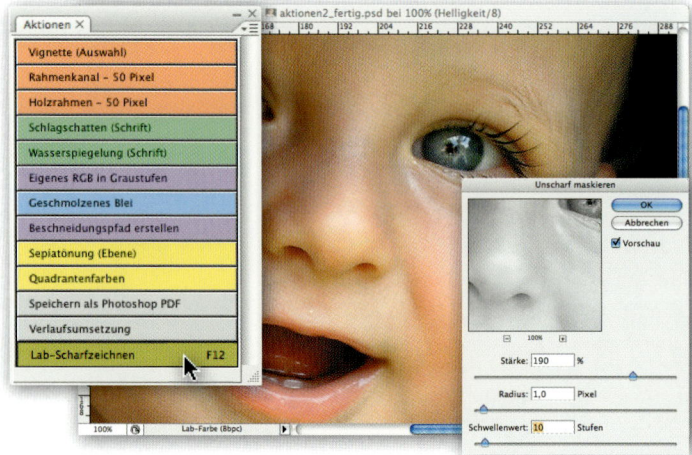

6 Aktion ausführen

Starten Sie eine Aktion, indem Sie sie in der Palette anklicken und dann die Play-Schaltfläche ▶ drücken. Alternativ wechseln Sie in den Schaltermodus und klicken die Schaltfläche.

Durch das vorangegangene Aktivieren der Einstellungsdialog-Checkbox wird zwar das Umwandeln von RGB nach Lab und zurück automatisch ausgeführt, für UNSCHARF MASKIEREN jedoch öffnet sich, wie beschrieben, das Dialogfenster, und Sie können jedes Bild individuell anpassen.

Stapelverarbeitung

Aktionen automatisch ausführen lassen

Von der Aufnahme einer Aktion zur automatischen Ausführung durch die Stapelverarbeitung ist es nur ein Katzensprung. Mit der Stapelverarbeitung können Sie eine bestehende Aktion auf eine beliebige Anzahl an Dateien in einem Ordner automatisch anwenden – und selbst einen Kaffee trinken gehen.

1 Aktion laden

Für diesen Workshop habe ich kein Bild für Sie vorbereitet, sondern eine Aktion. Holen Sie sich die Palette AKTIONEN auf den Bildschirm, und wählen Sie über das Palettenmenü ❶ Aktionen laden.

Wählen Sie im Laden-Dialog die Datei »Galileo-Aktion.atn«, und klicken Sie auf LADEN. Danach sollten Sie in der Palette AKTIONEN den Ordner »Galileo-Aktion« und die Aktion »Stapelverarbeitung« finden.

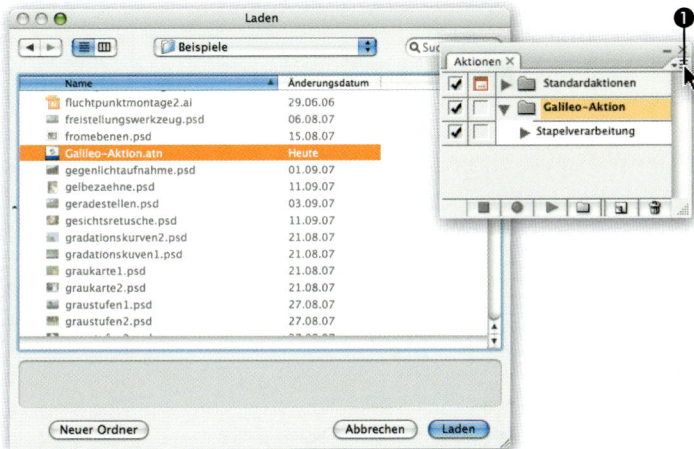

2 Stapelverarbeitung aufrufen

Wählen Sie DATEI • AUTOMATISIEREN • STAPELVERARBEITUNG. Unter ABSPIELEN ❷ wählen Sie die Aktion, die angewendet werden soll.

Aktivieren Sie ORDNER als QUELLE ❸, und wählen ❹ Sie den Ordner, der die Bilder enthält.

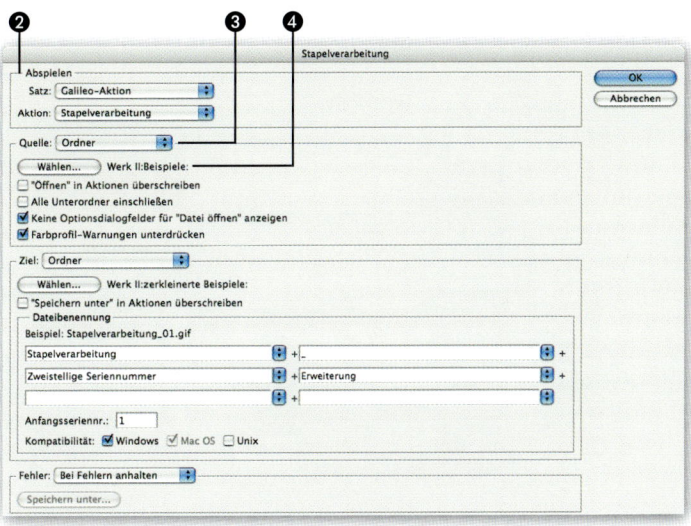

Tipp: Wenn Sie eine Reihe von Bildern mit der Stapelverarbeitung neu berechnen möchten, von denen manche im Hoch- und andere im Querformat sind, nutzen Sie im Menü DATEI • AUTOMATISIEREN • BILD EINPASSEN – damit können Sie die längere Seite der Bilder jeweils auf dieselbe Größe bringen.

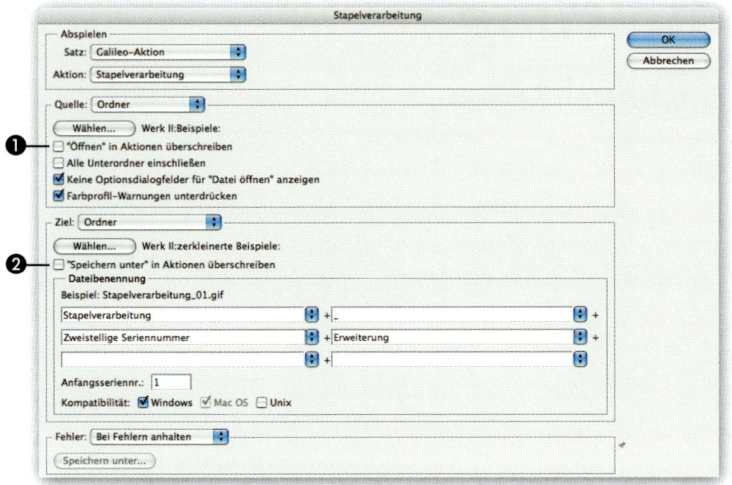

3 Öffnen und speichern

Wenn Sie mit Ihrer Aktion das Öffnen eines Bildes aufgenommen haben, sollten Sie »ÖFFNEN« IN AKTIONEN ÜBERSCHREIBEN ❶ aktivieren. Enthält die Aktion keinen Öffnen-Arbeitsschritt, lassen Sie diese Aktion deaktiviert. Am besten machen Sie es wie ich und nehmen in den Aktionen kein Öffnen mit auf.

Ebenso verhält es sich mit »SPEICHERN UNTER« IN AKTION ÜBERSCHREIBEN ❷ – nehmen Sie erst gar kein SPEICHERN UNTER in die Aktion mit auf, und lassen Sie diese Option deaktiviert.

4 Stapelbearbeitung fertigstellen

Wenn Sie Farbprofil-Warnungen aktiviert haben, wird es gut sein, diese für die Stapelverarbeitung zu unterdrücken ❸, sonst müssen Sie jede Warnung mit OK quittieren.

Sie können entweder die Dateien nach Ausführen der Aktion jeweils SPEICHERN UND ÜBERSCHREIBEN lassen, oder Sie definieren – auch hier über WÄHLEN – einen Ordner als ZIEL ❹. Wenn Sie die Dateien in einen Ordner speichern, können Sie auch Benennungsregeln für die neuen Dateien definieren ❺.

5 Stapelverarbeitung über Bridge

Sie können übrigens auch in der Bridge eine Reihe an Dateien auswählen und dann über Menü WERKZEUGE • PHOTOSHOP • STAPELVERARBEITUNG den eben gezeigten Dialog aufrufen und eine AKTION anwenden.

Bilder kleinrechnen mit dem Bildprozessor

Keine Angst vor Skripten

Skripten klingt beängstigend – auch für mich. Ich bin bereits vor Jahren damit gescheitert, mir JavaScript im Selbststudium beizubringen. Seither treibt mir alles, was den Namen »Skript« trägt, den Angstschweiß auf die Stirn. Aber keine Bange! Dieses Skript ist kinderleicht zu bedienen.

1 Bildprozessor aufrufen

Eine der Aktionen, die der Photoshop-User wohl am häufigsten benötigt, ist das Kleinrechnen von Bildern. Die Bilder liegen in einer bestimmten Auflösung meist von der Kamera vor und sollen auf ein anderes Format gebracht werden.

Rufen Sie dazu den Bildprozessor über DATEI • SKRIPTEN auf.

2 Bildprozessor einstellen

Stellen Sie hier ein, ob die in Photoshop geöffneten Bilder oder Bilder aus einem Ordner kleingerechnet werden sollen ❶. Wählen Sie dann, ob die neu berechneten Bilder am selben Ort oder in einem neuen Ordner gespeichert werden sollen ❷. Definieren Sie außerdem, in welches Dateiformat die Bilder konvertiert ❸ und auf welche Auflösung ❹ sie neu berechnet werden sollen.

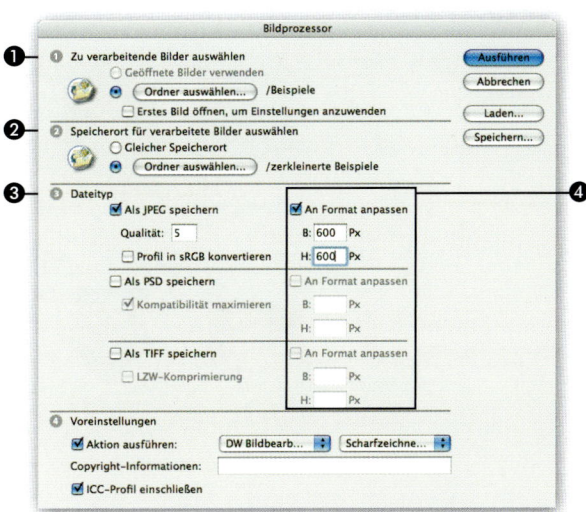

> **Tipp:** Sie müssen die Bildgröße hier in Pixeln angeben. Wenn Sie eine bestimmte Ausgabegröße in Millimetern brauchen, machen Sie einfach einen Test im Dialog BILDGRÖSSE und tragen die sich ergebenden Pixelwerte hier ein.

Droplets

Aktionen aus Finder und Explorer starten

Mit einem Droplet können Sie eine Aktion direkt aus dem Mac-Finder oder dem Windows Explorer heraus starten, indem Sie die zu bearbeitende Datei auf das Icon des Droplets ziehen.

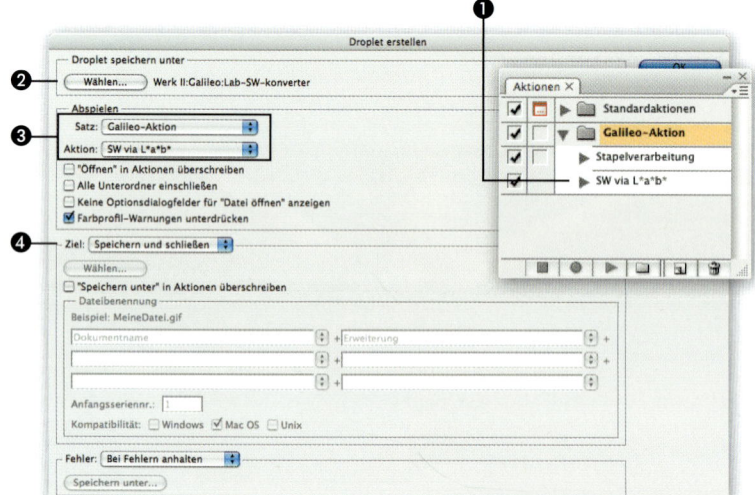

1 Ein Droplet erstellen

Um ein Droplet erstellen zu können, benötigen Sie als Grundlage eine Aktion. Ich habe Ihnen in die »Galileo-Aktion« eine Aktion mit dem Namen »SW via L*a*b*« ❶ eingepackt.

Rufen Sie über DATEI • AUTOMATISIEREN den Dialog DROPLET ERSTELLEN auf, wählen Sie einen Ort, an den das Droplet gespeichert werden soll ❷, und geben Sie im folgenden Dialog dem Kind einen Namen. Danach stellen Sie SATZ und AKTION ❸ ein und wählen eine Option für das ZIEL ❹ – fertig.

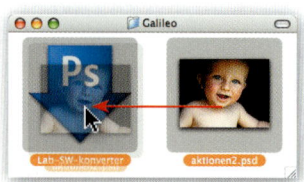

2 Aktion ausführen

Sie können als Option für das ZIEL auch OHNE einstellen – dann wird das Bild geöffnet, die Aktion ausgeführt und das Bild bleibt offen, ohne dass es gespeichert wird. Sie können auch einen ORDNER angeben, in den bearbeitete Dateien immer als Kopie gespeichert werden sollen.

Ich habe mich für SPEICHERN UND SCHLIESSEN entschieden. Wenn ich nun eine Bilddatei auf das Droplet ziehe, wird die Aktion ausgeführt und das Bild bearbeitet wieder gespeichert.

Ebenen automatisch ausrichten

Wenn Photoshop puzzelt

Die Bilder für diesen Work shop habe ich aufgenommen, nachdem ich von der neuen Photoshop-Funktion »Ebenen automatisch ausrichten« erfahren hatte. Sie waren als Provokation gedacht, so nach dem Motto »Ätsch, Photoshop! Das schaffst du nie!«. Aber Photoshop hat mir eine lange Nase gezeigt, denn das Ergebnis fiel verblüffend gekonnt aus. Sie werden sicher nicht lange suchen müssen, um Patzer im Composing zu finden – dennoch werden Sie mir zustimmen, dass es unglaublich ist, was Adobes Pixelkaiser mittlerweile zu leisten im Stande ist. (Übrigens: Das ist nicht »die« Österreichische Nationalbank, sondern lediglich eine kleine Niederlassung am Bodensee).

Zielsetzungen:
Einzelbilder eines Gebäudes zu
einem Ganzen zusammenfügen
[DSC_6533.psd–DSC_6538.psd]

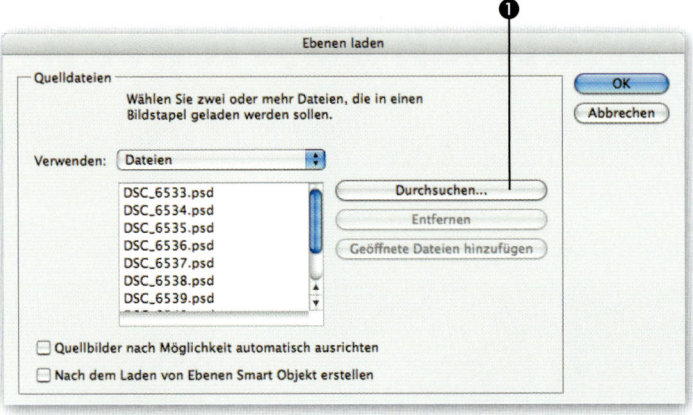

1   Dateien in Stapel laden

Für diesen Workshop nutzen Sie nichts anderes als die Panorama-Funktion von Photoshop, PHOTOMERGE (siehe folgenden Workshop). Der Unterschied ist lediglich, dass die Bilder nicht nur nebeneinander, sondern auch übereinander ausgerichtet werden.

Beginnen Sie damit, die Ausgangsbilder über Menü DATEI • SKRIPTEN • DATEIEN IN STAPEL LADEN als Ebenen in ein Bild zu laden. Dazu wählen Sie im folgenden Dialog DURCHSUCHEN ❶ und fügen die entsprechenden Dateien hinzu. Klicken Sie dann auf OK.

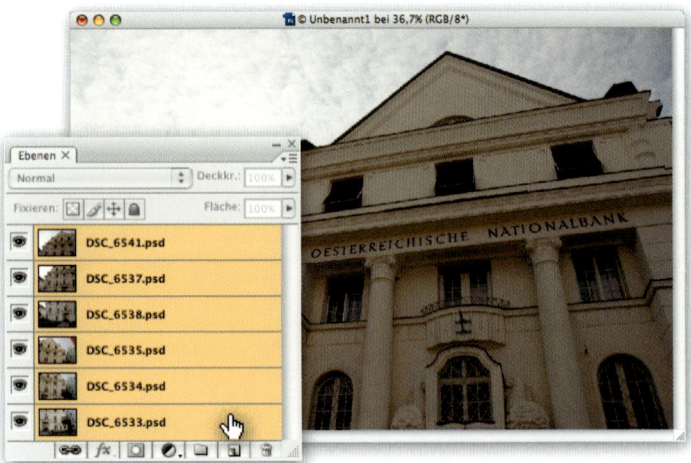

2   Ebenen auswählen

Nach Ausführung des Skripts haben Sie eine neue Datei vor sich, in der alle Quellbilder in Ebenen übereinanderliegen. Wählen Sie alle Ebenen aus, indem Sie zuerst auf die oberste klicken und dann bei gedrückter ⇧-Taste auf die unterste – es sind dann alle farblich hinterlegt, also ausgewählt. Wählen Sie jetzt im Menü BEARBEITEN • EBENEN AUTOMATISCH AUSRICHTEN.

3   Ebenen automatisch ausrichten

Es folgt der Dialog EBENEN AUTOMATISCH AUSRICHTEN. Ebenso wie bei Photomerge können Sie auch hier in der Regel mit AUTO Photoshop die beste Projektions-Methode auswählen lassen. Bei solch extremem Ausgangsmaterial wie hier ist es aber durchaus sinnvoll, PERSPEKTIVISCH und ZYLINDRISCH zu testen und sich dann für das bessere Ergebnis zu entscheiden. Ich bin bei PERSPEKTIVISCH geblieben – ZYLINDRISCH hätte einen Fischaugeneffekt ergeben, wie links abgebildet.

4 Ebenen automatisch füllen

Das Ergebnis mag vielleicht dramatisch verzerrt sein – dennoch beeindruckt es, wie Photoshop schon mit diesem ersten Schritt die perspektivisch unterschiedlich verzerrten und durch die Objektivlinsen gewölbten Einzelbilder zu einem Ganzen zusammengefügt hat. Neben der starken Verzerrung stellt die unterschiedliche Belichtung der Einzelteile aber ein Problem dar. Wählen Sie EBENEN AUTOMATISCH FÜLLEN im Menü BEARBEITEN, um dieses Problem zu beheben.

5 Auf eine Ebene reduzieren und zurechtzerren

Photoshop blendet mit EBENEN AUTOMATISCH FÜLLEN die vorhandenen Ebenen mit Hilfe von Ebenenmasken beinahe perfekt ineinander über.

Zum Bearbeiten der Verzerrung aktivieren Sie zuerst im Palettenmenü der Ebenen-Palette AUF EINE EBENE REDUZIEREN. Dann wählen Sie im Menü BEARBEITEN • FREI TRANSFORMIEREN und mittels eines Rechtsklicks auf den Transformieren-Rahmen VERZERREN.

6 Objektivkorrektur

Es bedarf extremer Verzerrung, um das Bild einigermaßen zurechtzubiegen. Ich habe auch versucht, über FILTER • VERZERRUNGSFILTER • OBJEKTIVKORREKTUR eine weitere Verbesserung zu erzielen.

Das Ergebnis sieht zwar aus wie aus einem Film von Tim Burton, aber hätten Sie erwartet, dass es mit den Ausgangsbildern überhaupt ein Ergebnis gibt? Bei gewöhnlicheren Aufgaben lassen sich mit den neuen Tools sicher außergewöhnliche Ergebnisse erzielen.

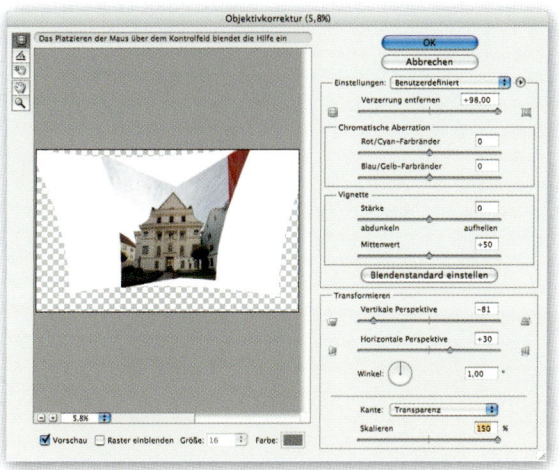

Panoramen

Photomerge macht aus vielen Bildern eines

Panorama-Bilder erstellen ist weniger für den Photoshop-Anwender eine Herausforderung als für den Fotografen. Das sollten Sie beim Aufnehmen beachten:

1. *Stellen Sie Ihre Kamera auf ein Stativ.*
2. *Schalten Sie den Autofokus aus, und stellen Sie den Fokus auf »unendlich«.*
3. *Stellen Sie die Kamera auf manuelle Belichtung.*
4. *Lassen Sie die Einzelbilder ausreichend überlappen – ca. um ein Viertel.*
5. *Besser wird es mit Hochformataufnahmen.*

Ich habe auch schon, entgegen all diesen Regeln, mit der Kompaktkamera aus der freien Hand Aufnahmen gemacht und sie zum Panorama zusammengefügt – das erfordert allerdings anschließend viel manuelle Retusche.

Zielsetzungen:
Mehrere Bilder zum Panorama zusammenfügen
[DCS_7573.dng – DCS_7579.dng]

1 Photomerge aufrufen

Wählen Sie im Menü DATEI • AUTOMATISIEREN • PHOTOMERGE. Im folgenden Dialog fügen Sie Dateien von der Festplatte hinzu, indem Sie auf DURCHSUCHEN ❶ drücken, oder klicken Sie GEÖFFNETE DATEIEN HINZUFÜGEN ❷.

Das LAYOUT ❸ überlasse ich zunächst meist Photoshop – lasse also AUTO aktiviert. Erst wenn die automatische Einstellung nicht zum erwünschten Resultat führt, versuche ich es neuerlich mit anderen Methoden.

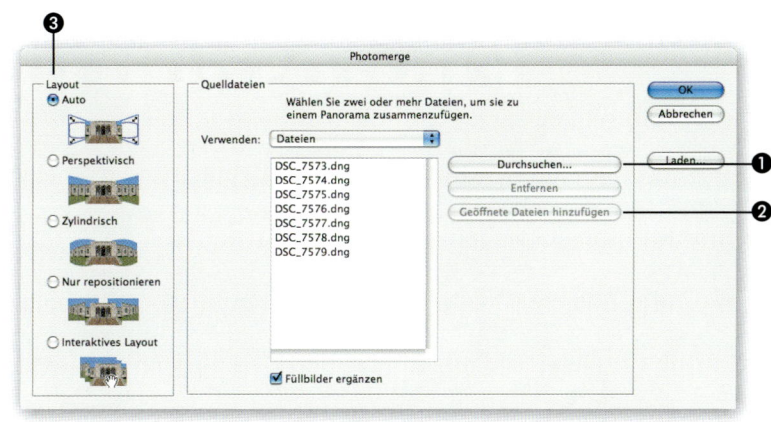

2 OK und fertig!

Klicken Sie auf OK. Auch wenn Sie einen starken Rechner haben, wird sich Photoshop für die Berechnung des Panoramas aus den Bildern der Vorlagen etwas Zeit nehmen. Sie dürfen also ein wenig auf das Statusfenster gucken.

Nach der Berechnung müssen Sie das Bild nur noch freistellen und, wie in diesem Fall, die Helligkeit korrigieren. Ich habe dazu die Gradationskurven eingesetzt und die Farben – vor allem die Blautöne – mit FARBTON/SÄTTI-GUNG gepusht.

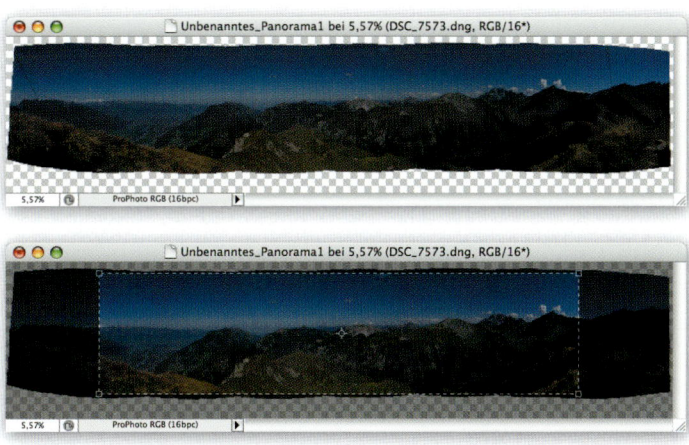

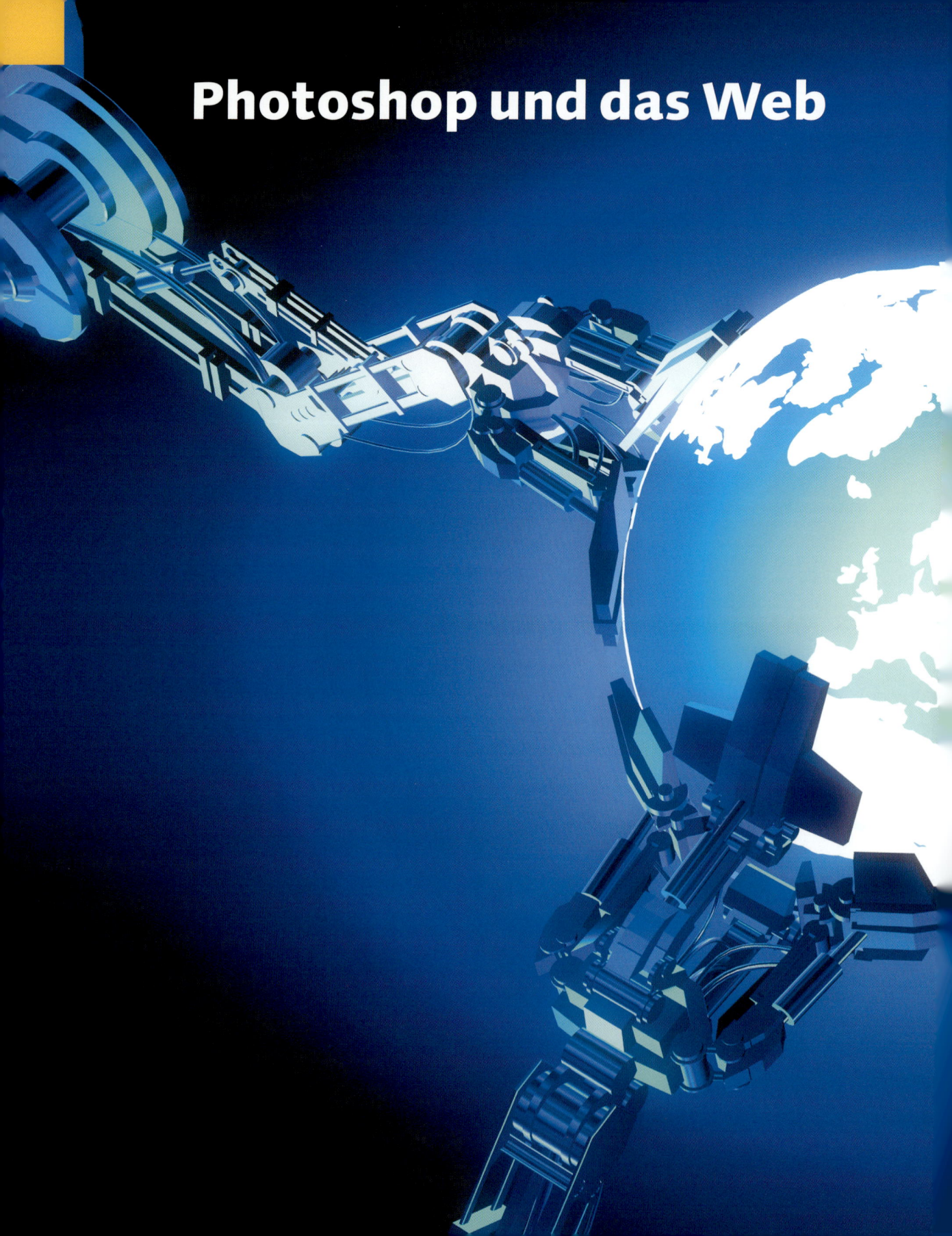

Photoshop und das Web

Bilder für den Cyberspace. Photoshop ist nicht nur für die Printdesigner dieser Welt ein Muss. Auch Webdesigner arbeiten mit dem Bildbearbeitungsprogramm von Adobe. Dieses Buch ist zunächst an alle gerichtet, die Bilder für den Druck auf Papier oder die Belichtung in Fotostudios aufbereiten wollen – nicht zuletzt deshalb, weil das die Anforderung ist, die der größte Teil der Photoshop-Nutzer an Photoshop hat. Außerdem ist Webdesign nach wie vor ein Job für Spezialisten – vielleicht auch mehr denn je. Aber ein paar grundlegende Funktionen das Internet betreffend sind für jeden Benutzer von Photoshop interessant.

Foto: sebastian kaulitzki – Fotolia.com

Photoshop und das Web

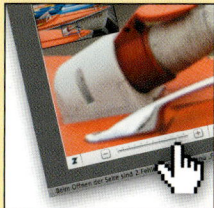

Web 2.0-Button

Welche Schaltfläche hätten's denn gern?

iButton 2.0

iButton 2.0

iButton 2.0

iButton 2.0

iButton 2.0

Das Web 2.0 scheint zwar nach wie vor in der Betaphase zu sein. Es schimmert, spiegelt und glänzt aber bereits an allen Ecken und Enden. In diesem Workshop zeige ich Ihnen, wie Sie mit Hilfe von Stilen einen Button im Web 2.0-Stil gestalten können, der sich jederzeit völlig flexibel umgestalten lässt und den Sie in der Palette »Stile« für alle Ewigkeit speichern können, damit er in Zukunft nur mehr einen Klick entfernt ist.

Zielsetzungen:
Einen möglichst flexiblen Button im Web 2.0-Look gestalten
[iButton.psd]

1 Formebene erstellen

Erstellen Sie als Basis für diesen Button mit dem Rechteck-Werkzeug ▣ eine Formebene. Ich habe hier eine Größe und Auflösung gewählt, die für den Offsetdruck angemessen ist.

Der Glanzeffekt wird im Web 2.0-Stil sehr oft – zumindest an den Rändern – gebogen ausgeführt. Ich zeige Ihnen hier eine Methode mit einer geradlinigen Spiegelung, die den Vorteil hat, dass Sie sehr flexibel angepasst werden kann.

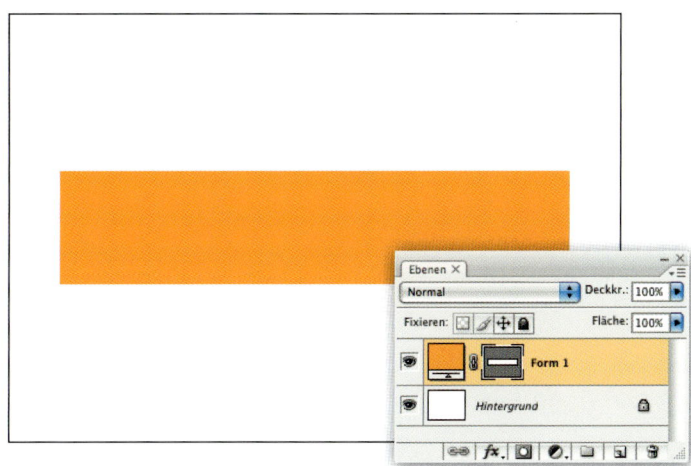

2 Glanzeffekt mit Verlaufsüberlagerung

Erstellen Sie einen Ebenenstil VERLAUFSÜBERLAGERUNG, klicken Sie auf den VERLAUF und stellen Sie für die Verlaufsunterbrechungen nebenstehende Einstellungen und für die Position und die Farbe (unter Brightness) wie folgt ein:

❶ Position = 0 %, Farbe = B 45 %;
❷ Position = 14 %, Farbe = B 55 %;
❸ Position = 15 %, Farbe = B 65 %;
❹ Position = 85 %, Farbe = B 50 %;
❺ Position = 86 %, Farbe = B 60 %;
❻ Position = 100 %, Farbe = B 10 %;

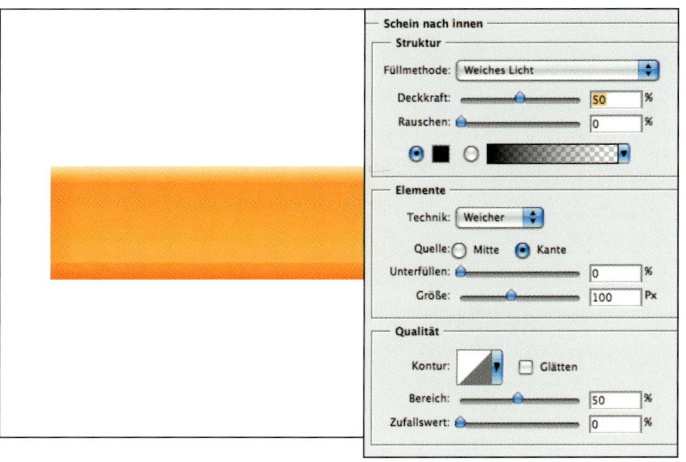

3 Schein nach innen

Der Trick bei der Verlaufsüberlagerung liegt in der Füllmethode HARTES LICHT: Dadurch wird die Farbe der Formebene jeder Verlaufsunterbrechung mit 50 % Brightness unverändert wiedergegeben. Werte, die geringer sind als 50 %, werden abgedunkelt, Werte über 50 % werden aufgehellt.

Als zweiten Effekt fügen Sie nun einen Ebenenstil SCHEIN NACH INNEN mit der Füllmethode WEICHES LICHT und einer DECKKRAFT von 50 % in Schwarz hinzu – der Rand wird damit plastischer.

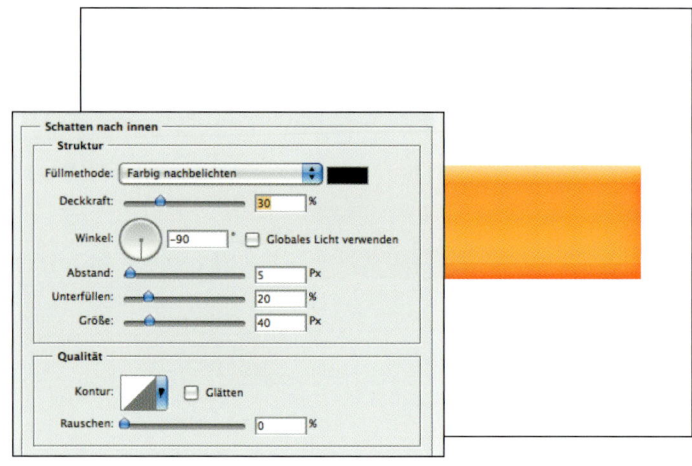

4 Schatten nach innen

Dritter Ebenenstil: Schatten nach innen. Stellen Sie dafür FÜLLMETHODE auf FARBIG NACH-BELICHTEN, verringern Sie die DECKKRAFT, sonst ergeben sich viel zu kräftige Farben, und stellen Sie den WINKEL so ein, dass das Licht quasi von unten hereinfällt.

Die Veränderungen dadurch sind subtil, aber wenn Sie den Effekt einmal kurz deaktivieren, werden Sie sehen, dass es doch ein deutlicher Unterschied ist.

5 Renaissance-Antiqua-Beschriftung

Ich habe für die Beschriftung des Buttons die wunderschöne Myriad Pro verwendet, die Sie mit Adobe CS3 als Gratisbeigabe erhalten haben. Diese verfügt über sogenannte Mediävalziffern, und genau diese wollte ich hier zum Einsatz bringen. Aktivieren können Sie diese Ziffernform über das Palettenmenü der Palette ZEICHEN, interessanterweise heißt diese OpenType-Funktion hier Renaissance-Antiqua (in der Regel verfügen nur professionelle OpenType-Satzschriften über diese Sonderfunktion).

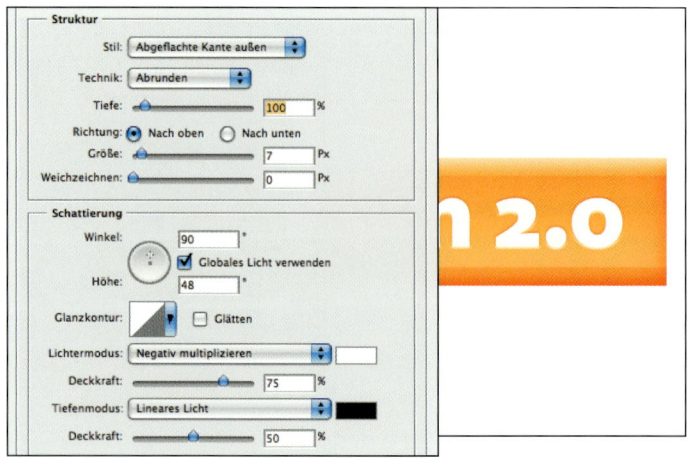

6 Prägeeffekt für die Schrift

Auch für die Beschriftung habe ich einen Ebenenstil angewendet, und zwar ABGEFLACHTE KANTE UND RELIEF. Die Einstellungen, die ich vorgenommen habe, können Sie der nebenstehende Abbildung entnehmen.

Ihr Web 2.0-Beta-Button ist nun fertig.

7 Farbe und Struktur

Das Ändern der Button-Farbe ist kein Problem: Doppelklicken Sie einfach auf die Ebenenminiatur der Formebene ❶, und stellen Sie eine andere Farbe ein. Auch ein beliebiges Bild als Struktur über den Button zu legen ❷ ist ein Kinderspiel – kopieren Sie das Bild ein, und machen Sie daraus eine Schnittmaske ❸. Und wenn das Bild in der Farbe der Formebene dargestellt werden soll, verändern Sie seine Füllmethode ❹.

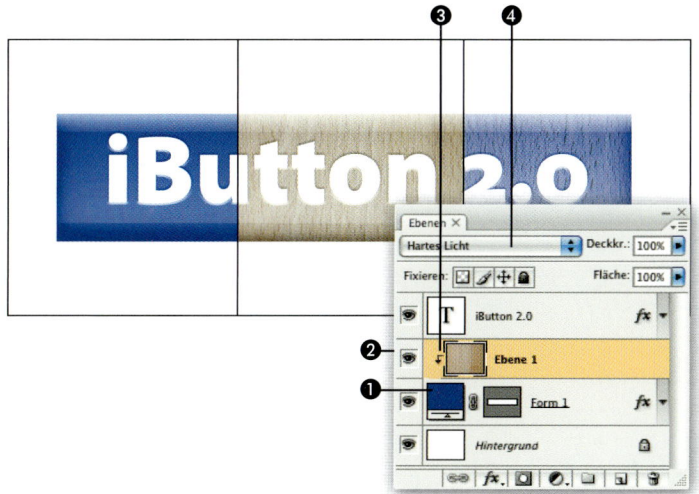

8 Stile

Dies ist eine gute Gelegenheit, Ihnen Stile vorzustellen. Alle Effekte mit allen Einstellungen, die Sie einer Ebene als Stil anhängen, können Sie abschließend über die Palette STILE speichern, indem Sie auf die Schaltfläche NEUEN STIL SPEICHERN klicken 🔲. Fortan können Sie diesen Stil mit nur einem Klick auf jede beliebige Ebene anwenden.

Ich habe Ihnen übrigens die beiden Stile dieses Workshops unter dem Namen iButton-Stile.asl auf die beiliegende DVD gepackt, so dass Sie sie über das Palettenmenü laden können.

9 Ein anderer Stil gefällig?

Rechts sehen Sie noch eine Variante des iButtons. Dazu habe ich eine neue Formebene mit dem Abgerundetes-Rechteck-Werkzeug 🔲 erstellt und den Verlauf der Verlaufsüberlagerung so verändert:

❺ Position = 0 %, Farbe = B 45 %;
❻ Position = 49 %, Farbe = B 55 %;
❼ Position = 50 %, Farbe = B 65 %;
❽ Position = 86 %, Farbe = B 50 %;
❾ Position = 100 %, Farbe = B 10 %;

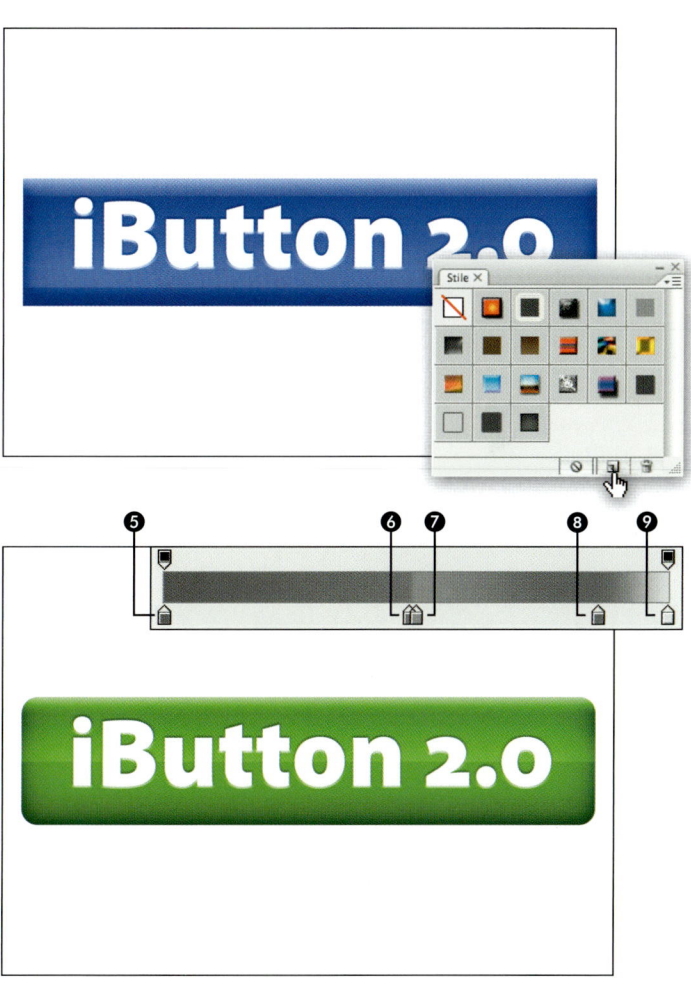

Für Web und Geräte speichern

Bilder für das Internet optimiert aufbereiten

Bilder für das Web zu speichern bedeutet immer, einen optimalen Kompromiss aus der Datenmenge (Ladezeit) und der Darstellungsqualität zu suchen. Dabei verhält sich wie so oft jedes Bild etwas anders. Photoshop bietet mit »Für Web und Geräte speichern« einen vielseitigen und umfangreichen Dialog, um schnell die besten Exporteinstellungen zu finden.

Zielsetzungen:
Fotos/Illustrationen bei optimalem Kompromiss zwischen Dateigröße und Abbildungsqualität für das Web exportieren
[fuerwebspeichern.psd]

1 Für Web und Geräte speichern

In der Beispieldatei für diesen Workshop finden Sie eine Ebene und eine Ebenen-gruppe. Die Ebenengruppe mit dem Titel »Illustration« ❶ ist ausgeblendet und auf der Hintergrund-Ebene ❷ ist das Foto einer Son-nenblume zu sehen.

Wählen Sie im Menü Datei • FÜR WEB UND GERÄTE SPEICHERN.

2 Foto für Web speichern

Dieses Bild hat mit 1535 zu 1181 Pixeln eine für das Web normalerweise unbrauchbare Auflösung. Sie können die Bildauflösung vor-sorglich über BILD • BILDGRÖSSE herunterrech-nen, bevor Sie diesen Dialog aufrufen, oder hier im Bereich BILDGRÖSSE ❸ einstellen.

Nachdem Sie die gewünschte BREITE oder HÖHE ❹ angegeben haben, klicken Sie auf ANWENDEN ❺ – Photoshop zeigt danach das neu berechnete Bild in der Vorschau ❻. Stellen Sie dann eine VORGABE ❼ ein – ich habe hier zunächst JPEG HOCH gewählt.

3 Zweifache Vorschau

Um den optimalen Kompromiss aus Qualität und Dateigröße zu finden, können Sie eine zweifache ❽ Darstellung wählen. Photoshop signalisiert durch einen farbigen Rand um die Vorschau, welches Bild Sie gerade einstellen.

Ich habe dem JPEG ein GIF 32 KEIN DITHE-RING ❾ gegenübergestellt. GIF 32 bedeutet, dass dieses Bild aus nur 32 Farben ❿ besteht. In der Vorschau sehen Sie, dass die Bildquali-tät des GIF wesentlich schlechter ist, die Da-tenmenge aber kaum geringer ⓫!

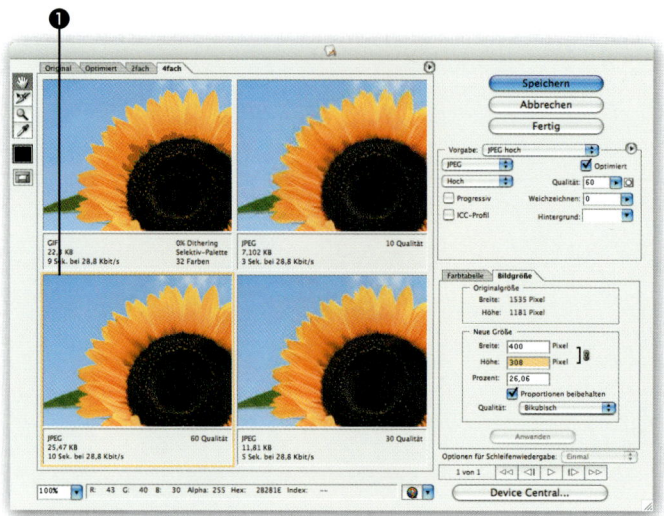

4 JPEG-Einstellungen vergleichen

Sie können auch eine vierfache Ansicht wählen. Dann haben Sie die Möglichkeit, Ihren bisherigen Favoriten auch mit einem JPEG in mittlerer und niedriger Qualität zu vergleichen. Ich würde mich in diesem Fall für das JPEG HOCH entscheiden, da es als einziges eine gute Qualität liefert.

Klicken Sie auf SPEICHERN – das Bild wird nach jener Einstellungsvariante berechnet, die in der Vorschau aktiv ist ❶.

5 Export von Logos und Illustrationen

JPEG ist fast immer die beste Einstellung, wenn man Fotos für das Web exportieren möchte. Anders sieht es bei Bildern mit wenigen Farben in homogenen Flächen aus – also Logos und Illustrationen.

Blenden Sie in der Beispieldatei die Ebenengruppe »Illustration« ein. Wählen Sie dann erneut DATEI • FÜR WEB UND GERÄTE SPEICHERN.

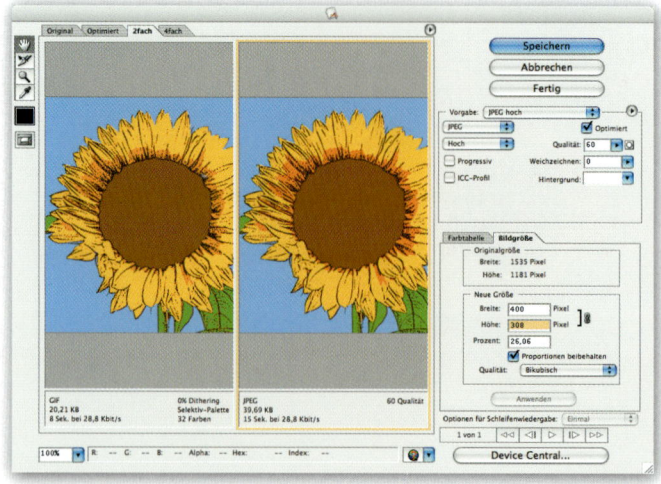

6 Exporteinstellungen für Logos

Wenn Sie im Dialog FÜR WEB UND GERÄTE SPEICHERN für diese Illustration noch einmal JPEG HOCH und GIF 32 OHNE DITHERING gegenüberstellen, werden Sie feststellen, dass die JPEG-Variante hier nicht mehr als besserer Darstellungs-Kandidat ins Ziel gehen kann. Bei der Datenmenge jedoch hat GIF mit klar mehr als der Hälfte die Nase vorne.

Fazit: Was JPEG bei Fotos fast immer besser kann – bei Logos sollte die Wahl des Dateiformats für das Web eher auf GIF fallen.

Animier mich!

Einen kleinen GIF-Film drehen

In diesem Workshop zeige ich Ihnen, wie Sie in Photoshop mit Hilfe von Ebenen und der Palette »Animation« ein einfaches, animiertes Banner erstellen können. Das ist gar nicht schwer und es macht darüber hinaus Spaß, wenn Ihr Film das Laufen lernt.

Zielsetzungen:
Ein Banner mit animiertem Text
[animated-gif.psd]

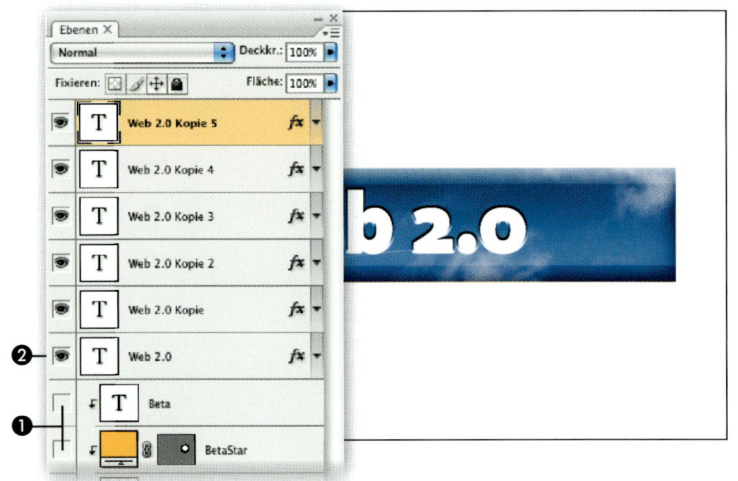

1   Textebenen duplizieren

Die Basis für diese kleine Animation bildet der iButton, den Sie bereits kennengelernt bzw. selbst erstellt haben. Hierfür habe ich die Farbe gegen den Ausschnitt eines blauen Himmels ausgetauscht, den Text durch »Web 2.0« ersetzt und einen Stern mit der Beschriftung »Beta« hinzugefügt.

Blenden Sie Stern- und Beta-Ebene aus ❶, und duplizieren Sie die Textebene ❷ fünfmal, so dass Sie am Ende sechs »Web 2.0«-Ebenen im Dokument haben.

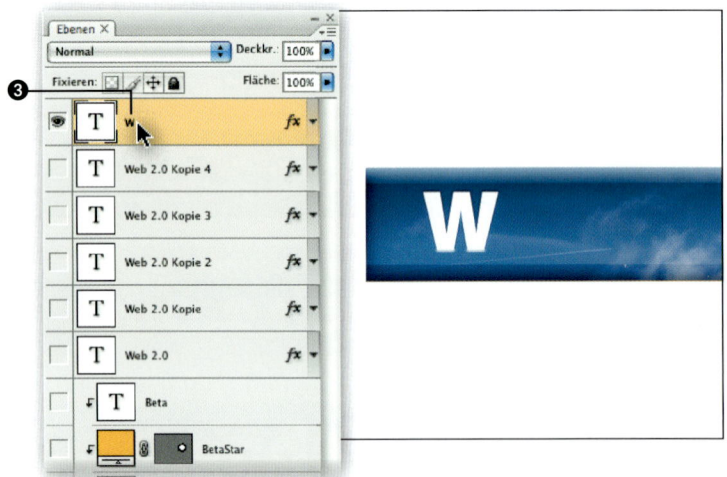

2   Ebenen neu beschriften

Das Wort soll sich Buchstabe für Buchstabe aufbauen. Blenden Sie zuerst die erstellten Textebenen aus, und ändern Sie mit dem Text-Werkzeug T, die Beschriftung der obersten Ebene auf »W«. Mit einem Doppelklick auf den Namen dieser Ebene ❸ habe ich diese von »Web 2.0 Kopie 5« auf »W« umbenannt, um später den Durchblick zu bewahren.

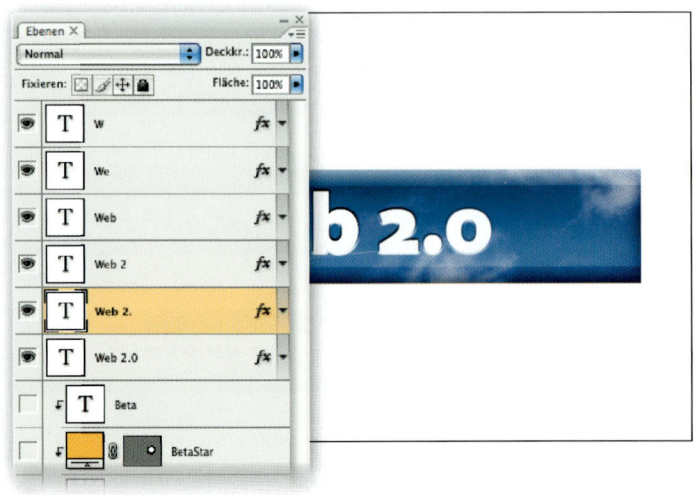

3   Buchstabe für Buchstabe

Verändern Sie alle Textebenen so, dass auf jeder Ebene ein Buchstabe dazukommt. Das Leerzeichen zählen wir heute nicht zu den Buchstaben, das heißt, es bekommt keine eigenen Ebene.

4 Palette Animation

Blenden Sie die Ebenen, nachdem alle beschriftet sind, wieder aus.

Rufen Sie dann die Palette ANIMATION auf.
Das erste Einzelbild unserer Animation steht
bereits. Klicken Sie auf die Schaltfläche DUPLI-
ZIERT AUSGEWÄHLTE FRAMES ⬜, um das
nächste Bild der Animation zu erzeugen.

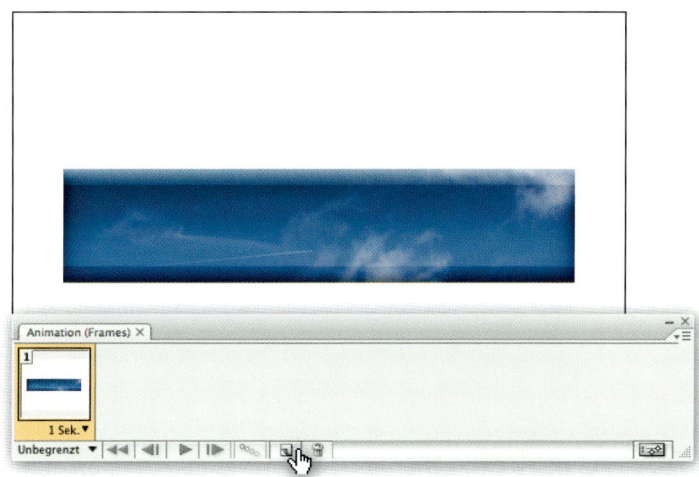

5 Ebenen einblenden

Blenden Sie die oberste Ebene mit dem »W«
wieder ein – das W erscheint auch im zweiten
Frame der Palette ANIMATION.

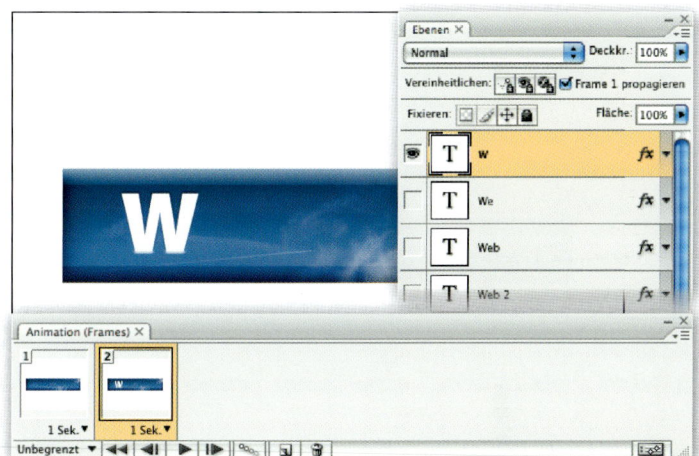

6 Dritten Frame erstellen

Erstellen Sie den dritten Frame, blenden Sie
die erste Textebene aus und die zweite ein.
Fahren Sie fort, bis alle sechs Textebenen je
einen Frame erhalten haben. Sie können nun
einen Zwischentest machen, indem Sie über
die Abspielen-Schaltfläche ❹ die Animation
durchlaufen lassen. Ich habe den Ablauf auf
UNBEGRENZT ❺ gestellt, damit sich die Animation wiederholt. Dabei bin ich darauf gekommen, dass die voreingestellte Sekunde
viel zu langsam ist und habe die Dauer der
Einzelbilder auf 0,1 Sekunden reduziert ❻.

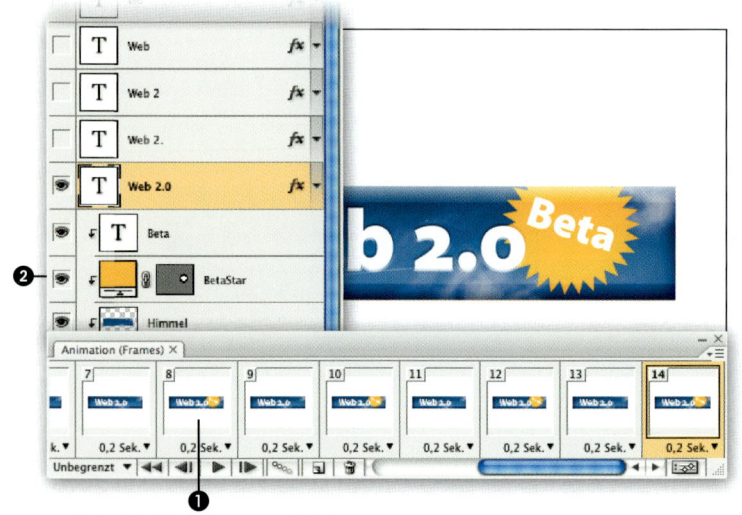

7 Blinken

Nun kommt der Beta-Stern, und er soll blinken. Den letzten Frame mit Text habe ich
1 Sekunde stehen lassen. Erstellen Sie einen
weiteren Frame ❶, stellen Sie ihn auf 0,2 Sekunden, und blenden Sie die Textebene
»Beta« und die Formebene »BetaStar« ein ❷
– das sollte jetzt Frame Nummer 8 sein. Erstellen Sie dann einen Frame mit ausgeblendeten Ebenen, einen mit eingeblendeten Ebenen usw., bis Sie 14 Frames beisammen
haben. Wenn Sie nun einen Test durchführen,
sollte Beta viermal blinken.

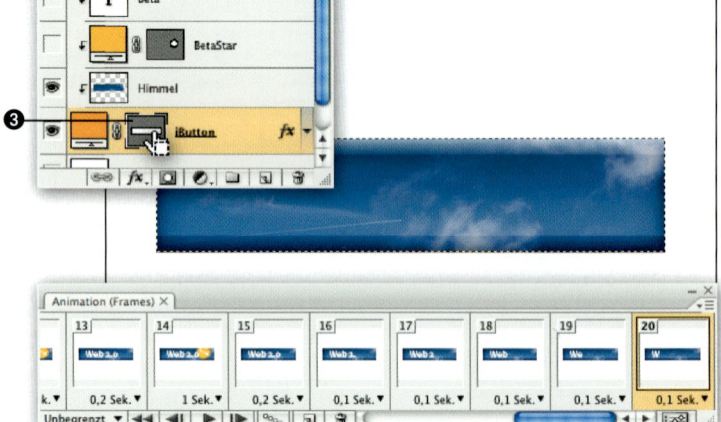

8 »Web 2.0« wieder ausblenden

Wenn der ganze Text auf einen Schlag ausgeblendet wird, dann wirkt das etwas plump.
Aus diesem Grund habe ich mich entschieden,
den Text Buchstabe für Buchstabe wieder so
abzubauen, wie ich ihn erscheinen ließ.

Die Animation ist somit fertig, und nun
wollen Sie sie als animiertes GIF ausgeben.
Dazu werden wir aber erst die Arbeitsfläche
reduzieren. Klicken Sie bei gedrückter ⌨Strg⌨/
⌘-Taste auf die Vektormaske ❸, damit die
Transparenz als Auswahl geladen wird.

Wählen Sie dann BILD • FREISTELLEN.

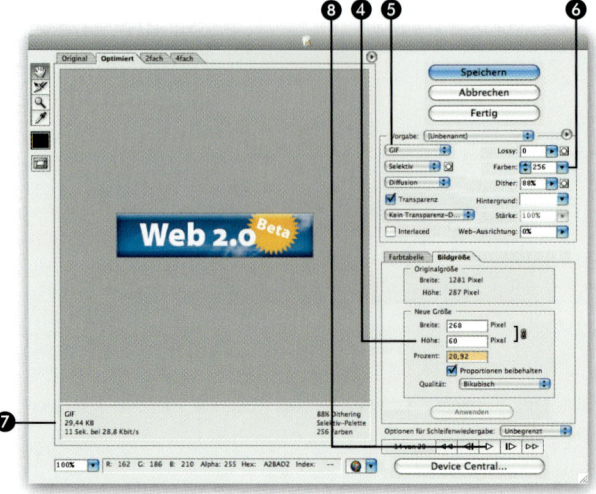

9 Animiertes GIF exportieren

Wählen Sie DATEI • FÜR WEB UND GERÄTE SPEI-
CHERN. Die Datei wurde von mir hochauf-
lösend für den Offsetdruck vorbereitet, für
das Internet müssen wir die Auflösung drastisch reduzieren. Geben Sie für die HÖHE ❹
60 Pixel ein. Animationen werden nur vom
GIF-Dateiformat unterstützt – stellen Sie
deshalb VORGABE auf dieses Format ❺. Für die
FARBEN ❻ habe ich 256 eingestellt, das ergibt
knapp 30 KB ❼, was noch ein recht akzeptab-
ler Wert ist. Testen Sie die Animation noch
einmal ❽, und speichern Sie sie dann.

Zoomify

Zoom me up, Scotty!

Wenn Sie ein Bild für das Internet ausgeben, dann muss das Bild klein sein, damit die Ladezeit nicht übermäßig lang ist und der durchschnittliche Besucher auch auf einem kleinen Bildschirm noch das ganze Bild anzeigen lassen kann – dafür lassen sich im Bild dann aber keine Details mehr erkennen. Mit Zoomify können Sie ein Bild so ausgeben, dass der Besucher zunächst nur eine kleine Darstellung angezeigt bekommt, sich aber mit Hilfe der Steuerelemente am unteren Rand in das Bild hineinzoomen kann. Und das Schönste daran: es ist ganz einfach!

Zielsetzungen:

Ein Bild mit Zoomfunktion

[zoomify.psd]

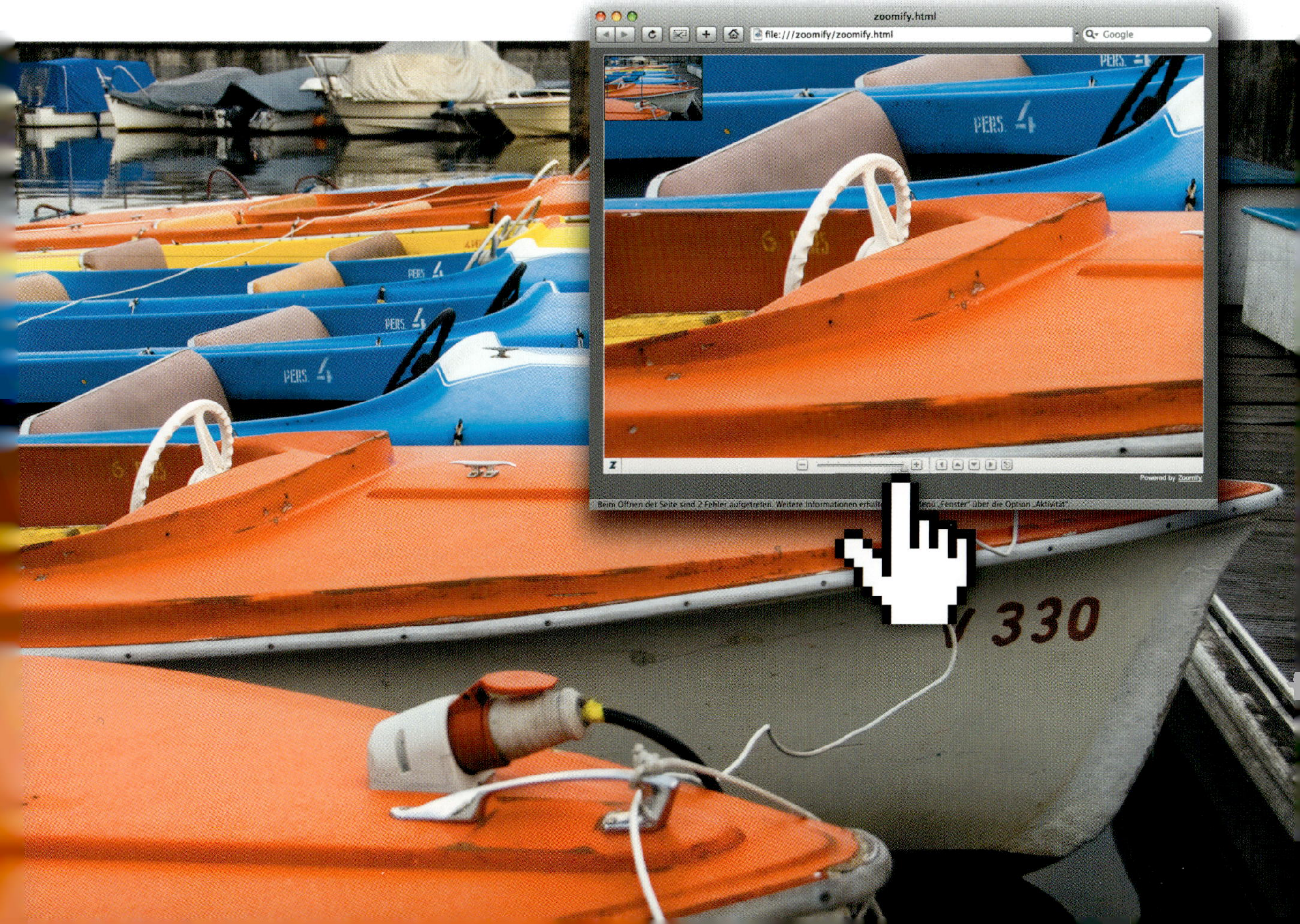

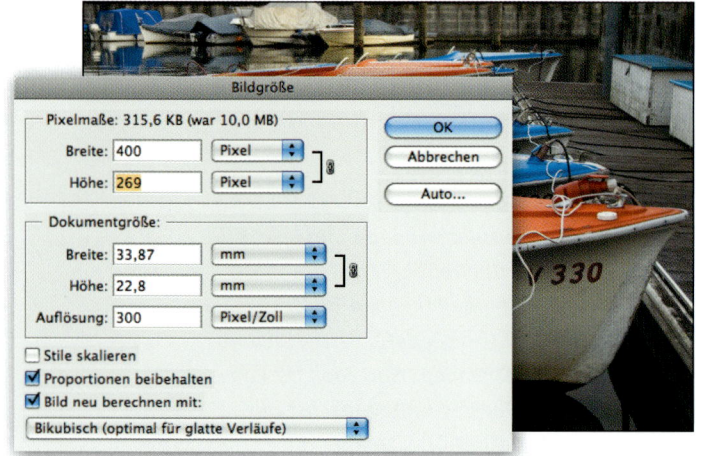

1 Exportgröße prüfen

Für den Export für Zoomify empfiehlt es sich, zuerst einmal zu prüfen, wie groß das Vorschaubild im Browser werden soll. Da ich nicht gerne selbst rechne, wähle ich BILD • BILDGRÖSSE und gebe im Bereich PIXELMASSE die von mir gewünschte BREITE ein – Photoshop verrät mir dann, wie groß die HÖHE proportional ausfällt. Mit diesem Wissen ausgestattet, verlasse ich den Dialog wieder, indem ich auf ABBRECHEN klicke.

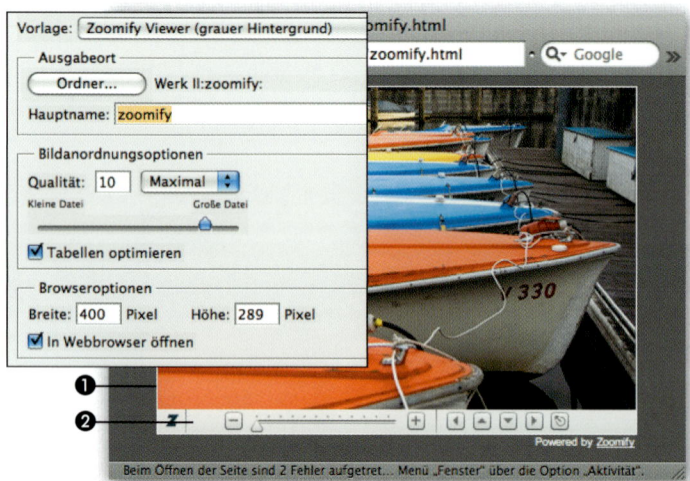

2 Zoomify

Wählen Sie nun DATEI • EXPORTIEREN • ZOOMIFY. Die Einstellung ist einfach: Wählen Sie einen Ordner, in dem Photoshop die HTML-Datei samt den dazugehörigen Bildern ablegen soll, bestimmen Sie die Qualität für die JPEG-Komprimierung, und legen Sie fest, wie groß das Zoomify-Fenster ❶ im Browser sein soll. Ich gebe hier unter Breite meine 400 Pixel ein. Wie ich aus Schritt 1 weiß, ergibt sich proportional eine Höhe von 269 Pixeln, wozu ich aber noch einmal 20 Pixel addiere, denn das ist die Höhe der Steuereinheit ❷.

3 Zoomify mit Navigator

Für das obere Beispiel habe ich ZOOMIFY OHNE NAVIGATOR als Vorgabe eingestellt. Für dieses Resultat habe ich als Vorgabe ZOOMIFY VIEWER MIT NAVIGATOR (GRAUER HINTERGRUND) gewählt – dadurch wird im Zoomify-Fenster ein Navigator ❸ eingeblendet, der mit dem Navigator in Photoshop vergleichbar ist und mit dessen Hilfe man sich bequem im Bild bewegen kann.

Web-Fotogalerie

Hallo Welt!

Kaum ein Fotograf, der seine Bilder nicht auch gerne herzeigt. Das Internet ist die beste Plattform dafür. Die meisten Hobby-Fotografen präsentieren Ihre Bilder heute bei Flickr.com. Wer aber eine eigene Domain oder zumindest etwas eigenen Web-space auf einem Server zur Verfügung hat, möchte seine Bilder vielleicht in einem etwas individuelleren Rahmen präsentieren. Photoshop hilf Ihnen dabei, diesen Rahmen zu generieren.

Zielsetzungen:

Web-Galerie aus einem Ordner
voller Bilder erstellen

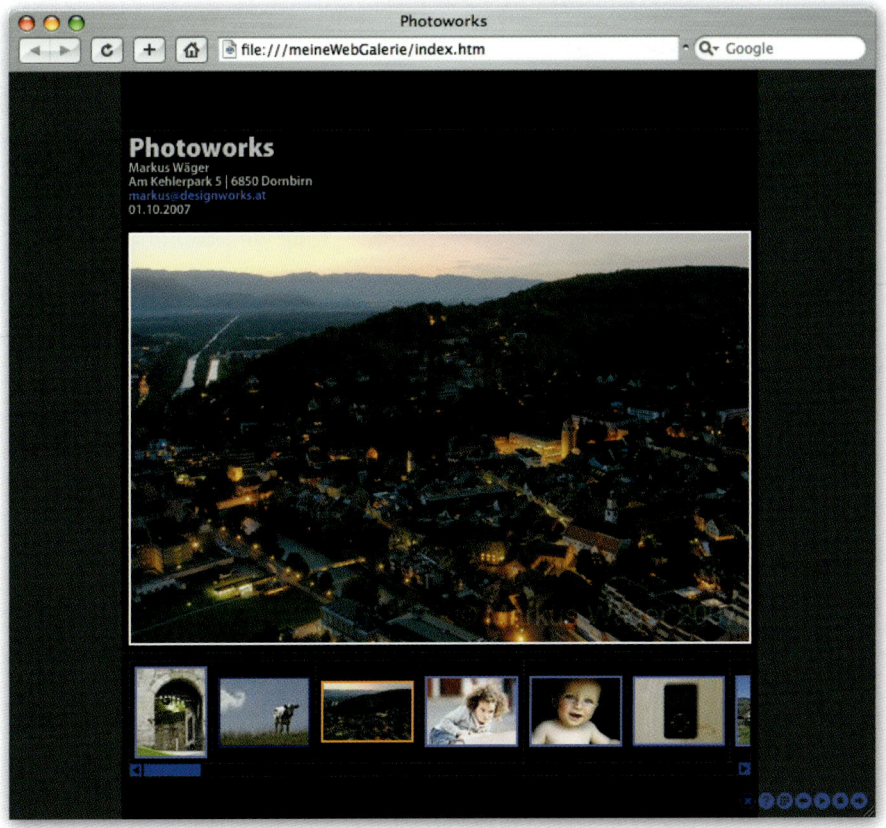

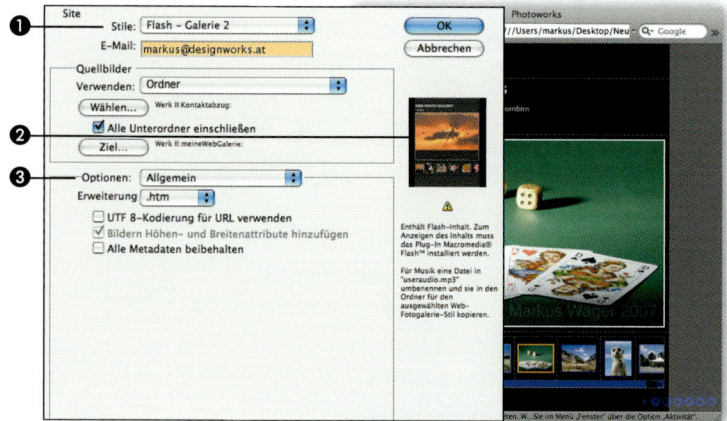

1   Allgemeine Einstellungen

Wählen Sie im Menü Datei • Automatisieren
• Web-Fotogalerie.

Unter Stile ❶ können Sie aus verschiedenen
Ausführungsvarianten auswählen. Ich habe
mich für Flash-Galerie 2 entschieden.

Tragen Sie darunter Ihre E-Mail-Adresse als
Kontakt ein. Rechts sehen Sie eine kleine
Vorschau ❷, und im unteren Bereich stellen
Sie die Optionen ❸ für die Galerie ein.

Die Einstellungen unter Allgemein können
Sie in der Regel unverändert lassen.

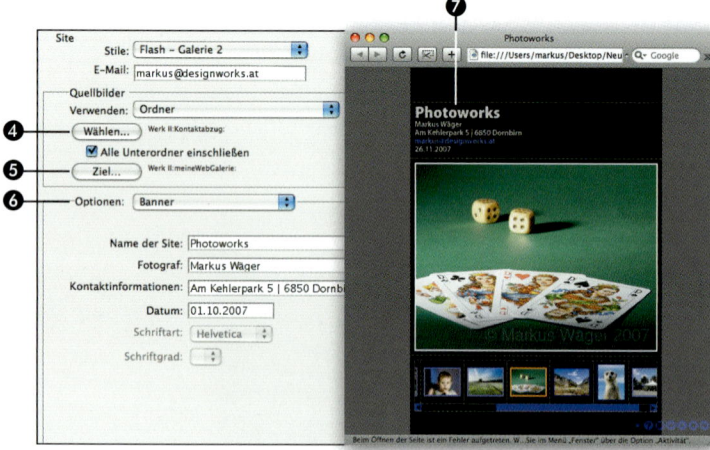

2   Quellbilder und Banner

Wählen Sie im Bereich Quellbilder den
Ordner aus, in dem sich Ihre Bilder für die
Webgalerie befinden ❹. Definieren Sie mit
Ziel den Ordner, in den die Webgalerie ge-
speichert werden soll ❺. Den Inhalt dieses
Ordners müssen Sie anschließend auf Ihren
Webserver übertragen (das ist eine andere
Geschichte, für ein anderes Buch).

Mit den Optionen unter Banner ❻ beschriften Sie die Fotogalerie – diese Beschriftung wird hier über den Fotos ❼ ausgegeben.

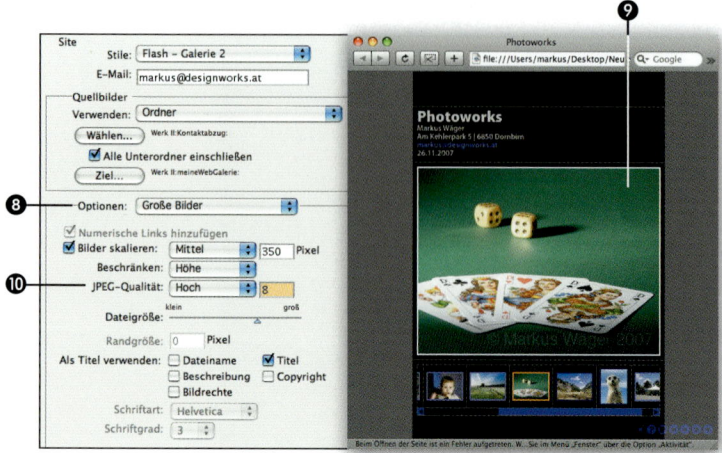

3   Große Bilder

Mit Große Bilder ❽ definieren Sie, wie groß
die Bilder ❾ gezeigt werden. Mit der voreingestellten mittleren Skalierung können Sie
ziemlich sicher gehen, dass die meisten
Besucher Ihre Bilder komplett auf dem Bildschirm darstellen können. Die JPEG-Quali-
tät ❿ habe ich auf Hoch gestellt, das
bedeutet zwar etwas mehr Ladezeit, dafür
aber auch eine ansehnliche Bildqualität – ordentliche Bilder haben das verdient.

4 Miniaturen

Hier stellen Sie das Format der MINIATUREN ⓫ – auch Thumbnails genannt – ein.

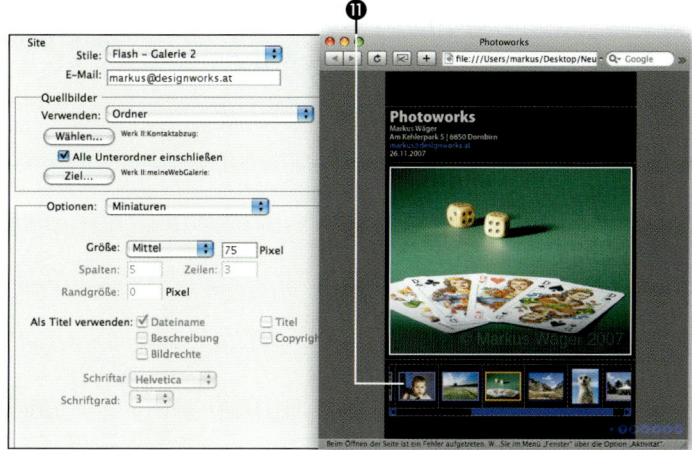

5 Eigene Farben

Wenn Sie möchten, dass die Flash-Galerie 2 so ausgegeben wird wie in der Vorschau, müssen Sie hier EIGENE FARBEN definieren. Voreingestellt ist ein weißer Hintergrund, schwarze Schrift und ein hellgraues Banner.

Mit LINK definieren Sie die Farbe der Rähmchen um die Thumbnails – AKTIVER LINK umrahmt das in der großen Ansicht aktuelle Bild, LINK alle Bilder, die Ihr Besucher noch nicht betrachtet hat, und BESUCHTER LINK die Bilder, die er schon anzeigen ließ.

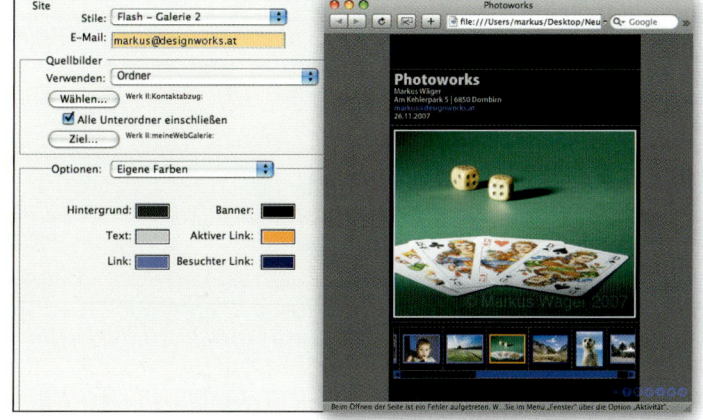

6 Sicherheit

Sicherheit ist ein zu großes Wort für diese Einstellung. Man würde hier wohl ein Passwort erwarten, bekommt aber lediglich ein Wasserzeichen ⓬.

Ein Wasserzeichen ist ein Logo, Symbol oder Text, den Sie über den Bildern einblenden lassen, damit diese nicht jederzeit vom Bildschirm abfotografiert und für fremde Zwecke eingesetzt werden können. Adobe bietet Ihnen hier die Option, einen Text als Wasserzeichen einzublenden.

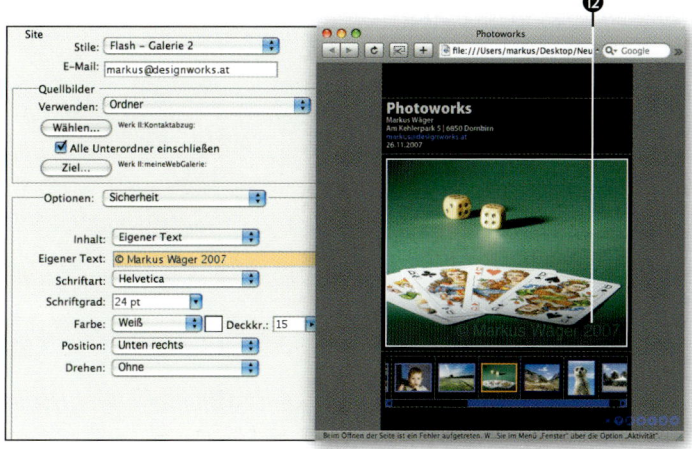

Ausgabe und Präsentation

Was rein geht, muss auch wieder raus. Wenn Sie Ihre Bilder in Photoshop kunstvoll bearbeitet haben, dann wollen Sie sie auch jemandem zeigen. In diesem Kapitel erkläre ich Ihnen die beiden abschließenden Schritte der Bildbearbeitung – das Scharfzeichnen und das Konvertieren nach CMYK –, beschreibe die wichtigsten Dateiformate für die Druckvorstufe, zeige Ihnen den Drucken-Dialog, und lasse Sie abschließend eine PDF-Präsentation aus mehreren Bildern erstellen.

Foto: Tim Friedrich – Fotolia.com

Ausgabe und Präsentation

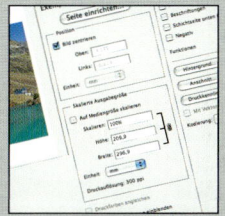

SCHWIERIGKEITSGRAD 1 FÜR EINSTEIGER

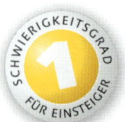

Bilder nachschärfen

Unschärfen beseitigen mit dem Selektiven Scharfzeichner

Es gibt eigentlich kaum ein Bild, das nicht nachgeschärft werden muss. Vornehmen sollten Sie das Scharfzeichnen immer am Ende der Bildbearbeitung. Wenn Ihr Bild im RGB-Farbraum bleibt, dann ist es der letzte Schritt; wenn Sie Ihr Bild nach CMYK konvertieren müssen, dann sollten Sie das Schärfen direkt vor dem Konvertieren tun. Dabei ist das Scharfzeichnen eine der subtilsten Standardeinstellungen, die den Photoshop-Anwender täglich beschäftigen.

Zielsetzungen:

Bild nachschärfen

[selektiverscharfzeichner.psd]

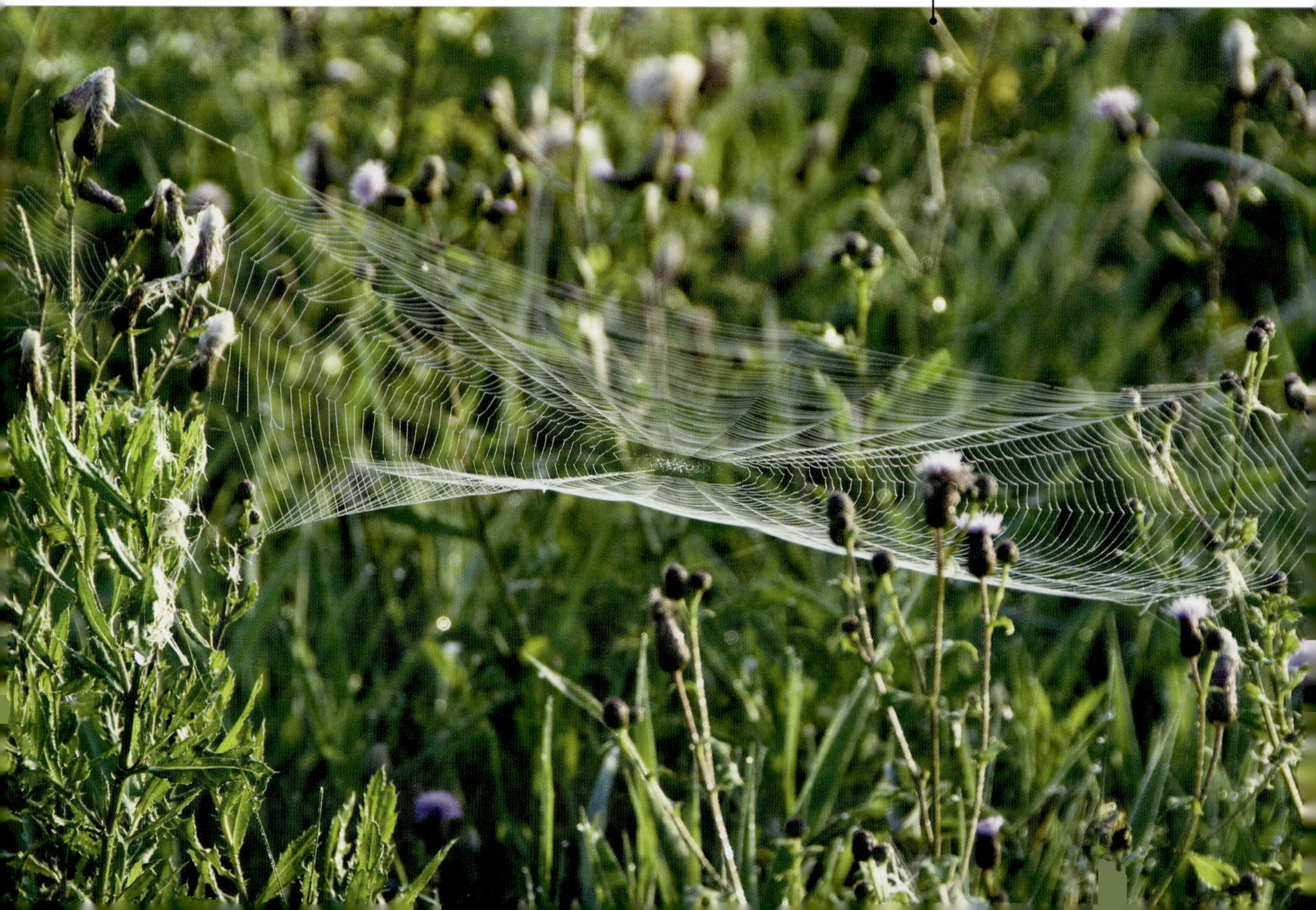

1 Selektiver Scharfzeichner

Öffnen Sie das nachzuschärfende Bild, und wählen Sie im Menü FILTER • SCHARFZEICHNUNGSFILTER • SELEKTIVER SCHARFZEICHNER.

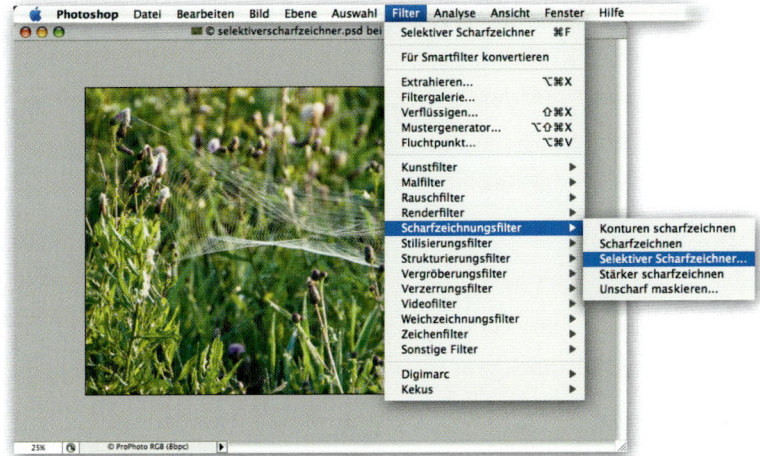

2 Tiefenschärfe abmildern

Stellen Sie ENTFERNEN auf TIEFENSCHÄRFE ABMILDERN ❶, belassen Sie RADIUS auf 1 und verschieben Sie die STÄRKE ❷, um eine optimale Schärfeeinstellung zu finden.

Für das normale Nachschärfen nach der Neuberechnung eines Bildes werden Sie Werte von 100 % und weniger einstellen. Höhere Werte brauchen Sie nur, wenn ein Bild unscharf fotografiert wurde und Sie versuchen, es durch digitales Nachschärfen zu retten.

3 Erweiterte Einstellungen

Der Selektive Scharfzeichner bietet auch erweiterte Einstellungsmöglichkeiten ❸. Hiermit können Sie die Einstellungen für TIEFEN und LICHTER ❹ separat zurücknehmen (VERBLASSEN UM) und nachjustieren. Ich für meinen Teil habe den Vorteil der hochdiffizilen Einstellungen, die hiermit möglich sind, noch nicht entdeckt und finde, dieser Modus sollte nicht ERWEITERT, sondern »Komplizierter« heißen. Mein Tipp: Verwenden Sie den einfachen Modus, der sehr gut ist, oder eine der anderen Methoden aus diesem Buch.

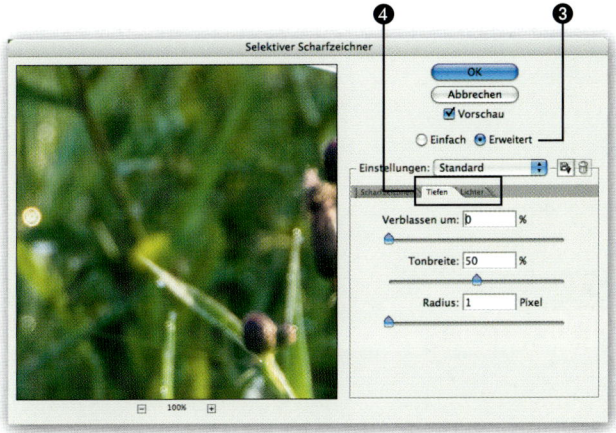

CMYK-Konvertierung

Korrekte Aufbereitung für den Vierfarbendruck

In der Regel werden Sie Ihre Bilder vor der Übergabe der Daten an eine Druckerei von RGB nach CMYK umwandeln müssen. Dabei werden die Bilder von einem größeren in einen kleineren Farbraum umgerechnet. Abgesehen davon, dass dabei quasi kein Pixelsteinchen auf dem anderen bleibt, geht leuchtenden Farben zwangsläufig Sättigung verloren. Um dennoch ein möglichst optimales Ergebnis zu erhalten, sollten Sie die Bilder über ein passendes Farbprofil konvertieren.

Zielsetzungen:

RGB-Bild für die Ausgabe in CMYK optimiert konvertieren

[cmyk-konvertierung.psd]

1 Reguläre CMYK-Konvertierung

Der normale Weg, ein Bild von RGB in den
CMYK-Farbraum zu konvertieren, führt über
Menü BILD • MODUS • CMYK-FARBE. Ist Ihr
Farbmanagement nicht korrekt eingerichtet,
dann ist das eher ein Holzweg. Im Kapitel
über Farbeinstellungen habe ich Ihnen erklärt,
dass es von wesentlicher Bedeutung ist, auf
was für ein Papier Bilder gedruckt werden. Ist
das Farbmanagement auf ein falsches Papier
eingestellt, wird das Resultat nicht so gut, wie
es sein könnte.

2 Korrekte CMYK-Konvertierung

Wählen Sie, um ein Bild in den CMYK-Farbraum zu konvertieren, DATEI • IN PROFIL UM-
WANDELN. Im darauf folgenden Dialog können
Sie nun unter ZIELFARBRAUM ein PROFIL ❶ definieren. Hierfür sollten Sie sich von www.eci.
org die Profile »ISO Coated« und »ISO
Uncoated« holen (evtl. auch »ISO Newspaper«
von www.ifra.com). Stellen Sie unter PRIORI-
TÄT • PERZEPTIV ❷ ein.

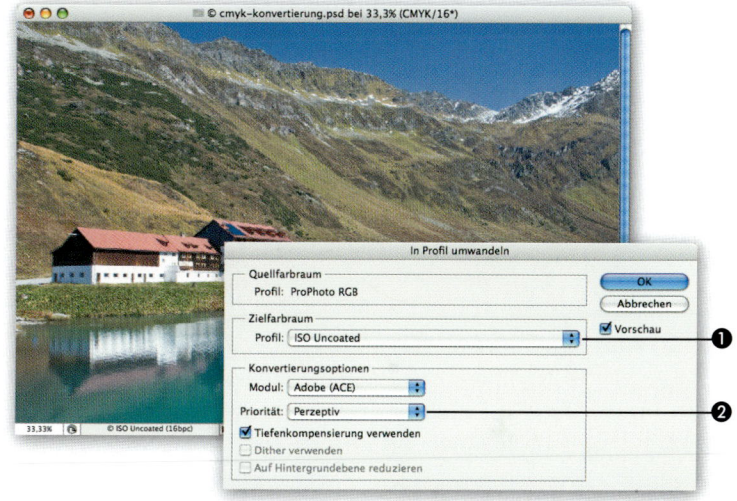

3 Passende Profile

Wird Ihr Bild auf gestrichenes Kunstdruck-
papier gedruckt, wählen Sie als Profil »ISO
COATED« ❸, für ungestrichenes Naturpapier
»ISO UNCOATED« ❹, für Zeitungspapier »ISO
NEWSPAPER« ❺. Dadurch wird das Bild bei der
Konvertierung für die allgemeinen Eigen-
schaften der Papierart optimiert. Noch
bessere Ergebnisse sind möglich, wenn Sie das
Profil in Ihrer Druckerei erfragen – diese wird
Ihnen dann eventuell eines zusenden, das auf
ganz spezifische Eigenschaften eines be-
stimmten Papiers eingeht.

Dateiformate

Welches Dateiformat für welche Anwendung? ▶ **Video-Training**

Speichern-Dialog:

Wählen Sie im Speichern-Dialog das Datei-Format aus dem Menü; betten Sie vorhandene Profile immer ein.

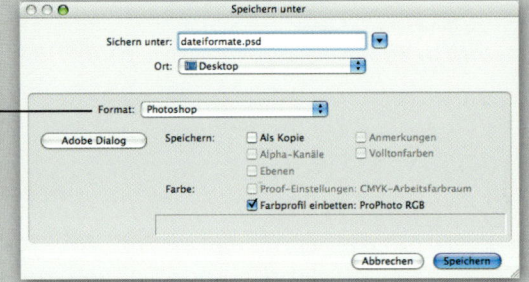

JPEG – aller Fragen Antwort?

Es vergeht kaum ein Seminar zu InDesign oder Photoshop ohne die Frage, ob nicht auch JPEG zu den richtigen Formaten für die Druckvorstufe gehört. Die Antwort lautet klar und eindeutig: Nein!

JPEG ist nicht in erster Linie ein Dateiformat, sondern zunächst eine Technik, um Bilder zu komprimieren – deshalb wird es auch immer dort eingesetzt, wo die Dateigröße eine Rolle spielt – beispielsweise bei Digitalkameras, wo ökonomisch mit dem Platz der Speicherkarte umzugehen ist, oder beim Übertragen von Bilddaten im Internet. JPEG

ist dabei hocheffizient. Es hat aber den Nachteil, dass es ein verlustreicher Kompressionsalgorithmus ist – d. h., das Resultat ist nach der Komprimierung schlechter als zuvor.

Wenn als Einstellung eine geringe Komprimierung gewählt wird, ist das komprimierte Bild so gut, dass die Qualitätsverminderung praktisch nicht zu sehen ist – die Datenmenge ist dennoch deutlich reduziert.

Zwei Gründe sind es aber, die dennoch gegen das Dateiformat JPEG sprechen – überall dort, wo die Datenmenge nur eine untergeordnete Rolle spielt:

Erstens: Bei jedem Speichern wird ein JPEG-Bild neuerlich komprimiert – das Bild verschlechtert sich jedes Mal noch ein bisschen mehr. Diese sich potenzierende Verschlechterung sollte wenn möglich vermieden werden.

Sie brauchen sich keine Sorgen zu machen, wenn Ihre Kamera Fotos in JPEG speichert oder Sie Bilder einer Bildagentur als JPEG geliefert bekommen – die Verschlechterung des Bildes durch die JPEG-Komprimierung ist so gering, dass Sie den Unterschied zum Original nicht sehen würden. Wenn Sie das Bild aber bearbeiten, sollten Sie es anschließend auf jeden Fall als PSD- oder TIFF-Datei speichern, um eine weitere Komprimierung zu verhindern.

Zweitens: Wenn Sie ein Bild nachbearbeiten und dabei zu extremen Einstellungen bei Tonwertkorrektur, Farbeinstellungen oder Scharfzeichnung greifen, oder wenn Sie es vergrößern möchten, dann werden die ansonsten nicht sichtbaren Qualitätsverschlechterungen ganz schnell zum Problem. Deshalb stellen Profi-Fotografen ihre Kameras auch so ein,

JPEG-Optionen:

Verwenden Sie JPEG dann, wenn Sie eine Datei über das Internet zur Ansicht versenden möchten; unter der Vorschau wird die resultierende Datenmenge angezeigt.

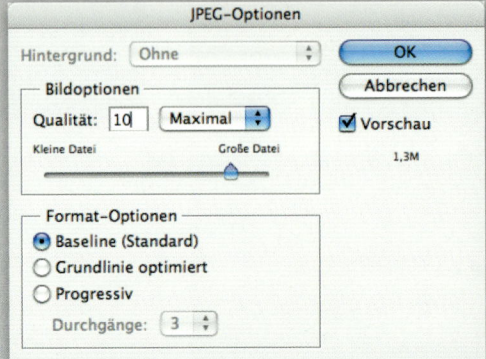

dass die Fotos im TIFF-Format gespeichert werden, in der Regel sogar Raw.

EPS – alter Haudegen auf Abstellgleis

EPS ist der große alte Standard der Druckvorstufe – die Betonung liegt auf alt. Vor zehn oder fünfzehn Jahren gab es Druckvorstufentechniker, denen etwas anderes als EPS gar nicht in die Tüte kam. Heute ist EPS zum Auslaufmodell geworden und mir fällt nur noch das Mehrkanalbild ein, bei dem man um EPS nicht herumkommt.

TIFF – frisch und munter

Während EPS von seinem Erfinder – Adobe – quasi zum Auslaufmodell erklärt wurde und mittlerweile als veraltet betrachtet werden darf, ist TIFF jung geblieben, hat sich weiterentwickelt und ist heute *das* offene Standard-Format, mit dem fast alle Anwendungen etwas anfangen können, und das fast alles speichert, was Photoshop kann (also Ebenen, Pfade, Transparenz, Effekte …).

PSD – easy living

PSD ist das Photoshop-eigene Format. Es hat gegenüber TIFF den Vorteil, dass es keine weiterreichenden Speichereinstellungen unterstützt – d.h., es ist völlig unkompliziert in der Anwendung. Allerdings hat es TIFF gegenüber den Nachteil, dass es kein Standard ist, also nur von einigen Programmen verstanden wird, und dass sich Bilder damit nicht komprimieren lassen – also kein Speicherplatz gespart werden kann.

Wenn Speicherplatz für Sie kein und einfache Anwendung sehr wohl ein Thema ist, verwenden Sie PSD.

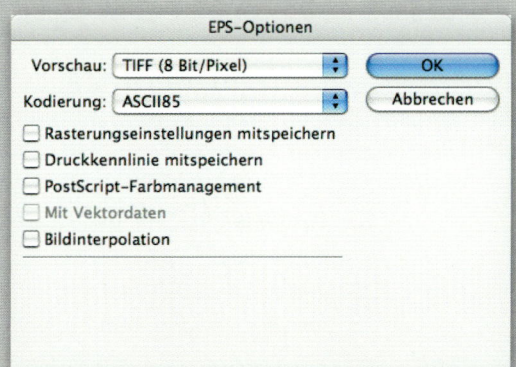

EPS-Optionen: Stellen Sie die Vorschau auf TIFF (8 Bit/Pixel) – Mitmenschen, die nicht am Mac oder mit Adobe In-Design arbeiten, werden es Ihnen danken; verstellen Sie sonst nichts!

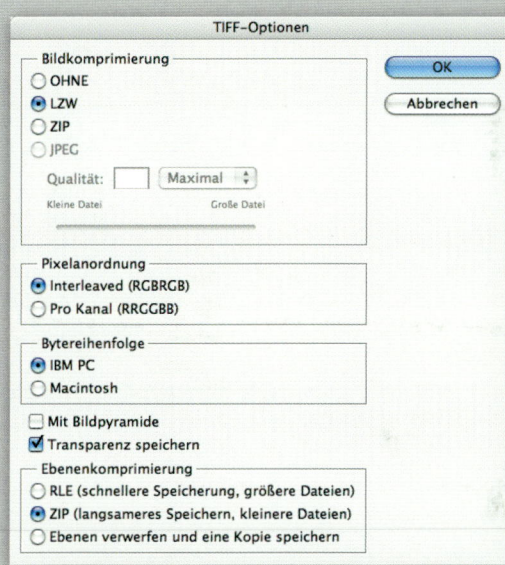

TIFF-Optionen: Nutzen Sie die Möglichkeit zur Bildkomprimierung mit LZW – ohne Qualitätsverlust! Als Macianer stellen Sie IBM PC ein – für den Rest der Welt; aktivieren Sie TRANSPARENZ SPEICHERN, wenn Sie sie im Layout-Programm nutzen möchten.

Und Raw?

Raw sollte das Format der Wahl sein, wenn Sie eine digitale Spiegelreflex-Kamera haben. Photoshop kann aber kein Raw lesen – es muss erst über den Adobe-Camera-Raw-Konverter für Photoshop konvertiert werden. Danach speichern Sie es als TIFF oder PSD.

Kontaktabzüge

Für den schnellen Überblick

Mit »Kontaktabzug II« erstellt Photoshop automatisch in
nur wenigen Augenblicken aus den Bildern eines Ordners ein
übersichtliches Dokument, in dem die von Ihnen bestimmte
Anzahl an Bildern fein säuberlich aufgereiht ist.

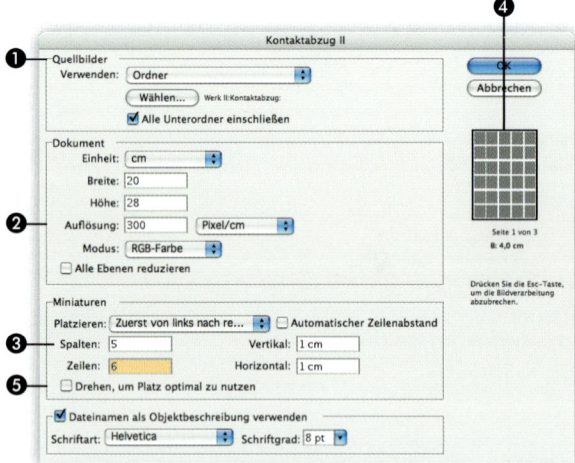

1 Kontaktabzug einstellen

Wählen Sie Menü DATEI • AUTOMATISIEREN •
KONTAKTABZUG II. Definieren Sie im folgenden
Dialog den Ordner, in dem sich die QUELL-
BILDER befinden ❶ (Sie können stattdessen
auch in Photoshop geöffnete Bilder verwenden). Definieren Sie auch BREITE und HÖHE,
die der Kontaktabzug bekommen soll, und
bestimmen Sie die AUFLÖSUNG ❷. Wählen Sie
die Anzahl der SPALTEN und ZEILEN ❸.

Rechts sehen Sie eine Vorschau ❹ und die
Angabe, wie viele Kontaktbögen sich aus
Ihren Einstellungen ergeben.

2 Dateinamen

Sinnvollerweise sollten Sie DATEINAMEN ALS
OBJEKTBESCHREIBUNG VERWENDEN ❺ aktiviert
lassen, damit Sie den Bezug von der Abbildung auf dem Kontaktbogen zu den Daten
auf Ihrer Festplatte herstellen können.

Nachdem Sie OK geklickt haben, öffnet
Photoshop ein Bild nach dem anderen und
platziert es nach Ihren Einstellungen auf einer
neu erstellten Seite, die Sie anschließend ausdrucken und/oder speichern können.

Drucken

Der Kampf um die richtige Farbe

Der Drucken-Dialog von Photoshop ist übersichtlich und benutzerfreundlich, so dass korrekte Einstellungen nicht problematisch sind. Nur farbechtes Drucken stellt nach wie vor Designer und Fotografen vor Herausforderungen.

1 Ausgabe-Einstellungen

Wählen Sie im Menü DATEI • DRUCKEN. Im anschließenden Dialog stellen Sie das Ausgabeformat ein. Klicken Sie dazu auf SEITE EINRICHTEN ❶ – dadurch gelangen Sie zum Einstellungsdialog des Druckertreibers.

Stellen Sie die AUSGABEGRÖSSE ❷ ein – Photoshop kann diese auch automatisch ❸ an den bedruckbaren Bereich anpassen. Aktivieren Sie im Bedarfsfall SCHNITTMARKEN ❹.

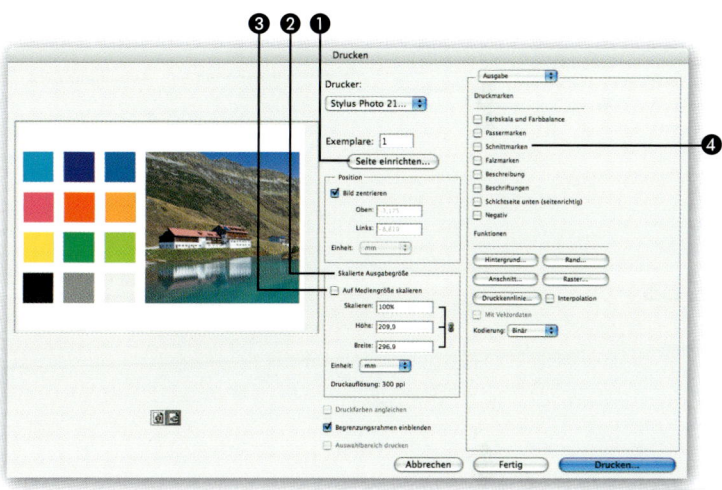

2 Farbmanagement

Ein paar grundsätzliche Farbmanagement-Einstellungen ❺: Belassen Sie DRUCKEN auf DOKUMENT ❻, aktivieren Sie FARBHANDHABUNG DURCH PHOTOSHOP ❼, stellen Sie die RENDERPRIORITÄT auf PERZEPTIV ❽ und wählen Sie unter DRUCKERPROFIL ❾ wenn möglich das Profil Ihres Druckers (bei vielen Druckern auf der Installations-CD).

Nachdem Sie auf DRUCKEN geklickt haben, öffnet sich der Systemdialog DRUCKEN, in dem Sie den Druckertreiber konfigurieren können – klicken Sie dort neuerlich auf DRUCKEN.

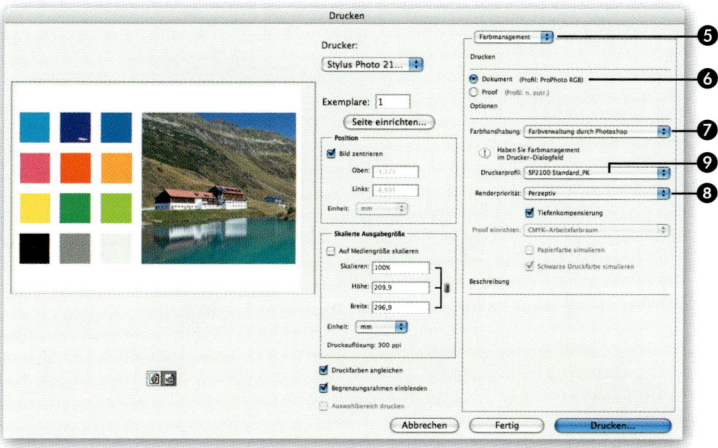

PDF-Präsentationen

Besser als PowerPoint?

Mit PowerPoint lassen sich hervorragende Präsentationen erstellen. Der Haken an der Sache ist, dass man zum Ansehen das Programm braucht. Da bringt eine PDF-Präsentation eindeutige Vorteile mit sich, denn die Schriften sind in der Datei eingebettet und den Acrobat-Reader hat alle Welt.

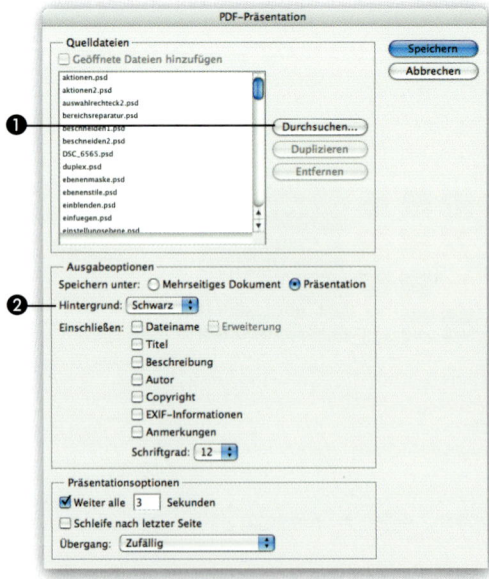

1 PDF-Präsentation

Wählen Sie im Menü DATEI • AUTOMATISIEREN • PDF-PRÄSENTATION. Im darauf folgenden Dialog fügen Sie durch einen Klick auf die Schaltfläche DURCHSUCHEN ❶ die Dateien hinzu, die in die Präsentation aufgenommen werden sollen. Ich wechsle dann praktisch immer vom weißen Hintergrund ❷ zum schwarzen.

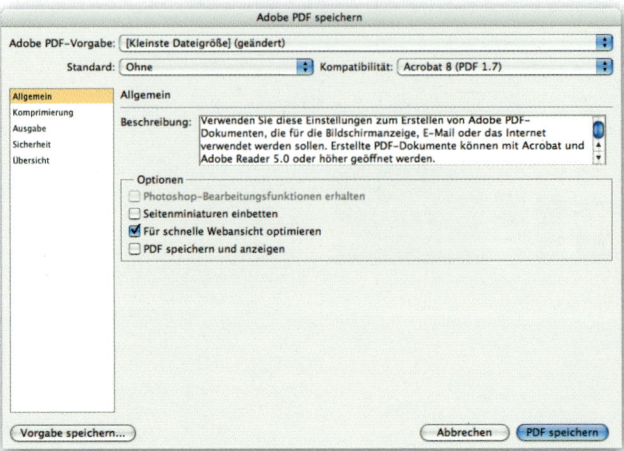

2 Allgemeine PDF-Einstellungen

Nachdem Sie auf SPEICHERN geklickt haben, folgt der Dialog ADOBE PDF SPEICHERN. Die Einstellungen unter ALLGEMEIN können Sie für gewöhnlich unverändert lassen.

3 Komprimierung

Hier können Sie die Auflösung der Bilder für das PDF bestimmen. Mit den OPTIONEN stellen Sie ein, ob und auf welche Auflösung Bilder reduziert werden sollen. Im oberen Feld ❸ definieren Sie eine Ausgabeauflösung, mit dem unteren Wert ❹ bestimmen Sie, ab welcher Auflösung ein Bild reduziert werden soll. Dazu ein Beispiel: Findet Photoshop nach diesen Angaben ein Bild mit einer Auflösung von 149 Pixel/Zoll, dann wird das Bild nicht reduziert. Ein Bild mit 151 Pixel/Zoll wird auf 100 Pixel heruntergerechnet.

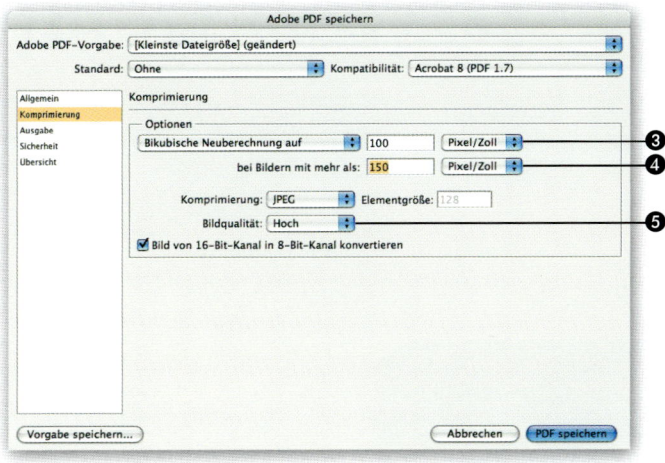

4 Bildqualität und Ausgabe

Unter BILDQUALITÄT ❺ sollten Sie HOCH einstellen, wenn es auf die Qualität der Darstellung ankommt. Verwenden Sie geringere Qualitätseinstellungen, wenn Sie die Präsentation über Internet versenden möchten.

Unter AUSGABE treffen wir wieder auf das Thema Farbmanagement. Für die Darstellung der Präsentation auf Bildschirmen empfiehlt es sich, unter FARBKONVERTIERUNG • IN ZIELPROFIL KONVERTIEREN ❻ einzustellen und als ZIEL ❼ ein sRGB-Profil zu verwenden.

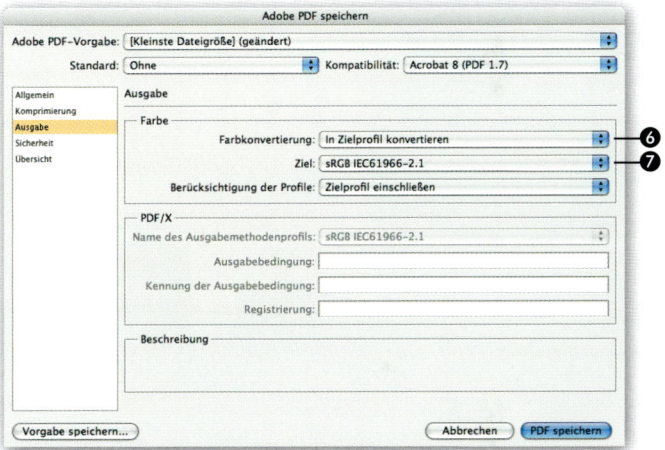

5 Acrobat und mehr …

Wenn Sie auf PDF SPEICHERN klicken, wird sich Photoshop wieder einige Momente Zeit nehmen, alle Bilder zu öffnen, zu konvertieren und in einem PDF zusammenzufügen.

Wenn Sie das PDF nach Abschluss öffnen, sollte es in Acrobat automatisch im Präsentationsmodus starten und mit den definierten Einstellungen ablaufen. In Acrobat könnten Sie die PDF-Datei natürlich weiterbearbeiten.

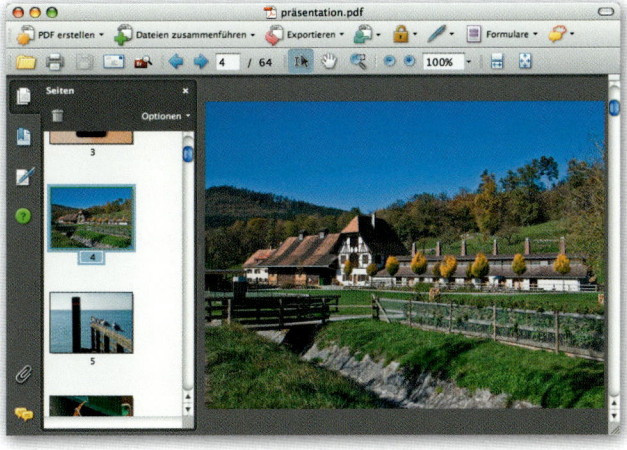

Dateiverwaltung de luxe

Ihre Bilder im Überblick. Wer mit
großen Mengen an Bildern hantiert,
benötigt ein Programm, mit dem er seine
Datenbestände sinnvoll und effizient verwalten und durchforsten kann.

Adobe hat zu diesem Zweck mit der
Version 7 von Photoshop einen Datei-
browser eingeführt. In dieser ersten
Version arbeitete das Programm noch
ausschließlich mit Photoshop zusammen.

Mittlerweile ist das Zusatzprogramm
erwachsen und selbstständig geworden,
hat den schönen Namen Bridge erhalten
und dient als Schnittstelle zwischen allen
Creative Suite-Programmen.

In diesem Kapitel werde ich Sie in die
Arbeitsweise von Bridge einführen – vom
einfachen Sichten Ihrer Dateien bis hin zu
den fortgeschrittenen Verwaltungs-
funktionen.

Foto: Erick Nguyen – Fotolia.com

Dateiverwaltung de luxe

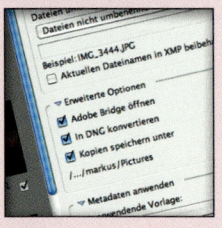

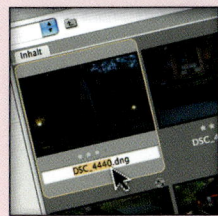

Der Bridge-Arbeitsbereich

Die »ganze« Bridge auf einen Blick

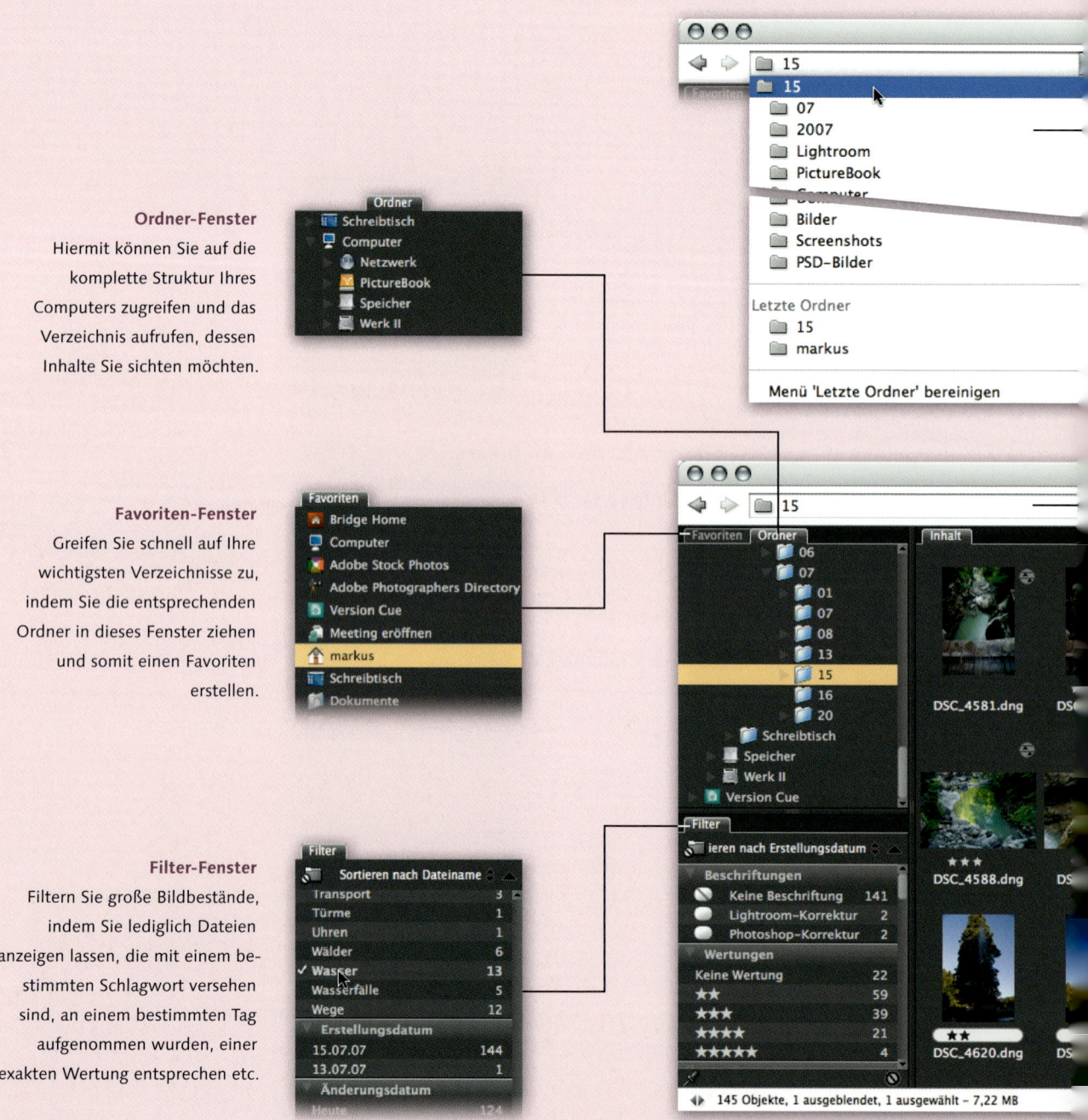

Ordner-Fenster

Hiermit können Sie auf die komplette Struktur Ihres Computers zugreifen und das Verzeichnis aufrufen, dessen Inhalte Sie sichten möchten.

Favoriten-Fenster

Greifen Sie schnell auf Ihre wichtigsten Verzeichnisse zu, indem Sie die entsprechenden Ordner in dieses Fenster ziehen und somit einen Favoriten erstellen.

Filter-Fenster

Filtern Sie große Bildbestände, indem Sie lediglich Dateien anzeigen lassen, die mit einem bestimmten Schlagwort versehen sind, an einem bestimmten Tag aufgenommen wurden, einer exakten Wertung entsprechen etc.

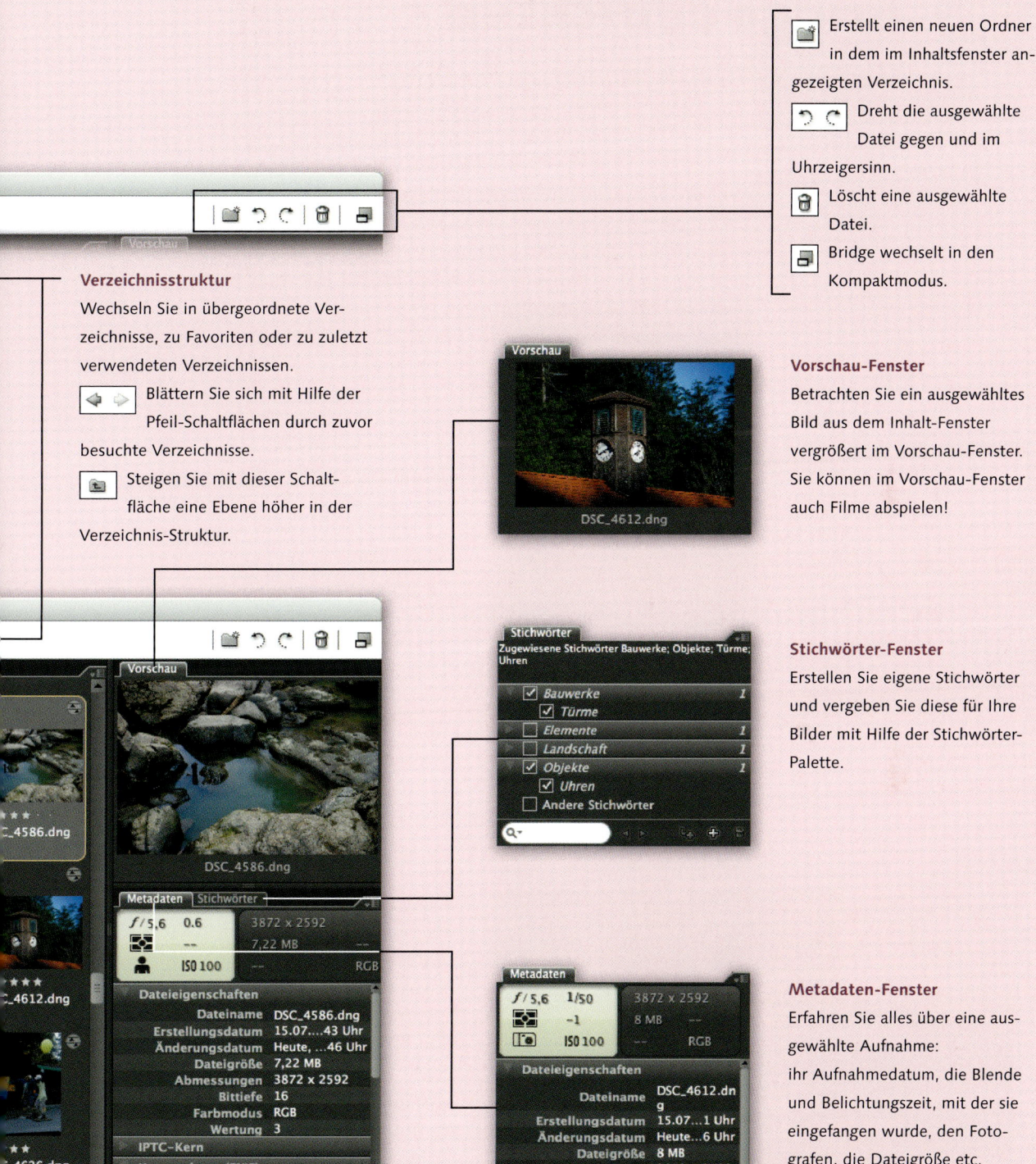

Erstellt einen neuen Ordner in dem im Inhaltsfenster angezeigten Verzeichnis.

Dreht die ausgewählte Datei gegen und im Uhrzeigersinn.

Löscht eine ausgewählte Datei.

Bridge wechselt in den Kompaktmodus.

Verzeichnisstruktur

Wechseln Sie in übergeordnete Verzeichnisse, zu Favoriten oder zu zuletzt verwendeten Verzeichnissen.

Blättern Sie sich mit Hilfe der Pfeil-Schaltflächen durch zuvor besuchte Verzeichnisse.

Steigen Sie mit dieser Schaltfläche eine Ebene höher in der Verzeichnis-Struktur.

Vorschau-Fenster

Betrachten Sie ein ausgewähltes Bild aus dem Inhalt-Fenster vergrößert im Vorschau-Fenster. Sie können im Vorschau-Fenster auch Filme abspielen!

Stichwörter-Fenster

Erstellen Sie eigene Stichwörter und vergeben Sie diese für Ihre Bilder mit Hilfe der Stichwörter-Palette.

Metadaten-Fenster

Erfahren Sie alles über eine ausgewählte Aufnahme: ihr Aufnahmedatum, die Blende und Belichtungszeit, mit der sie eingefangen wurde, den Fotografen, die Dateigröße etc.

Bridge einrichten

Machen Sie es sich bequem in der Bridge!

Wenn Sie Bridge intensiv nutzen, können Sie diese ganz an Ihre individuellen Anforderungen anpassen. Definieren Sie, wie hell Sie Bridge wünschen, welche Fenster Ihnen wichtig sind und wo diese liegen. Wenn Ihre Anforderungen nicht für jede Aufgabe dieselben sind, dann speichern Sie Arbeitsbereiche und rufen sie je nach Tätigkeit über Schaltfläche oder Tastaturbefehl auf.

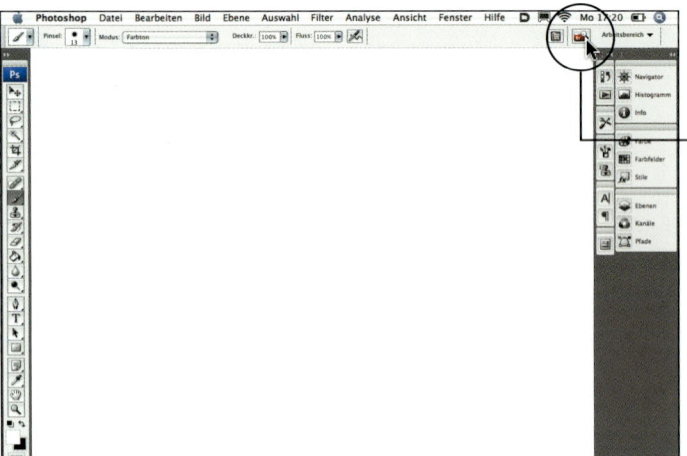

1 **Bridge öffnen**

Um Bridge zu öffnen, haben Sie verschiedene Möglichkeiten:

- klicken Sie in Photoshop diese Schaltfläche;
- wählen Sie im Menü Datei • Durchsuchen;
- starten Sie Bridge direkt aus dem Mac-Finder bzw. dem Windows-Start-Menü.

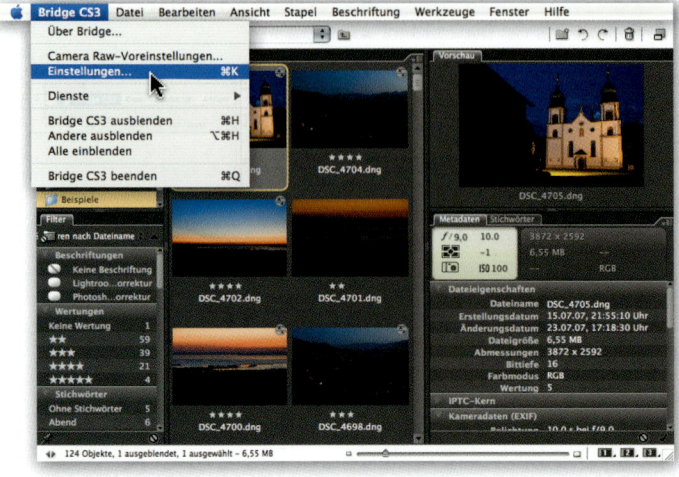

2 **Voreinstellungen aufrufen**

Bridge ist in der aktuellen Version ordentlich abgedunkelt. Wahrscheinlich hat Adobes professionelles Bildverwaltungstool Lightroom etwas abgefärbt.

Wenn Ihnen – wie mir – diese Benutzeroberfläche zu dunkel ist, können Sie auch etwas Licht machen.

Wählen Sie dazu am Mac im Menü Bridge CS3 • Einstellungen bzw. unter Windows im Menü Bearbeiten • Voreinstellungen.

3 Benutzeroberfläche anpassen

In den Voreinstellungen können Sie sodann im Bereich ALLGEMEIN • AUSSEHEN die Helligkeit der Benutzeroberfläche und des Bildhintergrunds anpassen.

Am schönsten wäre natürlich ein absolutes Schwarz. Es würde die Leuchtkraft eines jeden Bildes wunderbar betonen. Aber wie oft werden die Bilder denn tatsächlich in einem schwarzen Umfeld betrachtet oder gedruckt?

Eben! Deshalb bevorzuge ich ein neutrales Grau als Umgebung in der Bridge.

4 Fenster neu zusammenstellen

Gefällt Ihnen die von Adobe vordefinierte Zusammenstellung der Fenster nicht, dann können Sie diese auch nach Ihren Vorstellungen neu verschachteln (wenn Sie der Ansicht sind, dass dies eigentlich Paletten sind – ich bin auf Ihrer Seite).

Halten Sie dazu die Registerkarte ❶ des entsprechenden Fensters und ziehen Sie sie in den gewünschten Bereich – wenn dieser blau ❷ umrandet dargestellt wird, können Sie loslassen – die beiden Fenster sind jetzt ineinander *verschachtelt*.

5 Fenster neu aufteilen

Sie können auch eine neue Aufteilung einrichten. Ziehen Sie dazu wieder ein Fenster an der Registerkarte ❸ über oder unter den Bereich eines anderen Fensters, bis anstatt einer Umrandung eine blaue Linie ❹ dargestellt wird.

Wenn Sie den Mauszeiger loslassen, dann hat das Bridge-Fenster eine neue Aufteilung erhalten – die beiden Fenster sind jetzt nicht so angeordnet, dass das eine das andere jeweils verdeckt, sondern sie stehen übereinander und es sind *beide* sichtbar.

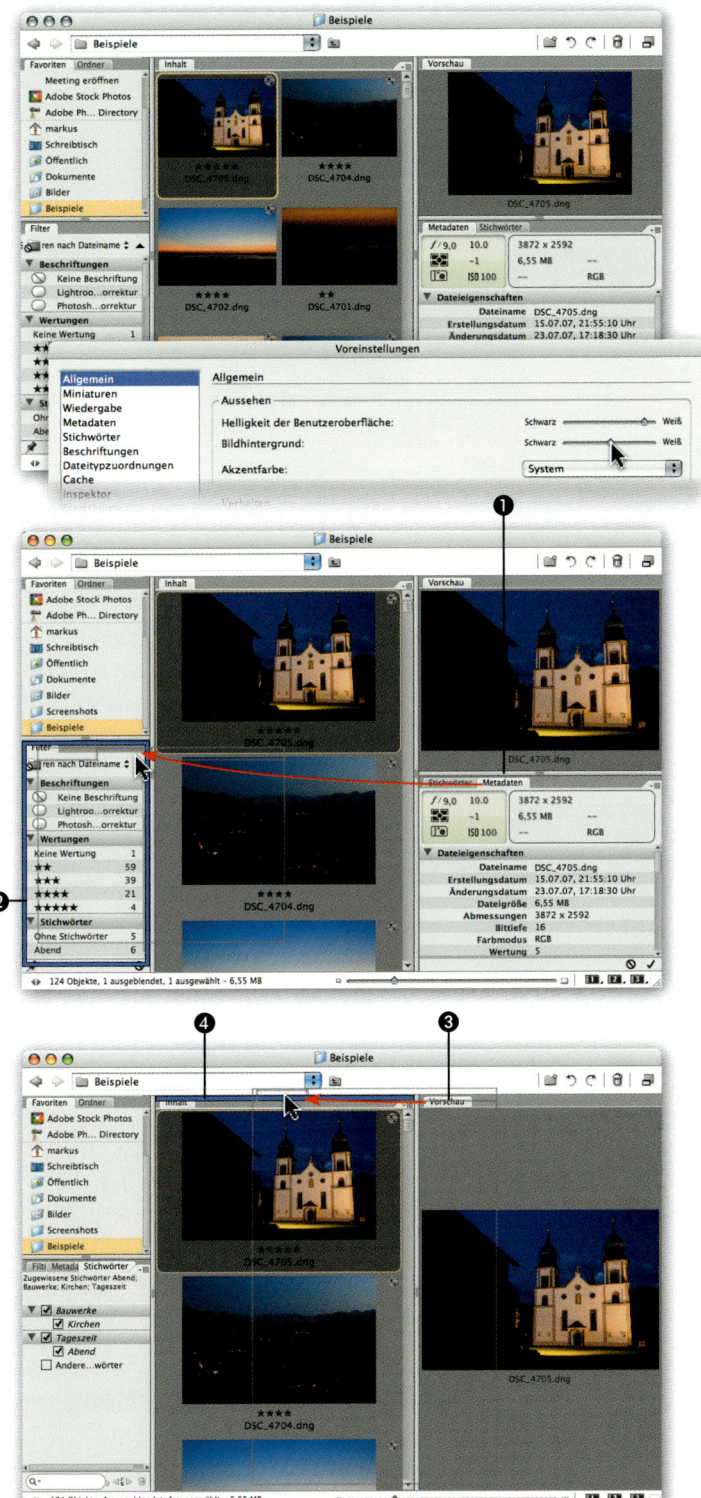

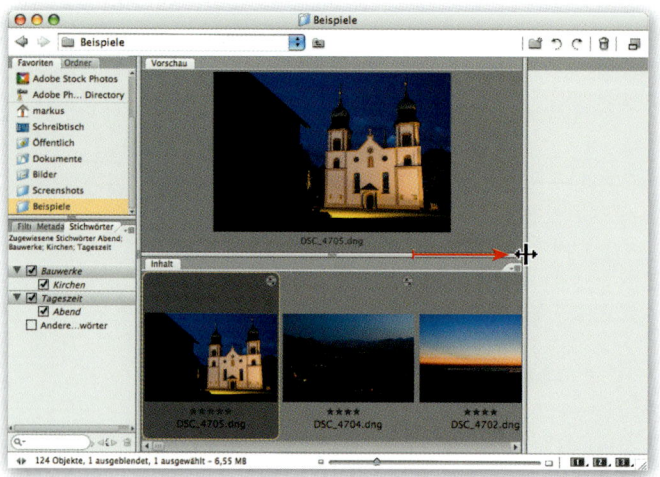

6 Spaltenbreite ändern

Verändern Sie die Breite der Spalten, in die das Bridge-Fenster aufgeteilt ist, indem Sie den Mauszeiger auf einem der Trennbalken positionieren und daran ziehen.

Sie können auch einen Doppelklick auf den Trennbalken machen und ihn damit ganz zuklappen.

Wenn Sie ein Fenster – oder mehrere miteinander verschachtelte Fenster – nicht benötigen, dann können Sie es im Übrigen auch via Doppelklick auf die Registerkarte auf reduzieren.

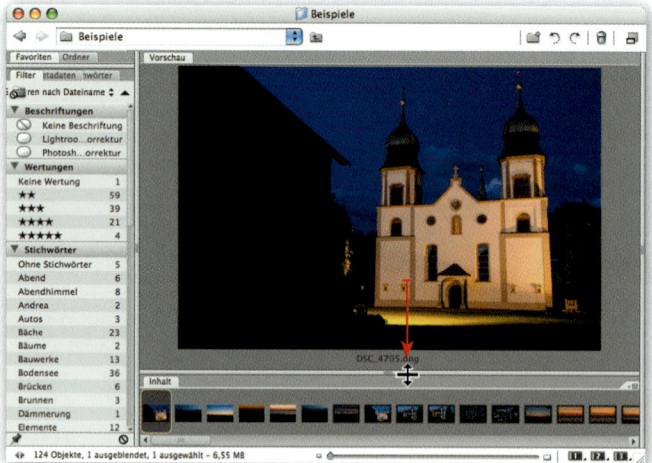

7 Vorschau vergrößern

Mit wenigen Klicks können Sie durch einen kleinen Umbau eine Vorschau erhalten, die diesen Namen auch tatsächlich verdient, und die Arbeitsumgebung von Bridge vollständig individualisieren.

Wäre das nicht etwas für das richtige Leben da draußen? Wenn mir mein Fenster hier an der Südwand heute nicht gefällt, ziehe ich es einfach auf die Westseite meines Zimmers.

Und weil ich gerade dabei bin: Kleiner mach ich es auch noch.

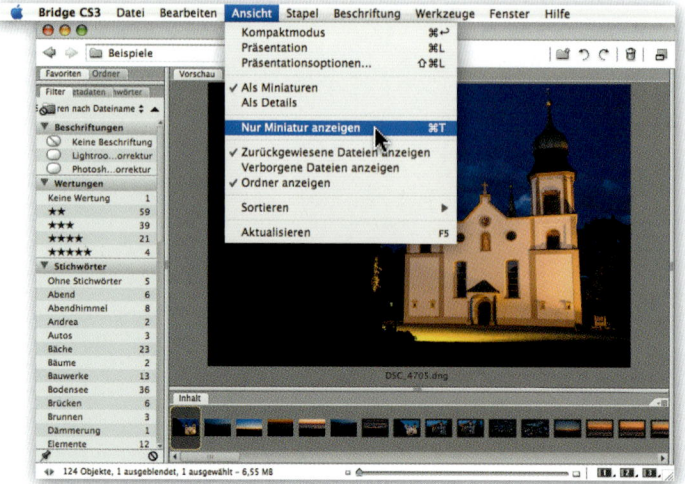

8 Mehr Platz für Miniaturen

Über das Menü ANSICHT können Sie definieren, ob Sie eine detaillierte Beschreibung zu einem Bild sehen möchten (ALS DETAILS), oder ob Sie eine Liste an Miniaturen angezeigt haben wollen (ALS MINIATUREN) – ein paar Details sehen Sie auch im letzteren Fall.

Möchten Sie alle Details ausblenden, können Sie NUR MINIATUREN ANZEIGEN aktivieren.

9 Größe der Miniaturen anpassen

Die Größe der Miniaturen passt sich automatisch an, wenn Sie Breite bzw. Höhe eines Bereichs verändern.

Alternativ dazu können Sie die Größe der Miniaturen auch über den Schieberegler unten am Bridge-Fenster steuern – dann passt sich die Breite bzw. Höhe des Bereichs automatisch an.

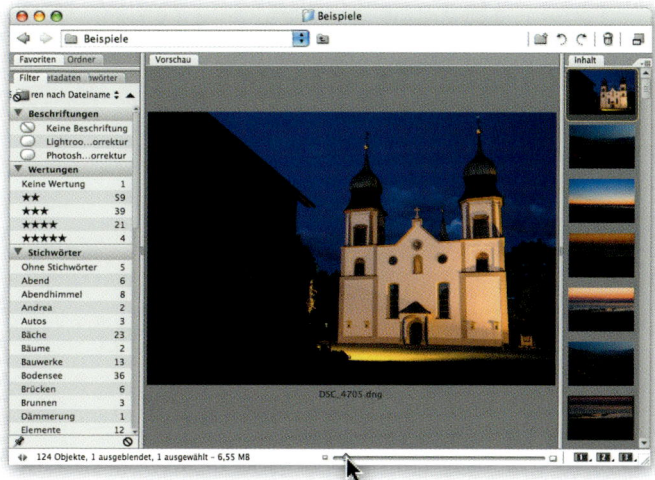

10 Arbeitsbereich speichern

Bei der Arbeit mit Bridge werden Sie Fenster immer mal wieder umstellen, vielleicht auch ausblenden (das geht, und zwar über das Menü FENSTER).

Damit Sie auf Ihre mühsam eingerichtete Lieblings-Arbeitsumgebung jederzeit schnell und ohne Umstände wieder zurückgreifen können, können Sie sie speichern.

Wählen Sie dazu im Menü FENSTER • ARBEITSBEREICH • ARBEITSBEREICH SPEICHERN, und geben Sie ihm dann einen aussagekräftigen Namen, wie »Mein Arbeitsbereich«.

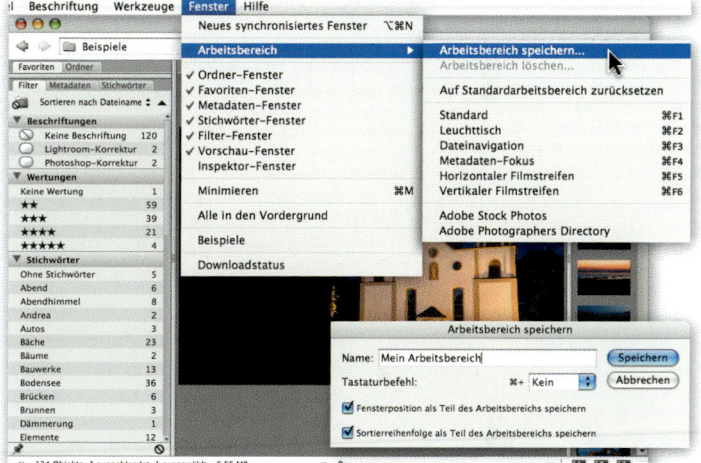

11 Arbeitsbereich aufrufen

Effizienz-Fetischisten wählen beim Speichern des Arbeitsbereichs einen Tastaturbefehl.

Alternativ finden Sie unten am Fenster drei Schaltflächen mit der sinnigen Beschriftung **1**, **2** und **3** – damit können Sie Arbeitsbereiche aufrufen.

Drücken Sie beispielsweise auf Schaltfläche **1** die Maustaste einen Moment und wählen dann den Arbeitsbereich »Mein Arbeitsbereich«, können Sie fortan immer mit einem Klick auf diese Schaltfläche diesen Arbeitsbereich aufrufen.

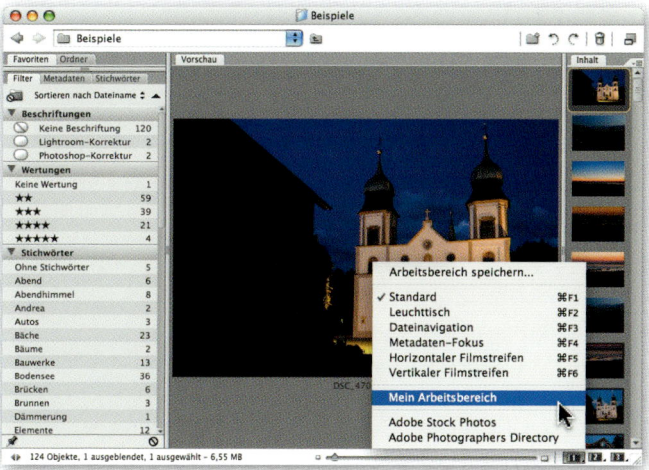

Wertung und Stichwörter

Jetzt kommt Ordnung in die Bude!

Den meisten Anwendern wird Bridge allein dadurch eine Hilfe
sein, dass sie die Möglichkeiten haben, Bilder zu sichten, z. B. um
sie anschließend in InDesign zu platzieren. Wenn Ihnen Ihr Fotograf eine CD voller Bilder übergibt, dann wird Ihnen eine Bewertung mit Sternchen sicher dabei helfen, die besten Aufnahmen
aus einem Shooting herauszufiltern.

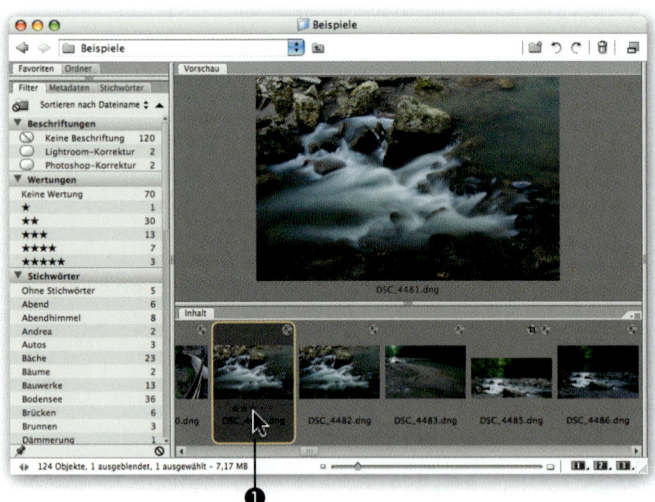

1 Bilder bewerten

Nicht jede Aufnahme, die ich mache, gelingt
perfekt. Da ist es durchaus sinnvoll, zunächst
einmal die Spreu vom Weizen zu trennen.

In Bridge können Sie dazu mit Hilfe von
Sternen eine Bewertung von eins bis fünf
vergeben. Am einfachsten machen Sie dies,
indem Sie auf einen der fünf Punkte ❶ unter
jeder Miniatur klicken.

Alternativ können Sie die Bewertung über
Menü BESCHRIFTUNG bzw. Strg/⌘+1 bis
Strg/⌘+5 vornehmen.

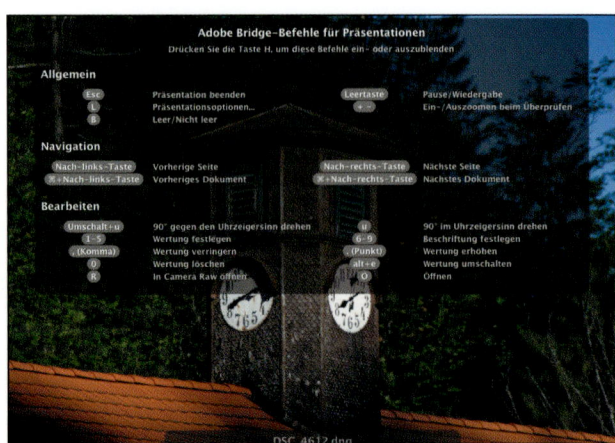

2 Bilder in einer Diashow bewerten

Für eine größere Anzahl an Bildern können Sie
den Präsentationsmodus nutzen. Diesen
starten Sie über das Menü ANSICHT • PRÄSEN-
TATION.

Während der Präsentation haben Sie eine
ganze Reihe an Steuerungsmöglichkeiten,
so können Sie z. B. durch Drücken der Zahlen
1 bis 5 eine Wertung vergeben.

Einen Überblick über alle Steuerungsmöglichkeiten erhalten Sie, wenn Sie die
Taste H drücken.

3 Bilder stapeln

Oft nehme ich von einem Motiv ein halbes Dutzend Bilder und mehr auf, um später das beste davon auszuwählen.

Nachdem ich die Aufnahmen bewertet und die besten herausgefiltert habe, möchte ich nun einerseits nicht mehr alle im Weg haben, aber andererseits auch die zusätzlichen Bilder nicht gleich löschen.

Mit Bridge CS3 kann ich diese Bilder jetzt auswählen und über MENÜ STAPEL • ALS STAPEL GRUPPIEREN.

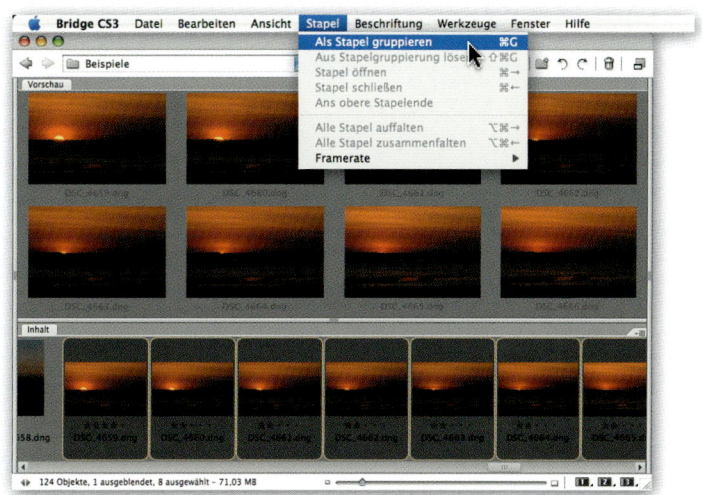

4 Stapel öffnen und schließen

Ein Stapel ❷ wird wie abgebildet dargestellt. Die Zahl links oben zeigt an, wie viele Bilder der Stapel umfasst. Wenn Sie auf diese Zahl klicken, wird der Stapel geöffnet oder geschlossen – je nachdem. Alternativ können Sie den Stapel auch über das Menü STAPEL oder Strg/⌘+→ bzw. Strg/⌘+← öffnen und schließen.

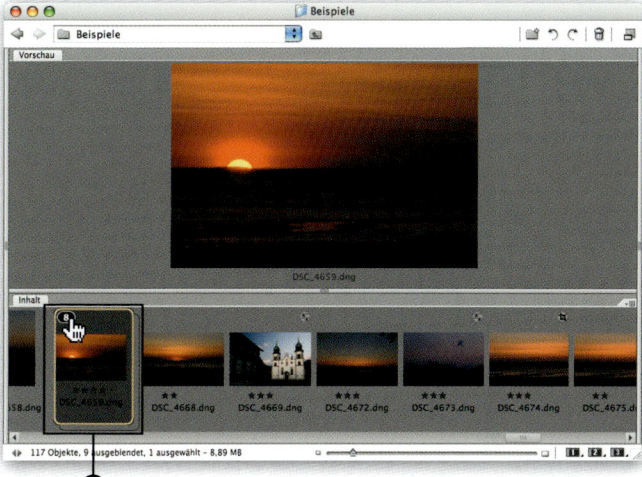

5 Stichwörter erstellen

Ein Stichwort erstellen Sie, indem Sie auf das größere der beiden Pluszeichen ✚ am unteren Ende des Stichwörter-Fensters klicken ❸. Ein neues, leeres Stichwort wird im Fenster angezeigt und der Textcursor wartet auf Ihre Eingabe ❹.

Hier habe ich bereits ein Stichwort mit dem Namen »Sonnenuntergang« erstellt und nenne das zweite »Landschaft«. Auf die Bilder lässt sich mehr als ein Stichwort anwenden. Im Moment ist aber noch keines zugewiesen – die Stichwörter sind lediglich definiert.

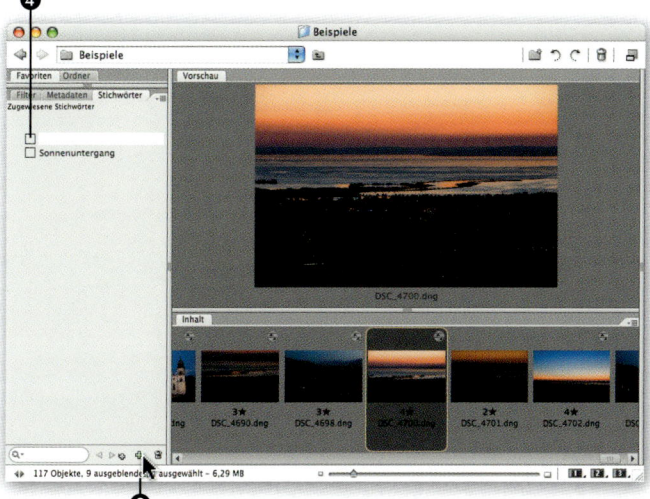

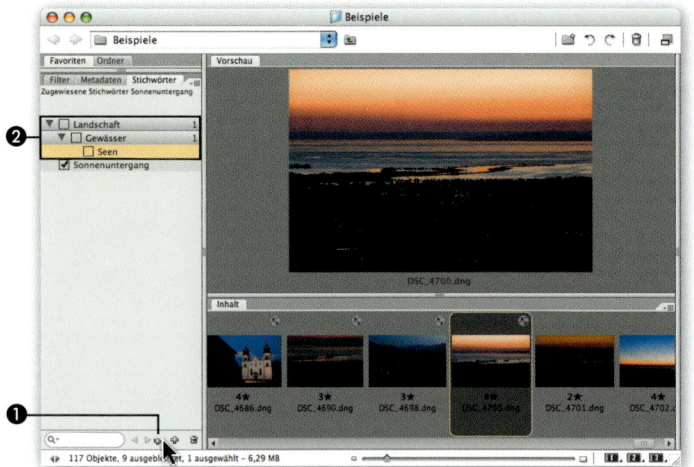

6 Untergeordnete Stichwörter

Wenn Sie mit Bridge größere Bildbestände verwalten, dann mag es durchaus sinnvoll sein, Stichwörter zu verschachteln.

Im abgebildeten Beispiel erstelle ich ein neues Stichwort, das ich »Bodensee« nennen werde, indem ich auf ✿ klicke ❶.

»Bodensee« wird »Seen« untergeordnet, das eine Untergruppe von »Gewässer« ist, die ich wiederum der Hauptgruppe »Landschaft« untergeordnet habe ❷.

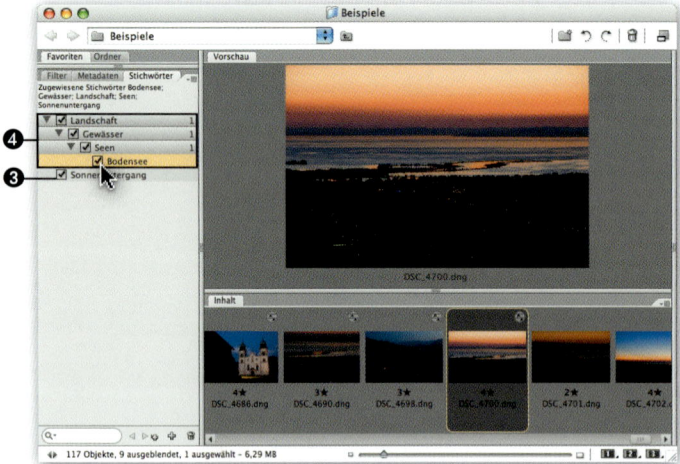

7 Stichwörter zuweisen

Um nun ein Stichwort einem Bild zuzuweisen, klicke ich das Kästchen davor ❸. Voilà! Mein Bild hat jetzt das Stichwort »Sonnenuntergang«.

Klicke ich auf das Stichwort »Bodensee«, dann wird auch dieses zugewiesen — nicht aber die übergeordneten ❹! Um auch »Seen«, »Gewässer« und »Landschaft« zuzuweisen, muss ich bei gedrückter ⇧-Taste klicken.

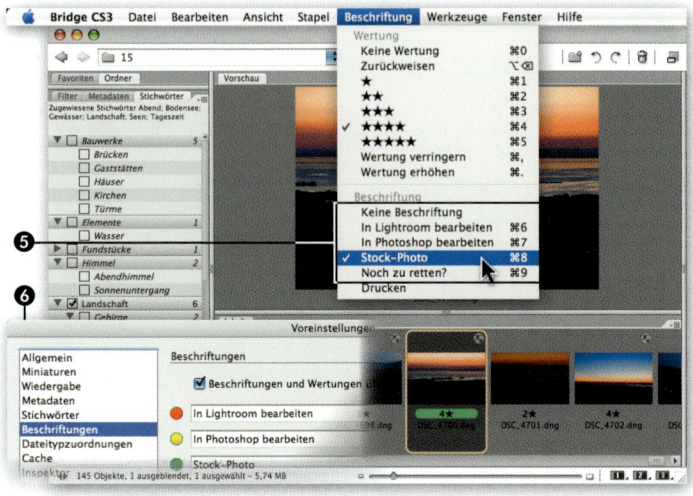

8 Bilder beschriften

Des Weiteren können Sie Ihre Bilder auch noch beschriften ❺, was auf gut Deutsch heißt, Sie versehen Ihre Bilder mit farbigen Etiketten.

Über Menü Bridge CS3 • Einstellungen am Mac bzw. Bearbeiten • Einstellungen unter Windows können Sie für die fünf Farben jeweils eine Beschriftung vergeben ❻.

Bilder importieren

Holen Sie Bilder von Ihrer Kamera.

Mit Bridge können Sie Bilder nicht nur sichten, verschlagworten und bewerten. Mit Hilfe von Foto-Downloader können Sie Bilder direkt von Ihrer Kamera auf die Festplatte laden und bei dieser Gelegenheit gleich schon die wichtigsten Metadaten mit anhängen.

1 Bridge als Standardprogramm

Wenn Sie Ihre Bilder generell über die Bridge von Ihrer Kamera auf Ihre Festplatte übertragen möchten, dann können Sie über Menü BRIDGE CS3 • EINSTELLUNGEN am Mac, BEARBEITEN • VOREINSTELLUNGEN unter Windows einstellen, dass beim Anschluss einer Kamera automatisch der ADOBE PHOTO DOWNLOADER ❶ gestartet wird.

Wenn Sie nun eine Kamera an Ihren Computer anschließen, öffnet sich automatisch der Foto-Downloader.

2 Foto-Downloader

Klicken Sie auf ERWEITERTES DIALOGFELD ❷, um Vorschaubilder der Daten zu sehen, und treffen Sie bei Bedarf eine Vorauswahl ❸.

Wählen Sie einen Speicherort ❹ und eine Benennungsregel für etwaige Unterordner.

Wenn Sie in Raw fotografieren, können Sie die Aufnahmen gleich in das von Adobe definierte DNG-Dateiformat konvertieren ❺.

Wenn Sie mit IPTC-Metadaten arbeiten, können Sie diese gleich an die Dateien anhängen ❻.

Tipp: Nutzen Sie das DNG-Format (Digital Negative) für Raw-Aufnahmen – die Dateimengen werden so in der Regel verkleinert (verlustfrei).

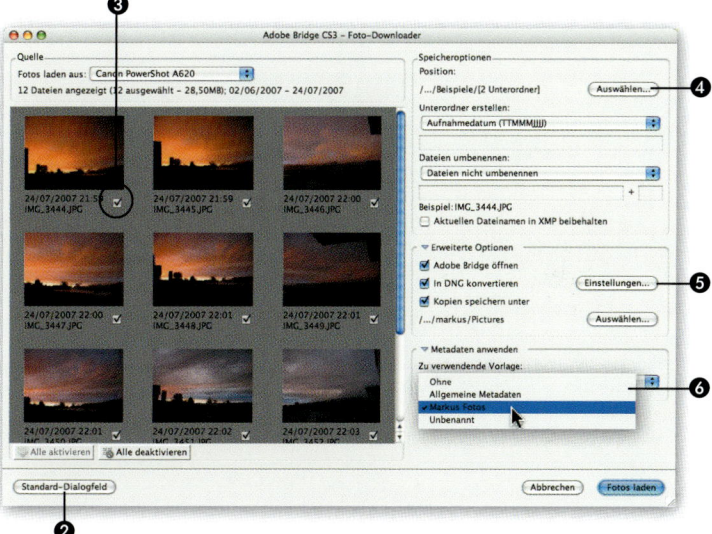

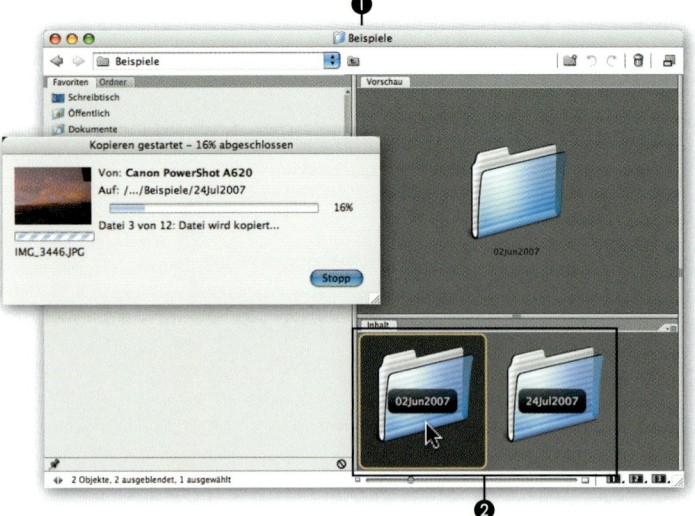

3 Fotos laden

Nachdem ich in Foto-Downloader auf FOTOS LADEN geklickt habe, werden diese in den angegebenen Ordner übertragen und sodann wird ein neues Bridge-Fenster mit der Ansicht des Import-Ordners geöffnet ❶.

Im Beispiel hat Foto-Downloader zwei Ordner erstellt ❷, da die Aufnahmen auf meiner Guggi-Truggi-Kamera (zu Deutsch: »Sehen & Drücken«-Kamera) an zwei verschiedenen Tagen entstanden. Durch einen Doppelklick auf den Ordner wechsle ich in das Verzeichnis.

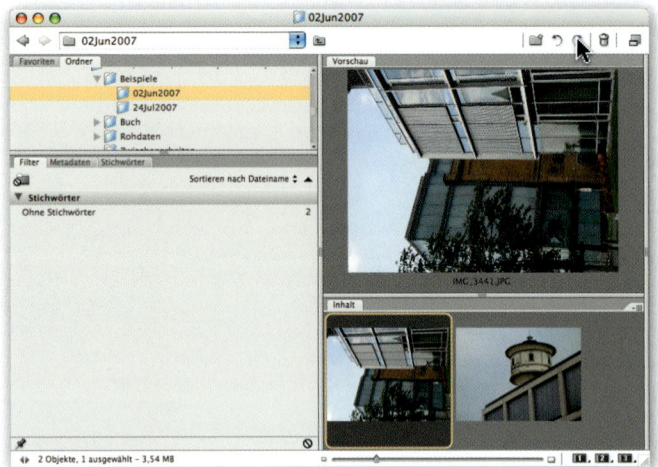

4 Bilder drehen

Wenn Bilder im Importfolder noch nicht die richtige Ausrichtung haben, können Sie sie in Bridge gleich schon drehen. Klicken Sie dazu auf die Schaltflächen ↺ ↻ oder wählen Sie im Menü BEARBEITEN • 90° IM UZS DREHEN (Strg/⌘+U) bzw. 90° GEGEN DEN UZS DREHEN (Strg/⌘+Alt+U).

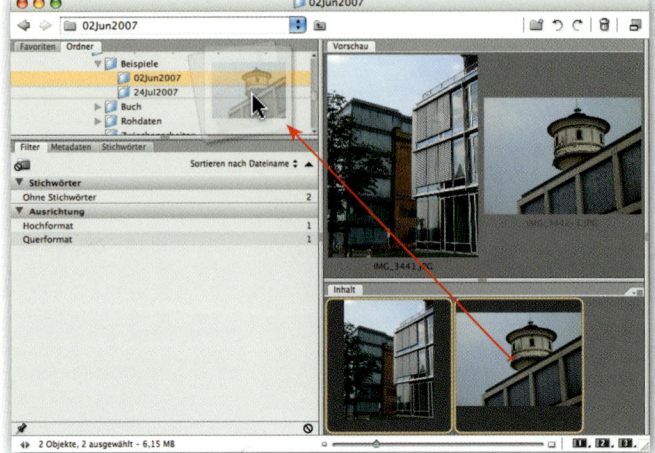

5 Bilder verschieben

Wenn sich die Bilder nun noch nicht im richtigen Ordner befinden sollten, können Sie sie natürlich auch jederzeit in einen anderen verschieben – oder auch löschen, indem Sie auf 🗑 klicken oder die Entf-Taste drücken (die Bilder werden dann in den Papierkorb verschoben).

Tipp: Sorgen Sie dafür, dass Originale Ihrer Bilder auf einem zweiten Datenträger gesichert sind. Foto-Downloader kann dies gleich beim Laden machen, wenn Sie KOPIEN SPEICHERN UNTER aktivieren und ein Verzeichnis für die Kopien AUSWÄHLEN.

Metadaten

Was Sie schon immer über Fotos wissen wollten.

Wenn Sie Bridge dazu verwenden, Bildbestände zu sichten und passende Fotos für Ihre Layouts auszuwählen, dann werden Sie mit Metadaten wohl wenig zu tun haben. Wenn Sie aber selbst fotografieren und mit Bridge Ihre Bildbestände verwalten, dann sollten Sie sich Metadaten genauer ansehen. Diese können Ihnen helfen, Bildbestände zu ordnen und zu durchforsten.

1 Dateieigenschaften und Kameradaten

Haben Sie ein einzelnes Bild ausgewählt, verrät Ihnen Bridge bei den DATEIEIGEN-SCHAFTEN ❶, wann die Datei aufgenommen wurde, wie viele Megabyte sie an Speicherplatz benötigt, welche Auflösung (Abmessungen) sie hat etc.

Sie können sich im Bereich KAMERADATEN (EXIF) ❷ über die Kameraeinstellungen bei der Aufnahme informieren, also wie lange Sie bei welcher Blende belichtet und welche Brennweite Sie verwendet haben etc.

2 IPTC-Daten

Klicken Sie auf das Dreieck ❸ vor dem Namen eines Bereichs zum Ein- bzw. Ausblenden.

Im Bereich IPTC-KERN ❹ sind bildbeschreibende Daten zu sehen: Wer die Datei erstellt hat, wo sie aufgenommen wurde, Copyright-Bestimmungen etc. Diese werden jedoch nicht automatisch erstellt, sondern sind manuell anzugeben.

Tipp: Wenn Sie angehender Fotograf sind, dann checken Sie doch öfters mal über die EXIF-Kameradaten bei besonders gelungenen, aber auch verunglückten Aufnahmen die Einstellungen – Sie werden dabei eine Menge lernen!

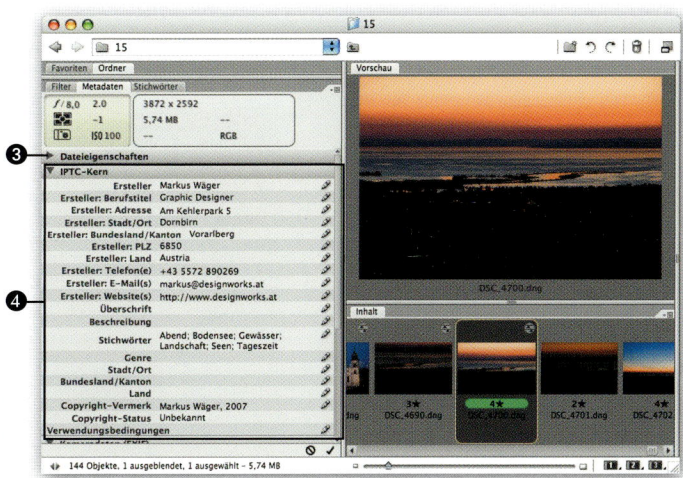

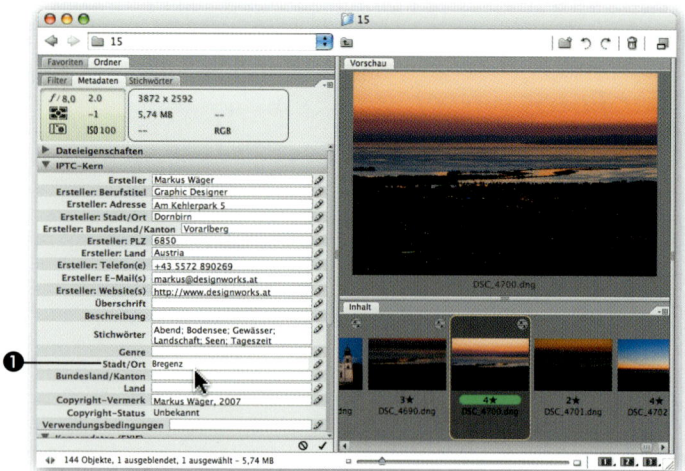

3 Metadaten zuweisen

Um IPTC-Daten an ein Bild anzuhängen bzw. vorhandene Beschreibungen zu verändern, klicken Sie auf das Eingabefeld neben der Bezeichnung der Informationseinheit – ich habe im abgebildeten Beispiel als Ort ❶ »Bregenz« angegeben.

Sie können alle Daten editieren, die mit dem Icon ✎ gekennzeichnet sind.

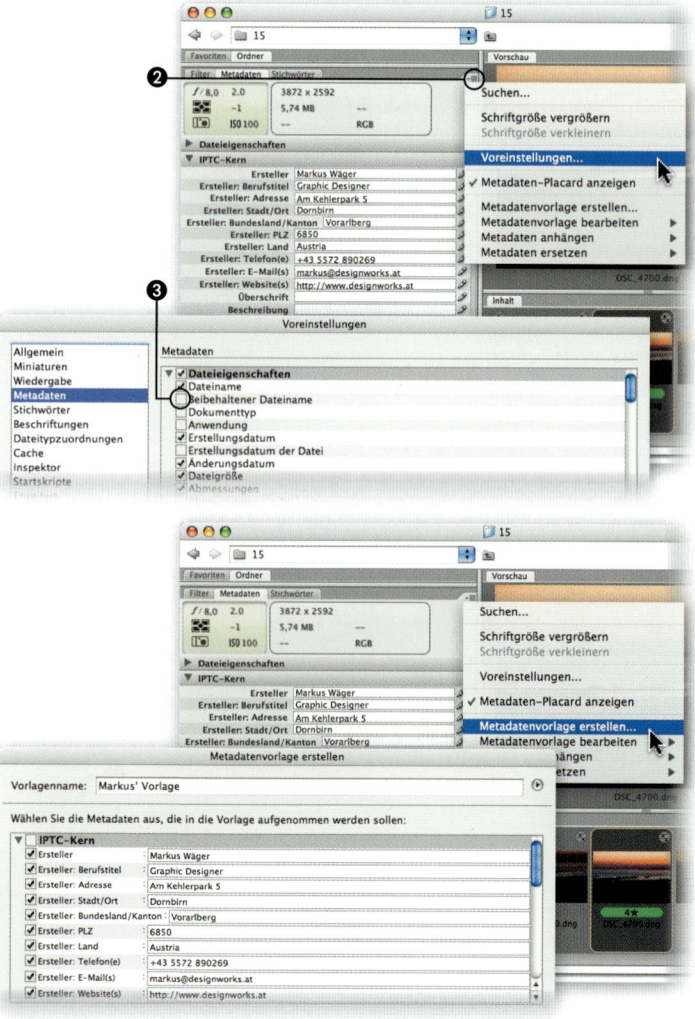

4 Metadaten-Anzeige anpassen

Es gibt eine fast unüberschaubare Anzahl an Meta-Informationen – da verliert man schon einmal den Überblick.

Um den Durchblick zu behalten, wählen Sie im Optionsmenü ❷ des Fensters METADATEN • VOREINSTELLUNGEN – Sie landen dann umgehend im Bereich METADATEN der Voreinstellungen und können die Checkboxen ❸ vor den Bezeichnungen der Informationsfelder aktivieren bzw. deaktivieren und somit die Metadaten-Ansicht an Ihre Bedürfnisse anpassen.

5 Metadatenvorlage erstellen

Damit Sie nicht jedes Mal für alle Bilder, die Sie bearbeiten, alle Metadaten neu eingeben müssen, erstellen Sie am besten eine Vorlage. Wählen Sie dazu ebenfalls wieder im Optionsmenü METADATENVORLAGE ERSTELLEN und geben Sie im folgenden Dialog die wichtigsten Metadaten für Ihre Bilder ein; in der Regel Kontaktdaten und Copyright-Vermerk.

> **Tipp:** Durch eine Metadatenvorlage mit Ihren Kontaktdaten und Copyright-Vermerk können Sie Bilder, die Sie über Foto-Downloader importieren, gleich mit Metadaten versehen.

6 Metadaten anhängen

Um ausgewählten Bildern die Informationen einer Metadatenvorlage anzuhängen, wählen Sie ebenfalls wieder im Optionsmenü des Metadaten-Fensters METADATEN ANHÄNGEN • MARKUS FOTOS (oder wie auch immer Sie Ihre Vorlage benannt haben).

Nebenbei bemerkt: Wenn Sie sich wie ich am etwas arg verspielten Kamera-Anzeige-Display ❹ stören, deaktivieren Sie META-DATEN-PLACARD ANZEIGEN ❺ im Optionsmenü.

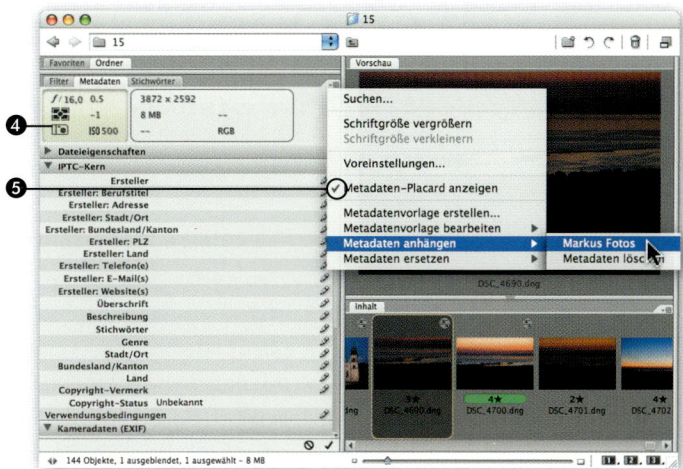

7 Metadaten mehreren Bildern zuweisen

Nun brauchen Sie nicht Bild für Bild die restlichen Metadaten einzeln zuzuweisen.

Meistens gibt es in einer Serie von Bildern mehrere, die am selben Ort aufgenommen wurden, dasselbe Motiv zeigen usw.

Wählen Sie in diesem Fall einfach alle Bilder aus, die Gemeinsamkeiten haben, und tragen Sie dann im Fenster METADATEN die Informationen ein. Im abgebildeten Beispiel habe ich den ausgewählten Bildern Stichwort, Stadt, Bundesland und Land zugewiesen.

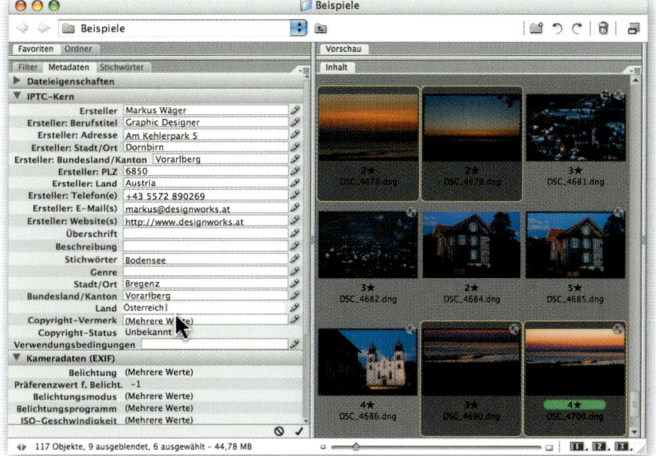

8 Als Details anzeigen

Über das Menü ANSICHT • ALS DETAILS können Sie im Fenster INHALT von der reinen Ansicht als Miniaturen auf eine Darstellung umstellen, die Ihnen die wichtigsten Meta-Informationen ❻ zu jedem Bild gleich anzeigt.

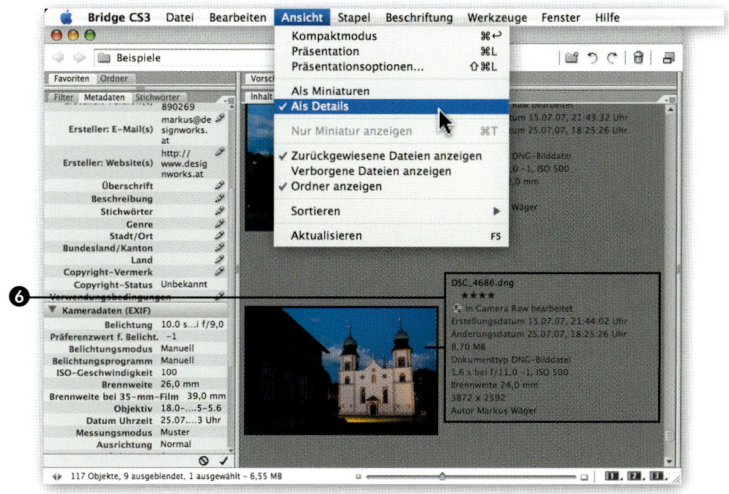

Tipp: Meta-Informationen können Sie nicht nur an Fotos anhängen. Sie können auch InDesign-Dokumente oder PDFs mit Metadaten versehen.

Filtern Sie Ihre Bildbestände

Weniger ist mehr – mehr Übersicht.

Die Suchen-Funktionen in den Vorgängerversionen von Bridge CS3 waren noch etwas spröde. Das Sortieren von Daten konnte sich teilweise als äußerst umständlich erweisen. In der neuesten Version des Dateibrowsers verwöhnt Adobe uns nun mit benutzerfreundlichen Filterfunktionen, die das selektive Suchen, Darstellen und Sortieren auch Einsteigern zugänglich macht.

1 Filter-Fenster aufrufen

Öffnen Sie das Filter-Fenster, indem Sie auf die entsprechende Registerkarte ❶ klicken.

Sollte das Filter-Fenster nicht zu sehen sein, dann rufen Sie es über das Menü FENSTER auf. Hier finden Sie übrigens alle Fenster.

In diesem Fenster sehen Sie verschiedene Rubriken, z. B. den Bereich WERTUNGEN ❷. Von den 115 Objekten im aktuellen Ordner (diese Info finden Sie jeweils unten ❸), haben 52 zwei Sterne, 38 drei, 20 vier und 4 fünf. Ein Bild trägt keine Wertung.

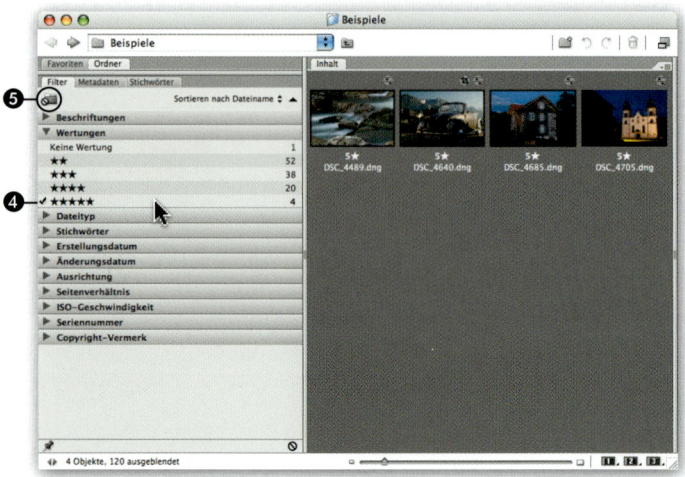

2 Objekte filtern

Klicke ich nun beispielsweise auf die Zeile mit den fünf Sternen ❹, dann erscheint davor ein Häkchen, das signalisiert, dass jetzt meine vier absoluten Favoriten im aktuellen Inhalt-Fenster herausgefiltert sind und keine anderen Objekte mehr angezeigt werden.

Um auch die Unterordner eines Verzeichnisses anzeigen zu lassen oder zu filtern, klicken Sie auf die Schaltfläche 🖻 ❺.

3 Filterkriterien kombinieren

Möchte ich nun nicht nur meine Spitzenreiter angezeigt bekommen, sondern auch die zweite Wahl sehen, dann aktiviere ich via Klick auch die Zeile mit vier Sternen ❻ darüber. Wohlgemerkt: nur ein Klick! Sie müssen *keine* zusätzliche Taste drücken.

Möchte ich jetzt beispielsweise die fünf Sterne wieder ausblenden, kann ich sie durch einen neuerlichen Klick deaktivieren.

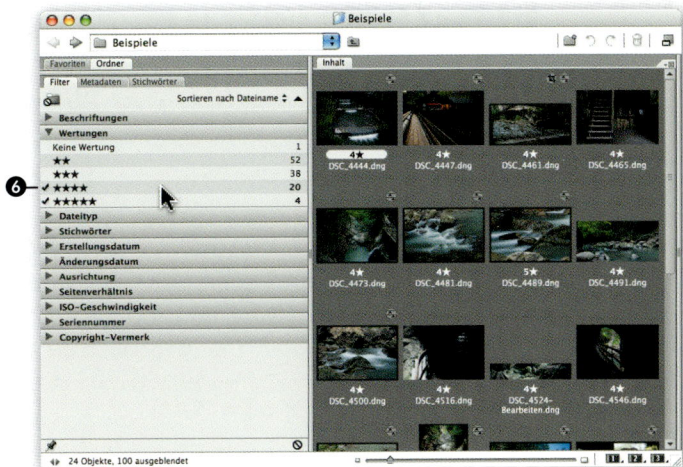

4 Sortierreihenfolge ändern

In diesem Beispiel habe ich den Filter für die Wertung wieder deaktiviert und statt-dessen im Bereich STICHWÖRTER das Stichwort »Gewässer« ❼ als Kriterium aktiviert.

Standardmäßig werden Bilder nach dem Dateinamen sortiert. Selbstverständlich können Sie dies ändern, um beispielsweise die Sortierreihenfolge ❽ nach Datum, oder – wie hier – nach Bewertung erfolgen zu lassen.

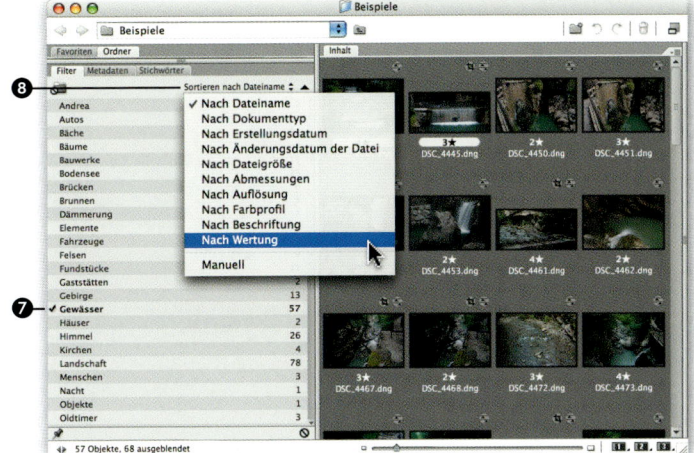

5 Sortierreihenfolge umkehren

Nachdem ich nun ausschließlich Bilder mit dem Stichwort »Gewässer« sehe und ich diese nach Wertung sortieren ließ, werden die nied-rigsten Wertungen oben in der Liste darge-stellt.

Ich möchte aber, dass meine Spitzenreiter da stehen, wo sie hingehören: an der Spitze! Dazu klicke ich auf das abgebildete Dreieck, um die Sortierreihenfolge umzukehren ❾.

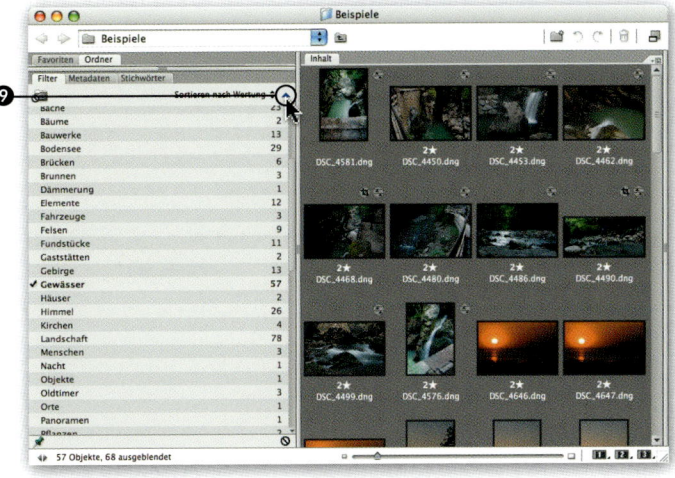

Tipp: Meine Stichwörter, Wertungen und Metadaten in den Beispielen kommen aus Adobes neuer Bildver-waltungs-Software Lightroom. Die beiden Programme sind kompatibel!

Über Suchen zur Kollektion

Erstellen Sie Fotoalben mit Hilfe von Kollektionen.

*Zusammen mit Metadaten, Wertungen und Beschriftungen
können Sie Ihren Bildbestand sehr gezielt, aber stets flexibel
ordnen. Und mit der Suchen-Funktion erstellen Sie dann eine
Kollektion. Daneben sehen die Album-Funktionen vieler
einfacher Foto-Browser reichlich alt aus.*

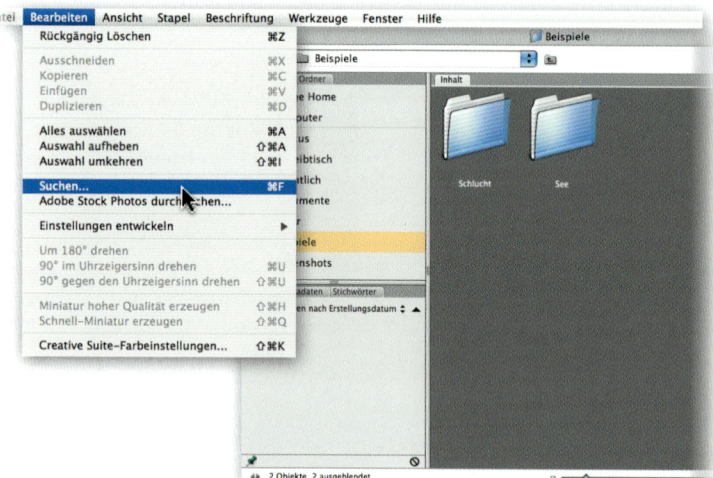

1 Suchen

Um eine Kollektion zu erstellen, wechseln Sie
zunächst in das Verzeichnis, aus dessen Inhal-
ten Sie eine Kollektion erstellen möchten.

Ich habe mittlerweile die Bilder aus dem
letzten Workshop in zwei Ordnern verstaut
– Sie sehen diese als Icons im Fenster INHALT
dargestellt.

Nun rufe ich über das Menü BEARBEITEN •
SUCHEN auf (Strg/⌘ + F).

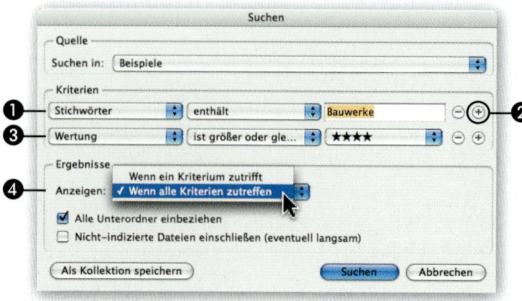

2 Suchkriterien festlegen

Im daraufhin erscheinenden Dialog definiere
ich die Suchkriterien: hier möchte ich nach
allen Dateien mit dem Stichwort »Bauwerke« ❶ suchen. Allerdings nur jenen, die
mit vier oder mehr Sternen bewertet sind ❸.
Deshalb klicke ich auf dieses ⊕ ❷, um ein
weiteres Kriterium hinzuzufügen.

Unter ANZEIGEN ❹ wähle ich WENN ALLE
KRITERIEN ZUTREFFEN – sonst würde ich sowohl
alle Bilder mit dem Stichwort Bauwerke als
auch jene mit einer Bewertung von vier und
mehr als Ergebnis erhalten.

3 Als Kollektion speichern

Um nicht nur im aktuellen Verzeichnis, sondern auch in allen darin befindlichen Ordnern
zu suchen, aktiviere ich ALLE UNTERORDNER
EINBEZIEHEN ❺.

Möchten Sie nun lediglich eine einmalige
Suchaktion durchführen, dann klicken Sie auf
SUCHEN. Da ich es aber auf eine Kollektion
abgesehen habe, wähle ich stattdessen ALS
KOLLEKTION SPEICHERN ❻.

Im anschließenden Kollektion-speichern-
Dialog gebe ich dem Kind einen Namen ❼
und bestätige mit SICHERN.

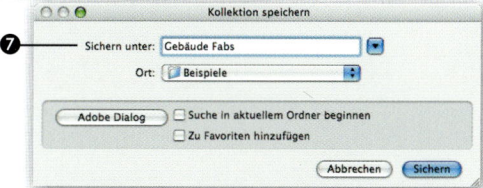

4 Kollektion öffnen

Nachdem ich die Kollektion gespeichert habe,
erhalte ich das Suchergebnis angezeigt ❽.

Wechsle ich zurück in das Verzeichnis, in
das ich die Kollektion gespeichert habe,
dann findet sich dort eine neue Datei mit
einer roten Schachtel als Icon ❾.

Mittels eines Doppelklicks können Sie diese
Kollektion öffnen und erhalten wieder das
Suchergebnis wie zuvor ❽.

5 Kollektionen als Alben

Mit dieser Funktion unterstützt Sie Bridge,
Ihr Fotoarchiv effizient zu verwalten. So
können Kollektionen die Funktion von Alben
übernehmen.

Bewerten Sie die Bilder Ihres letzten Ur-
laubs, und erstellen Sie dann eine Kollektion,
die alle zweitklassigen Bilder ausblendet. Und
im Präsentationsmodus präsentieren Sie die
Bilder Ihren Freunden als Diashow.

Achtung: Bilder werden *nicht* in der
Kollektion gespeichert. Wenn Sie die
Bilder verschieben, kann Bridge sie
eventuell nicht mehr finden. Und wenn
Sie sie löschen, dann sind sie weg!

Stapel-Umbenennung

Wenn viele Dateien neue Namen erhalten sollen

Es kommt schon einmal vor, dass Sie ein Dutzend, zwei Dutzend oder einhundert Bilder mit neuen Dateinamen versehen müssen. Eine Menge Arbeit! Vor allem eine Menge überflüssiger Arbeit für Sie, da Sie sie an Bridge delegieren können. Und wenn Ihnen danach ist, benennen Sie nicht die Originale neu, sondern Kopien – man weiß ja nie!

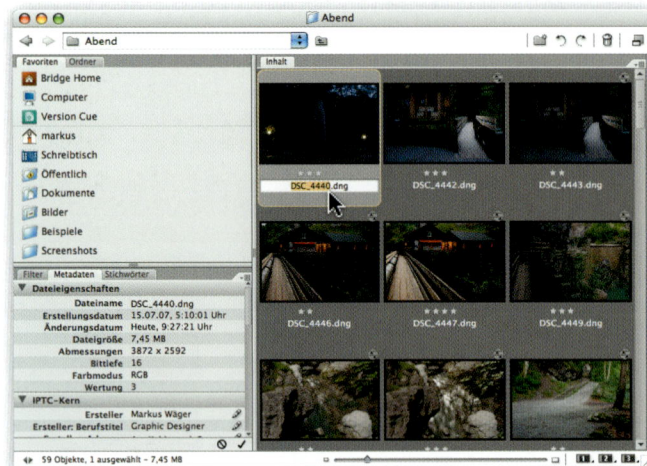

1 Eine Datei umbenennen

Eine Datei umzubenennen, funktioniert genauso, wie Sie es aus dem Finder oder Windows Explorer gewohnt sind: Sie klicken mit der Maus einmal darauf, und nach einem Moment wechselt die Anzeige des Namens zu einem Eingabefeld. Nun brauchen Sie lediglich den Namen zu überschreiben und mit ⏎ zu bestätigen.

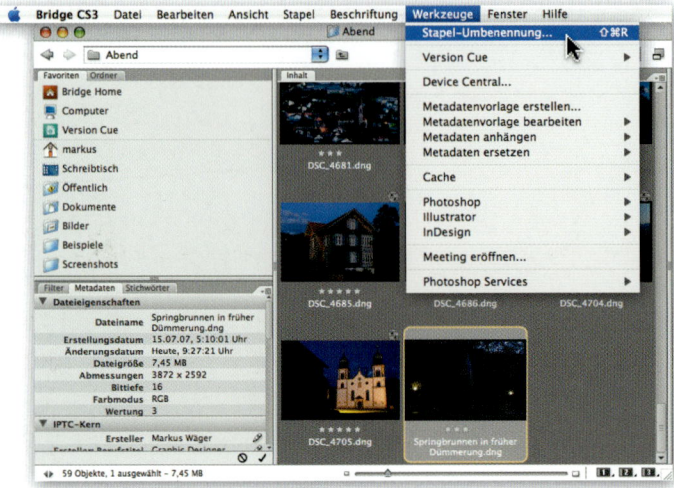

2 Stapel-Umbenennung

Lassen Sie sich von Adobe nicht täuschen! Stapel-Umbenennung hat nichts mit Stapeln, wie Sie sie zuvor kennengelernt haben, zu tun.

Stapel-Umbenennung ist ein Werkzeug, mit dem Sie eine ganze Reihe an Bildern in einem Durchgang umbenennen können, wenn auch nicht so individuell, wie Sie es manuell vermögen.

Sie finden die Stapel-Umbenennung im Menü WERKZEUGE • STAPEL-UMBENENNUNG.

3 Neue Dateinamen

Zunächst einmal stelle ich im Bereich NEUE DATEINAMEN ein, in welcher Form die Daten umbenannt werden sollen ❶. Hier habe ich als erstes DATUM UHRZEIT • ERSTELLUNGSDATUM • Jahr/Monat/Tag eingestellt, dann als Trenner den TEXT »_«, anschließend DATUM UHRZEIT • ERSTELLUNGSDATUM • Stunde/Minute und schließlich den Text »_Bildstein«.

Unten erhalte ich eine Vorschau ❷ des Ergebnisses.

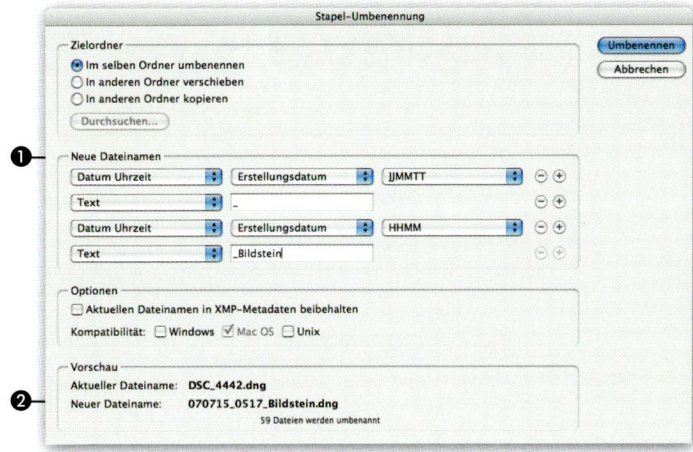

4 Kopieren statt einfach umbenennen

Nun möchte ich aber nicht die Originale umbenennen, sondern Kopien, und diese Kopien in einem anderen Ordner sichern.

Auch diesen Job erledigt Bridge vollautomatisch für mich. Ich muss lediglich IN ANDEREN ORDNER KOPIEREN ❸ aktivieren und über die Schaltfläche DURCHSUCHEN ❹ diesen Ordner im folgenden Dialog definieren.

Nachdem ich nun meine Einstellungen für das Stapel-Umbenennen abgeschlossen habe, klicke ich auf UMBENENNEN ❺.

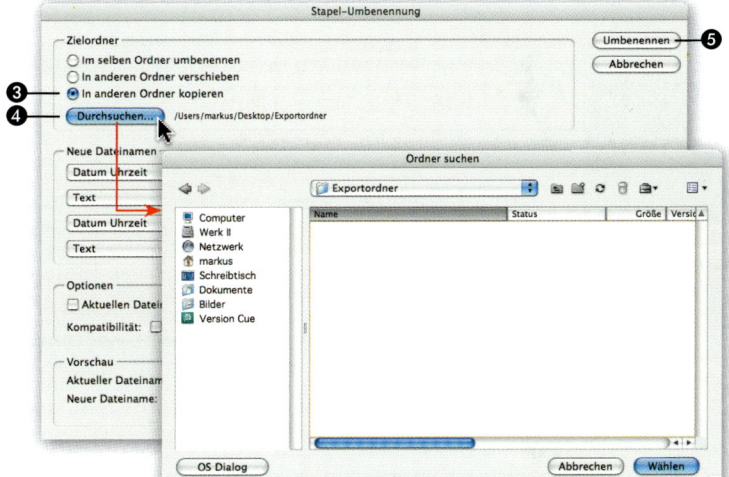

5 Automatisch benannte Kopien

Bridge nimmt sich ein paar Momente Zeit, die Dateien neu zu benennen, in diesem Fall aber vor allem, um die Kopien zu erstellen. Als Ergebnis habe ich Kopien meiner Fotos, neu benannt, in einem neuen Verzeichnis auf meiner Festplatte.

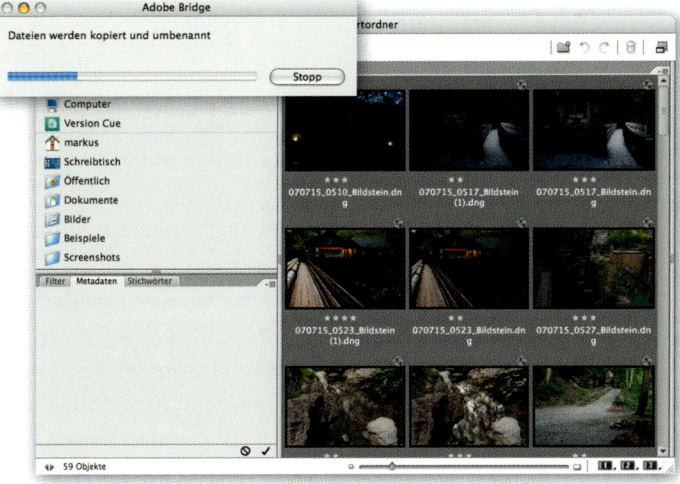

Die DVD zum Buch

Der Inhalt der DVD-ROM zum Buch ist in vier Hauptordner mit den Namen BEISPIELBILDER, DEMOVERSION, INFOS und VIDEO-TRAINING aufgeteilt.

Ordner »Beispielbilder«

Sie finden auf der DVD zum Buch alle Beispielbilder aus den Workshops. Welches Beispielbild zu welchem Workshop gehört, wird Ihnen im Buch immer ganz vorn in der jeweiligen Einleitung eines Workshops in roter Schrift und eckigen Klammern angezeigt.

Zielsetzungen:
Ausgabeauflösung der Datei anpassen, maximales Ausgabeformat eruieren
[bildgroesse.psd]

Ordner »Demoversion«

In diesem Ordner finden Sie eine nach Installation 30 Tage lang gültige Testversion von Photoshop CS3 für Windows und Mac. Diese Programmversion ist vollständig nutzbar und Sie können alle Beispiele in diesem Buch damit nachbauen.

Um Photoshop CS3 zu installieren, sollten Sie die Installationsdatei auf Ihre Festplatte kopieren. Doppelklicken Sie dann die Datei »setup.exe« bzw. entpacken Sie die Macintosh-Datei. Sollten Sie bereits einmal eine Demoversion von Adobe Photoshop auf Ihrem Rechner installiert gehabt haben, so ist eine erneute Installation einer Testversion nicht mehr möglich.

Ordner »Infos«

Die Datei Glossar_Photoshop_CS3 enthält ein Glossar, in dem Sie Ihnen unbekannte Begriffe rund um Photoshop auf einfache Art und Weise nachschlagen können. Photoshop_CS3_Shortcuts.pdf ist eine Sammlung der häufigsten Tastenkürzel, eine Aufstellung, die Ihnen so manchen Klick einsparen helfen wird. Die Datei Photoshop_CS3_Shortcuts_Werkzeuge.pdf bietet eine Übersicht der Tastenkürzel aller Werkzeuge und eine Übersetzung der Werkzeuge Englisch – Deutsch und Deutsch – Englisch.

Ordner »Video-Training«

In diesem Ordner finden Sie vertiefende Video-Lektionen zu den Themen dieses Buchs. Besonders möchte ich Sie auf die Lektion »Werkzeuge per Klick erklärt« hinweisen, in der Sie sich jedes Werkzeug erklären lassen können. Schauen Sie in diesem Video-Training den Photoshop-Trainern Marc Wolf und Florian Schröter bei der Arbeit mit Photoshop CS3 über die Schulter und erfahren Sie mehr zu den folgenden Themen:

Kapitel 1: Hintergrundwissen zu Photoshop CS3. Lernen Sie hier intuitiv das nötige Fachwissen, das Sie für die Arbeit mit Adobe Photoshop CS3 benötigen.

1.1   Ihr Schnelleinstieg in Photoshop CS3 (08:35 Min.)
1.2   Die Arbeitsoberfläche (05:16 Min.)
1.3   Voreinstellungen (06:25 Min.)
1.4   Nützliche Tastaturbefehle (08:06 Min.)
1.5   Pixel- und Vektorgrafiken (06:31 Min.)
1.6   Wissenswertes zu Dateiformaten (06:50 Min.)
1.7   Wissenswertes über Farbe (06:30 Min.)
1.8   Das Ebenenprinzip (04:58 Min.)
1.9   Die Ebenen-Palette (09:47 Min.)

Kapitel 2: Werkzeuge per Klick erklärt. Sie wissen nicht, wie man dieses spezielle Werkzeug einsetzt? Dann lassen Sie es sich hier einfach zeigen – per Mausklick.

2.1   Werkzeuge per Klick erklärt (110:00 Min.)

Kapitel 3: Fortgeschrittene Techniken. Wenn Sie Fragen zu anspruchsvollen Techniken haben, dann finden Sie hier Antworten.

3.1   Einstellungsebenen (13:43 Min.)
3.2   Smarte Objekte (10:15 Min.)
3.3   Der Maskierungsmodus (09:28 Min.)
3.4   Pfade erstellen und Pfad-Theorie (12:40 Min.)
3.5   Bildanalyse mit dem Histogramm (09:22 Min.)
3.6   Bildfarben analysieren (12:35 Min.)
3.7   Einführung in das Farbmanagement (08:37 Min.)
3.8   Einrichten des Farbmanagements (11:26 Min.)

Die Video-Lektionen auf dieser DVD sind ein Auszug aus den Video-Trainings »Adobe Photoshop CS3 Grundlagen« (Gesamtlaufzeit ca. 9 Stunden, Preis 29,90 Euro, ISBN 978-3-89842-898-9) und »Adobe Photoshop CS3 für Fortgeschrittene« (Gesamtlaufzeit ca. 11:30 Stunden, Preis 39,90 Euro, ISBN 978-3-89842-899-6). Um das Video-Training zu starten, öffnen Sie einfach den Ordner Video-Training und klicken doppelt auf die Datei »Start-PC.exe« bzw. »Start-Mac«. Sollten Sie Probleme bei der Verwendung des Video-Trainings haben, so finden Sie Hilfe unter http://www.galileodesign.de/hilfe/Videotrainings_FAQ.

Index

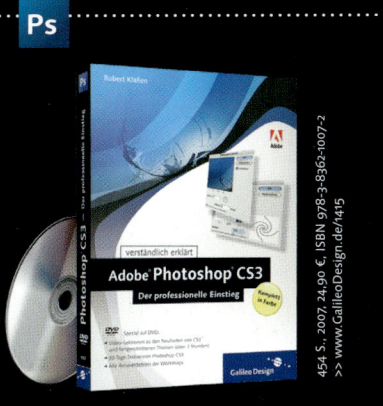
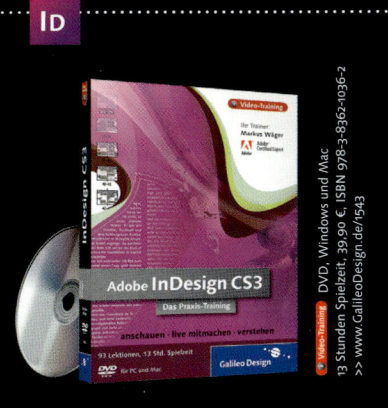
Creative Suite 3

Bücher und Video-Trainings

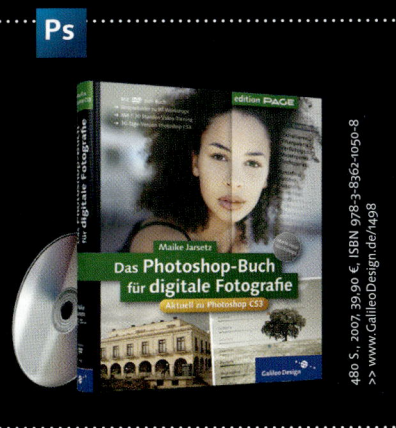

Galileo Design
Know-how für Kreative.

Bibliografische Information der Deutschen Bibliothek
Die Deutsche Bibliothek verzeichnet diese Publikation in der Deutschen Nationalbibliografie;
detaillierte bibliografische Daten sind im Internet über http://dnb.de abrufbar.

ISBN 978-3-8362-1009-6

© Galileo Press, Bonn 2008
1. Auflage 2008

Der Name Galileo Press geht auf den italienischen Mathematiker und Philosophen Galileo Galilei (1564–1642) zurück. Er gilt als Gründungsfigur der neuzeitlichen Wissenschaft und wurde
berühmt als Verfechter des modernen, heliozentrischen Weltbilds. Legendär ist sein Ausspruch
Eppur se muove (Und sie bewegt sich doch). Das Emblem von Galileo Press ist der Jupiter,
umkreist von den vier Galileischen Monden. Galilei entdeckte die nach ihm benannten Monde
1610.

Lektorat Ruth Lahres
Korrektorat Petra Biedermann, Reken
Herstellung Vera Brauner
Einbandgestaltung Hannes Fuß, www.exclam.de
Layout Maike Jarsetz
Satz Markus Wäger
Druck Offizin Andersen Nexö, Zwenkau
Fotos © Markus Wäger und Lizenzgeber. Alle Rechte vorbehalten. Alle auf dem Datenträger
zur Verfügung gestellten Fotos und Beispielmaterialien sind ausschließlich zu Übungszwecken
im Zusammenhang mit dem Buch bestimmt. Jegliche weitere Verwendung ist untersagt bzw.
bedarf der schriftlichen Genehmigung des Urhebers.

Dieses Buch wurde gesetzt aus der Linotype Syntax (9 pt/13 pt) in Adobe InDesign CS3. Gedruckt
wurde es auf mattgestrichenem Bilderdruckpapier (115 g/m²).

Gerne stehen wir Ihnen mit Rat und Tat zur Seite:
ruth.lahres@galileo-press.de
bei Anmerkungen zum Inhalt des Buches

service@galileo-press.de
für versandkostenfreie Bestellungen und Reklamationen

ralf.kaulisch@galileo-press.de
für Rezensions- und Schulungsexemplare

Hat Ihnen dieses Buch gefallen?
Hat das Buch einen hohen Nutzwert?

Wir informieren Sie gern über alle
Neuerscheinungen von Galileo Design.
Abonnieren Sie doch einfach unseren
monatlichen Newsletter:

www.galileodesign.de

Galileo Design

Die Marke für Kreative.